Série Maîtrise de l'IA : Livre 1 : Héros du Machine Learning : Maîtrisez la Science des Données avec les Fondamentaux de Python

Première édition

Première édition : août 2025

Publié par Cuantum Technologies LLC

Plano, Texas (États-Unis)

ISBN: 979-8-89860-070-9

"Artificial intelligence is the new electricity."

- Andrew Ng, Co-founder of Coursera and Adjunct Professor at Stanford University

CUANTUM
TECHNOLOGIES

Qui nous sommes

Bienvenue dans ce livre créé par Cuantum Technologies. Nous sommes une équipe de développeurs passionnés, déterminés à créer des logiciels offrant des expériences créatives et résolvant des problèmes concrets. Notre objectif est de développer des applications web de haute qualité qui offrent une expérience utilisateur fluide et répondent aux besoins de nos clients.

Dans notre entreprise, nous croyons que la programmation ne se limite pas à écrire du code. Il s'agit de résoudre des problèmes et de créer des solutions qui ont un impact réel sur la vie des gens. Nous explorons en permanence de nouvelles technologies et techniques afin de rester à la pointe de l'industrie, et nous sommes ravis de partager nos connaissances et notre expérience avec vous à travers ce livre.

Notre approche du développement logiciel repose sur la collaboration et la créativité. Nous travaillons en étroite collaboration avec nos clients afin de comprendre leurs besoins et de créer des solutions adaptées à leurs exigences spécifiques. Nous pensons qu'un logiciel doit être intuitif, facile à utiliser et visuellement attrayant, et nous nous efforçons de créer des applications qui répondent à ces critères.

Ce livre vise à proposer une approche pratique et concrète pour débuter dans la **maîtrise du pouvoir créatif de l'IA**. Que vous soyez un débutant sans expérience en programmation ou un développeur expérimenté souhaitant élargir ses compétences, ce livre est conçu pour vous aider à développer vos aptitudes et à construire une base **solide en apprentissage profond génératif avec Python**.

Notre philosophie

Au cœur de Cuantum, nous croyons que la meilleure façon de créer des logiciels passe par la collaboration et la créativité. Nous valorisons les contributions de nos clients, et nous travaillons en étroite collaboration avec eux pour créer des solutions qui répondent à leurs besoins. Nous pensons également qu'un logiciel doit être intuitif, simple à utiliser et esthétiquement plaisant, et nous nous efforçons de créer des applications conformes à ces principes.

Nous croyons également que la programmation est une compétence qui peut s'apprendre et se développer avec le temps. Nous encourageons nos développeurs à explorer de nouvelles technologies et techniques, et nous leur fournissons les outils et les ressources nécessaires pour rester à l'avant-garde de l'industrie. Nous pensons aussi que programmer doit être une activité plaisante et gratifiante, et nous nous efforçons de créer un environnement de travail stimulant la créativité et l'innovation.

Notre expertise

Dans notre entreprise de logiciels, nous sommes spécialisés dans le développement d'applications web qui offrent des expériences créatives et résolvent des problèmes réels. Nos développeurs possèdent une expertise dans un large éventail de langages et de frameworks, notamment Python, l'intelligence artificielle, ChatGPT, Django, React, Three.js et Vue.js, entre autres. Nous explorons sans cesse de nouvelles technologies pour rester à la pointe de l'innovation et nous sommes fiers de notre capacité à créer des solutions adaptées aux besoins de nos clients.

Nous avons également une grande expérience dans l'analyse et la visualisation de données, l'apprentissage automatique et l'intelligence artificielle. Nous croyons que ces technologies ont le potentiel de transformer notre façon de vivre et de travailler, et nous sommes fiers de faire partie de cette révolution.

En conclusion, notre entreprise est dédiée à la création de logiciels web favorisant des expériences créatives et apportant des solutions concrètes. Nous privilégions la collaboration et la créativité, et nous nous engageons à développer des solutions intuitives, accessibles et visuellement attractives. Nous sommes passionnés par la programmation et impatients de partager avec vous nos connaissances et notre expérience à travers ce livre. Que vous soyez débutant ou développeur confirmé, nous espérons que ce livre sera pour vous une ressource précieuse dans votre parcours vers la maîtrise de votre domaine.

YOUR JOURNEY STARTS HERE…

Get access to all the benefits of being one of our valuable readers through our new **eLearning Platform:**

1. Free code repository of this book

2. Access to a **free example chapter** of any of our books.

3. Access to the **free repository code** of any of our books.

4. Premium customer support by writing to **books@cuantum.tech**

And much more…

HERE IS YOUR
FREE ACCESS

TABLE DES MATIÈRES

Introduction

À l'ère numérique actuelle, les données sont devenues l'un des actifs les plus précieux pour les entreprises, les chercheurs et les professionnels de tous les secteurs. De la compréhension du comportement des consommateurs à la prédiction des tendances du marché, les décisions basées sur les données sont désormais au cœur de l'innovation et de l'avantage concurrentiel. Mais les données, sous leur forme brute, ne sont que le début. Pour libérer tout leur potentiel, nous devons transformer ces données en informations exploitables. C'est là qu'intervient l'**apprentissage automatique**—un outil puissant capable de transformer des données brutes en prédictions, recommandations et décisions éclairées.

L'apprentissage automatique n'est plus confiné au monde académique ou aux entreprises de haute technologie. Il est appliqué partout—de la santé et la finance au marketing et au-delà. La question est : **Comment pouvez-vous, en tant qu'aspirant héros de l'apprentissage automatique, exploiter cette puissance et maîtriser les outils essentiels qui transforment les données en or ?** La réponse réside dans l'apprentissage des concepts fondamentaux de l'apprentissage automatique et du langage de programmation **Python**, qui est aujourd'hui le langage de référence pour l'apprentissage automatique et la science des données.

Bienvenue dans *Héros de l'Apprentissage Automatique : Maîtrisez la Science des Données avec les Essentiels Python*. Ce livre est conçu pour vous transformer en **héros de la science des données**, vous dotant des connaissances et des compétences nécessaires pour manipuler les données avec assurance et appliquer les techniques d'apprentissage automatique pour résoudre des problèmes concrets. Nous commencerons par les bases et développerons progressivement votre expertise grâce à une combinaison de compréhension théorique, d'exercices pratiques et de projets concrets.

Pourquoi l'Apprentissage Automatique ?

Vous avez peut-être entendu parler de l'apprentissage automatique comme étant la force motrice derrière les avancées en intelligence artificielle (IA), en analytique prédictive et en automatisation. Mais pourquoi l'apprentissage automatique est-il si important ? En termes simples, l'apprentissage automatique est la clé pour extraire des insights des données. Il donne aux ordinateurs la capacité d'apprendre des modèles à partir des données et de prendre des décisions ou des prédictions sans être explicitement programmés pour chaque tâche.

Dans des secteurs comme la finance, la santé, le commerce de détail et le divertissement, l'apprentissage automatique est utilisé pour identifier des tendances, prédire le comportement des clients, optimiser les processus, et bien plus encore. Qu'il s'agisse d'améliorer les recommandations de produits, d'automatiser le service client ou de prédire les fluctuations du marché boursier, le potentiel de l'apprentissage automatique est pratiquement illimité. En tant que futur héros de l'apprentissage automatique, votre objectif sera de comprendre ces principes, de les appliquer efficacement et d'avoir un impact avec des solutions basées sur les données.

La Puissance de Python

Le choix du langage de programmation peut être aussi important que la compréhension des algorithmes derrière l'apprentissage automatique. **Python** est de loin le langage le plus populaire pour la science des données et l'apprentissage automatique pour plusieurs raisons :

- **Simplicité** : La syntaxe facile à lire de Python le rend accessible tant aux débutants qu'aux professionnels chevronnés.

- **Polyvalence** : Python prend en charge des bibliothèques pour la manipulation de données, la visualisation et l'apprentissage automatique, ce qui en fait un guichet unique pour tous vos besoins en science des données.

- **Support Communautaire** : Python dispose d'une communauté active de développeurs, ce qui signifie des mises à jour constantes, des bibliothèques et des ressources qui rendent la résolution de problèmes plus rapide et plus efficace.

- **Bibliothèques de Science des Données** : Des bibliothèques comme **NumPy**, **Pandas**, **Matplotlib** et **Scikit-learn** fournissent les éléments de base pour le traitement des données, la visualisation et l'apprentissage automatique.

Dans ce livre, vous ne maîtriserez pas seulement la syntaxe de Python, mais vous apprendrez également à utiliser ces puissantes bibliothèques pour manipuler et visualiser les données. Python deviendra votre outil le plus précieux dans votre aventure dans le monde de l'apprentissage automatique.

Qu'allez-vous apprendre ?

Héros de l'Apprentissage Automatique : Maîtrisez la Science des Données avec les Essentiels Python est conçu pour vous faire passer de débutant à praticien qualifié en science des données. Voici un aperçu de ce à quoi vous pouvez vous attendre :

1. **Introduction à l'Apprentissage Automatique** : Vous commencerez par comprendre les principes fondamentaux de l'apprentissage automatique. Qu'est-ce que l'apprentissage automatique ? Comment fonctionne-t-il ? Quels sont les différents types d'apprentissage automatique, comme l'apprentissage supervisé et non supervisé ? Cette section établira les bases de tout ce qui suit.

2. **Les Bases de Python pour l'Apprentissage Automatique** : Vous vous familiariserez avec les essentiels de Python et apprendrez les bibliothèques clés requises pour la science des données, telles que **NumPy** pour le calcul numérique, **Pandas** pour la manipulation de données, **Matplotlib** et **Seaborn** pour la visualisation de données, et **Scikit-learn** pour la construction de modèles d'apprentissage automatique.

3. **Prétraitement des Données** : Les données brutes sont rarement prêtes pour l'analyse. Vous apprendrez à nettoyer et prétraiter les données, à gérer les valeurs manquantes, à mettre à l'échelle les caractéristiques et à encoder les variables catégorielles—des étapes essentielles avant d'appliquer tout algorithme d'apprentissage automatique.

4. **Algorithmes Classiques d'Apprentissage Automatique** : Une fois vos données prétraitées, vous plongerez dans certains des algorithmes d'apprentissage automatique les plus couramment utilisés :

    o **Modèles de régression** pour prédire des valeurs continues, comme les prix ou les températures.

    o **Modèles de classification** pour catégoriser les données en classes distinctes (par exemple, les emails spam vs. non-spam).

    o **Modèles de clustering**, comme **K-Means**, pour regrouper des points de données similaires sans étiquettes.

5. **Ingénierie des Caractéristiques** : L'une des compétences les plus puissantes en science des données est la capacité à créer de nouvelles caractéristiques à partir des données existantes. Vous apprendrez à améliorer la performance de vos modèles grâce à une ingénierie des caractéristiques intelligente.

6. **Projets Pratiques** : Ce livre ne se limite pas à la théorie. Vous appliquerez ce que vous avez appris à des ensembles de données réels dans des projets pratiques, tels que :

    o Prédire les prix des voitures en fonction de diverses caractéristiques en utilisant la **régression linéaire**.

    o Segmenter les clients en utilisant le **clustering K-Means**.

    o Prédire la survie sur le Titanic en utilisant des **algorithmes de classification**.

À la fin de ce livre, vous aurez les compétences pour aborder des problèmes réels en utilisant des techniques d'apprentissage automatique. Vous comprendrez comment prétraiter les données, choisir les modèles appropriés, ajuster les hyperparamètres et évaluer la performance de vos modèles.

À qui s'adresse ce livre ?

Que vous débutiez dans la science des données ou que vous ayez une certaine expérience en programmation, ce livre est fait pour vous. Si vous avez toujours voulu comprendre comment fonctionne l'apprentissage automatique et comment vous pouvez l'appliquer pour résoudre des problèmes, alors vous êtes au bon endroit. Avec la combinaison de projets pratiques, d'exercices et d'explications des concepts d'apprentissage automatique, ce livre vous permettra de devenir un **héros de l'apprentissage automatique**.

Aucune expérience préalable en apprentissage automatique n'est requise, bien qu'une connaissance de base de Python soit utile. Si vous n'êtes pas familier avec Python, ne vous inquiétez pas—nous couvrirons tous les éléments essentiels pour vous mettre à niveau.

Préparez-vous à devenir un Héros de l'Apprentissage Automatique

Le chemin pour devenir un héros de l'apprentissage automatique commence ici. Le voyage peut sembler complexe, mais avec les bons outils et les bonnes orientations, vous construirez bientôt vos propres modèles et ferez des prédictions comme un pro. Au fur et à mesure que vous avancerez dans ce livre, rappelez-vous que la véritable puissance de l'apprentissage automatique réside dans sa capacité à résoudre des problèmes et à prendre des décisions basées sur les données. Avec ces compétences dans votre boîte à outils, vous aurez le pouvoir d'exploiter les données pour un impact significatif dans n'importe quel domaine.

Commençons votre transformation en **héros de l'apprentissage automatique** !

Partie 1 : Fondements de l'Apprentissage Automatique et Python

Chapitre 1 : Introduction à l'apprentissage automatique

Alors que nous nous engageons dans ce voyage au cœur du domaine de l'apprentissage automatique (ML) en cette année, nous nous trouvons à l'avant-garde d'une révolution technologique qui a transformé les industries, redéfini l'innovation et révolutionné les processus décisionnels à l'échelle mondiale. La convergence d'une puissance de calcul sans précédent, d'algorithmes sophistiqués et de la prolifération des mégadonnées a démocratisé l'apprentissage automatique, le rendant plus accessible et applicable que jamais. Cette technologie transformatrice a pénétré divers secteurs, de la révolution du diagnostic médical et l'optimisation des marchés financiers à l'alimentation des véhicules autonomes et l'amélioration des expériences de divertissement personnalisées. La portée de l'apprentissage automatique continue de s'étendre exponentiellement, touchant pratiquement tous les aspects de notre vie moderne.

Dans ce chapitre fondamental, nous jetons les bases de votre exploration des concepts essentiels de l'apprentissage automatique et de son rôle intégral dans le développement logiciel contemporain. Cette fondation servira de tremplin pour les sujets plus avancés et spécialisés que vous rencontrerez au fur et à mesure de votre progression dans ce guide complet. Nous nous embarquerons dans un voyage pour dévoiler la véritable essence de l'apprentissage automatique, en explorant ses différents paradigmes et en examinant comment il transforme le monde qui nous entoure de manière profonde et souvent inattendue. Que vous fassiez vos premiers pas dans ce domaine fascinant ou que vous cherchiez à approfondir votre expertise existante, ce chapitre constitue une introduction essentielle, préparant le terrain pour la richesse des connaissances et des aperçus pratiques qui vous attendent.

Alors que nous naviguons à travers les subtilités de l'apprentissage automatique, nous explorerons ses principes fondamentaux, démystifierons la terminologie clé et mettrons en lumière le potentiel transformateur qu'il recèle à travers les industries. De l'apprentissage supervisé et non supervisé à l'apprentissage par renforcement et aux réseaux de neurones profonds, nous décomposerons les diverses approches qui font de l'apprentissage automatique un outil si polyvalent et puissant. À la fin de ce chapitre, vous aurez acquis une solide compréhension des éléments constitutifs qui forment le socle de l'apprentissage automatique, vous équipant des connaissances nécessaires pour aborder des concepts plus complexes et des applications concrètes dans les chapitres suivants.

1.1 Introduction à l'apprentissage automatique

À sa base, l'**apprentissage automatique** est un sous-domaine transformateur de l'intelligence artificielle (IA) qui dote les ordinateurs de la remarquable capacité d'apprendre et de s'adapter à partir des données, sans nécessiter de programmation explicite. Cette approche révolutionnaire diverge du développement logiciel traditionnel, où les programmes sont méticuleusement codés en dur pour effectuer des tâches spécifiques. À la place, les modèles d'apprentissage automatique sont ingénieusement conçus pour découvrir de façon autonome des modèles, générer des prédictions précises et rationaliser les processus de prise de décision en exploitant de vastes quantités de données d'entrée.

L'essence de l'apprentissage automatique réside dans sa capacité à évoluer et à s'améliorer au fil du temps. À mesure que ces systèmes sophistiqués traitent davantage de données, ils affinent continuellement leurs algorithmes, améliorant leurs performances et leur précision. Cette nature auto-améliorante fait de l'apprentissage automatique un outil inestimable dans un large spectre d'applications, des systèmes de recommandation personnalisés et de la reconnaissance d'images avancée aux tâches complexes de traitement du langage naturel.

En exploitant la puissance des techniques statistiques et de l'optimisation itérative, les modèles d'apprentissage automatique peuvent découvrir des relations complexes au sein des données qui pourraient être imperceptibles pour les analystes humains. Cette capacité à extraire des informations significatives à partir d'ensembles de données complexes et multidimensionnels a révolutionné de nombreux domaines, notamment la santé, la finance, les systèmes autonomes et la recherche scientifique, ouvrant la voie à des découvertes et innovations révolutionnaires.

1.1.1 La nécessité de l'apprentissage automatique

L'ère numérique a inauguré une période sans précédent de génération de données, avec un volume stupéfiant d'informations produites chaque jour. Ce déluge de données provient d'une myriade de sources, incluant, sans s'y limiter, les interactions sur les réseaux sociaux, les transactions de commerce électronique, les appareils de l'Internet des objets (IoT), les applications mobiles et d'innombrables autres plateformes numériques. Ces sources contribuent collectivement à un flux continu de données en temps réel qui croît de façon exponentielle à chaque instant.

L'ampleur et la complexité de ces données présentent un défi redoutable aux paradigmes de programmation traditionnels. Les méthodes conventionnelles, qui s'appuient sur des règles prédéfinies, des algorithmes statiques et des structures logiques rigides, se révèlent de plus en plus inadéquates face à la tâche de traiter, d'analyser et de tirer des insights significatifs de cet afflux vaste et dynamique d'informations. Les limites de ces approches traditionnelles deviennent flagrantes alors qu'elles peinent à s'adapter aux modèles et nuances en constante évolution dissimulés dans les données.

C'est précisément là que l'apprentissage automatique émerge comme une solution révolutionnaire. En exploitant des algorithmes sophistiqués et des modèles statistiques, les systèmes d'apprentissage automatique possèdent la remarquable capacité d'apprendre de manière autonome à partir de cette richesse de données.

Contrairement à leurs homologues traditionnels, ces systèmes ne sont pas contraints par des règles fixes mais ont plutôt la capacité d'identifier des modèles, d'extraire des insights et de prendre des décisions éclairées basées sur les données qu'ils traitent. Ce qui distingue l'apprentissage automatique est son adaptabilité inhérente – ces systèmes raffinent et améliorent continuellement leurs performances au fil du temps, le tout sans nécessiter d'intervention humaine constante ou de reprogrammation manuelle.

La puissance de l'apprentissage automatique réside dans sa capacité à découvrir des corrélations cachées, à prédire les tendances futures et à générer des insights exploitables qui seraient pratiquement impossibles pour les humains de discerner manuellement. À mesure que ces systèmes traitent davantage de données, ils deviennent de plus en plus aptes à reconnaître des modèles complexes et à faire des prédictions plus précises.

Cette nature auto-améliorante des algorithmes d'apprentissage automatique en fait des outils inestimables pour naviguer dans les complexités de notre monde riche en données, offrant des solutions qui sont non seulement évolutives mais aussi capables d'évoluer parallèlement au paysage en constante mutation de l'information numérique.

Voici quelques exemples courants d'apprentissage automatique en action :

1. Systèmes de recommandation

Les systèmes de recommandation sont un excellent exemple d'apprentissage automatique en action, largement utilisés par des plateformes comme Netflix et Amazon pour améliorer l'expérience utilisateur et stimuler l'engagement. Ces systèmes analysent de vastes quantités de données utilisateur pour suggérer du contenu ou des produits personnalisés basés sur les modèles de comportement individuels.

- Collecte de données : Ces systèmes recueillent continuellement des données sur les interactions des utilisateurs, telles que l'historique de visionnage, les enregistrements d'achats, les évaluations et les habitudes de navigation.

- Reconnaissance de modèles : Les algorithmes d'apprentissage automatique traitent ces données pour identifier des modèles et des préférences propres à chaque utilisateur.

- Correspondance de similarité : Le système compare ensuite ces modèles avec ceux d'autres utilisateurs ou avec les caractéristiques des produits pour trouver des correspondances pertinentes.

- Suggestions personnalisées : Sur la base de ces correspondances, le système génère des recommandations adaptées à chaque utilisateur.

- Apprentissage continu : À mesure que les utilisateurs interagissent avec les recommandations, le système apprend de ce retour d'information, affinant ses suggestions au fil du temps.

Par exemple, Netflix pourrait recommander un nouveau drame policier basé sur votre historique de visionnage d'émissions similaires, tandis qu'Amazon pourrait suggérer des produits complémentaires basés sur vos achats récents.

Cette technologie améliore non seulement la satisfaction des utilisateurs en fournissant du contenu ou des produits pertinents, mais profite également aux entreprises en augmentant l'engagement des utilisateurs, leur fidélisation et potentiellement en stimulant les ventes ou l'audience.

2. Filtres anti-spam

Les filtres anti-spam sont un excellent exemple d'apprentissage automatique en action, utilisant spécifiquement des techniques d'apprentissage supervisé pour catégoriser et trier automatiquement les emails indésirables.

- Données d'entraînement : Les filtres anti-spam sont initialement entraînés sur un large ensemble de données d'emails qui ont été manuellement étiquetés comme "spam" ou "non spam" (également connu sous le nom de "ham").

- Extraction de caractéristiques : Le système analyse diverses caractéristiques de chaque email, telles que les informations sur l'expéditeur, le contenu de la ligne d'objet, le texte du corps, la présence de certains mots-clés, et même la structure HTML.

- Sélection d'algorithme : Les algorithmes couramment utilisés pour la détection de spam incluent Naive Bayes, les Machines à Vecteurs de Support (SVM), et plus récemment, les approches d'apprentissage profond.

- Apprentissage continu : Les filtres anti-spam modernes mettent continuellement à jour leurs modèles en fonction des retours des utilisateurs, s'adaptant aux nouvelles tactiques de spam au fur et à mesure qu'elles émergent.

- Métriques de performance : L'efficacité des filtres anti-spam est généralement mesurée à l'aide de métriques comme la précision (exactitude de l'identification du spam) et le rappel (capacité à capturer tous les spams).

Les filtres anti-spam sont devenus de plus en plus sophistiqués, capables de détecter des modèles subtils qui peuvent indiquer du spam, comme de légères fautes d'orthographe dans des mots courants ou un formatage d'email inhabituel. Cette application de l'apprentissage automatique permet non seulement aux utilisateurs de gagner du temps en triant automatiquement les emails indésirables, mais joue également un rôle crucial dans la cybersécurité en aidant à prévenir les attaques de phishing et la propagation de logiciels malveillants.

3. Reconnaissance d'images

Les systèmes de reconnaissance d'images constituent une application puissante de l'apprentissage automatique, utilisant particulièrement les Réseaux de Neurones Convolutifs (CNN). Ces systèmes sont conçus pour identifier et classifier des objets, des visages ou d'autres éléments dans les images numériques.

- Fonctionnalité : Les systèmes de reconnaissance d'images analysent les motifs de pixels dans les images pour détecter et catégoriser divers éléments. Ils peuvent identifier des objets spécifiques, des visages, du texte, ou même des scènes complexes.

- Applications : Ces systèmes ont un large éventail d'utilisations, notamment :
  - La reconnaissance faciale pour la sécurité et l'authentification
  - La détection d'objets dans les véhicules autonomes
  - L'imagerie médicale pour le diagnostic de maladies
  - La modération de contenu sur les plateformes de médias sociaux
  - Le contrôle qualité dans la fabrication

- Technologie : Les CNN sont particulièrement efficaces pour les tâches de reconnaissance d'images. Ils utilisent plusieurs couches pour extraire progressivement des caractéristiques de haut niveau à partir de l'image brute. Cela leur permet d'apprendre des motifs complexes et de faire des prédictions précises.

- Processus : Un système typique de reconnaissance d'images suit ces étapes :
  - Entrée : Le système reçoit une image numérique
  - Prétraitement : L'image peut être redimensionnée, normalisée ou améliorée
  - Extraction de caractéristiques : Le CNN identifie les caractéristiques clés dans l'image
  - Classification : Le système catégorise l'image en fonction des motifs appris
  - Sortie : Le système fournit le résultat de la classification, souvent avec un score de confiance

- Avantages : Les systèmes de reconnaissance d'images peuvent traiter et analyser les images beaucoup plus rapidement et avec plus de précision que les humains dans de nombreux cas. Ils peuvent également fonctionner en continu sans fatigue.

- Défis : Ces systèmes peuvent rencontrer des difficultés avec les variations d'éclairage, d'angle ou les obstructions partielles. Assurer la confidentialité et traiter les biais potentiels dans les données d'entraînement sont également des considérations importantes.

À mesure que la technologie progresse, les systèmes de reconnaissance d'images continuent de s'améliorer en précision et en capacité, trouvant de nouvelles applications dans diverses industries.

4. Voitures autonomes

Les voitures autonomes sont un excellent exemple d'apprentissage automatique en action, démontrant la capacité de la technologie à naviguer dans des environnements complexes du monde réel et à prendre des décisions en une fraction de seconde. Ces véhicules autonomes utilisent une combinaison de diverses techniques d'apprentissage automatique pour circuler en toute sécurité sur les routes :

- Perception : Les algorithmes d'apprentissage automatique traitent les données provenant de multiples capteurs (caméras, LiDAR, radar) pour identifier et classifier les objets dans l'environnement de la voiture, tels que les autres véhicules, les piétons, les panneaux de signalisation et les marquages routiers.

- Prise de décision : Sur la base de l'environnement perçu, les modèles d'apprentissage automatique prennent des décisions concernant la direction, l'accélération et le freinage en temps réel.

- Planification d'itinéraire : Les systèmes d'IA calculent des itinéraires optimaux et naviguent dans la circulation, en tenant compte de facteurs comme l'état des routes, les règles de circulation et les obstacles potentiels.

- Comportement prédictif : Les modèles d'apprentissage automatique prédisent les actions probables des autres usagers de la route, permettant à la voiture d'anticiper et de réagir aux dangers potentiels.

- Apprentissage continu : Les systèmes de conduite autonome peuvent s'améliorer avec le temps en apprenant de nouvelles expériences et des données collectées pendant le fonctionnement.

Le développement des voitures autonomes représente une avancée significative dans l'intelligence artificielle et la robotique, combinant divers aspects de l'apprentissage automatique tels que la vision par ordinateur, l'apprentissage par renforcement et les réseaux de neurones profonds pour créer un système capable de gérer les complexités des scénarios de conduite réels.

1.1.2 Types d'apprentissage automatique

Les algorithmes d'apprentissage automatique peuvent être classés en trois types principaux, chacun avec sa propre approche unique pour traiter et apprendre à partir des données :

1. Apprentissage supervisé

Cette approche fondamentale de l'apprentissage automatique implique l'entraînement de modèles sur des ensembles de données étiquetées, où chaque entrée est associée à une sortie connue. L'objectif de l'algorithme est de discerner la relation sous-jacente entre les caractéristiques d'entrée et leurs étiquettes correspondantes. En apprenant cette correspondance, le modèle devient capable de faire des prédictions précises sur de nouvelles données non vues. Ce processus de généralisation est crucial, car il permet au modèle d'appliquer ses connaissances acquises à des scénarios réels au-delà de l'ensemble d'entraînement.

Dans l'apprentissage supervisé, le modèle affine itérativement sa compréhension de la structure des données par un processus de prédiction et de correction d'erreur. Il ajuste ses paramètres internes pour minimiser l'écart entre ses prédictions et les étiquettes réelles, améliorant progressivement sa performance. Cette approche est particulièrement efficace pour des tâches telles que la classification (par exemple, détection de spam, reconnaissance d'images) et la régression (par exemple, prédiction de prix, prévisions météorologiques), où des relations claires entre entrées et sorties existent.

Le succès de l'apprentissage supervisé repose fortement sur la qualité et la quantité des données étiquetées disponibles pour l'entraînement. Un ensemble de données diversifié et représentatif est essentiel pour garantir que le modèle puisse bien généraliser à divers scénarios qu'il pourrait rencontrer en pratique. De plus, une sélection et une ingénierie soigneuses des caractéristiques jouent un rôle crucial dans l'amélioration de la capacité du modèle à capturer les motifs pertinents dans les données.

Exemple

Un filtre anti-spam, qui apprend à classer les emails comme "spam" ou "non spam" sur la base d'exemples étiquetés.

```python
# Example of supervised learning using Scikit-learn
from sklearn.model_selection import train_test_split
from sklearn.linear_model import LogisticRegression
from sklearn.datasets import load_iris
from sklearn.metrics import accuracy_score, classification_report

# Load dataset
data = load_iris()
X_train, X_test, y_train, y_test = train_test_split(data.data, data.target,
test_size=0.2, random_state=42)

# Initialize and train the model
model = LogisticRegression(max_iter=200, random_state=42)
model.fit(X_train, y_train)

# Make predictions
predictions = model.predict(X_test)

# Print results
print(f"Predicted labels: {predictions}")
print(f"True labels: {y_test}")
print(f"Accuracy: {accuracy_score(y_test, predictions):.2f}")
```

```
print("\\nClassification Report:")
print(classification_report(y_test, predictions, target_names=data.target_names))
```

Ce code illustre un exemple d'apprentissage supervisé utilisant la bibliothèque Scikit-learn en Python.

Voici une analyse détaillée de ce que fait le code :

- Il importe les modules nécessaires de Scikit-learn pour la division des données, la création de modèle et le chargement de jeux de données.

- Le jeu de données Iris est chargé à l'aide de load_iris(). C'est un jeu de données classique en apprentissage automatique, contenant des mesures de fleurs d'iris.

- Les données sont divisées en ensembles d'entraînement et de test à l'aide de train_test_split(). 80% des données sont utilisées pour l'entraînement et 20% pour les tests.

- Un modèle de Régression Logistique est initialisé et entraîné sur les données d'entraînement avec model.fit(X_train, y_train).

- Le modèle entraîné est ensuite utilisé pour faire des prédictions sur les données de test avec model.predict(X_test).

- Enfin, il affiche les étiquettes prédites et les étiquettes réelles pour comparaison.

2. Apprentissage non supervisé

Cette approche en apprentissage automatique implique de travailler avec des données non étiquetées, où la tâche de l'algorithme est de découvrir des structures ou des relations cachées au sein de l'ensemble de données. Contrairement à l'apprentissage supervisé, il n'y a pas d'étiquettes de sortie prédéfinies pour guider le processus d'apprentissage. Au lieu de cela, le modèle explore de manière autonome les données pour identifier des motifs, des groupements ou des associations inhérents.

Dans l'apprentissage non supervisé, l'algorithme tente d'organiser les données de manière significative sans connaissance préalable de ce à quoi ces organisations devraient ressembler. Cela peut mener à la découverte de modèles ou d'insights jusqu'alors inconnus. L'une des applications les plus courantes de l'apprentissage non supervisé est le clustering, où l'algorithme regroupe des points de données similaires en fonction de leurs caractéristiques ou attributs inhérents.

Parmi les autres tâches de l'apprentissage non supervisé figurent :

- La réduction de dimensionnalité : Simplifier des ensembles de données complexes en réduisant le nombre de variables tout en préservant les informations essentielles.

- La détection d'anomalies : Identifier des motifs inhabituels ou des valeurs aberrantes dans les données qui ne correspondent pas au comportement attendu.

- L'apprentissage des règles d'association : Découvrir des relations intéressantes entre les variables dans de grandes bases de données.

L'apprentissage non supervisé est particulièrement précieux lorsqu'il s'agit de traiter de grandes quantités de données non étiquetées ou lors de l'exploration d'ensembles de données pour obtenir des aperçus initiaux avant d'appliquer des techniques d'analyse plus ciblées.

Exemple

La segmentation de marché, où les données clients sont regroupées pour identifier des profils de clients distincts.

```python
# Example of unsupervised learning using K-Means clustering
from sklearn.cluster import KMeans
import numpy as np

# Randomly generated data
X = np.array([[1, 2], [1, 4], [1, 0],
              [10, 2], [10, 4], [10, 0]])

# Fit KMeans
kmeans = KMeans(n_clusters=2, random_state=0).fit(X)
print(f"Cluster Centers: {kmeans.cluster_centers_}")
print(f"Predicted Clusters: {kmeans.labels_}")
```

Voici une analyse détaillée de chaque partie du code :

- **Importations :** Le code importe les bibliothèques nécessaires - KMeans de sklearn.cluster pour l'algorithme de clustering, et numpy pour les opérations sur les tableaux.

- **Création des données :** Un petit ensemble de données X est créé à l'aide de numpy. Il contient 6 points de données, chacun avec 2 caractéristiques. Les points de données sont délibérément choisis pour former deux groupes distincts : [1,2], [1,4], [1,0] et [10,2], [10,4], [10,0].

- **Initialisation de KMeans :** Une instance de KMeans est créée avec deux paramètres :

  o n_clusters=2 : Ceci spécifie que nous voulons trouver 2 clusters dans nos données.

  o random_state=0 : Ceci définit une graine pour la génération de nombres aléatoires, assurant la reproductibilité des résultats.

- **Ajustement du modèle :** La méthode fit() est appelée sur l'instance KMeans avec nos données X. Cela exécute l'algorithme de clustering.

- **Résultats :** Deux résultats principaux sont affichés :
  - ○ cluster_centers_ : Ce sont les coordonnées des points centraux de chaque cluster.
  - ○ labels_ : Ce sont les attributions de cluster pour chaque point de données dans X.

L'algorithme KMeans fonctionne en affinant itérativement les positions des centres de cluster pour minimiser la variance totale intra-cluster. Il commence par initialiser aléatoirement les centres de cluster, puis alterne entre l'attribution des points au centre le plus proche et la mise à jour des centres basée sur la moyenne des points attribués.

Cet exemple démontre l'utilisation basique du clustering K-Means, qui est une technique d'apprentissage non supervisé populaire pour regrouper des points de données similaires. C'est particulièrement utile pour identifier des modèles ou des relations dans de grands ensembles de données, bien qu'il soit important de noter que son efficacité peut dépendre du placement initial des centroïdes de cluster.

3. Apprentissage par renforcement

Cette méthode s'inspire de la psychologie comportementale. Ici, un agent interagit avec un environnement et apprend à prendre des actions qui maximisent une récompense cumulative. L'apprentissage par renforcement est souvent utilisé dans des domaines comme la robotique, les jeux et les systèmes autonomes. Dans cette approche, un agent apprend à prendre des décisions en interagissant avec un environnement.

Les composants clés de l'AR sont :

- Agent : L'entité qui apprend et prend des décisions
- Environnement : Le monde dans lequel l'agent opère
- État : La situation actuelle de l'agent dans l'environnement
- Action : Une décision prise par l'agent
- Récompense : Retour de l'environnement basé sur l'action de l'agent

Le processus d'apprentissage dans l'AR est cyclique :

1. L'agent observe l'état actuel de l'environnement
2. En fonction de cet état, l'agent choisit une action
3. L'environnement passe à un nouvel état
4. L'agent reçoit une récompense ou une pénalité
5. L'agent utilise ce retour pour améliorer sa politique de décision

Ce processus continue, l'agent visant à maximiser sa récompense cumulative au fil du temps.

L'AR est particulièrement utile dans des scénarios où la solution optimale n'est pas immédiatement claire ou lorsque l'environnement est complexe. Il a été appliqué avec succès dans divers domaines, notamment :

- Robotique : Apprendre aux robots à effectuer des tâches par essai et erreur

- Jeux : Développer une IA capable de maîtriser des jeux complexes comme le Go et les Échecs

- Véhicules autonomes : Former des voitures autonomes à naviguer dans le trafic

- Gestion des ressources : Optimiser l'utilisation de l'énergie ou les investissements financiers

L'un des défis majeurs de l'AR est d'équilibrer l'exploration (essayer de nouvelles actions pour recueillir plus d'informations) avec l'exploitation (utiliser les informations connues pour prendre la meilleure décision). Cet équilibre est crucial pour que l'agent apprenne efficacement et s'adapte aux environnements changeants.

Les algorithmes populaires d'AR incluent Q-learning, SARSA et Deep Q-Networks (DQN), qui combinent l'AR avec des techniques d'apprentissage profond.

À mesure que la recherche en AR continue d'avancer, nous pouvons nous attendre à voir des applications plus sophistiquées et des améliorations dans des domaines tels que l'apprentissage par transfert (appliquer les connaissances d'une tâche à une autre) et les systèmes multi-agents (où plusieurs agents d'AR interagissent).

Exemple

Un robot qui apprend à marcher en ajustant ses mouvements en fonction des retours de l'environnement.

L'apprentissage par renforcement est plus complexe et implique généralement la mise en place d'un environnement, d'actions et de récompenses. Bien qu'il soit souvent géré par des frameworks comme OpenAI Gym, voici une illustration conceptuelle de base en Python :

```python
import random

class SimpleAgent:
    def __init__(self):
        self.state = 0

    def action(self):
        return random.choice(["move_left", "move_right"])

    def reward(self, action):
        if action == "move_right":
            return 1  # Reward for moving in the right direction
        return -1  # Penalty for moving in the wrong direction
```

```
agent = SimpleAgent()

for _ in range(10):
    act = agent.action()
    rew = agent.reward(act)
    print(f"Action: {act}, Reward: {rew}")
```

Analyse du code :

- Importations : Le code commence par importer le module 'random', qui sera utilisé pour faire des choix aléatoires.

- Classe SimpleAgent : Cette classe représente un agent d'apprentissage par renforcement basique.

  o La méthode **init** initialise l'état de l'agent à 0.

  o La méthode action choisit aléatoirement entre "move_left" et "move_right" comme action de l'agent.

  o La méthode reward attribue des récompenses en fonction de l'action entreprise :

    ▪ Si l'action est "move_right", elle renvoie 1 (récompense positive)

    ▪ Pour toute autre action (dans ce cas, "move_left"), elle renvoie -1 (récompense négative)

- Création de l'agent : Une instance de SimpleAgent est créée.

- Boucle de simulation : Le code exécute une boucle 10 fois, simulant 10 étapes de l'interaction de l'agent avec son environnement.

  o À chaque itération :

    ▪ L'agent choisit une action

    ▪ La récompense pour cette action est calculée

    ▪ L'action et la récompense sont affichées

Ce code démontre un concept très basique de l'apprentissage par renforcement, où un agent apprend à prendre des décisions basées sur des récompenses. Dans cet exemple simplifié, l'agent n'apprend pas réellement ni n'améliore sa stratégie au fil du temps, mais il illustre l'idée fondamentale des actions et des récompenses dans l'apprentissage par renforcement.

1.1.3 Concepts clés en apprentissage automatique

1. Modèle

Un modèle en apprentissage automatique est un cadre computationnel sophistiqué qui va au-delà des simples équations mathématiques. C'est un système complexe conçu pour extraire des schémas significatifs et des relations à partir de vastes quantités de données. Cet algorithme intelligent s'adapte et évolue au fur et à mesure qu'il traite l'information, apprenant à faire des prédictions précises ou des décisions éclairées sans programmation explicite.

Agissant comme un intermédiaire dynamique entre les caractéristiques d'entrée et les sorties souhaitées, le modèle affine continuellement sa compréhension et améliore sa performance. À travers des processus d'entraînement itératifs, il développe la capacité de généraliser à partir d'exemples connus vers de nouveaux scénarios inédits, comblant efficacement le fossé entre les données brutes et les insights exploitables.

La capacité du modèle à capturer des relations complexes et non linéaires dans les données en fait un outil inestimable dans divers domaines, de la reconnaissance d'images et du traitement du langage naturel aux prévisions financières et au diagnostic médical.

2. Données d'entraînement

Les données d'entraînement servent de fondement sur lequel les modèles d'apprentissage automatique sont construits et affinés. Cet ensemble de données méticuleusement organisé agit comme la ressource éducative principale pour le modèle, lui fournissant les exemples nécessaires pour apprendre. Dans les scénarios d'apprentissage supervisé, ces données sont généralement structurées sous forme de paires de caractéristiques d'entrée et de leurs sorties correctes correspondantes, permettant au modèle de discerner des schémas et des relations.

L'importance des données d'entraînement ne peut être surestimée, car elles influencent directement la capacité du modèle à accomplir sa tâche prévue. La qualité et la quantité de ces données jouent toutes deux des rôles cruciaux dans la formation de l'efficacité du modèle. Un ensemble de données de haute qualité devrait être complet, correctement étiqueté, et exempt de biais significatifs ou d'erreurs qui pourraient induire le processus d'apprentissage en erreur.

De plus, la diversité et la représentativité des données d'entraînement sont primordiales. Un ensemble de données bien équilibré devrait englober une large gamme de scénarios et de cas limites que le modèle pourrait rencontrer dans des applications réelles. Cette variété permet au modèle de développer une compréhension robuste de l'espace du problème, améliorant sa capacité à généraliser efficacement vers de nouveaux points de données inédits.

En exposant le modèle à une riche tapisserie d'exemples pendant la phase d'entraînement, nous l'équipons des connaissances et de la flexibilité nécessaires pour naviguer dans des situations complexes du monde réel. Cette approche minimise le risque de surapprentissage sur des schémas spécifiques dans les données d'entraînement et favorise plutôt un modèle plus adaptable et fiable capable de gérer diverses entrées et scénarios.

3. Caractéristiques

Les caractéristiques constituent la pierre angulaire des modèles d'apprentissage automatique, servant d'attributs distinctifs ou de caractéristiques mesurables des phénomènes étudiés. Ces entrées sont la matière première à partir de laquelle nos modèles dérivent des insights et font des prédictions. Dans le domaine de l'apprentissage automatique, les processus de sélection et d'ingénierie des caractéristiques ne sont pas simplement des étapes mais des jonctions critiques qui peuvent influencer dramatiquement la performance du modèle.

L'art de choisir et de concevoir des caractéristiques est primordial. Des caractéristiques bien conçues ont le pouvoir de rationaliser l'architecture du modèle, d'accélérer le processus d'entraînement et d'améliorer significativement la précision des prédictions. Elles agissent comme une lentille à travers laquelle le modèle perçoit et interprète le monde, façonnant sa compréhension et ses capacités de prise de décision.

Par exemple, dans le domaine du traitement du langage naturel, les caractéristiques peuvent aller des éléments fondamentaux comme la fréquence des mots et la longueur des phrases à des constructions linguistiques plus sophistiquées. Celles-ci peuvent inclure des relations sémantiques, des structures syntaxiques, ou même des embeddings de mots dépendants du contexte. Le choix et l'ingénierie de ces caractéristiques peuvent avoir un impact profond sur la capacité du modèle à comprendre et à générer du texte similaire à celui produit par l'humain.

De plus, l'ingénierie des caractéristiques nécessite souvent une expertise du domaine et une résolution créative de problèmes. Elle implique la transformation de données brutes en un format qui représente mieux le problème sous-jacent pour les modèles prédictifs, découvrant potentiellement des schémas cachés ou des relations qui pourraient ne pas être immédiatement apparents dans l'ensemble de données original.

4. Étiquettes

Dans le domaine de l'apprentissage supervisé, les étiquettes jouent un rôle central en tant que résultats cibles ou sorties désirées que le modèle s'efforce de prédire. Ces étiquettes servent de vérité terrain par rapport à laquelle la performance du modèle est évaluée et affinée. Par exemple, dans un système de détection de spam, les étiquettes binaires "spam" ou "non spam" guident le processus de classification du modèle.

Dans les tâches de régression, les étiquettes prennent la forme de valeurs continues, comme les prix des maisons dans un modèle de prédiction immobilière. La relation complexe entre les caractéristiques d'entrée et ces étiquettes forme le cœur de ce que le modèle vise à comprendre et à reproduire durant sa phase d'entraînement.

Ce processus d'apprentissage implique que le modèle ajuste itérativement ses paramètres internes pour minimiser l'écart entre ses prédictions et les étiquettes réelles, améliorant ainsi sa précision prédictive au fil du temps.

5. Surapprentissage vs. Sous-apprentissage

Ces concepts fondamentaux sont intrinsèquement liés à la capacité de généralisation d'un modèle, qui est cruciale pour son applicabilité dans le monde réel. Le surapprentissage se manifeste lorsqu'un modèle devient excessivement accordé aux nuances et aux idiosyncrasies des données d'entraînement, y compris leur bruit inhérent et leurs fluctuations aléatoires. Cette sur-adaptation aboutit à un modèle qui performe exceptionnellement bien sur l'ensemble d'entraînement mais qui défaille lorsqu'il est confronté à de nouvelles données inédites. Le modèle, en essence, 'mémorise' les données d'entraînement plutôt que d'apprendre les schémas sous-jacents, conduisant à une mauvaise généralisation.

À l'inverse, le sous-apprentissage se produit lorsqu'un modèle manque de la complexité ou de la profondeur nécessaire pour capturer les schémas et relations complexes au sein des données. Un tel modèle est souvent trop simpliste ou rigide, échouant à discerner des caractéristiques ou tendances importantes. Cela résulte en une performance sous-optimale non seulement sur de nouvelles données mais aussi sur les données d'entraînement elles-mêmes. Un modèle sous-appris ne parvient pas à saisir l'essence du problème qu'il est censé résoudre, menant à des prédictions ou classifications constamment médiocres.

L'équilibre délicat entre ces deux extrêmes représente l'un des défis les plus significatifs en apprentissage automatique. Trouver cet équilibre est essentiel pour développer des modèles qui sont à la fois précis et généralisables. Les praticiens emploient diverses techniques pour naviguer dans ce défi, notamment :

- Régularisation : Cela implique d'ajouter un terme de pénalité à la fonction de perte du modèle, décourageant les solutions trop complexes et favorisant des modèles plus simples et plus généralisables.

- Validation croisée : En partitionnant les données en plusieurs sous-ensembles pour l'entraînement et la validation, cette technique fournit une évaluation plus robuste de la performance du modèle et aide à détecter le surapprentissage précocement.

- Sélection appropriée du modèle : Choisir une architecture de modèle et un niveau de complexité appropriés basés sur la nature du problème et les données disponibles est crucial pour atténuer à la fois le surapprentissage et le sous-apprentissage.

- Ingénierie et sélection des caractéristiques : Concevoir soigneusement et sélectionner des caractéristiques pertinentes peut aider à créer des modèles qui capturent les schémas essentiels sans être trop sensibles au bruit.

Une compréhension profonde de ces concepts est indispensable pour appliquer efficacement les techniques d'apprentissage automatique. Elle permet aux praticiens de développer des modèles robustes et précis capables de bien généraliser aux données inédites, résolvant ainsi des problèmes du monde réel avec une plus grande efficacité et fiabilité.

Cet équilibre entre la complexité du modèle et la capacité de généralisation est au cœur de la création de solutions d'apprentissage automatique qui ne sont pas seulement puissantes dans des environnements contrôlés, mais aussi pratiques et fiables dans des scénarios divers et réels.

Exemple de surapprentissage : Si un modèle mémorise chaque détail des données d'entraînement, il peut performer parfaitement sur ces données mais échouer à généraliser à des données inédites.

```
# Example to demonstrate overfitting with polynomial regression
from sklearn.preprocessing import PolynomialFeatures
from sklearn.linear_model import LinearRegression
import numpy as np
import matplotlib.pyplot as plt

# Generate some data points
np.random.seed(42)
X = np.random.rand(100, 1) * 10
y = 2 + 3 * X + np.random.randn(100, 1) * 2

# Polynomial features
poly = PolynomialFeatures(degree=15)
X_poly = poly.fit_transform(X)

# Train a polynomial regression model
model = LinearRegression()
model.fit(X_poly, y)

# Plot the overfitted model
plt.scatter(X, y, color='blue')
plt.plot(X, model.predict(X_poly), color='red')
plt.title('Overfitting Example')
plt.show()
```

Analysons ce code qui démontre le surapprentissage à l'aide de la régression polynomiale :

   1.   Importation des bibliothèques nécessaires :

```
from sklearn.preprocessing import PolynomialFeatures
from sklearn.linear_model import LinearRegression
import numpy as np
import matplotlib.pyplot as plt
```

Ces importations fournissent des outils pour la génération de caractéristiques polynomiales, la régression linéaire, les opérations numériques et la visualisation.

   2.   Génération de données synthétiques :

```
np.random.seed(42)
X = np.random.rand(100, 1) * 10
y = 2 + 3 * X + np.random.randn(100, 1) * 2
```

Cela crée 100 valeurs X aléatoires et les valeurs y correspondantes avec un certain bruit ajouté.

   3.   Création de caractéristiques polynomiales :

```
poly = PolynomialFeatures(degree=15)
X_poly = poly.fit_transform(X)
```

Cela transforme les caractéristiques originales en caractéristiques polynomiales de degré 15, ce qui risque de conduire au surapprentissage.

4. Entraînement du modèle :

```
model = LinearRegression()
model.fit(X_poly, y)
```

Un modèle de régression linéaire est ajusté aux caractéristiques polynomiales.

5. Visualisation des résultats :

```
plt.scatter(X, y, color='blue')
plt.plot(X, model.predict(X_poly), color='red')
plt.title('Overfitting Example')
plt.show()
```

Ceci représente graphiquement les points de données originaux en bleu et les prédictions du modèle en rouge, montrant probablement une courbe complexe qui s'ajuste trop étroitement aux données d'entraînement, démontrant ainsi le surapprentissage.

Ce code illustre le surapprentissage en utilisant un modèle polynomial de degré élevé sur des données bruitées, résultant en un modèle qui s'ajuste probablement extrêmement bien aux données d'entraînement mais qui performerait mal sur de nouvelles données jamais rencontrées.

1.2 Rôle de l'apprentissage automatique dans le développement logiciel moderne

L'apprentissage automatique (ML) a évolué d'une technologie expérimentale à une pierre angulaire indispensable du développement logiciel moderne à travers diverses industries. Le ML s'est fermement établi comme une force transformatrice, révolutionnant notre approche de l'ingénierie logicielle et de la conception d'applications. Son impact s'étend bien au-delà du domaine des data scientists, imprégnant chaque aspect du cycle de vie du développement.

L'intégration du ML a inauguré une nouvelle ère d'applications intelligentes et adaptatives qui redéfinissent les expériences utilisateur et optimisent les processus internes. De l'amélioration des interactions clients grâce à des recommandations personnalisées à la rationalisation des flux de travail complexes avec l'analytique prédictive, l'apprentissage automatique est à l'avant-garde de l'innovation dans le développement logiciel.

Cette section explore les façons profondes dont le ML a remodelé le paysage de l'ingénierie logicielle. Nous examinerons comment il a redéfini les paradigmes de développement traditionnels, permettant la création d'applications plus intuitives, efficaces et réactives. De plus, nous étudierons pourquoi la maîtrise de l'apprentissage automatique est devenue une compétence essentielle pour les développeurs dans l'écosystème technologique en rapide évolution d'aujourd'hui, la positionnant comme une compétence critique pour ceux qui cherchent à rester à la pointe de l'innovation logicielle.

1.2.1 Le passage de la programmation traditionnelle à l'apprentissage automatique

Le développement logiciel traditionnel repose fortement sur des instructions explicites, où les programmeurs élaborent méticuleusement des règles que les ordinateurs doivent suivre pour traiter les entrées et générer des sorties. Cependant, le paysage de la résolution de problèmes modernes a considérablement évolué, présentant des défis souvent trop complexes ou dynamiques pour être abordés par des règles conventionnelles codées en dur.

Considérons, par exemple, la tâche monumentale de créer un programme basé sur des règles capable d'identifier chaque objet concevable dans une image, ou la complexité liée à la prédiction des préférences produit d'un utilisateur en fonction de son comportement historique. Ces scénarios illustrent les limites des approches de programmation traditionnelles face à la nature nuancée et en constante évolution des problèmes du monde réel.

En réponse à ces défis, l'apprentissage automatique émerge comme une solution changeant de paradigme. En permettant aux logiciels d'apprendre de manière autonome les modèles à partir des données, l'apprentissage automatique transcende les contraintes des instructions explicitement programmées. Cette approche révolutionnaire permet aux systèmes de s'adapter, d'évoluer et de prendre des décisions éclairées basées sur la richesse des informations qu'ils traitent, plutôt que de s'appuyer uniquement sur des règles prédéterminées.

Pour élucider les différences fondamentales entre ces deux approches, examinons une analyse comparative :

- **Paradigme de programmation traditionnelle** :Entrée → Programme (ensemble de règles) → SortieDans ce modèle, le programme consiste en un ensemble fixe de règles méticuleusement définies par le programmeur. Le comportement du système est entièrement prédéterminé par ces règles, limitant sa capacité à s'adapter à des scénarios imprévus ou à l'évolution des modèles de données.

- **Paradigme d'apprentissage automatique** :Entrée → Données + Modèle → SortieIci, le modèle est généré dynamiquement par des algorithmes sophistiqués qui apprennent à partir de vastes quantités de données. Cette approche permet au système de faire des prédictions ou des décisions basées sur les modèles qu'il a découverts, plutôt que de suivre un ensemble d'instructions prédéfinies.

Ce changement transformateur a débloqué une myriade d'opportunités d'innovation, particulièrement dans les domaines où l'adaptabilité et la personnalisation sont primordiales. Les modèles d'apprentissage automatique possèdent la remarquable capacité d'affiner continuellement leurs performances au fil du temps, d'intégrer harmonieusement de nouvelles données dans leurs processus de prise de décision, et d'automatiser des tâches complexes qui relevaient autrefois exclusivement du domaine de l'expertise humaine. Cette évolution des capacités logicielles a ouvert la voie à des systèmes plus intelligents, réactifs et efficaces à travers un large éventail d'applications.

1.2.2 Applications clés de l'apprentissage automatique dans le développement logiciel

L'apprentissage automatique est devenu une partie intégrante des applications avec lesquelles nous interagissons au quotidien, révolutionnant divers aspects du développement logiciel. Son influence omniprésente s'étend à travers de multiples domaines, améliorant la fonctionnalité, l'expérience utilisateur et l'efficacité globale.

Explorons certains domaines clés où l'apprentissage automatique a un impact profond dans le domaine du développement logiciel :

Systèmes de recommandation : Personnalisation des expériences utilisateur

Les systèmes de recommandation ont révolutionné le paysage numérique, devenant partie intégrante de nombreuses plateformes en ligne. Des géants du e-commerce comme Amazon aux services de streaming tels que Netflix, et même aux plateformes de médias sociaux, ces systèmes intelligents ont transformé la façon dont les utilisateurs interagissent avec le contenu et les produits. En exploitant des algorithmes sophistiqués et des techniques d'apprentissage automatique, les systèmes de recommandation analysent d'énormes quantités de données, incluant les comportements passés des utilisateurs, leurs préférences et leurs interactions, pour prédire et suggérer des articles ou du contenu qui correspondent aux goûts individuels.

La puissance des systèmes de recommandation réside dans leur capacité à traiter et à apprendre continuellement à partir de millions d'interactions utilisateurs. Cet apprentissage constant leur permet d'adapter et d'affiner leurs suggestions au fil du temps, créant des recommandations de plus en plus personnalisées et pertinentes. En conséquence, les utilisateurs bénéficient d'une expérience sur mesure qui non seulement améliore leur engagement mais les introduit également à de nouveaux produits, contenus ou connexions qu'ils n'auraient peut-être pas découverts autrement.

L'une des approches fondamentales dans la construction de systèmes de recommandation est le filtrage collaboratif. Cette technique analyse les modèles de similarité entre les utilisateurs ou les articles pour générer des recommandations. Par exemple, si deux utilisateurs ont des historiques de visionnage similaires sur une plateforme de streaming, le système pourrait recommander à un utilisateur du contenu que l'autre a apprécié mais que le premier n'a pas encore vu. Cette méthode capitalise sur la sagesse collective de la base d'utilisateurs, créant un effet de réseau qui améliore les recommandations pour tout le monde à mesure que davantage de données sont recueillies et traitées.

Exemple : Filtrage collaboratif en Python

```
import numpy as np
from sklearn.metrics.pairwise import cosine_similarity

# Sample user-item matrix (users x items)
user_item_matrix = np.array([
    [5, 4, 0, 0],
    [4, 0, 3, 0],
    [0, 0, 5, 4],
    [3, 5, 4, 0]
])

# Compute cosine similarity between users
user_similarity = cosine_similarity(user_item_matrix)

print("User Similarity Matrix:")
print(user_similarity)

# Recommendation for a user based on their similarity with others
user_index = 0  # Recommendations for the first user
similar_users = user_similarity[user_index].argsort()[::-1][1:]   # Sort users by
similarity, excluding the user itself
print(f"Top similar users for User {user_index}: {similar_users}")
```

Décomposons cet exemple de filtrage collaboratif :

    1.   Importation des bibliothèques nécessaires :

```
import numpy as np
from sklearn.metrics.pairwise import cosine_similarity
```

Cela importe NumPy pour les opérations numériques et cosine_similarity de scikit-learn pour calculer la similarité entre les utilisateurs.

    2.   Création d'une matrice utilisateur-élément d'exemple :

```
user_item_matrix = np.array([
    [5, 4, 0, 0],
    [4, 0, 3, 0],
    [0, 0, 5, 4],
    [3, 5, 4, 0]
])
```

Cette matrice représente les évaluations des utilisateurs pour des éléments. Chaque ligne est un utilisateur, et chaque colonne est un élément. Les valeurs représentent les évaluations, avec 0 indiquant l'absence d'évaluation.

    3.   Calcul de la similarité cosinus entre les utilisateurs :

```
user_similarity = cosine_similarity(user_item_matrix)
```

Cela calcule la similarité entre les utilisateurs basée sur leurs modèles d'évaluation.

4.   Affichage de la matrice de similarité des utilisateurs :

```
print("User Similarity Matrix:")
print(user_similarity)
```

Cela affiche les similarités calculées entre tous les utilisateurs.

5.   Recherche d'utilisateurs similaires pour les recommandations :

```
user_index = 0
similar_users = user_similarity[user_index].argsort()[::-1][1:]
print(f"Top similar users for User {user_index}: {similar_users}")
```

Cette partie trouve les utilisateurs similaires au premier utilisateur (indice 0), les trie par similarité dans l'ordre décroissant, et exclut l'utilisateur lui-même. Elle affiche ensuite les indices des utilisateurs les plus similaires.

Cet exemple de code démontre une approche basique de filtrage collaboratif, qui est une technique clé dans la construction de systèmes de recommandation.

2. Automatisation et améliorations d'efficacité

L'apprentissage automatique révolutionne la façon dont nous gérons les tâches répétitives dans le développement logiciel, améliorant considérablement l'efficacité et réduisant les erreurs humaines. Des processus qui nécessitaient autrefois une surveillance humaine constante sont maintenant automatisés avec une grande précision, permettant aux développeurs de se concentrer sur les aspects plus complexes et créatifs de leur travail.

Un exemple notable de cette automatisation se trouve dans le domaine des **tests automatisés**. Les tests logiciels traditionnels impliquent souvent la création et l'exécution manuelles de cas de test, ce qui peut être chronophage et sujet aux erreurs humaines. Avec l'apprentissage automatique, les développeurs peuvent désormais entraîner des modèles pour :

- Détecter automatiquement les bugs en analysant les modèles de code et en identifiant les problèmes potentiels

- Prédire les problèmes potentiels basés sur les données historiques des cas de test précédents et leurs résultats

- Générer automatiquement des cas de test, couvrant une plus large gamme de scénarios que les tests manuels pourraient atteindre

- Prioriser quelles parties du code nécessitent des tests plus approfondis en fonction de l'évaluation des risques

Cette approche orientée ML des tests non seulement accélère le processus de développement mais améliore également la qualité globale du logiciel en détectant des problèmes qui pourraient être manqués lors des tests manuels.

Au-delà des tests, l'apprentissage automatique est également appliqué à d'autres domaines du développement logiciel pour l'automatisation et l'amélioration de l'efficacité :

- **Refactorisation du code :** Les modèles ML peuvent analyser les structures de code et suggérer des améliorations ou des optimisations.

- **Optimisation des performances :** L'IA peut identifier les goulots d'étranglement dans les performances logicielles et suggérer ou même implémenter des optimisations.

- **Allocation des ressources :** Le ML peut aider à prédire les besoins en ressources pour les projets, permettant une meilleure planification et allocation.

- **Revue de code :** Les outils alimentés par l'IA peuvent assister dans les revues de code en signalant les problèmes potentiels ou les violations de style avant la revue humaine.

Ces avancées en matière d'automatisation et d'efficacité transforment le paysage du développement logiciel, permettant aux équipes de livrer des logiciels de meilleure qualité plus rapidement et avec moins de ressources.

Exemple : Prédiction des défauts logiciels

Prédire quelles parties d'une base de code sont susceptibles d'introduire des bugs peut améliorer la qualité logicielle. C'est particulièrement utile dans les projets à grande échelle où tester manuellement chaque fonctionnalité est impraticable. Voici une approche basique pour prédire les défauts logiciels en utilisant un modèle d'apprentissage automatique :

```python
# Importing libraries
from sklearn.model_selection import train_test_split
from sklearn.ensemble import RandomForestClassifier
from sklearn.metrics import classification_report

# Example dataset with features like complexity, lines of code, and number of changes
X = [
    [20, 300, 5],   # Code complexity, lines of code, number of changes
    [15, 150, 2],
    [30, 500, 10],
    [10, 100, 1],
]
y = [0, 0, 1, 0]  # 1 represents buggy code, 0 represents bug-free code

# Split data into training and testing sets
X_train, X_test, y_train, y_test = train_test_split(X, y, test_size=0.2, random_state=42)

# Train a RandomForestClassifier model
model = RandomForestClassifier()
```

```
model.fit(X_train, y_train)

# Predict and evaluate
y_pred = model.predict(X_test)
print(classification_report(y_test, y_pred))
```

Décomposons ce code qui démontre une approche basique pour prédire les défauts logiciels à l'aide de l'apprentissage automatique :

1. Importation des bibliothèques :

```
from sklearn.model_selection import train_test_split
from sklearn.ensemble import RandomForestClassifier
from sklearn.metrics import classification_report
```

Ces lignes importent les fonctions et classes nécessaires de scikit-learn, une bibliothèque d'apprentissage automatique populaire en Python.

2. Création d'un jeu de données exemple :

```
X = [
    [20, 300, 5],   # Code complexity, lines of code, number of changes
    [15, 150, 2],
    [30, 500, 10],
    [10, 100, 1],
]
y = [0, 0, 1, 0]  # 1 represents buggy code, 0 represents bug-free code
```

Cela crée un jeu de données simple où X représente les caractéristiques (complexité du code, nombre de lignes, nombre de modifications) et y représente les étiquettes (code avec ou sans bug).

3. Division des données :

```
X_train,  X_test,  y_train,  y_test  =  train_test_split(X,  y,  test_size=0.2,
random_state=42)
```

Cette ligne divise les données en ensembles d'entraînement et de test, avec 20% des données réservées au test.

4. Entraînement du modèle :

```
model = RandomForestClassifier()
model.fit(X_train, y_train)
```

Ici, un RandomForestClassifier est créé et entraîné sur les données d'entraînement.

5. Prédictions et évaluation :

```
y_pred = model.predict(X_test)
print(classification_report(y_test, y_pred))
```

Enfin, le modèle fait des prédictions sur les données de test, et un rapport de classification est imprimé pour évaluer la performance du modèle.

Cet exemple de code démontre un flux de travail basique pour utiliser l'apprentissage automatique afin de prédire les défauts logiciels, ce qui peut aider les développeurs à se concentrer sur les parties du code les plus susceptibles de contenir des bugs.

En automatisant la prédiction des défauts, les ingénieurs logiciels peuvent concentrer leurs efforts sur les parties du code les plus susceptibles de nécessiter une attention, réduisant ainsi les temps d'arrêt et améliorant la qualité du produit.

3. Traitement du Langage Naturel (NLP)

Le Traitement du Langage Naturel (NLP), un sous-ensemble fascinant de l'apprentissage automatique, se concentre sur la réduction de l'écart entre la communication humaine et la compréhension informatique. Ce domaine englobe une large gamme d'applications qui ont révolutionné notre façon d'interagir avec la technologie. Des chatbots sophistiqués capables d'engager des conversations quasi-humaines aux outils avancés d'analyse de sentiment qui peuvent déchiffrer le ton émotionnel d'un texte écrit, le NLP est devenu partie intégrante du développement logiciel moderne.

L'une des applications les plus importantes du NLP est le développement des chatbots. Ces assistants virtuels alimentés par l'IA ont transformé le service client en fournissant un support instantané, 24/7, pour les demandes courantes. En gérant les questions et tâches routinières, les chatbots réduisent considérablement la charge de travail des agents humains, leur permettant de consacrer leur expertise aux problèmes clients plus complexes et nuancés. Cela améliore non seulement l'efficacité globale mais renforce également la satisfaction client en fournissant des réponses rapides et précises.

Une autre technique cruciale dans la boîte à outils du NLP est l'**analyse de sentiment**. Cette puissante capacité permet aux développeurs de créer des applications qui peuvent automatiquement interpréter et catégoriser les opinions exprimées dans les données textuelles. En analysant les commentaires des clients, les avis sur les produits ou les publications sur les réseaux sociaux, les outils d'analyse de sentiment peuvent fournir des insights précieux sur les perceptions et émotions des utilisateurs. Ces informations sont inestimables pour les entreprises cherchant à évaluer l'opinion publique, améliorer leurs produits ou services, et prendre des décisions basées sur les données pour améliorer l'expérience client.

De plus, le NLP a fait des progrès significatifs dans le domaine de la traduction linguistique. Les modèles d'apprentissage automatique peuvent désormais traduire des textes entre des centaines de langues avec une précision remarquable, brisant les barrières linguistiques et facilitant la communication mondiale.

Ces capacités de traduction ont été intégrées dans diverses applications et plateformes, rendant plus facile pour les personnes de se connecter et de partager des informations au-delà des frontières linguistiques.

Exemple : Analyse de sentiment en Python

```python
from textblob import TextBlob

# Sample text
text = "I love using this product, it's absolutely fantastic!"

# Perform sentiment analysis
blob = TextBlob(text)
sentiment = blob.sentiment

print(f"Sentiment polarity: {sentiment.polarity}")    # Polarity ranges from -1
(negative) to 1 (positive)
```

Analysons le code d'analyse de sentiment :

- **Importer la bibliothèque :** from textblob import TextBlob Cette ligne importe la classe TextBlob de la bibliothèque textblob, qui fournit une API simple pour les tâches de traitement du langage naturel.

- **Définir le texte d'exemple :** text = "I love using this product, it's absolutely fantastic!" Cette ligne crée une variable de type chaîne de caractères contenant le texte à analyser.

- **Effectuer l'analyse de sentiment :** blob = TextBlob(text) sentiment = blob.sentiment Ces lignes créent un objet TextBlob à partir du texte puis extraient son attribut de sentiment.

- **Afficher la polarité du sentiment :** print(f"Sentiment polarity: {sentiment.polarity}") Cette ligne affiche le score de polarité de l'analyse de sentiment. La polarité varie de -1 (très négatif) à 1 (très positif), 0 étant neutre.

Le commentaire à la fin explique que la polarité varie de -1 (négatif) à 1 (positif), ce qui aide à interpréter les résultats.

Cet exemple de code démontre une façon simple d'effectuer une analyse de sentiment sur du texte, ce qui peut être utile pour les entreprises afin d'évaluer automatiquement le ton émotionnel des retours utilisateurs ou des avis sur les produits.

Dans cet exemple, le score de polarité aide à déterminer si le sentiment est positif, négatif ou neutre, permettant aux entreprises de surveiller les retours utilisateurs à grande échelle.

4. Sécurité et Détection de Fraude

L'apprentissage automatique est devenu un outil essentiel pour renforcer les mesures de sécurité et détecter les activités frauduleuses dans divers secteurs. Sa capacité à analyser rapidement d'énormes quantités de données et à identifier des modèles qui pourraient être imperceptibles pour les observateurs humains le rend particulièrement précieux dans ce domaine.

Les systèmes de détection de fraude alimentés par des algorithmes d'apprentissage automatique sont conçus pour examiner les transactions et les activités en temps réel. Ces systèmes peuvent traiter simultanément des milliers de points de données, recherchant des irrégularités subtiles ou des modèles suspects qui pourraient indiquer un comportement frauduleux. Cette capacité est particulièrement cruciale dans des secteurs comme la finance, le commerce électronique et la cybersécurité, où la rapidité de détection peut faire une différence significative dans la prévention des pertes financières ou des violations de données.

L'une des principales techniques employées dans la détection de fraude est la détection d'anomalies. Cette approche consiste à entraîner des modèles d'apprentissage automatique sur ce qui constitue un comportement ou des transactions "normales" au sein d'un système. Une fois que le modèle a une compréhension solide des modèles typiques, il peut plus facilement identifier les écarts par rapport à ces normes. Ces anomalies ou valeurs aberrantes sont ensuite signalées comme fraude potentielle pour une enquête plus approfondie.

La puissance de l'apprentissage automatique dans ce contexte réside dans sa capacité à :

- Apprendre et s'adapter continuellement aux nouveaux modèles de fraude, gardant une longueur d'avance sur les tactiques évolutives utilisées par les acteurs malveillants

- Traiter et analyser les données à une échelle et une vitesse bien au-delà des capacités humaines

- Réduire les faux positifs en comprenant les relations complexes et multidimensionnelles dans les données

- Fonctionner 24h/24 et 7j/7 sans fatigue, assurant une vigilance constante contre les menaces de sécurité

En exploitant ces capacités, les organisations peuvent améliorer considérablement leur posture de sécurité, protéger leurs actifs et leurs clients, et maintenir la confiance dans leurs systèmes et services.

Exemple : Détection d'Anomalies Utilisant Isolation Forest

```python
from sklearn.ensemble import IsolationForest

# Sample transaction data (simplified)
X = [[500], [520], [490], [505], [1500]]  # The last transaction might be suspicious

# Fit Isolation Forest
```

```
model = IsolationForest(contamination=0.1)   # Set contamination to define outlier
proportion
model.fit(X)

# Predict anomalies
predictions = model.predict(X)
print(f"Transaction labels: {predictions}")   # -1 indicates an anomaly (potential
fraud)
```

Analysons cet exemple de code pour la détection d'anomalies utilisant Isolation Forest :

- **Importer la bibliothèque :** from sklearn.ensemble import IsolationForest Cette ligne importe la classe IsolationForest de scikit-learn, une bibliothèque populaire d'apprentissage automatique en Python.

- **Définir les données d'exemple :** X = [[500], [520], [490], [505], [1500]] Ceci crée une liste de montants de transactions. Le commentaire indique que la dernière transaction (1500) pourrait être suspecte en raison de sa valeur plus élevée.

- **Créer et entraîner le modèle :** model = IsolationForest(contamination=0.1) model.fit(X) Un modèle IsolationForest est instancié avec un paramètre de contamination de 0,1, ce qui estime qu'environ 10% des données pourraient être anormales. Le modèle est ensuite entraîné sur les données.

- **Prédire les anomalies :** predictions = model.predict(X) Cette ligne utilise le modèle entraîné pour faire des prédictions sur les données d'entrée.

- **Afficher les résultats :** print(f"Transaction labels: {predictions}") Ceci affiche les prédictions. Le commentaire explique que -1 indique une anomalie (fraude potentielle), tandis que 1 indiquerait des transactions normales.

Cet exemple démontre une implémentation basique de détection d'anomalies pour la prévention de fraude dans les transactions financières. Il peut aider à identifier des modèles inhabituels qui pourraient indiquer une activité frauduleuse.

En identifiant les comportements inhabituels, les systèmes de détection de fraude peuvent prendre des mesures proactives, comme signaler ou bloquer les transactions qui semblent suspectes.

1.2.3 L'apprentissage automatique dans le cycle de développement logiciel

L'apprentissage automatique ne transforme pas seulement les produits finaux que nous créons ; il révolutionne l'ensemble du processus de développement logiciel. L'intégration de l'apprentissage automatique redéfinit chaque étape du **cycle de développement logiciel (SDLC)**, conduisant à des approches plus efficaces, axées sur les données et innovantes.

Examinons comment l'apprentissage automatique marque les différentes phases du développement logiciel :

Recueil des exigences : Les algorithmes d'apprentissage automatique peuvent analyser de vastes quantités de données utilisateurs, y compris les modèles d'utilisation, les retours et les tendances du marché. Cela aide les développeurs et les chefs de produit à identifier les fonctionnalités clés dont les utilisateurs ont besoin ou qu'ils souhaitent, même s'ils ne les ont pas explicitement demandées. En exploitant la modélisation prédictive, les équipes peuvent anticiper les besoins futurs des utilisateurs et prioriser les fonctionnalités en conséquence, aboutissant à des produits plus centrés sur l'utilisateur et plus compétitifs.

Conception : Les outils de conception basés sur l'apprentissage automatique vont au-delà des simples tests A/B. Ils peuvent analyser les données d'interaction utilisateur à travers plusieurs interfaces et suggérer des dispositions optimales, des schémas de couleurs et des placements d'éléments. Cette approche de conception UI/UX axée sur les données garantit que les interfaces ne sont pas seulement esthétiquement plaisantes, mais aussi fonctionnellement efficaces, augmentant potentiellement l'engagement et la satisfaction des utilisateurs.

Développement : Les assistants de code alimentés par l'IA comme GitHub Copilot représentent un bond significatif dans la productivité du développement. Ces outils utilisent des modèles d'apprentissage automatique entraînés sur de vastes référentiels de code pour suggérer des extraits de code pertinents, compléter des fonctions, ou même générer des classes entières. Cela peut considérablement accélérer le processus de codage, réduire les erreurs et permettre aux développeurs de se concentrer sur des tâches de résolution de problèmes plus complexes.

Tests : L'apprentissage automatique dans les tests va au-delà de la simple automatisation. Les modèles d'apprentissage automatique peuvent apprendre des résultats de tests précédents pour prédire quelles zones du code sont les plus susceptibles de contenir des bugs. Cela permet des tests plus ciblés, réduisant le temps global de test tout en améliorant la couverture. De plus, l'apprentissage automatique peut aider à générer des cas de test, simuler le comportement des utilisateurs pour des tests de résistance, et même prédire des vulnérabilités de sécurité potentielles avant qu'elles ne puissent être exploitées.

Maintenance : Les modèles d'apprentissage automatique en maintenance agissent comme un observateur constant et vigilant des performances du logiciel. En analysant les modèles dans les fichiers journaux, les rapports utilisateurs et les métriques système, ces modèles peuvent prédire quand et où des défaillances pourraient survenir. Cette approche proactive permet aux équipes de développement de résoudre les problèmes potentiels avant qu'ils n'affectent les utilisateurs, conduisant à une meilleure fiabilité du système et à la satisfaction des utilisateurs. De plus, l'apprentissage automatique peut aider à l'analyse des causes profondes, aidant les développeurs à identifier rapidement la source des problèmes lorsqu'ils surviennent.

En intégrant l'apprentissage automatique tout au long du SDLC, les équipes de développement peuvent créer des logiciels plus robustes, conviviaux et efficaces tout en réduisant potentiellement le temps et les coûts de développement.

1.2.4 Pourquoi chaque développeur devrait apprendre l'apprentissage automatique

Compte tenu des applications étendues et transformatrices de l'apprentissage automatique dans le paysage du développement logiciel moderne, il est devenu une compétence indispensable que les développeurs doivent acquérir et cultiver. Le domaine de l'apprentissage automatique s'est étendu bien au-delà des limites des rôles spécialisés en science des données, imprégnant divers aspects de l'ingénierie logicielle.

Alors que les outils et techniques alimentés par l'IA continuent de s'intégrer harmonieusement aux pratiques d'ingénierie logicielle traditionnelles, les entreprises s'attendent de plus en plus à ce que les développeurs possèdent une compréhension fondamentale des concepts et méthodologies d'apprentissage automatique.

Ce changement dans les attentes de l'industrie n'est pas simplement une tendance passagère, mais un reflet de l'évolution de la nature même du développement logiciel. La capacité à exploiter la puissance des algorithmes d'apprentissage automatique et à les appliquer efficacement dans divers contextes est devenue un atout précieux pour les développeurs dans différents domaines. De l'amélioration des expériences utilisateurs grâce aux recommandations personnalisées à l'optimisation des performances système par l'analyse prédictive, les applications de l'apprentissage automatique sont à la fois vastes et profondes.

De plus, alors que les frontières entre le développement logiciel traditionnel et les solutions basées sur l'IA continuent de s'estomper, les développeurs versés dans les principes d'apprentissage automatique se trouvent mieux équipés pour innover, résoudre des problèmes complexes et créer des systèmes logiciels plus intelligents et adaptatifs.

Cette connaissance améliore non seulement leurs capacités de résolution de problèmes, mais les positionne également à l'avant-garde de l'avancement technologique, prêts à relever les défis et à saisir les opportunités qui émergent dans un monde de plus en plus orienté vers l'IA.

1.3 Tendances de l'IA et de l'apprentissage automatique en 2024

Le paysage de l'apprentissage automatique et de l'intelligence artificielle connaît une transformation révolutionnaire à un rythme sans précédent. En 2024, nous sommes témoins d'une multitude de tendances novatrices qui non seulement remodèlent des industries entières, mais modifient aussi fondamentalement la façon dont les développeurs et les entreprises exploitent ces technologies de pointe.

De l'émergence de nouveaux paradigmes architecturaux aux changements significatifs dans les pratiques d'IA éthique, acquérir une compréhension globale de ces tendances est devenu primordial pour quiconque cherche à maintenir un avantage concurrentiel dans le domaine en rapide évolution de l'IA et de l'apprentissage automatique.

Cette section cruciale se lance dans une exploration approfondie des tendances les plus importantes et influentes de 2024. En fournissant une analyse détaillée de ces développements, nous visons à vous offrir une vue panoramique de la trajectoire de l'industrie, éclairant la voie à suivre et vous équipant des connaissances nécessaires pour vous positionner stratégiquement dans ce paysage dynamique.

Grâce à cette exploration, vous obtiendrez des perspectives précieuses sur la façon d'exploiter efficacement ces avancées, vous permettant de rester à l'avant-garde de l'innovation et de capitaliser sur les innombrables opportunités qui émergent dans cette ère transformative de l'intelligence artificielle et de l'apprentissage automatique.

1.3.1 Les Transformers au-delà du traitement du langage naturel (NLP)

Ces dernières années, les **architectures Transformer** ont inauguré une nouvelle ère dans le traitement du langage naturel, révolutionnant le domaine avec des modèles novateurs tels que BERT, GPT et T5. Ces architectures innovantes ont démontré des capacités sans précédent pour comprendre et générer le langage humain.

Cependant, à mesure que nous avançons dans les années récentes, l'impact des transformers a transcendé les frontières du NLP, imprégnant divers domaines dont la vision par ordinateur, l'apprentissage par renforcement, et même le domaine complexe de la bioinformatique. Cette remarquable expansion multidisciplinaire peut être attribuée à la capacité exceptionnelle des transformers à modéliser des dépendances complexes au sein des structures de données, les rendant extraordinairement efficaces à travers un large éventail de tâches et d'applications.

Un exemple éloquent de cette expansion est évident dans le domaine de la vision par ordinateur, où les Vision Transformers (ViTs) ont émergé comme chefs de file dans les tâches de classification d'images. Ces modèles à la pointe de la technologie ont non seulement égalé mais dans de nombreux scénarios dépassé les performances des réseaux de neurones convolutifs traditionnels (CNNs), qui ont longtemps été la référence en matière de traitement d'images. Le succès des ViTs souligne la polyvalence et la puissance des architectures transformer, démontrant leur capacité à s'adapter et exceller dans des domaines bien éloignés de leur application originale dans le traitement du langage naturel.

Les architectures Transformer, initialement introduites pour les tâches de NLP, ont révolutionné le domaine et sont maintenant appliquées à divers domaines au-delà du traitement du langage. Voici une explication approfondie :

- **Origine et évolution** : Les Transformers ont été introduits pour la première fois dans l'article "Attention is All You Need" par Vaswani et al. en 2017. Ils représentaient une rupture significative avec les architectures traditionnelles de modélisation de séquences comme les RNNs et les CNNs, se concentrant plutôt sur le concept "d'attention".

- **Caractéristique clé - Mécanisme d'attention** : Le cœur des modèles Transformer est leur mécanisme d'attention, qui leur permet de traiter tous les mots d'une séquence simultanément. Cette capacité de traitement parallèle les rend plus rapides et plus efficaces que les modèles séquentiels.

- **Au-delà du NLP** : En 2024, les Transformers ont étendu leur portée à divers domaines, notamment :

  - Vision par ordinateur : Les Vision Transformers (ViTs) sont désormais des modèles de premier plan pour les tâches de classification d'images, surpassant souvent les réseaux de neurones convolutifs traditionnels (CNNs).

  - Apprentissage par renforcement : Les Transformers sont appliqués à des tâches complexes de prise de décision.

  - Bioinformatique : Ils sont utilisés pour analyser les séquences et structures biologiques.

- **Avantages** :

  - Modélisation de dépendances complexes : Les Transformers excellent à capturer des relations intriquées dans les données à travers divers domaines.

  - Dépendances à longue portée : Ils sont particulièrement efficaces pour comprendre les connexions entre des éléments éloignés dans une séquence.

  - Parallélisation : Leur architecture permet une utilisation efficace du matériel moderne, conduisant à des temps d'entraînement plus rapides.

- **Impact** : La polyvalence des Transformers a conduit à des résultats à la pointe de la technologie dans de nombreuses tâches, en faisant une pierre angulaire des approches modernes d'apprentissage automatique dans de multiples domaines.

Exemple : Utilisation du Vision Transformer (ViT) pour la classification d'images

```python
# Import necessary libraries
from transformers import ViTForImageClassification, ViTFeatureExtractor
from PIL import Image
import torch

# Load pre-trained Vision Transformer and feature extractor
model = ViTForImageClassification.from_pretrained("google/vit-base-patch16-224")
feature_extractor = ViTFeatureExtractor.from_pretrained("google/vit-base-patch16-224")

# Load and preprocess the image
image = Image.open("sample_image.jpg")
inputs = feature_extractor(images=image, return_tensors="pt")

# Perform inference (image classification)
with torch.no_grad():
    outputs = model(**inputs)
    logits = outputs.logits
```

```
# Predicted label
predicted_class_idx = logits.argmax(-1).item()
print(f"Predicted class index: {predicted_class_idx}")
```

Décortiquons cet exemple de code qui démontre comment utiliser un Transformer de Vision (ViT) pour la classification d'images :

- **1. Importer les bibliothèques :** from transformers import ViTForImageClassification, ViTFeatureExtractor from PIL import Image import torch Ces lignes importent les modules nécessaires de la bibliothèque transformers, PIL pour le traitement d'images, et PyTorch.

- **2. Charger le modèle pré-entraîné et l'extracteur de caractéristiques :** model = ViTForImageClassification.from_pretrained("google/vit-base-patch16-224") feature_extractor = ViTFeatureExtractor.from_pretrained("google/vit-base-patch16-224") Cela charge un modèle ViT pré-entraîné et son extracteur de caractéristiques correspondant.

- **3. Charger et prétraiter l'image :** image = Image.open("sample_image.jpg") inputs = feature_extractor(images=image, return_tensors="pt") Ici, une image est chargée et prétraitée à l'aide de l'extracteur de caractéristiques.

- **4. Effectuer l'inférence :** with torch.no_grad(): outputs = model(**inputs) logits = outputs.logits Cette section fait passer l'image à travers le modèle pour obtenir les résultats de classification.

- **5. Obtenir la classe prédite :** predicted_class_idx = logits.argmax(-1).item() print(f"Predicted class index: {predicted_class_idx}") Enfin, le code détermine la classe prédite en trouvant l'indice avec la valeur logit la plus élevée.

Dans cet exemple, le Transformer de Vision est utilisé pour classifier une image. Le modèle ViT divise l'image en patches, traite chaque patch comme un token (similaire à la façon dont les mots sont traités dans un texte), et les traite en utilisant l'architecture transformer. Le résultat est un puissant modèle de classification d'images qui rivalise avec, et parfois surpasse, les réseaux de neurones convolutifs traditionnels (CNNs).

Cette tendance reflète un mouvement plus large vers des **architectures transformer généralisées**, où les transformers sont adoptés dans divers domaines pour des tâches comme le traitement d'images, l'apprentissage par renforcement, et même le repliement des protéines.

1.3.2 Apprentissage auto-supervisé

Une tendance révolutionnaire qui a gagné en importance ces dernières années est **l'apprentissage auto-supervisé** (SSL). Cette approche innovante a révolutionné l'entraînèment des modèles d'apprentissage automatique en éliminant le besoin de vastes ensembles de données étiquetées. Le SSL permet aux modèles d'apprendre des représentations de données de manière autonome en abordant des tâches qui ne nécessitent pas d'étiquetage manuel, comme la reconstruction d'entrées corrompues ou la prédiction du contexte à partir des informations environnantes.

Ce changement de paradigme a non seulement considérablement réduit le temps et les ressources traditionnellement consacrés à l'étiquetage des données, mais a également ouvert de nouvelles possibilités dans les domaines où les données étiquetées sont rares ou difficiles à obtenir.

L'impact du SSL a été particulièrement profond dans le domaine de la vision par ordinateur. Des techniques de pointe comme **SimCLR** (Simple Framework for Contrastive Learning of Visual Representations) et **BYOL** (Bootstrap Your Own Latent) ont démontré des capacités remarquables, atteignant des niveaux de performance qui rivalisent, et dans certains cas surpassent, ceux des approches d'apprentissage supervisé.

Ces méthodes accomplissent cet exploit tout en ne nécessitant qu'une fraction des données étiquetées traditionnellement requises, marquant une avancée significative dans l'efficacité et l'accessibilité des technologies d'apprentissage automatique.

Exemple : Apprentissage auto-supervisé avec SimCLR en PyTorch

```python
# Import required libraries
import torch
import torchvision
import torchvision.transforms as transforms
from torch import nn, optim

# Define transformation for self-supervised learning (SimCLR augmentation)
transform = transforms.Compose([
    transforms.RandomResizedCrop(32),
    transforms.RandomHorizontalFlip(),
    transforms.ToTensor(),
])

# Load the CIFAR-10 dataset without labels (unsupervised)
train_dataset       =        torchvision.datasets.CIFAR10(root='./data',        train=True,
transform=transform, download=True)
train_loader       =        torch.utils.data.DataLoader(train_dataset,       batch_size=64,
shuffle=True)

# Define a simple ResNet backbone
backbone = torchvision.models.resnet18(pretrained=False)
backbone.fc = nn.Identity()  # Remove the final classification layer

# Define the projection head for SimCLR
projection_head = nn.Sequential(
    nn.Linear(512, 256),
    nn.ReLU(),
    nn.Linear(256, 128),
)
```

```
# Combine backbone and projection head
class SimCLRModel(nn.Module):
    def __init__(self, backbone, projection_head):
        super(SimCLRModel, self).__init__()
        self.backbone = backbone
        self.projection_head = projection_head

    def forward(self, x):
        features = self.backbone(x)
        projections = self.projection_head(features)
        return projections

model = SimCLRModel(backbone, projection_head)

# Example forward pass through the model
sample_batch = next(iter(train_loader))[0]
outputs = model(sample_batch)
print(f"Output shape: {outputs.shape}")
```

Décortiquons cet exemple de code d'apprentissage auto-supervisé avec SimCLR en PyTorch :

- **1. Importation des bibliothèques :** Le code commence par importer les bibliothèques nécessaires : PyTorch, torchvision, et des modules spécifiques pour les réseaux de neurones et l'optimisation.

- **2. Augmentation des données :** Un pipeline de transformation est défini en utilisant transforms.Compose. Cela inclut le recadrage aléatoire, le retournement horizontal et la conversion en tenseur. Ces augmentations sont cruciales pour l'approche d'apprentissage contrastif de SimCLR.

- **3. Chargement du jeu de données :** Le jeu de données CIFAR-10 est chargé sans étiquettes, soulignant la nature non supervisée du processus d'apprentissage.

- **4. Architecture du modèle :**
    - o Un backbone ResNet18 est utilisé comme extracteur de caractéristiques. La couche de classification finale est supprimée pour produire des représentations de caractéristiques.
    - o Une tête de projection est définie, qui traite davantage les caractéristiques. C'est un composant clé de SimCLR.
    - o La classe SimCLRModel combine le backbone et la tête de projection.

- **5. Instanciation du modèle :** Une instance du SimCLRModel est créée.

- **6. Exemple de passage avant :** Le code démontre un passage avant à travers le modèle en utilisant un lot d'échantillons du chargeur de données. Cela montre comment le modèle traite les données d'entrée et produit des projections.

Cette implémentation met en évidence les composants essentiels de SimCLR : l'augmentation des données, un réseau backbone pour l'extraction de caractéristiques, et une tête de projection. Le modèle apprend à créer des représentations significatives des données d'entrée sans s'appuyer sur des étiquettes, ce qui est l'essence de l'apprentissage auto-supervisé.

1.3.3 Apprentissage fédéré et confidentialité des données

Alors que les préoccupations concernant la confidentialité des données continuent de s'intensifier, **l'apprentissage fédéré** est apparu comme une solution révolutionnaire pour entraîner des modèles d'apprentissage automatique tout en préservant la confidentialité des données. Cette approche innovante permet le développement de systèmes d'IA sophistiqués en exploitant l'intelligence collective de nombreux appareils décentralisés, tels que les smartphones ou les capteurs IoT, sans nécessiter la centralisation d'informations sensibles.

En permettant aux modèles d'être entraînés localement sur des appareils individuels et en ne partageant que des mises à jour agrégées, l'apprentissage fédéré garantit que les données brutes restent sécurisées et privées, répondant efficacement aux préoccupations croissantes concernant la protection des données et la vie privée des utilisateurs.

L'impact de l'apprentissage fédéré s'étend à divers secteurs, la santé servant d'exemple principal de son potentiel transformateur. Dans les contextes médicaux, cette technologie permet aux établissements de santé de collaborer au développement de modèles d'IA de pointe sans compromettre la confidentialité des patients.

Les hôpitaux peuvent contribuer à la création d'outils de diagnostic plus robustes et précis en entraînant des modèles sur leurs ensembles de données locaux et en ne partageant que les connaissances acquises. Cette approche collaborative améliore non seulement la qualité des diagnostics assistés par IA, mais maintient également les normes les plus élevées de protection des données des patients, favorisant la confiance et la conformité aux réglementations strictes en matière de confidentialité dans le secteur de la santé.

Exemple : Apprentissage fédéré avec PySyft

```python
import syft as sy
import torch
import torch.nn as nn
import torch.optim as optim
from torchvision import datasets, transforms
from torch.utils.data import DataLoader

# Create a PySyft domain for federated learning
domain = sy.Domain(name="main_domain")

# Create virtual workers in the domain
alice = domain.get_client()
bob = domain.get_client()

# Load the MNIST dataset
```

```
transform = transforms.Compose([transforms.ToTensor(), transforms.Normalize((0.5,),
(0.5,))])
mnist_dataset = datasets.MNIST('.', train=True, download=True, transform=transform)

# Split the dataset between Alice and Bob
alice_data, bob_data = torch.utils.data.random_split(mnist_dataset, [30000, 30000])
alice_loader = DataLoader(alice_data, batch_size=64, shuffle=True)
bob_loader = DataLoader(bob_data, batch_size=64, shuffle=True)

# Send datasets to the workers
alice_dataset       =       sy.Dataset(data=alice_loader.dataset,       name="alice_data",
description="MNIST data for Alice")
bob_dataset = sy.Dataset(data=bob_loader.dataset, name="bob_data", description="MNIST
data for Bob")
domain.load_dataset(alice_dataset, client=alice)
domain.load_dataset(bob_dataset, client=bob)

# Define the neural network model
class SimpleNN(nn.Module):
    def __init__(self):
        super(SimpleNN, self).__init__()
        self.fc = nn.Linear(784, 10)

    def forward(self, x):
        return self.fc(x)

model = SimpleNN()

# Configure the optimizer and loss function
optimizer = optim.SGD(model.parameters(), lr=0.01)
loss_fn = nn.CrossEntropyLoss()

# Train the model on Alice's and Bob's datasets
for epoch in range(1):
    for client, loader in [(alice, alice_loader), (bob, bob_loader)]:
        print(f"Training on {client.name}")
        for data, target in loader:
            data = data.view(data.size(0), -1)  # Flatten the images
            target = target.long()

            # Send data to the client
            data_ptr = data.send(client)
            target_ptr = target.send(client)

            # Perform forward pass on the remote model
            output_ptr = model(data_ptr)
            loss_ptr = loss_fn(output_ptr, target_ptr)

            # Perform backpropagation on the remote model
            optimizer.zero_grad()
            loss_ptr.backward()
            optimizer.step()
```

```
print("Federated learning completed!")
```

Décortiquons cet exemple de code d'apprentissage fédéré utilisant PySyft :

- **1. Importation des bibliothèques :** Le code commence par importer les bibliothèques nécessaires : PySyft (sy), PyTorch (torch), et torchvision pour la gestion des jeux de données.

- **2. Configuration des travailleurs PySyft :** Deux travailleurs virtuels, "alice" et "bob", sont créés en utilisant PySyft. Ils simulent des détenteurs de données distincts dans un scénario d'apprentissage fédéré.

- **3. Définition du modèle :** Un réseau de neurones simple (SimpleNN) est défini avec une seule couche linéaire. Ce sera le modèle entraîné de manière fédérée.

- **4. Préparation des données :** Le jeu de données MNIST est chargé et réparti entre Alice et Bob, simulant des données distribuées. Chaque travailleur reçoit son propre DataLoader.

- **5. Boucle d'entraînement :** Le modèle est entraîné pendant une époque. Pour chaque lot :
  - Les données sont envoyées au travailleur respectif (Alice ou Bob)
  - Le modèle fait des prédictions
  - La perte est calculée et rétropropagée
  - Le modèle est mis à jour
  - Les données sont récupérées du travailleur.

- **6. Préservation de la confidentialité :** L'aspect clé de l'apprentissage fédéré est démontré ici : les données brutes ne quittent jamais les travailleurs. Seules les mises à jour du modèle sont partagées, préservant ainsi la confidentialité des données.

Cet exemple démontre comment l'apprentissage fédéré peut être appliqué en utilisant PySyft, une bibliothèque conçue pour faciliter l'apprentissage automatique préservant la confidentialité. Le modèle est entraîné sur deux "travailleurs" différents (simulés comme Alice et Bob) sans jamais partager de données brutes.

1.3.4 IA explicable (XAI)

Alors que les modèles d'IA, en particulier les réseaux d'apprentissage profond, sont devenus de plus en plus complexes et opaques, la demande d'interprétabilité a augmenté de façon exponentielle. En réponse à ce besoin pressant, l'**IA explicable (XAI)** est apparue comme une tendance essentielle en 2024, révolutionnant la façon dont nous comprenons et interagissons avec les systèmes d'IA. La XAI vise à démystifier les processus de prise de décision des modèles complexes, offrant aux utilisateurs et aux parties prenantes des aperçus sans précédent sur la manière dont l'IA parvient à ses conclusions.

Cette avancée dans la transparence de l'IA est facilitée par des techniques de pointe telles que **SHAP** (SHapley Additive exPlanations) et **LIME** (Local Interpretable Model-agnostic Explanations). Ces approches innovantes offrent des décompositions détaillées des prédictions des modèles, mettant en lumière l'importance relative des différentes caractéristiques et la logique sous-jacente qui guide les décisions de l'IA. En fournissant ce niveau de granularité, les techniques XAI jouent un rôle déterminant dans le développement de la confiance envers les systèmes d'IA, particulièrement dans les domaines à enjeux élevés où les conséquences des décisions guidées par l'IA peuvent avoir une portée considérable.

L'impact de l'IA explicable est particulièrement profond dans des secteurs critiques tels que la santé, où elle permet aux professionnels médicaux de comprendre et de valider les diagnostics assistés par IA ; dans la finance, où elle aide les analystes à appréhender les évaluations complexes des risques et les recommandations d'investissement ; et dans la conduite autonome, où elle permet aux ingénieurs et aux régulateurs d'examiner minutieusement les processus de prise de décision des véhicules autonomes.

En comblant le fossé entre les capacités avancées de l'IA et la compréhension humaine, la XAI ne se contente pas d'améliorer la fiabilité des systèmes d'IA, mais ouvre également la voie à une intelligence artificielle plus responsable et alignée sur l'éthique.

Exemple : Explicabilité avec SHAP en Python

```python
import shap
import xgboost
from sklearn.datasets import load_diabetes
from sklearn.model_selection import train_test_split
from sklearn.metrics import mean_squared_error

# Load the Diabetes dataset
data = load_diabetes()
X = data.data
y = data.target

# Split the data into training and testing sets
X_train, X_test, y_train, y_test = train_test_split(X, y, test_size=0.2,
random_state=42)

# Train an XGBoost model
model = xgboost.XGBRegressor()
model.fit(X_train, y_train)

# Evaluate the model
y_pred = model.predict(X_test)
print(f"Mean Squared Error: {mean_squared_error(y_test, y_pred)}")

# Initialize SHAP explainer
```

```
explainer = shap.Explainer(model, X_train)
shap_values = explainer(X_test)

# Visualize SHAP values for a single prediction
shap.plots.waterfall(shap_values[0])
```

Décomposons cet exemple de code utilisant SHAP (SHapley Additive exPlanations) pour l'IA explicable :

- **1. Importation des bibliothèques :**import shap, xgboost, load_diabetes Importe SHAP pour les explications, XGBoost pour la modélisation, et un jeu de données pour la régression.

- **2. Chargement des données :**X, y = load_diabetes().data, load_diabetes().target Charge le jeu de données Diabetes avec les caractéristiques (X) et les valeurs cibles (y).

- **3. Entraînement du modèle :**model = xgboost.XGBRegressor().fit(X_train, y_train) Entraîne un modèle de régression XGBoost sur le jeu de données.

- **4. Création de l'explicateur SHAP :**explainer = shap.Explainer(model, X_train); shap_values = explainer(X_test) Initialise un explicateur SHAP et calcule les valeurs SHAP pour les données de test.

- **5. Visualisation des explications :**shap.plots.waterfall(shap_values[0]) Génère un graphique en cascade pour la première prédiction, montrant les contributions des caractéristiques.

Cet exemple illustre comment les valeurs SHAP peuvent être utilisées pour expliquer des prédictions individuelles. Le graphique en cascade montre comment différentes caractéristiques contribuent à la prédiction finale, offrant de la transparence dans le processus décisionnel du modèle.

1.3.5 Éthique de l'IA et gouvernance

Alors que l'intelligence artificielle continue de pénétrer divers secteurs de l'industrie et de la société, l'importance des **considérations éthiques** est devenue de plus en plus primordiale. En 2024, les organisations accordent une importance accrue au développement et à la mise en œuvre de systèmes d'apprentissage automatique qui sont non seulement puissants et efficaces, mais aussi transparents, équitables et exempts de biais. Ce virage vers une IA éthique représente une évolution cruciale dans le domaine, reconnaissant l'impact profond que les technologies d'IA peuvent avoir sur les individus et les communautés.

Le concept d'IA éthique englobe un large éventail de questions critiques qui doivent être abordées tout au long du cycle de vie des systèmes d'IA. Celles-ci comprennent :

- L'identification et l'atténuation des biais dans les ensembles de données utilisés pour l'entraînement des modèles d'IA

- L'assurance d'équité dans les processus de prise de décision algorithmique
- La protection contre les décisions d'IA qui pourraient nuire ou désavantager de manière disproportionnée certains groupes démographiques
- La promotion de la transparence dans les opérations d'IA et les fondements des décisions
- La protection de la vie privée individuelle et la sécurisation des données sensibles

En réponse à ces préoccupations pressantes, les gouvernements et les institutions du monde entier ont commencé à établir et à appliquer des **cadres de gouvernance de l'IA** complets. Ces cadres servent de lignes directrices essentielles pour le développement, le déploiement et la gestion responsables des technologies d'IA. Les principes fondamentaux mis en avant dans ces structures de gouvernance comprennent généralement :

- **Atténuation des biais et équité** : Cela implique la mise en œuvre de processus rigoureux pour identifier, évaluer et éliminer les biais dans les modèles d'IA. Cela garantit que les systèmes d'IA ne perpétuent ni n'exacerbent les inégalités sociétales existantes, mais favorisent plutôt des résultats justes et équitables pour tous les individus, quelles que soient leurs caractéristiques démographiques.

- **Transparence et explicabilité** : Un objectif clé est de rendre les systèmes d'IA plus interprétables et responsables. Cela inclut le développement de méthodes pour expliquer les processus de prise de décision de l'IA en termes compréhensibles par les humains, permettant un examen plus approfondi et une confiance accrue dans les résultats générés par l'IA.

- **Protection de la vie privée et sécurité des données** : Les cadres de gouvernance soulignent l'importance cruciale de protéger la vie privée des utilisateurs et de gérer de manière responsable les informations sensibles. Cela implique la mise en œuvre de mesures robustes de protection des données, la conformité aux réglementations sur la protection des données et l'adoption de techniques préservant la confidentialité dans le développement de l'IA.

- **Responsabilité et surveillance** : Établir des lignes claires de responsabilité et des mécanismes de surveillance dans le développement et le déploiement de l'IA. Cela comprend la définition des rôles et responsabilités, la mise en œuvre de processus d'audit et la création de canaux pour traiter les préoccupations ou les griefs liés aux systèmes d'IA.

Pour les développeurs et les organisations travaillant dans le domaine de l'IA, l'intégration de ces considérations éthiques à chaque étape du cycle de vie de l'IA - de la conceptualisation et la conception au développement, aux tests, au déploiement et à la surveillance continue - n'est plus facultative, mais une nécessité fondamentale. En priorisant les pratiques d'IA éthiques, les parties prenantes peuvent favoriser une plus grande confiance dans les technologies d'IA, promouvoir leur adoption responsable et s'assurer que les avantages de l'IA sont réalisés tout en minimisant les préjudices potentiels.

De plus, l'accent mis sur l'IA éthique stimule l'innovation dans des domaines connexes tels que l'IA explicable (XAI), l'apprentissage automatique conscient de l'équité et les techniques d'IA préservant la confidentialité. Ces avancées ne se contentent pas de répondre aux préoccupations éthiques, mais conduisent souvent à des systèmes d'IA plus robustes, fiables et efficaces dans l'ensemble.

À mesure que nous avançons, l'intégration des considérations éthiques dans le développement de l'IA devrait jouer un rôle central dans la façon dont la technologie et son impact sur la société évoluent. En alignant les capacités de l'IA avec les valeurs humaines et les normes sociétales, nous pouvons œuvrer vers un avenir où les technologies d'IA renforcent le potentiel humain, favorisent l'égalité et contribuent positivement au bien commun.

1.4 Aperçu de l'écosystème Python pour l'apprentissage automatique

Python s'est imposé comme le langage par excellence pour l'apprentissage automatique, grâce à sa simplicité élégante, sa lisibilité exceptionnelle et un vaste écosystème de bibliothèques qui simplifient la mise en œuvre d'algorithmes complexes d'apprentissage automatique. Cette puissante combinaison fait de Python un choix idéal tant pour les développeurs chevronnés que pour les nouveaux venus dans le domaine, permettant aux praticiens de canaliser leur énergie vers la résolution de problèmes complexes plutôt que de se débattre avec un code compliqué.

Dans les sections suivantes, nous plongerons dans les composants essentiels de l'écosystème Python qui l'ont propulsé à l'avant-garde de l'apprentissage automatique. Nous explorerons comment ces outils fonctionnent en synergie pour soutenir chaque phase du cycle de vie de l'apprentissage automatique, du prétraitement initial des données et de l'analyse exploratoire au développement et au déploiement de modèles sophistiqués d'apprentissage profond.

En tirant parti de la suite complète de bibliothèques Python, les data scientists et les ingénieurs en apprentissage automatique peuvent naviguer sans effort à travers tout le spectre des tâches nécessaires pour mener un projet d'apprentissage automatique de la conception à la réalisation.

1.4.1 Pourquoi Python pour l'apprentissage automatique ?

La domination de Python dans le paysage de l'apprentissage automatique peut être attribuée à une multitude de facteurs convaincants qui en font le choix privilégié des développeurs et des data scientists :

- **Syntaxe intuitive et courbe d'apprentissage douce** : La syntaxe propre et lisible de Python ainsi que sa structure simple le rendent exceptionnellement abordable pour les débutants tout en offrant la puissance et la flexibilité requises par les professionnels expérimentés. Cette accessibilité démocratise l'apprentissage automatique, permettant à un large éventail d'individus de contribuer au domaine.

- **Écosystème complet de bibliothèques** : Python possède une collection inégalée de bibliothèques et de frameworks qui répondent à tous les aspects imaginables du flux de travail d'apprentissage automatique. De la manipulation de données avec Pandas à l'apprentissage profond avec TensorFlow, l'écosystème Python offre une riche palette d'outils qui s'intègrent parfaitement pour soutenir des projets ML complexes.

- **Communauté robuste et solidaire** : La communauté Python est réputée pour sa taille, sa diversité et son esprit collaboratif. Cet écosystème dynamique favorise le partage rapide des connaissances, la résolution de problèmes et l'innovation. Les développeurs peuvent puiser dans une richesse de ressources, notamment une documentation étendue, des tutoriels, des forums et des projets open-source, accélérant ainsi leurs processus d'apprentissage et de développement.

- **Intégration polyvalente avec d'autres langages** : La capacité de Python à s'interfacer sans effort avec d'autres langages de programmation offre une flexibilité inégalée. Cette interopérabilité permet aux développeurs de tirer parti des forces de plusieurs langages au sein d'un même projet, combinant la facilité d'utilisation de Python avec les avantages de performance de langages comme C++ ou les capacités d'entreprise de Java.

- **Prototypage et développement rapides** : Le typage dynamique et la nature interprétée de Python facilitent l'idéation rapide et le prototypage. Cette agilité est cruciale dans le monde itératif de l'apprentissage automatique, où l'expérimentation rapide et l'affinement des modèles sont essentiels au succès.

Ces avantages convaincants ont consolidé la position de Python comme lingua franca de l'apprentissage automatique. En explorant plus profondément l'écosystème Python, nous découvrirons les bibliothèques fondamentales qui sont devenues des outils indispensables dans l'arsenal du praticien de l'apprentissage automatique.

1.4.2 NumPy : Calcul numérique

À la base de pratiquement toute entreprise d'apprentissage automatique se trouve **NumPy**, acronyme de "Numerical Python". Cette puissante bibliothèque sert de fondement pour le calcul numérique en Python, offrant un support robuste pour les grands tableaux et matrices multidimensionnels.

La vaste collection de fonctions mathématiques de NumPy permet des opérations efficaces sur ces structures de données complexes, ce qui en fait un composant essentiel dans la boîte à outils d'apprentissage automatique.

Le cœur de la plupart des algorithmes d'apprentissage automatique tourne autour de la manipulation et de l'analyse de données numériques. NumPy excelle dans ce domaine, fournissant des opérations ultra-rapides et économes en mémoire sur de grands ensembles de données. Son implémentation optimisée, largement écrite en C, permet des calculs rapides qui surpassent significativement le code Python pur.

Cette combinaison de vitesse et de polyvalence fait de NumPy un atout indispensable pour les praticiens de l'apprentissage automatique, leur permettant de gérer des ensembles de données massifs et d'effectuer des opérations mathématiques complexes avec facilité.

Exemple : Notions de base de NumPy

```python
import numpy as np

# Create a 2D NumPy array (matrix)
matrix = np.array([[1, 2], [3, 4]])

# Perform matrix multiplication
result = np.dot(matrix, matrix)
print(f"Matrix multiplication result:\\n{result}")

# Calculate the mean and standard deviation of the array
mean_value = np.mean(matrix)
std_value = np.std(matrix)

print(f"Mean: {mean_value}, Standard Deviation: {std_value}")
```

Analysons cet exemple de code NumPy :

- **1. Importer NumPy :** import numpy as np Cette ligne importe la bibliothèque NumPy et lui donne l'alias 'np' pour une utilisation plus facile.

- **2. Créer un tableau NumPy 2D :** matrix = np.array([[1, 2], [3, 4]]) Cela crée une matrice 2x2 en utilisant la fonction array de NumPy.

- **3. Effectuer une multiplication matricielle :** result = np.dot(matrix, matrix) Cela utilise la fonction dot de NumPy pour multiplier la matrice par elle-même.

- **4. Afficher le résultat :** print(f"Matrix multiplication result:\\n{result}") Cela affiche le résultat de la multiplication matricielle.

- **5. Calculer la moyenne et l'écart-type :** mean_value = np.mean(matrix) std_value = np.std(matrix) Ces lignes calculent la moyenne et l'écart-type de la matrice en utilisant les fonctions de NumPy.

- **6. Afficher la moyenne et l'écart-type :** print(f"Mean: {mean_value}, Standard Deviation: {std_value}") Cela affiche la moyenne et l'écart-type calculés.

Cet exemple démontre les opérations de base de NumPy comme la création de tableaux, la multiplication matricielle et les calculs statistiques, illustrant l'efficacité de NumPy dans le traitement des calculs numériques.

NumPy est également la base de nombreuses autres bibliothèques telles que Pandas et TensorFlow, fournissant des structures de données et des fonctions essentielles qui simplifient les opérations comme l'algèbre linéaire, la génération de nombres aléatoires et la manipulation basique de tableaux.

1.4.3 Pandas : Manipulation et analyse de données

Lorsqu'on se lance dans un projet d'apprentissage automatique, les premières étapes impliquent souvent une préparation extensive des données. Cette phase cruciale comprend le nettoyage des données brutes, la manipulation de leur structure et la réalisation d'analyses approfondies pour s'assurer qu'elles sont prêtes pour l'ingestion par le modèle.

Voici **Pandas**, une bibliothèque d'analyse de données robuste et polyvalente qui a révolutionné la façon dont les data scientists interagissent avec les données structurées. Pandas permet aux praticiens de gérer efficacement de grands ensembles de données, offrant une suite d'outils pour le chargement, le filtrage, l'agrégation et la manipulation sans effort de structures de données complexes.

Au cœur de Pandas se trouvent deux structures de données fondamentales, chacune conçue pour répondre à différents besoins de manipulation de données :

- **Series** : Ce tableau unidimensionnel étiqueté sert de bloc de construction pour des structures de données plus complexes. Il excelle dans la représentation de données temporelles, le stockage d'une seule colonne d'un DataFrame, ou la conservation de n'importe quel tableau de valeurs avec un index associé.

- **DataFrame** : Le cheval de bataille de Pandas, un DataFrame est une structure de données bidimensionnelle étiquetée qui ressemble étroitement à un tableau ou une feuille de calcul. Il se compose d'une collection d'objets Series, permettant une manipulation intuitive des lignes et des colonnes. Les DataFrames sont particulièrement adaptés à la gestion de types de données hétérogènes dans différentes colonnes, ce qui les rend inestimables pour les ensembles de données du monde réel.

Exemple : Manipulation de données avec Pandas

```python
import pandas as pd

# Create a DataFrame from a dictionary
data = {
    'Name': ['Alice', 'Bob', 'Charlie', 'David'],
    'Age': [25, 30, 35, 40],
    'Salary': [50000, 60000, 70000, 80000]
}
```

```
df = pd.DataFrame(data)

# Display the DataFrame
print("Original DataFrame:\\n", df)

# Filter rows where Age is greater than 30
filtered_df = df[df['Age'] > 30]
print("\\nFiltered DataFrame (Age > 30):\\n", filtered_df)

# Calculate the mean salary
mean_salary = df['Salary'].mean()
print(f"\\nMean Salary: {mean_salary}")
```

Analysons cet exemple de code Pandas :

- **1. Importer Pandas :** import pandas as pd Cette ligne importe la bibliothèque Pandas et lui donne l'alias 'pd' pour une utilisation plus facile.

- **2. Créer un dictionnaire :** data = { 'Name': ['Alice', 'Bob', 'Charlie', 'David'], 'Age': [25, 30, 35, 40], 'Salary': [50000, 60000, 70000, 80000] } Cela crée un dictionnaire avec trois clés (Name, Age, Salary) et leurs valeurs correspondantes.

- **3. Créer un DataFrame :** df = pd.DataFrame(data) Cette ligne crée un DataFrame Pandas à partir du dictionnaire que nous venons de créer.

- **4. Afficher le DataFrame :** print("Original DataFrame:\\n", df) Cela affiche le DataFrame original pour montrer son contenu.

- **5. Filtrer le DataFrame :** filtered_df = df[df['Age'] > 30] Cela crée un nouveau DataFrame contenant uniquement les lignes où l'âge ('Age') est supérieur à 30.

- **6. Afficher le DataFrame filtré :** print("\\nFiltered DataFrame (Age > 30):\\n", filtered_df) Cela affiche le DataFrame filtré pour montrer le résultat de notre opération de filtrage.

- **7. Calculer le salaire moyen :** mean_salary = df['Salary'].mean() Cela calcule la moyenne de la colonne 'Salary' dans le DataFrame original.

- **8. Afficher le salaire moyen :** print(f"\\nMean Salary: {mean_salary}") Cela affiche le salaire moyen calculé.

Cet exemple démontre les opérations de base de Pandas comme la création d'un DataFrame, le filtrage des données et l'exécution de calculs sur les colonnes. Il montre comment Pandas peut être utilisé pour la manipulation et l'analyse de données de manière concise et lisible.

Pandas est particulièrement utile pour des tâches comme :

- **Nettoyage de données** : Gestion des valeurs manquantes, des doublons ou des types de données incorrects.

- **Transformation de données** : Application de fonctions aux lignes ou colonnes, agrégation de données et remodelage des ensembles de données.

- **Fusion et jointure** : Combinaison de données provenant de plusieurs sources.

Avec Pandas, vous pouvez gérer efficacement la plupart des étapes de prétraitement des données dans votre pipeline d'apprentissage automatique.

1.4.4 Matplotlib et Seaborn : Visualisation de données

Une fois que vous avez nettoyé et prétraité vos données, leur visualisation devient une étape cruciale pour découvrir des modèles cachés, des relations et des tendances qui peuvent ne pas être immédiatement apparents à partir des chiffres bruts.

La visualisation de données sert d'outil puissant pour l'analyse exploratoire des données, permettant aux data scientists et aux praticiens de l'apprentissage automatique d'obtenir des informations précieuses et de prendre des décisions éclairées tout au long du processus de développement du modèle. Dans l'écosystème Python, deux bibliothèques se distinguent par leurs capacités robustes dans la création de représentations de données informatives et visuellement attrayantes : **Matplotlib** et **Seaborn**.

Ces bibliothèques offrent des fonctionnalités complémentaires, répondant à différents besoins de visualisation :

- **Matplotlib** : En tant que bibliothèque de traçage complète et de bas niveau, Matplotlib fournit une base pour créer une large gamme de visualisations. Sa flexibilité permet un contrôle précis des éléments de tracé, ce qui la rend idéale pour l'élaboration de figures personnalisées de qualité publication. Matplotlib excelle dans la production de visualisations statiques, interactives et animées, allant des simples tracés linéaires et nuages de points aux représentations complexes en 3D et aux cartes géographiques.

- **Seaborn** : Construit sur la base solide de Matplotlib, Seaborn élève la visualisation de données à un niveau supérieur en offrant une interface de haut niveau pour créer des graphiques à orientation statistique. Il simplifie le processus de génération de visualisations esthétiquement agréables et informatives, particulièrement pour les données statistiques. Les points forts de Seaborn résident dans sa capacité à créer facilement des visualisations complexes telles que des cartes thermiques, des diagrammes en violon et des graphiques de régression, tout en fournissant des thèmes intégrés pour améliorer l'apparence générale de vos graphiques.

En tirant parti de ces puissantes bibliothèques, les data scientists peuvent communiquer efficacement leurs résultats, identifier les valeurs aberrantes, détecter des corrélations et acquérir une compréhension plus profonde des structures de données sous-jacentes. Cette phase d'exploration visuelle mène souvent à des insights précieux qui orientent l'ingénierie des caractéristiques, la sélection du modèle et, finalement, le développement de modèles d'apprentissage automatique plus précis et robustes.

Exemple : Visualisation de données avec Matplotlib et Seaborn

```python
import matplotlib.pyplot as plt
import seaborn as sns
import numpy as np

# Create random data
data = np.random.normal(size=1000)

# Plot a histogram using Matplotlib
plt.hist(data, bins=30, edgecolor='black')
plt.title('Histogram using Matplotlib')
plt.show()

# Plot a kernel density estimate (KDE) plot using Seaborn
sns.kdeplot(data, fill=True)
plt.title('KDE plot using Seaborn')
plt.show()
```

Bien sûr ! Analysons l'exemple de code pour la visualisation de données avec Matplotlib et Seaborn :

1. Importer les bibliothèques nécessaires :

```python
import matplotlib.pyplot as plt
import seaborn as sns
import numpy as np
```

Cela importe Matplotlib, Seaborn et NumPy, qui sont essentiels pour créer des visualisations et générer des données aléatoires.

2. Créer des données aléatoires :

```python
data = np.random.normal(size=1000)
```

Cela génère 1000 nombres aléatoires suivant une distribution normale à l'aide de NumPy.

3. Créer un histogramme avec Matplotlib :

```python
plt.hist(data, bins=30, edgecolor='black')
plt.title('Histogram using Matplotlib')
plt.show()
```

Ce code crée un histogramme des données aléatoires avec 30 intervalles et des bordures noires, ajoute un titre et affiche le graphique.

4. Créer un graphique d'estimation par noyau de densité (KDE) avec Seaborn :

```
sns.kdeplot(data, fill=True)
plt.title('KDE plot using Seaborn')
plt.show()
```

Cet exemple de code crée un graphique KDE des mêmes données en utilisant Seaborn, avec un remplissage sous la courbe, ajoute un titre et affiche le graphique.

Ces visualisations aident à explorer les données en identifiant des modèles, des distributions et des valeurs aberrantes potentielles. Elles sont essentielles au processus d'apprentissage automatique car elles fournissent des informations qui peuvent guider l'analyse ultérieure et le développement de modèles.

Les visualisations jouent un rôle crucial dans le processus d'apprentissage automatique, offrant des perspectives inestimables et facilitant une communication efficace. Elles servent à de multiples fins tout au long du flux de travail en science des données :

- **Exploration de données** : Les visualisations permettent aux data scientists de :
    - Identifier les valeurs aberrantes qui peuvent biaiser les résultats ou nécessiter un traitement spécial
    - Découvrir des corrélations entre variables, potentiellement utiles pour la sélection des caractéristiques
    - Détecter des tendances ou des modèles qui pourraient ne pas être apparents à partir des données brutes seules
    - Acquérir une compréhension holistique des distributions et caractéristiques des données

- **Communication des résultats** : Des visualisations bien conçues sont des outils puissants pour :
    - Présenter des résultats complexes de manière claire et accessible à des publics divers
    - Illustrer la performance des modèles et les comparaisons à travers des graphiques et diagrammes intuitifs
    - Soutenir la prise de décision basée sur les données en rendant les insights visuellement convaincants
    - Combler le fossé entre l'analyse technique et la compréhension commerciale

En exploitant efficacement les visualisations, les praticiens de l'apprentissage automatique peuvent améliorer leurs capacités analytiques et s'assurer que leurs insights résonnent auprès des parties prenantes techniques et non techniques.

1.4.5 Scikit-learn : Le Moteur de l'Apprentissage Automatique

En ce qui concerne les algorithmes d'apprentissage automatique traditionnels, **Scikit-learn** se distingue comme la bibliothèque principale dans l'écosystème Python. Elle offre une suite complète d'outils pour l'exploration et l'analyse de données, caractérisés par leur simplicité, efficacité et robustesse. Cela fait de Scikit-learn une ressource inestimable pour les praticiens de tous niveaux, des débutants aux experts chevronnés travaillant sur des projets complexes.

La boîte à outils étendue de Scikit-learn englobe un large éventail de techniques et d'utilitaires d'apprentissage automatique, notamment :

- **Algorithmes d'apprentissage supervisé** : Cette catégorie comprend une gamme diverse de méthodes pour la modélisation prédictive, telles que :
  - La régression linéaire et logistique pour modéliser les relations entre variables
  - Les arbres de décision et forêts aléatoires pour créer des modèles puissants et interprétables
  - Les machines à vecteurs de support (SVM) pour des tâches efficaces de classification et de régression
  - Les méthodes de boosting par gradient comme XGBoost et LightGBM pour des prédictions haute performance

- **Techniques d'apprentissage non supervisé** : Ces algorithmes sont conçus pour découvrir des modèles et structures cachés dans des données non étiquetées :
  - Algorithmes de clustering comme K-means et DBSCAN pour regrouper des points de données similaires
  - Méthodes de réduction de dimensionnalité comme l'Analyse en Composantes Principales (PCA) et t-SNE pour visualiser des données de haute dimension
  - Algorithmes de détection d'anomalies pour identifier les valeurs aberrantes et les modèles inhabituels

- **Outils complets d'évaluation et d'optimisation de modèles** : Scikit-learn fournit un cadre robuste pour évaluer et affiner les modèles d'apprentissage automatique :
  - Techniques de validation croisée pour assurer la généralisabilité du modèle
  - Capacités de recherche par grille et recherche aléatoire pour un réglage efficace des hyperparamètres

- o Un large éventail de métriques d'évaluation comprenant précision, rappel, score F1 et ROC AUC pour évaluer la performance des modèles

- o Outils de sélection de modèles pour aider à choisir le meilleur algorithme pour une tâche donnée

Au-delà de ces fonctionnalités principales, Scikit-learn offre également des utilitaires pour le prétraitement des données, la sélection de caractéristiques et la persistance des modèles, ce qui en fait un guichet unique pour de nombreux flux de travail d'apprentissage automatique. Sa conception d'API cohérente et sa documentation exhaustive renforcent davantage son attrait, permettant aux utilisateurs de passer sans problème d'un algorithme ou d'une technique à l'autre tout en maintenant un paradigme de codage familier.

Exemple : Entraînement d'un Classificateur par Arbre de Décision avec Scikit-learn

```python
from sklearn.datasets import load_iris
from sklearn.model_selection import train_test_split
from sklearn.tree import DecisionTreeClassifier
from sklearn.metrics import accuracy_score

# Load the Iris dataset
iris = load_iris()
X = iris.data
y = iris.target

# Split the data into training and testing sets
X_train, X_test, y_train, y_test = train_test_split(X, y, test_size=0.2,
random_state=42)

# Initialize and train a decision tree classifier
model = DecisionTreeClassifier()
model.fit(X_train, y_train)

# Make predictions and evaluate accuracy
y_pred = model.predict(X_test)
accuracy = accuracy_score(y_test, y_pred)

print(f"Accuracy of the Decision Tree Classifier: {accuracy:.2f}")
```

Décortiquons l'exemple de code pour l'entraînement d'un classificateur par arbre de décision à l'aide de Scikit-learn :

- **1. Importer les bibliothèques nécessaires :** from sklearn.datasets import load_iris from sklearn.model_selection import train_test_split from sklearn.tree import DecisionTreeClassifier from sklearn.metrics import accuracy_score

Cela importe les modules requis de Scikit-learn pour le chargement de jeux de données, la division des données, la création de modèles et l'évaluation.

- **2. Charger le jeu de données :** iris = load_iris() X = iris.data y = iris.target

Cela charge le jeu de données Iris, un jeu de données intégré dans Scikit-learn. X contient les caractéristiques, et y contient les étiquettes cibles.

- **3. Diviser les données :** X_train, X_test, y_train, y_test = train_test_split(X, y, test_size=0.2, random_state=42)

Cela divise les données en ensembles d'entraînement et de test. 80% des données sont utilisées pour l'entraînement et 20% pour les tests.

- **4. Initialiser et entraîner le modèle :** model = DecisionTreeClassifier() model.fit(X_train, y_train)

Cela crée un classificateur par arbre de décision et l'entraîne sur les données d'entraînement.

- **5. Faire des prédictions et évaluer :** y_pred = model.predict(X_test) accuracy = accuracy_score(y_test, y_pred)

Cela utilise le modèle entraîné pour faire des prédictions sur les données de test et calcule la précision de ces prédictions.

- **6. Afficher les résultats :** print(f"Accuracy of the Decision Tree Classifier: {accuracy:.2f}")

Cela affiche la précision du modèle, formatée à deux décimales.

Cet exemple démontre le flux de travail typique dans Scikit-learn : chargement des données, division en ensembles d'entraînement et de test, initialisation d'un modèle, entraînement, prédictions et évaluation de sa performance.

L'API conviviale de Scikit-learn, combinée à sa vaste collection d'outils pour le prétraitement des données, la construction de modèles et l'évaluation, en fait une bibliothèque polyvalente pour tout projet d'apprentissage automatique.

1.4.6 TensorFlow, Keras et PyTorch : Bibliothèques d'Apprentissage Profond

Alors que Scikit-learn est la bibliothèque de référence pour les tâches d'apprentissage automatique traditionnelles, le domaine de l'apprentissage profond nécessite des outils plus spécialisés. Dans l'écosystème Python, trois bibliothèques se distinguent comme chefs de file pour l'apprentissage profond : **TensorFlow**, **Keras** et **PyTorch**. Chacune de ces bibliothèques apporte des atouts uniques, répondant à différents besoins au sein de la communauté d'apprentissage profond.

- **TensorFlow** : Développé par les brillants esprits de Google, TensorFlow s'est imposé comme une puissance dans l'arène de l'apprentissage profond. Cette bibliothèque open-source a gagné une adoption généralisée pour sa remarquable flexibilité et évolutivité. L'architecture de TensorFlow lui permet de gérer sans effort tout, des expériences à petite échelle aux projets d'apprentissage automatique massifs de niveau production. Son écosystème robuste, incluant des outils comme TensorBoard pour la visualisation, en fait un choix attrayant tant pour les chercheurs que pour les professionnels de l'industrie.

- **Keras** : Conçu à l'origine comme une bibliothèque indépendante, Keras a trouvé sa place au sein du framework TensorFlow, servant d'API officielle de haut niveau. Keras s'est attiré un public fidèle grâce à son interface conviviale et son accent sur la simplicité. Il permet aux développeurs de prototyper rapidement et d'itérer sur des modèles d'apprentissage profond sans s'enliser dans les détails de bas niveau. Avec sa philosophie de conception intuitive, Keras est devenu le choix privilégié des débutants et des praticiens expérimentés qui valorisent la rapidité et la facilité d'utilisation dans leurs flux de travail d'apprentissage profond.

- **PyTorch** : Piloté par le laboratoire de recherche en IA de Facebook, PyTorch a rapidement gravi les échelons pour devenir un concurrent redoutable dans le paysage de l'apprentissage profond. Sa caractéristique distinctive est le graphe de calcul dynamique, qui le différencie des frameworks à graphe statique. Cette nature dynamique permet un débogage plus intuitif et des modifications de modèle à la volée, rendant PyTorch particulièrement attrayant pour les chercheurs et ceux engagés dans l'expérimentation de pointe. L'approche pythonique de la bibliothèque et son intégration transparente avec le plus large écosystème de calcul scientifique ont contribué à sa popularité croissante dans les laboratoires de recherche universitaires et industriels.

Examinons un exemple simple d'entraînement d'un réseau de neurones avec Keras :

Exemple : Construction d'un Réseau de Neurones avec Keras

```python
from tensorflow.keras.models import Sequential
from tensorflow.keras.layers import Dense
from tensorflow.keras.optimizers import Adam
from sklearn.datasets import load_iris
from sklearn.model_selection import train_test_split

# Load the Iris dataset
iris = load_iris()
X = iris.data
y = iris.target

# Split the data
X_train, X_test, y_train, y_test = train_test_split(X, y, test_size=0.2,
random_state=42)

# Build a simple feedforward neural network with Keras
model = Sequential([
    Dense(10, input_dim=4, activation='relu'),
    Dense(10, activation='relu'),
    Dense(3, activation='softmax')
```

```
])

# Compile the model
model.compile(optimizer=Adam(),                  loss='sparse_categorical_crossentropy',
metrics=['accuracy'])

# Train the model
model.fit(X_train, y_train, epochs=50, batch

_size=10)

# Evaluate the model
loss, accuracy = model.evaluate(X_test, y_test)
print(f"Test Accuracy: {accuracy:.2f}")
```

Certainement ! Décomposons l'exemple de code pour la construction d'un réseau de neurones avec Keras :

- **1. Importer les bibliothèques nécessaires :** from tensorflow.keras.models import Sequential from tensorflow.keras.layers import Dense from tensorflow.keras.optimizers import Adam from sklearn.datasets import load_iris from sklearn.model_selection import train_test_split Cela importe les modules requis de Keras et Scikit-learn pour la création de modèles, le chargement et la division des données.

- **2. Charger et diviser le jeu de données :** iris = load_iris() X = iris.data y = iris.target X_train, X_test, y_train, y_test = train_test_split(X, y, test_size=0.2, random_state=42) Cela charge le jeu de données Iris et le divise en ensembles d'entraînement et de test.

- **3. Construire le réseau de neurones :** model = Sequential([Dense(10, input_dim=4, activation='relu'), Dense(10, activation='relu'), Dense(3, activation='softmax')]) Cela crée un modèle séquentiel avec trois couches denses. La première couche possède 10 neurones et prend 4 caractéristiques en entrée. La couche finale a 3 neurones pour les 3 classes du jeu de données Iris.

- **4. Compiler le modèle :** model.compile(optimizer=Adam(), loss='sparse_categorical_crossentropy', metrics=['accuracy']) Cela configure le modèle pour l'entraînement, en spécifiant l'optimiseur, la fonction de perte et les métriques à suivre.

- **5. Entraîner le modèle :** model.fit(X_train, y_train, epochs=50, batch_size=10) Cela entraîne le modèle sur les données d'entraînement pendant 50 époques avec une taille de lot de 10.

- **6. Évaluer le modèle :** loss, accuracy = model.evaluate(X_test, y_test) print(f"Test Accuracy: {accuracy:.2f}") Cela évalue la performance du modèle sur les données de test et affiche la précision.

Cet exemple démontre à quel point il est facile de construire et d'entraîner un réseau de neurones en utilisant Keras, une API de haut niveau dans TensorFlow.

L'écosystème étendu de bibliothèques et d'outils Python simplifie l'ensemble du flux de travail d'apprentissage automatique, de l'acquisition initiale des données et du prétraitement jusqu'à la construction sophistiquée de modèles et au déploiement en conditions réelles. Cette suite complète de ressources réduit considérablement la complexité généralement associée aux projets d'apprentissage automatique, permettant aux développeurs de se concentrer sur la résolution de problèmes plutôt que de se débattre avec les détails d'implémentation. La riche panoplie d'outils du langage répond à un large spectre de tâches d'apprentissage automatique, accommodant aussi bien les professionnels chevronnés que les nouveaux venus dans le domaine.

Pour ceux qui travaillent avec des algorithmes d'apprentissage automatique classiques, Scikit-learn offre une interface conviviale et une multitude de fonctions bien documentées. La conception cohérente de son API permet une expérimentation facile avec différents algorithmes et un prototypage rapide de solutions d'apprentissage automatique. D'autre part, les praticiens qui s'aventurent dans le domaine de l'apprentissage profond peuvent exploiter la puissance de TensorFlow, Keras ou PyTorch. Ces bibliothèques fournissent la flexibilité et l'efficacité computationnelle nécessaires pour construire et entraîner des architectures de réseaux neuronaux complexes, des réseaux feed-forward basiques aux modèles avancés comme les réseaux neuronaux convolutifs (CNN) et les réseaux neuronaux récurrents (RNN).

La polyvalence de Python s'étend au-delà de la simple fourniture d'outils ; elle favorise une communauté dynamique de développeurs et de chercheurs qui contribuent continuellement à sa croissance. Cet écosystème collaboratif garantit que Python reste à l'avant-garde de l'innovation en apprentissage automatique, avec de nouvelles bibliothèques et techniques qui émergent régulièrement pour relever les défis évolutifs du domaine. La lisibilité et la facilité d'utilisation du langage, combinées à ses puissantes bibliothèques, en font un choix idéal tant pour le prototypage rapide que pour les systèmes d'apprentissage automatique prêts pour la production. En conséquence, Python s'est fermement établi comme le langage de facto pour les professionnels de l'apprentissage automatique dans les milieux académiques et industriels, permettant une recherche révolutionnaire et stimulant le développement d'applications d'IA de pointe.

Exercices Pratiques Chapitre 1

Exercice 1 : Comprendre les Types d'Apprentissage Automatique

Tâche : Sur la base de l'explication de l'apprentissage supervisé, non supervisé et par renforcement, catégorisez les exemples réels suivants dans le type d'apprentissage automatique correct :

- Un système qui prédit les prix des maisons en fonction de caractéristiques comme la taille, l'emplacement et le nombre de pièces.

- Un programme qui regroupe les clients en clusters selon leur comportement d'achat.

- Un robot qui apprend à marcher en recevant des retours de son environnement.

Solution :

- **Apprentissage Supervisé** : Prédiction des prix des maisons basée sur des caractéristiques.

- **Apprentissage Non Supervisé** : Regroupement des clients selon leur comportement d'achat.

- **Apprentissage par Renforcement** : Un robot qui apprend à marcher en recevant des retours.

Exercice 2 : Mise en œuvre de l'Apprentissage Supervisé

Tâche : Utilisez Scikit-learn pour implémenter un modèle d'apprentissage supervisé de base. Chargez le **jeu de données Iris**, divisez-le en ensembles d'entraînement et de test, et entraînez un modèle de **Régression Logistique** pour classifier les espèces d'iris. Après l'entraînement, évaluez la précision du modèle sur l'ensemble de test.

Solution :

```python
from sklearn.datasets import load_iris
from sklearn.model_selection import train_test_split
from sklearn.linear_model import LogisticRegression
from sklearn.metrics import accuracy_score

# Load the Iris dataset
iris = load_iris()
X = iris.data
y = iris.target

# Split the data into training and testing sets
X_train, X_test, y_train, y_test = train_test_split(X, y, test_size=0.2,
random_state=42)

# Initialize and train a Logistic Regression model
model = LogisticRegression(max_iter=200)
model.fit(X_train, y_train)

# Make predictions and evaluate accuracy
y_pred = model.predict(X_test)
accuracy = accuracy_score(y_test, y_pred)

print(f"Model Accuracy: {accuracy:.2f}")
```

Exercice 3 : Explorer l'Apprentissage Non Supervisé

Tâche : Implémentez un algorithme de **clustering K-means** en utilisant Scikit-learn sur le jeu de données suivant :

```
data = [[1, 2], [1, 4], [1, 0], [10, 2], [10, 4], [10, 0]]
```

Utilisez 2 clusters et, après avoir ajusté le modèle, affichez les centres des clusters et les étiquettes attribuées à chaque point de données.

Solution :

```
from sklearn.cluster import KMeans

# Define the dataset
data = [[1, 2], [1, 4], [1, 0], [10, 2], [10, 4], [10, 0]]

# Fit the K-means model with 2 clusters
kmeans = KMeans(n_clusters=2, random_state=0).fit(data)

# Print cluster centers and labels
print(f"Cluster Centers: {kmeans.cluster_centers_}")
print(f"Data Labels: {kmeans.labels_}")
```

Exercice 4 : Analyse de sentiment à l'aide du NLP

Tâche : Utilisez **TextBlob** pour effectuer une analyse de sentiment sur le texte suivant :

"Le nouveau modèle de téléphone est incroyable, j'adore absolument l'appareil photo et l'autonomie de la batterie !"

Écrivez un script Python pour calculer et afficher la polarité du sentiment.

Solution :

```
from textblob import TextBlob

# Define the text
text = "The new phone model is amazing, I absolutely love the camera and the battery life!"

# Perform sentiment analysis
blob = TextBlob(text)
sentiment = blob.sentiment

# Print the sentiment polarity
print(f"Sentiment Polarity: {sentiment.polarity}")
```

Exercice 5 : Visualisation de données

Tâche : Utilisez **Matplotlib** pour tracer un histogramme des données suivantes :

```
data = [22, 25, 23, 20, 19, 22, 26, 30, 31, 22, 24, 25, 22, 27]
```

Créez un histogramme avec 5 intervalles et étiquetez les axes de manière appropriée.

Solution :

```python
import matplotlib.pyplot as plt

# Define the data
data = [22, 25, 23, 20, 19, 22, 26, 30, 31, 22, 24, 25, 22, 27]

# Create a histogram
plt.hist(data, bins=5, edgecolor='black')

# Add labels and title
plt.title('Histogram of Data')
plt.xlabel('Values')
plt.ylabel('Frequency')

# Show the plot
plt.show()
```

Exercice 6 : Construction d'un Réseau de Neurones Simple avec Keras

Tâche : Utilisez **Keras** pour construire un réseau de neurones feedforward simple. Entraînez le réseau sur le **jeu de données Iris** pour classifier les espèces. Le réseau devrait contenir deux couches cachées avec 10 neurones chacune et utiliser des fonctions d'activation **ReLU**. Évaluez la précision sur l'ensemble de test.

Solution :

```python
from tensorflow.keras.models import Sequential
from tensorflow.keras.layers import Dense
from sklearn.datasets import load_iris
from sklearn.model_selection import train_test_split

# Load the Iris dataset
iris = load_iris()
X = iris.data
y = iris.target

# Split the data
X_train, X_test, y_train, y_test = train_test_split(X, y, test_size=0.2,
random_state=42)

# Build the neural network
```

```
model = Sequential([
    Dense(10, input_dim=4, activation='relu'),
    Dense(10, activation='relu'),
    Dense(3, activation='softmax')
])

# Compile the model
model.compile(optimizer='adam',                    loss='sparse_categorical_crossentropy',
metrics=['accuracy'])

# Train the model
model.fit(X_train, y_train, epochs=50, batch_size=10)

# Evaluate the model
loss, accuracy = model.evaluate(X_test, y_test)
print(f"Test Accuracy: {accuracy:.2f}")
```

Exercice 7 : Explorer l'IA Explicable (XAI)

Tâche : Utilisez **SHAP** (SHapley Additive exPlanations) pour expliquer les prédictions d'un modèle XGBoost sur le **jeu de données immobilier de Boston**. Imprimez et tracez les valeurs SHAP pour la première prédiction.

Solution :

```
import shap
import xgboost
from sklearn.datasets import load_diabetes

# Load the Diabetes dataset
data = load_diabetes()
X, y = data.data, data.target

# Train an XGBoost model
model = xgboost.XGBRegressor()
model.fit(X, y)

# Initialize SHAP explainer
explainer = shap.Explainer(model, X)
shap_values = explainer(X)

# Plot the SHAP values for the first prediction
shap.plots.waterfall(shap_values[0])
```

Ces exercices pratiques aident à renforcer les concepts fondamentaux présentés dans le Chapitre 1. En travaillant sur ces tâches, vous acquerrez une expérience pratique dans la compréhension des types d'apprentissage automatique, la construction de modèles simples, la manipulation et la visualisation de données, et même l'exploration de sujets de pointe comme l'IA explicable. Prenez votre temps avec chaque exercice, et n'hésitez pas à modifier le code pour explorer davantage !

Résumé du Chapitre 1

Dans le Chapitre 1, nous avons posé les bases pour comprendre l'apprentissage automatique et son rôle dans le développement logiciel moderne, en nous concentrant particulièrement sur le paysage tel qu'il se présente en 2024. Nous avons commencé par explorer la définition fondamentale de l'apprentissage automatique, expliquant en quoi il diffère des approches de programmation traditionnelles. Contrairement aux méthodes traditionnelles où les règles sont explicitement programmées, l'apprentissage automatique permet aux systèmes d'apprendre des modèles à partir de données, les rendant adaptables et capables de faire des prédictions ou des décisions éclairées.

Nous avons examiné les trois principaux types d'apprentissage automatique : **l'apprentissage supervisé**, **l'apprentissage non supervisé**, et **l'apprentissage par renforcement**. Chacune de ces méthodes a été présentée avec des exemples concrets, comme la prédiction des prix immobiliers (apprentissage supervisé), le regroupement de clients selon leur comportement (apprentissage non supervisé), et l'entraînement d'un robot à marcher (apprentissage par renforcement). Le chapitre a souligné que le choix du type d'apprentissage automatique dépend de la nature du problème et des données disponibles.

Ensuite, nous avons exploré le **rôle de l'apprentissage automatique dans le développement logiciel moderne**. L'apprentissage automatique s'est intégré dans le cycle de vie du développement logiciel, automatisant des tâches comme les systèmes de recommandation, l'analyse de sentiment, et même les tests logiciels. Des applications clés ont été discutées, montrant comment l'apprentissage automatique optimise les processus et améliore les expériences utilisateurs. Des exemples de code, comme un système de recommandation et une analyse de sentiment, ont démontré des implémentations pratiques de ces concepts.

Nous avons ensuite examiné de plus près les **tendances clés qui façonnent l'IA et l'apprentissage automatique en 2024**. Ces tendances incluent l'expansion des architectures de transformers au-delà du NLP, la montée de l'apprentissage auto-supervisé, l'importance croissante de l'apprentissage fédéré pour la confidentialité des données, et l'attention grandissante portée à l'IA explicable (XAI). Chaque tendance a été complétée par des exemples et des extraits de code, offrant aux lecteurs un aperçu des développements de pointe en IA.

Enfin, nous avons exploré **l'écosystème Python pour l'apprentissage automatique**, qui est vital pour mettre en œuvre ces concepts. Des bibliothèques comme NumPy, Pandas, Matplotlib, Scikit-learn, TensorFlow, Keras et PyTorch ont été présentées. Ces outils soutiennent chaque aspect du processus d'apprentissage automatique, de la manipulation et la visualisation des données à l'entraînement de modèles complexes d'apprentissage profond. La flexibilité de l'écosystème Python et son vaste support de bibliothèques en font le langage dominant pour l'apprentissage automatique.

À travers ce chapitre, vous avez acquis une solide compréhension des bases de l'apprentissage automatique, des tendances modernes, et des outils que vous utiliserez tout au long du livre. Ces connaissances préparent le terrain pour des sujets plus avancés alors que nous plongeons plus profondément dans le domaine de l'apprentissage automatique et de l'intelligence artificielle.

Chapitre 2 : Python et les bibliothèques essentielles pour la Data Science

Python s'est imposé comme la pierre angulaire du machine learning et de la data science, grâce à son élégante simplicité, sa lisibilité exceptionnelle et un riche écosystème de bibliothèques puissantes. Cette robuste collection de bibliothèques englobe un large éventail de fonctionnalités, des calculs numériques complexes aux techniques sophistiquées de manipulation de données et aux algorithmes avancés d'entraînement de modèles.

L'intégration harmonieuse de ces outils a consolidé la position de Python comme langage de premier choix pour la construction de solutions de machine learning à la pointe de la technologie. Alors que vous vous lancez dans le développement de modèles de machine learning de plus en plus complexes, établir une base solide en Python devient non seulement bénéfique, mais absolument essentiel pour garantir des processus de développement fluides, efficaces et performants.

Dans ce chapitre complet, nous plongerons en profondeur dans les fondamentaux essentiels de la programmation Python, en mettant particulièrement l'accent sur les éléments indispensables aux flux de travail du machine learning et de la data science. Notre exploration couvrira un large spectre de fonctionnalités fondamentales de Python, vous fournissant une base solide des capacités du langage.

En outre, nous examinerons en détail certaines des bibliothèques les plus largement adoptées et les plus estimées dans le domaine, notamment NumPy pour le calcul numérique, Pandas pour la manipulation et l'analyse de données, Matplotlib pour la visualisation de données, et Scikit-learn pour l'implémentation d'algorithmes de machine learning.

En maîtrisant ces outils puissants, vous serez doté des compétences nécessaires pour manipuler les données avec une efficacité sans précédent, découvrir et visualiser des tendances complexes au sein de vos jeux de données, et implémenter une gamme diversifiée d'algorithmes de machine learning avec une facilité et une précision remarquables.

Pour démarrer notre parcours, commençons par revisiter les éléments fondamentaux de la programmation Python. Cependant, notre approche sera spécifiquement adaptée au domaine du machine learning. Nous examinerons ces concepts de base à travers le prisme de leurs applications pratiques dans les projets de machine learning, vous offrant une compréhension contextuelle qui comble le fossé entre les connaissances théoriques et la mise en œuvre concrète.

Cette exploration ciblée renforcera non seulement votre compréhension des bases de Python, mais éclairera également comment ces éléments fondamentaux servent de socle pour construire des modèles sophistiqués de machine learning et des solutions de data science.

2.1 Les bases de Python pour le Machine Learning

Avant de nous plonger dans les puissantes bibliothèques qui constituent l'épine dorsale du machine learning avec Python, il est crucial d'établir une base solide dans les concepts fondamentaux de Python. Cette fondation comprend la maîtrise des structures de données essentielles telles que les listes et les dictionnaires, la compréhension des subtilités du contrôle de flux basique, et l'exploitation de la puissance des fonctions.

En développant une compréhension approfondie de ces éléments fondamentaux, vous serez mieux équipé pour naviguer dans les complexités des algorithmes de machine learning et exploiter les outils de data science avec une plus grande efficacité et efficience.

Les listes et les dictionnaires, par exemple, servent de conteneurs polyvalents pour organiser et manipuler les données, une compétence qui devient inestimable lorsqu'on travaille avec de grands jeux de données ou des vecteurs de caractéristiques. Les mécanismes de contrôle de flux, y compris les boucles et les instructions conditionnelles, vous permettent d'implémenter une logique sophistiquée au sein de vos algorithmes, permettant des processus de prise de décision dynamiques qui sont essentiels dans les applications de machine learning. Les fonctions, quant à elles, offrent un moyen d'encapsuler du code réutilisable, favorisant la modularité et améliorant la structure globale de vos projets de machine learning.

En investissant du temps pour consolider votre compréhension de ces fondamentaux Python, vous n'apprenez pas seulement la syntaxe ; vous construisez un cadre robuste qui soutiendra votre progression vers des concepts de machine learning plus avancés. Cette base solide se révélera inestimable lorsque vous commencerez à travailler avec des bibliothèques spécialisées, vous permettant de vous concentrer sur les subtilités des algorithmes et le développement de modèles plutôt que de vous débattre avec des défis de programmation de base.

2.1.1 Concepts clés de Python pour le Machine Learning

Variables et types de données en Python

En Python, les variables sont à typage dynamique, ce qui signifie que vous n'avez pas besoin de déclarer explicitement le type de données lors de la création d'une variable. Cette caractéristique offre flexibilité et facilité d'utilisation, vous permettant d'assigner différents types de données aux variables sans spécifier leurs types au préalable.

Voici une explication plus détaillée du fonctionnement des variables en Python :

1. **Déclaration de variable :** En Python, vous pouvez créer une variable simplement en lui assignant une valeur à l'aide du signe égal (=). Par exemple :

```
age = 30
name = "John"
height = 175.5
```

Dans cet exemple, nous avons créé trois variables (age, name et height) et leur avons attribué des valeurs de différents types de données.

2. **Types de données :** Python prend en charge plusieurs types de données intégrés, notamment :

- Entiers (int) : Nombres entiers, par ex., -1, 0, 1, 2, etc.

- Nombres à virgule flottante (float) : Nombres décimaux, par ex., -1.5, 0.0, 1.5, etc.

- Chaînes de caractères (str) : Texte encadré par des guillemets simples (' ') ou doubles (" ")

- Booléens (bool) : Représente des valeurs vrai ou faux

- Listes : Collections ordonnées et modifiables d'éléments

Python détermine automatiquement le type de données approprié en fonction de la valeur attribuée à la variable.

3. **Typage dynamique :** Le typage dynamique de Python vous permet de changer le type de données d'une variable simplement en lui attribuant une nouvelle valeur d'un type différent. Par exemple :

```
x = 10
print(x)   # Output: 10

x = "Hello, World!"
print(x)   # Output: Hello, World!
```

Dans cet exemple, x est d'abord assigné à une valeur entière, puis réassigné à une valeur de type chaîne de caractères. Ces deux assignations sont valides en Python.

Comprendre les variables et les types de données est fondamental en programmation Python. Cela constitue la base de la manipulation des données et est essentiel tant dans les scripts simples que dans les tâches complexes d'analyse de données.

En maîtrisant ces concepts, vous serez bien outillé pour relever divers défis de programmation et créer des solutions puissantes d'analyse de données en Python.

Exemple :

```python
# Integer variable
age = 25

# Float variable
salary = 60000.50

# String variable
name = "Alice"

# Boolean variable
is_student = True

print(age, salary, name, is_student)
```

Dans le machine learning, vous manipulez souvent des données numériques et textuelles. Comprendre comment Python gère ces types de données fondamentaux est essentiel lorsque vous travaillez avec des jeux de données.

Structures de données : Listes, Tuples et Dictionnaires - Les éléments constitutifs de la gestion des données en Machine Learning

Les structures de données fondamentales de Python servent de piliers essentiels pour organiser, manipuler et gérer efficacement les données dans le domaine du machine learning. Ces constructions polyvalentes - listes, tuples et dictionnaires - fournissent le cadre essentiel pour stocker, accéder et traiter divers types d'informations cruciales pour les flux de travail du machine learning.

Que vous traitiez des données brutes, des vecteurs de caractéristiques, des paramètres de modèle ou des résultats de calcul, ces structures de données offrent la flexibilité et les performances nécessaires pour gérer des jeux de données complexes et des opérations algorithmiques.

Dans le contexte du machine learning, vous utiliserez fréquemment ces structures pour accomplir un large éventail de tâches. Les listes, avec leur nature ordonnée et mutable, sont idéales pour représenter des séquences de points de données ou des informations de séries temporelles.

Les tuples, étant immuables, offrent une solution parfaite pour stocker des ensembles fixes de valeurs, comme les hyperparamètres d'un modèle. Les dictionnaires, avec leur structure de paires clé-valeur, excellent dans la mise en correspondance des caractéristiques avec leurs valeurs correspondantes, ce qui les rend inestimables pour des tâches comme l'ingénierie des caractéristiques et le stockage des paramètres.

Listes

Collections ordonnées et mutables qui servent de conteneurs polyvalents pour stocker et manipuler des séquences de données. Les listes en Python offrent un dimensionnement dynamique et prennent en charge divers types de données, ce qui les rend idéales pour représenter des jeux de données, des vecteurs de caractéristiques ou des informations de séries temporelles dans les applications de machine learning.

Leur nature mutable permet des modifications efficaces sur place, ce qui peut être particulièrement utile lors du prétraitement des données ou de l'implémentation d'algorithmes itératifs.

Exemple :

```
# List of data points
data_points = [2.5, 3.8, 4.2, 5.6]

# Modify a list element
data_points[2] = 4.5

print(data_points)
```

Ce code démontre l'utilisation des listes Python, qui sont des structures de données essentielles en machine learning pour stocker et manipuler des séquences de données. Analysons-le :

1. data_points = [2.5, 3.8, 4.2, 5.6] Cette ligne crée une liste appelée 'data_points' contenant quatre nombres à virgule flottante. Dans un contexte de machine learning, cela pourrait représenter un ensemble de mesures ou de valeurs de caractéristiques.

2. data_points[2] = 4.5 Cette ligne démontre la nature mutable des listes. Elle modifie le troisième élément (indice 2) de la liste, changeant sa valeur de 4.2 à 4.5. Cela illustre comment les listes permettent des modifications efficaces sur place, ce qui est particulièrement utile lors du prétraitement des données ou de l'implémentation d'algorithmes itératifs en machine learning.

3. print(data_points) Cette ligne affiche la liste modifiée, vous permettant de voir le résultat du changement.

Cet exemple illustre comment les listes en Python peuvent être utilisées pour stocker et manipuler des points de données, ce qui est une tâche courante dans les applications de machine learning comme la représentation d'ensembles de données ou de vecteurs de caractéristiques.

Dictionnaires

Collections polyvalentes de paires clé-valeur qui servent d'outils puissants pour organiser et accéder aux données dans les applications de machine learning. Ces structures de données excellent dans la création de correspondances entre des éléments d'information liés, tels que les noms de caractéristiques et leurs valeurs correspondantes, ou les étiquettes de paramètres et leurs réglages associés.

Dans le contexte du machine learning, les dictionnaires s'avèrent inestimables lors du travail avec des ensembles de données structurés, permettant une récupération et une modification efficaces de points de données spécifiques basées sur leurs identifiants uniques. Leur flexibilité et leurs performances les rendent particulièrement adaptés à des tâches telles que l'ingénierie des caractéristiques, l'ajustement des hyperparamètres et le stockage des configurations de modèles.

En utilisant les dictionnaires, les data scientists et les praticiens du machine learning peuvent créer des représentations plus intuitives et facilement gérables d'ensembles de données complexes, facilitant des processus de manipulation et d'analyse de données plus fluides tout au long du développement des modèles de machine learning.

Exemple :

```python
# Dictionary to store machine learning model parameters
model_params = {
    "learning_rate": 0.01,
    "num_epochs": 50,
    "batch_size": 32
}

# Accessing values by key
print(f"Learning Rate: {model_params['learning_rate']}")
```

Ce code démontre l'utilisation d'un dictionnaire en Python, spécifiquement dans le contexte du stockage des paramètres d'un modèle de machine learning :

- Un dictionnaire appelé model_params est créé pour stocker trois paires clé-valeur représentant les hyperparamètres du modèle : taux d'apprentissage, nombre d'époques et taille de lot.

- Le dictionnaire utilise des clés de type chaîne de caractères ("learning_rate", "num_epochs", "batch_size") pour les associer à leurs valeurs numériques correspondantes.

- Le code montre ensuite comment accéder à une valeur spécifique du dictionnaire en utilisant sa clé. Dans ce cas, il affiche le taux d'apprentissage.

Cette approche est particulièrement utile en machine learning pour gérer et accéder efficacement aux hyperparamètres d'un modèle. Elle permet une référence et un ajustement faciles de ces paramètres tout au long du processus de développement.

Les dictionnaires sont particulièrement pratiques en machine learning, par exemple lorsqu'on manipule des hyperparamètres de modèle, les rendant faciles à référencer et à ajuster.

Tuples

Les tuples servent de séquences ordonnées immuables en Python, offrant une structure similaire aux listes mais avec la distinction clé d'être non modifiables après leur création. Cette immuabilité rend les tuples particulièrement précieux dans les contextes de machine learning où l'intégrité et la cohérence des données sont primordiales. Ils excellent dans les scénarios qui nécessitent le stockage d'ensembles fixes de valeurs, tels que :

1. Hyperparamètres de modèle : Les tuples peuvent contenir de manière sécurisée des combinaisons de taux d'apprentissage, de tailles de lot et de nombres d'époques.

2. Attributs de jeux de données : Ils peuvent maintenir des noms de caractéristiques ou des ordres de colonnes cohérents à travers différentes étapes du traitement des données.

3. Coordonnées ou points de données multidimensionnels : Les tuples peuvent représenter des coordonnées spatiales ou temporelles fixes dans certains algorithmes.

La nature immuable des tuples assure non seulement la cohérence des données mais offre également des avantages potentiels en termes de performance dans certains scénarios, ce qui en fait un outil indispensable dans la boîte à outils du praticien du machine learning.

Exemple :

```python
# Creating a tuple of model hyperparameters
model_config = (0.01, 64, 100)  # (learning_rate, batch_size, num_epochs)

# Unpacking the tuple
learning_rate, batch_size, num_epochs = model_config

print(f"Learning Rate: {learning_rate}")
print(f"Batch Size: {batch_size}")
print(f"Number of Epochs: {num_epochs}")

# Attempting to modify the tuple (this will raise an error)
# model_config[0] = 0.02  # This line would cause a TypeError
```

Ce code démontre l'utilisation des tuples en Python, particulièrement dans le contexte du machine learning. Analysons-le :

- Un tuple nommé model_config est créé avec trois valeurs représentant les hyperparamètres d'un modèle de machine learning : taux d'apprentissage (0.01), taille de lot (64) et nombre d'époques (100).

- Le tuple est ensuite décomposé en trois variables distinctes : learning_rate, batch_size et num_epochs.

- Les valeurs de ces variables sont affichées à l'aide de f-strings, qui permettent un formatage facile de la sortie.

- Il y a une ligne commentée démontrant que tenter de modifier un tuple (en essayant de changer model_config[0]) provoquerait une TypeError. Cela illustre la nature immuable des tuples.

Cet exemple montre comment les tuples peuvent être utilisés pour stocker des ensembles fixes de valeurs, tels que les hyperparamètres d'un modèle, garantissant que ces valeurs critiques restent constantes tout au long de l'exécution d'un programme de machine learning.

Flux de Contrôle : Boucles et Conditionnelles

Dans le machine learning, la capacité à naviguer à travers de vastes ensembles de données, à évaluer des conditions complexes et à implémenter des logiques algorithmiques sophistiquées est primordiale. Les mécanismes robustes de flux de contrôle de Python offrent une solution élégante et efficace à ces défis.

Avec sa syntaxe intuitive et ses constructions puissantes, Python permet aux data scientists et aux praticiens du machine learning d'itérer sans effort sur de vastes ensembles de données, d'effectuer des vérifications conditionnelles nuancées et d'implémenter une logique complexe qui forme l'épine dorsale des algorithmes avancés.

Ces fonctionnalités de flux de contrôle simplifient non seulement la gestion de tâches complexes, mais améliorent également l'efficacité globale et la lisibilité du code de machine learning, permettant aux développeurs de se concentrer sur la résolution de problèmes de haut niveau plutôt que de s'enliser dans les détails d'implémentation.

Conditionnelles (instructions if-else)

Ces puissantes structures de contrôle permettent à votre programme de prendre des décisions dynamiques basées sur des conditions spécifiées. En évaluant des expressions booléennes, les conditionnelles permettent une logique de branchement, exécutant différents blocs de code selon que certains critères sont remplis ou non. Cette flexibilité est cruciale dans les applications de machine learning, où la prise de décision repose souvent sur une analyse complexe des données et les sorties des modèles.

Par exemple, les conditionnelles peuvent être utilisées pour déterminer si la précision d'un modèle atteint un certain seuil, ou pour classer des points de données dans différentes catégories en fonction de leurs caractéristiques. La capacité à implémenter de tels processus de prise de décision de manière programmatique est fondamentale pour créer des algorithmes de machine learning sophistiqués qui peuvent s'adapter et répondre à diverses entrées et scénarios.

Exemple :

```
accuracy = 0.85

# Check model performance
if accuracy > 0.80:
    print("The model performs well.")
```

```
else:
    print("The model needs improvement.")
```

Cet exemple démontre un cas basique d'instructions conditionnelles en Python, qui sont cruciales pour la prise de décision dans les algorithmes d'apprentissage automatique. Analysons-le :

- accuracy = 0.85 : Cette ligne définit une variable 'accuracy' à 0.85, qui pourrait représenter la précision d'un modèle d'apprentissage automatique.

- if accuracy > 0.80: : C'est l'instruction conditionnelle. Elle vérifie si la précision est supérieure à 0.80.

- Si la condition est vraie (accuracy > 0.80), elle exécute le code dans la ligne suivante : print("The model performs well.")

- Si la condition est fausse, elle exécute le code dans le bloc else : print("The model needs improvement.")

Dans ce cas, puisque la précision (0.85) est effectivement supérieure à 0.80, le résultat serait "The model performs well."

Ce type de logique conditionnelle est essentiel en apprentissage automatique pour des tâches telles que l'évaluation des performances de modèles, la classification des points de données, ou la prise de décisions basées sur les sorties des modèles.

Boucles

Structures de contrôle fondamentales en Python qui permettent l'exécution répétitive de blocs de code. Dans les contextes d'apprentissage automatique, les boucles sont indispensables pour des tâches telles que l'itération à travers de vastes ensembles de données, le traitement de lots de données pendant l'entraînement des modèles, ou l'exécution d'opérations répétées sur des structures de données à grande échelle.

Elles fournissent un moyen efficace d'automatiser les tâches répétitives, d'appliquer des transformations sur des ensembles de données entiers, et d'implémenter des algorithmes itératifs essentiels à de nombreuses techniques d'apprentissage automatique. Que ce soit pour le prétraitement des données, l'ingénierie des caractéristiques, ou l'évaluation des modèles, les boucles constituent l'épine dorsale de nombreux processus de manipulation et d'analyse de données dans les flux de travail d'apprentissage automatique.

Exemple :

```
# Loop through a list of accuracy scores
accuracy_scores = [0.80, 0.82, 0.85, 0.88]
for score in accuracy_scores:
    if score > 0.85:
        print(f"High accuracy: {score}")
```

Cet exemple de code démontre une boucle en Python, qui est cruciale pour parcourir des données dans les tâches d'apprentissage automatique. Analysons-le :

- accuracy_scores = [0.80, 0.82, 0.85, 0.88] : Ceci crée une liste de scores de précision, qui pourrait représenter la performance de différents modèles d'apprentissage automatique ou d'itérations.

- for score in accuracy_scores: : Ceci initialise une boucle qui parcourt chaque score dans la liste.

- if score > 0.85: : Pour chaque score, cette instruction conditionnelle vérifie s'il est supérieur à 0.85.

- print(f"High accuracy: {score}") : Si un score est supérieur à 0.85, il est considéré comme une haute précision et affiché.

Cet exemple illustre comment les boucles peuvent être utilisées pour traiter efficacement plusieurs points de données, ce qui est essentiel en apprentissage automatique pour des tâches comme l'évaluation de la performance des modèles à travers différentes itérations ou jeux de données.

Dans les flux de travail d'apprentissage automatique, les boucles sont essentielles lors de l'itération sur des données ou de la répétition d'un processus (comme plusieurs époques pendant l'entraînement).

Fonctions

En Python, les fonctions servent d'unités de code modulaires et réutilisables qui améliorent considérablement la structure et l'efficacité du programme. Ces constructions polyvalentes permettent aux développeurs d'encapsuler des opérations complexes dans des blocs autonomes et gérables, favorisant l'organisation du code et réduisant la redondance.

Les fonctions sont particulièrement précieuses dans les contextes d'apprentissage automatique, où elles peuvent être employées pour rationaliser des tâches répétitives telles que le prétraitement des données, l'ingénierie des caractéristiques ou l'évaluation des modèles. En définissant des fonctions pour les opérations courantes, les data scientists peuvent créer un code plus maintenable et évolutif, facilitant le débogage et la collaboration.

De plus, les fonctions permettent l'abstraction d'algorithmes complexes, permettant aux praticiens de se concentrer sur la logique de haut niveau tout en encapsulant les détails d'implémentation. Qu'il s'agisse de normaliser des données, d'implémenter des fonctions de perte personnalisées ou d'orchestrer des pipelines complets d'apprentissage automatique, les fonctions jouent un rôle crucial dans l'élaboration de solutions efficaces et performantes.

Exemple :

```
# Function to calculate the mean of a list of numbers
```

```
def calculate_mean(data):
    return sum(data) / len(data)

# Example usage
scores = [88, 92, 79, 85]
mean_score = calculate_mean(scores)
print(f"Mean score: {mean_score}")
```

Cet exemple démontre la création et l'utilisation d'une fonction en Python, particulièrement utile dans les contextes d'apprentissage automatique. Analysons-le :

- **Définition de la fonction** : Le code définit une fonction appelée calculate_mean qui prend un seul paramètre data. Cette fonction calcule la moyenne d'une liste de nombres.

- **Implémentation de la fonction** : À l'intérieur de la fonction, sum(data) additionne tous les nombres de la liste, et len(data) obtient le nombre d'éléments. La division de la somme par le nombre d'éléments donne la moyenne.

- **Exemple d'utilisation** : Le code démontre ensuite comment utiliser cette fonction :

    o Une liste de scores [88, 92, 79, 85] est créée.

    o La fonction calculate_mean est appelée avec cette liste comme argument.

    o Le résultat est stocké dans la variable mean_score.

- **Sortie** : Enfin, le code affiche le score moyen en utilisant une f-string, qui permet un formatage facile de la sortie.

Cet exemple de code illustre comment les fonctions peuvent être utilisées pour encapsuler des opérations courantes en apprentissage automatique, comme le calcul de mesures statistiques. En définissant de telles fonctions, vous pouvez rendre votre code plus modulaire, réutilisable et facile à maintenir, ce qui est crucial lorsque vous travaillez sur des projets complexes d'apprentissage automatique.

En apprentissage automatique, vous créerez souvent des fonctions pour prétraiter des données, entraîner des modèles ou évaluer des résultats. Structurer votre code en fonctions le rend plus modulaire, plus facile à lire et plus facile à maintenir.

2.1.2 Travailler avec les bibliothèques en Python

Bien que la maîtrise des concepts fondamentaux de Python soit cruciale, la véritable puissance de Python dans l'apprentissage automatique réside dans son vaste écosystème de bibliothèques externes. Ces bibliothèques fournissent des outils sophistiqués et des algorithmes qui améliorent considérablement vos capacités en matière de manipulation, d'analyse de données et de développement de modèles.

Le système robuste de gestion de paquets de Python, mené par l'outil polyvalent **pip**, simplifie le processus de découverte, d'installation et de maintenance de ces bibliothèques essentielles. Cette intégration harmonieuse de ressources externes non seulement accélère le développement, mais garantit également que vous avez accès aux techniques d'apprentissage automatique de pointe et aux implémentations optimisées, vous permettant de vous concentrer sur la résolution de problèmes complexes plutôt que de réinventer la roue.

Par exemple, pour installer **NumPy** (une bibliothèque cruciale pour le calcul numérique), vous pouvez exécuter la commande suivante :

```
pip install numpy
```

Une fois installé, vous pouvez l'importer et commencer à l'utiliser dans vos scripts Python :

```python
import numpy as np

# Creating a NumPy array
data = np.array([1, 2, 3, 4, 5])

# Calculating the mean of the array
mean_value = np.mean(data)
print(f"Mean of data: {mean_value}")
```

Ce code démontre l'utilisation basique de NumPy, une bibliothèque fondamentale pour le calcul numérique en Python, essentielle pour les tâches d'apprentissage automatique. Analysons-le :

- import numpy as np : Cette ligne importe la bibliothèque NumPy et lui donne l'alias 'np' pour plus de commodité.

- data = np.array([1, 2, 3, 4, 5]) : Ici, un tableau NumPy est créé à partir d'une liste d'entiers. Les tableaux NumPy sont plus efficaces que les listes Python pour les opérations numériques.

- mean_value = np.mean(data) : Ceci calcule la moyenne de toutes les valeurs dans le tableau 'data' en utilisant la fonction mean de NumPy.

- print(f"Mean of data: {mean_value}") : Enfin, cette ligne affiche la valeur moyenne calculée en utilisant une f-string pour le formatage.

Cet exemple montre comment NumPy simplifie les opérations numériques, ce qui est crucial en apprentissage automatique pour des tâches comme le prétraitement des données et l'analyse statistique.

2.1.3 Comment les bases de Python s'intègrent à l'apprentissage automatique

Bien que nous allions bientôt nous plonger dans des bibliothèques puissantes comme TensorFlow et Scikit-learn qui offrent des capacités avancées pour les tâches d'apprentissage automatique, il est crucial de reconnaître que les fonctionnalités de base de Python servent de composants fondamentaux pour chaque projet d'apprentissage automatique. Ces éléments fondamentaux fournissent le cadre essentiel sur lequel des algorithmes et des modèles plus complexes sont construits. Au fur et à mesure de votre progression dans votre parcours d'apprentissage automatique, vous vous appuierez fréquemment sur :

- **Les listes et les dictionnaires** pour une gestion et une organisation efficaces des données. Ces structures de données polyvalentes vous permettent de stocker, manipuler et accéder à de grands volumes d'informations, ce qui est essentiel lorsque vous travaillez avec des ensembles de données de tailles et de complexités variées. Les listes vous permettent de maintenir des collections ordonnées d'éléments, tandis que les dictionnaires fournissent des paires clé-valeur pour des recherches et des associations rapides.

- **Les boucles et les conditionnels** pour naviguer à travers les structures de données et implémenter des processus de prise de décision logique au sein des algorithmes. Les boucles vous permettent d'itérer sur des ensembles de données, effectuant des opérations sur chaque élément de manière systématique. Les conditionnels, quant à eux, vous permettent de créer une logique de branchement, permettant à vos algorithmes de prendre des décisions basées sur des critères ou des seuils spécifiques. Ces structures de contrôle sont essentielles pour des tâches telles que le prétraitement des données, la sélection des caractéristiques et l'évaluation des modèles.

- **Les fonctions** pour encapsuler et modulariser diverses tâches tout au long du pipeline d'apprentissage automatique. En décomposant des processus complexes en unités plus petites et gérables, les fonctions améliorent la lisibilité, la réutilisabilité et la maintenabilité du code. Elles sont particulièrement utiles pour des tâches telles que le nettoyage des données, où vous pourriez avoir besoin d'appliquer des transformations cohérentes à travers plusieurs ensembles de données. Les fonctions jouent également un rôle crucial dans l'extraction de caractéristiques, vous permettant de définir des opérations personnalisées qui peuvent être appliquées uniformément à vos données. De plus, elles sont inestimables dans l'évaluation des modèles, où vous pouvez créer des métriques réutilisables et des fonctions de notation pour évaluer de manière cohérente les performances de vos modèles.

Développer une forte compréhension de ces éléments fondamentaux de Python est primordial pour votre succès en apprentissage automatique. En maîtrisant ces concepts de base, vous constaterez que travailler avec des bibliothèques d'apprentissage automatique plus avancées devient nettement plus intuitif et efficace.

Cette base solide vous permet de concentrer votre énergie mentale sur la résolution de problèmes complexes du monde réel et le développement d'algorithmes innovants, plutôt que de vous enliser dans des problèmes de syntaxe de base ou de lutter pour implémenter des constructions de programmation fondamentales.

Au fur et à mesure de votre progression, vous découvrirez que ces fonctionnalités de base de Python s'intègrent parfaitement avec des outils d'apprentissage automatique spécialisés, vous permettant de créer des solutions plus sophistiquées et puissantes pour un large éventail de défis en science des données.

2.2 NumPy pour les calculs haute performance

Dans l'apprentissage automatique, la capacité à effectuer des calculs numériques rapides et précis est primordiale. C'est là que **NumPy** (Numerical Python) se distingue comme un outil indispensable dans l'arsenal du data scientist. En tant que l'une des bibliothèques les plus puissantes et largement adoptées, NumPy offre un support robuste pour la gestion et la manipulation de grands tableaux et matrices multidimensionnels. Sa vaste suite de fonctions mathématiques de haut niveau permet aux développeurs d'exécuter des calculs complexes avec une facilité et une efficacité remarquables.

NumPy sert de pierre angulaire pour de nombreux algorithmes d'apprentissage automatique, facilitant des opérations critiques telles que les calculs d'algèbre linéaire, les transformations matricielles et les manipulations sophistiquées de tableaux.

En tirant parti des implémentations optimisées en C de NumPy, les data scientists peuvent traiter des ensembles de données volumineux avec une vitesse et une précision sans précédent. Cette capacité est particulièrement cruciale lorsqu'il s'agit de la nature intensive en données des modèles d'apprentissage automatique modernes, où même de petits gains de performance peuvent se traduire par d'importantes économies de temps et une amélioration de la précision des modèles.

Tout au long de cette section, nous plongerons dans le fonctionnement interne de NumPy, explorant ses fonctionnalités de base et ses caractéristiques distinctives. Nous examinerons comment cette puissante bibliothèque s'intègre parfaitement dans les flux de travail d'apprentissage automatique, permettant des calculs haute performance qui constituent l'épine dorsale des techniques avancées d'analyse de données et de modélisation prédictive.

Des opérations de base sur les tableaux aux transformations mathématiques complexes, nous découvrirons comment la boîte à outils polyvalente de NumPy permet aux data scientists d'aborder les tâches de calcul les plus difficiles en apprentissage automatique avec confiance et précision.

2.2.1 Introduction aux tableaux NumPy

Au cœur de NumPy se trouve le puissant **ndarray**, ou tableau N-dimensionnel, qui sert de fondement aux calculs numériques haute performance. Ces tableaux offrent des avantages significatifs par rapport aux listes natives de Python, particulièrement dans le domaine des opérations numériques.

Les tableaux NumPy sont méticuleusement optimisés pour offrir des vitesses d'exécution supérieures et utiliser les ressources mémoire plus efficacement, les rendant idéaux pour gérer des tâches de traitement de données à grande échelle couramment rencontrées dans les applications d'apprentissage automatique.

L'une des caractéristiques clés qui distingue les tableaux NumPy est leur nature homogène. Contrairement aux listes Python, qui peuvent contenir des éléments de types variés, les tableaux NumPy exigent que tous les éléments soient du même type de données.

Cette uniformité dans la structure de données permet à NumPy d'effectuer des opérations mathématiques avec une efficacité remarquable, en exploitant des optimisations de bas niveau et des opérations vectorisées. Par conséquent, des calculs complexes sur de grands ensembles de données peuvent être exécutés nettement plus rapidement, offrant un avantage crucial dans les algorithmes d'apprentissage automatique gourmands en calculs.

Commençons par créer un tableau NumPy simple :

Exemple : Création d'un tableau NumPy

```python
import numpy as np

# Creating a 1D array from a list
data = [1, 2, 3, 4, 5]
numpy_array = np.array(data)

print("NumPy Array:", numpy_array)
```

Ce code démontre comment créer un tableau NumPy simple. Analysons-le en détail :

- import numpy as np : Cette ligne importe la bibliothèque NumPy et lui donne l'alias 'np' pour plus de commodité.

- data = [1, 2, 3, 4, 5] : Ici, une liste Python standard est créée avec des valeurs entières.

- numpy_array = np.array(data) : Cette ligne convertit la liste Python en un tableau NumPy en utilisant la fonction np.array().

- print("NumPy Array:", numpy_array) : Enfin, cette ligne affiche le tableau NumPy créé.

Le tableau NumPy résultant ressemblera à une liste Python, mais il est en réalité stocké dans des blocs de mémoire contigus, ce qui le rend plus efficace pour les opérations numériques. Cette efficacité est particulièrement importante en apprentissage automatique, où les calculs numériques à grande échelle sont courants.

Dans cet exemple, nous avons converti une liste Python en un tableau NumPy. Vous remarquerez que le tableau ressemble à une liste, mais en coulisses, les tableaux NumPy sont stockés dans des blocs de mémoire contigus, ce qui les rend beaucoup plus efficaces pour les tâches numériques.

2.2.2 Opérations clés avec les tableaux NumPy

Les tableaux NumPy offrent une suite complète d'opérations mathématiques, allant de l'arithmétique de base à l'algèbre linéaire avancée, ce qui en fait un outil indispensable pour l'apprentissage automatique et l'analyse de données. Ces tableaux prennent en charge les opérations élément par élément, la diffusion (broadcasting), et un large éventail de fonctions mathématiques, permettant aux data scientists d'effectuer efficacement des calculs complexes sur de grands ensembles de données.

La polyvalence et les performances des tableaux NumPy dans le traitement des calculs numériques en font une pierre angulaire dans le développement et la mise en œuvre d'algorithmes sophistiqués d'apprentissage automatique et de pipelines de traitement de données.

Explorons ces concepts clés :

Opérations élément par élément

NumPy vous permet d'exécuter des opérations sur des tableaux entiers simultanément, éliminant ainsi le besoin de boucles explicites. Cette fonctionnalité puissante englobe une large gamme d'opérations arithmétiques de base, notamment l'addition, la soustraction, la multiplication et la division. En tirant parti des opérations vectorisées de NumPy, vous pouvez effectuer des calculs complexes sur de grands ensembles de données avec une efficacité remarquable, augmentant considérablement les performances dans les tâches d'apprentissage automatique gourmandes en données.

Par exemple, vous pouvez sans effort additionner deux tableaux de même forme, et NumPy effectuera automatiquement l'addition élément par élément. Cette capacité s'étend à des opérations plus complexes, vous permettant d'appliquer des fonctions mathématiques à des tableaux entiers en une seule étape, simplifiant grandement le code et améliorant la lisibilité.

Exemple

```python
import numpy as np

# Create two NumPy arrays
array1 = np.array([1, 2, 3, 4])
array2 = np.array([5, 6, 7, 8])

# Perform element-wise addition
sum_array = array1 + array2

# Perform element-wise multiplication
product_array = array1 * array2

# Apply a mathematical function (e.g., square root) to each element
sqrt_array = np.sqrt(array1)

print("Sum Array:", sum_array)
```

```
print("Product Array:", product_array)
print("Square Root of Array1:", sqrt_array)
```

Ce code démontre des opérations clés avec les tableaux NumPy. Analysons-le en détail :

- D'abord, nous importons NumPy sous l'alias 'np'

- Nous créons deux tableaux NumPy, 'array1' et 'array2', contenant chacun quatre entiers

- L'addition élément par élément est effectuée avec 'array1 + array2', produisant 'sum_array'

- La multiplication élément par élément est réalisée avec 'array1 * array2', stockée dans 'product_array'

- La fonction racine carrée 'np.sqrt()' est appliquée à chaque élément de 'array1', créant 'sqrt_array'

- Enfin, les résultats sont affichés

Cet exemple met en évidence la capacité de NumPy à effectuer efficacement des opérations élément par élément et à appliquer des fonctions mathématiques à des tableaux entiers simultanément, ce qui est crucial pour les tâches d'apprentissage automatique.

Diffusion (Broadcasting)

Cette fonctionnalité sophistiquée permet d'effectuer des opérations entre des tableaux de dimensions différentes, en ajustant automatiquement les tableaux plus petits pour correspondre à la forme des plus grands. Ce faisant, la diffusion simplifie considérablement les calculs complexes et les manipulations de données, permettant un code plus efficace et concis.

Cette capacité est particulièrement précieuse dans les scénarios d'apprentissage automatique où les opérations impliquent souvent des matrices et des vecteurs de tailles variées. Par exemple, lors de l'ajout d'un terme de biais à chaque ligne d'une matrice de caractéristiques, la diffusion élimine le besoin de boucles explicites, améliorant à la fois les performances et la lisibilité.

De plus, elle facilite les opérations élément par élément entre des tableaux de formes différentes, ce qui en fait un outil indispensable pour des tâches telles que la mise à l'échelle des caractéristiques, la normalisation et l'application de transformations à de grands ensembles de données.

Exemple

```
import numpy as np

# Create a 2D array (matrix)
matrix = np.array([[1, 2, 3],
```

```
                    [4, 5, 6],
                    [7, 8, 9]])

# Create a 1D array (vector)
vector = np.array([10, 20, 30])

# Use broadcasting to add the vector to each row of the matrix
result = matrix + vector

print("Original Matrix:")
print(matrix)
print("\\nVector:")
print(vector)
print("\\nResult after broadcasting:")
print(result)
```

Ce code démontre la fonctionnalité de diffusion de NumPy, qui permet des opérations entre des tableaux de dimensions différentes. Analysons-le en détail :

- D'abord, nous importons NumPy sous l'alias 'np'

- Un tableau 2D (matrice) est créé avec une forme (3,3)

- Un tableau 1D (vecteur) est créé avec une forme (3,)

- Le code utilise ensuite la diffusion pour ajouter le vecteur à chaque ligne de la matrice

- Enfin, il affiche la matrice originale, le vecteur, et le résultat après la diffusion

Le concept clé ici est la diffusion. NumPy aligne automatiquement le vecteur 1D avec chaque ligne de la matrice 2D, permettant une addition élément par élément sans boucle explicite. C'est particulièrement utile en apprentissage automatique pour des tâches comme l'ajout de termes de biais aux couches d'un réseau neuronal ou la normalisation des ensembles de données.

Fonctions mathématiques

NumPy offre une vaste gamme de fonctions mathématiques qui peuvent être directement appliquées aux tableaux, améliorant considérablement l'efficacité computationnelle dans les tâches de science des données et d'apprentissage automatique. Cette suite complète comprend un large éventail d'opérations, allant de l'arithmétique de base aux calculs mathématiques avancés :

- Fonctions trigonométriques : NumPy fournit à la fois des fonctions trigonométriques standard (sin, cos, tan) et inverses (arcsin, arccos, arctan), essentielles pour les tâches impliquant des calculs angulaires ou le traitement de signaux.

- Fonctions logarithmiques et exponentielles : La bibliothèque inclut des logarithmes naturels (log), des logarithmes en base 10 (log10) et des fonctions exponentielles (exp), cruciales pour diverses opérations de mise à l'échelle et analyses statistiques.

- Opérations statistiques : NumPy intègre un ensemble diversifié de fonctions statistiques, telles que le calcul de la moyenne, la médiane, l'écart-type et la variance, facilitant une analyse de données rapide et efficace.

- Fonctions mathématiques spéciales : Des fonctions avancées comme gamma, bêta et les fonctions d'erreur sont disponibles, soutenant la modélisation mathématique complexe et les tâches de calcul scientifique.

Ces fonctions peuvent être appliquées élément par élément à des tableaux entiers, permettant des opérations vectorisées qui améliorent considérablement les performances lors du travail avec de grands ensembles de données. Cette capacité est particulièrement précieuse dans les scénarios d'apprentissage automatique, où des calculs rapides sur des ensembles de données volumineux sont souvent nécessaires.

Exemple

```python
import numpy as np

# Create a NumPy array
array = np.array([0, 30, 45, 60, 90])

# Apply trigonometric functions
sin_values = np.sin(np.deg2rad(array))
cos_values = np.cos(np.deg2rad(array))

# Apply logarithmic and exponential functions
log_values = np.log(np.abs(array) + 1)  # Adding 1 to avoid log(0)
exp_values = np.exp(array)

# Perform statistical operations
mean_value = np.mean(array)
std_dev = np.std(array)

print("Original array:", array)
print("Sine values:", sin_values)
print("Cosine values:", cos_values)
print("Natural log values:", log_values)
print("Exponential values:", exp_values)
print("Mean:", mean_value)
print("Standard deviation:", std_dev)
```

Ce code démontre diverses opérations mathématiques utilisant NumPy, une bibliothèque puissante pour les calculs numériques en Python. Analysons-le en détail :

- Tout d'abord, un tableau NumPy est créé avec des angles en degrés : [0, 30, 45, 60, 90]

- Des fonctions trigonométriques sont appliquées :

  o np.sin() et np.cos() calculent les valeurs de sinus et de cosinus

- o np.deg2rad() convertit les degrés en radians, car les fonctions trigonométriques de NumPy attendent des radians
- Des fonctions logarithmiques et exponentielles sont utilisées :
  - o np.log() calcule le logarithme naturel
  - o np.abs(array) + 1 est utilisé pour éviter de calculer log(0)
  - o np.exp() calcule l'exponentielle (e^x) pour chaque élément
- Des opérations statistiques sont effectuées :
  - o np.mean() calcule la moyenne du tableau
  - o np.std() calcule l'écart-type

Enfin, le code affiche le tableau original et toutes les valeurs calculées

Cet exemple met en évidence la capacité de NumPy à effectuer efficacement des opérations élément par élément et à appliquer des fonctions mathématiques à des tableaux entiers simultanément, ce qui est crucial pour les tâches d'apprentissage automatique

Algèbre linéaire

NumPy fournit une suite complète d'outils pour les opérations avancées d'algèbre linéaire, permettant une manipulation efficace des matrices et des vecteurs. Ces capacités comprennent la multiplication matricielle, la décomposition en valeurs propres, la décomposition en valeurs singulières et la résolution de systèmes d'équations linéaires.

Ces opérations sont fondamentales pour de nombreux algorithmes d'apprentissage automatique, notamment l'analyse en composantes principales (ACP), les machines à vecteurs de support (SVM) et les réseaux de neurones. L'implémentation optimisée de ces opérations par la bibliothèque améliore considérablement l'efficacité computationnelle, ce qui en fait un atout indispensable pour les chercheurs et les praticiens dans des domaines allant de la science des données et de l'apprentissage automatique à la mécanique quantique et à la modélisation financière.

Exemple

```
import numpy as np

# Create a matrix
A = np.array([[1, 2], [3, 4]])

# Calculate the determinant
det_A = np.linalg.det(A)

# Calculate eigenvalues and eigenvectors
eigenvalues, eigenvectors = np.linalg.eig(A)
```

```
# Perform matrix inversion
A_inv = np.linalg.inv(A)

# Solve a linear system Ax = b
b = np.array([5, 6])
x = np.linalg.solve(A, b)

print("Matrix A:\\n", A)
print("Determinant of A:", det_A)
print("Eigenvalues:", eigenvalues)
print("Eigenvectors:\\n", eigenvectors)
print("Inverse of A:\\n", A_inv)
print("Solution to Ax = b:", x)
```

Cet exemple de code démontre plusieurs opérations clés d'algèbre linéaire utilisant NumPy, une bibliothèque puissante pour les calculs numériques en Python. Analysons-le :

1. Tout d'abord, une matrice 2x2 A est créée en utilisant np.array()

2. Le déterminant de A est calculé à l'aide de np.linalg.det()

3. Les valeurs propres et vecteurs propres de A sont calculés avec np.linalg.eig()

4. L'inverse de la matrice A est obtenu en utilisant np.linalg.inv()

5. Un système linéaire Ax = b est résolu avec np.linalg.solve(), où b est un vecteur [5, 6]

Enfin, le code affiche tous les résultats : la matrice originale, son déterminant, ses valeurs propres, ses vecteurs propres, son inverse et la solution du système linéaire.

Ces opérations sont fondamentales dans de nombreux algorithmes d'apprentissage automatique, notamment l'analyse en composantes principales (ACP), les machines à vecteurs de support (SVM) et les réseaux de neurones. L'implémentation efficace de ces opérations par NumPy en fait un outil essentiel pour les tâches de science des données et d'apprentissage automatique.

Fonctions statistiques

NumPy offre une suite complète d'outils statistiques qui permettent un calcul efficace de diverses mesures sur des ensembles de données entiers. Ces fonctions comprennent, entre autres :

- Mesures de tendance centrale : moyenne, médiane et mode

- Mesures de dispersion : écart-type, variance et étendue

- Percentiles et quantiles pour comprendre la distribution des données

- Coefficients de corrélation pour évaluer les relations entre variables

- Histogrammes et comptages de fréquence pour la visualisation des données

Ces puissantes capacités statistiques permettent aux data scientists et aux praticiens de l'apprentissage automatique d'analyser rapidement et d'obtenir des insights à partir de grands ensembles de données, facilitant une prise de décision plus éclairée et un développement de modèles plus pertinent.

Exemple

```python
import numpy as np

# Create a sample dataset
data = np.array([1, 2, 3, 4, 5, 6, 7, 8, 9, 10])

# Calculate basic statistics
mean = np.mean(data)
median = np.median(data)
std_dev = np.std(data)
variance = np.var(data)

# Calculate percentiles
percentiles = np.percentile(data, [25, 50, 75])

# Calculate correlation coefficient
data2 = np.array([2, 4, 5, 4, 5, 7, 9, 8, 10, 12])
correlation = np.corrcoef(data, data2)[0, 1]

print(f"Mean: {mean}")
print(f"Median: {median}")
print(f"Standard Deviation: {std_dev}")
print(f"Variance: {variance}")
print(f"25th, 50th, and 75th Percentiles: {percentiles}")
print(f"Correlation Coefficient: {correlation}")
```

Cet exemple de code démontre diverses fonctions statistiques disponibles dans NumPy, une bibliothèque puissante pour les calculs numériques en Python. Analysons-le :

- Tout d'abord, un jeu de données échantillon est créé en utilisant np.array() avec des valeurs de 1 à 10

- Des mesures statistiques de base sont calculées :

    o La moyenne en utilisant np.mean()

    o La médiane (valeur centrale) en utilisant np.median()

    o L'écart-type en utilisant np.std()

    o La variance en utilisant np.var()

- Les percentiles sont calculés en utilisant np.percentile(), spécifiquement les 25ème, 50ème (médiane), et 75ème percentiles

- Un coefficient de corrélation est calculé entre le jeu de données original et un nouveau tableau data2 en utilisant np.corrcoef()

- Enfin, toutes les statistiques calculées sont affichées

Cet exemple met en évidence la capacité de NumPy à calculer efficacement diverses mesures statistiques sur des jeux de données, ce qui est crucial pour les tâches d'analyse de données et d'apprentissage automatique

Manipulation de tableaux

NumPy offre une suite complète de fonctions conçues pour la restructuration, la concaténation et la division de tableaux. Ces outils puissants permettent aux data scientists et aux praticiens de l'apprentissage automatique d'effectuer des opérations de manipulation de données flexibles et efficaces. Que vous ayez besoin de restructurer vos données pour les insérer dans un réseau de neurones, de combiner plusieurs jeux de données ou de partitionner vos données pour la validation croisée, les capacités de manipulation de tableaux de NumPy fournissent les fonctionnalités nécessaires pour gérer ces tâches avec facilité et précision.

Exemple

```
import numpy as np

# Create a 1D array
arr = np.array([1, 2, 3, 4, 5, 6])
print("Original array:", arr)

# Reshape the array
reshaped = arr.reshape((2, 3))
print("Reshaped array:\\n", reshaped)

# Concatenate arrays
arr1 = np.array([1, 2, 3])
arr2 = np.array([4, 5, 6])
concatenated = np.concatenate((arr1, arr2))
print("Concatenated array:", concatenated)

# Split an array
split_arrays = np.split(concatenated, 3)
print("Split arrays:", split_arrays)

# Transpose a 2D array
transposed = reshaped.T
print("Transposed array:\\n", transposed)
```

Cet exemple démontre diverses techniques de manipulation de tableaux utilisant NumPy, une bibliothèque puissante pour les calculs numériques en Python. Analysons-le :

1. Création d'un tableau 1D : np.array([1, 2, 3, 4, 5, 6]) crée un tableau unidimensionnel

2. Remodelage : arr.reshape((2, 3)) transforme le tableau 1D en un tableau 2D avec 2 lignes et 3 colonnes

3. Concaténation : np.concatenate((arr1, arr2)) joint deux tableaux (arr1 et arr2) bout à bout

4. Fractionnement : np.split(concatenated, 3) divise le tableau concaténé en trois parties égales

5. Transposition : reshaped.T retourne le tableau 2D sur sa diagonale, échangeant efficacement ses lignes et ses colonnes

Ces opérations sont cruciales en apprentissage automatique pour des tâches comme la préparation des données, l'ingénierie des caractéristiques et la gestion des entrées/sorties de modèles. Elles permettent une manipulation efficace de grands jeux de données et des opérations mathématiques complexes

Arithmétique des tableaux

NumPy permet aux utilisateurs d'exécuter des opérations élément par élément sur des tableaux avec une efficacité remarquable. Cette fonctionnalité puissante permet l'addition, la soustraction, la multiplication ou la division transparente de tableaux entiers grâce à des instructions de code concises sur une seule ligne.

En exploitant les opérations vectorisées de NumPy, les data scientists et les praticiens de l'apprentissage automatique peuvent effectuer des calculs mathématiques complexes sur de grands jeux de données avec une vitesse et une simplicité inégalées, simplifiant considérablement leur flux de travail et améliorant la productivité globale dans les tâches d'analyse numérique.

Exemple : Arithmétique de base avec NumPy

```python
import numpy as np

# Define two NumPy arrays
array1 = np.array([1, 2, 3, 4])
array2 = np.array([5, 6, 7, 8])

# Perform element-wise addition, subtraction, multiplication, and division
sum_array = array1 + array2
diff_array = array2 - array1
prod_array = array1 * array2
div_array = array2 / array1

print("Sum:", sum_array)
print("Difference:", diff_array)
print("Product:", prod_array)
print("Division:", div_array)
```

Ce code démontre des opérations arithmétiques de base sur des tableaux en utilisant NumPy, une bibliothèque puissante pour les calculs numériques en Python. Analysons-le :

- Tout d'abord, deux tableaux NumPy sont créés : array1 et array2

- Ensuite, quatre opérations élément par élément sont effectuées :

  - Addition : sum_array = array1 + array2

  - Soustraction : diff_array = array2 - array1

  - Multiplication : prod_array = array1 * array2

  - Division : div_array = array2 / array1

Ces opérations sont effectuées élément par élément, ce qui signifie que chaque élément dans array1 est combiné avec l'élément correspondant dans array2

Enfin, les résultats de ces opérations sont affichés

Cet exemple met en évidence la capacité de NumPy à effectuer des opérations élément par élément efficaces sur des tableaux, ce qui est crucial pour diverses tâches d'apprentissage automatique telles que les calculs de gradient, les transformations matricielles et l'optimisation des poids des modèles

En apprentissage automatique, l'arithmétique des tableaux est cruciale pour des opérations comme les calculs de gradient, les transformations matricielles et l'optimisation des poids des modèles.

Remodelage des tableaux

Le remodelage des tableaux est une opération fondamentale en apprentissage automatique, particulièrement lorsqu'on traite des jeux de données multidimensionnels complexes comme des données d'image ou des informations de séries temporelles. Ce processus implique la modification de la structure d'un tableau sans altérer ses données sous-jacentes. NumPy offre des outils puissants et efficaces pour remodeler les tableaux, permettant aux data scientists et aux praticiens de l'apprentissage automatique de transformer facilement les données entre différentes représentations dimensionnelles.

Par exemple, lorsqu'on travaille avec des données d'image, il est souvent nécessaire de convertir un tableau 2D représentant des valeurs de pixels en un vecteur 1D pour l'entrée dans certains modèles d'apprentissage automatique. À l'inverse, les données de séries temporelles pourraient nécessiter d'être remodelées d'une séquence 1D en un tableau 2D avec des pas de temps et des caractéristiques spécifiques. Les capacités de remodelage de NumPy permettent ces transformations de manière transparente, maintenant l'intégrité des données tout en s'adaptant au format requis pour divers algorithmes et modèles.

Exemple

```
# Create a 1D array
```

```
array = np.array([1, 2, 3, 4, 5, 6])

# Reshape the array into a 2D array (3 rows, 2 columns)
reshaped_array = array.reshape((3, 2))

print("Original Array:", array)
print("Reshaped Array:\\n", reshaped_array)
```

Cet exemple démontre comment remodeler un tableau en utilisant NumPy, une bibliothèque puissante pour les calculs numériques en Python. Analysons-le :

- Tout d'abord, un tableau 1D est créé avec 6 éléments en utilisant np.array([1, 2, 3, 4, 5, 6])

- Ensuite, la fonction reshape() est utilisée pour transformer ce tableau 1D en un tableau 2D avec 3 lignes et 2 colonnes : array.reshape((3, 2))

- Enfin, le code affiche à la fois le tableau d'origine et le tableau remodelé

Cette opération de remodelage est cruciale en apprentissage automatique, particulièrement lors de la préparation des données pour divers modèles. Elle vous permet de restructurer vos données sans changer leur contenu, ce qui est souvent nécessaire lorsque vous travaillez avec différents algorithmes ou formats de données

2.2.3 Algèbre linéaire avec NumPy

L'algèbre linéaire constitue le fondement mathématique de nombreux algorithmes d'apprentissage automatique, servant d'outil crucial pour la manipulation des données, l'extraction de caractéristiques et l'optimisation des modèles. NumPy, une puissante bibliothèque de calcul numérique pour Python, fournit un large éventail de fonctions pour gérer efficacement les opérations d'algèbre linéaire, ce qui en fait une ressource indispensable pour les praticiens de l'apprentissage automatique.

Parmi les tâches clés d'algèbre linéaire dans lesquelles NumPy excelle, on trouve :

Multiplication matricielle

Une opération fondamentale en algèbre linéaire qui est cruciale pour diverses tâches d'apprentissage automatique. Dans le contexte de l'apprentissage automatique, la multiplication matricielle joue un rôle central dans :

- Transformation des caractéristiques : Appliquer des transformations linéaires aux données d'entrée pour extraire ou mettre en évidence certaines caractéristiques.

- Calculs de réseaux neuronaux : Calculer la somme pondérée des entrées dans chaque couche d'un réseau neuronal.

- Implémentation de techniques de réduction dimensionnelle : Comme l'Analyse en Composantes Principales (ACP), qui s'appuie fortement sur les opérations matricielles pour identifier les caractéristiques les plus importantes dans un jeu de données.

- Calculs de matrices de covariance : Utilisés dans diverses analyses statistiques et algorithmes d'apprentissage automatique pour comprendre les relations entre différentes caractéristiques.

Exemple

```
# Define two matrices
matrix1 = np.array([[1, 2], [3, 4]])
matrix2 = np.array([[5, 6], [7, 8]])

# Perform matrix multiplication
result = np.dot(matrix1, matrix2)

print("Matrix Multiplication Result:\\n", result)
```

Cet exemple de code démontre la multiplication matricielle en utilisant NumPy, une bibliothèque puissante pour les calculs numériques en Python. Analysons-le :

- Deux matrices sont définies en utilisant np.array() : matrix1 = np.array([[1, 2], [3, 4]]) matrix2 = np.array([[5, 6], [7, 8]]) Chaque matrice est de taille 2x2.

- La multiplication matricielle est effectuée à l'aide de la fonction np.dot() : result = np.dot(matrix1, matrix2) Cette fonction calcule le produit scalaire des deux matrices.

- Enfin, le résultat de la multiplication matricielle est affiché : print("Matrix Multiplication Result:\\n", result)

Cette opération est cruciale en apprentissage automatique pour diverses tâches, notamment :

- La transformation des caractéristiques

- Les calculs de réseaux neuronaux

- L'implémentation de techniques de réduction dimensionnelle comme l'Analyse en Composantes Principales (ACP)

- Le calcul des matrices de covariance pour les analyses statistiques

En utilisant l'implémentation efficace des opérations matricielles de NumPy, les développeurs en apprentissage automatique peuvent améliorer significativement les performances de leurs algorithmes, particulièrement lors du travail avec de grands jeux de données et des modèles complexes.

Calcul des déterminants

Une opération cruciale en algèbre linéaire qui fournit des informations précieuses sur les propriétés des matrices. Le déterminant d'une matrice est une valeur scalaire qui résume des informations importantes sur le comportement et les caractéristiques de la matrice. Dans le contexte de l'apprentissage automatique et de l'analyse de données, les déterminants servent plusieurs objectifs importants :

- Évaluation de l'inversibilité d'une matrice : Le déterminant aide à déterminer si une matrice est inversible (non-singulière) ou non. Un déterminant non nul indique que la matrice est inversible, ce qui est essentiel pour diverses opérations mathématiques et algorithmes.

- Résolution de systèmes d'équations linéaires : Les déterminants jouent un rôle clé dans la règle de Cramer, une méthode pour résoudre des systèmes d'équations linéaires. Cette application est particulièrement utile dans les problèmes d'optimisation et l'ajustement de modèles.

- Calcul des décompositions matricielles : Les déterminants sont souvent impliqués dans diverses techniques de décomposition matricielle, telles que la décomposition LU et la décomposition de Cholesky. Ces décompositions sont fondamentales dans de nombreux algorithmes d'apprentissage automatique, y compris la réduction dimensionnelle et la résolution efficace de systèmes linéaires.

- Calculs de volume et de surface : Dans les interprétations géométriques, la valeur absolue d'un déterminant représente le facteur d'échelle de volume ou de surface d'une transformation linéaire, ce qui peut être utile dans certaines applications d'apprentissage automatique impliquant des données spatiales ou des transformations.

NumPy fournit des méthodes efficaces pour calculer les déterminants, même pour les grandes matrices, ce qui en fait un outil indispensable pour les praticiens de l'apprentissage automatique travaillant avec des opérations complexes d'algèbre linéaire.

Exemple

```python
import numpy as np

# Define a square matrix
matrix = np.array([[1, 2, 3],
                   [4, 5, 6],
                   [7, 8, 9]])

# Calculate the determinant
determinant = np.linalg.det(matrix)

print("Matrix:")
print(matrix)
print(f"\\nDeterminant: {determinant}")
```

Cet exemple montre comment calculer le déterminant d'une matrice en utilisant NumPy, une bibliothèque puissante pour les calculs numériques en Python. Voici une analyse du code :

- D'abord, nous importons NumPy avec l'alias 'np'

- Une matrice carrée 3x3 est définie en utilisant np.array()

- Le déterminant de la matrice est calculé en utilisant la fonction np.linalg.det()

- Enfin, le code affiche à la fois la matrice originale et son déterminant

Cet exemple est particulièrement pertinent en apprentissage automatique pour des tâches comme :

- L'évaluation de l'inversibilité des matrices, ce qui est important dans des algorithmes comme la régression linéaire et l'analyse en composantes principales (ACP)

- La résolution de systèmes d'équations linéaires, ce qui est fondamental dans divers problèmes d'optimisation

- Le calcul des décompositions matricielles, qui sont utilisées dans de nombreux algorithmes d'apprentissage automatique pour des tâches comme l'extraction de caractéristiques et la compression de données

Calcul des valeurs propres et vecteurs propres

Une opération fondamentale en algèbre linéaire avec des applications significatives en apprentissage automatique. Les valeurs propres et vecteurs propres fournissent des informations cruciales sur les propriétés des matrices et sont essentiels pour diverses techniques :

- Réduction de dimensionnalité : Utilisée dans des méthodes comme l'Analyse en Composantes Principales (ACP) pour identifier les caractéristiques les plus importantes dans des ensembles de données de haute dimension.

- Clustering spectral : Exploite les vecteurs propres pour regrouper des points de données basés sur le spectre de la matrice de similarité.

- Compréhension des transformations linéaires : Aide à visualiser comment les matrices étirent, compriment ou font pivoter les vecteurs dans l'espace.

- Diagonalisation de matrices : Simplifie les opérations matricielles complexes, conduisant souvent à des calculs plus efficaces dans les algorithmes d'apprentissage automatique.

L'implémentation efficace du calcul des valeurs propres et vecteurs propres de NumPy permet aux data scientists d'effectuer rapidement ces opérations, même sur des matrices de grande taille. Cette capacité facilite le développement de modèles d'apprentissage automatique sophistiqués.

Exemple

```python
import numpy as np

# Define a square matrix
matrix = np.array([[4, -2],
                   [1, 1]])

# Calculate eigenvalues and eigenvectors
eigenvalues, eigenvectors = np.linalg.eig(matrix)

print("Matrix:")
print(matrix)
print("\\nEigenvalues:")
print(eigenvalues)
print("\\nEigenvectors:")
print(eigenvectors)
```

Cet exemple de code montre comment calculer les valeurs propres et vecteurs propres en utilisant NumPy, une bibliothèque puissante pour les calculs numériques en Python. Voici une analyse du code :

- D'abord, nous importons NumPy avec l'alias 'np'

- Une matrice carrée 2x2 est définie en utilisant np.array()

- La fonction np.linalg.eig() est utilisée pour calculer à la fois les valeurs propres et les vecteurs propres de la matrice

- La fonction renvoie deux tableaux : un pour les valeurs propres et un autre pour les vecteurs propres

- Enfin, le code affiche la matrice originale, les valeurs propres et les vecteurs propres

Cette opération est cruciale en apprentissage automatique pour diverses tâches, notamment :

- L'Analyse en Composantes Principales (ACP) pour la réduction de dimensionnalité

- L'extraction de caractéristiques

- La compréhension du comportement des transformations linéaires dans les algorithmes

En exploitant l'implémentation efficace de ces opérations par NumPy, les data scientists peuvent considérablement améliorer les performances de leurs algorithmes, particulièrement lors du traitement de grands jeux de données et de modèles complexes

Résolution de systèmes d'équations linéaires

Une opération critique dans de nombreux problèmes d'optimisation et algorithmes d'apprentissage automatique. Ce processus est essentiel pour :

- La régression linéaire : Déterminer les coefficients optimaux qui minimisent la différence entre les valeurs prédites et réelles.

- Les machines à vecteurs de support : Trouver l'hyperplan qui sépare au mieux différentes classes de points de données.

- L'ajustement par moindres carrés : Minimiser la somme des carrés des résidus dans diverses applications d'ajustement de courbes.

- Les problèmes de flux de réseau : Optimiser l'allocation des ressources dans des systèmes complexes.

Les routines d'algèbre linéaire efficaces de NumPy permettent de résoudre rapidement de grands systèmes d'équations, facilitant l'implémentation de modèles d'apprentissage automatique sophistiqués capables de traiter des ensembles de données réels.

Exemple

```
import numpy as np

# Define the coefficient matrix A and the constant vector b
A = np.array([[3, 1], [1, 2]])
b = np.array([9, 8])

# Solve the system of linear equations
x = np.linalg.solve(A, b)

print("Coefficient matrix A:")
print(A)
print("\\nConstant vector b:")
print(b)
print("\\nSolution x:")
print(x)

# Verify the solution
print("\\nVerification (should be close to b):")
print(np.dot(A, x))
```

Cet exemple montre comment résoudre un système d'équations linéaires en utilisant le module d'algèbre linéaire de NumPy. Voici une analyse de ce que fait le code :

- D'abord, il importe NumPy sous l'alias 'np'

- Il définit une matrice de coefficients A et un vecteur constant b : A = [[3, 1], [1, 2]] b = [9, 8]

- La fonction np.linalg.solve(A, b) est utilisée pour résoudre le système d'équations linéaires Ax = b pour x

- Le code affiche ensuite la matrice de coefficients A, le vecteur constant b, et la solution x

- Enfin, il vérifie la solution en calculant np.dot(A, x), qui devrait être proche de b

Ce type d'opération est crucial en apprentissage automatique pour diverses tâches, notamment :

- La régression linéaire

- Les machines à vecteurs de support

- L'ajustement par moindres carrés

- Les problèmes de flux de réseau

En utilisant l'implémentation efficace de NumPy, les développeurs en apprentissage automatique peuvent résoudre rapidement de grands systèmes d'équations, permettant ainsi la création de modèles sophistiqués capables de traiter des jeux de données réels

Décompositions matricielles

Techniques essentielles en algèbre linéaire qui décomposent des matrices complexes en composants plus simples et plus faciles à gérer. Ces décompositions, notamment LU (Lower-Upper), QR (Orthogonale-Triangulaire), et la Décomposition en Valeurs Singulières (SVD), jouent des rôles cruciaux dans divers algorithmes d'apprentissage automatique. Elles sont particulièrement précieuses pour des tâches telles que :

- L'extraction de caractéristiques : Identifier et isoler les caractéristiques les plus importantes au sein de jeux de données de haute dimension

- La compression de données : Réduire la dimensionnalité des données tout en préservant leurs informations les plus significatives

- La réduction du bruit : Séparer les signaux significatifs du bruit de fond dans les jeux de données

- La résolution de systèmes linéaires : Calculer efficacement des solutions à des systèmes complexes d'équations linéaires

- L'Analyse en Composantes Principales (ACP) : Une technique populaire pour la réduction de dimensionnalité et la visualisation des données

Ces décompositions améliorent non seulement l'efficacité des algorithmes d'apprentissage automatique, mais fournissent également des aperçus précieux sur la structure sous-jacente des données, facilitant une analyse plus efficace et le développement de modèles.

Exemple

```
import numpy as np
from scipy.linalg import lu, qr
```

```
# Create a sample matrix
A = np.array([[1, 2], [3, 4]])

# LU Decomposition
P, L, U = lu(A)
print("LU Decomposition:")
print("P:", P)
print("L:", L)
print("U:", U)

# QR Decomposition
Q, R = qr(A)
print("\\nQR Decomposition:")
print("Q:", Q)
print("R:", R)

# Singular Value Decomposition (SVD)
U, s, VT = np.linalg.svd(A)
print("\\nSingular Value Decomposition:")
print("U:", U)
print("s:", s)
print("V^T:", VT)
```

Ce code illustre trois techniques courantes de décomposition matricielle :

1. **Création de Matrice :**

Une matrice 2x2 A est créée avec NumPy.

2. **Décomposition LU :**

Utilise scipy.linalg.lu(A) pour décomposer A en :

   o   P : Matrice de permutation.

   o   L : Matrice triangulaire inférieure.

   o   U : Matrice triangulaire supérieure.

3. **Décomposition QR :**

Utilise scipy.linalg.qr(A) pour décomposer A en :

   o   Q : Matrice orthogonale.

   o   R : Matrice triangulaire supérieure.

4. **SVD :**

Utilise np.linalg.svd(A) pour décomposer A en :

   o   U et VT : Matrices unitaires.

- o   s : Valeurs singulières.

Ces techniques de décomposition sont cruciales en machine learning pour des tâches telles que l'extraction de caractéristiques, la compression de données, la réduction du bruit, la résolution de systèmes linéaires et l'Analyse en Composantes Principales (ACP). Elles fournissent des aperçus précieux sur la structure sous-jacente des données et peuvent améliorer considérablement l'efficacité des algorithmes d'apprentissage automatique.

En exploitant l'implémentation optimisée de ces opérations par NumPy, les développeurs en machine learning peuvent améliorer significativement les performances et l'efficacité de leurs algorithmes, leur permettant de travailler avec des jeux de données plus volumineux et des modèles plus complexes. Cette capacité est particulièrement précieuse dans des domaines tels que l'apprentissage profond, où les opérations sur de grandes matrices sont fréquentes et intensives en calcul.

2.2.4 Fonctions statistiques dans NumPy

Le machine learning implique fréquemment l'analyse de jeux de données complexes pour découvrir des modèles et des insights significatifs. Ce processus nécessite l'application de diverses fonctions statistiques pour extraire des informations précieuses des données.

NumPy, une puissante bibliothèque de calcul numérique pour Python, offre une vaste gamme d'outils statistiques qui sont indispensables pour les data scientists et les praticiens du machine learning. Ces outils comprennent un large éventail de fonctions pour calculer des mesures statistiques essentielles telles que la moyenne, la médiane, le mode, l'écart-type, la variance et les percentiles.

En tirant parti de l'implémentation efficace de ces opérations statistiques par NumPy, les chercheurs et les développeurs peuvent rapidement traiter de grands jeux de données, identifier des tendances et tirer des conclusions significatives qui constituent la base des algorithmes et modèles avancés de machine learning.

Calcul de la moyenne et de l'écart-type

La moyenne et l'écart-type sont des mesures statistiques fondamentales largement utilisées en analyse de données et en machine learning pour comprendre la tendance centrale et la dispersion des distributions de données. Ces métriques fournissent des aperçus cruciaux sur les caractéristiques des jeux de données, aidant les data scientists et les praticiens du machine learning à prendre des décisions éclairées concernant le prétraitement des données, la sélection des modèles et l'interprétation des résultats.

La moyenne, également connue sous le nom de moyenne arithmétique, représente la valeur centrale d'un jeu de données. Elle est calculée en additionnant toutes les valeurs et en divisant par le nombre d'observations. En machine learning, la moyenne est souvent utilisée pour la mise à l'échelle des caractéristiques, la normalisation des données et comme référence pour comparer les prédictions des modèles.

L'écart-type, quant à lui, quantifie la quantité de variation ou de dispersion dans un jeu de données. Il mesure à quel point les points de données s'écartent typiquement de la moyenne. Un faible écart-type indique que les points de données ont tendance à être proches de la moyenne, tandis qu'un écart-type élevé suggère que les points de données sont répartis sur une plus large gamme de valeurs. Cette mesure est cruciale pour comprendre la distribution des caractéristiques, détecter les valeurs aberrantes et évaluer la fiabilité des prédictions dans les modèles de machine learning.

Dans le contexte du machine learning :

- Mise à l'échelle des caractéristiques : La moyenne et l'écart-type sont utilisés dans des techniques comme la standardisation (normalisation z-score) pour mettre à l'échelle les caractéristiques dans une plage commune, ce qui peut améliorer les performances de nombreux algorithmes de machine learning.

- Détection des valeurs aberrantes : Les points de données qui se situent au-delà d'un certain nombre d'écarts-types par rapport à la moyenne sont souvent considérés comme des valeurs aberrantes, qui peuvent nécessiter un traitement spécial lors de l'étape de prétraitement.

- Évaluation des modèles : Ces statistiques sont utilisées pour évaluer la performance des modèles de régression, où la moyenne des résidus (erreurs) devrait idéalement être proche de zéro, et l'écart-type des résidus fournit des indications sur la précision du modèle.

- Processus gaussiens : De nombreux algorithmes de machine learning supposent des données distribuées normalement, où la moyenne et l'écart-type sont des paramètres clés de la distribution gaussienne (normale).

Comprendre et utiliser efficacement ces mesures statistiques est essentiel pour développer des modèles de machine learning robustes et précis dans divers domaines et applications.

Exemple

```
# Generate random data
data = np.random.rand(100)

# Calculate mean and standard deviation
mean_value = np.mean(data)
std_value = np.std(data)

print(f"Mean: {mean_value}, Standard Deviation: {std_value}")
```

Cet exemple de code montre comment calculer la moyenne et l'écart-type d'un ensemble de données en utilisant NumPy.

Voici une analyse détaillée de ce que fait le code :

- Tout d'abord, il génère des données aléatoires en utilisant np.random.rand(100), qui crée un tableau de 100 nombres aléatoires entre 0 et 1.

- Ensuite, il calcule la moyenne des données en utilisant np.mean(data).

- Il calcule également l'écart-type des données en utilisant np.std(data).

- Enfin, il affiche la moyenne et l'écart-type calculés.

Cet exemple illustre comment les fonctions statistiques de NumPy peuvent être utilisées pour calculer efficacement des mesures importantes en analyse de données et en apprentissage automatique. Ces calculs sont essentiels pour des tâches telles que la mise à l'échelle des caractéristiques, la normalisation des données et la compréhension de la distribution des ensembles de données.

Ces fonctions sont fréquemment utilisées dans les pipelines d'apprentissage automatique pour des tâches comme la mise à l'échelle et la normalisation des caractéristiques.

Percentiles et Quantiles

Les percentiles sont des outils statistiques puissants utilisés pour diviser les données en différents segments, fournissant des insights précieux sur la distribution d'un ensemble de données. En calculant les percentiles, nous pouvons déterminer des points spécifiques dans les données qui les séparent en portions égales. Par exemple, le 50ème percentile, également connu sous le nom de médiane, divise les données en deux moitiés égales.

Comprendre les percentiles est crucial en apprentissage automatique pour plusieurs raisons :

- Analyse de la distribution des données : Les percentiles aident à visualiser comment les données sont réparties sur leur étendue, révélant si elles sont uniformément distribuées ou biaisées vers certaines valeurs.

- Détection des valeurs aberrantes : En examinant les percentiles extrêmes (par exemple, le 1er ou le 99ème), nous pouvons identifier des valeurs aberrantes potentielles qui pourraient avoir un impact significatif sur les performances du modèle.

- Mise à l'échelle des caractéristiques : Dans certains cas, les méthodes de mise à l'échelle basées sur les percentiles, comme la mise à l'échelle robuste, peuvent être plus appropriées que la mise à l'échelle standard, surtout lorsqu'on traite des ensembles de données contenant des valeurs aberrantes.

- Évaluation du modèle : Les percentiles sont souvent utilisés pour évaluer les performances du modèle, comme dans le calcul de l'erreur absolue médiane ou l'évaluation des intervalles de prédiction.

Cette mesure statistique est particulièrement utile pour détecter les valeurs aberrantes ou comprendre la répartition d'une caractéristique dans un ensemble de données, car elle fournit une méthode robuste pour décrire les caractéristiques des données qui sont moins sensibles aux valeurs extrêmes par rapport à des mesures comme la moyenne et l'écart-type.

Exemple

```
# Generate random data
data = np.random.rand(100)

# Calculate the 25th, 50th, and 75th percentiles
percentiles = np.percentile(data, [25, 50, 75])

print(f"25th percentile: {percentiles[0]}, 50th percentile (median): {percentiles[1]},
75th percentile: {percentiles[2]}")
```

Cet exemple montre comment calculer les percentiles en utilisant NumPy. Voici une analyse détaillée de ce que fait le code :

- D'abord, il génère 100 nombres aléatoires entre 0 et 1 en utilisant np.random.rand(100). Cela simule un jeu de données que nous voulons analyser.

- Ensuite, il calcule les 25ème, 50ème et 75ème percentiles de ces données en utilisant np.percentile(data, [25, 50, 75]). La fonction renvoie un tableau avec les valeurs des percentiles.

- Enfin, il affiche ces percentiles. Notez que le 50ème percentile est également connu sous le nom de médiane.

Ce code est utile en apprentissage automatique pour comprendre la distribution des données, détecter les valeurs aberrantes et prétraiter les données. Les percentiles offrent une méthode robuste pour décrire les caractéristiques des données, particulièrement lorsqu'on travaille avec des jeux de données asymétriques ou lorsqu'on choisit comment prétraiter les données.

Comprendre la distribution des données est essentiel en apprentissage automatique, particulièrement lorsqu'on travaille avec des jeux de données asymétriques ou lorsqu'on choisit comment prétraiter les données.

2.2.5 Génération de nombres aléatoires

En apprentissage automatique, la génération de nombres aléatoires joue un rôle crucial dans divers aspects du développement et de l'expérimentation des modèles.

Ce processus est fondamental pour plusieurs tâches clés :

1. Initialisation des poids des réseaux de neurones : L'initialisation aléatoire aide à briser la symétrie et permet des points de départ diversifiés pour l'optimisation.

2. Division des jeux de données : Diviser aléatoirement les données en ensembles d'entraînement, de validation et de test assure une évaluation impartiale du modèle.

3. Création de données synthétiques : Générer des jeux de données artificiels permet des expériences contrôlées et l'augmentation de données réelles limitées.

4. Implémentation d'algorithmes stochastiques : De nombreux algorithmes d'apprentissage automatique s'appuient sur l'aléatoire pour l'optimisation et l'exploration.

5. Validation croisée : L'échantillonnage aléatoire est utilisé dans des techniques comme la validation croisée k-fold pour évaluer les performances du modèle.

6. Augmentation de données : Des transformations aléatoires peuvent être appliquées aux données existantes pour augmenter la taille et la diversité du jeu de données.

Le module random de NumPy offre une suite complète de fonctions pour générer des nombres aléatoires à partir de diverses distributions de probabilité. Celles-ci incluent les distributions uniforme, normale (gaussienne), binomiale, et bien d'autres. L'implémentation efficace du module le rend idéal pour gérer la génération de nombres aléatoires à grande échelle dans les pipelines d'apprentissage automatique.

Les principales caractéristiques du module random de NumPy comprennent :

1. Génération de nombres aléatoires avec graine pour la reproductibilité

2. Fonctions pour échantillonner à partir de distributions de probabilité spécifiques

3. Génération efficace de grands tableaux de nombres aléatoires

4. Prise en charge de la génération de nombres aléatoires scalaires et basés sur des tableaux

En tirant parti de ces capacités, les praticiens de l'apprentissage automatique peuvent introduire un aléatoire contrôlé dans leurs flux de travail, améliorant ainsi la robustesse et la généralisation des modèles.

Exemple : Génération de nombres aléatoires

```python
# Generate 10 random numbers between 0 and 1
random_numbers = np.random.rand(10)

# Generate random integers between 1 and 10
random_integers = np.random.randint(1, 11, size=10)

print("Random Numbers:", random_numbers)
print("Random Integers:", random_integers)
```

Cet exemple de code montre comment générer des nombres aléatoires à l'aide du module random de NumPy. Analysons-le :

- np.random.rand(10) : Cela génère 10 nombres aléatoires entre 0 et 1 selon une distribution uniforme.

- np.random.randint(1, 11, size=10) : Cela génère 10 entiers aléatoires entre 1 et 10 (inclus).

Le code affiche ensuite les deux ensembles de nombres aléatoires. Cette fonctionnalité est cruciale en apprentissage automatique pour des tâches telles que :

- Création de jeux de données aléatoires

- Mélange de données

- Définition des conditions initiales pour les modèles

Ces capacités de génération de nombres aléatoires sont essentielles pour introduire un aléatoire contrôlé dans les flux de travail d'apprentissage automatique, ce qui peut améliorer la robustesse et la généralisation des modèles.

Ces fonctions sont indispensables en apprentissage automatique pour créer des jeux de données aléatoires, mélanger des données ou définir des conditions initiales pour les modèles.

NumPy est une bibliothèque fondamentale pour tout projet d'apprentissage automatique, offrant des opérations haute performance sur les tableaux et matrices, des outils pour l'analyse statistique et un support pour des calculs numériques efficaces. Que vous effectuiez des multiplications matricielles dans un réseau de neurones ou génériez des nombres aléatoires pour diviser des jeux de données, la rapidité et l'efficacité de NumPy en font un élément essentiel de votre boîte à outils.

2.3 Pandas pour la manipulation avancée de données

En apprentissage automatique, une grande partie du temps consacré à la construction de modèles implique le nettoyage, la transformation et la préparation des données avant qu'elles ne soient prêtes pour l'analyse ou l'alimentation des algorithmes. Ce processus est connu sous le nom de **manipulation de données**. Bien que NumPy excelle dans le traitement des calculs numériques, il est souvent insuffisant lorsqu'il s'agit de données tabulaires ou structurées. C'est là que **Pandas** devient un véritable atout.

Pandas est une bibliothèque puissante et flexible conçue spécifiquement pour travailler avec des données structurées telles que des tableaux, des fichiers CSV, des feuilles de calcul Excel et des bases de données SQL. Elle simplifie de nombreuses tâches courantes associées à l'analyse de données, comme le filtrage, le regroupement et la fusion de jeux de données, ce qui en fait un outil essentiel pour tout data scientist ou praticien de l'apprentissage automatique.

Dans cette section, nous explorerons les fonctionnalités avancées de Pandas qui vous permettent de manipuler et d'analyser efficacement les données, et nous fournirons de nombreux exemples pour vous assurer de comprendre comment appliquer ces concepts dans vos propres projets.

2.3.1 Introduction aux structures de données Pandas

Pandas introduit deux structures de données principales qui sont au cœur de sa fonctionnalité et constituent l'épine dorsale de la manipulation de données en Python :

Series

Un tableau unidimensionnel étiqueté polyvalent capable de contenir divers types de données (entiers, chaînes, flottants, etc.). Cette structure fondamentale dans Pandas ressemble à une colonne dans une feuille de calcul ou à une seule colonne d'une table de base de données. Les Series excellent dans le traitement des données temporelles, la représentation de caractéristiques individuelles au sein d'un jeu de données, ou le stockage d'informations étiquetées.

Leur flexibilité et leur efficacité les rendent indispensables pour des tâches telles que l'analyse financière, le traitement des données de capteurs et l'ingénierie des caractéristiques dans les pipelines d'apprentissage automatique.

Exemple : Création d'une Series Pandas

```
import pandas as pd

# Create a Series from a list
data = [10, 20, 30, 40, 50]
s = pd.Series(data, index=['a', 'b', 'c', 'd', 'e'])

print(s)

# Accessing elements
print("\\nValue at index 'c':", s['c'])

# Basic statistics
print("\\nMean:", s.mean())
print("Max:", s.max())
```

Analysons cet exemple de code :

1. D'abord, nous importons la bibliothèque pandas et lui donnons l'alias 'pd' :import pandas as pd

2. Nous créons une liste de données :data = [10, 20, 30, 40, 50]

3. Nous créons une Series Pandas en utilisant ces données et assignons des étiquettes d'index personnalisées :s = pd.Series(data, index=['a', 'b', 'c', 'd', 'e'])

4. Nous affichons la Series entière :print(s)

5. Nous accédons à un élément spécifique et l'affichons en utilisant son étiquette d'index :print("\\nValue at index 'c':", s['c'])

6. Enfin, nous démontrons quelques opérations statistiques de base sur la Series :print("\\nMean:", s.mean()) print("Max:", s.max())

Ce code illustre la création et la manipulation de base d'une Series Pandas, qui est un tableau unidimensionnel étiqueté capable de contenir divers types de données. Il démontre comment créer une Series, accéder à ses éléments et effectuer des opérations statistiques simples, qui sont des tâches courantes dans l'analyse de données et le prétraitement pour l'apprentissage automatique.

Dans cet exemple, nous créons une Series Pandas à partir d'une liste de nombres, assignons des étiquettes d'index personnalisées et démontrons des opérations de base comme l'accès aux éléments et le calcul de statistiques. Les Series sont particulièrement utiles pour représenter des données temporelles ou des caractéristiques individuelles dans un jeu de données.

DataFrame

Un tableau bidimensionnel de données avec des lignes et des colonnes étiquetées, similaire à une feuille de calcul ou une table SQL. C'est la structure principale de Pandas et celle que vous utiliserez le plus fréquemment en apprentissage automatique. Les DataFrames peuvent être considérés comme une collection d'objets Series, où chaque colonne est une Series. Ils permettent une gestion facile des types de données hétérogènes à travers différentes colonnes, ce qui les rend idéaux pour des tâches complexes d'analyse et de manipulation de données.

Ces structures de données sont conçues pour gérer efficacement les complexités des données du monde réel. Elles fournissent une large gamme de méthodes intégrées pour le nettoyage, la transformation et l'analyse des données, ce qui en fait des outils indispensables dans les flux de travail de science des données et d'apprentissage automatique.

Commençons par créer un simple DataFrame Pandas à partir d'un dictionnaire pour illustrer comment ces structures fonctionnent en pratique. Cet exemple démontrera à quel point il est facile de créer et de manipuler des données structurées en utilisant Pandas, préparant le terrain pour des opérations plus avancées que nous explorerons plus tard.

Exemple : Création d'un DataFrame Pandas

```
import pandas as pd

# Create a dictionary of data
data = {
    'Name': ['Alice', 'Bob', 'Charlie', 'David'],
    'Age': [25, 30, 35, 40],
    'Salary': [50000, 60000, 70000, 80000]
}
```

```
# Convert the dictionary to a DataFrame
df = pd.DataFrame(data)

# Display the DataFrame
print(df)
```

Cet exemple de code montre comment créer un DataFrame Pandas simple.

Voici une explication de ce qu'il fait :

- D'abord, il importe la bibliothèque Pandas sous le nom 'pd'
- Ensuite, il crée un dictionnaire appelé 'data' avec trois clés : 'Name', 'Age', et 'Salary'. Chaque clé possède une liste de valeurs
- Puis, il convertit ce dictionnaire en DataFrame Pandas en utilisant pd.DataFrame(data)
- Enfin, il affiche le DataFrame pour montrer son contenu

Le DataFrame résultant aura trois colonnes (Name, Age et Salary) et quatre lignes, une pour chaque personne dans le jeu de données. Cette structure est similaire à une feuille de calcul ou une table de base de données, ce qui facilite la manipulation et l'analyse des données en Python

Cet exemple sert de base pour comprendre comment créer et travailler avec des DataFrames dans Pandas, ce qui est crucial pour la manipulation et l'analyse des données dans les projets d'apprentissage automatique

2.3.2 Lecture et écriture de données avec Pandas

L'une des tâches les plus fondamentales et cruciales en apprentissage automatique est la capacité à lire des données provenant de diverses sources externes. Ces sources peuvent aller de simples fichiers CSV (valeurs séparées par des virgules) à des structures plus complexes comme des bases de données ou des feuilles de calcul Excel. Cette étape est essentielle car elle constitue la base de tout projet d'analyse de données ou d'apprentissage automatique.

Pandas, une puissante bibliothèque de manipulation de données en Python, excelle dans ce domaine en fournissant une interface fluide pour l'importation et l'exportation de données. Elle offre une large gamme de fonctions qui peuvent gérer différents formats de fichiers et structures de données avec facilité. Par exemple, la fonction read_csv() peut charger sans effort des données à partir de fichiers CSV, tandis que read_sql() peut extraire des données directement depuis des bases de données SQL.

De plus, Pandas ne se limite pas à l'importation de données. Elle fournit également des capacités tout aussi robustes pour exporter des données vers divers formats une fois que vous avez terminé votre analyse ou vos manipulations de données. Ce flux bidirectionnel de données est crucial dans les flux de travail d'apprentissage automatique, où vous avez souvent besoin de sauvegarder des résultats intermédiaires ou d'exporter des prédictions finales.

La flexibilité et l'efficacité de Pandas dans la gestion des opérations d'entrée/sortie de données simplifient considérablement la phase de préparation des données des projets d'apprentissage automatique. Cela permet aux data scientists et aux ingénieurs en apprentissage automatique de se concentrer davantage sur le développement de modèles et moins sur les subtilités de la manipulation des données, accélérant ainsi l'ensemble du pipeline d'apprentissage automatique.

Lecture de données à partir d'un fichier CSV

La fonction read_csv() de Pandas est un outil puissant et polyvalent utilisé pour charger des données depuis des fichiers CSV (Comma-Separated Values) dans un DataFrame. Cette fonction offre une large gamme d'options et de capacités :

1. Sources de fichiers : Elle peut lire à partir de diverses sources, notamment :

    o   Chemins de fichiers locaux sur votre ordinateur

    o   URLs pointant vers des fichiers CSV sur internet

    o   Objets de type fichier comme StringIO ou BytesIO

    o   Fichiers compressés (par ex., gzip, bz2, zip) sans avoir besoin de les décompresser au préalable

2. Personnalisation : La fonction fournit de nombreux paramètres pour personnaliser la lecture du CSV :

    o   Spécifier différents délimiteurs (par ex., fichiers séparés par des tabulations)

    o   Gérer différents types de caractères de citation

    o   Ignorer des lignes ou utiliser des lignes spécifiques comme en-têtes de colonnes

    o   Spécifier des types de données pour les colonnes

    o   Gérer les valeurs manquantes ou analyser automatiquement les dates

3. Performance : Pour les fichiers volumineux, read_csv() offre des options comme chunksize ou iterator pour lire le fichier en portions plus petites, ce qui est utile pour la gestion de la mémoire avec de grands jeux de données.

4. Flexibilité : Elle peut gérer divers formats CSV, y compris ceux avec ou sans en-têtes, différents encodages, et même des fichiers CSV quelque peu désordonnés ou non standard.

La flexibilité et l'ensemble robuste de fonctionnalités de cette fonction en font un outil essentiel pour les data scientists et les analystes travaillant avec des données structurées en Python, particulièrement dans le contexte de la préparation des données pour les projets d'apprentissage automatique.

Exemple : Lecture de données à partir d'un CSV

```python
# Load a CSV file into a DataFrame
df = pd.read_csv('data.csv')

# Display the first few rows of the DataFrame
print(df.head())
```

Cet exemple de code montre comment lire des données à partir d'un fichier CSV en utilisant Pandas, une bibliothèque Python populaire pour la manipulation de données.

Voici une explication de ce que fait le code :

- df = pd.read_csv('data.csv') : Cette ligne utilise la fonction read_csv() de Pandas pour charger les données d'un fichier nommé 'data.csv' dans un DataFrame appelé 'df'. Le DataFrame est une structure de données bidimensionnelle qui peut contenir différents types de données.

- print(df.head()) : Cette ligne affiche les premières lignes du DataFrame. La fonction head() affiche par défaut les 5 premières lignes, vous donnant un aperçu rapide de vos données.

Ce code est une étape fondamentale dans les flux de travail d'analyse de données et d'apprentissage automatique, car il vous permet d'importer facilement des données structurées depuis des fichiers CSV dans un format pratique pour un traitement et une analyse ultérieurs.

Une fois les données chargées dans un DataFrame, vous pouvez commencer à travailler avec elles comme vous le feriez avec n'importe quelle table.

Écriture de données dans un fichier CSV

Après avoir manipulé vos données, vous pouvez facilement les exporter dans un fichier CSV en utilisant la méthode to_csv(). Cette fonction est incroyablement polyvalente et vous permet d'enregistrer votre DataFrame de différentes manières :

- Vous pouvez spécifier le chemin du fichier où vous souhaitez enregistrer le fichier CSV.

- Vous avez le contrôle sur l'inclusion ou non de l'index dans le fichier de sortie.

- Vous pouvez choisir le caractère délimiteur (virgule par défaut, mais vous pouvez utiliser des tabulations ou d'autres caractères).

- Il existe des options pour gérer les citations de chaînes et l'échappement des caractères spéciaux.

- Vous pouvez spécifier l'encodage du fichier de sortie, ce qui est utile pour gérer différents jeux de caractères.

Cette méthode est particulièrement utile dans les flux de travail d'apprentissage automatique où vous pourriez avoir besoin de sauvegarder des résultats intermédiaires, des ensembles de données traités ou des prédictions de modèles pour une analyse plus approfondie ou pour les partager avec les membres de l'équipe.

Exemple : Enregistrement de données dans un CSV

```
# Save the DataFrame to a CSV file
df.to_csv('output.csv', index=False)
```

Voici ce que fait ce code :

- df est supposé être un DataFrame Pandas contenant les données que vous souhaitez sauvegarder.

- La méthode to_csv() est appelée sur le DataFrame pour exporter son contenu vers un fichier CSV.

- Le premier argument, 'output.csv', spécifie le nom du fichier à créer.

- Le paramètre index=False indique à Pandas de ne pas inclure l'index du DataFrame comme colonne dans le fichier CSV.

C'est une opération courante dans les flux de travail de traitement de données et d'apprentissage automatique, permettant de sauvegarder des données traitées ou des résultats pour une analyse ultérieure ou pour les partager avec d'autres.

2.3.3 Sélection et filtrage de données

Une fois que vous avez réussi à charger vos données dans un DataFrame Pandas, vous rencontrerez fréquemment des scénarios où vous devrez manipuler et extraire des portions spécifiques de ces données. Cela implique souvent trois opérations principales : le filtrage des lignes, la sélection de colonnes spécifiques et la création de sous-ensembles de données basés sur des conditions particulières. Ces tâches sont fondamentales pour le prétraitement et l'analyse des données dans les flux de travail d'apprentissage automatique.

Le filtrage des lignes vous permet de vous concentrer sur des sous-ensembles spécifiques de vos données qui répondent à certains critères. Par exemple, vous pourriez vouloir analyser uniquement les clients qui ont effectué des achats au-dessus d'un certain seuil ou vous concentrer sur les transactions qui se sont produites dans une période de temps spécifique.

La sélection de colonnes spécifiques est cruciale lorsque vous voulez travailler avec des caractéristiques ou attributs particuliers de votre ensemble de données. C'est particulièrement important dans les processus de sélection de caractéristiques, où vous identifiez les variables les plus pertinentes pour votre modèle d'apprentissage automatique.

La création de sous-ensembles de données basés sur des conditions combine à la fois le filtrage des lignes et la sélection de colonnes, vous permettant de créer des ensembles de données hautement spécifiques adaptés à vos besoins d'analyse. Par exemple, vous pourriez vouloir examiner le comportement d'achat d'un segment spécifique de clients à travers certaines catégories de produits.

Pandas excelle à rendre ces tâches de manipulation de données simples et efficaces. Ses puissantes capacités d'indexation et de filtrage fournissent une large gamme de méthodes et de syntaxes qui vous permettent d'effectuer ces opérations avec facilité. Que vous utilisiez l'indexation booléenne, la sélection basée sur les étiquettes avec .loc[], ou l'indexation basée sur les entiers avec .iloc[], Pandas offre des moyens flexibles et intuitifs pour accéder et manipuler vos données.

Ces capacités simplifient non seulement votre processus de préparation des données, mais améliorent également l'efficacité globale de votre pipeline d'apprentissage automatique. En maîtrisant ces fonctionnalités de Pandas, vous pouvez rapidement naviguer à travers de grands ensembles de données, extraire des informations pertinentes et préparer vos données pour les étapes de modélisation suivantes avec précision et facilité.

Sélection de colonnes

Vous pouvez sélectionner une colonne d'un DataFrame en utilisant son nom. Cette opération renvoie une **Series** Pandas, qui est un tableau unidimensionnel étiqueté capable de contenir des données de tout type (entier, chaîne de caractères, flottant, objets python, etc.). Une Series est essentiellement une seule colonne d'un DataFrame, avec un index pour chaque ligne.

Par exemple, si vous avez un DataFrame 'df' avec une colonne nommée 'Name', vous pouvez sélectionner cette colonne en utilisant :

```
names = df['Name']
```

Cela crée un nouvel objet Series 'names' contenant uniquement les données de la colonne 'Name'. La Series conserve le même index que le DataFrame d'origine, permettant un alignement facile avec d'autres données.

Comprendre comment sélectionner des colonnes est crucial dans la manipulation de données, car cela vous permet de vous concentrer sur des caractéristiques ou attributs spécifiques de votre jeu de données, ce qui est souvent nécessaire dans les étapes de prétraitement des données et de sélection des caractéristiques des flux de travail d'apprentissage automatique.

Exemple : Sélection d'une seule colonne

```
# Select the 'Name' column
names = df['Name']
print(names)
```

Voici ce que fait ce code :

- df['Name'] sélectionne la colonne 'Name' du DataFrame df. Cela crée une Series Pandas contenant uniquement les données de la colonne 'Name'

- La colonne sélectionnée est assignée à une nouvelle variable appelée names

- print(names) affiche le contenu de la Series names

Cette opération est cruciale dans la manipulation de données, car elle vous permet de vous concentrer sur des caractéristiques ou attributs spécifiques de votre jeu de données. C'est particulièrement utile dans les étapes de prétraitement des données et de sélection des caractéristiques des flux de travail d'apprentissage automatique

Si vous souhaitez sélectionner plusieurs colonnes, vous pouvez passer une liste de noms de colonnes.

Exemple : Sélection de plusieurs colonnes

```
# Select the 'Name' and 'Salary' columns
selected_columns = df[['Name', 'Salary']]
print(selected_columns)
```

Cet exemple de code montre comment sélectionner plusieurs colonnes d'un DataFrame Pandas :

Voici une explication de ce que fait ce code :

- df[['Name', 'Salary']] : Cela sélectionne deux colonnes, 'Name' et 'Salary', du DataFrame df. Les doubles crochets [[]] sont utilisés pour spécifier plusieurs colonnes.

- Les colonnes sélectionnées sont assignées à une nouvelle variable appelée selected_columns. Cela crée un nouveau DataFrame contenant uniquement les colonnes 'Name' et 'Salary' du DataFrame d'origine.

- print(selected_columns) : Cette ligne affiche le contenu du DataFrame selected_columns, montrant uniquement les colonnes sélectionnées.

Cette opération est utile lorsque vous voulez vous concentrer sur des caractéristiques ou attributs spécifiques de votre jeu de données, ce qui est courant dans les étapes de prétraitement des données et de sélection des caractéristiques des flux de travail d'apprentissage automatique.

Filtrage des lignes basé sur des conditions

Le filtrage des lignes basé sur des conditions est une opération fondamentale dans la manipulation de données, particulièrement lorsque vous travaillez avec de grands jeux de données où vous devez vous concentrer sur des sous-ensembles spécifiques. Ce processus est facilité dans Pandas grâce à l'indexation booléenne, une technique puissante qui vous permet de sélectionner des données basées sur des conditions logiques.

Voici comment fonctionne l'indexation booléenne :

- Vous définissez une condition ou un ensemble de conditions qui évaluent à Vrai ou Faux pour chaque ligne de votre DataFrame.

- Pandas applique cette condition à chaque ligne, créant un masque booléen - une série de valeurs Vrai et Faux correspondant à chaque ligne.

- Le DataFrame est ensuite filtré pour inclure uniquement les lignes où la condition est évaluée à Vrai.

Cette méthode est incroyablement flexible, vous permettant de créer des filtres complexes en utilisant des opérateurs logiques (et, ou, non) et des opérateurs de comparaison (<, >, ==, etc.). Par exemple, vous pouvez facilement sélectionner toutes les lignes où une colonne numérique est supérieure à une certaine valeur, ou où une colonne de type chaîne contient une sous-chaîne spécifique.

L'indexation booléenne n'est pas seulement puissante mais aussi efficace, car Pandas optimise ces opérations pour fonctionner rapidement même sur de grands jeux de données. Cela en fait un outil essentiel dans le prétraitement des données pour l'apprentissage automatique, où vous devez souvent filtrer les données non pertinentes ou vous concentrer sur des sous-ensembles spécifiques pour l'analyse ou l'entraînement de modèles.

Exemple : Filtrage des lignes basé sur une condition

```
# Filter rows where Age is greater than 30
filtered_df = df[df['Age'] > 30]
print(filtered_df)
```

Ce code montre comment filtrer les lignes d'un DataFrame Pandas en fonction d'une condition. Voici une explication de son fonctionnement :

- df[df['Age'] > 30] : Cette ligne crée un masque booléen où chaque ligne de la colonne 'Age' est comparée à la valeur 30. Elle renvoie Vrai pour les lignes où l'âge est supérieur à 30, et Faux dans le cas contraire.

- Le masque booléen est ensuite utilisé pour indexer le DataFrame original df, sélectionnant effectivement uniquement les lignes où la condition est Vraie.

- Le résultat est assigné à un nouveau DataFrame appelé filtered_df, qui contient uniquement les lignes du DataFrame original où l'âge est supérieur à 30.

- Enfin, print(filtered_df) affiche le DataFrame filtré.

Ce type d'opération est essentiel dans le prétraitement des données pour l'apprentissage automatique, car il vous permet de vous concentrer sur des sous-ensembles spécifiques de vos données selon certains critères. Par exemple, vous pourriez l'utiliser pour filtrer des données non pertinentes ou pour analyser un segment particulier de votre jeu de données.

Vous pouvez également combiner plusieurs conditions en utilisant des opérateurs logiques comme & (et) ou | (ou).

Exemple : Combinaison de plusieurs conditions

```
# Filter rows where Age is greater than 30 and Salary is less than 75000
filtered_df = df[(df['Age'] > 30) & (df['Salary'] < 75000)]
print(filtered_df)
```

Cet exemple de code montre comment filtrer les lignes dans un DataFrame Pandas basé sur plusieurs conditions :

Voici une explication de ce que fait ce code :

- Il crée un masque booléen en utilisant deux conditions : df['Age'] > 30 et df['Salary'] < 75000. Cela signifie qu'il vérifie les lignes où l'âge est supérieur à 30 ET le salaire est inférieur à 75000.

- Les conditions sont combinées en utilisant l'opérateur &, qui représente le ET logique.

- Le masque booléen résultant est utilisé pour indexer le DataFrame original df, en sélectionnant uniquement les lignes qui satisfont les deux conditions.

- Le résultat filtré est assigné à un nouveau DataFrame appelé filtered_df.

- Enfin, le code affiche le filtered_df, qui contient uniquement les lignes qui satisfont les deux conditions.

Ce type de filtrage est crucial dans le prétraitement des données pour l'apprentissage automatique, car il vous permet de vous concentrer sur des sous-ensembles spécifiques de vos données basés sur plusieurs critères. C'est particulièrement utile lorsque vous traitez des valeurs aberrantes, des valeurs manquantes, ou lorsque vous devez analyser un segment particulier de votre jeu de données.

Le filtrage des données est une partie essentielle de la préparation des jeux de données pour l'apprentissage automatique, particulièrement lors du traitement des valeurs aberrantes, des valeurs manquantes, ou de sous-ensembles spécifiques de données.

2.3.4 Gestion des données manquantes

Dans les jeux de données du monde réel, il est courant de rencontrer des données manquantes, ce qui peut avoir un impact significatif sur la qualité et la fiabilité des modèles d'apprentissage automatique. Les données manquantes peuvent provenir de diverses sources, telles que des erreurs de collecte de données, des dysfonctionnements système, ou simplement parce que l'information n'était pas disponible au moment de l'enregistrement. Pandas, reconnaissant la prévalence et l'importance de ce problème, fournit une suite complète d'outils robustes pour traiter les données manquantes.

Ces outils peuvent être largement catégorisés en trois fonctions principales :

Détection des données manquantes

Pandas offre une gamme de méthodes puissantes pour identifier et localiser les valeurs manquantes dans votre jeu de données. Ces outils vous permettent d'évaluer de manière complète l'étendue et le modèle des données manquantes, ce qui est crucial pour comprendre la qualité et l'exhaustivité de votre jeu de données.

La fonction principale à cet effet est isnull(), qui renvoie un DataFrame booléen où Vrai indique une valeur manquante et Faux indique une valeur non manquante. Cette fonction peut être appliquée à l'ensemble du DataFrame ou à des colonnes spécifiques, fournissant une carte détaillée des endroits où se trouvent les valeurs manquantes.

De plus, Pandas offre des fonctions complémentaires comme notnull() (l'inverse de isnull()), isna() (un alias pour isnull()), et notna() (un alias pour notnull()). Ces fonctions peuvent être combinées avec d'autres opérations Pandas, comme sum() ou mean(), pour quantifier la quantité de données manquantes dans chaque colonne ou ligne. En utilisant ces outils, les data scientists peuvent obtenir des informations précieuses sur la distribution et l'impact des valeurs manquantes, ce qui guide les décisions ultérieures sur les stratégies de nettoyage et de prétraitement des données.

Exemple : Détection des données manquantes avec Pandas

```python
import pandas as pd
import numpy as np

# Create a sample DataFrame with missing values
df = pd.DataFrame({
    'A': [1, 2, np.nan, 4],
    'B': [5, np.nan, np.nan, 8],
    'C': [9, 10, 11, 12]
})

# Detect missing values
missing_values = df.isnull()

# Count missing values in each column
missing_count = df.isnull().sum()

print("DataFrame with missing values:")
print(df)
print("\\nBoolean mask of missing values:")
print(missing_values)
print("\\nCount of missing values in each column:")
print(missing_count)
```

Cet exemple montre comment détecter et quantifier les données manquantes à l'aide de Pandas :

- Nous commençons par importer Pandas sous le nom pd et NumPy sous le nom np.

- Nous créons un DataFrame Pandas df avec quelques valeurs manquantes (représentées par np.nan).

- La méthode Pandas isnull() est utilisée pour créer un masque booléen des valeurs manquantes.

- Nous utilisons ensuite isnull().sum(), une autre opération Pandas, pour compter le nombre de valeurs manquantes dans chaque colonne.

- Le résultat affichera le DataFrame original, le masque booléen des valeurs manquantes et le décompte des valeurs manquantes dans chaque colonne, en utilisant les fonctionnalités de Pandas.

Cette approche vous permet d'identifier rapidement les colonnes qui contiennent des données manquantes et combien de valeurs sont manquantes, ce qui est crucial pour décider des stratégies appropriées pour traiter les données manquantes dans votre pipeline d'apprentissage automatique. En utilisant Pandas, vous pouvez effectuer efficacement ces opérations sur de grands jeux de données.

Gestion des données manquantes

Une fois identifiées, Pandas offre une boîte à outils complète pour traiter les valeurs manquantes dans les jeux de données. Ces stratégies vont des approches simples comme la suppression des lignes ou des colonnes contenant des données manquantes jusqu'à des méthodes d'imputation plus sophistiquées.

Par exemple, vous pouvez choisir d'éliminer entièrement les lignes où une valeur est absente en utilisant la fonction dropna(), ou vous pouvez choisir de combler les lacunes avec des valeurs spécifiques grâce à la méthode fillna(). De plus, Pandas propose des options pour un traitement plus nuancé, comme l'interpolation basée sur les points de données environnants ou l'utilisation de techniques de remplissage avant/arrière pour propager la dernière valeur connue.

Le choix de la méthode dépend souvent de la nature de vos données et des exigences de votre modèle d'apprentissage automatique, permettant une approche flexible et sur mesure pour gérer les données manquantes dans votre pipeline de prétraitement.

Exemple : Gestion des données manquantes

```
import pandas as pd
import numpy as np

# Create a sample DataFrame with missing values
df = pd.DataFrame({
    'A': [1, 2, np.nan, 4],
    'B': [5, np.nan, np.nan, 8],
    'C': [9, 10, 11, 12]
```

```
})

print("Original DataFrame:")
print(df)

# Drop rows with any missing values
df_dropped = df.dropna()
print("\\nDataFrame after dropping rows with missing values:")
print(df_dropped)

# Fill missing values with a specific value
df_filled = df.fillna(0)
print("\\nDataFrame after filling missing values with 0:")
print(df_filled)

# Fill missing values with the mean of each column
df_mean_filled = df.fillna(df.mean())
print("\\nDataFrame after filling missing values with column means:")
print(df_mean_filled)

# Interpolate missing values
df_interpolated = df.interpolate()
print("\\nDataFrame after interpolating missing values:")
print(df_interpolated)
```

Ce code d'exemple démontre diverses méthodes pour gérer les données manquantes dans un DataFrame Pandas. Voici une analyse détaillée de ce que fait le code :

1. Il importe les bibliothèques nécessaires : Pandas et NumPy

2. Crée un DataFrame exemple avec des valeurs manquantes (représentées par np.nan)

3. Affiche le DataFrame original

4. Démontre quatre méthodes différentes pour gérer les données manquantes :

-   a. Utilisation de dropna() pour supprimer les lignes contenant des valeurs manquantes

-   b. Utilisation de fillna(0) pour remplacer toutes les valeurs manquantes par 0

-   c. Utilisation de fillna(df.mean()) pour remplir les valeurs manquantes avec la moyenne de chaque colonne

-   d. Utilisation de interpolate() pour combler les valeurs manquantes par interpolation entre les valeurs existantes

Chaque méthode est appliquée au DataFrame, et le résultat est affiché pour montrer comment les données ont été transformées. Ce code illustre la flexibilité de Pandas dans la gestion des données manquantes, vous permettant de choisir la méthode la plus appropriée pour votre jeu de données spécifique et votre tâche d'apprentissage automatique.

Imputation des valeurs manquantes

Pour des approches plus sophistiquées, Pandas permet l'imputation des données manquantes en utilisant des méthodes statistiques ou des techniques d'apprentissage automatique. Cette fonctionnalité avancée permet aux data scientists d'employer des stratégies plus nuancées pour traiter les valeurs manquantes, conduisant souvent à une meilleure préservation de l'intégrité des données et à de meilleures performances des modèles.

Les méthodes statistiques d'imputation dans Pandas comprennent :

- Imputation par moyenne, médiane ou mode : Remplacement des valeurs manquantes par la moyenne, la valeur médiane ou la valeur la plus fréquente de la colonne, respectivement.

- Imputation de séries temporelles : Utilisation de méthodes comme le remplissage vers l'avant ou vers l'arrière pour propager la dernière valeur connue vers l'avant ou l'arrière dans des données ordonnées chronologiquement.

- Interpolation : Estimation des valeurs manquantes basée sur les points de données environnants, ce qui peut être particulièrement utile pour les données numériques avec un ordre logique.

Pour une imputation plus avancée, Pandas s'intègre bien avec des bibliothèques d'apprentissage automatique comme scikit-learn, permettant :

- Imputation K-Plus Proches Voisins (KNN) : Estimation des valeurs manquantes basée sur les valeurs de points de données similaires.

- Imputation par régression : Utilisation d'autres variables pour prédire et remplir les valeurs manquantes.

- Imputation Multiple par Équations Chaînées (MICE) : Une méthode itérative qui crée des imputations multiples pour les données manquantes.

Ces techniques d'imputation sophistiquées peuvent améliorer significativement la qualité de votre jeu de données, menant potentiellement à des modèles d'apprentissage automatique plus précis et robustes. Cependant, il est crucial de choisir la méthode d'imputation avec soin, en tenant compte de la nature de vos données et des exigences spécifiques de votre analyse ou tâche de modélisation.

Exemple : Imputation des Valeurs Manquantes

```
import pandas as pd
import numpy as np
from sklearn.impute import SimpleImputer, KNNImputer

# Create a sample DataFrame with missing values
df = pd.DataFrame({
    'A': [1, 2, np.nan, 4, 5],
```

```
    'B': [5, np.nan, np.nan, 8, 10],
    'C': [9, 10, 11, 12, np.nan]
})

print("Original DataFrame:")
print(df)

# Simple imputation using mean strategy
mean_imputer = SimpleImputer(strategy='mean')
df_mean_imputed = pd.DataFrame(mean_imputer.fit_transform(df), columns=df.columns)
print("\\nDataFrame after mean imputation:")
print(df_mean_imputed)

# KNN imputation
knn_imputer = KNNImputer(n_neighbors=2)
df_knn_imputed = pd.DataFrame(knn_imputer.fit_transform(df), columns=df.columns)
print("\\nDataFrame after KNN imputation:")
print(df_knn_imputed)

# Multiple Imputation by Chained Equations (MICE)
from sklearn.experimental import enable_iterative_imputer
from sklearn.impute import IterativeImputer

mice_imputer = IterativeImputer(random_state=0)
df_mice_imputed = pd.DataFrame(mice_imputer.fit_transform(df), columns=df.columns)
print("\\nDataFrame after MICE imputation:")
print(df_mice_imputed)
```

Ce code démontre différentes méthodes pour imputer les valeurs manquantes dans un DataFrame Pandas en utilisant diverses techniques. Voici une analyse détaillée de ce que fait le code :

- Tout d'abord, il importe les bibliothèques nécessaires : Pandas, NumPy et les outils d'imputation de scikit-learn.

- Il crée un DataFrame exemple avec des valeurs manquantes (représentées par np.nan).

- Le code applique ensuite trois méthodes d'imputation différentes :

1. Imputation par la moyenne : Utilise SimpleImputer pour remplacer les valeurs manquantes par la moyenne de chaque colonne.

2. Imputation par K-Plus Proches Voisins (KNN) : Utilise KNNImputer pour estimer les valeurs manquantes en se basant sur les valeurs de points de données similaires.

3. Imputation Multiple par Équations Chaînées (MICE) : Utilise IterativeImputer pour effectuer des imputations multiples pour les données manquantes.

Pour chaque méthode, le code crée un nouveau DataFrame avec les valeurs imputées et affiche le résultat, permettant de comparer les différentes techniques d'imputation.

Cet exemple illustre la flexibilité de Pandas et scikit-learn dans la gestion des données manquantes, présentant diverses approches sophistiquées d'imputation qui peuvent être utilisées dans le prétraitement des données pour les tâches d'apprentissage automatique.

En exploitant ces outils, les data scientists et analystes peuvent efficacement nettoyer leurs jeux de données, garantissant que les données sont dans un état optimal pour les algorithmes d'apprentissage automatique. Ce processus est crucial car de nombreux modèles d'apprentissage automatique ne peuvent pas gérer directement les valeurs manquantes, et la présence de telles lacunes peut conduire à des résultats biaisés ou inexacts.

De plus, la flexibilité des outils de gestion des données manquantes de Pandas permet des approches sur mesure pour différents types de jeux de données et tâches d'apprentissage automatique. Que vous travailliez sur un problème de classification, une analyse de régression ou une tâche de clustering, Pandas fournit les fonctionnalités nécessaires pour préparer vos données de manière appropriée, contribuant finalement à des modèles d'apprentissage automatique plus fiables et robustes.

2.3.5 Transformation des données

Dans l'apprentissage automatique, les données brutes nécessitent souvent une transformation pour être adaptées à l'entraînement des modèles et à l'analyse. Cette étape cruciale dans le prétraitement des données garantit que l'information est dans le format et l'échelle les plus appropriés pour les algorithmes choisis.

Pandas, une puissante bibliothèque de manipulation de données pour Python, offre une suite complète de fonctions et méthodes conçues pour faciliter ces transformations essentielles des données. Des opérations arithmétiques simples aux transformations statistiques complexes, Pandas fournit aux data scientists les outils nécessaires pour préparer leurs jeux de données pour une performance optimale des modèles.

La polyvalence de Pandas dans la transformation des données s'étend à diverses opérations, incluant mais non limitées à :

- Mise à l'échelle des caractéristiques numériques dans une plage standard

- Encodage des variables catégorielles en représentations numériques

- Gestion des valeurs manquantes par imputation ou suppression

- Création de nouvelles caractéristiques par des opérations mathématiques sur les colonnes existantes

- Application de fonctions personnalisées pour modifier les données selon des critères spécifiques

En exploitant ces capacités, les data scientists peuvent prétraiter efficacement leurs données, s'assurant qu'elles répondent aux exigences de leurs algorithmes d'apprentissage automatique choisis et améliorant potentiellement la précision et la fiabilité globales de leurs modèles.

Application de fonctions aux colonnes

Vous pouvez appliquer des fonctions personnalisées aux colonnes ou aux lignes d'un DataFrame en utilisant la fonction apply(). Cette méthode puissante vous permet d'effectuer des transformations complexes sur vos données en passant une fonction qui opère sur chaque élément ou groupe d'éléments dans l'axe spécifié.

La fonction apply() est incroyablement polyvalente et peut être utilisée à diverses fins, telles que :

- Nettoyage des données : Standardisation du texte, suppression des caractères indésirables ou formatage des dates

- Ingénierie des caractéristiques : Création de nouvelles colonnes basées sur les données existantes

- Transformation des données : Mise à l'échelle des valeurs numériques ou encodage des variables catégorielles

- Opérations conditionnelles : Application de différentes opérations basées sur certaines conditions

Lors de l'utilisation de apply(), vous pouvez spécifier s'il faut opérer sur les colonnes (axis=0) ou les lignes (axis=1). Cette flexibilité vous permet d'effectuer des opérations qui s'étendent sur plusieurs colonnes ou qui nécessitent des informations d'une ligne entière.

De plus, apply() peut gérer à la fois les fonctions Python intégrées et les fonctions définies par l'utilisateur, vous donnant la liberté d'implémenter une logique personnalisée adaptée à vos besoins spécifiques de traitement des données.

Exemple : Application d'une fonction à une colonne

```python
import pandas as pd

# Create a sample DataFrame
df = pd.DataFrame({
    'Name': ['Alice', 'Bob', 'Charlie', 'David'],
    'Age': [25, 30, 35, 28],
    'Salary': [50000, 60000, 75000, 55000]
})

print("Original DataFrame:")
print(df)

# Define a function to categorize age
def categorize_age(age):
    if age < 30:
        return 'Young'
    elif age < 40:
        return 'Middle'
```

```
    else:
        return 'Senior'

# Apply the function to create a new 'Age_Category' column
df['Age_Category'] = df['Age'].apply(categorize_age)

print("\\nDataFrame after applying the function:")
print(df)
```

Ce code démontre comment appliquer une fonction personnalisée à une colonne dans un DataFrame Pandas. Voici une analyse détaillée de ce que fait le code :

- Tout d'abord, il importe la bibliothèque Pandas et crée un DataFrame exemple avec trois colonnes : 'Name', 'Age', et 'Salary'

- Il définit ensuite une fonction personnalisée appelée categorize_age() qui prend un âge en entrée et renvoie une catégorie : 'Young' pour les âges inférieurs à 30, 'Middle' pour les âges entre 30 et 39, et 'Senior' pour les âges de 40 et plus

- En utilisant la méthode apply(), le code crée une nouvelle colonne appelée 'Age_Category' en appliquant la fonction categorize_age() à chaque valeur de la colonne 'Age'

- Enfin, il affiche le DataFrame original et le DataFrame modifié avec la nouvelle colonne 'Age_Category'

Cet exemple illustre comment utiliser la fonction apply() de Pandas pour effectuer des transformations personnalisées sur les colonnes d'un DataFrame, ce qui est une tâche courante dans le prétraitement des données et l'ingénierie des caractéristiques pour l'apprentissage automatique

Mappage et Remplacement de Valeurs

Pandas fournit des méthodes puissantes pour mapper et remplacer des valeurs dans un DataFrame, qui sont essentielles pour la transformation et le nettoyage des données. Vous pouvez utiliser ces techniques pour convertir des valeurs spécifiques en de nouvelles ou remplacer certaines valeurs dans tout votre jeu de données. Cette fonctionnalité est particulièrement utile lorsqu'il s'agit de données catégorielles, de standardisation des valeurs, ou d'encodage de variables pour les modèles d'apprentissage automatique.

La fonction map() vous permet d'appliquer un mappage à une Série ou une colonne dans un DataFrame. Ce mappage peut être défini à l'aide d'un dictionnaire, d'une fonction ou d'une Série. Par exemple, vous pourriez utiliser le mappage pour convertir des variables catégorielles en codes numériques, ou pour standardiser des entrées textuelles.

D'autre part, la méthode replace() est utilisée pour substituer des valeurs spécifiques dans un DataFrame par de nouvelles valeurs. Cela peut être appliqué soit à des colonnes individuelles, soit à l'ensemble du DataFrame. C'est particulièrement utile pour gérer les données manquantes, corriger les erreurs, ou standardiser des entrées incohérentes dans votre jeu de données.

Ces deux méthodes offrent des moyens flexibles et efficaces pour transformer vos données, garantissant qu'elles sont dans le format le plus approprié pour l'analyse ou l'entraînement de modèles.

Exemple : Mappage de Valeurs

```python
import pandas as pd

# Create a sample DataFrame
df = pd.DataFrame({
    'Color': ['Red', 'Blue', 'Green', 'Red', 'Blue'],
    'Value': [10, 20, 30, 40, 50]
})

print("Original DataFrame:")
print(df)

# Create a mapping dictionary
color_map = {'Red': 1, 'Blue': 2, 'Green': 3}

# Apply the mapping to the 'Color' column
df['Color_Code'] = df['Color'].map(color_map)

print("\\nDataFrame after mapping:")
print(df)

# Using replace method
df['Color'] = df['Color'].replace({'Red': 'Crimson', 'Blue': 'Navy', 'Green': 'Emerald'})

print("\\nDataFrame after replacing values:")
print(df)
```

Cet exemple de code démontre comment utiliser Pandas pour la transformation de données, en se concentrant spécifiquement sur le mappage et le remplacement de valeurs dans un DataFrame. Voici une analyse détaillée de ce que fait le code :

1. Il importe la bibliothèque Pandas et crée un DataFrame exemple avec les colonnes 'Color' et 'Value'

2. Il crée un dictionnaire de mappage appelé 'color_map' qui attribue des codes numériques aux couleurs

3. En utilisant la méthode map(), il crée une nouvelle colonne 'Color_Code' en appliquant le color_map à la colonne 'Color'

4. Il utilise ensuite la méthode replace() pour changer les noms de couleurs dans la colonne 'Color' originale en nuances plus spécifiques

Cet exemple illustre deux techniques importantes de transformation de données :

1. map() : Utilisée pour appliquer un mappage (dans ce cas, des noms de couleurs vers des codes numériques) à une colonne

2. replace() : Utilisée pour substituer des valeurs spécifiques dans un DataFrame par de nouvelles valeurs

Ces techniques sont particulièrement utiles dans le prétraitement des données pour l'apprentissage automatique, notamment lorsqu'il s'agit de données catégorielles qui doivent être converties en format numérique pour l'entrée du modèle.

2.3.6. Regroupement et agrégation de données

Dans le domaine de l'apprentissage automatique, l'agrégation de données joue un rôle crucial dans l'extraction d'informations significatives à partir de grands ensembles de données. Ce processus implique la condensation de données complexes en statistiques récapitulatives, telles que les moyennes, les sommes ou les décomptes, qui peuvent fournir des informations précieuses sur les modèles et tendances sous-jacents dans les caractéristiques de votre ensemble de données. Ces statistiques récapitulatives sont essentielles pour diverses tâches d'apprentissage automatique, notamment l'ingénierie des caractéristiques, l'évaluation des modèles et la visualisation des données.

Pandas, une puissante bibliothèque de manipulation de données pour Python, simplifie cette tâche complexe grâce à ses opérations robustes de regroupement. Ces opérations vous permettent de segmenter efficacement vos données selon des critères spécifiques, puis d'appliquer des fonctions d'agrégation à chaque groupe. Cette fonctionnalité est particulièrement utile lorsque vous traitez de grands ensembles de données contenant plusieurs catégories ou lorsque vous devez analyser des données à différents niveaux de granularité.

Par exemple, dans un ensemble de données clients, vous pourriez vouloir calculer le montant d'achat moyen pour chaque segment de clientèle, ou dans un ensemble de données de séries temporelles, vous pourriez avoir besoin de calculer les tendances quotidiennes, hebdomadaires ou mensuelles. Les opérations de regroupement de Pandas rendent ces tâches non seulement simples mais aussi efficaces sur le plan informatique, vous permettant de gérer de grands volumes de données avec facilité.

De plus, la flexibilité de Pandas dans la définition de fonctions d'agrégation personnalisées signifie que vous n'êtes pas limité aux mesures statistiques de base. Vous pouvez créer des agrégations complexes et spécifiques à votre domaine, adaptées à votre problème spécifique d'apprentissage automatique, renforçant davantage la puissance et l'utilité de ces opérations dans votre pipeline de prétraitement des données.

Regroupement des données par catégories

La fonction groupby() est un outil puissant dans Pandas utilisé pour segmenter les données en fonction des valeurs d'une ou plusieurs colonnes. Cette opération crée un objet GroupBy, qui permet une analyse de données efficace et flexible. Voici une explication plus détaillée :

1. Regroupement : Lorsque vous utilisez groupby(), Pandas divise le DataFrame en sous-ensembles basés sur les valeurs uniques dans la ou les colonne(s) spécifiée(s). Par exemple, si vous regroupez par 'Category', toutes les lignes avec la même catégorie seront regroupées ensemble.

2. Agrégation : Une fois les données regroupées, vous pouvez appliquer diverses fonctions d'agrégation à chaque groupe. Ces fonctions peuvent être des opérations standard comme la moyenne, la somme, le décompte, ou des fonctions personnalisées que vous définissez. Cela vous permet de calculer des statistiques récapitulatives pour chaque groupe séparément.

3. Colonnes multiples : Vous pouvez regrouper par plusieurs colonnes, créant une structure hiérarchique de groupes. Ceci est utile pour des analyses plus complexes, comme le calcul des ventes par catégorie de produit et par région.

4. Flexibilité : La fonction groupby() est très flexible. Vous pouvez l'utiliser avec différents types de données (numériques, catégorielles, datetime) et appliquer différentes fonctions d'agrégation à différentes colonnes dans la même opération.

5. Efficacité : groupby() est optimisé pour la performance, le rendant efficace même avec de grands ensembles de données. Il permet d'effectuer des opérations qui nécessiteraient autrement des boucles complexes et des conditions en une seule commande simplifiée.

Après le regroupement, vous pouvez appliquer diverses fonctions d'agrégation telles que mean(), sum(), count(), max(), min(), et bien d'autres. Cette combinaison de regroupement et d'agrégation est une pierre angulaire de l'analyse de données et de l'ingénierie des caractéristiques dans les pipelines d'apprentissage automatique.

Exemple : Regroupement des données par catégories

```
import pandas as pd
import numpy as np

# Create a sample DataFrame
df = pd.DataFrame({
    'Category': ['A', 'B', 'A', 'C', 'B', 'C', 'A', 'B'],
    'Value': [10, 15, 20, 25, 30, 35, 40, 45],
    'Date': pd.date_range(start='2024-01-01', periods=8, freq='D')
})

print("Original DataFrame:")
print(df)
```

```python
# Group by 'Category' and calculate basic statistics
grouped = df.groupby('Category')
print("\\nBasic statistics for each category:")
print(grouped['Value'].describe())

# Calculate mean value for each category
mean_values = grouped['Value'].mean()
print("\\nMean values for each category:")
print(mean_values)

# Group by 'Category' and 'Date', then calculate sum
grouped_date = df.groupby(['Category', df['Date'].dt.date])
sum_values = grouped_date['Value'].sum()
print("\\nSum of values for each category and date:")
print(sum_values)

# Apply a custom function to grouped data
def custom_metric(x):
    return np.sum(x) / np.max(x)

custom_result = grouped['Value'].agg(custom_metric)
print("\\nCustom metric for each category:")
print(custom_result)

# Multiple aggregations
multi_agg = grouped['Value'].agg(['mean', 'sum', 'count', custom_metric])
print("\\nMultiple aggregations for each category:")
print(multi_agg)
```

Ce code démontre diverses techniques pour regrouper et agréger des données en utilisant Pandas, une puissante bibliothèque de manipulation de données en Python.

Voici une analyse détaillée de ce que fait le code :

- Il importe les bibliothèques nécessaires (Pandas et NumPy) et crée un DataFrame exemple avec les colonnes 'Category', 'Value' et 'Date'

- Il regroupe les données par 'Category' et calcule des statistiques de base en utilisant la méthode describe()

- Il calcule la valeur moyenne pour chaque catégorie

- Il regroupe les données par 'Category' et 'Date', puis calcule la somme des valeurs pour chaque groupe

- Il définit et applique une fonction personnalisée (custom_metric) aux données regroupées

- Enfin, il effectue plusieurs agrégations (moyenne, somme, comptage et la métrique personnalisée) sur les données regroupées

Cet exemple met en évidence la flexibilité des opérations groupby de Pandas, qui sont essentielles pour l'analyse de données et l'ingénierie des caractéristiques dans les pipelines d'apprentissage automatique. Il démontre comment effectuer diverses agrégations, y compris des fonctions personnalisées, sur des données regroupées, ce qui est crucial pour extraire des informations significatives à partir de grands ensembles de données.

Agrégation de Fonctions Multiples

Vous pouvez également appliquer plusieurs fonctions d'agrégation à un ensemble de données regroupées. Cette fonctionnalité puissante vous permet d'effectuer diverses calculs sur vos données regroupées simultanément, offrant une vue complète des caractéristiques de vos données.

Par exemple, vous pourriez vouloir calculer la moyenne, la somme, le nombre et l'écart-type d'une colonne particulière pour chaque groupe en une seule opération. Cette capacité est particulièrement utile dans l'analyse de données et l'ingénierie des caractéristiques pour l'apprentissage automatique, car elle vous permet d'extraire efficacement plusieurs statistiques récapitulatives.

Lors de l'application de multiples agrégations, vous pouvez utiliser une liste de noms de fonctions, un dictionnaire associant des noms de colonnes à des fonctions, ou même des fonctions personnalisées. Cette flexibilité vous permet d'adapter vos agrégations à vos besoins spécifiques, que vous travailliez avec des données financières, des informations clients ou tout autre type d'ensemble de données.

En tirant parti des agrégations multiples, vous pouvez découvrir des modèles et des relations complexes au sein de vos données, ce qui peut être crucial pour développer des modèles d'apprentissage automatique robustes.

Exemple : Agrégation de Fonctions Multiples

```python
import pandas as pd
import numpy as np

# Create a sample DataFrame
df = pd.DataFrame({
    'Category': ['A', 'B', 'A', 'C', 'B', 'C', 'A', 'B'],
    'Value': [10, 15, 20, 25, 30, 35, 40, 45]
})

# Define a custom function
def range_func(x):
    return x.max() - x.min()

# Group by 'Category' and apply multiple aggregations
result = df.groupby('Category')['Value'].agg([
```

```
    ('Mean', 'mean'),
    ('Sum', 'sum'),
    ('Count', 'count'),
    ('Std Dev', 'std'),
    ('Range', range_func)
])

print("Multiple aggregations for each category:")
print(result)
```

Cet exemple démontre comment utiliser Pandas pour regrouper des données et appliquer plusieurs fonctions d'agrégation.

Voici une analyse détaillée de ce que fait le code :

- Il importe les bibliothèques nécessaires : Pandas et NumPy

- Il crée un DataFrame échantillon avec deux colonnes : 'Category' et 'Value'

- Il définit une fonction personnalisée appelée range_func qui calcule l'étendue (valeur maximale moins valeur minimale) d'un ensemble donné de nombres

- Le code utilise ensuite la fonction groupby() pour regrouper les données par la colonne 'Category'

- Il applique plusieurs fonctions d'agrégation à la colonne 'Value' pour chaque groupe en utilisant la méthode agg(). Les agrégations incluent :

  o Moyenne

  o Somme

  o Décompte

  o Écart-type

  o La fonction personnalisée d'étendue

Le résultat est un nouveau DataFrame qui affiche ces différentes statistiques pour chaque catégorie dans les données originales

Cet exemple met en évidence la puissance de Pandas pour effectuer efficacement des agrégations de données complexes, ce qui est crucial pour l'analyse de données et l'ingénierie des caractéristiques dans les pipelines d'apprentissage automatique

2.3.7 Fusion et jointure de DataFrames

Dans le domaine de l'apprentissage automatique, il est courant de travailler avec des données provenant de sources multiples. Ces ensembles de données diversifiés doivent souvent être consolidés en un seul ensemble de données complet pour l'analyse et l'entraînement des modèles. Ce processus de combinaison de données est crucial pour créer des ensembles de données riches et complets en caractéristiques qui peuvent conduire à des modèles d'apprentissage automatique plus robustes et précis.

Pandas, une puissante bibliothèque de manipulation de données en Python, offre une suite de fonctions spécifiquement conçues pour fusionner et joindre des DataFrames. Ces fonctions fournissent une fonctionnalité similaire aux jointures SQL, permettant aux data scientists et analystes de combiner des ensembles de données basés sur des colonnes ou des indices communs. La capacité de fusionner et de joindre des données est particulièrement précieuse dans des scénarios tels que :

- Combiner des données démographiques clients avec l'historique des transactions
- Fusionner des informations sur les produits avec les données de vente
- Intégrer des données temporelles provenant de différentes sources
- Combiner des caractéristiques de plusieurs ensembles de données pour l'entraînement des modèles

Pandas fournit plusieurs méthodes pour la combinaison de données, notamment :

- merge() : Combine des DataFrames basés sur une ou plusieurs colonnes clés, similaire aux jointures SQL
- join() : Combine des DataFrames basés sur leur index
- concat() : Concatène des DataFrames le long d'un axe particulier

Ces fonctions offrent divers types de jointure (interne, externe, gauche, droite) et des options flexibles pour gérer les données qui se chevauchent ou manquantes, faisant de Pandas un outil indispensable pour la préparation des données dans les flux de travail d'apprentissage automatique.

Fusion de DataFrames

La fonction merge() est un outil puissant utilisé pour combiner deux DataFrames basés sur des colonnes communes. Cette fonction est particulièrement utile lorsque vous avez des données réparties sur plusieurs DataFrames et que vous devez les consolider en un seul ensemble de données complet. Voici une explication plus détaillée :

1. Fonctionnalité : merge() vous permet de combiner des DataFrames en les alignant sur une ou plusieurs colonnes qui contiennent des valeurs communes. Cela est similaire aux opérations JOIN en SQL.

2. Colonne(s) clé(s) : Les colonnes utilisées pour la fusion sont appelées colonnes clés. Il peut s'agir d'une seule colonne ou de plusieurs colonnes qui identifient de manière unique les lignes dans chaque DataFrame.

3. Types de jointure : merge() prend en charge différents types de jointures :

- o Jointure interne : Renvoie uniquement les lignes ayant des valeurs correspondantes dans les deux DataFrames.

- o Jointure externe : Renvoie toutes les lignes des deux DataFrames, en remplissant les valeurs manquantes par NaN.

- o Jointure gauche : Renvoie toutes les lignes du DataFrame de gauche et les lignes correspondantes du DataFrame de droite.

- o Jointure droite : Renvoie toutes les lignes du DataFrame de droite et les lignes correspondantes du DataFrame de gauche.

4. Gestion des doublons : S'il y a des valeurs dupliquées dans les colonnes clés, merge() peut créer toutes les combinaisons possibles de correspondances, ce qui peut entraîner une multiplication des données.

5. Options de suffixe : Lorsque des colonnes ont le même nom dans les deux DataFrames (à part les colonnes clés), vous pouvez spécifier des suffixes pour les différencier dans le résultat fusionné.

En utilisant efficacement la fonction merge(), vous pouvez créer des ensembles de données riches et complets en caractéristiques qui sont essentiels pour une analyse de données complète et la construction de modèles d'apprentissage automatique robustes.

Exemple : Fusion de DataFrames

```python
import pandas as pd

# Create two sample DataFrames
df1 = pd.DataFrame({
    'ID': [1, 2, 3, 4],
    'Name': ['Alice', 'Bob', 'Charlie', 'David']
})

df2 = pd.DataFrame({
    'ID': [1, 2, 3, 5],
    'Salary': [50000, 60000, 55000, 65000]
})

# Perform an inner merge on 'ID'
merged_inner = pd.merge(df1, df2, on='ID', how='inner')
print("Inner Merge Result:")
print(merged_inner)

# Perform a left merge on 'ID'
merged_left = pd.merge(df1, df2, on='ID', how='left')
print("\\nLeft Merge Result:")
print(merged_left)

# Perform an outer merge on 'ID'
merged_outer = pd.merge(df1, df2, on='ID', how='outer')
```

```
print("\\nOuter Merge Result:")
print(merged_outer)
```

Cet exemple de code démontre comment fusionner des DataFrames à l'aide de Pandas, une bibliothèque populaire de manipulation de données en Python.

Voici une analyse détaillée de ce que fait le code :

- Tout d'abord, il importe la bibliothèque Pandas et crée deux exemples de DataFrames : df1 et df2. Les deux DataFrames ont une colonne 'ID', qui sera utilisée comme clé pour la fusion.

- Le code effectue ensuite trois types de fusions :

1. Fusion interne : Elle renvoie uniquement les lignes où les valeurs 'ID' correspondent dans les deux DataFrames.

2. Fusion gauche : Elle renvoie toutes les lignes de df1 (le DataFrame de gauche) et les lignes correspondantes de df2. S'il n'y a pas de correspondance, elle remplit avec NaN.

3. Fusion externe : Elle renvoie toutes les lignes des deux DataFrames. Lorsqu'il n'y a pas de correspondances, elle remplit avec NaN.

Chaque fusion est effectuée à l'aide de la fonction pd.merge(), en spécifiant les DataFrames à fusionner, la colonne sur laquelle fusionner ('ID'), et le type de fusion (interne, gauche ou externe).

Cet exemple illustre différentes façons de combiner des données provenant de sources multiples, ce qui est une tâche courante dans le prétraitement des données pour les projets d'apprentissage automatique.

Ces opérations de fusion sont cruciales pour combiner des données provenant de différentes sources dans les projets d'apprentissage automatique, vous permettant de créer des ensembles de données complets pour l'analyse et l'entraînement des modèles.

Jointure de DataFrames

La méthode join() offre une approche alternative pour combiner des DataFrames, qui peut être particulièrement utile et simple lorsque vous travaillez avec des DataFrames qui partagent un index commun. Contrairement à la fonction merge(), qui combine principalement des DataFrames basés sur les valeurs des colonnes, join() aligne les DataFrames sur leur index par défaut.

Voici une explication plus détaillée de la méthode join() :

- Jointure basée sur l'index : Par défaut, join() utilise l'index du DataFrame pour effectuer l'opération de jointure. Cela peut être particulièrement pratique lorsque vos données sont déjà indexées de manière significative.

- Simplicité : Pour les scénarios où vous souhaitez combiner des DataFrames basés sur leur index, join() nécessite souvent moins de code et peut être plus intuitif que l'utilisation de merge().

- Flexibilité : Bien qu'elle soit par défaut basée sur l'index, join() peut également être utilisée avec des colonnes spécifiques en définissant le paramètre 'on', similaire à merge().

- Types de jointure : Comme merge(), join() prend en charge différents types de jointures (gauche, droite, interne, externe) via le paramètre 'how'.

La méthode join() est particulièrement utile dans les scénarios où vous avez plusieurs DataFrames avec une structure d'index partagée, comme les données de séries temporelles ou lorsque vous travaillez avec des indices hiérarchiques. Elle permet une combinaison plus naturelle de tels ensembles de données sans avoir besoin de spécifications explicites de colonnes clés.

Exemple : Jointure de DataFrames

```python
import pandas as pd

# Create two sample DataFrames with a shared index
df1 = pd.DataFrame({'A': ['A0', 'A1', 'A2'],
                    'B': ['B0', 'B1', 'B2']},
                   index=['K0', 'K1', 'K2'])

df2 = pd.DataFrame({'C': ['C0', 'C2', 'C3'],
                    'D': ['D0', 'D2', 'D3']},
                   index=['K0', 'K2', 'K3'])

# Perform a left join
result_left = df1.join(df2, how='left')
print("Left Join Result:")
print(result_left)

# Perform an inner join
result_inner = df1.join(df2, how='inner')
print("\\nInner Join Result:")
print(result_inner)

# Perform an outer join
result_outer = df1.join(df2, how='outer')
print("\\nOuter Join Result:")
print(result_outer)
```

Cet exemple de code montre comment utiliser la méthode join() dans Pandas pour combiner des DataFrames.

Voici une analyse détaillée de ce que fait le code :

- Tout d'abord, il crée deux exemples de DataFrames, df1 et df2, avec un index partagé ('K0', 'K1', 'K2', 'K3').

- Il effectue ensuite trois types de jointures :

1. Jointure gauche : Celle-ci conserve toutes les lignes de df1 et ajoute les lignes correspondantes de df2. Les entrées sans correspondance sont remplies avec NaN.

2. Jointure interne : Celle-ci ne conserve que les lignes où l'index est présent dans les deux DataFrames.

3. Jointure externe : Celle-ci conserve toutes les lignes des deux DataFrames, remplissant les entrées sans correspondance avec NaN.

Chaque jointure est effectuée à l'aide de la méthode join(), en spécifiant le type de jointure avec le paramètre how.

Cet exemple montre comment join() peut facilement combiner des DataFrames basés sur leur index, ce qui est particulièrement utile lorsque vous travaillez avec des données de séries temporelles ou des ensembles de données qui partagent un identifiant commun.

Concaténation de DataFrames avec concat()

concat() est une fonction puissante et polyvalente dans Pandas qui permet la combinaison de plusieurs objets DataFrames ou Series le long d'un axe spécifié. Cet outil flexible est particulièrement utile lorsque vous devez fusionner des ensembles de données verticalement (empiler des lignes) ou horizontalement (ajouter des colonnes). L'adaptabilité de la fonction en fait un composant essentiel dans le prétraitement des données et l'ingénierie des caractéristiques pour les tâches d'apprentissage automatique.

Examinons plus en détail les principales fonctionnalités de concat() :

- Spécification de l'axe :

  o axis=0 (par défaut) : Concatène verticalement, ajoutant des lignes. C'est utile pour combiner des données de différentes périodes ou sources qui partagent les mêmes colonnes.

  o axis=1 : Concatène horizontalement, ajoutant des colonnes. C'est avantageux lorsque vous voulez combiner des caractéristiques de différents ensembles de données pour les mêmes observations.

- Entrée flexible :

  o La fonction peut gérer une liste d'objets DataFrame ou Series, vous permettant de combiner plusieurs ensembles de données en une seule opération.

  o Elle peut également accepter un dictionnaire de DataFrames ou Series, où les clés du dictionnaire deviennent les clés d'un index hiérarchique résultant.

- Gestion de l'index :

  o ignore_index=True : Ignore l'index des objets d'entrée et crée un nouvel index entier pour le résultat.

  o Paramètre keys : Permet de créer un index hiérarchique, utile pour suivre la source de chaque ligne dans le résultat concaténé.

  o verify_integrity=True : Vérifie les indices en double et génère une erreur s'ils sont trouvés, assurant l'intégrité des données.

- Gestion des données manquantes :

  o join='outer' (par défaut) : Inclut toutes les lignes/colonnes, remplissant les valeurs manquantes avec NaN.

  o join='inner' : N'inclut que les lignes/colonnes présentes dans tous les objets d'entrée.

  o Le paramètre fill_value vous permet de spécifier une valeur à utiliser à la place de NaN pour les données manquantes.

La fonction concat() s'avère inestimable dans divers scénarios de science des données et d'apprentissage automatique :

- Analyse de séries temporelles : Combinaison de données de différentes périodes ou fréquences.

- Ingénierie des caractéristiques : Fusion de caractéristiques de sources multiples pour créer un ensemble de données complet pour l'entraînement de modèles.

- Augmentation de données : Expansion des ensembles de données en combinant des données similaires de différentes sources.

- Validation croisée : Création de divisions entraînement-test ou d'ensembles de données pour la validation croisée k-fold.

- Méthodes d'ensemble : Combinaison de prédictions de plusieurs modèles dans un seul DataFrame pour une analyse plus approfondie ou de la méta-modélisation.

En maîtrisant la fonction concat(), les data scientists et les praticiens de l'apprentissage automatique peuvent gérer efficacement des tâches complexes d'intégration de données, rationalisant leur flux de travail et améliorant la qualité de leurs données d'entrée pour la modélisation.

Exemple : Concaténation de DataFrames avec concat()

```
import pandas as pd
import numpy as np

# Create sample DataFrames
```

```
df1 = pd.DataFrame({'A': ['A0', 'A1', 'A2'],
                    'B': ['B0', 'B1', 'B2']},
                index=['K0', 'K1', 'K2'])

df2 = pd.DataFrame({'C': ['C0', 'C2', 'C3'],
                    'D': ['D0', 'D2', 'D3']},
                index=['K0', 'K2', 'K3'])

df3 = pd.DataFrame({'E': ['E1', 'E2', 'E3'],
                    'F': ['F1', 'F2', 'F3']},
                index=['K1', 'K2', 'K3'])

# Vertical concatenation (axis=0)
result_vertical = pd.concat([df1, df2, df3], axis=0)
print("Vertical Concatenation Result:")
print(result_vertical)

# Horizontal concatenation (axis=1)
result_horizontal = pd.concat([df1, df2, df3], axis=1)
print("\\nHorizontal Concatenation Result:")
print(result_horizontal)

# Concatenation with keys
result_keys = pd.concat([df1, df2, df3], keys=['X', 'Y', 'Z'])
print("\\nConcatenation with Keys Result:")
print(result_keys)

# Inner join concatenation
result_inner = pd.concat([df1, df2, df3], axis=1, join='inner')
print("\\nInner Join Concatenation Result:")
print(result_inner)
```

Cet exemple démontre différentes façons d'utiliser la fonction concat() dans Pandas. Voici une analyse détaillée du code et de son résultat :

1. Création des DataFrames d'exemple :

   o Trois DataFrames (df1, df2, df3) sont créés avec différentes colonnes et des indices qui se chevauchent partiellement.

2. Concaténation verticale (axis=0) :

   o Combine les DataFrames en les empilant verticalement.

   o Le résultat inclut toutes les lignes de tous les DataFrames.

   o Les colonnes sont unifiées, avec NaN pour les valeurs manquantes.

3. Concaténation horizontale (axis=1) :

   o Combine les DataFrames côte à côte.

- o   Le résultat inclut toutes les colonnes de tous les DataFrames.

- o   Les lignes sont alignées en fonction de l'index, avec NaN pour les valeurs manquantes.

4.   Concaténation avec des clés :

- o   Similaire à la concaténation verticale, mais ajoute un niveau supplémentaire à l'index.

- o   Les clés ('X', 'Y', 'Z') sont utilisées pour identifier la source de chaque ligne dans le résultat.

5.   Concaténation avec jointure interne :

- o   Combine les DataFrames horizontalement, mais ne conserve que les lignes dont les indices sont présents dans tous les DataFrames.

- o   Utile lorsque vous voulez assurer l'alignement des données à travers toutes les sources.

Cet exemple met en évidence la flexibilité de concat() pour gérer différents scénarios de combinaison de données. C'est particulièrement utile dans les flux de travail d'apprentissage automatique pour des tâches comme l'ingénierie des caractéristiques, l'augmentation des jeux de données et la combinaison des prédictions de modèles.

Pandas est une bibliothèque hautement polyvalente qui simplifie les tâches avancées de manipulation de données, ce qui en fait un outil essentiel dans le pipeline d'apprentissage automatique. De la lecture et l'écriture de données à la transformation, au filtrage et à l'agrégation des jeux de données, Pandas vous permet de gérer vos données efficacement et les prépare pour la modélisation. En maîtrisant Pandas, vous serez capable de nettoyer, traiter et structurer vos données pour n'importe quelle tâche d'apprentissage automatique.

2.4 Matplotlib, Seaborn et Plotly pour la visualisation de données

La visualisation efficace des données est une pierre angulaire de l'apprentissage automatique, servant d'outil puissant pour obtenir des insights et communiquer les résultats. Elle permet aux praticiens de découvrir des motifs cachés, d'identifier des anomalies et de comprendre les relations complexes au sein des jeux de données. De plus, les techniques de visualisation jouent un rôle crucial dans l'évaluation des performances des modèles et l'interprétation des résultats tout au long du pipeline d'apprentissage automatique.

Python, réputé pour son riche écosystème de bibliothèques de science des données, offre une gamme d'outils de visualisation pour répondre à divers besoins. Dans cette section complète, nous explorerons trois bibliothèques majeures qui sont devenues indispensables dans la boîte à outils du data scientist : **Matplotlib**, **Seaborn** et **Plotly**.

Chacune de ces bibliothèques apporte ses forces uniques :

- **Matplotlib** : La bibliothèque fondamentale pour créer des graphiques statiques de qualité publication avec un contrôle précis sur chaque aspect de la visualisation.

- **Seaborn** : Construite sur Matplotlib, elle simplifie la création de graphiques statistiques complexes et améliore l'attrait esthétique des visualisations.

- **Plotly** : Spécialisée dans les visualisations interactives et dynamiques, permettant la création de graphiques et diagrammes réactifs prêts pour le web.

En maîtrisant ces bibliothèques, vous serez équipé pour créer un large spectre de visualisations, des graphiques statiques de base aux tableaux de bord interactifs sophistiqués, améliorant votre capacité à extraire des insights significatifs des données et à communiquer efficacement vos découvertes dans le domaine de l'apprentissage automatique.

2.4.1 Matplotlib : Le fondement de la visualisation en Python

Matplotlib s'impose comme la pierre angulaire de la visualisation de données en Python, offrant une base complète pour créer une vaste gamme de représentations visuelles. En tant que bibliothèque de traçage la plus fondamentale, Matplotlib fournit aux développeurs un ensemble robuste d'outils pour élaborer des visualisations statiques, interactives et animées qui répondent à divers besoins d'analyse de données.

À sa base, la force de Matplotlib réside dans sa polyvalence et son contrôle granulaire sur les éléments du graphique. Bien qu'elle puisse paraître plus bas niveau et verbeuse par rapport à des bibliothèques de plus haut niveau comme Seaborn ou Plotly, cette caractéristique est précisément ce qui donne à Matplotlib sa puissance. Elle permet aux utilisateurs d'ajuster finement chaque aspect de leurs graphiques, des détails les plus infimes à la structure globale, offrant une flexibilité inégalée dans la conception visuelle.

L'architecture de la bibliothèque est construite sur une approche à deux couches : l'interface pyplot pour une génération rapide de graphiques de style MATLAB, et l'interface orientée objet pour des visualisations plus complexes et personnalisables. Ce système à double couche rend Matplotlib accessible aux débutants tout en offrant des capacités avancées pour les utilisateurs expérimentés.

Voici quelques caractéristiques clés qui illustrent la flexibilité de Matplotlib :

- Axes, étiquettes, titres et légendes personnalisables

- Prise en charge de divers types de graphiques : tracés linéaires, nuages de points, diagrammes à barres, histogrammes, graphiques 3D, et plus

- Contrôle précis des couleurs, styles de ligne, marqueurs et autres éléments visuels

- Capacité à créer plusieurs sous-graphiques au sein d'une même figure

- Prise en charge des expressions mathématiques et du rendu LaTeX

Bien que Matplotlib puisse nécessiter plus de code pour des visualisations complexes par rapport à des bibliothèques de plus haut niveau, cette verbosité se traduit par un contrôle et une personnalisation inégalés. Cela en fait un outil inestimable pour les data scientists et les chercheurs qui ont besoin de créer des figures de qualité publication ou d'adapter leurs visualisations à des exigences spécifiques.

Dans le contexte de l'apprentissage automatique, la flexibilité de Matplotlib est particulièrement utile pour créer des visualisations personnalisées des performances des modèles, de l'importance des caractéristiques et des distributions de données. Sa capacité à s'intégrer parfaitement avec des bibliothèques de calcul numérique comme NumPy renforce davantage sa position d'outil essentiel dans l'écosystème de la science des données et de l'apprentissage automatique.

Graphique Linéaire de Base avec Matplotlib

Un **graphique linéaire** est l'un des outils les plus fondamentaux et polyvalents en visualisation de données, particulièrement utile pour illustrer les tendances, les modèles et les relations dans les données au fil du temps ou à travers des variables continues. Ce type de graphique relie les points de données individuels par des lignes droites, créant une représentation visuelle qui permet aux observateurs de discerner facilement les tendances générales, les fluctuations et les valeurs aberrantes potentielles dans l'ensemble de données.

Les graphiques linéaires sont particulièrement précieux dans divers contextes :

- Analyse de séries temporelles : Ils excellent à montrer comment une variable évolue dans le temps, ce qui les rend idéaux pour visualiser les cours des actions, les variations de température ou la croissance démographique.

- Analyse comparative : Plusieurs lignes peuvent être tracées sur le même graphique, permettant une comparaison facile entre différents ensembles de données ou catégories.

- Relations entre variables continues : Ils peuvent efficacement afficher la relation entre deux variables continues, comme la taille et le poids ou la distance et le temps.

Dans le domaine de l'apprentissage automatique, les graphiques linéaires jouent un rôle crucial dans l'évaluation et l'optimisation des modèles. Ils sont couramment utilisés pour visualiser les courbes d'apprentissage, montrant comment les métriques de performance du modèle (comme la précision ou la perte) évoluent au cours des époques d'entraînement ou avec différents hyperparamètres. Ce retour visuel est inestimable pour affiner les modèles et comprendre leur comportement d'apprentissage.

Exemple :

Créons un graphique linéaire de base en utilisant Matplotlib pour visualiser un jeu de données simple. Cet exemple démontrera comment créer un graphique linéaire, personnaliser son apparence et ajouter des éléments essentiels comme des étiquettes et une légende.

```python
import matplotlib.pyplot as plt
import numpy as np

# Generate sample data
x = np.linspace(0, 10, 100)
y1 = np.sin(x)
y2 = np.cos(x)

# Create the plot
plt.figure(figsize=(10, 6))
plt.plot(x, y1, label='sin(x)', color='blue', linewidth=2)
plt.plot(x, y2, label='cos(x)', color='red', linestyle='--', linewidth=2)

# Customize the plot
plt.title('Sine and Cosine Functions', fontsize=16)
plt.xlabel('x', fontsize=12)
plt.ylabel('y', fontsize=12)
plt.legend(fontsize=10)
plt.grid(True, linestyle=':')

# Add some annotations
plt.annotate('Peak', xy=(1.5, 1), xytext=(3, 1.3),
             arrowprops=dict(facecolor='black', shrink=0.05))

# Display the plot
plt.show()
```

Explication du code :

1. Importation des bibliothèques :

    o Nous importons matplotlib.pyplot pour le traçage et numpy pour la génération de données.

2. Génération des données d'exemple :

    o np.linspace(0, 10, 100) crée 100 points uniformément espacés entre 0 et 10.

    o Nous calculons les valeurs sinus et cosinus pour ces points.

3. Création du graphique :

    o plt.figure(figsize=(10, 6)) définit la taille de la figure à 10x6 pouces.

    o plt.plot() est utilisé deux fois pour créer deux tracés linéaires sur les mêmes axes.

o   Nous spécifions les étiquettes, les couleurs et les styles de ligne pour chaque graphique.

4.   Personnalisation du graphique :

o   plt.title() ajoute un titre au graphique.

o   plt.xlabel() et plt.ylabel() étiquettent les axes x et y.

o   plt.legend() ajoute une légende pour distinguer les deux lignes.

o   plt.grid() ajoute une grille au graphique pour une meilleure lisibilité.

5.   Ajout d'annotations :

o   plt.annotate() ajoute une flèche pointant vers un point spécifique du graphique avec un texte explicatif.

6.   Affichage du graphique :

o   plt.show() génère le graphique et l'affiche.

Cet exemple met en évidence plusieurs fonctionnalités clés de Matplotlib :

- Création de plusieurs graphiques sur les mêmes axes

- Personnalisation des couleurs, styles et épaisseurs de ligne

- Ajout et formatage des titres, étiquettes et légendes

- Inclusion d'une grille pour une meilleure interprétation des données

- Utilisation d'annotations pour mettre en évidence des points d'intérêt spécifiques

En comprenant et en utilisant ces fonctionnalités, vous pouvez créer des graphiques informatifs et visuellement attrayants pour diverses tâches d'apprentissage automatique, comme la comparaison des performances de modèles, la visualisation des distributions de données ou l'illustration des tendances dans les séries temporelles.

Diagrammes à barres et histogrammes

Les diagrammes à barres et les histogrammes sont deux outils fondamentaux en visualisation de données, chacun servant des objectifs distincts dans l'analyse des données :

Les diagrammes à barres sont principalement utilisés pour comparer des données catégorielles. Ils excellent à afficher les tailles relatives ou les fréquences de différentes catégories, facilitant l'identification des modèles, tendances ou disparités entre groupes discrets. Dans l'apprentissage automatique, les diagrammes à barres sont souvent employés pour visualiser l'importance des caractéristiques, la performance des modèles à travers différentes catégories, ou la distribution des variables catégorielles dans un jeu de données.

Les histogrammes, quant à eux, sont conçus pour visualiser la distribution des données numériques. Ils divisent la plage de valeurs en intervalles et montrent la fréquence des points de données tombant dans chaque intervalle. Cela rend les histogrammes particulièrement utiles pour comprendre la forme, la tendance centrale et la dispersion d'un jeu de données. Dans les contextes d'apprentissage automatique, les histogrammes sont fréquemment utilisés pour examiner la distribution des caractéristiques, détecter les valeurs aberrantes, ou évaluer la normalité des données, ce qui peut orienter les étapes de prétraitement ou la sélection du modèle.

Exemple : Diagramme à barres

```python
import matplotlib.pyplot as plt
import numpy as np

# Sample data for bar chart
categories = ['Category A', 'Category B', 'Category C', 'Category D', 'Category E']
values = [23, 17, 35, 29, 12]

# Create a figure and axis
fig, ax = plt.subplots(figsize=(10, 6))

# Create a bar chart with custom colors and edge colors
bars = ax.bar(categories, values, color=['#1f77b4', '#ff7f0e', '#2ca02c', '#d62728',
'#9467bd'],
              edgecolor='black', linewidth=1.2)

# Customize the plot
ax.set_xlabel('Categories', fontsize=12)
ax.set_ylabel('Values', fontsize=12)
ax.set_title('Comprehensive Bar Chart Example', fontsize=16, fontweight='bold')
ax.tick_params(axis='both', which='major', labelsize=10)

# Add value labels on top of each bar
for bar in bars:
    height = bar.get_height()
    ax.text(bar.get_x() + bar.get_width()/2., height,
            f'{height}',
            ha='center', va='bottom', fontsize=10)

# Add a grid for better readability
ax.grid(axis='y', linestyle='--', alpha=0.7)

# Adjust layout and display the plot
plt.tight_layout()
plt.show()
```

Explication du code :

1. Importation des bibliothèques :

- Nous importons matplotlib.pyplot pour créer le graphique et numpy pour une manipulation potentielle des données (bien que non utilisé dans cet exemple précis).

2. Préparation des données :

- Nous définissons deux listes : 'categories' pour les étiquettes de l'axe x et 'values' pour les hauteurs des barres.

- Cet exemple utilise des noms de catégories plus descriptifs et un ensemble plus large de valeurs par rapport à l'original.

3. Création de la figure et de l'axe :

- plt.subplots() crée une figure et un axe unique, permettant plus de personnalisation.

- figsize=(10, 6) définit la taille de la figure à 10x6 pouces pour une meilleure visibilité.

4. Création du diagramme à barres :

- ax.bar() crée le diagramme à barres sur l'axe que nous avons créé.

- Nous utilisons des couleurs personnalisées pour chaque barre et ajoutons des bordures noires pour une meilleure définition.

5. Personnalisation du graphique :

- Nous définissons les étiquettes pour l'axe x, l'axe y et le titre avec des tailles de police personnalisées.

- ax.tick_params() est utilisé pour ajuster la taille des étiquettes des graduations.

6. Ajout d'étiquettes de valeur :

- Nous parcourons les barres et ajoutons des étiquettes de texte au-dessus de chaque barre montrant sa valeur.

- La position de chaque étiquette est calculée pour être centrée sur sa barre correspondante.

7. Ajout d'une grille :

- ax.grid() ajoute une grille d'axe y avec des lignes pointillées pour une meilleure lisibilité.

8. Finalisation et affichage :

- plt.tight_layout() ajuste le graphique pour qu'il s'adapte à la zone de la figure.

- plt.show() génère le graphique et l'affiche.

Cet exemple de code démontre plusieurs fonctionnalités avancées de Matplotlib, notamment les couleurs personnalisées, les étiquettes de valeur et les lignes de grille. Ces ajouts rendent le graphique plus informatif et visuellement attrayant, ce qui est crucial lors de la présentation de données dans des projets d'apprentissage automatique ou des rapports d'analyse de données.

Exemple : Histogramme

```python
import matplotlib.pyplot as plt
import numpy as np
import seaborn as sns

# Set a seed for reproducibility
np.random.seed(42)

# Generate random data from different distributions
normal_data = np.random.normal(loc=0, scale=1, size=1000)
skewed_data = np.random.exponential(scale=2, size=1000)

# Create a figure with two subplots
fig, (ax1, ax2) = plt.subplots(1, 2, figsize=(15, 6))

# Histogram for normal distribution
ax1.hist(normal_data, bins=30, color='skyblue', edgecolor='black', alpha=0.7)
ax1.set_title('Histogram of Normal Distribution', fontsize=14)
ax1.set_xlabel('Values', fontsize=12)
ax1.set_ylabel('Frequency', fontsize=12)

# Add mean and median lines
ax1.axvline(normal_data.mean(), color='red', linestyle='dashed', linewidth=2,
label='Mean')
ax1.axvline(np.median(normal_data), color='green', linestyle='dashed', linewidth=2,
label='Median')
ax1.legend()

# Histogram with KDE for skewed distribution
sns.histplot(skewed_data, bins=30, kde=True, color='lightgreen', edgecolor='black',
alpha=0.7, ax=ax2)
ax2.set_title('Histogram with KDE of Skewed Distribution', fontsize=14)
ax2.set_xlabel('Values', fontsize=12)
ax2.set_ylabel('Frequency', fontsize=12)

# Add mean and median lines
ax2.axvline(skewed_data.mean(), color='red', linestyle='dashed', linewidth=2,
label='Mean')
ax2.axvline(np.median(skewed_data), color='green', linestyle='dashed', linewidth=2,
label='Median')
ax2.legend()

# Adjust layout and display the plot
plt.tight_layout()
plt.show()
```

Analyse du code :

1. Importation des bibliothèques :

    o   Nous importons matplotlib.pyplot pour créer des graphiques, numpy pour générer des données aléatoires, et seaborn pour des fonctionnalités de tracé avancées.

2. Génération des données :

    o   Nous définissons une graine aléatoire pour la reproductibilité.

    o   Nous générons deux ensembles de données : l'un à partir d'une distribution normale et l'autre à partir d'une distribution exponentielle pour montrer différentes formes de données.

3. Création de la figure :

    o   plt.subplots(1, 2, figsize=(15, 6)) crée une figure avec deux sous-graphiques côte à côte, chacun de 15x6 pouces.

4. Tracé de la distribution normale :

    o   Nous utilisons ax1.hist() pour créer un histogramme des données normalement distribuées.

    o   Nous personnalisons les couleurs, ajoutons des bordures et définissons la transparence avec alpha.

    o   Nous ajoutons un titre et des étiquettes aux axes.

    o   Nous traçons des lignes verticales pour la moyenne et la médiane en utilisant ax1.axvline().

5. Tracé de la distribution asymétrique :

    o   Nous utilisons sns.histplot() pour créer un histogramme avec une superposition d'estimation par noyau de densité (KDE) pour les données asymétriques.

    o   Nous personnalisons à nouveau les couleurs, ajoutons des bordures et définissons la transparence.

    o   Nous ajoutons un titre et des étiquettes aux axes.

    o   Nous traçons des lignes verticales pour la moyenne et la médiane.

6. Finalisation et affichage :

- o plt.tight_layout() ajuste le graphique pour qu'il s'adapte à la zone de la figure sans chevauchement.

- o plt.show() génère et affiche le graphique.

Cet exemple de code démontre plusieurs concepts avancés :

- Comparaison de différentes distributions côte à côte

- Utilisation de Matplotlib et Seaborn pour différents styles de tracé

- Ajout de mesures statistiques (moyenne et médiane) aux graphiques

- Personnalisation de l'esthétique des graphiques pour plus de clarté et d'attrait visuel

Ces techniques sont précieuses en apprentissage automatique pour l'analyse exploratoire des données, la compréhension des distributions des caractéristiques et la comparaison des jeux de données ou des résultats de modèles.

Les histogrammes sont particulièrement utiles en apprentissage automatique lorsque vous souhaitez visualiser la distribution d'une caractéristique pour détecter l'asymétrie, les valeurs aberrantes ou la normalité.

Diagrammes de dispersion

Les diagrammes de dispersion sont des outils essentiels pour visualiser la relation entre deux variables numériques en science des données et en apprentissage automatique. Ces graphiques affichent chaque point de données sous forme de point sur un graphique bidimensionnel, où la position de chaque point correspond à ses valeurs pour les deux variables comparées. Cette représentation visuelle permet aux scientifiques des données et aux praticiens de l'apprentissage automatique d'identifier rapidement les modèles, tendances ou anomalies dans leurs jeux de données.

Dans le contexte de l'apprentissage automatique, les diagrammes de dispersion servent plusieurs objectifs cruciaux :

- Détection de corrélation : Ils aident à identifier la force et la direction des relations entre les variables. Un schéma linéaire clair dans un diagramme de dispersion peut indiquer une forte corrélation, tandis qu'une dispersion aléatoire des points suggère peu ou pas de corrélation.

- Identification des valeurs aberrantes : Les diagrammes de dispersion permettent de repérer facilement les points de données qui s'écartent significativement du modèle général, ce qui pourrait être des valeurs aberrantes ou des erreurs dans le jeu de données.

- Analyse de clusters : Ils peuvent révéler des regroupements ou clusters naturels dans les données, ce qui pourrait suggérer la présence de sous-groupes ou catégories distincts au sein du jeu de données.

- Sélection de caractéristiques : En visualisant les relations entre différentes caractéristiques et la variable cible, les diagrammes de dispersion peuvent aider à sélectionner les caractéristiques pertinentes pour l'entraînement du modèle.

- Évaluation du modèle : Après l'entraînement d'un modèle, les diagrammes de dispersion peuvent être utilisés pour visualiser les valeurs prédites par rapport aux valeurs réelles, aidant à évaluer la performance du modèle et à identifier les domaines où il pourrait avoir des difficultés.

En utilisant efficacement les diagrammes de dispersion, les praticiens de l'apprentissage automatique peuvent obtenir des informations précieuses sur leurs données, éclairer leurs décisions de modélisation et, en fin de compte, améliorer la performance et l'interprétabilité de leurs modèles d'apprentissage automatique.

Exemple : Diagramme de dispersion

```python
import matplotlib.pyplot as plt
import numpy as np

# Generate sample data
np.random.seed(42)
x = np.random.rand(50) * 100
y = 2 * x + 10 + np.random.randn(50) * 10

# Create a scatter plot
plt.figure(figsize=(10, 6))
scatter = plt.scatter(x, y, c=y, cmap='viridis', s=50, alpha=0.7)

# Add a trend line
z = np.polyfit(x, y, 1)
p = np.poly1d(z)
plt.plot(x, p(x), "r--", alpha=0.8, label="Trend line")

# Customize the plot
plt.xlabel('X-axis', fontsize=12)
plt.ylabel('Y-axis', fontsize=12)
plt.title('Comprehensive Scatter Plot Example', fontsize=14, fontweight='bold')
plt.colorbar(scatter, label='Y values')
plt.legend()
plt.grid(True, linestyle='--', alpha=0.7)

# Add text annotation
plt.annotate('Interesting point', xy=(80, 170), xytext=(60, 200),
            arrowprops=dict(facecolor='black', shrink=0.05))

# Show the plot
plt.tight_layout()
plt.show()
```

Analyse du code :

1. Importation des bibliothèques :

    o   Nous importons matplotlib.pyplot pour créer des graphiques et numpy pour générer et manipuler des données.

2. Génération des données :

    o   Nous définissons une graine aléatoire pour la reproductibilité.

    o   Nous générons 50 valeurs x aléatoires entre 0 et 100.

    o   Nous créons des valeurs y avec une relation linéaire à x, plus un bruit aléatoire.

3. Création du diagramme de dispersion :

    o   plt.figure(figsize=(10, 6)) définit la taille de la figure à 10x6 pouces.

    o   plt.scatter() crée le diagramme de dispersion, avec des couleurs de points basées sur les valeurs y (cmap='viridis'), une taille personnalisée (s=50) et une transparence (alpha=0.7).

4. Ajout d'une ligne de tendance :

    o   Nous utilisons np.polyfit() pour calculer un ajustement linéaire aux données.

    o   plt.plot() ajoute la ligne de tendance sous forme de ligne rouge en pointillés.

5. Personnalisation du graphique :

    o   Nous ajoutons des étiquettes aux axes et un titre avec des tailles de police personnalisées.

    o   plt.colorbar() ajoute une légende d'échelle de couleur.

    o   plt.legend() ajoute une légende pour la ligne de tendance.

    o   plt.grid() ajoute une grille pour une meilleure lisibilité.

6. Ajout d'une annotation :

    o   plt.annotate() ajoute une annotation textuelle avec une flèche pointant vers un point spécifique sur le graphique.

7. Finalisation et affichage :

    o   plt.tight_layout() ajuste le graphique pour qu'il s'adapte à la zone de la figure.

    o   plt.show() génère et affiche le graphique.

Cet exemple de code démontre plusieurs fonctionnalités avancées de Matplotlib, notamment le mappage de couleurs, l'ajustement de lignes de tendance, les annotations et les options de personnalisation. Ces techniques sont précieuses en apprentissage automatique pour visualiser les relations entre variables, identifier les tendances et présenter les données de manière informative et visuellement attrayante.

Les diagrammes de dispersion sont utiles pour comprendre comment deux variables sont liées, ce qui peut guider la sélection ou l'ingénierie des caractéristiques dans les projets d'apprentissage automatique.

2.4.2 Seaborn : La visualisation de données statistiques simplifiée

Alors que Matplotlib fournit une base solide pour les visualisations, **Seaborn** s'appuie sur cette fondation pour simplifier la création de graphiques statistiques complexes. Seaborn est conçu pour rationaliser le processus de création de visualisations attrayantes et informatives, permettant aux utilisateurs de générer des graphiques sophistiqués avec un minimum de code.

L'une des principales forces de Seaborn réside dans sa capacité à gérer sans effort des jeux de données multidimensionnels. Cela est particulièrement précieux dans le contexte de l'apprentissage automatique, où les jeux de données contiennent souvent de nombreuses caractéristiques ou variables qui doivent être analysées simultanément. Seaborn offre une gamme de types de graphiques spécialisés, tels que les graphiques par paires, les cartes thermiques et les graphiques conjoints, qui sont spécifiquement conçus pour visualiser efficacement les relations entre plusieurs variables.

De plus, Seaborn est livré avec des thèmes intégrés et des palettes de couleurs qui améliorent l'attrait esthétique des graphiques dès le départ. Cette fonctionnalité non seulement fait gagner du temps, mais garantit également un aspect cohérent et professionnel à travers différentes visualisations. La bibliothèque ajoute également automatiquement des annotations statistiques aux graphiques, telles que des lignes de régression ou des intervalles de confiance, qui peuvent être cruciales pour interpréter les données dans les projets d'apprentissage automatique.

En abstrayant de nombreux détails de bas niveau requis dans Matplotlib, Seaborn permet aux scientifiques des données et aux praticiens de l'apprentissage automatique de se concentrer davantage sur les informations dérivées des données plutôt que sur les subtilités de la création de graphiques. Cette efficacité est particulièrement bénéfique lors de l'exploration de grands jeux de données ou lors de l'itération à travers plusieurs options de visualisation pendant la phase d'analyse exploratoire des données d'un projet d'apprentissage automatique.

Visualisation des distributions avec Seaborn

Seaborn fournit des outils avancés pour visualiser les distributions, offrant une approche sophistiquée pour créer des histogrammes et des tracés de densité de noyau. Ces techniques de visualisation sont essentielles pour comprendre les modèles et caractéristiques sous-jacents des distributions de données dans les projets d'apprentissage automatique.

Les histogrammes dans Seaborn permettent une représentation claire de la fréquence des données à travers différents intervalles, fournissant des aperçus sur la forme, la tendance centrale et la dispersion des données. Ils sont particulièrement utiles pour identifier les valeurs aberrantes, l'asymétrie et la multimodalité dans les distributions de caractéristiques.

Les tracés d'estimation par noyau de densité (KDE), quant à eux, offrent une estimation lisse et continue de la fonction de densité de probabilité des données. Cette méthode non paramétrique est précieuse pour visualiser la forme des distributions sans la discrétisation inhérente aux histogrammes, permettant une compréhension plus nuancée de la structure sous-jacente des données.

En combinant les histogrammes et les tracés KDE, Seaborn permet aux scientifiques des données d'obtenir une vue complète de leurs distributions de données. Cette double approche est particulièrement bénéfique dans les tâches d'apprentissage automatique telles que l'ingénierie des caractéristiques, la détection des valeurs aberrantes et le diagnostic des modèles, où la compréhension des nuances des distributions de données peut avoir un impact significatif sur les performances et l'interprétation des modèles.

Exemple : Tracé de distribution (Histogramme + KDE)

```python
import seaborn as sns
import matplotlib.pyplot as plt
import numpy as np
import pandas as pd

# Set the style and color palette
sns.set_style("whitegrid")
sns.set_palette("deep")

# Generate random data from different distributions
np.random.seed(42)
normal_data = np.random.normal(loc=0, scale=1, size=1000)
skewed_data = np.random.exponential(scale=1, size=1000)

# Create a DataFrame
df = pd.DataFrame({
    'Normal': normal_data,
    'Skewed': skewed_data
})

# Create a figure with subplots
fig, (ax1, ax2) = plt.subplots(1, 2, figsize=(16, 6))

# Plot 1: Distribution plot with both histogram and KDE for normal data
sns.histplot(data=df, x='Normal', kde=True, color='blue', ax=ax1)
ax1.set_title('Normal Distribution', fontsize=14)
ax1.set_xlabel('Value', fontsize=12)
ax1.set_ylabel('Frequency', fontsize=12)

# Add mean and median lines
mean_normal = df['Normal'].mean()
median_normal = df['Normal'].median()
ax1.axvline(mean_normal,        color='red',    linestyle='--',    label=f'Mean:
{mean_normal:.2f}')
```

```
ax1.axvline(median_normal,       color='green',      linestyle=':',      label=f'Median:
{median_normal:.2f}')
ax1.legend()

# Plot 2: Distribution plot with both histogram and KDE for skewed data
sns.histplot(data=df, x='Skewed', kde=True, color='orange', ax=ax2)
ax2.set_title('Skewed Distribution', fontsize=14)
ax2.set_xlabel('Value', fontsize=12)
ax2.set_ylabel('Frequency', fontsize=12)

# Add mean and median lines
mean_skewed = df['Skewed'].mean()
median_skewed = df['Skewed'].median()
ax2.axvline(mean_skewed,       color='red',      linestyle='--',      label=f'Mean:
{mean_skewed:.2f}')
ax2.axvline(median_skewed,       color='green',      linestyle=':',      label=f'Median:
{median_skewed:.2f}')
ax2.legend()

# Adjust layout and display the plot
plt.tight_layout()
plt.show()

# Create a box plot to compare the distributions
plt.figure(figsize=(10, 6))
sns.boxplot(data=df)
plt.title('Comparison of Normal and Skewed Distributions', fontsize=14)
plt.ylabel('Value', fontsize=12)
plt.show()
```

Explication du code :

1. Importation des bibliothèques :

   o Nous importons seaborn, matplotlib.pyplot, numpy et pandas pour la manipulation et la visualisation avancées des données.

2. Configuration du style et de la palette de couleurs :

   o sns.set_style("whitegrid") définit un aspect propre et professionnel pour les graphiques.

   o sns.set_palette("deep") choisit une palette de couleurs qui fonctionne bien pour différents types de graphiques.

3. Génération des données :

   o Nous créons deux ensembles de données : l'un provenant d'une distribution normale et l'autre d'une distribution exponentielle (asymétrique).

   o np.random.seed(42) assure la reproductibilité des données aléatoires.

4. Création d'un DataFrame :

   o Nous utilisons pandas pour créer un DataFrame, qui est une structure de données puissante pour gérer des données tabulaires.

5. Configuration des sous-graphiques :

   o plt.subplots(1, 2, figsize=(16, 6)) crée une figure avec deux sous-graphiques côte à côte.

6. Création de graphiques de distribution :

   o Nous utilisons sns.histplot() pour créer des graphiques de distribution pour les données normales et asymétriques.

   o Le paramètre kde=True ajoute une ligne d'estimation par noyau de densité à l'histogramme.

   o Nous personnalisons les titres, les étiquettes et les couleurs pour chaque graphique.

7. Ajout de mesures statistiques :

   o Nous calculons et traçons la moyenne et la médiane pour chaque distribution en utilisant axvline().

   o Cela aide à visualiser comment l'asymétrie affecte ces mesures.

8. Création d'un box plot :

   o Nous ajoutons un box plot pour comparer les deux distributions côte à côte.

   o Cela offre une autre perspective sur la dispersion et les tendances centrales des données.

9. Finalisation et affichage :

   o plt.tight_layout() ajuste les graphiques pour qu'ils s'adaptent bien à la figure.

   o plt.show() génère et affiche les graphiques.

Cet exemple démontre plusieurs concepts avancés en visualisation de données :

- Comparer différentes distributions côte à côte

- Utiliser à la fois des histogrammes et des KDE pour une vue plus complète des données

- Ajouter des mesures statistiques (moyenne et médiane) aux graphiques

- Utiliser des box plots pour une représentation alternative des données

- Personnaliser l'esthétique des graphiques pour plus de clarté et d'attrait visuel

Ces techniques sont précieuses en apprentissage automatique pour l'analyse exploratoire des données, la compréhension des distributions de caractéristiques et la comparaison des ensembles de données ou des résultats de modèles. Elles aident à identifier l'asymétrie, les valeurs aberrantes et les différences entre les distributions, ce qui peut guider les décisions d'ingénierie des caractéristiques et de sélection de modèles.

Dans cet exemple, nous avons combiné un histogramme et une **estimation par noyau de densité (KDE)** pour montrer à la fois la distribution et la densité de probabilité des données. C'est utile lors de l'analyse des distributions de caractéristiques dans un jeu de données.

Box Plots et Violin Plots

Les box plots et les violin plots sont des outils de visualisation puissants pour afficher la distribution des données à travers différentes catégories, particulièrement lors de la comparaison de plusieurs groupes. Ces graphiques offrent une vue complète des tendances centrales, de la dispersion et des valeurs aberrantes potentielles des données, ce qui les rend inestimables dans l'analyse exploratoire des données et l'ingénierie des caractéristiques pour les projets d'apprentissage automatique.

Les box plots, également connus sous le nom de boîtes à moustaches, fournissent un résumé concis de la distribution des données. Ils affichent la médiane, les quartiles et les valeurs aberrantes potentielles, permettant des comparaisons rapides entre les groupes. La "boîte" représente l'écart interquartile (IQR), avec la médiane représentée par une ligne à l'intérieur de la boîte. Les "moustaches" s'étendent pour montrer le reste de la distribution, à l'exclusion des valeurs aberrantes, qui sont représentées par des points individuels.

Les violin plots, quant à eux, combinent les caractéristiques des box plots avec l'estimation par noyau de densité. Ils montrent la distribution complète des données, avec des sections plus larges représentant une probabilité plus élevée d'observations à ces valeurs. Cela rend les violin plots particulièrement utiles pour visualiser les distributions multimodales ou les différences subtiles dans la forme de la distribution qui pourraient ne pas être apparentes dans un box plot.

Ces deux types de graphiques sont particulièrement précieux lorsqu'on traite des variables catégorielles dans des tâches d'apprentissage automatique. Par exemple, ils peuvent aider à identifier les différences dans les distributions de caractéristiques entre différentes classes cibles, guider les processus de sélection de caractéristiques, ou aider à détecter des problèmes de qualité des données tels que le déséquilibre de classes ou la présence de valeurs aberrantes qui pourraient affecter les performances du modèle.

Exemple : Box Plot

```
import seaborn as sns
import matplotlib.pyplot as plt
import pandas as pd

# Load the tips dataset
```

```
tips = sns.load_dataset("tips")

# Set the style for the plot
sns.set_style("whitegrid")

# Create a figure with two subplots
fig, (ax1, ax2) = plt.subplots(1, 2, figsize=(16, 6))

# Create a box plot of total bill amounts by day
sns.boxplot(x='day', y='total_bill', data=tips, ax=ax1)
ax1.set_title('Box Plot of Total Bill by Day', fontsize=14)
ax1.set_xlabel('Day of the Week', fontsize=12)
ax1.set_ylabel('Total Bill ($)', fontsize=12)

# Create a violin plot of total bill amounts by day
sns.violinplot(x='day', y='total_bill', data=tips, ax=ax2)
ax2.set_title('Violin Plot of Total Bill by Day', fontsize=14)
ax2.set_xlabel('Day of the Week', fontsize=12)
ax2.set_ylabel('Total Bill ($)', fontsize=12)

# Add a horizontal line for the overall median
median_total_bill = tips['total_bill'].median()
ax1.axhline(median_total_bill, color='red', linestyle='--', label=f'Overall Median:
${median_total_bill:.2f}')
ax2.axhline(median_total_bill, color='red', linestyle='--', label=f'Overall Median:
${median_total_bill:.2f}')

# Add legends
ax1.legend()
ax2.legend()

# Adjust the layout and display the plot
plt.tight_layout()
plt.show()

# Calculate and print summary statistics
summary_stats  =  tips.groupby('day')['total_bill'].agg(['mean', 'median', 'std',
'min', 'max'])
print("\\nSummary Statistics of Total Bill by Day:")
print(summary_stats)

# Perform and print ANOVA test
from scipy import stats

day_groups = [group for _, group in tips.groupby('day')['total_bill']]
f_statistic, p_value = stats.f_oneway(*day_groups)
print("\\nANOVA Test Results:")
print(f"F-statistic: {f_statistic:.4f}")
print(f"p-value: {p_value:.4f}")
```

Analyse du code :

1. Importation des bibliothèques :

    o   Nous importons seaborn, matplotlib.pyplot et pandas pour la manipulation et la visualisation des données.

    o   Nous importons également scipy.stats pour les tests statistiques.

2. Chargement et préparation des données :

    o   Nous utilisons sns.load_dataset("tips") pour charger le jeu de données intégré "tips" de Seaborn.

    o   Ce jeu de données contient des informations sur les additions de restaurant, y compris le jour de la semaine.

3. Configuration du graphique :

    o   sns.set_style("whitegrid") définit un aspect propre et professionnel pour les graphiques.

    o   Nous créons une figure avec deux sous-graphiques côte à côte en utilisant plt.subplots(1, 2, figsize=(16, 6)).

4. Création des visualisations :

    o   Nous créons un box plot (boîte à moustaches) en utilisant sns.boxplot() dans le premier sous-graphique.

    o   Nous créons un violin plot (diagramme en violon) en utilisant sns.violinplot() dans le second sous-graphique.

    o   Les deux graphiques montrent la distribution des montants des additions pour chaque jour de la semaine.

5. Amélioration des graphiques :

    o   Nous ajoutons des titres et des étiquettes aux deux graphiques pour plus de clarté.

    o   Nous calculons la médiane globale des additions et l'ajoutons sous forme de ligne horizontale aux deux graphiques.

    o   Des légendes sont ajoutées pour expliquer la signification de la ligne médiane.

6. Affichage des graphiques :

    o   plt.tight_layout() ajuste la mise en page du graphique pour un meilleur espacement.

    o   plt.show() génère et affiche les graphiques.

7. Calcul des statistiques descriptives :

       o   Nous utilisons les fonctions groupby et agg de pandas pour calculer la moyenne, la médiane, l'écart-type, le minimum et le maximum des additions pour chaque jour.

       o   Ces statistiques sont imprimées pour fournir un résumé numérique en complément de la représentation visuelle.

8.   Réalisation du test statistique :

       o   Nous effectuons un test ANOVA unidirectionnel en utilisant scipy.stats.f_oneway().

       o   Ce test aide à déterminer s'il existe des différences statistiquement significatives dans les montants des additions entre les jours.

       o   La statistique F et la valeur p sont calculées et imprimées.

Exemple : Violin Plot

```python
import seaborn as sns
import matplotlib.pyplot as plt
import pandas as pd
import numpy as np
from scipy import stats

# Load the tips dataset
tips = sns.load_dataset("tips")

# Set the style and color palette
sns.set_style("whitegrid")
sns.set_palette("deep")

# Create a figure with two subplots
fig, (ax1, ax2) = plt.subplots(1, 2, figsize=(16, 6))

# Create a violin plot of total bill amounts by day
sns.violinplot(x='day', y='total_bill', data=tips, ax=ax1)
ax1.set_title('Violin Plot of Total Bill by Day', fontsize=14)
ax1.set_xlabel('Day of the Week', fontsize=12)
ax1.set_ylabel('Total Bill ($)', fontsize=12)

# Create a box plot of total bill amounts by day for comparison
sns.boxplot(x='day', y='total_bill', data=tips, ax=ax2)
ax2.set_title('Box Plot of Total Bill by Day', fontsize=14)
ax2.set_xlabel('Day of the Week', fontsize=12)
ax2.set_ylabel('Total Bill ($)', fontsize=12)

# Add mean lines to both plots
for ax in [ax1, ax2]:
    means = tips.groupby('day')['total_bill'].mean()
    ax.hlines(means, xmin=np.arange(len(means))-0.4, xmax=np.arange(len(means))+0.4,
color='red', linestyle='--', label='Mean')
```

```
    ax.legend()

# Adjust layout and display the plot
plt.tight_layout()
plt.show()

# Calculate and print summary statistics
summary_stats = tips.groupby('day')['total_bill'].agg(['count', 'mean', 'median',
'std', 'min', 'max'])
print("\\nSummary Statistics of Total Bill by Day:")
print(summary_stats)

# Perform and print ANOVA test
day_groups = [group for _, group in tips.groupby('day')['total_bill']]
f_statistic, p_value = stats.f_oneway(*day_groups)
print("\\nANOVA Test Results:")
print(f"F-statistic: {f_statistic:.4f}")
print(f"p-value: {p_value:.4f}")
```

Analyse du code :

1. Importation des bibliothèques :

    o   Nous importons seaborn, matplotlib.pyplot, pandas, numpy et scipy.stats
        pour la manipulation des données, la visualisation et l'analyse statistique.

2. Chargement et préparation des données :

    o   Nous utilisons sns.load_dataset("tips") pour charger le jeu de données intégré
        "tips" de Seaborn.

    o   Ce jeu de données contient des informations sur les additions de restaurant,
        y compris le jour de la semaine.

3. Configuration du graphique :

    o   sns.set_style("whitegrid") définit un aspect propre et professionnel pour les
        graphiques.

    o   sns.set_palette("deep") choisit une palette de couleurs qui fonctionne bien
        pour différents types de graphiques.

    o   Nous créons une figure avec deux sous-graphiques côte à côte en utilisant
        plt.subplots(1, 2, figsize=(16, 6)).

4. Création des visualisations :

    o   Nous créons un diagramme en violon en utilisant sns.violinplot() dans le
        premier sous-graphique.

o   Nous créons un box plot (boîte à moustaches) en utilisant sns.boxplot() dans le second sous-graphique pour comparaison.

o   Les deux graphiques montrent la distribution des montants des additions pour chaque jour de la semaine.

5.   Amélioration des graphiques :

o   Nous ajoutons des titres et des étiquettes aux deux graphiques pour plus de clarté.

o   Nous calculons et ajoutons des lignes de moyenne aux deux graphiques en utilisant ax.hlines().

o   Des légendes sont ajoutées pour expliquer la signification des lignes de moyenne.

6.   Affichage des graphiques :

o   plt.tight_layout() ajuste la mise en page du graphique pour un meilleur espacement.

o   plt.show() génère et affiche les graphiques.

7.   Calcul des statistiques descriptives :

o   Nous utilisons les fonctions groupby et agg de pandas pour calculer le nombre, la moyenne, la médiane, l'écart-type, le minimum et le maximum des additions pour chaque jour.

o   Ces statistiques sont imprimées pour fournir un résumé numérique en complément de la représentation visuelle.

8.   Réalisation du test statistique :

o   Nous effectuons un test ANOVA unidirectionnel en utilisant scipy.stats.f_oneway().

o   Ce test aide à déterminer s'il existe des différences statistiquement significatives dans les montants des additions entre les jours.

o   La statistique F et la valeur p sont calculées et imprimées.

Cet exemple de code offre une vue plus complète des données en :

1.   Comparant les diagrammes en violon avec les boîtes à moustaches côte à côte.

2.   Ajoutant des lignes de moyenne aux deux graphiques pour faciliter la comparaison.

3.   Incluant des statistiques descriptives pour une perspective numérique.

4. Effectuant un test ANOVA pour vérifier s'il existe des différences significatives entre les jours.

Ces ajouts rendent l'analyse plus robuste et informative, ce qui est crucial en apprentissage automatique pour comprendre les distributions et les relations entre les caractéristiques.

Les boîtes à moustaches et les diagrammes en violon sont utiles pour comprendre l'étendue et l'asymétrie des données et identifier les valeurs aberrantes, ce qui est important lors du nettoyage et de la préparation des données pour les modèles d'apprentissage automatique.

Pair Plots pour les relations multidimensionnelles

L'une des fonctionnalités les plus puissantes de Seaborn est le **pair plot**, qui crée une grille de nuages de points pour chaque paire de caractéristiques d'un jeu de données. Cette technique de visualisation est particulièrement utile pour explorer les relations entre plusieurs variables simultanément. Voici une explication plus détaillée :

1. Structure de la grille : Un pair plot crée une matrice complète de nuages de points, où chaque variable du jeu de données est représentée par rapport à toutes les autres variables, offrant une vue holistique des relations entre les caractéristiques.

2. Éléments diagonaux : Le long de la diagonale de la grille, la distribution de chaque variable individuelle est généralement affichée, souvent à l'aide d'histogrammes ou d'estimations de densité par noyau pour offrir un aperçu des distributions de données sous-jacentes.

3. Éléments hors diagonale : Ils comprennent des nuages de points qui visualisent la relation entre des paires de différentes variables, permettant d'identifier des corrélations potentielles, des motifs ou des clusters dans les données.

4. Code couleur : Les pair plots utilisent souvent un code couleur pour représenter différentes catégories ou classes au sein du jeu de données, améliorant la capacité à discerner des motifs, des clusters ou des séparations entre différents groupes.

5. Visualisation des corrélations : En présentant toutes les relations par paires simultanément, les pair plots facilitent l'identification des corrélations entre les variables, qu'elles soient positives, négatives ou non linéaires, aidant à la sélection des caractéristiques et à la compréhension des dépendances entre les données.

6. Détection des valeurs aberrantes : Les multiples nuages de points dans une configuration de pair plot le rendent particulièrement efficace pour identifier les valeurs aberrantes à travers diverses combinaisons de caractéristiques, aidant à repérer des anomalies qui pourraient ne pas être apparentes dans des analyses à variable unique.

7. Perspectives de sélection des caractéristiques : Les pair plots peuvent guider la sélection des caractéristiques en mettant en évidence quelles variables ont de fortes relations avec les variables cibles ou entre elles.

Cette vue d'ensemble du jeu de données est inestimable en apprentissage automatique pour comprendre les interactions entre caractéristiques, guider l'ingénierie des caractéristiques et éclairer les décisions de sélection de modèles.

Exemple : Pair Plot

```
import seaborn as sns
import matplotlib.pyplot as plt
import pandas as pd
from sklearn.preprocessing import StandardScaler

# Load the Iris dataset
iris = sns.load_dataset("iris")

# Standardize the features
scaler = StandardScaler()
iris_scaled = iris.copy()
iris_scaled[['sepal_length', 'sepal_width', 'petal_length', 'petal_width']] =
scaler.fit_transform(iris[['sepal_length', 'sepal_width', 'petal_length',
'petal_width']])

# Create a pair plot with additional customization
g = sns.pairplot(iris_scaled, hue='species', height=2.5, aspect=1.2,
                 plot_kws={'alpha': 0.7},
                 diag_kws={'bins': 15, 'alpha': 0.6, 'edgecolor': 'black'},
                 corner=True)

# Customize the plot
g.fig.suptitle("Iris Dataset Pair Plot", fontsize=16, y=1.02)
g.fig.tight_layout()

# Add correlation coefficients
for i, j in zip(*np.triu_indices_from(g.axes, 1)):
    corr = iris_scaled.iloc[:, [i, j]].corr().iloc[0, 1]
    g.axes[i, j].annotate(f'r = {corr:.2f}', xy=(0.5, 0.95), xycoords='axes fraction',
                          ha='center', va='top', fontsize=10)

# Show the plot
plt.show()

# Calculate and print summary statistics
summary_stats = iris.groupby('species').agg(['mean', 'median', 'std'])
print("\\nSummary Statistics by Species:")
print(summary_stats)
```

Explication du code :

- Importation des bibliothèques :

- o Nous importons seaborn, matplotlib.pyplot et pandas pour la manipulation et la visualisation des données.

- o Nous importons également StandardScaler de sklearn.preprocessing pour la mise à l'échelle des caractéristiques.

- Chargement et préparation des données :

  - o Nous utilisons sns.load_dataset("iris") pour charger le jeu de données Iris intégré à Seaborn.

  - o Nous créons une copie du jeu de données et standardisons les caractéristiques numériques à l'aide de StandardScaler. Cette étape est importante en apprentissage automatique pour garantir que toutes les caractéristiques soient à la même échelle.

- Création du Pair Plot :

  - o Nous utilisons sns.pairplot() pour créer une grille de nuages de points pour chaque paire de caractéristiques.

  - o Le paramètre 'hue' colore les points par espèce, permettant de visualiser comment les caractéristiques séparent les différentes classes.

  - o Nous définissons 'corner=True' pour n'afficher que le triangle inférieur de la matrice de graphiques, réduisant ainsi la redondance.

  - o Nous personnalisons l'apparence avec 'plot_kws' et 'diag_kws' pour ajuster la transparence et les propriétés des histogrammes.

- Amélioration du graphique :

  - o Nous ajoutons un titre principal à l'ensemble de la figure en utilisant fig.suptitle().

  - o Nous utilisons tight_layout() pour améliorer l'espacement entre les sous-graphiques.

  - o Nous ajoutons des coefficients de corrélation à chaque nuage de points, ce qui est crucial pour comprendre les relations entre les caractéristiques en apprentissage automatique.

- Affichage du graphique :

  - o plt.show() génère et affiche le pair plot.

- Calcul des statistiques descriptives :

  - o Nous utilisons les fonctions groupby et agg de pandas pour calculer la moyenne, la médiane et l'écart-type pour chaque caractéristique, regroupées par espèce.

o Ces statistiques sont imprimées pour fournir un résumé numérique en complément de la représentation visuelle.

Cet exemple offre une vue plus complète du jeu de données Iris en :

- Standardisant les caractéristiques, ce qui est une étape de prétraitement courante en apprentissage automatique.

- Créant un pair plot plus informatif avec une esthétique personnalisée et des coefficients de corrélation.

- Incluant des statistiques descriptives pour une perspective numérique des données.

Le pair plot est particulièrement utile pour visualiser comment différentes caractéristiques peuvent contribuer aux tâches de classification et pour identifier les corrélations potentielles entre les caractéristiques, ce qui peut guider la sélection et l'ingénierie des caractéristiques dans les flux de travail d'apprentissage automatique.

2.4.3 Plotly : Visualisation interactive des données

Alors que Matplotlib et Seaborn excellent dans la création de visualisations statiques, **Plotly** élève la visualisation de données à de nouveaux sommets en offrant des graphiques interactifs et dynamiques. Ces visualisations interactives peuvent être intégrées de manière transparente à diverses plateformes, notamment les sites web, les tableaux de bord et les notebooks Jupyter, ce qui les rend très polyvalentes pour différents contextes de présentation.

Les capacités interactives de Plotly offrent une multitude d'avantages qui améliorent considérablement l'exploration et l'analyse des données :

- Exploration en temps réel : Les utilisateurs peuvent interagir dynamiquement avec les visualisations de données, permettant la découverte instantanée de modèles, tendances et valeurs aberrantes. Cette approche pratique facilite une compréhension plus profonde des jeux de données complexes et favorise une prise de décision plus efficace basée sur les données.

- Fonctionnalité de zoom : La possibilité de zoomer sur des points de données ou des régions spécifiques permet un examen granulaire de zones d'intérêt particulières. Cette fonctionnalité est particulièrement précieuse lorsqu'on traite des jeux de données denses ou lorsqu'on essaie d'identifier des modèles subtils qui pourraient être masqués dans une vue plus large.

- Capacités de panoramique : Les utilisateurs peuvent naviguer sans effort à travers de vastes jeux de données en déplaçant la vue. Cette fonctionnalité est particulièrement avantageuse lorsqu'on travaille avec des données à grande échelle ou multidimensionnelles, permettant une exploration fluide de différents segments de données sans perdre le contexte.

- Informations au survol : Des informations détaillées sur les points de données individuels peuvent être affichées au survol, fournissant un contexte supplémentaire et des valeurs spécifiques sans encombrer la visualisation principale. Cette fonctionnalité permet un accès rapide à des données précises tout en maintenant une interface propre et intuitive.

- Interactivité personnalisable : Plotly permet aux développeurs d'adapter les fonctionnalités interactives pour répondre à des besoins analytiques spécifiques et aux préférences des utilisateurs. Cette flexibilité permet la création de visualisations hautement spécialisées et conviviales qui peuvent être optimisées pour des jeux de données ou des objectifs analytiques particuliers.

- Interactivité multi-graphiques : Plotly prend en charge les vues liées entre plusieurs graphiques, permettant des interactions synchronisées. Cette fonctionnalité est particulièrement utile pour explorer les relations entre différentes variables ou jeux de données, améliorant les capacités analytiques globales.

Ces fonctionnalités interactives transforment collectivement les visualisations statiques en outils d'exploration dynamiques, améliorant considérablement la profondeur et l'efficacité des processus d'analyse de données dans divers domaines, y compris l'apprentissage automatique et la science des données.

Ces fonctionnalités font de Plotly un outil inestimable pour les data scientists et les analystes travaillant avec des jeux de données volumineux et complexes dans des projets d'apprentissage automatique. La capacité d'interagir avec les visualisations en temps réel peut conduire à une compréhension plus rapide des données, une analyse exploratoire des données plus efficace et une meilleure communication des résultats aux parties prenantes.

Graphique linéaire interactif avec Plotly

Plotly révolutionne la visualisation des données en offrant une façon intuitive de créer des versions interactives des graphiques traditionnels tels que les courbes, les diagrammes à barres et les nuages de points. Cette interactivité ajoute une nouvelle dimension à l'exploration et à la présentation des données, permettant aux utilisateurs d'interagir avec les données en temps réel. Voici comment Plotly améliore ces types de graphiques traditionnels :

1. Graphiques linéaires : Plotly transforme les graphiques linéaires statiques en visualisations dynamiques. Les utilisateurs peuvent zoomer sur des périodes spécifiques, parcourir l'ensemble du jeu de données et survoler les points de données individuels pour voir des valeurs précises. Cela est particulièrement utile pour l'analyse des séries temporelles en apprentissage automatique, où l'identification des tendances et des anomalies est cruciale.

2. Diagrammes à barres : Les diagrammes à barres interactifs dans Plotly permettent aux utilisateurs de trier les données, de filtrer les catégories et même d'explorer les sous-catégories. Cette fonctionnalité est inestimable lorsqu'on traite des données

catégorielles dans des tâches d'apprentissage automatique, comme la visualisation de l'importance des caractéristiques ou la comparaison des performances des modèles entre différentes catégories.

3. Nuages de points : Plotly améliore les nuages de points en permettant aux utilisateurs de sélectionner et de mettre en évidence des points de données ou des clusters spécifiques. Cette interactivité est particulièrement bénéfique dans l'analyse exploratoire des données pour l'apprentissage automatique, où l'identification des modèles, des valeurs aberrantes et des relations entre les variables est essentielle pour la sélection des caractéristiques et le développement des modèles.

En rendant ces graphiques traditionnels interactifs, Plotly permet aux data scientists et aux praticiens de l'apprentissage automatique d'obtenir des insights plus profonds, de communiquer leurs résultats plus efficacement et de prendre des décisions basées sur les données avec une plus grande confiance.

Exemple : Graphique linéaire interactif

```python
import plotly.graph_objects as go
import numpy as np

# Create more complex sample data
x = np.linspace(0, 10, 100)
y1 = np.sin(x)
y2 = np.cos(x)

# Create a figure with subplots
fig = go.Figure()

# Add first line plot
fig.add_trace(go.Scatter(x=x, y=y1, mode='lines+markers', name='Sine Wave',
                        line=dict(color='blue', width=2),
                        marker=dict(size=8, symbol='circle')))

# Add second line plot
fig.add_trace(go.Scatter(x=x, y=y2, mode='lines+markers', name='Cosine Wave',
                        line=dict(color='red', width=2, dash='dash'),
                        marker=dict(size=8, symbol='square')))

# Customize layout
fig.update_layout(
    title='Interactive Trigonometric Functions Plot',
    xaxis_title='X-axis',
    yaxis_title='Y-axis',
    legend_title='Functions',
    hovermode='closest',
    plot_bgcolor='rgba(0,0,0,0)',
    width=800,
    height=500
)
```

```
# Add range slider and selector
fig.update_xaxes(
    rangeslider_visible=True,
    rangeselector=dict(
        buttons=list([
            dict(count=1, label="1π", step="all", stepmode="backward"),
            dict(count=2, label="2π", step="all", stepmode="backward"),
            dict(step="all")
        ])
    )
)

# Show the plot
fig.show()
```

Explication du code :

- Importation des bibliothèques :
    - Nous importons plotly.graph_objects pour créer des graphiques interactifs.
    - numpy est importé pour générer des échantillons de données plus complexes.

- Génération des données :
    - Nous utilisons np.linspace() pour créer un tableau de 100 points équidistants entre 0 et 10.
    - Nous générons des ondes sinusoïdales et cosinusoïdales à partir de ces points, démontrant comment travailler avec des fonctions mathématiques.

- Création de la figure :
    - go.Figure() initialise un nouvel objet figure.

- Ajout de traces :
    - Nous ajoutons deux traces en utilisant fig.add_trace(), une pour le sinus et une pour le cosinus.
    - Chaque trace est un objet Scatter avec le mode 'lines+markers', permettant d'afficher à la fois des lignes et des points de données.
    - Nous personnalisons l'apparence de chaque trace avec différentes couleurs, styles de ligne et symboles de marqueurs.

- Personnalisation de la mise en page :
    - fig.update_layout() est utilisé pour définir diverses propriétés du graphique :
        - Le titre, les étiquettes des axes et le titre de la légende sont définis.

- hovermode='closest' garantit que les informations au survol apparaissent pour le point de données le plus proche.

- plot_bgcolor définit un arrière-plan transparent.

- La largeur et la hauteur du graphique sont spécifiées.

- Ajout de fonctionnalités interactives :

  o Un curseur de plage est ajouté avec fig.update_xaxes(rangeslider_visible=True).

  o Des boutons de sélection de plage sont ajoutés, permettant une sélection rapide de différentes plages d'axes x (1π, 2π, ou toutes les données).

- Affichage du graphique :

  o fig.show() affiche le graphique interactif dans la sortie.

Cet exemple de code démontre plusieurs fonctionnalités avancées de Plotly :

1. Travailler avec des fonctions mathématiques et des tableaux numpy.

2. Créer plusieurs traces sur un même graphique pour comparaison.

3. Personnalisation étendue de l'apparence du graphique.

4. Ajout d'éléments interactifs comme des curseurs de plage et des sélecteurs.

Ces fonctionnalités sont particulièrement utiles dans les contextes d'apprentissage automatique, comme la comparaison des prédictions de modèles avec les données réelles, la visualisation de relations complexes, ou l'exploration de données de séries temporelles à différentes échelles de temps.

Nuage de points interactif avec Plotly

Les nuages de points interactifs constituent un outil puissant et polyvalent pour l'exploration et la présentation de données dans les contextes d'apprentissage automatique. Ces visualisations dynamiques permettent l'investigation en temps réel des relations entre variables, donnant aux data scientists les moyens de découvrir des modèles, des corrélations et des valeurs aberrantes avec une facilité et une efficacité sans précédent. En permettant aux utilisateurs de manipuler la vue des données à la volée, les nuages de points interactifs facilitent une compréhension plus intuitive et complète des ensembles de données complexes.

La capacité de zoomer sur des régions spécifiques d'intérêt, de parcourir l'ensemble des données, et d'obtenir des informations détaillées via des infobulles au survol transforme le processus d'exploration des données. Cette interactivité est particulièrement précieuse lorsqu'on traite des ensembles de données complexes et multidimensionnels qui sont monnaie courante dans les projets d'apprentissage automatique. Par exemple, dans une tâche de classification, un nuage de points interactif peut aider à visualiser les frontières de décision entre différentes classes, permettant aux chercheurs d'identifier les points mal classés et les zones potentielles d'amélioration du modèle.

De plus, ces graphiques interactifs servent de médium engageant pour communiquer les résultats aux parties prenantes, comblant le fossé entre l'analyse technique et les insights pratiques. En permettant aux membres non techniques de l'équipe d'explorer eux-mêmes les données, les nuages de points interactifs facilitent une compréhension plus intuitive des tendances des données et des insights du modèle. Cela peut être particulièrement utile dans les environnements collaboratifs où les data scientists doivent transmettre des relations complexes aux chefs de produit, aux dirigeants ou aux clients qui n'ont pas nécessairement une formation statistique approfondie.

La nature dynamique des nuages de points interactifs améliore également l'efficacité de l'analyse exploratoire des données (EDA) dans les flux de travail d'apprentissage automatique. Les graphiques statiques traditionnels nécessitent souvent la génération de multiples visualisations pour capturer différents aspects des données. En revanche, un seul nuage de points interactif peut remplacer plusieurs graphiques statiques en permettant aux utilisateurs de basculer entre différentes variables, d'appliquer des filtres ou d'ajuster l'échelle à la volée. Cela permet non seulement de gagner du temps, mais offre également une vue plus holistique des données, révélant potentiellement des insights qui pourraient être manqués lors de l'examen de graphiques statiques isolément.

En outre, les nuages de points interactifs peuvent être particulièrement bénéfiques dans les processus d'ingénierie et de sélection des caractéristiques. En permettant aux utilisateurs de visualiser les relations entre plusieurs caractéristiques simultanément et d'ajuster dynamiquement la vue, ces graphiques peuvent aider à identifier les caractéristiques redondantes, révéler des relations non linéaires, et guider la création de nouvelles caractéristiques plus informatives. Cette approche interactive de l'analyse des caractéristiques peut conduire à des modèles d'apprentissage automatique plus robustes et efficaces.

En résumé, en permettant aux utilisateurs de zoomer, de se déplacer, de survoler les points de données et d'ajuster dynamiquement la visualisation, les nuages de points interactifs transforment les visualisations statiques en puissants outils d'exploration dynamiques. Ces capacités interactives améliorent considérablement la profondeur et l'efficacité des processus d'analyse de données dans diverses applications d'apprentissage automatique, de l'exploration initiale des données à l'évaluation des modèles et la présentation des résultats. À mesure que les projets d'apprentissage automatique continuent de croître en complexité et en échelle, le rôle des visualisations interactives comme les nuages de points devient de plus en plus crucial pour extraire des insights significatifs et orienter la prise de décision basée sur les données.

Exemple : Nuage de points interactif

```python
import plotly.graph_objects as go
import numpy as np

# Create more complex sample data
```

```python
np.random.seed(42)
n = 100
x = np.random.randn(n)
y = 2*x + np.random.randn(n)
sizes = np.random.randint(5, 25, n)
colors = np.random.randint(0, 100, n)

# Create an interactive scatter plot
fig = go.Figure()

# Add scatter plot
fig.add_trace(go.Scatter(
    x=x,
    y=y,
    mode='markers',
    marker=dict(
        size=sizes,
        color=colors,
        colorscale='Viridis',
        showscale=True,
        colorbar=dict(title='Color Scale')
    ),
    text=[f'Point {i+1}' for i in range(n)],
    hoverinfo='text+x+y'
))

# Add a trend line
z = np.polyfit(x, y, 1)
p = np.poly1d(z)
fig.add_trace(go.Scatter(
    x=[x.min(), x.max()],
    y=[p(x.min()), p(x.max())],
    mode='lines',
    name='Trend Line',
    line=dict(color='red', dash='dash')
))

# Customize layout
fig.update_layout(
    title='Interactive Scatter Plot with Trend Line',
    xaxis_title='X-axis',
    yaxis_title='Y-axis',
    hovermode='closest',
    showlegend=True
)

# Add range slider and buttons
fig.update_xaxes(
    rangeslider_visible=True,
    rangeselector=dict(
        buttons=list([
            dict(count=1, label="25%", step="all", stepmode="backward"),
```

```
            dict(count=2, label="50%", step="all", stepmode="backward"),
            dict(count=3, label="75%", step="all", stepmode="backward"),
            dict(step="all", label="100%")
        ])
    )
)

# Show the plot
fig.show()
```

Analyse du code :

1. Importation des bibliothèques :

- Nous importons plotly.graph_objects pour créer des graphiques interactifs.

- numpy est importé pour générer des données d'échantillon plus complexes et effectuer des calculs.

2. Génération de données :

- Nous utilisons np.random.seed(42) pour assurer la reproductibilité des nombres aléatoires.

- Nous générons 100 points aléatoires pour x et y, où y a une relation linéaire avec x plus un certain bruit.

- Nous créons également des tailles et des couleurs aléatoires pour chaque point afin d'ajouter plus de dimensions à notre visualisation.

3. Création de la figure :

- go.Figure() initialise un nouvel objet figure.

4. Ajout du nuage de points :

- Nous utilisons fig.add_trace() pour ajouter un nuage de points.

- Le paramètre marker est utilisé pour personnaliser l'apparence des points :

    o size est défini sur notre tableau de tailles aléatoires.

    o color est défini sur notre tableau de couleurs aléatoires.

    o colorscale='Viridis' établit un dégradé de couleurs.

    o showscale=True ajoute une échelle de couleurs au graphique.

- Nous ajoutons un texte personnalisé pour chaque point et définissons hoverinfo pour afficher ce texte ainsi que les coordonnées x et y.

5. Ajout d'une ligne de tendance :

- Nous utilisons np.polyfit() et np.poly1d() pour calculer une ligne de tendance linéaire.

- Une autre trace est ajoutée à la figure pour afficher cette ligne de tendance.

6. Personnalisation de la mise en page :

- fig.update_layout() est utilisé pour définir diverses propriétés du graphique :

  o Le titre et les étiquettes des axes sont définis.

  o hovermode='closest' garantit que les informations au survol apparaissent pour le point de données le plus proche.

  o showlegend=True affiche la légende.

7. Ajout de fonctionnalités interactives :

- Un curseur de plage est ajouté avec fig.update_xaxes(rangeslider_visible=True).

- Des boutons de sélection de plage sont ajoutés, permettant une sélection rapide de différentes plages d'axe x (25%, 50%, 75% ou toutes les données).

8. Affichage du graphique :

- fig.show() affiche le graphique interactif dans la sortie.

Cet exemple de code démontre plusieurs fonctionnalités avancées de Plotly qui sont particulièrement utiles dans les contextes d'apprentissage automatique :

- Visualisation de données multidimensionnelles (x, y, taille, couleur) dans un seul graphique.

- Ajout d'une ligne de tendance pour montrer la relation générale entre les variables.

- Utilisation d'éléments interactifs comme les informations au survol, les curseurs de plage et les sélecteurs pour l'exploration des données.

- Personnalisation de l'apparence du graphique pour une meilleure représentation des données et une meilleure expérience utilisateur.

Ces fonctionnalités peuvent être inestimables lors de l'exploration des relations entre variables, l'identification des valeurs aberrantes ou la présentation de modèles de données complexes dans des projets d'apprentissage automatique.

Les graphiques interactifs comme celui-ci peuvent être utilisés en apprentissage automatique lors de l'exploration de grands ensembles de données ou la présentation d'insights à un public qui pourrait vouloir interagir avec les données.

2.4.4 Combinaison de plusieurs graphiques

Dans les projets de science des données et d'apprentissage automatique, il est souvent nécessaire de créer plusieurs graphiques au sein d'une même figure pour comparer différents aspects des données ou présenter une vue complète de votre analyse. Cette approche permet des comparaisons côte à côte, l'analyse des tendances à travers plusieurs variables, ou la visualisation de différentes étapes d'un pipeline d'apprentissage automatique. Matplotlib et Plotly offrent tous deux de puissantes capacités pour combiner efficacement plusieurs graphiques.

Matplotlib fournit un système de sous-graphiques flexible qui vous permet d'organiser les graphiques dans une structure en grille. Cela est particulièrement utile lorsque vous devez comparer différentes caractéristiques, visualiser les performances de plusieurs modèles, ou montrer la progression des données à travers diverses étapes de prétraitement. Par exemple, vous pourriez créer une figure avec quatre sous-graphiques : un montrant la distribution des données brutes, un autre affichant les données après normalisation, un troisième illustrant l'importance des caractéristiques, et un quatrième présentant les prédictions du modèle par rapport aux valeurs réelles.

Plotly, quant à lui, offre des mises en page multi-graphiques interactives qui peuvent être particulièrement bénéfiques lors de la présentation des résultats aux parties prenantes ou dans des tableaux de bord interactifs. Avec Plotly, vous pouvez créer des mises en page complexes qui incluent différents types de graphiques (par exemple, nuages de points, histogrammes et cartes thermiques) dans une seule figure. Cette interactivité permet aux utilisateurs d'explorer dynamiquement différents aspects des données, de zoomer sur des zones d'intérêt et de basculer entre différentes vues, améliorant ainsi l'expérience globale d'exploration et de présentation des données.

En tirant parti de la capacité à combiner plusieurs graphiques, les data scientists et les praticiens de l'apprentissage automatique peuvent créer des visualisations plus informatives et perspicaces. Cette approche aide non seulement au processus d'analyse mais améliore également la communication de résultats complexes à des publics aussi bien techniques que non techniques. Que vous utilisiez Matplotlib pour son contrôle précis ou Plotly pour ses fonctionnalités interactives, la capacité à créer des figures multi-graphiques est une compétence essentielle dans la boîte à outils moderne de la science des données.

Exemple : Sous-graphiques avec Matplotlib

```
import matplotlib.pyplot as plt
import numpy as np

# Create sample data
x = np.linspace(0, 10, 100)
y1 = np.sin(x)
y2 = np.cos(x)
y3 = np.exp(-x/10)
y4 = x**2 / 20

# Create a figure with subplots
fig, axs = plt.subplots(2, 2, figsize=(12, 10))
```

```
# Plot 1: Sine wave
axs[0, 0].plot(x, y1, 'b-', label='Sine')
axs[0, 0].set_title('Sine Wave')
axs[0, 0].set_xlabel('X-axis')
axs[0, 0].set_ylabel('Y-axis')
axs[0, 0].legend()
axs[0, 0].grid(True)

# Plot 2: Cosine wave
axs[0, 1].plot(x, y2, 'r--', label='Cosine')
axs[0, 1].set_title('Cosine Wave')
axs[0, 1].set_xlabel('X-axis')
axs[0, 1].set_ylabel('Y-axis')
axs[0, 1].legend()
axs[0, 1].grid(True)

# Plot 3: Exponential decay
axs[1, 0].plot(x, y3, 'g-.', label='Exp Decay')
axs[1, 0].set_title('Exponential Decay')
axs[1, 0].set_xlabel('X-axis')
axs[1, 0].set_ylabel('Y-axis')
axs[1, 0].legend()
axs[1, 0].grid(True)

# Plot 4: Quadratic function
axs[1, 1].plot(x, y4, 'm:', label='Quadratic')
axs[1, 1].set_title('Quadratic Function')
axs[1, 1].set_xlabel('X-axis')
axs[1, 1].set_ylabel('Y-axis')
axs[1, 1].legend()
axs[1, 1].grid(True)

# Adjust layout and show the plot
plt.tight_layout()
plt.show()
```

Explication du code :

- Importation des bibliothèques :
    - matplotlib.pyplot est importé pour créer des graphiques.
    - numpy est importé pour générer des données d'échantillon plus complexes et effectuer des opérations mathématiques.
- Génération des données :
    - np.linspace() crée un tableau de 100 points espacés uniformément entre 0 et 10.

- Quatre fonctions différentes sont utilisées pour générer des données : sinus, cosinus, décroissance exponentielle et quadratique.

- Création de la figure :
  - plt.subplots(2, 2, figsize=(12, 10)) crée une figure avec une grille de 2x2 sous-graphiques et définit la taille globale de la figure.

- Traçage des données :
  - Chaque sous-graphique est accessible en utilisant la notation axs[ligne, colonne].
  - Différents styles et couleurs de lignes sont utilisés pour chaque graphique (par exemple, 'b-' pour une ligne continue bleue, 'r--' pour une ligne pointillée rouge).
  - Des étiquettes sont ajoutées à chaque ligne pour la légende.

- Personnalisation des sous-graphiques :
  - set_title() ajoute un titre à chaque sous-graphique.
  - set_xlabel() et set_ylabel() étiquettent les axes.
  - legend() ajoute une légende à chaque sous-graphique.
  - grid(True) ajoute une grille à chaque sous-graphique pour une meilleure lisibilité.

- Finalisation du graphique :
  - plt.tight_layout() ajuste automatiquement les paramètres des sous-graphiques pour une mise en page optimale.
  - plt.show() affiche la figure finale avec tous les sous-graphiques.

Cet exemple démontre plusieurs fonctionnalités avancées de Matplotlib :

1. Création d'une grille de sous-graphiques pour comparer plusieurs ensembles de données ou fonctions.
2. Utilisation de différents styles et couleurs de lignes pour distinguer les graphiques.
3. Ajout de titres, d'étiquettes, de légendes et de grilles pour améliorer la lisibilité des graphiques.
4. Travail avec des fonctions mathématiques plus complexes à l'aide de NumPy.

Ces fonctionnalités sont particulièrement utiles dans les contextes d'apprentissage automatique, tels que :

- Comparaison de différentes prédictions de modèles ou métriques d'erreur.

- Visualisation de diverses transformations de données ou étapes d'ingénierie des caractéristiques.

- Exploration des relations entre différentes variables ou ensembles de données.

- Présentation de multiples aspects d'une analyse dans une seule figure complète.

La combinaison de plusieurs graphiques vous permet d'analyser les données sous différentes perspectives, ce qui est essentiel pour une analyse complète des données en apprentissage automatique.

La visualisation des données est une partie cruciale de tout flux de travail d'apprentissage automatique. Que vous exploriez des données, présentiez des résultats ou évaluiez les performances d'un modèle, **Matplotlib**, **Seaborn** et **Plotly** fournissent les outils pour le faire efficacement. Chaque bibliothèque offre des forces uniques — Matplotlib offre flexibilité et personnalisation, Seaborn simplifie la représentation graphique statistique, et Plotly permet des visualisations interactives. En maîtrisant ces outils, vous serez bien équipé pour visualiser vos données, communiquer des insights et prendre des décisions éclairées.

2.5 Scikit-learn et les bibliothèques essentielles d'apprentissage automatique

L'apprentissage automatique permet aux ordinateurs d'apprendre à partir de données et de prendre des décisions intelligentes sans programmation explicite pour chaque scénario. À l'avant-garde de cette révolution se trouve **Scikit-learn** de Python, une bibliothèque puissante reconnue pour son interface conviviale, son efficacité computationnelle et sa vaste gamme d'algorithmes de pointe. Cette boîte à outils polyvalente est devenue le choix privilégié des scientifiques des données et des praticiens de l'apprentissage automatique dans le monde entier.

La suite complète d'outils de Scikit-learn couvre l'ensemble du pipeline d'apprentissage automatique, depuis le prétraitement initial des données et l'ingénierie des caractéristiques jusqu'à la construction de modèles, l'entraînement et l'évaluation rigoureuse. Sa conception modulaire permet une intégration transparente de divers composants, permettant aux chercheurs et aux développeurs de créer des solutions d'apprentissage automatique sophistiquées avec une facilité et une flexibilité remarquables.

Dans cette exploration approfondie, nous plongerons dans le fonctionnement interne de Scikit-learn, en dévoilant ses fonctionnalités principales et en examinant comment il s'intègre parfaitement avec d'autres bibliothèques essentielles de l'écosystème Python. Nous étudierons ses relations synergiques avec des poids lourds comme **NumPy** pour le calcul numérique, **Pandas** pour la manipulation de données et **Matplotlib** pour la visualisation de données. Ensemble, ces bibliothèques forment un cadre robuste qui permet aux scientifiques des données de construire des pipelines d'apprentissage automatique de bout en bout, de l'ingestion de données brutes au déploiement de modèles prédictifs finement ajustés.

2.5.1 Introduction à Scikit-learn

Scikit-learn, une puissante bibliothèque d'apprentissage automatique, est construite sur les solides fondations de NumPy, SciPy et Matplotlib. Cette intégration aboutit à un cadre hautement efficace pour les calculs numériques et statistiques, essentiels pour les tâches avancées d'apprentissage automatique. L'élégance de la bibliothèque réside dans la cohérence de la conception de son API, qui permet aux scientifiques des données et aux praticiens de l'apprentissage automatique d'appliquer sans effort des processus uniformes à travers une gamme diverse d'algorithmes, couvrant les techniques de régression, de classification, de clustering et de réduction de dimensionnalité.

L'une des plus grandes forces de Scikit-learn est son support complet pour les paradigmes d'apprentissage **supervisé** et **non supervisé**. Cette polyvalence s'étend au-delà de l'implémentation basique de modèles, englobant des aspects cruciaux du pipeline d'apprentissage automatique tels que **l'évaluation de modèles** et **l'ajustement des hyperparamètres**. Ces fonctionnalités permettent aux praticiens non seulement de construire des modèles, mais aussi d'évaluer rigoureusement et d'optimiser leurs performances, assurant le développement de solutions d'apprentissage automatique robustes et précises.

Pour illustrer la puissance et la flexibilité de Scikit-learn, explorons un flux de travail typique qui met en valeur ses capacités de bout en bout :

1. Prétraitement des données : Cette étape initiale cruciale implique des techniques telles que la mise à l'échelle des caractéristiques, la normalisation et le traitement des valeurs manquantes. Scikit-learn fournit un riche ensemble d'outils de prétraitement pour garantir que vos données sont dans le format optimal pour l'entraînement des modèles.

2. Partitionnement des données : La bibliothèque offre des fonctions pour diviser stratégiquement votre ensemble de données en sous-ensembles d'entraînement et de test. Cette séparation est vitale pour évaluer la généralisation du modèle et prévenir le surapprentissage.

3. Sélection de modèle : Scikit-learn possède une vaste collection d'algorithmes d'apprentissage automatique. Les utilisateurs peuvent choisir parmi une large gamme de modèles adaptés à leur domaine de problème spécifique et aux caractéristiques de leurs données.

4. Entraînement de modèle : Avec son API intuitive, Scikit-learn simplifie le processus d'ajustement des modèles aux données d'entraînement. Cette étape exploite les implémentations optimisées de la bibliothèque pour apprendre efficacement les modèles à partir des caractéristiques d'entrée.

5. Évaluation de modèle : La bibliothèque fournit une suite complète de métriques et de techniques de validation pour évaluer les performances du modèle sur des données de test réservées, assurant des estimations fiables de l'efficacité en conditions réelles.

6. Optimisation des hyperparamètres : Scikit-learn offre des outils avancés pour l'ajustement fin des paramètres du modèle, y compris des méthodes de recherche par grille et de recherche aléatoire. Ces techniques aident à identifier la configuration optimale pour maximiser les performances du modèle.

Dans les sections suivantes, nous approfondirons chacune de ces étapes, fournissant des exemples pratiques et des meilleures pratiques pour exploiter tout le potentiel de Scikit-learn dans vos projets d'apprentissage automatique.

2.5.2 Prétraitement des données avec Scikit-learn

Avant d'alimenter un modèle d'apprentissage automatique avec des données, il est crucial de les prétraiter pour assurer des performances et une précision optimales. Le prétraitement des données est une étape fondamentale qui transforme les données brutes en un format que les algorithmes d'apprentissage automatique peuvent interpréter et utiliser efficacement. Ce processus implique plusieurs étapes clés :

1. Mise à l'échelle des caractéristiques : De nombreux algorithmes sont sensibles à l'échelle des caractéristiques d'entrée. Des techniques comme la standardisation (mise à l'échelle pour une moyenne nulle et une variance unitaire) ou la normalisation (mise à l'échelle dans une plage fixe, souvent [0,1]) garantissent que toutes les caractéristiques contribuent équitablement au processus d'apprentissage du modèle.

2. Encodage des variables catégorielles : Les modèles d'apprentissage automatique fonctionnent généralement avec des données numériques. Les variables catégorielles, comme les couleurs ou les étiquettes textuelles, doivent être converties en format numérique. Cela peut être fait par des techniques comme l'encodage one-hot ou l'encodage d'étiquettes.

3. Gestion des valeurs manquantes : Les ensembles de données du monde réel contiennent souvent des informations manquantes ou incomplètes. Les stratégies pour y remédier comprennent l'imputation (remplacement des valeurs manquantes par des estimations) ou la suppression d'échantillons incomplets, selon la nature et l'étendue des données manquantes.

4. Sélection ou extraction de caractéristiques : Cela implique d'identifier les caractéristiques les plus pertinentes pour le modèle, ce qui peut améliorer les performances et réduire la complexité computationnelle.

5. Détection et traitement des valeurs aberrantes : Les valeurs extrêmes peuvent avoir un impact significatif sur les performances du modèle. L'identification et le traitement approprié des valeurs aberrantes constituent souvent une étape cruciale du prétraitement.

Scikit-learn fournit une suite complète d'outils pour effectuer ces tâches de prétraitement de manière efficace et effective. Son module de prétraitement offre une large gamme de fonctions et de classes qui peuvent être intégrées de façon transparente dans les pipelines d'apprentissage automatique, assurant une transformation des données cohérente et reproductible à travers les phases d'entraînement et de test.

Standardisation des données

En apprentissage automatique, la standardisation des données numériques est une étape cruciale de prétraitement qui garantit que toutes les caractéristiques contribuent équitablement au processus d'apprentissage du modèle. Cette technique, connue sous le nom de mise à l'échelle des caractéristiques, transforme les données pour que toutes les caractéristiques aient une moyenne de 0 et un écart-type de 1. Ce faisant, nous créons des conditions équitables pour toutes les variables d'entrée, indépendamment de leurs échelles ou unités de mesure d'origine.

L'importance de la standardisation devient particulièrement évidente lorsqu'on travaille avec des algorithmes basés sur la distance comme les **Machines à Vecteurs de Support (SVM)** et les **k plus proches voisins (KNN)**. Ces algorithmes sont intrinsèquement sensibles à l'échelle des caractéristiques d'entrée car ils s'appuient sur le calcul des distances entre les points de données dans l'espace des caractéristiques.

Par exemple, dans un SVM, l'algorithme tente de trouver l'hyperplan optimal qui sépare différentes classes. Si une caractéristique a une échelle beaucoup plus grande que les autres, elle dominera les calculs de distance et pourrait fausser la position de l'hyperplan. De même, dans KNN, qui classe les points de données en fonction de la classe majoritaire de leurs voisins les plus proches, les caractéristiques avec des échelles plus grandes auront une influence disproportionnée pour déterminer quels points sont considérés comme "les plus proches".

La standardisation résout ces problèmes en garantissant que toutes les caractéristiques contribuent proportionnellement aux calculs de distance. Cela améliore non seulement les performances de ces algorithmes, mais accélère également la convergence de nombreux algorithmes d'optimisation utilisés dans les modèles d'apprentissage automatique.

De plus, la standardisation facilite l'interprétation des importances des caractéristiques et des coefficients du modèle, car ils sont tous à la même échelle. Il convient toutefois de noter que, bien que la standardisation soit cruciale pour de nombreux algorithmes, certains, comme les arbres de décision et les forêts aléatoires, sont intrinsèquement insensibles à l'échelle des caractéristiques et peuvent ne pas nécessiter cette étape de prétraitement.

Exemple : Standardisation des caractéristiques avec Scikit-learn

```
import numpy as np
from sklearn.preprocessing import StandardScaler
import matplotlib.pyplot as plt

# Sample data: three features with different scales
```

```python
data = np.array([
    [1.0, 100.0, 1000.0],
    [2.0, 150.0, 2000.0],
    [3.0, 200.0, 3000.0],
    [4.0, 250.0, 4000.0],
    [5.0, 300.0, 5000.0]
])

# Initialize a StandardScaler
scaler = StandardScaler()

# Fit the scaler to the data and transform it
scaled_data = scaler.fit_transform(data)

# Print original and scaled data
print("Original Data:\\n", data)
print("\\nScaled Data:\\n", scaled_data)

# Print mean and standard deviation of original and scaled data
print("\\nOriginal Data Statistics:")
print("Mean:", np.mean(data, axis=0))
print("Standard Deviation:", np.std(data, axis=0))

print("\\nScaled Data Statistics:")
print("Mean:", np.mean(scaled_data, axis=0))
print("Standard Deviation:", np.std(scaled_data, axis=0))

# Visualize the data before and after scaling
fig, (ax1, ax2) = plt.subplots(1, 2, figsize=(12, 5))

# Plot original data
ax1.plot(data)
ax1.set_title("Original Data")
ax1.set_xlabel("Sample")
ax1.set_ylabel("Value")
ax1.legend(['Feature 1', 'Feature 2', 'Feature 3'])

# Plot scaled data
ax2.plot(scaled_data)
ax2.set_title("Scaled Data")
ax2.set_xlabel("Sample")
ax2.set_ylabel("Standardized Value")
ax2.legend(['Feature 1', 'Feature 2', 'Feature 3'])

plt.tight_layout()
plt.show()
```

Cet exemple de code démontre le processus de standardisation des données à l'aide du StandardScaler de Scikit-learn. Analysons-le étape par étape :

1. Importation des bibliothèques :

- o Nous importons numpy pour les opérations numériques, StandardScaler de sklearn.preprocessing pour la standardisation des données, et matplotlib.pyplot pour la visualisation des données.

2. Création des données d'exemple :

- o Nous créons un tableau numpy avec 5 échantillons et 3 caractéristiques, chacune à des échelles différentes (1-5, 100-300, 1000-5000).

3. Standardisation des données :

- o Nous initialisons un objet StandardScaler.

- o Nous utilisons fit_transform() pour à la fois adapter le scaler aux données et les transformer en une seule étape.

4. Affichage des résultats :

- o Nous affichons les données originales et standardisées pour comparaison.

- o Nous calculons et affichons la moyenne et l'écart-type des deux ensembles de données pour vérifier la standardisation.

5. Visualisation des données :

- o Nous créons une figure avec deux sous-graphiques pour visualiser côte à côte les données originales et standardisées.

- o Pour chaque sous-graphique, nous traçons les données, définissons les titres et les étiquettes, et ajoutons une légende.

- o Enfin, nous ajustons la mise en page et affichons le graphique.

Observations clés :

- Les données originales ont des caractéristiques à des échelles très différentes, ce qui est évident dans le premier graphique.

- Après standardisation, toutes les caractéristiques ont une moyenne d'environ 0 et un écart-type de 1, comme le montrent les statistiques imprimées.

- Le graphique des données standardisées montre toutes les caractéristiques à la même échelle, centrées autour de 0.

Cet exemple complet ne démontre pas seulement comment utiliser StandardScaler, mais aussi comment vérifier ses effets par l'analyse statistique et la visualisation. Cette approche est cruciale dans le prétraitement de l'apprentissage automatique pour garantir que toutes les caractéristiques contribuent de manière égale à l'entraînement du modèle, indépendamment de leurs échelles d'origine.

Encodage des variables catégorielles

La plupart des algorithmes d'apprentissage automatique sont conçus pour fonctionner avec des données numériques, ce qui présente un défi lorsqu'on traite des caractéristiques catégorielles. Les variables catégorielles sont celles qui représentent des catégories ou des groupes discrets, comme les réponses "Oui" ou "Non", ou les options de couleur comme "Rouge", "Vert" et "Bleu". Ces points de données non numériques doivent être convertis en format numérique que les algorithmes peuvent traiter efficacement.

Ce processus de conversion est connu sous le nom d'encodage, et c'est une étape cruciale dans la préparation des données pour les modèles d'apprentissage automatique. Il existe plusieurs méthodes pour encoder les variables catégorielles, chacune avec ses propres avantages et cas d'utilisation. Scikit-learn, une bibliothèque populaire d'apprentissage automatique en Python, fournit deux outils principaux à cette fin : le **OneHotEncoder** et le **LabelEncoder**.

Le **OneHotEncoder** est particulièrement utile pour les variables catégorielles nominales (celles sans ordre inhérent). Il crée des colonnes binaires pour chaque catégorie, où un 1 indique la présence de cette catégorie et 0 indique son absence. Par exemple, l'encodage des couleurs pourrait donner trois nouvelles colonnes : "Est_Rouge", "Est_Vert" et "Est_Bleu", avec une seule colonne contenant un 1 pour chaque point de données.

Le **LabelEncoder**, quant à lui, est plus adapté aux variables catégorielles ordinales (celles avec un ordre significatif). Il attribue un entier unique à chaque catégorie. Par exemple, il pourrait encoder "Faible", "Moyen" et "Élevé" respectivement comme 0, 1 et 2. Cependant, il faut être prudent lors de l'utilisation du LabelEncoder, car certains algorithmes pourraient interpréter ces nombres comme ayant un ordre ou une grandeur inhérente, ce qui n'est pas toujours approprié.

Choisir la bonne méthode d'encodage est crucial, car cela peut avoir un impact significatif sur la performance et l'interprétabilité de votre modèle d'apprentissage automatique. En fournissant ces outils d'encodage, Scikit-learn simplifie le processus de préparation des données catégorielles pour l'analyse, permettant aux data scientists de se concentrer davantage sur le développement du modèle et moins sur les technicités du prétraitement des données.

Exemple : Encodage des variables catégorielles

```
import numpy as np
from sklearn.preprocessing import OneHotEncoder, LabelEncoder
import pandas as pd

# Sample categorical data
categories = np.array([['Male'], ['Female'], ['Female'], ['Male'], ['Other']])
ordinal_categories = np.array(['Low', 'Medium', 'High', 'Medium', 'Low'])

# Initialize OneHotEncoder
onehot_encoder = OneHotEncoder(sparse=False)

# Fit and transform the categorical data
```

```
encoded_data = onehot_encoder.fit_transform(categories)

# Initialize LabelEncoder
label_encoder = LabelEncoder()

# Fit and transform the ordinal data
encoded_ordinal = label_encoder.fit_transform(ordinal_categories)

# Create a DataFrame for better visualization
df = pd.DataFrame(encoded_data, columns=onehot_encoder.get_feature_names(['Gender']))
df['Ordinal Category'] = encoded_ordinal

print("Original Categorical Data:\\n", categories.flatten())
print("\\nOne-Hot                       Encoded                       Data:\\n",
df[onehot_encoder.get_feature_names(['Gender'])])
print("\\nOriginal Ordinal Data:\\n", ordinal_categories)
print("\\nLabel Encoded Ordinal Data:\\n", encoded_ordinal)
print("\\nComplete DataFrame:\\n", df)

# Demonstrate inverse transform
original_categories = onehot_encoder.inverse_transform(encoded_data)
original_ordinal = label_encoder.inverse_transform(encoded_ordinal)

print("\\nInverse Transformed Categorical Data:\\n", original_categories.flatten())
print("Inverse Transformed Ordinal Data:\\n", original_ordinal)
```

Explication détaillée du code :

1. Importation des bibliothèques :

    o Nous importons numpy pour les opérations numériques, OneHotEncoder et
       LabelEncoder de sklearn.preprocessing pour l'encodage des variables
       catégorielles, et pandas pour la manipulation et la visualisation des données.

2. Création des données d'exemple :

    o Nous créons deux tableaux : 'categories' pour les données catégorielles
       nominales (genre) et 'ordinal_categories' pour les données catégorielles
       ordinales (faible/moyen/élevé).

3. Encodage One-Hot :

    o Nous initialisons un OneHotEncoder avec sparse=False pour obtenir un
       tableau dense en sortie.

    o Nous utilisons fit_transform() pour à la fois adapter l'encodeur aux données et
       les transformer en une seule étape.

    o Cela crée des colonnes binaires pour chaque catégorie unique dans le tableau
       'categories'.

4. Encodage par étiquettes :

   o Nous initialisons un LabelEncoder pour les données ordinales.

   o Nous utilisons fit_transform() pour encoder les catégories ordinales en étiquettes entières.

5. Visualisation des données :

   o Nous créons un DataFrame pandas pour afficher les données encodées plus clairement.

   o Nous utilisons get_feature_names() pour obtenir des noms de colonnes significatifs pour les données encodées en one-hot.

   o Nous ajoutons les données ordinales encodées par étiquettes comme colonne séparée dans le DataFrame.

6. Affichage des résultats :

   o Nous imprimons les données catégorielles et ordinales originales, ainsi que leurs versions encodées.

   o Nous affichons le DataFrame complet pour montrer comment les deux méthodes d'encodage peuvent être combinées.

7. Transformation inverse :

   o Nous démontrons comment inverser le processus d'encodage en utilisant inverse_transform() pour OneHotEncoder et LabelEncoder.

   o Cela est utile lorsque vous devez reconvertir vos données encodées à leur forme originale pour l'interprétation ou la présentation.

Cet exemple présente à la fois l'encodage One-Hot pour les catégories nominales et l'encodage par étiquettes pour les catégories ordinales. Il démontre également comment combiner différentes méthodes d'encodage dans un seul DataFrame et comment inverser le processus d'encodage. Cette approche complète offre une vision plus complète de l'encodage des données catégorielles dans le prétraitement pour l'apprentissage automatique.

2.5.3 Division des données pour l'entraînement et les tests

Pour évaluer correctement un modèle d'apprentissage automatique, il est crucial de diviser l'ensemble de données en deux parties distinctes : un ensemble d'entraînement et un ensemble de test. Cette séparation est fondamentale pour évaluer la performance du modèle et sa capacité à généraliser à des données non vues. Voici une explication plus détaillée de la raison pour laquelle cette division est essentielle :

1. Ensemble d'entraînement : Cette portion plus grande des données (généralement 70-80 %) est utilisée pour enseigner au modèle. Le modèle apprend les schémas, les

relations et la structure sous-jacente des données à partir de cet ensemble. C'est sur ces données que le modèle ajuste ses paramètres pour minimiser les erreurs de prédiction.

2. Ensemble de test : La portion restante des données (généralement 20-30 %) est mise de côté et non utilisée pendant le processus d'entraînement. Cet ensemble sert de proxy pour de nouvelles données non vues. Après l'entraînement, la performance du modèle est évaluée sur cet ensemble pour estimer à quel point il performera sur des données réelles qu'il n'a pas encore rencontrées.

Les principaux avantages de cette division comprennent :

- Prévention du surapprentissage : En évaluant sur un ensemble de test distinct, nous pouvons détecter si le modèle a mémorisé les données d'entraînement plutôt que d'apprendre des schémas généralisables.

- Estimation non biaisée de la performance : L'ensemble de test fournit une estimation non biaisée de la performance du modèle sur de nouvelles données.

- Sélection de modèle : Lors de la comparaison de différents modèles ou hyperparamètres, la performance sur l'ensemble de test aide à choisir la meilleure option.

La fonction **train_test_split()** de Scikit-learn simplifie ce processus crucial de partition de votre ensemble de données. Elle offre plusieurs avantages :

- Division aléatoire : Elle garantit que la division est aléatoire, maintenant la distribution globale des données dans les deux ensembles.

- Stratification : Pour les problèmes de classification, elle peut maintenir la même proportion d'échantillons pour chaque classe dans les deux ensembles.

- Reproductibilité : En définissant un état aléatoire, vous pouvez vous assurer que la même division est reproduite entre différentes exécutions, ce qui est crucial pour la reproductibilité des résultats.

En utilisant cette fonction, les data scientists peuvent facilement mettre en œuvre cette bonne pratique, assurant une évaluation de modèle plus robuste et fiable dans leurs flux de travail d'apprentissage automatique.

Exemple : Division des données en ensembles d'entraînement et de test

```
import numpy as np
from sklearn.model_selection import train_test_split
from sklearn.preprocessing import StandardScaler
from sklearn.linear_model import LogisticRegression
from sklearn.metrics import accuracy_score, classification_report

# Create a sample dataset
```

```
np.random.seed(42)
X = np.random.rand(100, 2) * 10
y = (X[:, 0] + X[:, 1] > 10).astype(int)

# Split data into training and testing sets
X_train, X_test, y_train, y_test = train_test_split(X, y, test_size=0.2,
random_state=42)

# Scale the features
scaler = StandardScaler()
X_train_scaled = scaler.fit_transform(X_train)
X_test_scaled = scaler.transform(X_test)

# Train a logistic regression model
model = LogisticRegression(random_state=42)
model.fit(X_train_scaled, y_train)

# Make predictions
y_pred = model.predict(X_test_scaled)

# Evaluate the model
accuracy = accuracy_score(y_test, y_pred)
print(f"Accuracy: {accuracy:.2f}")

# Print classification report
print("\\nClassification Report:")
print(classification_report(y_test, y_pred))

# Print sample of original and scaled data
print("\\nSample of original training data:")
print(X_train[:5])
print("\\nSample of scaled training data:")
print(X_train_scaled[:5])
```

Explication de la structure du code :

1. Importation des bibliothèques :

   o Nous importons numpy pour les opérations numériques, train_test_split pour la division des données, StandardScaler pour la mise à l'échelle des caractéristiques, LogisticRegression pour notre modèle, et accuracy_score et classification_report pour l'évaluation du modèle.

2. Création des données d'exemple :

   o Nous utilisons numpy pour générer un jeu de données aléatoire avec 100 échantillons et 2 caractéristiques.

   o Nous créons une variable cible binaire basée sur le fait que la somme des deux caractéristiques est supérieure à 10 ou non.

3. Division des données :

    o   Nous utilisons train_test_split pour diviser nos données en ensembles d'entraînement (80%) et de test (20%).

    o   Le random_state assure la reproductibilité de la division.

4. Mise à l'échelle des caractéristiques :

    o   Nous initialisons un objet StandardScaler pour normaliser nos caractéristiques.

    o   Nous adaptons le scaler aux données d'entraînement et transformons à la fois les données d'entraînement et de test.

    o   Cette étape est cruciale pour de nombreux algorithmes d'apprentissage automatique, y compris la régression logistique.

5. Entraînement du modèle :

    o   Nous créons un modèle de régression logistique et l'adaptons aux données d'entraînement mises à l'échelle.

6. Réalisation des prédictions :

    o   Nous utilisons le modèle entraîné pour faire des prédictions sur les données de test mises à l'échelle.

7. Évaluation du modèle :

    o   Nous calculons le score de précision pour voir la performance de notre modèle.

    o   Nous imprimons un rapport de classification, qui inclut la précision, le rappel et le score F1 pour chaque classe.

8. Affichage des échantillons de données :

    o   Nous imprimons des échantillons des données d'entraînement originales et mises à l'échelle pour illustrer l'effet de la mise à l'échelle.

Cet exemple démontre un flux de travail complet d'apprentissage automatique, de la préparation des données à l'évaluation du modèle. Il comprend la mise à l'échelle des caractéristiques, qui est souvent cruciale pour une performance optimale du modèle, et fournit une évaluation plus complète de la performance du modèle à l'aide du rapport de classification.

C'est une étape cruciale dans les flux de travail d'apprentissage automatique pour garantir que les modèles sont évalués sur des données non vues, donnant une estimation non biaisée de la performance.

2.5.4 Choix et entraînement d'un modèle d'apprentissage automatique

Scikit-learn offre une suite complète de modèles d'apprentissage automatique, répondant à un large éventail de tâches d'analyse de données. Cette vaste collection comprend à la fois des algorithmes d'apprentissage supervisé et non supervisé, fournissant aux chercheurs et aux praticiens une boîte à outils polyvalente pour diverses applications d'apprentissage automatique.

Les algorithmes d'apprentissage supervisé, qui constituent une part importante des offres de Scikit-learn, sont conçus pour apprendre à partir de données étiquetées. Ces algorithmes peuvent être davantage catégorisés en modèles de classification et de régression. Les modèles de classification sont utilisés lorsque la variable cible est catégorielle, tandis que les modèles de régression sont employés pour les variables cibles continues.

Les algorithmes d'apprentissage non supervisé, en revanche, sont conçus pour trouver des motifs ou des structures dans des données non étiquetées. Ceux-ci incluent des algorithmes de clustering, des techniques de réduction de dimensionnalité et des méthodes de détection d'anomalies.

Examinons un algorithme d'apprentissage supervisé courant : la **Régression Logistique**, qui est largement utilisée pour les tâches de classification. La Régression Logistique, malgré son nom, est un algorithme de classification plutôt qu'un algorithme de régression. Elle est particulièrement utile pour les problèmes de classification binaire, bien qu'elle puisse être étendue à la classification multi-classes également.

La Régression Logistique fonctionne en estimant la probabilité qu'une instance appartienne à une classe particulière. Elle utilise la fonction logistique (également connue sous le nom de fonction sigmoïde) pour transformer sa sortie en une valeur entre 0 et 1, qui peut être interprétée comme une probabilité. Cette probabilité est ensuite utilisée pour prendre la décision finale de classification, généralement en utilisant un seuil de 0,5.

L'un des principaux avantages de la Régression Logistique est sa simplicité et son interprétabilité. Les coefficients du modèle peuvent être facilement interprétés comme le changement de log-odds du résultat pour une augmentation d'une unité dans la caractéristique correspondante. Cela en fait un choix populaire dans des domaines comme la médecine et les sciences sociales où l'interprétabilité du modèle est cruciale.

La Régression Logistique pour la classification

La Régression Logistique est un algorithme de classification puissant et largement utilisé en apprentissage automatique. Elle est particulièrement efficace pour prédire des résultats binaires, comme déterminer si un e-mail est "spam" ou "non spam", ou si un client effectuera un achat ou non. Malgré son nom, la régression logistique est utilisée pour des tâches de classification plutôt que de régression.

À sa base, la régression logistique modélise la probabilité qu'une instance appartienne à une catégorie particulière. Elle le fait en estimant la probabilité d'un résultat catégoriel basé sur une ou plusieurs caractéristiques d'entrée. L'algorithme utilise la fonction logistique (également connue sous le nom de fonction sigmoïde) pour transformer sa sortie en une valeur de probabilité entre 0 et 1.

Les aspects clés de la régression logistique comprennent :

- **Classification binaire** : La régression logistique excelle dans les problèmes avec deux résultats distincts, comme déterminer si un e-mail est spam ou non. Bien que principalement conçue pour la classification binaire, elle peut être adaptée pour des problèmes multi-classes grâce à des techniques comme one-vs-rest ou la régression softmax.

- **Estimation de probabilité** : Plutôt que d'attribuer directement une étiquette de classe, la régression logistique calcule la probabilité qu'une instance appartienne à une classe particulière. Cette approche probabiliste fournit des insights plus nuancés, permettant des ajustements de seuil basés sur les exigences spécifiques du cas d'utilisation.

- **Frontière de décision linéaire** : Dans sa forme de base, la régression logistique établit une frontière de décision linéaire pour séparer les classes dans l'espace des caractéristiques. Cette nature linéaire contribue à l'interprétabilité du modèle, mais peut être une limitation pour des données complexes, non linéairement séparables. Cependant, des astuces de noyau ou l'ingénierie des caractéristiques peuvent être employées pour gérer des relations non linéaires.

- **Analyse d'importance des caractéristiques** : Les coefficients du modèle de régression logistique offrent des insights précieux sur l'importance des caractéristiques. En examinant ces coefficients, les data scientists peuvent comprendre quelles caractéristiques ont l'impact le plus significatif sur les prédictions, facilitant la sélection des caractéristiques et fournissant des insights exploitables pour les experts du domaine.

La régression logistique est valorisée pour sa simplicité, son interprétabilité et son efficacité, ce qui en fait un choix privilégié pour de nombreuses tâches de classification dans divers domaines, notamment la médecine, le marketing et la finance.

Exemple : Entraînement d'un modèle de Régression Logistique

```
import numpy as np
import matplotlib.pyplot as plt
from sklearn.datasets import load_iris
from sklearn.linear_model import LogisticRegression
from sklearn.model_selection import train_test_split
from sklearn.metrics import accuracy_score, classification_report, confusion_matrix
from sklearn.preprocessing import StandardScaler

# Load the Iris dataset
iris = load_iris()
X = iris.data
```

```
y = iris.target

# Split the dataset into training and testing sets
X_train, X_test, y_train, y_test = train_test_split(X, y, test_size=0.2,
random_state=42)

# Scale the features
scaler = StandardScaler()
X_train_scaled = scaler.fit_transform(X_train)
X_test_scaled = scaler.transform(X_test)

# Initialize and train the Logistic Regression model on all features
model = LogisticRegression(max_iter=1000, multi_class='ovr')
model.fit(X_train_scaled, y_train)

# Make predictions on the test data
y_pred = model.predict(X_test_scaled)

# Evaluate the model
accuracy = accuracy_score(y_test, y_pred)
print(f"Accuracy: {accuracy:.2f}")
print("\\nClassification Report:")
print(classification_report(y_test, y_pred, target_names=iris.target_names))

# Visualize the confusion matrix
cm = confusion_matrix(y_test, y_pred)
plt.figure(figsize=(8, 6))
plt.imshow(cm, interpolation='nearest', cmap=plt.cm.Blues)
plt.title('Confusion Matrix')
plt.colorbar()
tick_marks = np.arange(len(iris.target_names))
plt.xticks(tick_marks, iris.target_names, rotation=45)
plt.yticks(tick_marks, iris.target_names)
plt.tight_layout()
plt.ylabel('True label')
plt.xlabel('Predicted label')
plt.show()

# Train separate models for decision boundary visualization
model_sepal = LogisticRegression(max_iter=1000, multi_class='ovr')
model_sepal.fit(X_train_scaled[:, [0, 1]], y_train)

model_petal = LogisticRegression(max_iter=1000, multi_class='ovr')
model_petal.fit(X_train_scaled[:, [2, 3]], y_train)

# Function to plot decision boundaries
def plot_decision_boundary(X, y, model, ax=None):
    h = .02  # step size in the mesh
    x_min, x_max = X[:, 0].min() - 1, X[:, 0].max() + 1
    y_min, y_max = X[:, 1].min() - 1, X[:, 1].max() + 1
    xx, yy = np.meshgrid(np.arange(x_min, x_max, h), np.arange(y_min, y_max, h))
    Z = model.predict(np.c_[xx.ravel(), yy.ravel()])
```

```
    Z = Z.reshape(xx.shape)
    out = ax or plt
    out.contourf(xx, yy, Z, cmap=plt.cm.RdYlBu, alpha=0.8)
    out.scatter(X[:, 0], X[:, 1], c=y, cmap=plt.cm.RdYlBu, edgecolors='black')
    out.xlabel('Feature 1')
    out.ylabel('Feature 2')
    return out

# Plot decision boundaries
plt.figure(figsize=(12, 5))
plt.subplot(121)
plot_decision_boundary(X_train_scaled[:, [0, 1]], y_train, model_sepal)
plt.title('Decision Boundary (Sepal)')
plt.subplot(122)
plot_decision_boundary(X_train_scaled[:, [2, 3]], y_train, model_petal)
plt.title('Decision Boundary (Petal)')
plt.tight_layout()
plt.show()
```

Explication détaillée du code :

1. Importation des bibliothèques :

    o Nous importons numpy pour les opérations numériques, matplotlib pour les graphiques, et divers modules de scikit-learn pour les tâches d'apprentissage automatique.

2. Chargement et division du jeu de données :

    o Nous chargeons le jeu de données Iris en utilisant load_iris() et le divisons en ensembles d'entraînement et de test avec train_test_split(). L'ensemble de test représente 20% des données totales.

3. Mise à l'échelle des caractéristiques :

    o Nous utilisons StandardScaler() pour normaliser les caractéristiques. C'est important pour la régression logistique car elle est sensible à l'échelle des caractéristiques d'entrée.

4. Entraînement du modèle :

    o Nous initialisons un modèle LogisticRegression avec max_iter=1000 pour assurer la convergence et multi_class='ovr' pour la stratégie un-contre-tous dans la classification multiclasse.

    o Le modèle est entraîné sur les données d'entraînement mises à l'échelle.

5. Réalisation des prédictions :

    o Nous utilisons le modèle entraîné pour faire des prédictions sur les données de test mises à l'échelle.

6. Évaluation du modèle :

  o Nous calculons le score de précision et imprimons un rapport de classification détaillé, qui inclut la précision, le rappel et le score F1 pour chaque classe.

7. Visualisation de la matrice de confusion :

  o Nous créons et traçons une matrice de confusion pour visualiser la performance du modèle à travers différentes classes.

8. Visualisation des frontières de décision :

  o Nous définissons une fonction plot_decision_boundary() pour visualiser les frontières de décision du modèle.

  o Nous créons deux graphiques : un pour la longueur des sépales par rapport à la largeur des sépales, et un autre pour la longueur des pétales par rapport à la largeur des pétales.

  o Ces graphiques aident à visualiser comment le modèle sépare les différentes classes dans l'espace des caractéristiques.

Cet exemple fournit une approche plus complète de la classification par régression logistique. Il inclut la mise à l'échelle des caractéristiques, qui est souvent cruciale pour une performance optimale du modèle, et fournit une évaluation plus approfondie de la performance du modèle à l'aide de diverses métriques et visualisations. Les graphiques des frontières de décision offrent un aperçu de la façon dont le modèle classifie différentes espèces d'iris en fonction de leurs caractéristiques.

Arbres de décision pour la classification

Un autre algorithme de classification populaire est l'**Arbre de décision**, qui offre une approche unique pour la classification des données. Les arbres de décision fonctionnent en divisant récursivement le jeu de données en sous-ensembles basés sur les valeurs des caractéristiques, créant une structure arborescente de décisions et de leurs conséquences possibles.

Voici une explication plus détaillée du fonctionnement des arbres de décision :

- Structure de l'arbre : L'algorithme commence avec l'ensemble du jeu de données à la racine et le divise ensuite récursivement en sous-ensembles plus petits, créant des nœuds internes (points de décision) et des feuilles (classifications finales).

- Sélection des caractéristiques : À chaque nœud interne, l'algorithme sélectionne la caractéristique la plus informative pour effectuer la division, généralement en utilisant des métriques comme l'impureté de Gini ou le gain d'information.

- Processus de division : Le jeu de données est divisé en fonction des valeurs de la caractéristique choisie, créant des branches qui mènent à de nouveaux nœuds. Ce processus continue jusqu'à ce qu'un critère d'arrêt soit atteint (par exemple, profondeur maximale de l'arbre ou nombre minimum d'échantillons par feuille).

- Classification : Pour classifier un nouveau point de données, celui-ci est passé à travers l'arbre, suivant les branches appropriées en fonction de ses valeurs de caractéristiques jusqu'à ce qu'il atteigne une feuille, qui fournit la classification finale.

Les arbres de décision offrent plusieurs avantages :

- Interprétabilité : Ils sont faciles à visualiser et à expliquer, ce qui les rend précieux dans les domaines où les processus de prise de décision doivent être transparents.

- Polyvalence : Les arbres de décision peuvent traiter à la fois des données numériques et catégorielles sans nécessiter de prétraitement extensif des données.

- Importance des caractéristiques : Ils effectuent intrinsèquement une sélection de caractéristiques, fournissant des informations sur les caractéristiques les plus influentes dans le processus de classification.

- Relations non linéaires : Contrairement à certains algorithmes, les arbres de décision peuvent capturer des relations complexes et non linéaires entre les caractéristiques et les variables cibles.

Cependant, il est important de noter que les arbres de décision peuvent être sujets au surapprentissage, particulièrement lorsqu'ils sont autorisés à devenir trop profonds. Cette limitation est souvent abordée en utilisant des méthodes d'ensemble comme les forêts aléatoires ou des techniques d'élagage.

Exemple : Entraînement d'un classifieur par arbre de décision

```python
import numpy as np
import matplotlib.pyplot as plt
from sklearn.tree import DecisionTreeClassifier, plot_tree
from sklearn.metrics import accuracy_score, classification_report, confusion_matrix
from sklearn.model_selection import train_test_split, cross_val_score
from sklearn.datasets import load_iris
from sklearn.preprocessing import StandardScaler

# Load the Iris dataset
iris = load_iris()
X, y = iris.data, iris.target

# Split the dataset into training and testing sets
X_train, X_test, y_train, y_test = train_test_split(X, y, test_size=0.2,
random_state=42)

# Scale the features
scaler = StandardScaler()
X_train_scaled = scaler.fit_transform(X_train)
X_test_scaled = scaler.transform(X_test)
```

```python
# Initialize and train the Decision Tree classifier
tree_model = DecisionTreeClassifier(random_state=42)
tree_model.fit(X_train_scaled, y_train)

# Make predictions on the test data
y_pred_tree = tree_model.predict(X_test_scaled)

# Evaluate the model's accuracy
accuracy = accuracy_score(y_test, y_pred_tree)
print(f"Decision Tree Accuracy: {accuracy:.2f}")

# Print classification report
print("\\nClassification Report:")
print(classification_report(y_test, y_pred_tree, target_names=iris.target_names))

# Perform cross-validation
cv_scores = cross_val_score(tree_model, X, y, cv=5)
print(f"\\nCross-validation scores: {cv_scores}")
print(f"Mean CV score: {cv_scores.mean():.2f}")

# Visualize the decision tree
plt.figure(figsize=(20,10))
plot_tree(tree_model,                           feature_names=iris.feature_names,
class_names=iris.target_names, filled=True, rounded=True)
plt.title("Decision Tree Visualization")
plt.show()

# Visualize the confusion matrix
cm = confusion_matrix(y_test, y_pred_tree)
plt.figure(figsize=(10,7))
plt.imshow(cm, interpolation='nearest', cmap=plt.cm.Blues)
plt.title('Confusion Matrix')
plt.colorbar()
tick_marks = np.arange(len(iris.target_names))
plt.xticks(tick_marks, iris.target_names, rotation=45)
plt.yticks(tick_marks, iris.target_names)
plt.tight_layout()
plt.ylabel('True label')
plt.xlabel('Predicted label')
plt.show()

# Feature importance
feature_importance = tree_model.feature_importances_
sorted_idx = np.argsort(feature_importance)
pos = np.arange(sorted_idx.shape[0]) + .5
plt.figure(figsize=(12,6))
plt.barh(pos, feature_importance[sorted_idx], align='center')
plt.yticks(pos, np.array(iris.feature_names)[sorted_idx])
plt.xlabel('Feature Importance')
plt.title('Feature Importance for Iris Classification')
plt.show()
```

Explication détaillée complète :

1. Importation des bibliothèques :

    o   Nous importons les bibliothèques nécessaires, notamment numpy pour les opérations numériques, matplotlib pour les graphiques, et divers modules de scikit-learn pour les tâches d'apprentissage automatique.

2. Chargement et prétraitement des données :

    o   Nous chargeons le jeu de données Iris en utilisant load_iris().

    o   Le jeu de données est divisé en ensembles d'entraînement et de test à l'aide de train_test_split().

    o   Les caractéristiques sont normalisées avec StandardScaler() pour normaliser les caractéristiques d'entrée.

3. Entraînement du modèle :

    o   Nous initialisons un DecisionTreeClassifier avec un état aléatoire fixe pour la reproductibilité.

    o   Le modèle est entraîné sur les données d'entraînement normalisées.

4. Réalisation des prédictions :

    o   Nous utilisons le modèle entraîné pour faire des prédictions sur les données de test normalisées.

5. Évaluation du modèle :

    o   Nous calculons et affichons le score de précision.

    o   Un rapport de classification détaillé est généré, qui comprend la précision, le rappel et le score F1 pour chaque classe.

6. Validation croisée :

    o   Nous effectuons une validation croisée à 5 plis en utilisant cross_val_score() pour obtenir une estimation plus robuste de la performance du modèle.

7. Visualisation de l'arbre de décision :

    o   Nous utilisons plot_tree() pour visualiser la structure de l'arbre de décision, ce qui aide à comprendre comment le modèle prend ses décisions.

8. Visualisation de la matrice de confusion :

    o   Nous créons et traçons une matrice de confusion pour visualiser la performance du modèle à travers différentes classes.

9. Importance des caractéristiques :

o   Nous extrayons et visualisons l'importance des caractéristiques, ce qui montre quelles caractéristiques l'arbre de décision considère comme les plus importantes pour la classification.

Cet exemple de code fournit une approche plus complète de la classification par arbre de décision. Il comprend le prétraitement des données, l'entraînement du modèle, diverses métriques d'évaluation, la validation croisée et des visualisations qui offrent un aperçu du processus de prise de décision et des performances du modèle. Le graphique d'importance des caractéristiques est particulièrement utile pour comprendre quels attributs des fleurs d'Iris sont les plus cruciaux pour la classification selon le modèle.

2.5.5 Évaluation de modèle et validation croisée

Après avoir entraîné un modèle d'apprentissage automatique, il est crucial d'évaluer sa performance de manière complète. Ce processus d'évaluation implique plusieurs étapes et métriques clés :

1.   Précision (Accuracy) : C'est la métrique la plus basique, représentant la proportion de prédictions correctes (vrais positifs et vrais négatifs) parmi le nombre total de cas examinés. Bien qu'utile, la précision seule peut être trompeuse, particulièrement pour les jeux de données déséquilibrés.

2.   Précision (Precision) : Cette métrique mesure la proportion de vrais positifs parmi toutes les prédictions positives. Elle est particulièrement importante lorsque le coût des faux positifs est élevé.

3.   Rappel (Sensibilité) : Cela représente la proportion de cas positifs réels qui ont été correctement identifiés. C'est crucial lorsque le coût des faux négatifs est élevé.

4.   Score F1 : C'est la moyenne harmonique de la précision et du rappel, fournissant un score unique qui équilibre les deux métriques. C'est particulièrement utile lorsque vous avez une distribution de classes inégale.

5.   Matrice de confusion : Cette disposition en tableau permet de visualiser la performance d'un algorithme, généralement un algorithme d'apprentissage supervisé. Elle présente un résumé des résultats de prédiction sur un problème de classification.

Scikit-learn fournit un riche ensemble de fonctions pour calculer ces métriques efficacement. Par exemple, la fonction classification_report() génère un rapport complet incluant la précision, le rappel et le score F1 pour chaque classe.

De plus, pour obtenir une estimation plus fiable de la performance d'un modèle sur des données non vues, la **validation croisée** est employée. Cette technique implique :

1.   Diviser le jeu de données en plusieurs sous-ensembles (souvent appelés plis).

2.   Entraîner le modèle sur une combinaison de ces sous-ensembles.

3.   Le tester sur le(s) sous-ensemble(s) restant(s).

4. Répéter ce processus plusieurs fois avec différentes combinaisons de sous-ensembles d'entraînement et de test.

La validation croisée aide à :

- Réduire le surapprentissage : En testant le modèle sur différents sous-ensembles de données, elle assure que le modèle généralise bien et ne se contente pas de mémoriser les données d'entraînement.

- Fournir une estimation de performance plus robuste : Elle donne plusieurs scores de performance, permettant le calcul de la performance moyenne et de l'écart-type.

- Utiliser toutes les données pour l'entraînement et la validation : C'est particulièrement utile lorsque le jeu de données est petit.

La fonction cross_val_score() de Scikit-learn simplifie ce processus, permettant une mise en œuvre facile de la validation croisée k-fold. En utilisant ces techniques d'évaluation, les data scientists peuvent acquérir une compréhension complète des forces et des faiblesses de leur modèle, menant à des décisions plus éclairées dans la sélection et l'amélioration du modèle.

Évaluation de la précision du modèle

La précision sert de métrique fondamentale dans l'évaluation de modèle, représentant la proportion de prédictions correctes à travers toutes les instances dans le jeu de données. Elle est calculée en divisant la somme des vrais positifs et des vrais négatifs par le nombre total d'observations.

Bien que la précision fournisse une mesure rapide et intuitive de la performance du modèle, il est important de noter qu'elle peut ne pas toujours être la métrique la plus appropriée, particulièrement dans les cas de jeux de données déséquilibrés ou lorsque les coûts des différents types d'erreurs varient significativement.

Exemple : Évaluation de la précision

```python
import numpy as np
from sklearn.model_selection import train_test_split
from sklearn.linear_model import LogisticRegression
from sklearn.metrics import accuracy_score, classification_report, confusion_matrix
import matplotlib.pyplot as plt
import seaborn as sns

# Generate sample data
np.random.seed(42)
X = np.random.randn(1000, 2)
y = (X[:, 0] + X[:, 1] > 0).astype(int)

# Split the data into training and testing sets
X_train, X_test, y_train, y_test = train_test_split(X, y, test_size=0.2,
random_state=42)
```

```python
# Initialize and train the logistic regression model
model = LogisticRegression()
model.fit(X_train, y_train)

# Make predictions on the test set
y_pred = model.predict(X_test)

# Evaluate the accuracy of the logistic regression model
accuracy = accuracy_score(y_test, y_pred)
print(f"Logistic Regression Accuracy: {accuracy:.2f}")

# Generate a classification report
print("\\nClassification Report:")
print(classification_report(y_test, y_pred))

# Create and plot a confusion matrix
cm = confusion_matrix(y_test, y_pred)
plt.figure(figsize=(8, 6))
sns.heatmap(cm, annot=True, fmt='d', cmap='Blues')
plt.title('Confusion Matrix')
plt.ylabel('True Label')
plt.xlabel('Predicted Label')
plt.show()

# Visualize the decision boundary
plt.figure(figsize=(10, 8))
x_min, x_max = X[:, 0].min() - 0.5, X[:, 0].max() + 0.5
y_min, y_max = X[:, 1].min() - 0.5, X[:, 1].max() + 0.5
xx, yy = np.meshgrid(np.arange(x_min, x_max, 0.02),
                     np.arange(y_min, y_max, 0.02))
Z = model.predict(np.c_[xx.ravel(), yy.ravel()])
Z = Z.reshape(xx.shape)
plt.contourf(xx, yy, Z, alpha=0.4)
plt.scatter(X[:, 0], X[:, 1], c=y, alpha=0.8)
plt.title('Logistic Regression Decision Boundary')
plt.xlabel('Feature 1')
plt.ylabel('Feature 2')
plt.show()
```

Explication détaillée complète :

1. Génération et préparation des données :

   o Nous utilisons NumPy pour générer des données d'échantillon aléatoires (1000 points avec 2 caractéristiques).

   o La variable cible est créée sur la base d'une condition simple (somme des caractéristiques > 0).

   o Les données sont divisées en ensembles d'entraînement (80%) et de test (20%) à l'aide de train_test_split.

2. Entraînement du modèle :

   o Un modèle de régression logistique est initialisé et entraîné sur les données d'entraînement.

3. Prédiction :

   o Le modèle entraîné effectue des prédictions sur l'ensemble de test.

4. Évaluation de la précision :

   o accuracy_score calcule la proportion de prédictions correctes.

   o Le résultat est affiché, donnant une métrique de performance globale.

5. Analyse détaillée de la performance :

   o classification_report fournit une analyse détaillée de la précision, du rappel et du score F1 pour chaque classe.

   o Cela offre un aperçu de la performance du modèle à travers différentes classes.

6. Visualisation de la matrice de confusion :

   o Une matrice de confusion est créée et visualisée à l'aide de la heatmap de seaborn.

   o Cela montre les décomptes des vrais positifs, vrais négatifs, faux positifs et faux négatifs.

7. Visualisation de la frontière de décision :

   o Le code crée une grille de maillage sur l'espace des caractéristiques.

   o Il utilise le modèle entraîné pour prédire les classes pour chaque point de cette grille.

   o La frontière de décision résultante est tracée avec les points de données originaux.

   o Cette visualisation aide à comprendre comment le modèle sépare les classes dans l'espace des caractéristiques.

Cet exemple de code fournit une évaluation plus complète du modèle de régression logistique, incluant des représentations visuelles qui aident à interpréter la performance et le processus de prise de décision du modèle.

Validation croisée pour une évaluation plus fiable

La validation croisée est une technique statistique robuste employée pour évaluer la performance et la capacité de généralisation d'un modèle. Dans cette méthode, l'ensemble de données est systématiquement partitionné en k sous-ensembles de taille égale, communément appelés plis. Le modèle subit un processus itératif d'entraînement et d'évaluation, où il est entraîné sur k-1 plis puis testé sur le pli restant.

Cette procédure est méticuleusement répétée k fois, garantissant que chaque pli serve exactement une fois comme ensemble de test. Les métriques de performance du modèle sont ensuite agrégées sur toutes les itérations, généralement en calculant la moyenne et l'écart-type, pour fournir une évaluation complète et statistiquement solide de l'efficacité et de la cohérence du modèle à travers différents sous-ensembles de données.

Exemple : Validation croisée avec Scikit-learn

```python
import numpy as np
from sklearn.model_selection import cross_val_score, KFold
from sklearn.linear_model import LogisticRegression
from sklearn.preprocessing import StandardScaler
from sklearn.pipeline import make_pipeline
import matplotlib.pyplot as plt

# Generate sample data
np.random.seed(42)
X = np.random.randn(1000, 2)
y = (X[:, 0] + X[:, 1] > 0).astype(int)

# Create a pipeline with StandardScaler and LogisticRegression
model = make_pipeline(StandardScaler(), LogisticRegression())

# Perform 5-fold cross-validation
kf = KFold(n_splits=5, shuffle=True, random_state=42)
cross_val_scores = cross_val_score(model, X, y, cv=kf)

# Print individual fold scores and average cross-validation score
print("Individual fold scores:", cross_val_scores)
print(f"Average Cross-Validation Accuracy: {cross_val_scores.mean():.2f}")
print(f"Standard Deviation: {cross_val_scores.std():.2f}")

# Visualize cross-validation scores
plt.figure(figsize=(10, 6))
plt.bar(range(1, 6), cross_val_scores, alpha=0.8, color='skyblue')
plt.axhline(y=cross_val_scores.mean(), color='red', linestyle='--', label='Mean CV Score')
plt.xlabel('Fold')
plt.ylabel('Accuracy')
plt.title('Cross-Validation Scores')
plt.legend()
plt.show()
```

Explication du code :

- Instructions d'importation :

- o Nous importons les modules nécessaires de scikit-learn, numpy et matplotlib pour la manipulation des données, la création de modèles, la validation croisée et la visualisation.

- Génération de données :

  - o Nous créons un jeu de données synthétique avec 1000 échantillons et 2 caractéristiques en utilisant le générateur de nombres aléatoires de numpy.

  - o La variable cible est binaire, déterminée par le fait que la somme des deux caractéristiques soit positive ou non.

- Pipeline du modèle :

  - o Nous créons un pipeline qui combine StandardScaler (pour la normalisation des caractéristiques) et LogisticRegression.

  - o Cela garantit que la normalisation est appliquée de manière cohérente sur tous les plis de la validation croisée.

- Configuration de la validation croisée :

  - o Nous utilisons KFold pour créer 5 plis, avec le mélange activé pour plus d'aléatoire.

  - o Le random_state est défini pour assurer la reproductibilité.

- Réalisation de la validation croisée :

  - o cross_val_score est utilisé pour effectuer une validation croisée à 5 plis sur notre pipeline.

  - o Il renvoie un tableau de scores, un pour chaque pli.

- Affichage des résultats :

  - o Nous affichons les scores individuels de chaque pli pour une vue détaillée de la performance à travers les plis.

  - o La précision moyenne sur tous les plis est calculée et affichée.

  - o Nous calculons et affichons également l'écart-type des scores pour évaluer la cohérence.

- Visualisation :

  - o Un graphique en barres est créé pour visualiser la précision de chaque pli.

  - o Une ligne horizontale représente le score moyen de validation croisée.

  - o Cette visualisation aide à identifier les variations significatives entre les plis.

Cet exemple fournit une approche plus complète de la validation croisée. Il inclut le prétraitement des données via un pipeline, des rapports détaillés des résultats et une visualisation des scores de validation croisée. Cette approche donne une image plus claire de la performance du modèle et de sa cohérence à travers différents sous-ensembles de données.

2.5.6 Réglage des hyperparamètres

Chaque modèle d'apprentissage automatique possède un ensemble d'hyperparamètres qui contrôlent divers aspects de son entraînement et de son comportement. Ces hyperparamètres ne sont pas appris à partir des données mais sont définis avant le processus d'entraînement. Ils peuvent avoir un impact significatif sur la performance du modèle, sa capacité de généralisation et son efficacité computationnelle. Parmi les exemples d'hyperparamètres, on trouve le taux d'apprentissage, le nombre de couches cachées dans un réseau de neurones, la force de régularisation et la profondeur maximale des arbres dans les arbres de décision.

Trouver les hyperparamètres optimaux est crucial pour maximiser la performance du modèle. Ce processus, connu sous le nom de réglage ou d'optimisation des hyperparamètres, implique une recherche systématique à travers différentes combinaisons de valeurs d'hyperparamètres pour trouver l'ensemble qui produit la meilleure performance du modèle sur un ensemble de validation. Un réglage efficace des hyperparamètres peut conduire à des améliorations substantielles de la précision du modèle, réduire le surapprentissage et améliorer la capacité du modèle à généraliser à de nouvelles données non vues.

Scikit-learn, une bibliothèque populaire d'apprentissage automatique en Python, fournit plusieurs outils pour le réglage des hyperparamètres. L'une des méthodes les plus couramment utilisées est GridSearchCV (Recherche par grille avec validation croisée). Cet outil puissant automatise le processus de test de différentes combinaisons d'hyperparamètres :

- GridSearchCV travaille systématiquement à travers de multiples combinaisons de réglages de paramètres, en effectuant une validation croisée pour déterminer quel réglage donne la meilleure performance.

- Il effectue une recherche exhaustive sur les valeurs de paramètres spécifiées pour un estimateur, essayant toutes les combinaisons possibles pour trouver la meilleure.

- L'aspect validation croisée aide à évaluer comment chaque combinaison d'hyperparamètres généralise aux données non vues, réduisant ainsi le risque de surapprentissage.

- GridSearchCV trouve non seulement les meilleurs paramètres, mais fournit également des résultats détaillés et des statistiques pour toutes les combinaisons testées, permettant une analyse complète de l'espace des hyperparamètres.

Exemple : Réglage des hyperparamètres avec GridSearchCV

```
import numpy as np
from sklearn.model_selection import GridSearchCV, train_test_split
```

```python
from sklearn.linear_model import LogisticRegression
from sklearn.preprocessing import StandardScaler
from sklearn.pipeline import make_pipeline
from sklearn.metrics import classification_report, confusion_matrix
import matplotlib.pyplot as plt
import seaborn as sns

# Generate sample data
np.random.seed(42)
X = np.random.randn(1000, 2)
y = (X[:, 0] + X[:, 1] > 0).astype(int)

# Split the data into training and testing sets
X_train, X_test, y_train, y_test = train_test_split(X, y, test_size=0.2,
random_state=42)

# Create a pipeline with StandardScaler and LogisticRegression
pipeline = make_pipeline(StandardScaler(), LogisticRegression(max_iter=1000))

# Define the parameter grid for Logistic Regression
param_grid = {
    'logisticregression__C': [0.1, 1, 10],
    'logisticregression__solver': ['liblinear', 'lbfgs'],  # Compatible solvers
    'logisticregression__penalty': ['l2']  # 'l2' is compatible with both solvers
}

# Initialize GridSearchCV
grid_search = GridSearchCV(pipeline, param_grid, cv=5, scoring='accuracy', n_jobs=-1,
verbose=1)

# Fit GridSearchCV to the training data
grid_search.fit(X_train, y_train)

# Print the best parameters and score
print("Best Parameters:", grid_search.best_params_)
print("Best Cross-validation Score:", grid_search.best_score_)

# Use the best model to make predictions on the test set
best_model = grid_search.best_estimator_
y_pred = best_model.predict(X_test)

# Print the classification report
print("\\nClassification Report:")
print(classification_report(y_test, y_pred))

# Create and plot a confusion matrix
cm = confusion_matrix(y_test, y_pred)
plt.figure(figsize=(8, 6))
sns.heatmap(cm, annot=True, fmt='d', cmap='Blues')
plt.title('Confusion Matrix')
plt.ylabel('True Label')
plt.xlabel('Predicted Label')
```

```
plt.show()

# Plot the decision boundary
x_min, x_max = X[:, 0].min() - .5, X[:, 0].max() + .5
y_min, y_max = X[:, 1].min() - .5, X[:, 1].max() + .5
xx, yy = np.meshgrid(np.linspace(x_min, x_max, 100),
                     np.linspace(y_min, y_max, 100))
Z = best_model.predict(np.c_[xx.ravel(), yy.ravel()])
Z = Z.reshape(xx.shape)

plt.figure(figsize=(10, 8))
plt.contourf(xx, yy, Z, alpha=0.4)
plt.scatter(X[:, 0], X[:, 1], c=y, alpha=0.8, edgecolor='k')
plt.xlabel('Feature 1')
plt.ylabel('Feature 2')
plt.title('Decision Boundary of Best Model')
plt.show()
```

Explication du code :

1. **Générer des données** :

-   Crée des données 2D aléatoires (X) et une cible binaire (y) basée sur le fait que la somme des caractéristiques soit supérieure à 0 ou non.

1. **Division entraînement-test** :

    o   Divise les données en 80% pour l'entraînement et 20% pour les tests.

2. **Construire un pipeline** :

    o   Combine StandardScaler (pour la normalisation des caractéristiques) et LogisticRegression dans un pipeline unique.

3. **Réglage des hyperparamètres** :

    o   Utilise GridSearchCV pour tester différentes combinaisons de régularisation (C), de solveurs et de pénalités avec une validation croisée à 5 plis.

4. **Évaluer le modèle** :

    o   Trouve les meilleurs hyperparamètres, évalue le modèle sur les données de test et affiche la précision et le rapport de classification.

5. **Visualisations** :

    o   **Matrice de confusion** : Affiche les prédictions correctes et incorrectes.

    o   **Frontière de décision** : Montre comment le modèle sépare les classes dans l'espace des caractéristiques.

Cet exemple fournit une approche plus complète du réglage des hyperparamètres et de l'évaluation du modèle. Il comprend le prétraitement des données, une gamme plus large d'hyperparamètres à ajuster, une analyse détaillée des performances et des visualisations qui aident à interpréter le comportement et les performances du modèle.

Scikit-learn est la pierre angulaire de l'apprentissage automatique en Python, fournissant des outils faciles à utiliser pour le prétraitement des données, la sélection de modèles, l'entraînement, l'évaluation et le réglage. Sa simplicité, combinée à une large gamme d'algorithmes et d'utilitaires, en fait une bibliothèque essentielle pour les débutants comme pour les praticiens expérimentés. En s'intégrant avec d'autres bibliothèques comme NumPy, Pandas et Matplotlib, Scikit-learn offre une solution complète de bout en bout pour construire, entraîner et déployer des modèles d'apprentissage automatique.

2.6 Introduction aux notebooks Jupyter et Google Colab

Lorsque vous commencez à construire des modèles d'apprentissage automatique, vous aurez souvent besoin d'un environnement permettant la programmation interactive, la visualisation de données et le suivi d'expériences. Deux des outils les plus populaires pour cela sont les **notebooks Jupyter** et **Google Colab**. Tous deux offrent une interface interactive où vous pouvez écrire du code, visualiser des données et annoter vos expériences dans un flux de travail fluide. Que vous travailliez sur une machine locale ou que vous utilisiez des ressources cloud, ces notebooks rendent le processus d'apprentissage automatique plus fluide, vous permettant de vous concentrer sur la résolution de problèmes sans vous soucier de la configuration.

Dans cette section, nous examinerons de plus près ces outils, explorerons comment les utiliser et comprendrons pourquoi ils sont si largement adoptés dans les communautés de la science des données et de l'apprentissage automatique.

2.6.1 Notebooks Jupyter : Votre terrain de jeu interactif pour la science des données

Jupyter Notebooks révolutionne notre approche de la science des données en offrant un environnement intuitif et interactif. Cet outil puissant intègre harmonieusement l'exécution de code, la visualisation de données et le texte narratif au sein d'un document unique et cohérent.

Au cœur de la fonctionnalité de Jupyter se trouvent les **cellules** - blocs de construction polyvalents qui vous permettent d'écrire, d'exécuter et de visualiser instantanément le résultat de votre code. Cette structure basée sur les cellules transforme Jupyter en une plateforme idéale pour l'expérimentation itérative, le débogage efficace et des expériences d'apprentissage immersives dans le domaine de la science des données et de l'apprentissage automatique.

Configuration des notebooks Jupyter

Pour commencer à utiliser Jupyter sur votre machine locale, vous devrez d'abord l'installer. La façon la plus simple est de l'installer via **Anaconda**, une distribution populaire qui est préinstallée avec de nombreux outils de science des données, y compris Jupyter.

Installation :

1. Téléchargez et installez Anaconda depuis https://www.anaconda.com/.

2. Une fois installé, ouvrez Anaconda Navigator et lancez Jupyter Notebooks.

Alternativement, vous pouvez installer Jupyter en utilisant pip :

```
pip install notebook
```

Après l'installation, lancez Jupyter en tapant la commande suivante dans votre terminal :

```
jupyter notebook
```

Cela ouvrira une session Jupyter dans votre navigateur web par défaut. Vous pouvez créer un nouveau notebook, écrire du code Python et l'exécuter de manière interactive.

Fonctionnalités de base des notebooks Jupyter

Une fois dans un notebook Jupyter, vous verrez une grille de cellules. Les cellules dans Jupyter peuvent contenir soit du code, soit du **Markdown** (texte formaté). Cela permet de mélanger facilement du code avec des explications, des équations et des visualisations, le tout au même endroit.

Exemple : Écrire et exécuter du code dans Jupyter

```python
# Python code in a cell
x = 10
y = 20
z = x + y
print(f"The sum of {x} and {y} is {z}")
```

Vous pouvez exécuter ce code en appuyant sur **Shift + Enter**. Le résultat s'affichera directement sous la cellule, vous permettant de voir les résultats immédiatement.

Les **cellules Markdown** vous permettent d'inclure des titres, du texte formaté, et même du LaTeX pour les équations mathématiques. Par exemple :

```
# This is a heading
You can write **bold** or *italic* text in Markdown.
```

La possibilité de mélanger code et Markdown fait de Jupyter un outil idéal pour créer des **rapports de science des données**, des **expériences d'apprentissage automatique**, et même des **supports pédagogiques**.

Visualiser des données dans Jupyter

Jupyter s'intègre parfaitement avec des bibliothèques de visualisation comme **Matplotlib**, **Seaborn** et **Plotly**, vous permettant de visualiser des données directement dans le notebook.

Exemple : Tracer un graphique dans Jupyter

```python
import matplotlib.pyplot as plt

# Sample data
x = [1, 2, 3, 4, 5]
y = [2, 4, 6, 8, 10]

# Plot the data
plt.plot(x, y, marker='o', color='b')

# Add title and labels
plt.title("Simple Line Plot")
plt.xlabel("X-axis")
plt.ylabel("Y-axis")

# Display the plot inside the notebook
plt.show()
```

Ce code montre comment créer un simple graphique linéaire en utilisant Matplotlib dans un environnement Jupyter notebook. Voici une décomposition du code :

1. Importer la bibliothèque Matplotlib

2. Définir les données d'exemple :

   o valeurs de l'axe x : [1, 2, 3, 4, 5]

   o valeurs de l'axe y : [2, 4, 6, 8, 10]

3. Créer le graphique :

   o Utiliser plt.plot() pour tracer la ligne

   o Définir marker='o' pour ajouter des marqueurs circulaires à chaque point de données

   o Définir color='b' pour une ligne bleue

4. Ajouter un titre et des étiquettes :

   o plt.title() définit le titre du graphique

   o   plt.xlabel() et plt.ylabel() étiquettent les axes x et y

5.   Afficher le graphique avec plt.show()

Ce code générera un simple graphique linéaire directement dans le notebook Jupyter, permettant une visualisation et une analyse faciles des données.

2.6.2 Google Colab : Notebooks basés sur le cloud gratuits

Google Colab (Colaboratory) révolutionne l'expérience Jupyter Notebook en offrant une plateforme basée sur le cloud pour écrire et exécuter du code Python directement depuis votre navigateur web. Cet outil innovant élimine le besoin d'installations locales, fournissant un environnement de codage fluide et accessible.

L'une des caractéristiques remarquables de Colab est son accès gratuit à des ressources informatiques haute performance, notamment des **GPU** (Graphics Processing Units) et des **TPU** (Tensor Processing Units) puissants. Ces accélérateurs matériels avancés sont particulièrement précieux pour les data scientists et les praticiens du machine learning, car ils accélèrent considérablement le processus d'entraînement des modèles de machine learning complexes et à grande échelle.

En exploitant ces ressources, les utilisateurs peuvent s'attaquer à des tâches gourmandes en calcul et expérimenter des algorithmes de pointe sans les contraintes des limitations matérielles locales.

Démarrer avec Google Colab

Pour commencer avec Google Colab :

1.   Allez sur https://colab.research.google.com/.

2.   Connectez-vous avec votre compte Google.

3.   Créez un nouveau notebook ou importez un notebook Jupyter existant.

Colab utilise Google Drive pour stocker les notebooks, donc vos fichiers sont automatiquement sauvegardés dans le cloud, et vous pouvez facilement les partager avec des collaborateurs.

Exécuter du code dans Google Colab

Google Colab fonctionne de manière similaire à Jupyter, avec des cellules de code et des cellules Markdown. Vous pouvez exécuter du code Python comme vous le feriez dans un notebook Jupyter.

Exemple : Code Python simple dans Colab

```python
# Basic Python operation in Google Colab
a = 5
b = 10
print(f"The product of {a} and {b} is {a * b}")
```

Après avoir exécuté la cellule, vous verrez le résultat affiché directement sous le code, tout comme dans Jupyter.

Accès aux GPU et TPU dans Colab

L'une des fonctionnalités les plus puissantes de Google Colab est sa prise en charge des **accélérateurs matériels** comme les GPU et les TPU. Ces accélérateurs peuvent considérablement accélérer les tâches d'apprentissage automatique comme l'entraînement de modèles d'apprentissage profond.

Pour activer un GPU ou un TPU dans votre notebook Colab :

1. Cliquez sur **Runtime** dans le menu supérieur.

2. Sélectionnez **Change runtime type**.

3. Dans le menu déroulant **Hardware accelerator**, choisissez soit **GPU** soit **TPU**.

Vous pouvez ensuite exploiter ces accélérateurs pour des tâches telles que l'entraînement de réseaux de neurones.

Exemple : Utilisation de TensorFlow avec un GPU dans Colab

```
import tensorflow as tf

# Check if GPU is available
print("Num GPUs Available: ", len(tf.config.list_physical_devices('GPU')))

# Create a simple TensorFlow computation
a = tf.constant([[1.0, 2.0], [3.0, 4.0]])
b = tf.constant([[1.0, 1.0], [0.0, 1.0]])
result = tf.matmul(a, b)

print("Result of matrix multiplication:\\n", result)
```

Ce code démontre comment utiliser TensorFlow avec l'accélération GPU dans Google Colab. Voici une décomposition de ce qu'il fait :

1. Importer la bibliothèque TensorFlow

2. Vérifier la disponibilité du GPU : len(tf.config.list_physical_devices('GPU')) Cette ligne affiche le nombre de GPU disponibles.

3. Créer des calculs TensorFlow simples :

    o Définir deux matrices 2x2 'a' et 'b' comme constantes TensorFlow

    o Effectuer une multiplication matricielle en utilisant tf.matmul(a, b)

4. Afficher le résultat de la multiplication matricielle

Ce code montre comment Colab peut automatiquement détecter et utiliser le GPU pour les opérations TensorFlow s'il est activé dans les paramètres d'exécution. C'est particulièrement utile pour les tâches d'apprentissage profond qui nécessitent une puissance de calcul importante.

Dans cet exemple, Colab détectera et utilisera automatiquement le GPU si vous l'avez activé dans les paramètres d'exécution. C'est particulièrement utile pour les tâches d'apprentissage profond qui impliquent de grands ensembles de données et des modèles complexes.

2.6.3 Caractéristiques clés et avantages de Jupyter et Colab

Codage interactif et expérimentation

Jupyter et Colab offrent tous deux un avantage distinctif grâce à leur nature interactive, fournissant un environnement dynamique pour l'exécution et l'analyse de code. Ces plateformes permettent aux utilisateurs d'écrire du code, de visualiser instantanément les résultats et d'effectuer des ajustements en temps réel, favorisant une expérience de codage fluide et réactive.

Cette boucle de rétroaction immédiate est particulièrement bénéfique pour les expériences d'apprentissage automatique, où l'itération rapide est cruciale pour le développement et l'optimisation des modèles. La capacité à tester rapidement des hypothèses, affiner des algorithmes et visualiser les résultats fait de ces notebooks des outils inestimables pour les data scientists et les praticiens de l'apprentissage automatique.

En permettant une expérimentation rapide et en facilitant des insights immédiats, Jupyter et Colab améliorent considérablement l'efficacité et l'efficience du processus de développement d'apprentissage automatique, permettant aux chercheurs et aux développeurs d'explorer des idées complexes et d'itérer sur des solutions avec une rapidité et une flexibilité sans précédent.

Exemple : Entraînement de modèle interactif dans Jupyter ou Colab

```python
from sklearn.linear_model import LogisticRegression
from sklearn.datasets import load_iris
from sklearn.model_selection import train_test_split
from sklearn.metrics import accuracy_score

# Load the Iris dataset
iris = load_iris()
X_train, X_test, y_train, y_test = train_test_split(iris.data, iris.target,
test_size=0.2, random_state=42)

# Train a logistic regression model
model = LogisticRegression(max_iter=200)
model.fit(X_train, y_train)

# Predict and evaluate
y_pred = model.predict(X_test)
accuracy = accuracy_score(y_test, y_pred)
```

```
print(f"Model Accuracy: {accuracy:.2f}")
```

Ce code démontre comment entraîner et évaluer un modèle simple d'apprentissage automatique en utilisant le jeu de données Iris dans un environnement Jupyter ou Google Colab. Voici une décomposition du code :

- Importer les bibliothèques nécessaires : modules scikit-learn pour la régression logistique, le chargement de jeux de données, la division train-test et l'évaluation de la précision

- Charger le jeu de données Iris et le diviser en ensembles d'entraînement et de test

- Créer et entraîner un modèle de régression logistique en utilisant les données d'entraînement

- Utiliser le modèle entraîné pour faire des prédictions sur les données de test

- Calculer et afficher la précision du modèle

Cet exemple met en évidence la nature interactive des notebooks Jupyter et Colab, permettant un entraînement rapide des modèles, leur évaluation et la visualisation des résultats.

Partage et Collaboration

L'une des fonctionnalités les plus précieuses de Jupyter et Google Colab est leur capacité exceptionnelle à faciliter le partage fluide et la collaboration sur les notebooks. Ces plateformes ont révolutionné la façon dont les data scientists et les praticiens de l'apprentissage automatique travaillent ensemble, en éliminant les barrières à la résolution collective de problèmes et à la diffusion des connaissances :

- **Jupyter Notebooks** offrent une remarquable polyvalence en termes d'options de partage. Les utilisateurs peuvent exporter sans effort leur travail sous forme de fichiers .ipynb, préservant tout le code, le markdown et les sorties dans un document unique et portable. Pour une accessibilité plus large, ces notebooks peuvent être convertis en formats universellement lisibles comme HTML ou PDF. Cette flexibilité garantit que votre travail peut être facilement distribué aux collègues, aux parties prenantes ou à la communauté scientifique plus large, indépendamment de leur configuration technique.

- **Google Colab** porte la collaboration à un niveau supérieur en offrant une expérience d'édition multi-utilisateurs en temps réel rappelant Google Docs. Cette fonctionnalité permet aux membres d'une équipe de travailler simultanément sur le même notebook, favorisant un environnement collaboratif véritablement interactif et dynamique. Plusieurs data scientists peuvent coder, déboguer et analyser des données ensemble, même lorsqu'ils sont physiquement séparés, ce qui conduit à une résolution plus rapide des problèmes et à des solutions plus robustes.

Les capacités collaboratives de ces plateformes ont transformé le paysage des projets d'apprentissage automatique et de la diffusion de la recherche. Elles permettent un travail d'équipe fluide sur des tâches complexes d'analyse de données, facilitent les boucles de rétroaction instantanées entre collaborateurs, et rationalisent le processus de partage des résultats avec un public plus large. Que vous travailliez sur un algorithme d'apprentissage automatique de pointe avec une équipe distribuée ou que vous présentiez votre recherche à des parties prenantes non techniques, Jupyter et Google Colab fournissent les outils pour rendre votre travail accessible, compréhensible et percutant.

2.6.4 Comparaison de Jupyter et Google Colab

Fonctionnalité	Jupyter	Google Colab
Installation	Nécessite une installation locale (Anaconda ou pip)	Aucune installation requise ; entièrement basé sur le cloud
Stockage	Stockage local	Stockage cloud (Google Drive)
Matériel	CPU/GPU local (selon la machine)	Accès gratuit aux GPU et TPU dans le cloud
Collaboration	Partage manuel des fichiers.ipynb	Collaboration en temps réel via Google Drive
Extensions	Prend en charge une large gamme d'extensions et de plugins	Moins d'extensions mais accès intégré aux services cloud

Les Jupyter Notebooks et Google Colab sont devenus des outils essentiels dans la boîte à outils des praticiens modernes du machine learning, chacun offrant des avantages uniques qui répondent à différents aspects du processus de développement. Les Jupyter Notebooks excellent en offrant une flexibilité inégalée pour le développement local, permettant aux utilisateurs de personnaliser leur environnement pour répondre aux besoins spécifiques du projet et d'exploiter les ressources informatiques locales. Cela fait de Jupyter un choix idéal pour les projets qui nécessitent un contrôle précis de l'environnement de développement ou qui impliquent des données sensibles ne pouvant pas être téléchargées sur des plateformes cloud.

D'autre part, Google Colab se distingue en offrant l'avantage considérable de puissantes ressources informatiques dans le cloud, ce qui est particulièrement bénéfique pour les chercheurs, les étudiants ou les professionnels qui n'ont pas accès à du matériel haut de gamme. Cette démocratisation de la puissance de calcul permet aux utilisateurs d'entraîner des modèles complexes et de traiter de grands ensembles de données sans nécessiter d'investissement personnel significatif dans l'infrastructure matérielle.

Les deux environnements partagent des forces communes qui les rendent inestimables pour tout flux de travail en science des données ou en machine learning. Ils favorisent le prototypage rapide en permettant aux utilisateurs d'itérer rapidement sur des idées et de tester des hypothèses de manière interactive. La capacité à combiner l'exécution du code avec des explications textuelles riches et des visualisations facilite une approche plus intuitive et complète de l'analyse de données. De plus, ces plateformes excellent dans la promotion d'une collaboration fluide, permettant aux membres d'une équipe de partager des notebooks, de travailler ensemble en temps réel et de diffuser facilement les résultats aux parties prenantes ou à la communauté scientifique plus large.

Exercices Pratiques : Chapitre 2

Exercice 1 : Manipulation des tableaux NumPy

Tâche : Créez un tableau NumPy avec les valeurs [10, 20, 30, 40, 50]. Restructurez-le en un tableau 2x3 et calculez la somme de tous les éléments.

Solution :

```python
import numpy as np

# Create a NumPy array
array = np.array([10, 20, 30, 40, 50, 60])

# Reshape the array into 2x3
reshaped_array = array.reshape(2, 3)

# Calculate the sum of all elements
total_sum = np.sum(reshaped_array)

print("Reshaped Array:\\n", reshaped_array)
print("Total Sum:", total_sum)
```

Exercice 2 : Manipulation de données de base avec Pandas

Tâche : Créez un DataFrame Pandas avec les données suivantes :

Nom	Âge	Salaire
Alice	25	50000
Bob	30	60000
Charlie	35	70000

David	40	80000

Ensuite :

- Sélectionnez les colonnes Nom et Salaire.

- Filtrez les lignes où l'Âge est supérieur à 30.

Solution :

```
import pandas as pd

# Create a DataFrame
data = {
    'Name': ['Alice', 'Bob', 'Charlie', 'David'],
    'Age': [25, 30, 35, 40],
    'Salary': [50000, 60000, 70000, 80000]
}
df = pd.DataFrame(data)

# Select Name and Salary columns
selected_columns = df[['Name', 'Salary']]
print("Selected Columns:\\n", selected_columns)

# Filter rows where Age is greater than 30
filtered_df = df[df['Age'] > 30]
print("\\nFiltered DataFrame (Age > 30):\\n", filtered_df)
```

Exercice 3 : Visualisation de données avec Matplotlib

Tâche : Tracez un graphique linéaire avec les valeurs x [1, 2, 3, 4, 5] et les valeurs y [10, 20, 25, 40, 50]. Ajoutez des étiquettes à l'axe des x, à l'axe des y, et un titre au graphique.

Solution :

```
import matplotlib.pyplot as plt

# Data
x = [1, 2, 3, 4, 5]
y = [10, 20, 25, 40, 50]

# Create a line plot
plt.plot(x, y, marker='o', color='b')

# Add labels and title
plt.xlabel("X-axis")
plt.ylabel("Y-axis")
plt.title("Line Graph Example")

# Show the plot
```

```
plt.show()
```

Exercice 4 : Visualisation de données avec Seaborn

Tâche : Chargez le jeu de données **Iris** en utilisant Seaborn et créez un graphique de paires qui montre les relations entre les caractéristiques. Utilisez la colonne species comme teinte pour différencier les espèces.

Solution :

```python
import seaborn as sns
import matplotlib.pyplot as plt

# Load the Iris dataset
iris = sns.load_dataset('iris')

# Create a pair plot
sns.pairplot(iris, hue='species')

# Show the plot
plt.show()
```

Exercice 5 : Utilisation de Scikit-learn pour la Classification

Tâche : Utilisez le **jeu de données Iris** de Scikit-learn et entraînez un modèle de **Régression Logistique**. Divisez le jeu de données en ensembles d'entraînement et de test (80% entraînement, 20% test), entraînez le modèle, puis évaluez sa précision sur l'ensemble de test.

Solution :

```python
from sklearn.datasets import load_iris
from sklearn.model_selection import train_test_split
from sklearn.linear_model import LogisticRegression
from sklearn.metrics import accuracy_score

# Load the Iris dataset
iris = load_iris()
X = iris.data
y = iris.target

# Split the data into training and test sets
X_train, X_test, y_train, y_test = train_test_split(X, y, test_size=0.2,
random_state=42)

# Train the logistic regression model
model = LogisticRegression(max_iter=200)
model.fit(X_train, y_train)

# Make predictions on the test set
y_pred = model.predict(X_test)
```

```
# Calculate the accuracy
accuracy = accuracy_score(y_test, y_pred)
print(f"Model Accuracy: {accuracy:.2f}")
```

Exercice 6 : Travailler avec Google Colab

Tâche : Dans **Google Colab**, créez un nouveau notebook et écrivez un programme TensorFlow simple qui vérifie si un GPU est disponible. Si un GPU est trouvé, effectuez une multiplication matricielle de base en utilisant TensorFlow.

Solution :

```
import tensorflow as tf

# Check if a GPU is available
print("Num GPUs Available: ", len(tf.config.list_physical_devices('GPU')))

# Create two matrices and perform matrix multiplication
a = tf.constant([[1.0, 2.0], [3.0, 4.0]])
b = tf.constant([[1.0, 0.0], [0.0, 1.0]])

# Multiply the matrices
result = tf.matmul(a, b)

# Print the result
print("Result of matrix multiplication:\\n", result)
```

Ces exercices pratiques renforcent votre compréhension des concepts clés abordés dans le Chapitre 2. Du travail avec les **tableaux NumPy** et les **DataFrames Pandas** à la visualisation de données avec **Matplotlib** et **Seaborn**, et enfin à l'entraînement d'un modèle d'apprentissage automatique avec **Scikit-learn** — vous avez acquis une expérience pratique avec les outils essentiels en science des données. De plus, vous avez appris à exploiter **Google Colab** pour utiliser des ressources cloud pour vos expériences d'apprentissage automatique.

Résumé du Chapitre 2

Dans ce chapitre, nous avons exploré les outils et bibliothèques essentiels qui font de Python un langage incontournable pour l'apprentissage automatique et la science des données. Nous avons commencé par revisiter les fonctionnalités fondamentales de Python, en nous concentrant sur les bases comme les variables, les structures de données et le flux de contrôle. Ces concepts fondamentaux sont cruciaux pour travailler efficacement avec des bibliothèques plus avancées dans l'analyse de données et l'apprentissage automatique.

Nous avons ensuite abordé **NumPy**, une bibliothèque fondamentale pour les calculs numériques haute performance. Nous avons expliqué comment les **ndarrays** de NumPy sont plus efficaces que les listes Python et démontré des opérations clés comme l'arithmétique des tableaux, le remodelage des tableaux et la diffusion. De plus, nous avons couvert les opérations mathématiques et d'algèbre linéaire essentielles avec NumPy, comme la multiplication matricielle et les fonctions statistiques, qui constituent la base de nombreux algorithmes d'apprentissage automatique.

Ensuite, nous avons présenté **Pandas**, une bibliothèque conçue pour la manipulation et l'analyse de données. Nous avons exploré comment les **DataFrames** Pandas facilitent le chargement, le filtrage et la manipulation de jeux de données structurés. Les tâches comme la gestion des données manquantes, le filtrage des lignes et l'application de transformations ont été abordées en détail, démontrant comment Pandas simplifie le processus de nettoyage des données. Nous avons également examiné le regroupement et l'agrégation de données, essentiels pour l'ingénierie des caractéristiques et la préparation des données pour les modèles d'apprentissage automatique.

De là, nous avons approfondi la **visualisation de données** en utilisant trois bibliothèques puissantes : **Matplotlib**, **Seaborn** et **Plotly**. Nous avons appris à créer des graphiques de base tels que des graphiques linéaires, des diagrammes à barres et des histogrammes avec Matplotlib. Seaborn a simplifié la création de graphiques statistiques comme les boîtes à moustaches, les diagrammes en violon et les graphiques de paires, nous aidant à visualiser des relations complexes dans les jeux de données. Enfin, nous avons présenté Plotly, un outil pour la visualisation interactive, qui permet l'exploration de données en temps réel — une fonctionnalité précieuse lors du travail avec de grands jeux de données.

Le chapitre s'est conclu par une introduction à **Scikit-learn**, la bibliothèque de référence pour l'apprentissage automatique en Python. Nous avons couvert les flux de travail essentiels tels que le prétraitement des données, l'entraînement des modèles et l'évaluation. À travers des exemples pratiques, nous avons démontré comment utiliser Scikit-learn pour entraîner des modèles comme la **Régression Logistique** et les **Arbres de Décision**, et comment évaluer la performance des modèles en utilisant la validation croisée et les métriques de précision. La cohérence et la facilité d'utilisation de Scikit-learn en font un outil indispensable pour les data scientists novices comme expérimentés.

Enfin, nous avons discuté de l'importance des **Jupyter Notebooks** et de **Google Colab** — deux plateformes qui permettent le codage interactif et l'expérimentation. Ces outils sont particulièrement précieux pour l'apprentissage automatique, car ils fournissent un retour en temps réel et vous permettent de documenter votre code avec vos résultats. L'accès de Google Colab aux GPU et TPU dans le cloud en fait une excellente option pour entraîner des modèles complexes sans avoir besoin de ressources informatiques locales.

Ce chapitre a posé des bases solides pour l'utilisation du vaste écosystème de bibliothèques Python dans l'apprentissage automatique. En maîtrisant ces outils, vous serez bien équipé pour gérer un large éventail de tâches en science des données, du prétraitement des données au déploiement des modèles.

Quiz Partie 1 : Fondements de l'apprentissage automatique et Python

Chapitre 1 : Introduction à l'apprentissage automatique

Question 1 :

Quelle est la principale différence entre la programmation traditionnelle et l'apprentissage automatique ?

a) La programmation traditionnelle s'appuie sur des règles explicites, tandis que les modèles d'apprentissage automatique apprennent des modèles à partir des données.

b) La programmation traditionnelle utilise des données pour prédire des résultats, tandis que l'apprentissage automatique crée des règles à partir de prédictions.

c) L'apprentissage automatique ne peut traiter que de petits ensembles de données, tandis que la programmation traditionnelle est plus adaptée aux grands ensembles de données.

d) La programmation traditionnelle est plus rapide que l'apprentissage automatique pour toutes les tâches.

Question 2 :

Lequel des exemples suivants est un exemple d'**apprentissage supervisé** ?

a) Regrouper les clients en fonction de leur comportement d'achat

b) Prédire les prix des maisons en fonction de caractéristiques comme l'emplacement et la taille

c) Un robot qui apprend à marcher en recevant des retours

d) Réduire les dimensions d'un ensemble de données à l'aide de l'ACP

Question 3 :

En 2024, quelle tendance d'apprentissage automatique se concentre sur l'entraînement de modèles sans nécessiter de grandes quantités de données étiquetées ?

a) Apprentissage fédéré

b) IA explicable

c) Apprentissage auto-supervisé

d) Apprentissage par renforcement

Question 4 :

Lequel des outils suivants permet l'entraînement distribué de modèles sans partager les données brutes entre les appareils ?

a) Transformers

b) Apprentissage fédéré

c) Vision Transformers

d) Apprentissage par transfert

Chapitre 2 : Python et bibliothèques essentielles pour la science des données

Question 5 :

Quel est le principal avantage d'utiliser les **tableaux NumPy** par rapport aux listes Python dans l'apprentissage automatique ?

a) Les tableaux NumPy peuvent stocker des types de données mixtes, contrairement aux listes.

b) Les tableaux NumPy sont plus efficaces en termes de mémoire et permettent des calculs numériques plus rapides.

c) Les listes Python sont plus rapides que les tableaux NumPy pour les opérations mathématiques.

d) Les tableaux NumPy sont limités à deux dimensions, tandis que les listes peuvent stocker des données multidimensionnelles.

Question 6 :

Comment restructurer un tableau NumPy 1D en un tableau 2D avec 3 lignes et 2 colonnes ?

a) array.reshape((2, 3))

b) array.reshape((3, 2))

c) array.reshape((3))

d) array.reshape((2, 1, 3))

Question 7 :

Quelle fonction Pandas est utilisée pour détecter les valeurs manquantes dans un DataFrame ?

a) fillna()

b) dropna()

c) isnull()

d) apply()

Question 8 :

Dans Matplotlib, quelle fonction est utilisée pour créer un nuage de points ?

a) plt.plot()

b) plt.bar()

c) plt.scatter()

d) plt.hist()

Question 9 :

Quel est l'objectif de **OneHotEncoder** dans Scikit-learn ?

a) Il met à l'échelle les caractéristiques numériques pour avoir une moyenne de 0 et un écart-type de 1.

b) Il encode les caractéristiques catégorielles sous forme de vecteurs binaires.

c) Il impute les données manquantes.

d) Il réduit les dimensions d'un ensemble de données.

Question 10 :

Quelle bibliothèque Python est la mieux adaptée pour créer des **visualisations interactives** ?

a) Matplotlib

b) Seaborn

c) Plotly

d) NumPy

Question 11 :

Quelle fonction de Scikit-learn est utilisée pour diviser un ensemble de données en ensembles d'entraînement et de test ?

a) train_test_split()

b) fit()

c) StandardScaler()

d) GridSearchCV()

Question 12 :

Quelle plateforme basée sur le cloud vous permet d'utiliser gratuitement des GPU et des TPU pour l'apprentissage automatique ?

a) Jupyter Notebooks

b) Anaconda

c) Google Colab

d) PyCharm

Question bonus :

Question 13 :

Qu'est-ce qu'un **pair plot** dans Seaborn, et quand est-il utile en apprentissage automatique ?

a) Un pair plot visualise les relations entre toutes les paires de caractéristiques dans un ensemble de données et est utile pour identifier les modèles, les corrélations et les interactions potentielles entre caractéristiques.

b) Un pair plot montre la distribution d'une seule caractéristique et est utilisé pour détecter les valeurs aberrantes.

c) Un pair plot compare uniquement deux caractéristiques dans un ensemble de données.

d) Un pair plot est utilisé pour visualiser des données de séries temporelles.

Réponses :

1. a) La programmation traditionnelle s'appuie sur des règles explicites, tandis que les modèles d'apprentissage automatique apprennent des modèles à partir des données.

2. b) Prédire les prix des maisons en fonction de caractéristiques comme l'emplacement et la taille

3. c) Apprentissage auto-supervisé

4. b) Apprentissage fédéré

5. b) Les tableaux NumPy sont plus efficaces en termes de mémoire et permettent des calculs numériques plus rapides.

6. b) array.reshape((3, 2))

7. c) isnull()

8. c) plt.scatter()

9. b) Il encode les caractéristiques catégorielles sous forme de vecteurs binaires.

10. c) Plotly

11. a) train_test_split()

12. c) Google Colab

13. a) Un pair plot visualise les relations entre toutes les paires de caractéristiques dans un ensemble de données et est utile pour identifier les modèles, les corrélations et les interactions potentielles entre caractéristiques.

Partie 2 : Prétraitement des Données et Apprentissage Automatique Classique

Chapitre 3 : Prétraitement des données et ingénierie des caractéristiques

Le prétraitement des données constitue la pierre angulaire de tout pipeline robuste d'apprentissage automatique, servant d'étape initiale critique qui peut déterminer le succès ou l'échec de votre modèle. Dans le paysage complexe de la science des données du monde réel, les praticiens rencontrent souvent des données brutes loin d'être idéales - elles peuvent être criblées d'incohérences, affectées par des valeurs manquantes, ou manquer de la structure nécessaire pour une analyse immédiate.

Tenter d'alimenter directement un algorithme d'apprentissage automatique avec de telles données non raffinées est une recette pour des performances sous-optimales et des résultats peu fiables. C'est précisément là que les deux piliers du **prétraitement des données** et de **l'ingénierie des caractéristiques** entrent en jeu, offrant une approche systématique pour l'affinage des données.

Ces processus essentiels englobent un large éventail de techniques visant à nettoyer, transformer et optimiser votre jeu de données. En préparant méticuleusement vos données, vous créez une base solide qui permet aux algorithmes d'apprentissage automatique de découvrir des modèles significatifs et de générer des prédictions précises. L'objectif est de présenter à votre modèle un jeu de données qui est non seulement propre et complet, mais également structuré de manière à mettre en évidence les caractéristiques et les relations les plus pertinentes au sein des données.

Tout au long de ce chapitre, nous plongerons en profondeur dans les étapes cruciales qui composent un prétraitement efficace des données. Nous explorerons les subtilités du **nettoyage des données**, un processus fondamental qui implique l'identification et la rectification des erreurs, des incohérences et des anomalies dans votre jeu de données. Nous aborderons le défi de la **gestion des données manquantes**, en discutant de diverses stratégies pour combler les lacunes dans vos informations sans compromettre l'intégrité de votre analyse. Le chapitre couvrira également les techniques de **mise à l'échelle et de normalisation**, essentielles pour garantir que toutes les caractéristiques contribuent proportionnellement au processus de prise de décision du modèle.

De plus, nous examinerons les méthodes d'**encodage des variables catégorielles**, transformant les données non numériques en un format que les algorithmes d'apprentissage automatique peuvent interpréter et utiliser efficacement. Enfin, nous plongerons dans l'art et la science de **l'ingénierie des caractéristiques**, où les connaissances du domaine et la créativité convergent pour créer de nouvelles caractéristiques informatives qui peuvent considérablement améliorer la puissance prédictive de votre modèle.

En maîtrisant ces étapes de prétraitement, vous serez équipé pour établir une base solide pour vos projets d'apprentissage automatique. Cette préparation méticuleuse de vos données est ce qui distingue les modèles médiocres de ceux qui excellent vraiment, maximisant les performances et garantissant que vos algorithmes peuvent extraire les insights les plus précieux des informations disponibles.

Nous entamerons notre voyage dans le prétraitement des données avec un examen approfondi du **nettoyage des données**. Ce processus critique sert de première ligne de défense contre la myriade de problèmes qui peuvent affecter les jeux de données bruts. En s'assurant que vos données sont précises, complètes et prêtes pour l'analyse, le nettoyage des données prépare le terrain pour toutes les étapes de prétraitement ultérieures et contribue finalement au succès global de vos efforts d'apprentissage automatique.

3.1 Nettoyage des données et gestion des données manquantes

Le nettoyage des données est une étape cruciale dans le pipeline de prétraitement des données, impliquant l'identification et la rectification systématiques des problèmes au sein des jeux de données. Ce processus englobe un large éventail d'activités, notamment :

Détection des données corrompues

Cette étape cruciale implique un examen complet et méticuleux du jeu de données pour identifier tous les points de données qui ont été compromis ou altérés durant les diverses phases du cycle de vie des données. Cela inclut, sans s'y limiter, la phase de collecte, où des erreurs peuvent survenir en raison de capteurs défectueux ou d'erreurs de saisie humaine ; la phase de transmission, où la corruption des données peut se produire en raison de problèmes de réseau ou d'interférences ; et la phase de stockage, où les données peuvent être corrompues en raison de défaillances matérielles ou de problèmes logiciels.

Le processus de détection des données corrompues implique souvent plusieurs techniques :

- Analyse statistique : Utilisation de méthodes statistiques pour identifier les valeurs aberrantes ou les valeurs qui s'écartent significativement des modèles attendus.

- Règles de validation des données : Mise en œuvre de règles spécifiques basées sur la connaissance du domaine pour signaler les entrées potentiellement corrompues.

- Contrôles de cohérence : Comparaison des données entre différents champs ou périodes temporelles pour assurer une cohérence logique.

- Vérification de format : S'assurer que les données respectent les formats attendus, comme les structures de dates ou les plages numériques.

En identifiant précisément ces éléments corrompus grâce à ces méthodes rigoureuses, les data scientists peuvent prendre les mesures appropriées telles que la suppression, la correction ou le signalement des données corrompues. Ce processus est fondamental pour garantir l'intégrité et la fiabilité du jeu de données, ce qui est crucial pour toute analyse ultérieure ou développement de modèle d'apprentissage automatique. Sans cette étape, les données corrompues pourraient conduire à des résultats biaisés, des conclusions incorrectes ou des modèles peu performants, compromettant potentiellement l'ensemble du projet de science des données.

Exemple : Détection des données corrompues

```python
import pandas as pd
import numpy as np

# Create a sample DataFrame with potentially corrupt data
data = {
    'ID': [1, 2, 3, 4, 5],
    'Value': [10, 20, 'error', 40, 50],
    'Date': ['2023-01-01', '2023-02-30', '2023-03-15', '2023-04-01', '2023-05-01']
}
df = pd.DataFrame(data)

# Function to detect corrupt data
def detect_corrupt_data(df):
    corrupt_rows = []

    # Check for non-numeric values in 'Value' column
    numeric_errors = pd.to_numeric(df['Value'], errors='coerce').isna()
    corrupt_rows.extend(df[numeric_errors].index.tolist())

    # Check for invalid dates
    df['Date'] = pd.to_datetime(df['Date'], errors='coerce')
    date_errors = df['Date'].isna()
    corrupt_rows.extend(df[date_errors].index.tolist())

    return list(set(corrupt_rows))  # Remove duplicates

# Detect corrupt data
corrupt_indices = detect_corrupt_data(df)

print("Corrupt data found at indices:", corrupt_indices)
print("\\nCorrupt rows:")
print(df.iloc[corrupt_indices])
```

Ce code montre comment détecter des données corrompues dans un DataFrame pandas. Voici une explication de son fonctionnement :

- Il crée un échantillon de DataFrame avec des données potentiellement corrompues, notamment des valeurs non numériques dans la colonne 'Value' et des dates invalides dans la colonne 'Date'.

- La fonction detect_corrupt_data() est définie pour identifier les lignes corrompues. Elle vérifie :

- Les valeurs non numériques dans la colonne 'Value' en utilisant pd.to_numeric() avec errors='coerce'.

- Les dates invalides dans la colonne 'Date' en utilisant pd.to_datetime() avec errors='coerce'.

- La fonction renvoie une liste d'indices uniques où des données corrompues ont été trouvées.

- Enfin, elle affiche les indices des lignes corrompues et présente les données corrompues.

Ce code est un exemple de mise en œuvre de techniques de nettoyage de données, spécifiquement pour la détection de données corrompues, ce qui est une étape cruciale dans le pipeline de prétraitement des données.

Correction des données incomplètes

Ce processus implique un examen complet et méticuleux du jeu de données pour identifier et traiter toute instance d'information incomplète ou manquante. L'approche pour gérer ces lacunes dépend de plusieurs facteurs, notamment la nature des données, l'étendue de l'incomplétude et l'impact potentiel sur les analyses ultérieures.

Lorsqu'ils traitent des données manquantes, les data scientists emploient une gamme de techniques sophistiquées :

- Méthodes d'imputation : Elles consistent à estimer et à remplir les valeurs manquantes en se basant sur les modèles observés dans les données existantes. Les techniques peuvent aller de l'imputation simple par moyenne ou médiane à des méthodes plus avancées comme l'imputation par régression ou l'imputation multiple.

- Approches basées sur l'apprentissage automatique : Des algorithmes tels que K-Nearest Neighbors (KNN) ou Random Forest peuvent être utilisés pour prédire les valeurs manquantes en se basant sur les relations entre les variables du jeu de données.

- Méthodes spécifiques aux séries temporelles : Pour les données temporelles, des techniques comme l'interpolation ou les modèles de prévision peuvent être employées pour estimer les valeurs manquantes en fonction des tendances et de la saisonnalité.

Cependant, dans les cas où les lacunes dans les données sont trop importantes ou lorsque l'information manquante est jugée cruciale, une attention particulière doit être accordée à la suppression des enregistrements incomplets. Cette décision n'est pas prise à la légère, car elle implique d'équilibrer le besoin de qualité des données avec la perte potentielle d'informations précieuses.

Les facteurs influençant la décision de supprimer des enregistrements incomplets comprennent :

- La proportion de données manquantes : Si un pourcentage important d'un enregistrement ou d'une variable est manquant, la suppression pourrait être plus appropriée que l'imputation.

- Le mécanisme d'absence : Comprendre si les données sont manquantes complètement au hasard (MCAR), manquantes au hasard (MAR), ou manquantes non au hasard (MNAR) peut éclairer le processus de prise de décision.

- L'importance de l'information manquante : Si les données manquantes sont essentielles à l'analyse ou au modèle, la suppression pourrait être nécessaire pour maintenir l'intégrité des résultats.

En fin de compte, l'objectif est de trouver un équilibre entre la préservation d'un maximum d'informations précieuses et l'assurance de la qualité et de la fiabilité globales du jeu de données pour les tâches d'analyse et de modélisation ultérieures.

Exemple : Correction des données incomplètes

```python
import pandas as pd
import numpy as np
from sklearn.impute import SimpleImputer
from sklearn.experimental import enable_iterative_imputer
from sklearn.impute import IterativeImputer

# Create a sample DataFrame with incomplete data
data = {
    'Age': [25, np.nan, 30, np.nan, 40],
    'Income': [50000, 60000, np.nan, 75000, 80000],
    'Education': ['Bachelor', 'Master', np.nan, 'PhD', 'Bachelor']
}
df = pd.DataFrame(data)

print("Original DataFrame:")
print(df)

# Method 1: Simple Imputation (Mean for numerical, Most frequent for categorical)
imputer_mean = SimpleImputer(strategy='mean')
imputer_most_frequent = SimpleImputer(strategy='most_frequent')

df_imputed_simple = df.copy()
```

```
df_imputed_simple[['Age',    'Income']]   =   imputer_mean.fit_transform(df[['Age',
'Income']])
df_imputed_simple[['Education']]                                             =
imputer_most_frequent.fit_transform(df[['Education']])

print("\\nDataFrame after Simple Imputation:")
print(df_imputed_simple)

# Method 2: Iterative Imputation (uses the IterativeImputer, aka MICE)
imputer_iterative = IterativeImputer(random_state=0)
df_imputed_iterative = df.copy()
df_imputed_iterative.iloc[:, :] = imputer_iterative.fit_transform(df)

print("\\nDataFrame after Iterative Imputation:")
print(df_imputed_iterative)

# Method 3: Custom logic (e.g., filling Age based on median of similar Education
levels)
df_custom = df.copy()
df_custom['Age']   =   df_custom.groupby('Education')['Age'].transform(lambda   x:
x.fillna(x.median()))
df_custom['Income'].fillna(df_custom['Income'].mean(), inplace=True)
df_custom['Education'].fillna(df_custom['Education'].mode()[0], inplace=True)

print("\\nDataFrame after Custom Imputation:")
print(df_custom)
```

Cet exemple démontre trois méthodes différentes pour corriger des données incomplètes :

1. Imputation Simple : Utilise le SimpleImputer de Scikit-learn pour remplir les valeurs manquantes avec la moyenne pour les colonnes numériques (Âge et Revenu) et la valeur la plus fréquente pour les colonnes catégorielles (Éducation).

2. Imputation Itérative : Emploie l'IterativeImputer de Scikit-learn (également connu sous le nom de MICE - Imputation Multivariée par Équations Chaînées) pour estimer les valeurs manquantes en se basant sur les relations entre les variables.

3. Logique Personnalisée : Implémente une approche sur mesure où l'Âge est imputé en fonction de l'âge médian des niveaux d'éducation similaires, le Revenu est complété avec la moyenne, et l'Éducation utilise le mode (valeur la plus fréquente).

Analyse détaillée du code :

1. Nous commençons par importer les bibliothèques nécessaires et créer un DataFrame d'exemple avec des valeurs manquantes.

2. Pour l'Imputation Simple, nous utilisons SimpleImputer avec différentes stratégies pour les données numériques et catégorielles.

3. L'Imputation Itérative utilise l'IterativeImputer, qui estime chaque caractéristique à partir de toutes les autres de manière itérative.

4. La logique personnalisée démontre comment les connaissances du domaine peuvent être appliquées pour imputer des données avec plus de précision, comme l'utilisation du niveau d'éducation pour estimer l'âge.

Cet exemple met en évidence la flexibilité et la puissance des différentes techniques d'imputation. Le choix de la méthode dépend de la nature de vos données et des exigences spécifiques de votre analyse. L'imputation simple est rapide et facile mais peut ne pas capturer les relations complexes dans les données. L'imputation itérative peut être plus précise mais est plus intensive en calcul. La logique personnalisée permet d'incorporer l'expertise du domaine mais nécessite plus d'efforts manuels et une meilleure compréhension des données.

Traitement des données inexactes

Cette étape cruciale dans le processus de nettoyage des données implique une approche complète et méticuleuse pour identifier et rectifier les erreurs qui peuvent s'être infiltrées dans le jeu de données pendant les différentes phases de collecte et de gestion des données. Ces erreurs peuvent provenir de multiples sources :

- Erreurs de Saisie : Erreurs humaines lors de la saisie manuelle des données, comme des fautes de frappe, des chiffres transposés ou des catégorisations incorrectes.

- Erreurs de Mesure : Inexactitudes provenant d'équipements défectueux, d'instruments mal calibrés ou de techniques de mesure incohérentes.

- Erreurs d'Enregistrement : Problèmes qui surviennent pendant le processus d'enregistrement des données, y compris les dysfonctionnements du système, les bugs logiciels ou les défaillances de transmission de données.

Pour relever ces défis, les data scientists emploient une gamme de techniques de validation sophistiquées :

- Détection Statistique des Valeurs Aberrantes : Utilisation de méthodes statistiques pour identifier les points de données qui s'écartent significativement des modèles ou distributions attendus.

- Validation des Règles Spécifiques au Domaine : Mise en œuvre de contrôles basés sur l'expertise du domaine pour signaler les valeurs logiquement incohérentes ou impossibles.

- Contre-vérification : Comparaison des données avec des sources externes fiables ou des bases de données internes pour vérifier l'exactitude et la cohérence.

- Détection d'Anomalies par Apprentissage Automatique : Exploitation d'algorithmes avancés pour détecter des schémas subtils d'inexactitude qui pourraient échapper aux méthodes de validation traditionnelles.

En appliquant rigoureusement ces techniques de validation et en effectuant des contre-vérifications diligentes avec des sources fiables, les data scientists peuvent considérablement améliorer l'exactitude et la fiabilité de leurs jeux de données. Ce processus méticuleux améliore non seulement la qualité des données, mais renforce également la crédibilité des analyses ultérieures et des modèles d'apprentissage automatique construits sur cette base. En fin de compte, le traitement des données inexactes représente un investissement crucial pour garantir l'intégrité et la fiabilité des processus de prise de décision et des insights basés sur les données.

Exemple : Traitement des données inexactes

```python
import pandas as pd
import numpy as np
from scipy import stats

# Create a sample DataFrame with potentially inaccurate data
data = {
    'ID': range(1, 11),
    'Age': [25, 30, 35, 40, 45, 50, 55, 60, 65, 1000],
    'Income': [50000, 60000, 70000, 80000, 90000, 100000, 110000, 120000, 130000,
10000000],
    'Height': [170, 175, 180, 185, 190, 195, 200, 205, 210, 150]
}
df = pd.DataFrame(data)

print("Original DataFrame:")
print(df)

def detect_and_correct_outliers(df, column, method='zscore', threshold=3):
    if method == 'zscore':
        z_scores = np.abs(stats.zscore(df[column]))
        outliers = df[z_scores > threshold]
        df.loc[z_scores > threshold, column] = df[column].median()
    elif method == 'iqr':
        Q1 = df[column].quantile(0.25)
        Q3 = df[column].quantile(0.75)
        IQR = Q3 - Q1
        lower_bound = Q1 - 1.5 * IQR
        upper_bound = Q3 + 1.5 * IQR
        outliers = df[(df[column] < lower_bound) | (df[column] > upper_bound)]
        df.loc[(df[column] < lower_bound) | (df[column] > upper_bound), column] =
df[column].median()
    return outliers

# Detect and correct outliers in 'Age' column using Z-score method
age_outliers = detect_and_correct_outliers(df, 'Age', method='zscore')

# Detect and correct outliers in 'Income' column using IQR method
income_outliers = detect_and_correct_outliers(df, 'Income', method='iqr')
```

```
# Custom logic for 'Height' column
height_outliers = df[(df['Height'] < 150) | (df['Height'] > 220)]
df.loc[(df['Height'] < 150) | (df['Height'] > 220), 'Height'] = df['Height'].median()

print("\\nOutliers detected:")
print("Age outliers:", age_outliers['Age'].tolist())
print("Income outliers:", income_outliers['Income'].tolist())
print("Height outliers:", height_outliers['Height'].tolist())

print("\\nCorrected DataFrame:")
print(df)
```

Cet exemple démontre une approche complète pour traiter les données inexactes, en se concentrant spécifiquement sur la détection et la correction des valeurs aberrantes.

Voici une analyse détaillée du code et de sa fonctionnalité :

1. Création de données : Nous commençons par créer un DataFrame échantillon contenant des données potentiellement inexactes, y compris des valeurs extrêmes dans les colonnes 'Age', 'Income' et 'Height'.

2. Fonction de détection et de correction des valeurs aberrantes : La fonction detect_and_correct_outliers() est définie pour traiter les valeurs aberrantes en utilisant deux méthodes courantes :

   o Méthode du score Z : Identifie les valeurs aberrantes en fonction du nombre d'écarts-types par rapport à la moyenne.

   o Méthode IQR (Écart Interquartile) : Détecte les valeurs aberrantes en utilisant le concept des quartiles.

3. Application de la détection des valeurs aberrantes :

   o Pour la colonne 'Age', nous utilisons la méthode du score Z avec un seuil de 3 écarts-types.

   o Pour la colonne 'Income', nous appliquons la méthode IQR pour tenir compte de l'asymétrie potentielle dans la distribution des revenus.

   o Pour la colonne 'Height', nous implémentons une logique personnalisée pour signaler les valeurs inférieures à 150 cm ou supérieures à 220 cm comme valeurs aberrantes.

4. Correction des valeurs aberrantes : Une fois les valeurs aberrantes détectées, elles sont remplacées par la valeur médiane de la colonne respective. Cette approche aide à maintenir l'intégrité des données tout en réduisant l'impact des valeurs extrêmes.

5. Reporting : Le code affiche les valeurs aberrantes détectées pour chaque colonne et présente le DataFrame corrigé.

Cet exemple met en évidence différentes stratégies pour traiter les données inexactes :

- Méthodes statistiques (score Z et IQR) pour la détection automatisée des valeurs aberrantes

- Logique personnalisée pour l'identification des valeurs aberrantes spécifiques au domaine

- Imputation par la médiane pour corriger les valeurs aberrantes, ce qui est plus robuste face aux valeurs extrêmes que l'imputation par la moyenne

En employant ces techniques, les data scientists peuvent améliorer considérablement la qualité de leurs jeux de données, conduisant à des analyses et des modèles d'apprentissage automatique plus fiables. Il est important de noter que, bien que cet exemple utilise l'imputation par la médiane pour des raisons de simplicité, en pratique, le choix de la méthode de correction doit être soigneusement considéré en fonction des caractéristiques spécifiques des données et des exigences de l'analyse.

Suppression des données non pertinentes

Cette dernière étape du processus de nettoyage des données, connue sous le nom d'évaluation de la pertinence des données, implique une évaluation méticuleuse de chaque point de données pour déterminer son importance et son applicabilité au problème ou à l'analyse spécifique en question. Cette phase cruciale exige que les data scientists examinent de façon critique le jeu de données à travers plusieurs perspectives :

1. Pertinence contextuelle : Évaluer si chaque variable ou caractéristique contribue directement à répondre aux questions de recherche ou à atteindre les objectifs du projet.

2. Pertinence temporelle : Déterminer si les données sont suffisamment récentes pour être significatives pour l'analyse, particulièrement dans les domaines en évolution rapide.

3. Granularité : Évaluer si le niveau de détail des données est approprié pour l'analyse prévue, ni trop large ni trop spécifique.

4. Redondance : Identifier et supprimer les variables dupliquées ou fortement corrélées qui n'apportent pas de valeur informationnelle supplémentaire.

5. Rapport signal/bruit : Distinguer entre les données qui véhiculent des informations significatives (signal) et les données qui introduisent une complexité ou une variabilité inutile (bruit).

En éliminant méticuleusement les informations superflues ou non pertinentes grâce à ce processus, les data scientists peuvent améliorer considérablement la qualité et la concentration de leur jeu de données. Cette amélioration génère plusieurs avantages critiques :

- Performance améliorée du modèle : Un jeu de données rationalisé avec uniquement des caractéristiques pertinentes conduit souvent à des modèles d'apprentissage automatique plus précis et plus robustes.

- Efficacité computationnelle améliorée : Réduire la dimensionnalité du jeu de données peut considérablement diminuer le temps de traitement et les besoins en ressources, aspect particulièrement crucial lors du traitement de données à grande échelle.

- Insights plus clairs : En éliminant le bruit et en se concentrant sur les données pertinentes, les analystes peuvent tirer des insights plus significatifs et exploitables de leurs analyses.

- Risque réduit de surapprentissage : L'élimination de caractéristiques non pertinentes aide à empêcher les modèles d'apprendre des schémas fallacieux, améliorant ainsi la généralisation à de nouvelles données non observées.

- Interprétabilité simplifiée : Un jeu de données plus ciblé se traduit souvent par des modèles et des analyses plus faciles à interpréter et à expliquer aux parties prenantes.

En essence, cette conservation minutieuse des données pertinentes sert de fondement critique, améliorant considérablement l'efficacité, l'efficience et la fiabilité des analyses ultérieures et des modèles d'apprentissage automatique. Elle garantit que les insights finaux et les décisions sont basés sur les informations les plus pertinentes et de la plus haute qualité disponibles.

Exemple : Suppression des données non pertinentes

```python
import pandas as pd
import numpy as np
from sklearn.feature_selection import VarianceThreshold
from sklearn.feature_selection import mutual_info_regression

# Create a sample DataFrame with potentially irrelevant features
np.random.seed(42)
data = {
    'ID': range(1, 101),
    'Age': np.random.randint(18, 80, 100),
    'Income': np.random.randint(20000, 150000, 100),
    'Education': np.random.choice(['High School', 'Bachelor', 'Master', 'PhD'], 100),
    'Constant_Feature': [5] * 100,
    'Random_Feature': np.random.random(100),
    'Target': np.random.randint(0, 2, 100)
}
df = pd.DataFrame(data)

print("Original DataFrame shape:", df.shape)

# Step 1: Remove constant features
constant_filter = VarianceThreshold(threshold=0)
constant_filter.fit(df.select_dtypes(include=[np.number]))
constant_columns = df.columns[~constant_filter.get_support()]
```

```
df = df.drop(columns=constant_columns)
print("After removing constant features:", df.shape)

# Step 2: Remove features with low variance
variance_filter = VarianceThreshold(threshold=0.1)
variance_filter.fit(df.select_dtypes(include=[np.number]))
low_variance_columns                                                          =
df.select_dtypes(include=[np.number]).columns[~variance_filter.get_support()]
df = df.drop(columns=low_variance_columns)
print("After removing low variance features:", df.shape)

# Step 3: Feature importance based on mutual information
numerical_features = df.select_dtypes(include=[np.number]).columns.drop('Target')
mi_scores = mutual_info_regression(df[numerical_features], df['Target'])
mi_scores = pd.Series(mi_scores, index=numerical_features)
important_features = mi_scores[mi_scores > 0.01].index
df = df[important_features.tolist() + ['Education', 'Target']]
print("After removing less important features:", df.shape)

print("\\nFinal DataFrame columns:", df.columns.tolist())
```

Cet exemple de code démontre diverses techniques pour éliminer les données non pertinentes d'un ensemble de données.

Décomposons le code et expliquons chaque étape :

1. Création des données : Nous commençons par créer un DataFrame échantillon avec des caractéristiques potentiellement non pertinentes, y compris une caractéristique constante et une caractéristique aléatoire.

2. Suppression des caractéristiques constantes :

   o Nous utilisons VarianceThreshold avec un seuil de 0 pour identifier et supprimer les caractéristiques qui ont la même valeur dans tous les échantillons.

   o Cette étape élimine les caractéristiques qui ne fournissent aucune information discriminante pour le modèle.

3. Suppression des caractéristiques à faible variance :

   o Nous appliquons à nouveau VarianceThreshold, cette fois avec un seuil de 0,1, pour supprimer les caractéristiques à très faible variance.

   o Les caractéristiques à faible variance contiennent souvent peu d'informations et peuvent ne pas contribuer significativement à la puissance prédictive du modèle.

4. Importance des caractéristiques basée sur l'information mutuelle :

- o Nous utilisons mutual_info_regression pour calculer l'information mutuelle entre chaque caractéristique et la variable cible.

- o Les caractéristiques dont les scores d'information mutuelle sont inférieurs à un certain seuil (0,01 dans cet exemple) sont considérées comme moins importantes et sont supprimées.

- o Cette étape aide à identifier les caractéristiques qui ont une forte relation avec la variable cible.

5. Conservation des caractéristiques catégorielles : Nous incluons manuellement la colonne 'Education' pour démontrer comment vous pourriez conserver des caractéristiques catégorielles importantes qui ne faisaient pas partie de l'analyse numérique.

Cet exemple présente une approche multifacette pour éliminer les données non pertinentes :

- Il traite les caractéristiques constantes qui ne fournissent aucune information discriminante.

- Il supprime les caractéristiques à très faible variance, qui contribuent souvent peu à la performance du modèle.

- Il utilise une mesure statistique (information mutuelle) pour identifier les caractéristiques les plus pertinentes pour la variable cible.

En appliquant ces techniques, nous réduisons considérablement la dimensionnalité de l'ensemble de données, en nous concentrant sur les caractéristiques les plus pertinentes. Cela peut conduire à une amélioration des performances du modèle, une réduction du surapprentissage et une efficacité computationnelle accrue. Cependant, il est crucial de valider l'impact de la suppression des caractéristiques sur votre problème spécifique et d'ajuster les seuils si nécessaire.

L'importance du nettoyage des données ne peut être surestimée, car elle impacte directement la qualité et la fiabilité des modèles d'apprentissage automatique. Des données propres et de haute qualité sont essentielles pour des prédictions précises et des insights significatifs.

Les valeurs manquantes sont un défi courant dans les ensembles de données du monde réel, provenant souvent de diverses sources telles que des dysfonctionnements d'équipement, des erreurs humaines ou des non-réponses intentionnelles. Une gestion appropriée de ces valeurs manquantes est critique, car elles peuvent affecter significativement la performance du modèle et conduire à des conclusions biaisées ou incorrectes si elles ne sont pas traitées correctement.

L'approche pour traiter les données manquantes n'est pas universelle et dépend de plusieurs facteurs :

1. **La nature et les caractéristiques de votre ensemble de données :** Le type spécifique de données avec lesquelles vous travaillez (comme numériques, catégorielles ou séries

temporelles) et leurs modèles de distribution sous-jacents jouent un rôle crucial dans la détermination de la technique la plus appropriée pour traiter les données manquantes. Par exemple, certaines méthodes d'imputation peuvent être plus adaptées aux données numériques continues, tandis que d'autres pourraient être mieux adaptées aux variables catégorielles ou aux informations dépendantes du temps.

2. **La quantité et le modèle de distribution des données manquantes :** L'étendue des informations manquantes et le mécanisme sous-jacent causant les lacunes dans les données influencent significativement le choix de la stratégie de traitement. Il est essentiel de distinguer entre les données manquantes complètement au hasard (MCAR), manquantes au hasard (MAR), ou manquantes non au hasard (MNAR), car chaque scénario peut nécessiter une approche différente pour maintenir l'intégrité et la représentativité de votre ensemble de données.

3. **L'algorithme d'apprentissage automatique sélectionné et ses propriétés inhérentes :** Différents modèles d'apprentissage automatique présentent des degrés variables de sensibilité aux données manquantes, ce qui peut impacter substantiellement leur performance et la fiabilité de leurs prédictions. Certains algorithmes, comme les arbres de décision, peuvent gérer intrinsèquement les valeurs manquantes, tandis que d'autres, comme les machines à vecteurs de support, peuvent nécessiter un prétraitement plus extensif pour traiter efficacement les lacunes dans les données. Comprendre ces caractéristiques spécifiques au modèle est crucial pour sélectionner une technique appropriée de gestion des données manquantes qui s'aligne avec votre algorithme choisi.

En comprenant ces concepts et techniques, les data scientists peuvent prendre des décisions éclairées sur la façon de prétraiter efficacement leurs données, assurant ainsi le développement de modèles d'apprentissage automatique robustes et précis.

3.1.1 Types de données manquantes

Avant de plonger plus profondément dans les subtilités de la gestion des données manquantes, il est crucial de saisir les trois catégories principales de données manquantes, chacune avec ses caractéristiques uniques et ses implications pour l'analyse des données :

1. Données manquantes complètement aléatoires (MCAR)

Ce type de données manquantes représente un scénario où l'absence d'information ne suit aucun modèle discernable ou relation avec les variables du jeu de données, qu'elles soient observées ou non observées. MCAR se caractérise par une probabilité égale de données manquantes dans tous les cas, créant effectivement un sous-ensemble non biaisé du jeu de données complet.

Les caractéristiques clés de MCAR comprennent :

- Caractère aléatoire : L'absence est entièrement aléatoire et n'est influencée par aucun facteur à l'intérieur ou à l'extérieur du jeu de données.

- Représentation non biaisée : Les données restantes peuvent être considérées comme un échantillon aléatoire du jeu de données complet, conservant ses propriétés statistiques.

- Implications statistiques : Les analyses effectuées sur les cas complets (après suppression des données manquantes) restent non biaisées, bien qu'il puisse y avoir une perte de puissance statistique due à la réduction de la taille de l'échantillon.

Pour illustrer MCAR, considérons un scénario d'enquête complet :

Imaginez une enquête de santé à grande échelle où les participants doivent remplir un long questionnaire. Certains répondants pourraient involontairement sauter certaines questions en raison de facteurs entièrement sans rapport avec le contenu de l'enquête ou leurs caractéristiques personnelles. Par exemple :

- Un répondant pourrait être momentanément distrait par un bruit externe et sauter accidentellement une question.

- Des problèmes techniques dans la plateforme d'enquête pourraient aléatoirement ne pas enregistrer certaines réponses.

- Un participant pourrait tourner involontairement deux pages à la fois, manquant un ensemble de questions.

Dans ces cas, les données manquantes seraient considérées comme MCAR car la probabilité qu'une réponse soit manquante n'est pas liée à la question elle-même, aux caractéristiques du répondant ou à toute autre variable de l'étude. Ce caractère aléatoire garantit que les données restantes fournissent toujours une représentation non biaisée, bien que plus petite, de la population étudiée.

Bien que MCAR soit souvent considéré comme le "meilleur scénario" pour les données manquantes, il est important de noter qu'il est relativement rare dans les jeux de données du monde réel. Les chercheurs et les data scientists doivent examiner attentivement leurs données et le processus de collecte pour déterminer si l'hypothèse MCAR est vraiment valable avant de procéder à des analyses ou d'appliquer des méthodes d'imputation basées sur cette hypothèse.

2. Données manquantes aléatoirement (MAR) :

Dans ce scénario, connu sous le nom de données manquantes aléatoirement (MAR), les données manquantes présentent une relation systématique avec les données observées, mais, crucialement, pas avec les données manquantes elles-mêmes. Cela signifie que la probabilité que des données soient manquantes peut être expliquée par d'autres variables observées dans le jeu de données, mais n'est pas directement liée aux valeurs non observées.

Pour mieux comprendre MAR, décomposons-le davantage :

- Relation systématique : Le modèle d'absence n'est pas complètement aléatoire, mais suit un modèle discernable basé sur d'autres variables observées.

- Dépendance aux données observées : La probabilité qu'une valeur soit manquante dépend d'autres variables que nous pouvons observer et mesurer dans le jeu de données.

- Indépendance des valeurs non observées : Il est important de noter que la probabilité d'absence n'est pas liée à la valeur réelle qui aurait été observée si elle n'avait pas été manquante.

Considérons une illustration détaillée pour clarifier ce concept :

Imaginez une enquête de santé complète où les participants sont interrogés sur leur âge, leurs habitudes d'exercice et leur satisfaction générale en matière de santé. Dans ce scénario :

- Les participants plus jeunes (âgés de 18 à 30 ans) pourraient être moins susceptibles de répondre aux questions sur leurs habitudes d'exercice, quelle que soit la quantité d'exercice qu'ils pratiquent réellement.

- Ce taux de réponse plus faible parmi les jeunes participants est observable et peut être pris en compte dans l'analyse.

- Crucialement, leur tendance à ne pas répondre n'est pas directement liée à leurs habitudes d'exercice réelles (qui seraient les données manquantes), mais plutôt à leur groupe d'âge (qui est observé).

Dans ce scénario MAR, nous pouvons utiliser les données observées (âge) pour prendre des décisions éclairées concernant le traitement des données manquantes (habitudes d'exercice). Cette caractéristique de MAR permet des méthodes d'imputation plus sophistiquées qui peuvent exploiter les relations entre les variables pour estimer plus précisément les valeurs manquantes.

Comprendre que les données sont MAR est vital pour choisir des techniques appropriées de gestion des données manquantes. Contrairement aux données manquantes complètement aléatoires (MCAR), où des techniques simples comme la suppression par liste pourraient suffire, MAR nécessite souvent des méthodes plus avancées telles que l'imputation multiple ou l'estimation par maximum de vraisemblance pour éviter les biais dans les analyses.

3. Données manquantes non aléatoirement (MNAR)

Cette catégorie représente le type le plus complexe de données manquantes, où l'absence est directement liée aux valeurs non observées elles-mêmes. Dans les situations MNAR, la raison même pour laquelle les données sont manquantes est intrinsèquement liée aux informations qui auraient été collectées. Cela crée un défi significatif pour l'analyse des données et les méthodes d'imputation, car le mécanisme des données manquantes ne peut pas être ignoré sans potentiellement introduire un biais.

Pour mieux comprendre MNAR, décomposons-le davantage :

- **Relation directe** : La probabilité qu'une valeur soit manquante dépend de la valeur elle-même, qui est non observée.

- **Biais systématique** : L'absence crée un biais systématique dans le jeu de données qui ne peut pas être entièrement pris en compte en utilisant uniquement les données observées.

- **Complexité dans l'analyse** : Les scénarios MNAR nécessitent souvent des techniques statistiques spécialisées pour être traités correctement, car les méthodes d'imputation simples peuvent conduire à des conclusions incorrectes.

Un exemple typique de MNAR est lorsque les patients atteints de conditions de santé graves sont moins enclins à divulguer leur état de santé. Cela conduit à des lacunes systématiques dans les données liées à la santé qui sont directement corrélées à la gravité de leurs conditions. Explorons cet exemple plus en profondeur :

- **Biais d'auto-sélection** : Les patients souffrant de conditions plus graves pourraient éviter de participer à des enquêtes de santé ou des études médicales en raison de limitations physiques ou de facteurs psychologiques.

- **Préoccupations de confidentialité** : Ceux ayant des problèmes de santé graves pourraient être plus réticents à partager leurs informations médicales, craignant la stigmatisation ou la discrimination.

- **Dossiers médicaux incomplets** : Les patients ayant des conditions de santé complexes pourraient avoir des dossiers médicaux incomplets s'ils changent fréquemment de prestataires de soins ou évitent certains types de soins.

Les implications des données MNAR dans ce scénario lié à la santé sont significatives :

- **Sous-estimation de la prévalence des maladies** : Si les personnes souffrant de conditions graves sont systématiquement absentes des données, la véritable prévalence de la maladie pourrait être sous-estimée.

- **Évaluations biaisées de l'efficacité des traitements** : Dans les essais cliniques, si les patients présentant des effets secondaires graves sont plus susceptibles d'abandonner, les données restantes pourraient surestimer l'efficacité du traitement.

- **Décisions de politique de santé biaisées** : Les décideurs s'appuyant sur ces données pourraient allouer des ressources en se basant sur une image incomplète des besoins de santé publique.

La gestion des données MNAR nécessite une considération attentive et implique souvent des méthodes statistiques avancées telles que les modèles de sélection ou les modèles de mélange de modèles. Ces approches tentent de modéliser explicitement le mécanisme des données manquantes, permettant des inférences plus précises à partir de jeux de données incomplets.

Cependant, elles reposent souvent sur des hypothèses invérifiables concernant la nature de l'absence, soulignant la complexité et les défis associés aux scénarios MNAR dans l'analyse des données.

Comprendre ces types distincts de données manquantes est primordial, car chaque catégorie nécessite une approche unique dans le traitement et l'analyse des données. Le choix de la méthode pour traiter les données manquantes – qu'il s'agisse d'imputation, de suppression ou de techniques plus avancées – doit être soigneusement adapté au type spécifique d'absence rencontré dans le jeu de données.

Cette compréhension nuancée garantit que les efforts ultérieurs d'analyse de données et de modélisation sont construits sur une base qui reflète avec précision la structure sous-jacente des données et minimise les biais potentiels introduits par les informations manquantes.

3.1.2 Détection et visualisation des données manquantes

La première étape dans la gestion des données manquantes consiste à détecter où se trouvent ces valeurs manquantes dans votre jeu de données. Cette phase initiale cruciale établit les fondements de toutes les tâches ultérieures de prétraitement et d'analyse des données. Pandas, une puissante bibliothèque de manipulation de données en Python, offre un moyen efficace et convivial de vérifier les valeurs manquantes dans un jeu de données.

Pour commencer ce processus, vous chargez généralement vos données dans un DataFrame Pandas, qui est une structure de données bidimensionnelle étiquetée. Une fois vos données dans ce format, Pandas propose plusieurs fonctions intégrées pour identifier les valeurs manquantes :

- Les méthodes isnull() ou isna() : ces fonctions renvoient un masque booléen de la même forme que votre DataFrame, où True indique une valeur manquante et False indique une valeur non manquante.

- La méthode notnull() : c'est l'inverse de isnull(), renvoyant True pour les valeurs non manquantes.

- La méthode info() : elle fournit un résumé concis de votre DataFrame, incluant le nombre de valeurs non nulles dans chaque colonne.

En combinant ces fonctions avec d'autres opérations Pandas, vous pouvez obtenir une compréhension complète des données manquantes dans votre jeu de données. Par exemple, vous pouvez utiliser df.isnull().sum() pour compter le nombre de valeurs manquantes dans chaque colonne, ou df.isnull().any() pour vérifier si une colonne contient des valeurs manquantes.

Comprendre le modèle et l'étendue des données manquantes est crucial car cela oriente votre stratégie pour gérer ces lacunes. Cela vous aide à décider s'il faut supprimer les lignes ou colonnes avec des données manquantes, imputer les valeurs manquantes, ou employer des techniques plus avancées comme l'imputation multiple ou des modèles d'apprentissage automatique conçus pour gérer les données manquantes.

Exemple : Détection des données manquantes avec Pandas

```python
import pandas as pd
import numpy as np
import seaborn as sns
import matplotlib.pyplot as plt
from sklearn.impute import SimpleImputer, KNNImputer
from sklearn.experimental import enable_iterative_imputer
from sklearn.impute import IterativeImputer

# Create a sample DataFrame with missing data
data = {
    'Name': ['Alice', 'Bob', 'Charlie', 'David', 'Eve', 'Frank'],
    'Age': [25, None, 35, 40, None, 50],
    'Salary': [50000, 60000, None, 80000, 55000, None],
    'Department': ['HR', 'IT', 'Finance', 'IT', None, 'HR']
}
df = pd.DataFrame(data)

# Display the original DataFrame
print("Original DataFrame:")
print(df)
print("\\n")

# Check for missing data
print("Missing Data in Each Column:")
print(df.isnull().sum())
print("\\n")

# Calculate percentage of missing data
print("Percentage of Missing Data in Each Column:")
print(df.isnull().sum() / len(df) * 100)
print("\\n")

# Visualize missing data with a heatmap
plt.figure(figsize=(10, 6))
sns.heatmap(df.isnull(), cbar=False, cmap='viridis', yticklabels=False)
plt.title("Missing Data Heatmap")
plt.show()

# Handling missing data

# 1. Removing rows with missing data
df_dropna = df.dropna()
print("DataFrame after dropping rows with missing data:")
print(df_dropna)
print("\\n")

# 2. Simple imputation methods
```

```
# Mean imputation for numerical columns
df_mean_imputed = df.copy()
df_mean_imputed['Age'].fillna(df_mean_imputed['Age'].mean(), inplace=True)
df_mean_imputed['Salary'].fillna(df_mean_imputed['Salary'].mean(), inplace=True)

# Mode imputation for categorical column
df_mean_imputed['Department'].fillna(df_mean_imputed['Department'].mode()[0],
inplace=True)

print("DataFrame after mean/mode imputation:")
print(df_mean_imputed)
print("\\n")

# 3. KNN Imputation
# Exclude non-numeric columns for KNN
numeric_df = df.drop(['Name', 'Department'], axis=1)

imputer_knn = KNNImputer(n_neighbors=2)
numeric_knn_imputed = pd.DataFrame(imputer_knn.fit_transform(numeric_df),
                                    columns=numeric_df.columns)

# Add back the non-numeric columns
numeric_knn_imputed.insert(0, 'Name', df['Name'])
numeric_knn_imputed['Department'] = df['Department']

print("Corrected DataFrame after KNN imputation:")
print(numeric_knn_imputed)
print("\\n")

# 4. Multiple Imputation by Chained Equations (MICE)
# Exclude non-numeric columns for MICE
imputer_mice = IterativeImputer(random_state=0)
numeric_mice_imputed = pd.DataFrame(imputer_mice.fit_transform(numeric_df),
                                    columns=numeric_df.columns)

# Add back the non-numeric columns
numeric_mice_imputed.insert(0, 'Name', df['Name'])
numeric_mice_imputed['Department'] = df['Department']

print("DataFrame after MICE imputation:")
print(numeric_mice_imputed)
```

Cet exemple de code offre une démonstration complète de la détection, de la visualisation et du traitement des données manquantes en Python à l'aide de pandas, numpy, seaborn, matplotlib et scikit-learn.

Analysons le code et expliquons chaque section :

1. **Créer le DataFrame** :

- Un DataFrame est créé avec des valeurs manquantes dans Age, Salary et Department.

2. **Analyser les données manquantes** :

- Afficher le nombre et le pourcentage de valeurs manquantes pour chaque colonne.

- Visualiser les données manquantes à l'aide d'une carte thermique.

3. **Traiter les données manquantes** :

- **Méthode 1 : Supprimer les lignes** :

  o Les lignes contenant des valeurs manquantes sont supprimées à l'aide de dropna().

- **Méthode 2 : Imputation simple** :

  o Utiliser la **moyenne** pour remplir les valeurs manquantes dans Age et Salary.

  o Utiliser le **mode** pour remplir les valeurs manquantes dans Department.

- **Méthode 3 : Imputation KNN** :

  o Utiliser KNNImputer pour remplir les valeurs manquantes dans les colonnes numériques (Age et Salary).

  o Exclure les colonnes non numériques pendant l'imputation et les rajouter après.

- **Méthode 4 : Imputation MICE** :

  o Utiliser IterativeImputer (MICE) pour une imputation avancée des colonnes numériques.

  o Exclure les colonnes non numériques pendant l'imputation et les rajouter après.

4. **Afficher les résultats** :

- Les DataFrames mis à jour après chaque méthode sont affichés pour comparaison.

Cet exemple présente plusieurs techniques d'imputation, fournit une analyse étape par étape et offre une vue complète de la gestion des données manquantes en Python. Il illustre la progression des techniques simples (comme la suppression et l'imputation par la moyenne) aux méthodes plus avancées (KNN et MICE). Cette approche permet aux utilisateurs de comprendre et de comparer différentes stratégies d'imputation des données manquantes.

La fonction isnull() dans Pandas détecte les valeurs manquantes (représentées par NaN), et en utilisant .sum(), vous pouvez obtenir le nombre total de valeurs manquantes dans chaque colonne. De plus, la carte thermique de Seaborn fournit une représentation visuelle rapide de l'emplacement des données manquantes.

3.1.3 Techniques de traitement des données manquantes

Après avoir identifié les valeurs manquantes dans votre jeu de données, l'étape cruciale suivante consiste à déterminer la stratégie la plus appropriée pour combler ces lacunes. L'approche que vous choisissez peut avoir un impact significatif sur votre analyse et les performances de votre modèle. Il existe plusieurs techniques pour traiter les données manquantes, chacune avec ses propres forces et limites.

Le choix de la méthode la plus adaptée dépend de divers facteurs, notamment le volume de données manquantes, le modèle d'absence (qu'il s'agisse de données manquantes complètement au hasard, manquantes au hasard, ou manquantes non au hasard), et l'importance relative des caractéristiques contenant des valeurs manquantes. Il est essentiel de considérer attentivement ces aspects pour garantir que votre méthode choisie correspond à vos caractéristiques de données spécifiques et à vos objectifs d'analyse.

1. Suppression des données manquantes

Si la quantité de données manquantes est faible (généralement moins de 5% du jeu de données total) et que le modèle d'absence est aléatoire (MCAR - Missing Completely At Random), vous pouvez envisager de supprimer les lignes ou les colonnes avec des valeurs manquantes. Cette méthode, connue sous le nom de suppression par liste ou analyse de cas complets, est simple et facile à mettre en œuvre.

Cependant, cette approche doit être utilisée avec prudence pour plusieurs raisons :

- Perte d'informations : La suppression de lignes ou de colonnes entières peut entraîner une perte significative d'informations potentiellement précieuses, surtout si les données manquantes se trouvent dans différentes lignes à travers plusieurs colonnes.

- Puissance statistique réduite : Une taille d'échantillon plus petite due à la suppression de données peut diminuer la puissance statistique de vos analyses, rendant potentiellement plus difficile la détection d'effets significatifs.

- Introduction de biais : Si les données ne sont pas MCAR, la suppression des lignes avec des valeurs manquantes peut introduire un biais dans votre jeu de données, faussant potentiellement vos résultats et conduisant à des conclusions incorrectes.

- Inefficacité : Dans les cas où plusieurs variables ont des valeurs manquantes, vous pourriez finir par écarter une grande partie de votre jeu de données, ce qui est inefficace et peut conduire à des estimations instables.

Avant d'opter pour cette méthode, il est crucial d'analyser soigneusement le modèle et l'étendue des données manquantes dans votre jeu de données. Envisagez des approches alternatives comme diverses techniques d'imputation si la proportion de données manquantes est substantielle ou si le modèle d'absence suggère que les données ne sont pas MCAR.

Exemple : Suppression des lignes avec des données manquantes

```python
import pandas as pd
import numpy as np
import matplotlib.pyplot as plt

# Create a sample DataFrame with missing values
data = {
    'Name': ['Alice', 'Bob', 'Charlie', 'David', 'Eve'],
    'Age': [25, np.nan, 35, 40, np.nan],
    'Salary': [50000, 60000, np.nan, 80000, 55000],
    'Department': ['HR', 'IT', 'Finance', 'IT', np.nan]
}
df = pd.DataFrame(data)

# Display the original DataFrame
print("Original DataFrame:")
print(df)
print("\\n")

# Check for missing values
print("Missing values in each column:")
print(df.isnull().sum())
print("\\n")

# Remove rows with any missing values
df_clean = df.dropna()
print("DataFrame after removing rows with missing data:")
print(df_clean)
print("\\n")

# Remove rows with missing values in specific columns
df_clean_specific = df.dropna(subset=['Age', 'Salary'])
print("DataFrame after removing rows with missing data in 'Age' and 'Salary':")
print(df_clean_specific)
print("\\n")

# Remove columns with missing values
df_clean_columns = df.dropna(axis=1)
print("DataFrame after removing columns with missing data:")
print(df_clean_columns)
print("\\n")

# Visualize the impact of removing missing data
plt.figure(figsize=(10, 6))
plt.bar(['Original', 'After row removal', 'After column removal'],
        [len(df), len(df_clean), len(df_clean_columns)],
        color=['blue', 'green', 'red'])
plt.title('Impact of Removing Missing Data')
```

```
plt.ylabel('Number of rows')
plt.show()
```

Cet exemple de code démontre différents aspects de la gestion des données manquantes en utilisant la méthode dropna() dans pandas.

Voici une analyse détaillée du code :

1. Création des données :

   o Nous commençons par créer un DataFrame d'exemple avec des valeurs manquantes (représentées par np.nan) dans différentes colonnes.

   o Cela simule un scénario réel où les données pourraient être incomplètes.

2. Affichage des données originales :

   o Le DataFrame original est imprimé pour montrer l'état initial des données, y compris les valeurs manquantes.

3. Vérification des valeurs manquantes :

   o Nous utilisons df.isnull().sum() pour compter le nombre de valeurs manquantes dans chaque colonne.

   o Cette étape est cruciale pour comprendre l'étendue des données manquantes avant de décider d'une stratégie de suppression.

4. Suppression des lignes avec des valeurs manquantes :

   o df.dropna() est utilisé sans paramètres pour supprimer toutes les lignes qui contiennent des valeurs manquantes.

   o C'est l'approche la plus stricte et peut entraîner une perte significative de données si de nombreuses lignes contiennent des valeurs manquantes.

5. Suppression des lignes avec des valeurs manquantes dans des colonnes spécifiques :

   o df.dropna(subset=['Age', 'Salary']) supprime les lignes uniquement s'il y a des valeurs manquantes dans les colonnes 'Age' ou 'Salary'.

   o Cette approche est plus ciblée et préserve davantage de données par rapport à la suppression de toutes les lignes contenant des valeurs manquantes.

6. Suppression des colonnes avec des valeurs manquantes :

   o df.dropna(axis=1) supprime toute colonne qui contient des valeurs manquantes.

   o Cette approche est utile lorsque certaines caractéristiques sont jugées peu fiables en raison de données manquantes.

7. Visualisation de l'impact :

   o Un graphique à barres est créé pour comparer visuellement le nombre de lignes dans le DataFrame original par rapport aux DataFrames après suppression des lignes et des colonnes.

   o Cette visualisation aide à comprendre le compromis entre l'exhaustivité des données et la perte de données.

Cet exemple complet illustre différentes stratégies de gestion des données manquantes par suppression, permettant une comparaison de leurs impacts sur le jeu de données. Il est important de choisir la méthode appropriée en fonction des exigences spécifiques de votre analyse et de la nature de vos données.

Dans cet exemple, la fonction dropna() supprime toutes les lignes qui contiennent des valeurs manquantes. Vous pouvez également spécifier s'il faut supprimer des lignes ou des colonnes selon votre cas d'utilisation.

2. Imputation des données manquantes

Si vous avez une quantité importante de données manquantes, la suppression des lignes peut ne pas être une option viable car elle pourrait entraîner une perte substantielle d'informations. Dans de tels cas, l'**imputation** devient une technique cruciale. L'imputation consiste à combler les valeurs manquantes avec des données estimées, vous permettant de préserver la structure globale et la taille de votre jeu de données.

Il existe plusieurs méthodes d'imputation courantes, chacune ayant ses propres forces et cas d'utilisation :

a. Imputation par la moyenne

L'imputation par la moyenne est une méthode largement utilisée pour traiter les données numériques manquantes. Cette technique consiste à remplacer les valeurs manquantes dans une colonne par la moyenne arithmétique de toutes les valeurs non manquantes dans cette même colonne. Par exemple, si un jeu de données comporte des valeurs d'âge manquantes, l'âge moyen de tous les individus dont l'âge est enregistré serait calculé et utilisé pour combler les lacunes.

La popularité de l'imputation par la moyenne découle de sa simplicité et de sa facilité de mise en œuvre. Elle nécessite des ressources de calcul minimales et peut être rapidement appliquée à de grands jeux de données. Cela en fait une option attrayante pour les scientifiques et analystes de données travaillant avec des contraintes de temps ou une puissance de traitement limitée.

Cependant, bien que l'imputation par la moyenne soit simple, elle s'accompagne de plusieurs mises en garde importantes :

1. Distorsion de la distribution : En remplaçant les valeurs manquantes par la moyenne, cette méthode peut altérer la distribution globale des données. Elle augmente artificiellement la fréquence de la valeur moyenne, créant potentiellement un pic dans la distribution autour de ce point. Cela peut entraîner une réduction de la variance et de l'écart-type des données, ce qui peut affecter les analyses statistiques qui reposent sur ces mesures.

2. Altération des relations : L'imputation par la moyenne ne tient pas compte des relations entre les variables. En réalité, les valeurs manquantes pourraient être corrélées à d'autres caractéristiques du jeu de données. En utilisant la moyenne globale, ces relations potentielles sont ignorées, ce qui pourrait conduire à des résultats biaisés dans les analyses ultérieures.

3. Mauvaise représentation de l'incertitude : Cette méthode ne capture pas l'incertitude associée aux données manquantes. Elle traite les valeurs imputées avec la même confiance que les valeurs observées, ce qui peut ne pas être approprié, surtout si la proportion de données manquantes est importante.

4. Impact sur les tests statistiques : La variabilité artificiellement réduite peut conduire à des intervalles de confiance plus étroits et potentiellement à des statistiques t gonflées, ce qui pourrait entraîner des faux positifs dans les tests d'hypothèse.

5. Biais dans les analyses multivariées : Dans les analyses impliquant plusieurs variables, comme la régression ou le clustering, l'imputation par la moyenne peut introduire un biais en affaiblissant les relations entre les variables.

Compte tenu de ces limitations, bien que l'imputation par la moyenne reste un outil utile dans certains scénarios, il est crucial pour les scientifiques des données de considérer attentivement sa pertinence pour leur jeu de données spécifique et leurs objectifs d'analyse. Dans de nombreux cas, des méthodes d'imputation plus sophistiquées qui préservent les propriétés statistiques et les relations des données pourraient être préférables, en particulier pour des analyses complexes ou lorsqu'on traite une quantité importante de données manquantes.

Exemple : Imputation des données manquantes avec la moyenne

```python
import pandas as pd
import numpy as np
import matplotlib.pyplot as plt
from sklearn.impute import SimpleImputer

# Create a sample DataFrame with missing values
data = {
    'Name': ['Alice', 'Bob', 'Charlie', 'David', 'Eve'],
    'Age': [25, np.nan, 35, 40, np.nan],
    'Salary': [50000, 60000, np.nan, 80000, 55000],
    'Department': ['HR', 'IT', 'Finance', 'IT', np.nan]
}
df = pd.DataFrame(data)
```

```
# Display the original DataFrame
print("Original DataFrame:")
print(df)
print("\\nMissing values in each column:")
print(df.isnull().sum())

# Impute missing values in the 'Age' and 'Salary' columns with the mean
df['Age'] = df['Age'].fillna(df['Age'].mean())
df['Salary'] = df['Salary'].fillna(df['Salary'].mean())

print("\\nDataFrame After Mean Imputation:")
print(df)

# Using SimpleImputer for comparison
imputer = SimpleImputer(strategy='mean')
df_imputed = pd.DataFrame(imputer.fit_transform(df), columns=df.columns)

print("\\nDataFrame After SimpleImputer Mean Imputation:")
print(df_imputed)

# Visualize the impact of imputation
fig, (ax1, ax2) = plt.subplots(1, 2, figsize=(12, 5))

ax1.bar(df['Name'], df['Age'], color='blue', alpha=0.7)
ax1.set_title('Age Distribution After Imputation')
ax1.set_ylabel('Age')
ax1.tick_params(axis='x', rotation=45)

ax2.bar(df['Name'], df['Salary'], color='green', alpha=0.7)
ax2.set_title('Salary Distribution After Imputation')
ax2.set_ylabel('Salary')
ax2.tick_params(axis='x', rotation=45)

plt.tight_layout()
plt.show()

# Calculate and print statistics
print("\\nStatistics After Imputation:")
print(df[['Age', 'Salary']].describe())
```

Cet exemple de code fournit une approche plus complète de l'imputation par la moyenne et inclut la visualisation et l'analyse statistique.

Voici une décomposition du code :

- Création et inspection des données :

  o Nous créons un DataFrame échantillon avec des valeurs manquantes dans différentes colonnes.

- o Le DataFrame original est affiché avec un décompte des valeurs manquantes dans chaque colonne.

- Imputation par la moyenne :
  - o Nous utilisons la méthode fillna() avec df['column'].mean() pour imputer les valeurs manquantes dans les colonnes 'Age' et 'Salary'.
  - o Le DataFrame après imputation est affiché pour montrer les changements.

- Comparaison avec SimpleImputer :
  - o Nous utilisons le SimpleImputer de sklearn avec la stratégie 'mean' pour effectuer l'imputation.
  - o Cela démontre une méthode alternative pour l'imputation par la moyenne, qui peut être utile pour des jeux de données plus volumineux ou lors de l'utilisation des pipelines scikit-learn.

- Visualisation :
  - o Deux graphiques à barres sont créés pour visualiser les distributions d'Âge et de Salaire après imputation.
  - o Cela aide à comprendre l'impact de l'imputation sur la distribution des données.

- Analyse statistique :
  - o Nous calculons et affichons des statistiques descriptives pour les colonnes 'Age' et 'Salary' après imputation.
  - o Cela fournit des indications sur la façon dont l'imputation a affecté les tendances centrales et la dispersion des données.

Cet exemple de code ne démontre pas seulement comment effectuer une imputation par la moyenne, mais montre également comment évaluer son impact par la visualisation et l'analyse statistique. Il est important de noter que bien que l'imputation par la moyenne soit simple et souvent efficace, elle peut réduire la variance dans vos données et peut ne pas convenir à toutes les situations, notamment lorsque les données ne sont pas manquantes de façon aléatoire.

b. Imputation par la médiane

L'imputation par la médiane est une alternative robuste à l'imputation par la moyenne pour traiter les données manquantes. Cette méthode utilise la valeur médiane des données non manquantes pour combler les lacunes. La médiane est la valeur centrale lorsqu'un ensemble de données est ordonné du plus petit au plus grand, séparant effectivement la moitié supérieure de la moitié inférieure d'un échantillon de données.

L'imputation par la médiane est particulièrement précieuse lorsqu'on traite des distributions asymétriques ou des ensembles de données contenant des valeurs aberrantes. Dans ces scénarios, la médiane s'avère plus robuste et représentative que la moyenne. Cela s'explique par le fait que les valeurs aberrantes peuvent significativement tirer la moyenne vers des valeurs extrêmes, alors que la médiane reste stable.

Par exemple, considérons un ensemble de données de salaires où la plupart des employés gagnent entre 40 000 $ et 60 000 $, mais il y a quelques dirigeants avec des salaires dépassant 1 000 000 $. Le salaire moyen serait fortement influencé par ces hauts revenus, conduisant potentiellement à une surestimation lors de l'imputation des valeurs manquantes. La médiane, cependant, fournirait une représentation plus précise du salaire typique.

De plus, l'imputation par la médiane aide à maintenir la forme globale de la distribution des données mieux que l'imputation par la moyenne dans les cas de données asymétriques. Cela est crucial pour préserver les caractéristiques importantes de l'ensemble de données, qui peuvent être essentielles pour les analyses ou les tâches de modélisation ultérieures.

Il convient de noter que, bien que l'imputation par la médiane soit souvent supérieure à l'imputation par la moyenne pour les données asymétriques, elle présente encore des limites. Comme l'imputation par la moyenne, elle ne tient pas compte des relations entre les variables et peut ne pas convenir aux ensembles de données où les valeurs manquantes ne sont pas distribuées aléatoirement. Dans de tels cas, des techniques d'imputation plus avancées pourraient être nécessaires.

Exemple : Imputation par la médiane

```python
import pandas as pd
import numpy as np
import matplotlib.pyplot as plt
from sklearn.impute import SimpleImputer

# Create a sample DataFrame with missing values and outliers
np.random.seed(42)
data = {
    'Name': ['Alice', 'Bob', 'Charlie', 'David', 'Eve', 'Frank', 'Grace', 'Henry',
'Ivy', 'Jack'],
    'Age': [25, np.nan, 35, 40, np.nan, 55, 30, np.nan, 45, 50],
    'Salary': [50000, 60000, np.nan, 80000, 55000, 75000, np.nan, 70000, 1000000,
np.nan]
}
df = pd.DataFrame(data)

# Display the original DataFrame
print("Original DataFrame:")
print(df)
print("\\nMissing values in each column:")
print(df.isnull().sum())

# Perform median imputation
```

```
df_median_imputed = df.copy()
df_median_imputed['Age']                                                    =
df_median_imputed['Age'].fillna(df_median_imputed['Age'].median())
df_median_imputed['Salary']                                                 =
df_median_imputed['Salary'].fillna(df_median_imputed['Salary'].median())

print("\\nDataFrame After Median Imputation:")
print(df_median_imputed)

# Using SimpleImputer for comparison
imputer = SimpleImputer(strategy='median')
df_imputed = pd.DataFrame(imputer.fit_transform(df), columns=df.columns)

print("\\nDataFrame After SimpleImputer Median Imputation:")
print(df_imputed)

# Visualize the impact of imputation
fig, (ax1, ax2) = plt.subplots(1, 2, figsize=(15, 6))

ax1.boxplot([df['Salary'].dropna(), df_median_imputed['Salary']], labels=['Original',
'Imputed'])
ax1.set_title('Salary Distribution: Original vs Imputed')
ax1.set_ylabel('Salary')

ax2.scatter(df['Age'], df['Salary'], label='Original', alpha=0.7)
ax2.scatter(df_median_imputed['Age'], df_median_imputed['Salary'], label='Imputed',
alpha=0.7)
ax2.set_xlabel('Age')
ax2.set_ylabel('Salary')
ax2.set_title('Age vs Salary: Original and Imputed Data')
ax2.legend()

plt.tight_layout()
plt.show()

# Calculate and print statistics
print("\\nStatistics After Imputation:")
print(df_median_imputed[['Age', 'Salary']].describe())
```

Cet exemple complet démontre l'imputation par la médiane et inclut la visualisation et l'analyse statistique. Voici une décomposition du code :

1. Création et inspection des données :

    o   Nous créons un DataFrame échantillon avec des valeurs manquantes dans les colonnes 'Age' et 'Salary', y compris une valeur aberrante dans la colonne 'Salary'.

    o   Le DataFrame original est affiché avec un décompte des valeurs manquantes dans chaque colonne.

2.   Imputation par la médiane :

- o   Nous utilisons la méthode fillna() avec df['column'].median() pour imputer les valeurs manquantes dans les colonnes 'Age' et 'Salary'.

- o   Le DataFrame après imputation est affiché pour montrer les changements.

3.   Comparaison avec SimpleImputer :

- o   Nous utilisons le SimpleImputer de sklearn avec la stratégie 'median' pour effectuer l'imputation.

- o   Cela démontre une méthode alternative pour l'imputation par la médiane, qui peut être utile pour des jeux de données plus volumineux ou lors de l'utilisation des pipelines scikit-learn.

4.   Visualisation :

- o   Un graphique en boîte est créé pour comparer les distributions de salaire originales et imputées, mettant en évidence l'impact de l'imputation par la médiane sur la valeur aberrante.

- o   Un nuage de points montre la relation entre l'Âge et le Salaire, en comparant les données originales et imputées.

5.   Analyse statistique :

- o   Nous calculons et affichons des statistiques descriptives pour les colonnes 'Age' et 'Salary' après imputation.

- o   Cela fournit des indications sur la façon dont l'imputation a affecté les tendances centrales et la dispersion des données.

Cet exemple illustre comment l'imputation par la médiane gère mieux les valeurs aberrantes que l'imputation par la moyenne. La valeur aberrante de salaire de 1 000 000 n'affecte pas significativement les valeurs imputées, comme ce serait le cas avec l'imputation par la moyenne. La visualisation aide à comprendre l'impact de l'imputation sur la distribution des données et les relations entre les variables.

L'imputation par la médiane est particulièrement utile lorsqu'on traite des données asymétriques ou des ensembles de données avec des valeurs aberrantes, car elle fournit une mesure plus robuste de la tendance centrale par rapport à la moyenne. Cependant, comme d'autres méthodes d'imputation simples, elle ne tient pas compte des relations entre les variables et peut ne pas convenir à tous les types de mécanismes de données manquantes.

c. Imputation par le mode

L'imputation par le mode est une technique utilisée pour traiter les données manquantes en remplaçant les valeurs manquantes par la valeur la plus fréquemment observée (mode) dans la colonne. Cette méthode est particulièrement utile pour les données catégorielles où les concepts numériques comme la moyenne ou la médiane ne sont pas applicables.

Voici une explication plus détaillée :

Application aux données catégorielles : L'imputation par le mode est principalement utilisée pour les variables catégorielles, telles que 'couleur', 'genre' ou 'type de produit'. Par exemple, si dans une colonne 'couleur préférée', la plupart des réponses sont 'bleu', les valeurs manquantes seraient remplies avec 'bleu'.

Efficacité pour les variables nominales : L'imputation par le mode peut être très efficace pour les variables catégorielles nominales, où les catégories n'ont pas d'ordre inhérent. Des exemples incluent des variables comme 'groupe sanguin' ou 'pays d'origine'. Dans ces cas, l'utilisation de la catégorie la plus fréquente comme remplacement est souvent une hypothèse raisonnable.

Limites avec les données ordinales : Cependant, l'imputation par le mode peut ne pas convenir aux données ordinales, où l'ordre des catégories est important. Par exemple, dans une variable comme 'niveau d'éducation' (lycée, licence, master, doctorat), l'utilisation simple de la catégorie la plus fréquente pourrait perturber l'ordre inhérent et potentiellement introduire un biais dans les analyses ultérieures.

Préservation de la distribution des données : Un avantage de l'imputation par le mode est qu'elle préserve la distribution originale des données plus fidèlement que des méthodes comme l'imputation par la moyenne, en particulier pour les variables catégorielles avec une catégorie majoritaire claire.

Inconvénients potentiels : Il est important de noter que l'imputation par le mode peut simplifier à l'excès les données, surtout s'il n'y a pas de mode clair ou si la variable a plusieurs modes. Elle ne tient pas non plus compte des relations entre les variables, ce qui pourrait entraîner une perte d'informations importantes ou l'introduction d'un biais.

Approches alternatives : Pour des scénarios plus complexes, en particulier avec des données ordinales ou lorsque la préservation des relations entre variables est cruciale, des méthodes plus sophistiquées comme l'imputation multiple ou des techniques d'imputation basées sur l'apprentissage automatique pourraient être plus appropriées.

Exemple : Imputation par le mode

```python
import pandas as pd
import numpy as np
import matplotlib.pyplot as plt
from sklearn.impute import SimpleImputer

# Create a sample DataFrame with missing values
np.random.seed(42)
data = {
```

```
    'Name': ['Alice', 'Bob', 'Charlie', 'David', 'Eve', 'Frank', 'Grace', 'Henry',
'Ivy', 'Jack'],
    'Age': [25, np.nan, 35, 40, np.nan, 55, 30, np.nan, 45, 50],
    'Category': ['A', 'B', np.nan, 'A', 'C', 'B', np.nan, 'A', 'C', np.nan]
}
df = pd.DataFrame(data)

# Display the original DataFrame
print("Original DataFrame:")
print(df)
print("\\nMissing values in each column:")
print(df.isnull().sum())

# Perform mode imputation
df_mode_imputed = df.copy()
df_mode_imputed['Category']
df_mode_imputed['Category'].fillna(df_mode_imputed['Category'].mode()[0])

print("\\nDataFrame After Mode Imputation:")
print(df_mode_imputed)

# Using SimpleImputer for comparison
imputer = SimpleImputer(strategy='most_frequent')
df_imputed = pd.DataFrame(imputer.fit_transform(df), columns=df.columns)

print("\\nDataFrame After SimpleImputer Mode Imputation:")
print(df_imputed)

# Visualize the impact of imputation
fig, ax = plt.subplots(figsize=(10, 6))
category_counts = df_mode_imputed['Category'].value_counts()
ax.bar(category_counts.index, category_counts.values)
ax.set_title('Category Distribution After Mode Imputation')
ax.set_xlabel('Category')
ax.set_ylabel('Count')

plt.tight_layout()
plt.show()

# Calculate and print statistics
print("\\nCategory Distribution After Imputation:")
print(df_mode_imputed['Category'].value_counts(normalize=True))
```

Cet exemple complet démontre l'imputation par le mode et comprend une visualisation et une analyse statistique. Voici une décomposition du code :

1. Création et inspection des données :

   o Nous créons un DataFrame échantillon avec des valeurs manquantes dans les colonnes 'Age' et 'Category'.

- o Le DataFrame original est affiché avec un décompte des valeurs manquantes dans chaque colonne.

2. Imputation par le mode :

   - o Nous utilisons la méthode fillna() avec df['column'].mode()[0] pour imputer les valeurs manquantes dans la colonne 'Category'.

   - o Le DataFrame après imputation est affiché pour montrer les changements.

3. Comparaison avec SimpleImputer :

   - o Nous utilisons le SimpleImputer de sklearn avec la stratégie 'most_frequent' pour effectuer l'imputation.

   - o Cela démontre une méthode alternative pour l'imputation par le mode, qui peut être utile pour des jeux de données plus volumineux ou lors de l'utilisation des pipelines scikit-learn.

4. Visualisation :

   - o Un graphique à barres est créé pour montrer la distribution des catégories après imputation.

   - o Cela aide à comprendre l'impact de l'imputation par le mode sur la distribution des données catégorielles.

5. Analyse statistique :

   - o Nous calculons et affichons la proportion de chaque catégorie après imputation.

   - o Cela fournit des indications sur la façon dont l'imputation a affecté la distribution de la variable catégorielle.

Cet exemple illustre comment fonctionne l'imputation par le mode pour les données catégorielles. Elle remplit les valeurs manquantes avec la catégorie la plus fréquente, qui dans ce cas est 'A'. La visualisation aide à comprendre l'impact de l'imputation sur la distribution des catégories.

L'imputation par le mode est particulièrement utile pour les données catégorielles nominales où les concepts comme la moyenne ou la médiane ne s'appliquent pas. Cependant, il est important de noter que cette méthode peut potentiellement amplifier le biais vers la catégorie la plus commune, surtout s'il y a un déséquilibre significatif dans les données originales.

Bien que l'imputation par le mode soit simple et souvent efficace pour les données catégorielles, elle ne tient pas compte des relations entre les variables et peut ne pas convenir aux données catégorielles ordinales ou lorsque le mécanisme d'absence n'est pas complètement aléatoire. Dans de tels cas, des techniques plus avancées comme l'imputation multiple ou des approches basées sur l'apprentissage automatique pourraient être plus appropriées.

Bien que ces méthodes soient couramment utilisées en raison de leur simplicité et de leur facilité de mise en œuvre, il est crucial de considérer leurs limites. Elles ne tiennent pas compte des relations entre les variables et peuvent introduire un biais si les données ne sont pas manquantes de façon complètement aléatoire. Des techniques plus avancées comme l'imputation multiple ou des méthodes d'imputation basées sur l'apprentissage automatique peuvent être nécessaires pour des ensembles de données complexes ou lorsque le mécanisme d'absence n'est pas aléatoire.

d. Méthodes d'imputation avancées

Dans certains cas, l'imputation simple par la moyenne ou la médiane peut ne pas être suffisante pour traiter efficacement les données manquantes. Des méthodes plus sophistiquées telles que **l'imputation par les K plus proches voisins (KNN)** ou **l'imputation par régression** peuvent être appliquées pour obtenir de meilleurs résultats. Ces techniques avancées vont au-delà des simples mesures statistiques et prennent en compte les relations complexes entre les variables pour prédire les valeurs manquantes avec plus de précision.

L'imputation par les K plus proches voisins (KNN) fonctionne en identifiant les K points de données les plus similaires (voisins) à celui avec des valeurs manquantes, basé sur d'autres caractéristiques disponibles. Elle utilise ensuite les valeurs de ces voisins pour estimer la valeur manquante, souvent en prenant leur moyenne. Cette méthode est particulièrement utile lorsqu'il existe de fortes corrélations entre les caractéristiques dans l'ensemble de données.

L'imputation par régression, quant à elle, implique la construction d'un modèle de régression utilisant les données disponibles pour prédire les valeurs manquantes. Cette méthode peut capturer des relations plus complexes entre les variables et peut être particulièrement efficace lorsqu'il existe des modèles ou des tendances clairs dans les données qui peuvent être exploités pour la prédiction.

Ces méthodes d'imputation avancées offrent plusieurs avantages par rapport à l'imputation simple :

- Elles préservent les relations entre les variables, ce qui peut être crucial pour maintenir l'intégrité de l'ensemble de données.

- Elles peuvent traiter plus efficacement les données numériques et catégorielles.

- Elles fournissent souvent des estimations plus précises des valeurs manquantes, conduisant à de meilleures performances du modèle en aval.

Heureusement, les bibliothèques populaires d'apprentissage automatique comme Scikit-learn fournissent des implémentations faciles à utiliser de ces techniques d'imputation avancées. Cette accessibilité permet aux scientifiques des données et aux analystes d'expérimenter rapidement et d'appliquer ces méthodes sophistiquées dans leurs pipelines de prétraitement, améliorant potentiellement la qualité globale de leurs données et la performance de leurs modèles.

Exemple : Imputation par les K plus proches voisins (KNN)

```python
import pandas as pd
import numpy as np
import matplotlib.pyplot as plt
from sklearn.impute import KNNImputer
from sklearn.model_selection import train_test_split
from sklearn.linear_model import LinearRegression
from sklearn.metrics import mean_squared_error

# Create a sample DataFrame with missing values
np.random.seed(42)
data = {
    'Age': [25, np.nan, 35, 40, np.nan, 55, 30, np.nan, 45, 50],
    'Salary': [50000, 60000, np.nan, 75000, 65000, np.nan, 70000, 80000, np.nan,
90000],
    'Experience': [2, 3, 5, np.nan, 4, 8, np.nan, 7, 6, 10]
}
df = pd.DataFrame(data)

print("Original DataFrame:")
print(df)
print("\\nMissing values in each column:")
print(df.isnull().sum())

# Initialize the KNN Imputer
imputer = KNNImputer(n_neighbors=2)

# Fit and transform the data
df_imputed = pd.DataFrame(imputer.fit_transform(df), columns=df.columns)

print("\\nDataFrame After KNN Imputation:")
print(df_imputed)

# Visualize the imputation results
fig, axes = plt.subplots(1, 3, figsize=(15, 5))
for i, column in enumerate(df.columns):
    axes[i].scatter(df.index, df[column], label='Original', alpha=0.5)
    axes[i].scatter(df_imputed.index, df_imputed[column], label='Imputed', alpha=0.5)
    axes[i].set_title(f'{column} - Before and After Imputation')
    axes[i].set_xlabel('Index')
    axes[i].set_ylabel('Value')
    axes[i].legend()
plt.tight_layout()
plt.show()

# Evaluate the impact of imputation on a simple model
X = df_imputed[['Age', 'Experience']]
y = df_imputed['Salary']

X_train, X_test, y_train, y_test = train_test_split(X, y, test_size=0.2,
random_state=42)
```

```
model = LinearRegression()
model.fit(X_train, y_train)

y_pred = model.predict(X_test)
mse = mean_squared_error(y_test, y_pred)

print(f"\\nMean Squared Error after imputation: {mse:.2f}")
```

Cet exemple de code démontre une approche plus complète de l'imputation KNN et de son évaluation.

Voici une analyse détaillée du code :

- Préparation des données :
    - Nous créons un DataFrame échantillon avec des valeurs manquantes dans les colonnes 'Age', 'Salary' et 'Experience'.
    - Le DataFrame original et le décompte des valeurs manquantes sont affichés.
- Imputation KNN :
    - Nous initialisons un KNNImputer avec 2 voisins.
    - L'imputer est appliqué au DataFrame, comblant les valeurs manquantes en se basant sur les K plus proches voisins.
- Visualisation :
    - Nous créons des nuages de points pour chaque colonne, comparant les données originales avec valeurs manquantes aux données imputées.
    - Cette représentation visuelle aide à comprendre comment l'imputation KNN affecte la distribution des données.
- Évaluation du modèle :
    - Nous utilisons les données imputées pour entraîner un modèle simple de Régression Linéaire.
    - Le modèle prédit 'Salary' en se basant sur 'Age' et 'Experience'.
    - Nous calculons l'Erreur Quadratique Moyenne pour évaluer la performance du modèle après imputation.

Cet exemple complet illustre non seulement comment effectuer l'imputation KNN, mais aussi comment visualiser ses effets et évaluer son impact sur une tâche d'apprentissage automatique subséquente. Il fournit une vision plus holistique du processus d'imputation et de ses conséquences dans un flux de travail de science des données.

Dans cet exemple, le **KNN Imputer** comble les valeurs manquantes en trouvant les voisins les plus proches dans le jeu de données et en utilisant leurs valeurs pour estimer celles qui manquent. Cette méthode est souvent plus précise que l'imputation par la moyenne simple lorsque les données présentent de fortes relations entre les caractéristiques.

3.1.4 Évaluation de l'impact des données manquantes

Traiter les données manquantes n'est pas simplement une question de combler des lacunes— il est crucial d'évaluer minutieusement comment les données manquantes impactent la performance de votre modèle. Ce processus d'évaluation est multidimensionnel et nécessite une considération attentive. Lorsque certaines caractéristiques de votre jeu de données contiennent un nombre excessif de valeurs manquantes, elles peuvent s'avérer être des prédicteurs peu fiables. Dans de tels cas, il pourrait être plus avantageux de supprimer complètement ces caractéristiques plutôt que d'essayer d'imputer les valeurs manquantes.

De plus, il est essentiel de tester rigoureusement les données imputées pour garantir leur validité et fiabilité. Ce processus de test devrait se concentrer sur deux aspects clés : premièrement, vérifier que la méthode d'imputation n'a pas involontairement déformé les relations sous-jacentes dans les données, et deuxièmement, confirmer qu'elle n'a pas introduit de biais dans le modèle. Ces deux facteurs peuvent affecter significativement la précision et la généralisation de votre modèle d'apprentissage automatique.

Pour obtenir une compréhension complète de la façon dont votre méthode choisie pour traiter les données manquantes affecte votre modèle, il est conseillé d'évaluer la performance du modèle avant et après la mise en œuvre de votre stratégie de gestion des données manquantes. Cette analyse comparative peut être menée en utilisant des techniques de validation robustes telles que la validation croisée ou la validation par holdout.

Ces méthodes fournissent des informations précieuses sur la façon dont les capacités prédictives de votre modèle ont été influencées par votre approche des données manquantes, vous permettant de prendre des décisions éclairées concernant les stratégies de prétraitement les plus efficaces pour votre jeu de données spécifique et vos objectifs de modélisation.

Exemple : Évaluation du modèle avant et après le traitement des données manquantes

```
import pandas as pd
import numpy as np
from sklearn.model_selection import train_test_split
from sklearn.linear_model import LinearRegression
from sklearn.metrics import mean_squared_error, r2_score
from sklearn.impute import SimpleImputer
from sklearn.ensemble import RandomForestRegressor
from sklearn.svm import SVR

# Create a DataFrame with missing values
np.random.seed(42)
data = {
    'Age': [25, np.nan, 35, 40, np.nan, 55, 30, np.nan, 45, 50],
```

```python
    'Salary': [50000, 60000, np.nan, 75000, 65000, np.nan, 70000, 80000, np.nan,
90000],
    'Experience': [2, 3, 5, np.nan, 4, 8, np.nan, 7, 6, 10]
}
df = pd.DataFrame(data)

print("Original DataFrame:")
print(df)
print("\\nMissing values in each column:")
print(df.isnull().sum())

# Function to evaluate model performance
def evaluate_model(X, y, model_name):
    X_train, X_test, y_train, y_test = train_test_split(X, y, test_size=0.2,
random_state=42)
    if len(y_test) > 1:  # Validate sufficient data in the test set
        model = LinearRegression()
        model.fit(X_train, y_train)
        y_pred = model.predict(X_test)
        mse = mean_squared_error(y_test, y_pred)
        r2 = r2_score(y_test, y_pred)
        print(f"\\n{model_name} - Mean Squared Error: {mse:.2f}")
        print(f"{model_name} - R-squared Score: {r2:.2f}")
    else:
        print(f"\\n{model_name} - Insufficient test data for evaluation (less than 2
samples).")

# Evaluate the model by dropping rows with missing values
df_missing_dropped = df.dropna()
X_missing = df_missing_dropped[['Age', 'Experience']]
y_missing = df_missing_dropped['Salary']
evaluate_model(X_missing, y_missing, "Model with Missing Data")

# Impute missing values with the mean
imputer = SimpleImputer(strategy='mean')
df_imputed = pd.DataFrame(imputer.fit_transform(df), columns=df.columns)

print("\\nDataFrame After Mean Imputation:")
print(df_imputed)

# Evaluate the model after imputation
X_imputed = df_imputed[['Age', 'Experience']]
y_imputed = df_imputed['Salary']
evaluate_model(X_imputed, y_imputed, "Model After Imputation")

# Compare multiple models
models = {
    'Linear Regression': LinearRegression(),
    'Random Forest': RandomForestRegressor(n_estimators=100, random_state=42),
    'Support Vector Regression': SVR()
}
```

```
for name, model in models.items():
    X_train, X_test, y_train, y_test = train_test_split(X_imputed, y_imputed,
test_size=0.2, random_state=42)
    if len(y_test) > 1:  # Validate sufficient data in the test set
        model.fit(X_train, y_train)
        y_pred = model.predict(X_test)
        mse = mean_squared_error(y_test, y_pred)
        r2 = r2_score(y_test, y_pred)
        print(f"\\n{name} - Mean Squared Error: {mse:.2f}")
        print(f"{name} - R-squared Score: {r2:.2f}")
    else:
        print(f"\\n{name} - Insufficient test data for evaluation (less than 2
samples).")
```

Cet exemple de code fournit une approche complète pour évaluer l'impact des données manquantes et de l'imputation sur la performance du modèle.

Voici une analyse détaillée du code :

- **Importation des bibliothèques** : Le code utilise des bibliothèques Python comme pandas et numpy pour manipuler les données, et sklearn pour combler les valeurs manquantes, entraîner des modèles et évaluer la performance.

- **Création des données** : Un petit jeu de données est créé avec les colonnes Age, Salary et Experience. Certaines valeurs sont manquantes pour simuler des données du monde réel.

- **Vérification des données manquantes** : Le code compte combien de valeurs sont manquantes dans chaque colonne pour comprendre l'ampleur du problème.

- **Traitement des données manquantes** :

  o D'abord, les lignes avec des valeurs manquantes sont supprimées pour voir comment le modèle fonctionne avec des données incomplètes.

  o Ensuite, les valeurs manquantes sont comblées avec la moyenne de chaque colonne pour conserver toutes les lignes.

- **Entraînement des modèles** : Après le traitement des données manquantes :

  o Des modèles de Régression Linéaire, Random Forest et Régression à Vecteurs de Support (SVR) sont entraînés sur le jeu de données nettoyé.

  o Chaque modèle fait des prédictions, et la performance est mesurée à l'aide de métriques comme l'erreur et la précision.

- **Comparaison des résultats** : Le code montre quelle méthode (suppression ou imputation des valeurs manquantes) et quel modèle fonctionnent le mieux pour ce jeu de données. Cela aide à comprendre l'impact du traitement des données manquantes sur la performance du modèle.

Cet exemple démontre comment gérer les données manquantes, effectuer l'imputation et évaluer son impact sur différents modèles. Il fournit des insights sur :

- L'effet des données manquantes sur la performance du modèle

- L'impact de l'imputation par la moyenne sur la distribution des données et la précision du modèle

- Comment différents modèles performent sur les données imputées

En comparant les résultats, les data scientists peuvent prendre des décisions éclairées concernant la méthode d'imputation la plus appropriée et la sélection de modèle pour leur jeu de données spécifique et leurs objectifs de modélisation.

Le traitement des données manquantes est l'une des étapes les plus critiques du prétraitement des données. Que vous choisissiez de supprimer ou d'imputer les valeurs manquantes, comprendre la nature des données manquantes et sélectionner la méthode appropriée est essentiel pour construire un modèle d'apprentissage automatique fiable. Dans cette section, nous avons couvert plusieurs stratégies, allant de la simple imputation par la moyenne à des techniques plus avancées comme l'imputation KNN, et démontré comment évaluer leur impact sur la performance de votre modèle.

3.2 Ingénierie avancée des caractéristiques

L'ingénierie des caractéristiques est un processus crucial en apprentissage automatique qui implique la transformation de données brutes en caractéristiques significatives pour améliorer la performance du modèle. Cette étape est d'une importance capitale dans tout projet d'apprentissage automatique, car la qualité des caractéristiques créées peut souvent avoir un impact plus significatif que le choix de l'algorithme lui-même. Même les modèles les plus sophistiqués peuvent avoir des difficultés avec des caractéristiques mal conçues, tandis que des caractéristiques bien élaborées peuvent améliorer considérablement diverses métriques de performance, y compris la précision et le rappel.

L'art de l'ingénierie des caractéristiques réside dans sa capacité à révéler des modèles et des relations cachés dans les données, facilitant l'apprentissage et la formulation de prédictions précises par les algorithmes d'apprentissage automatique. En créant, combinant ou transformant des caractéristiques existantes, les data scientists peuvent fournir aux modèles des entrées plus informatives, conduisant à de meilleures généralisations et des prédictions plus robustes.

Dans cette section complète, nous explorerons des techniques avancées pour créer et affiner des caractéristiques. Nous examinerons une large gamme de méthodologies, notamment :

- **Termes d'interaction :** Capturer les relations entre plusieurs caractéristiques

- **Caractéristiques polynomiales :** Modéliser les relations non linéaires dans les données

- **Transformations logarithmiques :** Gérer les distributions asymétriques et réduire l'impact des valeurs aberrantes

- **Discrétisation :** Discrétiser les variables continues pour capturer des tendances plus larges

- **Encodage des données catégorielles :** Convertir les variables catégorielles en représentations numériques

- **Méthodes de sélection de caractéristiques :** Identifier les caractéristiques les plus pertinentes pour votre modèle

À la fin de cette section, vous aurez acquis une compréhension approfondie de la façon de créer, manipuler et sélectionner efficacement des caractéristiques. Ces connaissances vous permettront d'exploiter pleinement le potentiel prédictif de vos données, menant à des modèles d'apprentissage automatique plus précis et fiables dans un large éventail d'applications.

3.2.1 Termes d'interaction

Les termes d'interaction sont une technique puissante d'ingénierie des caractéristiques qui capture la relation entre deux ou plusieurs caractéristiques dans un jeu de données. Ces termes vont au-delà des simples relations linéaires et explorent comment différentes variables interagissent entre elles pour influencer la variable cible. Dans de nombreux scénarios réels, l'effet combiné de plusieurs caractéristiques peut fournir un pouvoir prédictif significativement plus important que la considération de chaque caractéristique individuellement.

Le concept des termes d'interaction est ancré dans la compréhension que les variables n'opèrent souvent pas isolément. Au contraire, leur impact sur le résultat peut être modulé ou amplifié par d'autres variables. En créant des termes d'interaction, nous permettons à nos modèles de capturer ces relations complexes et non linéaires qui pourraient autrement être manquées.

Par exemple, considérons un jeu de données contenant à la fois les variables "Âge" et "Salaire" dans une étude du comportement des consommateurs. Bien que chacune de ces caractéristiques puisse avoir un certain pouvoir prédictif seule, leur interaction pourrait révéler des insights beaucoup plus nuancés :

- Les jeunes individus avec des salaires élevés pourraient avoir des modèles d'achat différents par rapport aux individus plus âgés avec des salaires similaires, montrant peut-être une préférence pour les produits de luxe ou les expériences.

- Les individus plus âgés avec des salaires plus bas pourraient privilégier différents types d'achats par rapport aux jeunes individus dans la même tranche de salaire, se concentrant possiblement davantage sur les soins de santé ou l'épargne-retraite.

- L'effet d'une augmentation de salaire sur le comportement d'achat pourrait être plus prononcé pour les jeunes individus par rapport aux plus âgés, ou vice versa.

En incorporant un terme d'interaction entre "Âge" et "Salaire", nous permettons à notre modèle de capturer ces relations nuancées. Cela peut conduire à des prédictions plus précises et des insights plus profonds sur les facteurs qui influencent le comportement des consommateurs.

Il est important de noter que bien que les termes d'interaction puissent être puissants, ils devraient être utilisés judicieusement. Inclure trop de termes d'interaction peut mener au surapprentissage, particulièrement dans les petits jeux de données. Par conséquent, il est crucial d'équilibrer les avantages potentiels des termes d'interaction avec le principe de simplicité et d'interprétabilité du modèle.

Création de termes d'interaction

Vous pouvez créer des termes d'interaction en utilisant deux méthodes principales : la création manuelle ou la génération automatisée via des bibliothèques comme Scikit-learn. La création manuelle implique de définir et de calculer explicitement les termes d'interaction basés sur la connaissance du domaine et les hypothèses sur les relations entre caractéristiques. Cette approche permet un contrôle précis sur les interactions à inclure mais peut être chronophage pour les grands jeux de données avec de nombreuses caractéristiques.

Alternativement, des bibliothèques comme Scikit-learn fournissent des outils efficaces pour automatiser ce processus. La classe PolynomialFeatures de Scikit-learn, par exemple, peut générer des termes d'interaction systématiquement pour toutes ou certaines caractéristiques sélectionnées. Cette approche automatisée est particulièrement utile lorsqu'on traite des données de haute dimension ou lorsqu'on souhaite explorer une large gamme d'interactions potentielles.

Les deux méthodes ont leurs mérites, et le choix entre création manuelle et automatisée dépend souvent des exigences spécifiques de votre projet, de la taille de votre jeu de données et de votre compréhension des relations sous-jacentes entre les caractéristiques. En pratique, une combinaison des deux approches peut être efficace, en utilisant des méthodes automatisées pour l'exploration initiale et la création manuelle pour l'ajustement fin basé sur l'expertise du domaine.

Exemple : Création de termes d'interaction avec Scikit-learn

```
import pandas as pd
import numpy as np
from sklearn.preprocessing import PolynomialFeatures
from sklearn.model_selection import train_test_split
from sklearn.linear_model import LinearRegression
from sklearn.metrics import mean_squared_error, r2_score
```

```python
# Sample data
np.random.seed(42)
data = {
    'Age': np.random.randint(25, 65, 100),
    'Experience': np.random.randint(0, 40, 100),
    'Salary': np.random.randint(30000, 150000, 100)
}
df = pd.DataFrame(data)

# Function to evaluate model performance
def evaluate_model(X, y, model_name):
    X_train, X_test, y_train, y_test = train_test_split(X, y, test_size=0.2,
random_state=42)
    model = LinearRegression()
    model.fit(X_train, y_train)
    y_pred = model.predict(X_test)
    mse = mean_squared_error(y_test, y_pred)
    r2 = r2_score(y_test, y_pred)
    print(f"\\n{model_name} - Mean Squared Error: {mse:.2f}")
    print(f"{model_name} - R-squared Score: {r2:.2f}")

# Evaluate model without interaction terms
X = df[['Age', 'Experience']]
y = df['Salary']
evaluate_model(X, y, "Model without Interaction Terms")

# Initialize the PolynomialFeatures object with degree 2 for interaction terms
poly = PolynomialFeatures(degree=2, interaction_only=True, include_bias=False)

# Fit and transform the data
interaction_features = poly.fit_transform(df[['Age', 'Experience']])

# Convert back to a DataFrame for readability
feature_names = ['Age', 'Experience', 'Age*Experience']
interaction_df = pd.DataFrame(interaction_features, columns=feature_names)

# Combine with original target variable
interaction_df['Salary'] = df['Salary']

print("\\nDataFrame with Interaction Terms:")
print(interaction_df.head())

# Evaluate model with interaction terms
X_interaction = interaction_df[['Age', 'Experience', 'Age*Experience']]
y_interaction = interaction_df['Salary']
evaluate_model(X_interaction, y_interaction, "Model with Interaction Terms")

# Visualize the impact of interaction terms
import matplotlib.pyplot as plt
from mpl_toolkits.mplot3d import Axes3D
```

```
fig = plt.figure(figsize=(12, 5))

# Plot without interaction terms
ax1 = fig.add_subplot(121, projection='3d')
ax1.scatter(df['Age'], df['Experience'], df['Salary'])
ax1.set_xlabel('Age')
ax1.set_ylabel('Experience')
ax1.set_zlabel('Salary')
ax1.set_title('Without Interaction Terms')

# Plot with interaction terms
ax2 = fig.add_subplot(122, projection='3d')
ax2.scatter(df['Age'],              df['Experience'],              df['Salary'],
c=interaction_df['Age*Experience'], cmap='viridis')
ax2.set_xlabel('Age')
ax2.set_ylabel('Experience')
ax2.set_zlabel('Salary')
ax2.set_title('With Interaction Terms (Color: Age*Experience)')

plt.tight_layout()
plt.show()
```

Cet exemple de code fournit une démonstration complète de la création et de l'utilisation des termes d'interaction dans un contexte d'apprentissage automatique.

Voici une analyse détaillée du code et de sa fonctionnalité :

1. Préparation des données :

- Nous créons un jeu de données plus volumineux et réaliste avec 100 échantillons.

- Les données comprennent les caractéristiques 'Age', 'Experience' et 'Salary', simulant un scénario du monde réel.

2. Fonction d'évaluation du modèle :

- Une fonction evaluate_model() est définie pour évaluer la performance du modèle.

- Elle utilise l'erreur quadratique moyenne (MSE) et le score R^2 comme métriques d'évaluation.

- Cette fonction nous permet de comparer les modèles avec et sans termes d'interaction.

3. Modèle de référence :

- Nous évaluons d'abord un modèle sans termes d'interaction, en utilisant uniquement 'Age' et 'Experience' comme caractéristiques.

- Cela sert de référence pour la comparaison.

4. Création de termes d'interaction :

- Nous utilisons PolynomialFeatures pour créer des termes d'interaction.

- Le paramètre interaction_only=True garantit que nous obtenons uniquement des termes d'interaction, pas des termes polynomiaux.

- Nous créons un terme d'interaction 'Age*Experience'.

5. Modèle avec termes d'interaction :

- Nous évaluons un nouveau modèle qui inclut le terme d'interaction 'Age*Experience'.

- Cela nous permet de comparer la performance avec le modèle de référence.

6. Visualisation :

- Nous créons des graphiques de dispersion 3D pour visualiser les données et l'impact des termes d'interaction.

- Le premier graphique montre les données originales.

- Le deuxième graphique utilise la couleur pour représenter le terme d'interaction, offrant une compréhension visuelle de son effet.

Cet exemple complet démontre comment créer des termes d'interaction, les incorporer dans un modèle et évaluer leur impact sur la performance du modèle. Il fournit également une représentation visuelle pour aider à comprendre l'effet des termes d'interaction sur les données.

En comparant les métriques d'évaluation des modèles avec et sans termes d'interaction, vous pouvez déterminer si l'inclusion de termes d'interaction améliore la puissance prédictive du modèle pour ce jeu de données particulier.

3.2.2 Caractéristiques polynomiales

Parfois, les relations linéaires entre les caractéristiques peuvent ne pas suffire pour capturer la complexité des données. Dans de nombreux scénarios réels, les relations entre les variables sont souvent non linéaires, ce qui signifie que l'effet d'une variable sur une autre n'est pas constant ou proportionnel. C'est là que les **caractéristiques polynomiales** entrent en jeu, offrant un outil puissant pour modéliser ces relations complexes et non linéaires.

Les caractéristiques polynomiales vous permettent d'étendre votre ensemble de caractéristiques en ajoutant des puissances des caractéristiques existantes, comme des termes au carré ou au cube. Par exemple, si vous avez une caractéristique 'x', les caractéristiques polynomiales incluraient 'x^2', 'x^3', etc. Cette expansion de l'espace des caractéristiques permet à votre modèle de capturer des motifs plus complexes dans les données.

Le concept derrière les caractéristiques polynomiales est ancré dans le principe mathématique de la régression polynomiale. En incluant ces termes d'ordre supérieur, vous ajustez essentiellement une courbe à vos données au lieu d'une ligne droite. Cette courbe peut représenter plus précisément les relations sous-jacentes dans votre jeu de données.

Voici quelques points clés à comprendre sur les caractéristiques polynomiales :

- Flexibilité : Les caractéristiques polynomiales offrent une plus grande flexibilité dans la modélisation. Elles peuvent capturer divers motifs non linéaires tels que les relations quadratiques (x^2), cubiques (x^3) ou d'ordre supérieur.

- Risque de surapprentissage : Bien que les caractéristiques polynomiales puissent améliorer la performance du modèle, elles augmentent également le risque de surapprentissage, en particulier avec des polynômes de degré supérieur. Il est crucial d'utiliser des techniques comme la régularisation ou la validation croisée pour atténuer ce risque.

- Interaction de caractéristiques : Les caractéristiques polynomiales peuvent également capturer les interactions entre différentes caractéristiques. Par exemple, si vous avez les caractéristiques 'x' et 'y', les caractéristiques polynomiales pourraient inclure 'xy', représentant l'interaction entre ces variables.

- Interprétabilité : Les caractéristiques polynomiales de degré inférieur (comme les termes quadratiques) peuvent souvent être interprétées, mais les termes de degré supérieur peuvent rendre le modèle plus complexe et plus difficile à interpréter.

Les caractéristiques polynomiales sont particulièrement utiles dans les modèles de régression où vous soupçonnez une relation non linéaire entre la cible et les caractéristiques. Par exemple, en économie, la relation entre le prix et la demande est souvent non linéaire. En physique, de nombreux phénomènes suivent des relations quadratiques ou d'ordre supérieur. En incorporant des caractéristiques polynomiales, votre modèle peut s'adapter à ces relations complexes, menant potentiellement à des prédictions et des insights plus précis.

Cependant, il est important d'utiliser les caractéristiques polynomiales judicieusement. Commencez par des polynômes de degré inférieur et augmentez progressivement la complexité si nécessaire, en validant toujours la performance du modèle sur des données non vues pour vous assurer que vous ne faites pas de surapprentissage. L'objectif est de trouver le bon équilibre entre la complexité du modèle et la capacité de généralisation.

Génération de caractéristiques polynomiales

La classe PolynomialFeatures de Scikit-learn est un outil puissant pour générer des termes polynomiaux, qui peuvent considérablement améliorer la complexité et l'expressivité de votre ensemble de caractéristiques. Cette classe vous permet de créer de nouvelles caractéristiques qui sont des combinaisons polynomiales des caractéristiques originales, jusqu'à un degré spécifié.

Voici comment cela fonctionne :

- La classe prend un paramètre d'entrée 'degree', qui détermine le degré maximal des caractéristiques polynomiales à générer.

- Elle crée toutes les combinaisons possibles de caractéristiques jusqu'à ce degré. Par exemple, si vous avez les caractéristiques 'x' et 'y' et définissez degree=2, elle générera 'x', 'y', 'x^2', 'xy' et 'y^2'.

- Vous pouvez également contrôler si vous souhaitez inclure un terme de biais (caractéristique constante) et si vous souhaitez inclure uniquement des termes d'interaction.

L'utilisation de PolynomialFeatures peut aider à capturer des relations non linéaires dans vos données, améliorant potentiellement la performance des modèles linéaires sur des jeux de données complexes. Cependant, il est important d'utiliser cette technique judicieusement, car elle peut augmenter considérablement le nombre de caractéristiques et potentiellement conduire au surapprentissage si elle n'est pas correctement régularisée.

Exemple : Caractéristiques polynomiales avec Scikit-learn

```python
import pandas as pd
import numpy as np
from sklearn.preprocessing import PolynomialFeatures
from sklearn.model_selection import train_test_split
from sklearn.linear_model import LinearRegression
from sklearn.metrics import mean_squared_error, r2_score
import matplotlib.pyplot as plt

# Create sample data
np.random.seed(42)
data = {
    'Age': np.random.randint(20, 60, 100),
    'Salary': np.random.randint(30000, 120000, 100)
}
df = pd.DataFrame(data)

# Function to evaluate model performance
def evaluate_model(X, y, model_name):
    X_train, X_test, y_train, y_test = train_test_split(X, y, test_size=0.2,
random_state=42)
    model = LinearRegression()
    model.fit(X_train, y_train)
    y_pred = model.predict(X_test)
    mse = mean_squared_error(y_test, y_pred)
    r2 = r2_score(y_test, y_pred)
    print(f"\\n{model_name} - Mean Squared Error: {mse:.2f}")
    print(f"{model_name} - R-squared Score: {r2:.2f}")
    return model, X_test, y_test, y_pred

# Evaluate model without polynomial features
X = df[['Age']]
```

```
y = df['Salary']
model_linear, X_test_linear, y_test_linear, y_pred_linear = evaluate_model(X, y,
"Linear Model")

# Generate polynomial features of degree 2
poly = PolynomialFeatures(degree=2, include_bias=False)
polynomial_features = poly.fit_transform(df[['Age']])

# Convert back to DataFrame
feature_names = ['Age', 'Age^2']
polynomial_df = pd.DataFrame(polynomial_features, columns=feature_names)
polynomial_df['Salary'] = df['Salary']

print("\\nFirst few rows of DataFrame with Polynomial Features:")
print(polynomial_df.head())

# Evaluate model with polynomial features
X_poly = polynomial_df[['Age', 'Age^2']]
y_poly = polynomial_df['Salary']
model_poly, X_test_poly, y_test_poly, y_pred_poly = evaluate_model(X_poly, y_poly,
"Polynomial Model")

# Visualize the results
plt.figure(figsize=(12, 6))
plt.scatter(df['Age'], df['Salary'], color='blue', alpha=0.5, label='Data points')
plt.plot(X_test_linear, y_pred_linear, color='red', label='Linear Model')

# Sort X_test_poly for smooth curve plotting
X_test_poly_sorted = np.sort(X_test_poly, axis=0)
y_pred_poly_sorted = model_poly.predict(X_test_poly_sorted)
plt.plot(X_test_poly_sorted[:,    0],    y_pred_poly_sorted,    color='green',
label='Polynomial Model')

plt.xlabel('Age')
plt.ylabel('Salary')
plt.title('Comparison of Linear and Polynomial Models')
plt.legend()
plt.show()
```

Cet exemple de code démontre l'utilisation des caractéristiques polynomiales de manière plus complète.

Voici une analyse détaillée du code et de sa fonctionnalité :

1. Préparation des données :

- Nous créons un jeu de données échantillon avec les caractéristiques 'Age' et 'Salary'.

- Cela simule un scénario réaliste où nous pourrions vouloir prédire le salaire en fonction de l'âge.

2. Fonction d'évaluation du modèle :

- La fonction evaluate_model() est définie pour évaluer la performance du modèle.

- Elle utilise l'erreur quadratique moyenne (MSE) et le score R^2 comme métriques d'évaluation.

- Cette fonction nous permet de comparer des modèles avec et sans caractéristiques polynomiales.

3. Modèle linéaire :

- Nous évaluons d'abord un modèle linéaire simple en utilisant uniquement 'Age' comme caractéristique.

- Cela sert de référence pour la comparaison.

4. Génération de caractéristiques polynomiales :

- Nous utilisons PolynomialFeatures pour créer des termes polynomiaux de degré 2.

- Cela ajoute une caractéristique 'Age^2' à notre jeu de données.

5. Modèle polynomial :

- Nous évaluons un nouveau modèle qui inclut à la fois 'Age' et 'Age^2' comme caractéristiques.

- Cela nous permet de capturer des relations non linéaires entre l'âge et le salaire.

6. Visualisation :

- Nous créons un nuage de points des données originales.

- Nous superposons les prédictions des modèles linéaire et polynomial.

- Cette comparaison visuelle aide à comprendre comment le modèle polynomial peut capturer des motifs non linéaires dans les données.

7. Interprétation :

- En comparant les métriques d'évaluation et en visualisant les résultats, nous pouvons déterminer si l'inclusion de caractéristiques polynomiales améliore la puissance prédictive du modèle pour ce jeu de données particulier.

- Le modèle polynomial peut montrer un meilleur ajustement aux données s'il existe une relation non linéaire entre l'âge et le salaire.

Cet exemple démontre comment générer des caractéristiques polynomiales, les intégrer dans un modèle et évaluer leur impact sur la performance du modèle. Il fournit également une représentation visuelle pour aider à comprendre l'effet des caractéristiques polynomiales sur les données et les prédictions du modèle.

3.2.3 Transformations logarithmiques

Dans de nombreux jeux de données réels, certaines caractéristiques présentent des distributions asymétriques, ce qui peut poser des défis significatifs pour les modèles d'apprentissage automatique. Cette asymétrie est particulièrement problématique pour les modèles linéaires et les algorithmes basés sur la distance comme les **k plus proches voisins**, car ces modèles supposent souvent une distribution plus équilibrée des données.

Les distributions asymétriques sont caractérisées par un manque de symétrie, où la majorité des points de données se regroupent d'un côté de la moyenne, avec une longue queue s'étendant de l'autre côté. Cette asymétrie peut entraîner plusieurs problèmes dans la performance du modèle :

- Prédictions biaisées : Les modèles peuvent surestimer l'importance des valeurs extrêmes, conduisant à des prédictions inexactes.

- Violation des hypothèses : De nombreuses techniques statistiques supposent des données normalement distribuées, ce que les caractéristiques asymétriques violent.

- Difficulté d'interprétation : Les données asymétriques peuvent rendre difficile l'interprétation précise des coefficients et de l'importance des caractéristiques.

Pour faire face à ces défis, les data scientists emploient souvent des **transformations logarithmiques**. Cette technique consiste à appliquer la fonction logarithme à la caractéristique asymétrique, ce qui a pour effet de comprimer la plage des grandes valeurs tout en étalant les petites valeurs. Le résultat est une distribution plus normalisée qui est plus facile à traiter pour les modèles.

Les transformations logarithmiques sont particulièrement efficaces lorsqu'il s'agit de variables qui s'étendent sur plusieurs ordres de grandeur, telles que :

- Données de revenu : Allant de milliers à des millions de dollars

- Prix des maisons : Variant considérablement selon l'emplacement et la taille

- Statistiques de population : Des petites villes aux grandes métropoles

- Mesures biologiques : Comme les concentrations d'enzymes ou les niveaux d'expression génique

En appliquant des transformations logarithmiques à ces types de variables, nous pouvons obtenir plusieurs avantages :

- Amélioration de la performance du modèle : De nombreux algorithmes fonctionnent mieux avec des caractéristiques distribuées plus normalement.

- Réduction de l'impact des valeurs aberrantes : Les valeurs extrêmes sont rapprochées du reste des données.

- Interprétabilité améliorée : Les relations entre variables deviennent souvent plus linéaires après une transformation logarithmique.

Il est important de noter que bien que les transformations logarithmiques soient puissantes, elles doivent être utilisées judicieusement. Toutes les distributions asymétriques ne nécessitent pas forcément une transformation, et dans certains cas, l'échelle originale des données peut être significative pour l'interprétation. Comme pour toutes les techniques d'ingénierie des caractéristiques, la décision d'appliquer une transformation logarithmique doit être basée sur une compréhension approfondie des données et des exigences spécifiques de la tâche de modélisation.

Application des transformations logarithmiques

Une transformation logarithmique est une technique puissante appliquée aux caractéristiques qui présentent une large gamme de valeurs ou sont asymétriques à droite dans leur distribution. Cette opération mathématique consiste à prendre le logarithme des valeurs des caractéristiques, ce qui a plusieurs effets bénéfiques sur les données :

- Réduction de l'impact des valeurs aberrantes extrêmes : En comprimant l'échelle des grandes valeurs, les transformations logarithmiques rendent les valeurs aberrantes moins influentes, les empêchant d'affecter de manière disproportionnée la performance du modèle.

- Stabilisation de la variance : Dans de nombreux cas, la variabilité d'une caractéristique augmente avec sa magnitude. Les transformations logarithmiques peuvent aider à créer une variance plus constante sur toute la plage de la caractéristique, ce qui est une hypothèse de nombreuses méthodes statistiques.

- Normalisation des distributions : Les distributions asymétriques à droite deviennent souvent plus symétriques après une transformation logarithmique, se rapprochant d'une distribution normale. Cela peut être particulièrement utile pour les modèles qui supposent la normalité des données.

- Linéarisation des relations : Dans certains cas, les transformations logarithmiques peuvent convertir des relations exponentielles entre variables en relations linéaires, les rendant plus faciles à capturer pour les modèles linéaires.

Il est important de noter que bien que les transformations logarithmiques soient très efficaces pour de nombreux types de données, elles doivent être appliquées judicieusement. Les caractéristiques avec des valeurs nulles ou négatives nécessitent une attention particulière, et l'interprétabilité des données transformées doit toujours être prise en compte dans le contexte du problème spécifique.

Exemple : Transformation logarithmique avec Pandas

```
import numpy as np
import pandas as pd
```

```python
import matplotlib.pyplot as plt
import seaborn as sns

# Create a sample dataset with skewed income distribution
np.random.seed(42)
df = pd.DataFrame({
    'Income': np.random.lognormal(mean=10.5, sigma=0.5, size=1000)
})

# Apply log transformation
df['Log_Income'] = np.log(df['Income'])

# Print summary statistics
print("Original Income Summary:")
print(df['Income'].describe())
print("\\nLog-transformed Income Summary:")
print(df['Log_Income'].describe())

# Visualize the distributions
fig, (ax1, ax2) = plt.subplots(1, 2, figsize=(12, 5))

# Original distribution
sns.histplot(df['Income'], kde=True, ax=ax1)
ax1.set_title('Original Income Distribution')
ax1.set_xlabel('Income')

# Log-transformed distribution
sns.histplot(df['Log_Income'], kde=True, ax=ax2)
ax2.set_title('Log-transformed Income Distribution')
ax2.set_xlabel('Log(Income)')

plt.tight_layout()
plt.show()

# Demonstrate effect on correlation
df['Age'] = np.random.randint(18, 65, size=1000)
df['Experience'] = df['Age'] - 18 + np.random.randint(0, 5, size=1000)

print("\\nCorrelation with Age:")
print("Original Income:", df['Income'].corr(df['Age']))
print("Log Income:", df['Log_Income'].corr(df['Age']))

print("\\nCorrelation with Experience:")
print("Original Income:", df['Income'].corr(df['Experience']))
print("Log Income:", df['Log_Income'].corr(df['Experience']))
```

Explication de la répartition du code :

1. Génération des données :

- o Nous utilisons la distribution lognormale de numpy pour créer une distribution des revenus réaliste et asymétrique à droite.

- o La distribution lognormale est souvent utilisée pour modéliser les données de revenus car elle capture la nature typiquement asymétrique à droite des distributions de revenus.

2. Transformation logarithmique :

- o Nous appliquons le logarithme naturel (base e) à la colonne 'Income'.

- o Cette transformation aide à comprimer la plage des grandes valeurs et à étendre la plage des petites valeurs.

3. Statistiques descriptives :

- o Nous imprimons les statistiques descriptives pour les revenus originaux et transformés par logarithme.

- o Cela nous permet de comparer comment les caractéristiques de la distribution changent après la transformation.

4. Visualisation :

- o Nous créons des histogrammes côte à côte avec des estimations de densité par noyau pour les deux distributions.

- o Cette comparaison visuelle montre clairement comment la transformation logarithmique affecte la forme de la distribution.

5. Effet sur les corrélations :

- o Nous générons des variables 'Age' et 'Experience' pour démontrer comment la transformation logarithmique peut affecter les corrélations.

- o Nous calculons et comparons les corrélations entre ces variables et les revenus originaux et transformés par logarithme.

- o Cela montre comment la transformation logarithmique peut parfois révéler ou renforcer des relations qui peuvent être masquées dans les données originales.

6. Points clés à retenir :

- o La transformation logarithmique aboutit souvent à une distribution plus symétrique, approximativement normale.

- o Elle peut aider à satisfaire les hypothèses de nombreuses méthodes statistiques qui supposent la normalité.

o La transformation peut parfois révéler des relations qui ne sont pas apparentes dans l'échelle originale.

o Cependant, il est important de noter que, bien que la transformation logarithmique puisse être bénéfique, elle change également l'interprétation des données. Considérez toujours si cette transformation est appropriée pour votre analyse spécifique et votre domaine.

Cet exemple offre une vision complète des transformations logarithmiques, y compris leurs effets sur la forme de la distribution, les statistiques descriptives et les corrélations avec d'autres variables. Il comprend également des visualisations pour aider à comprendre l'impact de la transformation.

3.2.4 Discrétisation (Binning)

Parfois, il est avantageux de **discrétiser** des variables continues en catégories distinctes. Cette technique, connue sous le nom de **binning** ou **discrétisation**, consiste à regrouper des données continues en un ensemble d'intervalles ou "bins". Par exemple, au lieu d'utiliser les âges bruts comme variable continue, vous pourriez vouloir les regrouper en tranches d'âge : "20-30", "31-40", etc.

La discrétisation peut offrir plusieurs avantages en analyse de données et en apprentissage automatique :

- Réduction du bruit : En regroupant des valeurs similaires, la discrétisation peut aider à lisser les fluctuations mineures ou les erreurs de mesure dans les données, révélant potentiellement des modèles plus clairs.

- Capture des relations non linéaires : Parfois, la relation entre une variable continue et la variable cible est non linéaire. La discrétisation peut aider à capturer ces effets non linéaires sans nécessiter d'architectures de modèle plus complexes.

- Gestion des valeurs aberrantes : Les valeurs extrêmes peuvent être regroupées dans les bins les plus élevés ou les plus bas, réduisant leur impact sur l'analyse sans les supprimer complètement du jeu de données.

- Amélioration de l'interprétabilité : Les variables discrétisées peuvent être plus faciles à interpréter et à expliquer, particulièrement lors de la communication des résultats à des parties prenantes non techniques.

Cependant, il est important de noter que la discrétisation présente également des inconvénients potentiels :

- Perte d'information : En regroupant des valeurs continues en catégories, vous perdez inévitablement de la granularité dans les données.

- Frontières arbitraires : Le choix des limites des bins peut avoir un impact significatif sur les résultats, et il n'existe souvent pas de manière universellement "correcte" de définir ces limites.

- Complexité accrue du modèle : La discrétisation peut augmenter le nombre de caractéristiques dans votre jeu de données, potentiellement conduisant à des temps d'entraînement plus longs et à un risque accru de surapprentissage.

Lors de la mise en œuvre de la discrétisation, une attention particulière doit être accordée au nombre de bins et à la méthode de définition des limites des bins (par exemple, largeur égale, fréquence égale, ou bins personnalisés basés sur la connaissance du domaine). Le choix dépend souvent des caractéristiques spécifiques de vos données et des objectifs de votre analyse.

Discrétisation avec Pandas

Vous pouvez utiliser la fonction cut() dans Pandas pour discrétiser des données continues en catégories distinctes. Cette fonction puissante vous permet de diviser une variable continue en intervalles ou "bins", la transformant efficacement en variable catégorielle. Voici comment cela fonctionne :

1. La fonction cut() prend plusieurs paramètres clés :

    o La série de données que vous souhaitez discrétiser

    o Les limites des bins (soit comme un nombre de bins, soit comme des points de coupure spécifiques)

    o Des étiquettes optionnelles pour les catégories résultantes

2. Elle attribue ensuite chaque valeur de vos données à l'un de ces bins, créant une nouvelle variable catégorielle.

3. Ce processus est particulièrement utile pour :

    o Simplifier des données continues complexes

    o Réduire l'impact des erreurs de mesure mineures

    o Créer des groupes significatifs pour l'analyse (par exemple, tranches d'âge, tranches de revenus)

    o Potentiellement révéler des relations non linéaires dans vos données

Lors de l'utilisation de cut(), il est important de considérer comment vous définissez vos bins. Vous pouvez utiliser des bins de largeur égale, des bins basés sur les quantiles, ou des limites de bins personnalisées basées sur la connaissance du domaine. Ce choix peut avoir un impact significatif sur votre analyse, il est donc souvent utile d'expérimenter différentes stratégies de discrétisation.

Exemple : Discrétisation des données en groupes d'âge

```python
import pandas as pd
import matplotlib.pyplot as plt
import seaborn as sns

# Create a sample dataset
data = {
    'Age': [22, 25, 28, 32, 35, 38, 42, 45, 48, 52, 55, 58, 62, 65, 68],
    'Income': [30000, 35000, 40000, 45000, 50000, 55000, 60000, 65000,
               70000, 75000, 80000, 85000, 90000, 95000, 100000]
}
df = pd.DataFrame(data)

# Define the bins and corresponding labels for Age
age_bins = [20, 30, 40, 50, 60, 70]
age_labels = ['20-29', '30-39', '40-49', '50-59', '60-69']

# Apply binning to Age
df['Age_Group'] = pd.cut(df['Age'], bins=age_bins, labels=age_labels, right=False)

# Define the bins and corresponding labels for Income
income_bins = [0, 40000, 60000, 80000, 100000, float('inf')]
income_labels = ['Low', 'Medium-Low', 'Medium', 'Medium-High', 'High']

# Apply binning to Income
df['Income_Group'] = pd.cut(df['Income'], bins=income_bins, labels=income_labels)

# Print the resulting DataFrame
print(df)

# Visualize the distribution of Age Groups
plt.figure(figsize=(10, 5))
sns.countplot(x='Age_Group', data=df)
plt.title('Distribution of Age Groups')
plt.show()

# Visualize the relationship between Age Groups and Income
plt.figure(figsize=(10, 5))
sns.boxplot(x='Age_Group', y='Income', data=df)
plt.title('Income Distribution by Age Group')
plt.show()

# Calculate and print average income by age group
avg_income_by_age = df.groupby('Age_Group')['Income'].mean().round(2)
print("\\nAverage Income by Age Group:")
print(avg_income_by_age)
```

Explication de la décomposition du code :

1.   Préparation des données :

- o Nous créons un jeu de données d'exemple avec les colonnes 'Age' et 'Income' en utilisant un dictionnaire et le convertissons en DataFrame pandas.

- o Cela simule un scénario réaliste où nous disposons de données continues pour l'âge et le revenu.

2. Découpage par tranches d'âge :

- o Nous définissons des tranches d'âge (20-29, 30-39, etc.) et les étiquettes correspondantes.

- o En utilisant pd.cut(), nous créons une nouvelle colonne 'Age_Group', catégorisant chaque âge dans son groupe respectif.

- o Le paramètre 'right=False' garantit que la limite droite de chaque tranche est exclusive.

3. Découpage par tranches de revenu :

- o Nous définissons des tranches de revenu et des étiquettes pour catégoriser les niveaux de revenu.

- o Nous utilisons à nouveau pd.cut() pour créer une colonne 'Income_Group' basée sur ces tranches.

4. Visualisation des données :

- o Nous utilisons seaborn (sns) pour créer deux visualisations :

- o Un graphique de comptage montrant la distribution des groupes d'âge.

- o Un diagramme en boîte affichant la relation entre les groupes d'âge et le revenu.

- o Ces visualisations aident à comprendre la distribution des données et les relations potentielles entre les variables.

5. Analyse des données :

- o Nous calculons et affichons le revenu moyen pour chaque groupe d'âge en utilisant groupby() et mean().

- o Cela fournit des informations sur la façon dont le revenu varie entre les différentes catégories d'âge.

Cet exemple démontre non seulement le processus de découpage de base, mais aussi comment l'appliquer à plusieurs variables, visualiser les résultats et effectuer des analyses simples sur les données découpées. Il offre une vision plus complète de la façon dont le découpage peut être utilisé dans un flux de travail d'analyse de données.

Dans cet exemple, les valeurs d'âge continues sont regroupées en tranches d'âge plus larges, ce qui peut être utile lorsque l'âge exact n'est pas aussi important que le groupe d'âge.

3.2.5 Encodage des variables catégorielles

Les algorithmes d'apprentissage automatique sont conçus pour fonctionner avec des données numériques, ce qui présente un défi lors du traitement de caractéristiques catégorielles. Les données catégorielles, telles que les couleurs, les types ou les noms, doivent être converties dans un format numérique que les algorithmes peuvent traiter. Cette transformation est cruciale pour permettre aux modèles d'apprentissage automatique d'utiliser efficacement les informations catégorielles dans leurs prédictions ou classifications.

Il existe plusieurs méthodes pour encoder les données catégorielles, chacune avec ses propres forces et cas d'utilisation. Deux des techniques les plus couramment utilisées sont **l'encodage one-hot** et **l'encodage par étiquettes** :

- **Encodage one-hot :** Cette méthode crée une nouvelle colonne binaire pour chaque catégorie unique dans la caractéristique d'origine. Chaque ligne aura un 1 dans la colonne correspondant à sa catégorie et des 0 dans toutes les autres colonnes. Cette approche est particulièrement utile lorsqu'il n'y a pas d'ordre ou de hiérarchie inhérente entre les catégories.

- **Encodage par étiquettes :** Dans cette technique, chaque catégorie unique se voit attribuer une valeur entière unique. Cette méthode est plus adaptée aux variables catégorielles ordinales, où il existe un ordre ou un classement clair entre les catégories.

Le choix entre ces méthodes d'encodage dépend de la nature de la variable catégorielle et des exigences spécifiques de l'algorithme d'apprentissage automatique utilisé. Il est important de noter qu'un encodage inapproprié peut conduire à une mauvaise interprétation des données par le modèle, affectant potentiellement ses performances et sa précision.

a. Encodage one-hot

L'encodage one-hot est une technique puissante utilisée pour transformer les variables catégorielles dans un format adapté aux algorithmes d'apprentissage automatique. Cette méthode crée des colonnes binaires pour chaque catégorie unique au sein · d'une caractéristique catégorielle. Voici comment cela fonctionne :

1. Pour chaque catégorie unique dans la caractéristique d'origine, une nouvelle colonne est créée.

2. Dans chaque ligne, un '1' est placé dans la colonne correspondant à la catégorie présente dans cette ligne.

3. Toutes les autres colonnes de catégorie pour cette ligne sont remplies de '0'.

Cette approche est particulièrement utile lorsqu'on traite des données catégorielles nominales, où il n'y a pas d'ordre ou de hiérarchie inhérente entre les catégories. Par exemple, lors de l'encodage de 'couleur' (rouge, bleu, vert), l'encodage one-hot garantit que le modèle n'interprète pas à tort une relation numérique entre les catégories.

L'encodage one-hot est préféré dans les scénarios où :

- La variable catégorielle n'a pas de relation ordinale

- Vous souhaitez préserver l'indépendance de chaque catégorie

- Le nombre de catégories uniques est gérable (pour éviter la "malédiction de la dimensionnalité")

Cependant, il est important de noter que pour les variables catégorielles avec de nombreuses valeurs uniques, l'encodage one-hot peut entraîner une augmentation significative du nombre de caractéristiques, causant potentiellement des défis computationnels ou un surapprentissage dans certains modèles.

Exemple : Encodage one-hot avec Pandas

```python
import pandas as pd
import matplotlib.pyplot as plt
import seaborn as sns

# Sample categorical data
data = {
    'City': ['New York', 'Paris', 'London', 'Paris', 'Tokyo', 'London', 'New York',
'Tokyo'],
    'Population': [8419000, 2161000, 8982000, 2161000, 13960000, 8982000, 8419000,
13960000],
    'Is_Capital': [False, True, True, True, True, True, False, True]
}
df = pd.DataFrame(data)

print("Original DataFrame:")
print(df)
print("\\n")

# One-hot encode the 'City' column
one_hot_encoded = pd.get_dummies(df['City'], prefix='City')

# Combine the one-hot encoded columns with the original DataFrame
df_encoded = pd.concat([df, one_hot_encoded], axis=1)

print("DataFrame with One-Hot Encoded 'City':")
print(df_encoded)
print("\\n")

# Visualize the distribution of cities
plt.figure(figsize=(10, 5))
sns.countplot(x='City', data=df)
plt.title('Distribution of Cities')
plt.show()
```

```
# Analyze the relationship between city and population
plt.figure(figsize=(10, 5))
sns.boxplot(x='City', y='Population', data=df)
plt.title('Population Distribution by City')
plt.show()

# Calculate and print average population by city
avg_population = df.groupby('City')['Population'].mean().sort_values(descending=True)
print("Average Population by City:")
print(avg_population)
```

Cet exemple de code démontre une approche plus complète de l'encodage one-hot et de l'analyse de données.

Voici une décomposition du code et de sa fonctionnalité :

1. Préparation des données :

    o   Nous créons un jeu de données plus diversifié avec les colonnes 'City', 'Population' et 'Is_Capital'.

    o   Les données sont converties en DataFrame pandas pour une manipulation facile.

2. Encodage one-hot :

    o   Nous utilisons pd.get_dummies() pour effectuer l'encodage one-hot sur la colonne 'City'.

    o   Le paramètre prefix='City' ajoute 'City_' au début de chaque nouveau nom de colonne pour plus de clarté.

3. Combinaison des données :

    o   Les colonnes encodées en one-hot sont combinées avec le DataFrame original en utilisant pd.concat().

    o   Cela préserve les données d'origine tout en ajoutant les caractéristiques encodées.

4. Visualisation des données :

    o   Un graphique de comptage est créé pour montrer la distribution des villes dans le jeu de données.

    o   Un diagramme en boîte est utilisé pour visualiser la relation entre les villes et leurs populations.

5. Analyse des données :

- o Nous calculons et affichons la population moyenne pour chaque ville en utilisant groupby() et mean().

- o Les résultats sont triés par ordre décroissant pour une interprétation facile.

Cet exemple ne démontre pas seulement l'encodage one-hot, mais montre également comment l'intégrer à d'autres techniques d'analyse de données. Il fournit des aperçus sur la distribution des données, les relations entre les variables et les statistiques récapitulatives, offrant une approche plus holistique du travail avec des données catégorielles dans pandas.

b. Encodage par étiquettes

Pour les données catégorielles ordinales, où l'ordre des catégories importe, **l'encodage par étiquettes** attribue un entier unique à chaque catégorie. Cette méthode est particulièrement utile lorsque la variable catégorielle a un classement ou une hiérarchie inhérente, comme le niveau d'éducation ou les grades de produits.

L'encodage par étiquettes fonctionne en transformant chaque catégorie en une valeur numérique, commençant généralement par 0 et s'incrémentant pour chaque catégorie suivante. Par exemple, dans une variable de niveau d'éducation :

- Le lycée pourrait être encodé comme 0

- La licence comme 1

- Le master comme 2

- Le doctorat comme 3

Cette représentation numérique préserve la relation ordinale entre les catégories, permettant aux algorithmes d'apprentissage automatique d'interpréter et d'utiliser l'ordre inhérent dans les données. Il est important de noter que l'encodage par étiquettes suppose des intervalles égaux entre les catégories, ce qui peut ne pas toujours être le cas dans des scénarios réels.

Bien que l'encodage par étiquettes soit efficace pour les données ordinales, il doit être utilisé avec prudence avec des variables catégorielles nominales (celles sans ordre naturel) car il peut introduire un classement artificiel qui pourrait induire le modèle en erreur. Dans de tels cas, l'encodage one-hot ou d'autres techniques pourraient être plus appropriés.

Exemple : Encodage par étiquettes avec Scikit-learn

```
import pandas as pd
import matplotlib.pyplot as plt
import seaborn as sns
from sklearn.preprocessing import LabelEncoder

# Create a sample dataset
data = {
    'Name': ['Alice', 'Bob', 'Charlie', 'David', 'Eve'],
    'Age': [28, 35, 42, 31, 39],
```

```
        'Education': ['Bachelor', 'Master', 'High School', 'PhD', 'Bachelor'],
        'Salary': [50000, 75000, 40000, 90000, 55000]
}
df = pd.DataFrame(data)

print("Original DataFrame:")
print(df)
print("\\n")

# Initialize the LabelEncoder
encoder = LabelEncoder()

# Apply label encoding to the 'Education' column
df['Education_Encoded'] = encoder.fit_transform(df['Education'])

print("DataFrame with Encoded 'Education':")
print(df)
print("\\n")

# Display the encoding mapping
print("Education Encoding Mapping:")
for i, category in enumerate(encoder.classes_):
    print(f"{category}: {i}")
print("\\n")

# Visualize the distribution of education levels
plt.figure(figsize=(10, 5))
sns.countplot(x='Education', data=df, order=encoder.classes_)
plt.title('Distribution of Education Levels')
plt.show()

# Analyze the relationship between education and salary
plt.figure(figsize=(10, 5))
sns.boxplot(x='Education', y='Salary', data=df, order=encoder.classes_)
plt.title('Salary Distribution by Education Level')
plt.show()

# Calculate and print average salary by education level
avg_salary = df.groupby('Education')['Salary'].mean().sort_values(descending=True)
print("Average Salary by Education Level:")
print(avg_salary)
```

Cet exemple démontre une approche plus complète de l'encodage par étiquettes et de l'analyse de données qui s'ensuit.

Voici une décomposition détaillée du code et de sa fonctionnalité :

1. Préparation des données :

    o Nous créons un jeu de données échantillon avec les colonnes 'Name', 'Age', 'Education' et 'Salary'.

- o Les données sont converties en DataFrame pandas pour une manipulation facile.

2. Encodage par étiquettes :

- o Nous importons LabelEncoder de sklearn.preprocessing.

- o Une instance de LabelEncoder est créée et appliquée à la colonne 'Education'.

- o La méthode fit_transform() est utilisée pour à la fois adapter l'encodeur aux données et les transformer en une seule étape.

3. Visualisation des données :

- o Un graphique de comptage est créé pour montrer la distribution des niveaux d'éducation dans le jeu de données.

- o Un diagramme en boîte est utilisé pour visualiser la relation entre les niveaux d'éducation et les salaires.

- o Le paramètre order dans les deux graphiques garantit que les catégories sont affichées dans l'ordre de leurs valeurs encodées.

4. Analyse des données :

- o Nous calculons et affichons le salaire moyen pour chaque niveau d'éducation en utilisant groupby() et mean().

- o Les résultats sont triés par ordre décroissant pour une interprétation facile.

Cet exemple ne démontre pas seulement l'encodage par étiquettes, mais montre également comment l'intégrer aux techniques de visualisation et d'analyse de données. Il fournit des aperçus sur la distribution des données, les relations entre les variables et les statistiques récapitulatives, offrant une approche plus holistique du travail avec des données catégorielles ordinales.

Points clés à noter :

- Le LabelEncoder attribue automatiquement des valeurs entières aux catégories selon leur ordre alphabétique.

- Le mapping d'encodage est affiché, montrant quel entier correspond à chaque niveau d'éducation.

- Les visualisations aident à comprendre la distribution des niveaux d'éducation et leur relation avec le salaire.

- Le calcul du salaire moyen fournit un aperçu rapide de la façon dont les niveaux d'éducation peuvent influencer les revenus dans ce jeu de données.

Cet exemple complet illustre non seulement les mécanismes de l'encodage par étiquettes, mais aussi comment exploiter les données encodées pour une analyse et une visualisation significatives.

Dans cet exemple, chaque niveau d'éducation est converti en un entier correspondant, préservant la nature ordinale de la caractéristique.

3.2.6. Méthodes de sélection des caractéristiques

L'ingénierie des caractéristiques est une étape cruciale dans le pipeline d'apprentissage automatique qui aboutit souvent à la création de nombreuses caractéristiques. Cependant, il est important de reconnaître que toutes ces caractéristiques créées ne contribuent pas de manière égale à la puissance prédictive d'un modèle. C'est là que la **sélection des caractéristiques** entre en jeu.

La sélection des caractéristiques est un processus qui aide à identifier les caractéristiques les plus pertinentes et informatives parmi l'ensemble plus large des caractéristiques disponibles.

Cette étape est critique pour plusieurs raisons :

- Amélioration de la performance du modèle : En se concentrant sur les caractéristiques les plus importantes, les modèles peuvent souvent atteindre une meilleure précision prédictive.

- Réduction du surapprentissage : Moins de caractéristiques peuvent conduire à des modèles plus simples qui sont moins susceptibles de surapprendre les données d'entraînement, résultant en une meilleure généralisation aux nouvelles données non vues.

- Interprétabilité améliorée : Les modèles avec moins de caractéristiques sont souvent plus faciles à interpréter et à expliquer, ce qui est crucial dans de nombreuses applications du monde réel.

- Efficacité computationnelle : Réduire le nombre de caractéristiques peut diminuer significativement les ressources computationnelles requises pour l'entraînement des modèles et la prédiction.

Il existe diverses techniques pour la sélection des caractéristiques, allant des méthodes statistiques simples aux approches algorithmiques plus complexes. Ces méthodes peuvent être largement catégorisées en méthodes de filtrage (qui utilisent des mesures statistiques pour noter les caractéristiques), méthodes d'enveloppement (qui utilisent la performance du modèle pour évaluer les sous-ensembles de caractéristiques), et méthodes intégrées (qui effectuent la sélection des caractéristiques dans le cadre du processus d'entraînement du modèle).

En appliquant soigneusement les techniques de sélection des caractéristiques, les data scientists peuvent créer des modèles plus robustes et efficaces qui non seulement performent bien sur les données d'entraînement mais généralisent également efficacement aux nouvelles données non vues. Ce processus est une partie essentielle de la création de solutions d'apprentissage automatique de haute qualité qui peuvent être déployées de manière fiable dans des scénarios du monde réel.

a. Sélection univariée des caractéristiques

Scikit-learn fournit un puissant outil de sélection des caractéristiques appelé **SelectKBest**. Cette méthode sélectionne les K meilleures caractéristiques basées sur des tests statistiques, offrant une approche directe à la réduction de dimensionnalité. Voici une explication plus détaillée :

Comment fonctionne SelectKBest :

1. Elle applique un test statistique spécifié à chaque caractéristique indépendamment.

2. Les caractéristiques sont ensuite classées selon leurs scores aux tests.

3. Les K meilleures caractéristiques avec les scores les plus élevés sont sélectionnées.

Cette méthode est polyvalente et peut être utilisée pour les problèmes de régression et de classification en choisissant une fonction de scoring appropriée :

- Pour la classification : f_classif (valeur F ANOVA) ou chi2 (statistiques du chi-carré)

- Pour la régression : f_regression ou mutual_info_regression

La flexibilité de SelectKBest lui permet de s'adapter à divers types de données et objectifs de modélisation. En sélectionnant uniquement les caractéristiques les plus statistiquement significatives, elle peut aider à améliorer la performance du modèle, réduire le surapprentissage et augmenter l'efficacité computationnelle.

Cependant, il est important de noter que bien que SelectKBest soit puissante, elle évalue chaque caractéristique indépendamment. Cela signifie qu'elle peut ne pas capturer les interactions complexes entre les caractéristiques, qui pourraient être importantes dans certains scénarios. Dans de tels cas, il est souvent bénéfique de combiner SelectKBest avec d'autres techniques de sélection ou d'ingénierie des caractéristiques pour des résultats optimaux.

Exemple : Sélection univariée des caractéristiques avec Scikit-learn

```
import numpy as np
import pandas as pd
import matplotlib.pyplot as plt
from sklearn.feature_selection import SelectKBest, f_classif
from sklearn.datasets import load_iris
from sklearn.model_selection import train_test_split
from sklearn.linear_model import LogisticRegression
from sklearn.metrics import accuracy_score

# Load the Iris dataset
iris = load_iris()
X, y = iris.data, iris.target
```

```python
# Create a DataFrame for better visualization
df = pd.DataFrame(X, columns=iris.feature_names)
df['target'] = y

# Display the first few rows of the dataset
print("First few rows of the Iris dataset:")
print(df.head())
print("\\nDataset shape:", df.shape)

# Perform feature selection
selector = SelectKBest(score_func=f_classif, k=2)
X_selected = selector.fit_transform(X, y)

# Get the indices of selected features
selected_feature_indices = selector.get_support(indices=True)
selected_feature_names = [iris.feature_names[i] for i in selected_feature_indices]

print("\\nSelected features:", selected_feature_names)
print("Selected features shape:", X_selected.shape)

# Display feature scores
feature_scores = pd.DataFrame({
    'Feature': iris.feature_names,
    'Score': selector.scores_
})
print("\\nFeature scores:")
print(feature_scores.sort_values('Score', ascending=False))

# Visualize feature importance
plt.figure(figsize=(10, 6))
plt.bar(feature_scores['Feature'], feature_scores['Score'])
plt.title('Feature Importance Scores')
plt.xlabel('Features')
plt.ylabel('Score')
plt.xticks(rotation=45)
plt.tight_layout()
plt.show()

# Split the data into training and testing sets
X_train, X_test, y_train, y_test = train_test_split(X_selected, y, test_size=0.3,
random_state=42)

# Train a logistic regression model
model = LogisticRegression(max_iter=200)
model.fit(X_train, y_train)

# Make predictions
y_pred = model.predict(X_test)

# Calculate accuracy
accuracy = accuracy_score(y_test, y_pred)
print(f"\\nModel accuracy with selected features: {accuracy:.2f}")
```

Cet exemple de code démontre une approche plus complète de la sélection univariée de caractéristiques en utilisant SelectKBest.

Voici une analyse détaillée du code et de sa fonctionnalité :

1. Chargement et préparation des données :

   o Nous importons les bibliothèques nécessaires, notamment numpy, pandas, matplotlib et divers modules scikit-learn.

   o Le jeu de données Iris est chargé à l'aide de load_iris() de scikit-learn.

   o Nous créons un DataFrame pandas pour une meilleure visualisation des données.

2. Sélection des caractéristiques :

   o SelectKBest est initialisé avec f_classif (valeur F ANOVA) comme fonction de scoring et k=2 pour sélectionner les 2 meilleures caractéristiques.

   o La méthode fit_transform() est appliquée pour sélectionner les meilleures caractéristiques.

   o Nous extrayons les noms des caractéristiques sélectionnées pour une meilleure interprétabilité.

3. Visualisation de l'importance des caractéristiques :

   o Un DataFrame est créé pour stocker les noms des caractéristiques et leurs scores correspondants.

   o Nous utilisons matplotlib pour créer un graphique à barres des scores d'importance des caractéristiques.

4. Entraînement et évaluation du modèle :

   o Les données sont divisées en ensembles d'entraînement et de test à l'aide de train_test_split().

   o Un modèle de régression logistique est entraîné sur les caractéristiques sélectionnées.

   o Des prédictions sont effectuées sur l'ensemble de test, et la précision du modèle est calculée.

Cet exemple complet démontre non seulement comment effectuer une sélection de caractéristiques, mais inclut également des étapes de visualisation des données, d'entraînement de modèle et d'évaluation. Il fournit des informations sur l'importance relative des caractéristiques et montre comment les caractéristiques sélectionnées performent dans une tâche de classification simple.

Points clés à noter :

- La méthode SelectKBest nous permet de réduire la dimensionnalité du jeu de données tout en conservant les caractéristiques les plus informatives.

- La visualisation des scores d'importance des caractéristiques aide à comprendre quelles caractéristiques contribuent le plus à la tâche de classification.

- En entraînant un modèle sur les caractéristiques sélectionnées, nous pouvons évaluer l'efficacité de notre processus de sélection de caractéristiques.

Cet exemple fournit une vue plus holistique du processus de sélection des caractéristiques et de son intégration dans un pipeline d'apprentissage automatique.

b. Élimination récursive des caractéristiques (RFE)

RFE est une technique sophistiquée de sélection des caractéristiques qui identifie et supprime itérativement les caractéristiques les moins importantes d'un jeu de données. Cette méthode fonctionne en entraînant de façon répétée un modèle d'apprentissage automatique et en éliminant la ou les caractéristiques les plus faibles jusqu'à ce qu'un nombre spécifié de caractéristiques reste. Voici comment elle fonctionne :

1. Initialement, RFE entraîne un modèle en utilisant toutes les caractéristiques disponibles.

2. Elle classe ensuite les caractéristiques en fonction de leur importance pour la performance du modèle. Cette importance est généralement déterminée par les métriques internes d'importance des caractéristiques du modèle (par exemple, les coefficients pour les modèles linéaires ou les importances des caractéristiques pour les modèles basés sur les arbres).

3. La ou les caractéristiques les moins importantes sont supprimées du jeu de données.

4. Les étapes 1 à 3 sont répétées avec l'ensemble de caractéristiques réduit jusqu'à ce que le nombre souhaité de caractéristiques soit atteint.

Ce processus récursif permet à RFE de capturer des interactions complexes entre les caractéristiques que des méthodes plus simples pourraient manquer. C'est particulièrement utile lorsqu'on traite des jeux de données qui ont un grand nombre de caractéristiques potentiellement pertinentes, car elle peut identifier efficacement un sous-ensemble de caractéristiques qui contribuent le plus significativement à la puissance prédictive du modèle.

L'efficacité de RFE découle de sa capacité à considérer l'impact collectif des caractéristiques sur la performance du modèle, plutôt que d'évaluer chaque caractéristique isolément. Cela en fait un outil puissant pour créer des modèles plus efficaces et interprétables dans diverses applications d'apprentissage automatique.

Exemple : Élimination récursive des caractéristiques avec Scikit-learn

```python
import numpy as np
import pandas as pd
import matplotlib.pyplot as plt
from sklearn.feature_selection import RFE
from sklearn.linear_model import LogisticRegression
from sklearn.datasets import load_iris
from sklearn.model_selection import train_test_split
from sklearn.metrics import accuracy_score

# Load the Iris dataset
iris = load_iris()
X, y = iris.data, iris.target

# Create a DataFrame for better visualization
df = pd.DataFrame(X, columns=iris.feature_names)
df['target'] = y

# Display the first few rows of the dataset
print("First few rows of the Iris dataset:")
print(df.head())
print("\\nDataset shape:", df.shape)

# Initialize the model and RFE
model = LogisticRegression(max_iter=200)
rfe = RFE(estimator=model, n_features_to_select=2)

# Fit RFE to the data
rfe.fit(X, y)

# Get the selected features
selected_features = np.array(iris.feature_names)[rfe.support_]
print("\\nSelected Features:", selected_features)

# Display feature ranking
feature_ranking = pd.DataFrame({
    'Feature': iris.feature_names,
    'Ranking': rfe.ranking_
})
print("\\nFeature Ranking:")
print(feature_ranking.sort_values('Ranking'))

# Visualize feature importance
plt.figure(figsize=(10, 6))
plt.bar(feature_ranking['Feature'], feature_ranking['Ranking'])
plt.title('Feature Importance Ranking')
plt.xlabel('Features')
plt.ylabel('Ranking (lower is better)')
plt.xticks(rotation=45)
plt.tight_layout()
plt.show()
```

```
# Use selected features for modeling
X_selected = X[:, rfe.support_]

# Split the data into training and testing sets
X_train, X_test, y_train, y_test = train_test_split(X_selected, y, test_size=0.3,
random_state=42)

# Train a logistic regression model
model.fit(X_train, y_train)

# Make predictions
y_pred = model.predict(X_test)

# Calculate accuracy
accuracy = accuracy_score(y_test, y_pred)
print(f"\\nModel accuracy with selected features: {accuracy:.2f}")
```

Cet exemple démontre une approche complète de l'Élimination Récursive des Caractéristiques (RFE) en utilisant scikit-learn.

Voici une analyse détaillée du code et de sa fonctionnalité :

1. Chargement et préparation des données :

   o Nous importons les bibliothèques nécessaires, notamment numpy, pandas, matplotlib et divers modules scikit-learn.

   o Le jeu de données Iris est chargé à l'aide de load_iris() de scikit-learn.

   o Nous créons un DataFrame pandas pour une meilleure visualisation des données.

2. Élimination Récursive des Caractéristiques :

   o LogisticRegression est initialisée comme estimateur de base pour RFE.

   o RFE est configuré pour sélectionner les 2 meilleures caractéristiques (n_features_to_select=2).

   o La méthode fit() est appliquée pour effectuer la sélection des caractéristiques.

3. Visualisation de l'importance des caractéristiques :

   o Nous créons un DataFrame pour stocker les noms des caractéristiques et leurs classements correspondants.

   o Un graphique à barres est généré pour visualiser les classements d'importance des caractéristiques.

4. Entraînement et évaluation du modèle :

    o   Les données sont divisées en ensembles d'entraînement et de test à l'aide de train_test_split().

    o   Un modèle de régression logistique est entraîné sur les caractéristiques sélectionnées.

    o   Des prédictions sont effectuées sur l'ensemble de test, et la précision du modèle est calculée.

Points clés à noter :

- RFE nous permet de sélectionner les caractéristiques les plus importantes basées sur la performance du modèle.

- Le classement des caractéristiques fournit des informations sur l'importance relative de chaque caractéristique.

- La visualisation des classements des caractéristiques aide à comprendre quelles caractéristiques contribuent le plus à la tâche de classification.

- En entraînant un modèle sur les caractéristiques sélectionnées, nous pouvons évaluer l'efficacité de notre processus de sélection de caractéristiques.

Cet exemple complet illustre l'ensemble du processus de sélection des caractéristiques à l'aide de RFE, de la préparation des données à l'évaluation du modèle, offrant une vue globale de la façon dont RFE peut être intégré dans un pipeline d'apprentissage automatique.

3.3 Encodage et traitement des données catégorielles

Dans le domaine des ensembles de données réels, les données catégorielles sont fréquentes. Ces caractéristiques représentent des catégories ou des étiquettes distinctes, par opposition aux valeurs numériques continues. La gestion appropriée des données catégorielles est d'une importance capitale, car la grande majorité des algorithmes d'apprentissage automatique sont conçus pour fonctionner avec des entrées numériques. Un encodage inapproprié des variables catégorielles peut avoir de graves conséquences, pouvant potentiellement conduire à des performances sous-optimales du modèle ou même provoquer des erreurs pendant le processus d'entraînement.

Cette section explore une gamme de techniques d'encodage et de gestion des données catégorielles. Nous examinerons des méthodes fondamentales telles que l'encodage one-hot et l'encodage par étiquettes, ainsi que des approches plus nuancées comme l'encodage ordinal.

De plus, nous explorerons des techniques avancées, notamment l'encodage par cible, qui peut être particulièrement utile dans certains scénarios. Nous aborderons également les défis posés par les variables catégorielles à haute cardinalité et discuterons des stratégies efficaces pour y faire face. En maîtrisant ces techniques, vous serez bien équipé pour gérer un large éventail de scénarios de données catégorielles dans vos projets d'apprentissage automatique.

3.3.1 Comprendre les données catégorielles

Les caractéristiques catégorielles sont un concept fondamental en science des données et en apprentissage automatique, représentant des variables qui peuvent prendre un nombre limité de valeurs ou catégories distinctes. Contrairement aux variables continues qui peuvent prendre n'importe quelle valeur numérique dans une plage, les variables catégorielles sont discrètes et souvent de nature qualitative. Comprendre ces caractéristiques est crucial pour un prétraitement efficace des données et le développement de modèles.

Les caractéristiques catégorielles peuvent être classées en deux types principaux :

- **Nominales (Sans ordre)** : Ces catégories n'ont pas d'ordre ou de classement inhérent. Chaque catégorie est distincte et indépendante des autres. Par exemple :

- Couleurs : "Rouge", "Vert", "Bleu"

- Groupes sanguins : "A", "B", "AB", "O"

- Genres musicaux : "Rock", "Jazz", "Classique", "Hip-hop"

Dans ces cas, il n'y a pas de façon significative de dire qu'une catégorie est "supérieure" ou "inférieure" à une autre.

- **Ordinales (Ordonnées)** : Ces catégories ont un ordre ou un classement clair et significatif, bien que les intervalles entre les catégories puissent ne pas être cohérents ou mesurables. Par exemple :

- Niveaux d'éducation : "Lycée", "Licence", "Master", "Doctorat"

- Satisfaction client : "Très insatisfait", "Insatisfait", "Neutre", "Satisfait", "Très satisfait"

- Tailles de t-shirt : "XS", "S", "M", "L", "XL"

Ici, il y a une progression claire d'une catégorie à l'autre, même si la "distance" entre les catégories n'est pas quantifiable.

La distinction entre catégories nominales et ordinales est cruciale car elle détermine comment nous devons gérer et encoder ces caractéristiques pour les algorithmes d'apprentissage automatique. La plupart des algorithmes attendent des entrées numériques, nous devons donc convertir les données catégorielles en format numérique. Cependant, la méthode d'encodage que nous choisissons peut avoir un impact significatif sur les performances et l'interprétation du modèle.

Pour les catégories nominales, des techniques comme l'encodage one-hot ou l'encodage par étiquettes sont souvent utilisées. L'encodage one-hot crée des colonnes binaires pour chaque catégorie, tandis que l'encodage par étiquettes attribue un entier unique à chaque catégorie.

Pour les catégories ordinales, nous pourrions utiliser l'encodage ordinal pour préserver l'information d'ordre, ou employer des techniques plus avancées comme l'encodage par cible.

Dans les sections suivantes, nous approfondirons ces méthodes d'encodage, explorant leurs forces, faiblesses et cas d'utilisation appropriés. Comprendre ces techniques est essentiel pour prétraiter efficacement les données catégorielles et construire des modèles d'apprentissage automatique robustes.

3.3.2 Encodage One-Hot

L'encodage one-hot est une méthode fondamentale et largement utilisée pour transformer les variables catégorielles nominales en un format numérique qui peut être facilement utilisé par les algorithmes d'apprentissage automatique. Cette technique est particulièrement précieuse car la plupart des modèles d'apprentissage automatique sont conçus pour fonctionner avec des entrées numériques plutôt que des données catégorielles.

Voici comment fonctionne l'encodage one-hot :

- Pour chaque catégorie unique dans la caractéristique d'origine, une nouvelle colonne binaire est créée.

- Dans ces nouvelles colonnes, une valeur de 1 indique la présence de la catégorie correspondante pour un point de données donné, tandis qu'une valeur de 0 indique son absence.

- Ce processus crée effectivement un ensemble de caractéristiques binaires qui représentent collectivement la variable catégorielle d'origine.

Par exemple, si nous avons une caractéristique "Couleur" avec les catégories "Rouge", "Bleu" et "Vert", l'encodage one-hot créerait trois nouvelles colonnes : "Couleur_Rouge", "Couleur_Bleu" et "Couleur_Vert". Chaque ligne du jeu de données aurait un 1 dans l'une de ces colonnes et des 0 dans les autres, selon la valeur de couleur d'origine.

L'encodage one-hot est particulièrement adapté aux variables nominales, qui sont des variables catégorielles où il n'y a pas d'ordre ou de classement inhérent entre les catégories. Voici des exemples de telles variables :

- Noms de villes (par exemple, New York, Londres, Tokyo)

- Types de produits (par exemple, Électronique, Vêtements, Livres)

- Espèces animales (par exemple, Chien, Chat, Oiseau)

L'avantage principal de l'encodage one-hot est qu'il n'impose pas d'ordre artificiel aux catégories, ce qui est crucial pour les variables nominales. Chaque catégorie est traitée comme une caractéristique distincte et indépendante, permettant aux modèles d'apprentissage automatique d'apprendre l'importance de chaque catégorie séparément.

Cependant, il est important de noter que l'encodage one-hot peut conduire à des données de haute dimension lorsqu'on traite des variables catégorielles qui ont de nombreuses catégories uniques. Cela peut potentiellement entraîner la "malédiction de la dimensionnalité" et peut nécessiter des techniques supplémentaires de sélection de caractéristiques ou de réduction de dimensionnalité dans certains cas.

a. Encodage One-Hot avec Pandas

Pandas, une puissante bibliothèque de manipulation de données pour Python, fournit une méthode simple et efficace pour appliquer l'encodage one-hot en utilisant la fonction get_dummies(). Cette fonction est particulièrement utile pour convertir des variables catégorielles dans un format adapté aux algorithmes d'apprentissage automatique.

Voici comment fonctionne get_dummies() :

- Elle détecte automatiquement les colonnes catégorielles dans votre DataFrame.

- Pour chaque catégorie unique dans une colonne, elle crée une nouvelle colonne binaire.

- Dans ces nouvelles colonnes, elle attribue un 1 où la catégorie est présente et 0 où elle est absente.

- La colonne catégorielle d'origine est supprimée, remplacée par ces nouvelles colonnes binaires.

La fonction get_dummies() offre plusieurs avantages :

- Simplicité : Elle nécessite un code minimal, ce qui la rend facile à utiliser même pour les débutants.

- Flexibilité : Elle peut gérer plusieurs colonnes catégorielles simultanément.

- Personnalisation : Elle fournit des options pour personnaliser le processus d'encodage, comme spécifier des préfixes de colonnes ou gérer des catégories inconnues.

En utilisant get_dummies(), vous pouvez rapidement transformer des données catégorielles en un format numérique prêt à être utilisé dans divers modèles d'apprentissage automatique, simplifiant ainsi votre flux de travail de prétraitement des données.

Exemple : Encodage One-Hot avec Pandas

```
import pandas as pd
import numpy as np

# Create a more comprehensive sample dataset
data = {
    'City': ['New York', 'London', 'Paris', 'Tokyo', 'Berlin', 'New York', 'London',
'Paris'],
```

```
    'Population': [8419000, 8982000, 2141000, 13960000, 3645000, 8419000, 8982000,
2141000],
    'Continent': ['North America', 'Europe', 'Europe', 'Asia', 'Europe', 'North
America', 'Europe', 'Europe']
}
df = pd.DataFrame(data)

print("Original DataFrame:")
print(df)
print("\\n")

# Apply one-hot encoding to the 'City' column
city_encoded = pd.get_dummies(df['City'], prefix='City')

# Apply one-hot encoding to the 'Continent' column
continent_encoded = pd.get_dummies(df['Continent'], prefix='Continent')

# Concatenate the encoded columns with the original DataFrame
df_encoded = pd.concat([df, city_encoded, continent_encoded], axis=1)

print("DataFrame after one-hot encoding:")
print(df_encoded)
print("\\n")

# Demonstrate handling of high-cardinality columns
df['UniqueID'] = np.arange(len(df))
high_cardinality_encoded = pd.get_dummies(df['UniqueID'], prefix='ID')
df_high_cardinality = pd.concat([df, high_cardinality_encoded], axis=1)

print("DataFrame with high-cardinality column encoded:")
print(df_high_cardinality.head())
print("\\n")

# Demonstrate handling of missing values
df_missing = df.copy()
df_missing.loc[1, 'City'] = np.nan
df_missing.loc[3, 'Continent'] = np.nan

print("DataFrame with missing values:")
print(df_missing)
print("\\n")

# Handle missing values before encoding
df_missing['City'] = df_missing['City'].fillna('Unknown')
df_missing['Continent'] = df_missing['Continent'].fillna('Unknown')

# Apply one-hot encoding to the DataFrame with handled missing values
df_missing_encoded = pd.get_dummies(df_missing, columns=['City', 'Continent'],
prefix=['City', 'Continent'])

print("DataFrame with missing values handled and encoded:")
print(df_missing_encoded)
```

Cet exemple de code démontre une approche complète du codage one-hot en utilisant pandas.

Voici une analyse détaillée du code et de sa fonctionnalité :

1. Préparation des données :

    o   Nous créons un ensemble de données plus complet avec plusieurs colonnes : 'City', 'Population' et 'Continent'.

    o   Cela nous permet de démontrer l'encodage pour différents types de variables catégorielles.

2. Encodage One-Hot de base :

    o   Nous utilisons pd.get_dummies() pour encoder séparément les colonnes 'City' et 'Continent'.

    o   Le paramètre prefix est utilisé pour distinguer les colonnes encodées (par exemple, 'City_New York', 'Continent_Europe').

    o   Nous concaténons ensuite ces colonnes encodées avec le DataFrame d'origine.

3. Gestion des colonnes à haute cardinalité :

    o   Nous créons une colonne 'UniqueID' pour simuler une caractéristique à haute cardinalité.

    o   Nous démontrons comment l'encodage one-hot peut générer un grand nombre de colonnes pour les caractéristiques à haute cardinalité.

    o   Cela souligne les problèmes potentiels d'utilisation de la mémoire et d'efficacité computationnelle dans de tels cas.

4. Gestion des valeurs manquantes :

    o   Nous introduisons des valeurs manquantes dans les colonnes 'City' et 'Continent'.

    o   Avant l'encodage, nous remplaçons les valeurs manquantes par 'Unknown' en utilisant la méthode fillna().

    o   Cela garantit que les valeurs manquantes sont traitées comme une catégorie distincte lors de l'encodage.

    o   Nous appliquons ensuite l'encodage one-hot au DataFrame avec les valeurs manquantes traitées.

5. Visualisation des résultats :

- o À chaque étape, nous imprimons le DataFrame pour montrer comment il change après chaque opération.

- o Cela aide à comprendre l'effet de chaque étape d'encodage sur la structure des données.

Cet exemple complet couvre divers aspects de l'encodage one-hot, notamment la gestion de plusieurs colonnes catégorielles, le traitement des caractéristiques à haute cardinalité et la gestion des valeurs manquantes. Il fournit une démonstration pratique de l'utilisation de pandas pour ces tâches dans un scénario réel.

La fonction get_dummies() convertit la colonne "City" en colonnes binaires distinctes—City_New York, City_London et City_Paris—représentant chaque ville. Cela permet au modèle d'apprentissage automatique d'interpréter la caractéristique catégorielle de manière numérique.

b. Encodage One-Hot avec Scikit-learn

Scikit-learn offre une implémentation robuste de l'encodage one-hot via la classe OneHotEncoder. Cette classe fournit une approche plus flexible et puissante pour encoder des variables catégorielles, particulièrement utile dans les pipelines complexes d'apprentissage automatique ou lorsqu'un contrôle précis sur le processus d'encodage est nécessaire.

La classe OneHotEncoder se distingue pour plusieurs raisons :

- • Flexibilité : Elle peut gérer simultanément plusieurs colonnes catégorielles, ce qui la rend efficace pour les ensembles de données comportant de nombreuses caractéristiques catégorielles.

- • Sortie de matrice creuse : Par défaut, elle renvoie une matrice creuse, économe en mémoire pour les ensembles de données comportant de nombreuses catégories.

- • Gestion des catégories inconnues : Elle offre des options pour traiter les catégories qui n'étaient pas présentes pendant le processus d'ajustement, crucial pour les applications réelles où de nouvelles catégories pourraient apparaître dans les données de test.

- • Intégration avec les pipelines Scikit-learn : Elle s'intègre parfaitement à la classe Pipeline de Scikit-learn, permettant une combinaison facile avec d'autres étapes de prétraitement et modèles.

Lorsque vous travaillez avec des pipelines d'apprentissage automatique, le OneHotEncoder peut être particulièrement précieux. Il vous permet de définir un schéma d'encodage cohérent qui peut être appliqué uniformément aux ensembles de données d'entraînement et de test, garantissant que votre modèle reçoit des données d'entrée formatées de manière cohérente.

Pour les scénarios nécessitant plus de contrôle, le OneHotEncoder offre divers paramètres pour personnaliser son comportement. Par exemple, vous pouvez spécifier comment gérer les catégories inconnues, utiliser un format de sortie dense ou creux, et même définir un encodage personnalisé pour des caractéristiques spécifiques.

Exemple : Encodage One-Hot avec Scikit-learn

```python
from sklearn.preprocessing import OneHotEncoder
from sklearn.compose import ColumnTransformer
from sklearn.pipeline import Pipeline
from sklearn.impute import SimpleImputer
import pandas as pd
import numpy as np

# Sample data
data = {
    'City': ['New York', 'London', 'Paris', 'Tokyo', 'Berlin', np.nan],
    'Country': ['USA', 'UK', 'France', 'Japan', 'Germany', 'USA'],
    'Population': [8419000, 8982000, 2141000, 13960000, 3645000, np.nan]
}
df = pd.DataFrame(data)

print("Original DataFrame:")
print(df)
print("\\n")

# Define transformers for categorical and numerical data
categorical_transformer = Pipeline(steps=[
    ('imputer', SimpleImputer(strategy='most_frequent')),
    ('onehot', OneHotEncoder(sparse=False, handle_unknown='ignore'))
])

numerical_transformer = Pipeline(steps=[
    ('imputer', SimpleImputer(strategy='mean'))
])

# Combine transformers into a ColumnTransformer
preprocessor = ColumnTransformer(
    transformers=[
        ('cat', categorical_transformer, ['City', 'Country']),
        ('num', numerical_transformer, ['Population'])
    ]
)

# Apply the preprocessing pipeline
transformed_data = preprocessor.fit_transform(df)

# Get feature names
onehot_features_city = 
preprocessor.named_transformers_['cat'].named_steps['onehot'].get_feature_names_out(
['City', 'Country'])
numerical_features = ['Population']
feature_names = np.concatenate([onehot_features_city, numerical_features])
```

```
# Create a new DataFrame with transformed data
df_encoded = pd.DataFrame(transformed_data, columns=feature_names)

print("Transformed DataFrame:")
print(df_encoded)
```

Explication de la décomposition du code :

- **Gestion des valeurs manquantes** :
  - Les colonnes catégorielles (City et Country) sont remplies avec la valeur la plus fréquente.
  - La colonne numérique (Population) est remplie avec la valeur moyenne.

- **Encodage One-Hot** :
  - Les colonnes catégorielles (City, Country) sont encodées en one-hot, les convertissant en colonnes binaires.

- **Pipeline avec ColumnTransformer** :
  - Combine les étapes de prétraitement catégorielles et numériques en un seul pipeline.

- **Noms des caractéristiques** :
  - Récupère automatiquement des noms de colonnes significatifs pour les caractéristiques encodées.

- **Sortie finale** :
  - Un DataFrame propre et entièrement prétraité (df_encoded) est créé, prêt pour l'analyse ou la modélisation.

Cet exemple met en évidence plusieurs fonctionnalités clés des capacités de prétraitement de Scikit-learn :

- Gestion des données manquantes avec SimpleImputer

- Encodage one-hot des catégories nominales ('City')

- Encodage par étiquettes des catégories ordinales ('Country')

- Utilisation de ColumnTransformer pour appliquer différentes transformations à différentes colonnes

- Pipeline pour enchaîner plusieurs étapes de prétraitement

- Extraction des noms de caractéristiques après transformation

- Transformation inverse pour récupérer les catégories originales à partir des données encodées

Cette approche fournit une méthode robuste et évolutive pour prétraiter des types de données mixtes, gérer les valeurs manquantes et préparer les données pour les modèles d'apprentissage automatique.

Dans ce cas, OneHotEncoder convertit les données catégorielles en un tableau dense de valeurs binaires, qui peut être transmis directement aux modèles d'apprentissage automatique.

3.3.3 Encodage par étiquettes (Label Encoding)

L'encodage par étiquettes est une technique qui attribue un entier unique à chaque catégorie dans une caractéristique catégorielle. Cette méthode est particulièrement utile pour les variables catégorielles ordinales, où il existe un ordre ou une hiérarchie significative entre les catégories. En convertissant les catégories en valeurs numériques, l'encodage par étiquettes permet aux algorithmes d'apprentissage automatique d'interpréter et de traiter les données catégorielles plus efficacement.

Le principal avantage de l'encodage par étiquettes réside dans sa capacité à préserver la relation ordinale entre les catégories. Par exemple, considérons un ensemble de données contenant des niveaux d'éducation tels que "Lycée", "Licence", "Master" et "Doctorat". En encodant ces niveaux avec des nombres comme 0, 1, 2 et 3 respectivement, nous maintenons l'ordre inhérent du niveau d'éducation. Cette représentation numérique permet aux algorithmes de comprendre qu'un Doctorat (3) représente un niveau d'éducation plus élevé qu'une Licence (1).

Voici une description plus détaillée du fonctionnement de l'encodage par étiquettes :

- Identification : L'algorithme identifie toutes les catégories uniques au sein de la caractéristique.

- Tri : Pour les données ordinales, les catégories sont généralement triées selon leur ordre naturel. Pour les données nominales sans ordre clair, le tri peut être alphabétique ou basé sur l'ordre d'apparition dans l'ensemble de données.

- Attribution : Chaque catégorie se voit attribuer un entier unique, généralement en commençant par 0 et en incrémentant de 1 pour chaque catégorie suivante.

- Transformation : Les valeurs catégorielles originales dans l'ensemble de données sont remplacées par leurs encodages entiers correspondants.

Il est important de noter que bien que l'encodage par étiquettes soit excellent pour les données ordinales, il doit être utilisé avec prudence avec les variables catégorielles nominales (où il n'y a pas d'ordre inhérent). Dans ces cas, les nombres attribués pourraient involontairement impliquer un ordre ou une magnitude qui n'existe pas, ce qui pourrait induire en erreur le modèle d'apprentissage automatique.

De plus, l'encodage par étiquettes peut être particulièrement bénéfique dans certains algorithmes, tels que les arbres de décision et les forêts aléatoires, qui peuvent bien gérer les relations ordinales. Cependant, pour les algorithmes sensibles à l'amplitude des caractéristiques d'entrée (comme la régression linéaire ou les réseaux de neurones), des techniques de prétraitement supplémentaires comme la mise à l'échelle peuvent être nécessaires après l'encodage par étiquettes.

Encodage par étiquettes avec Scikit-learn

Le LabelEncoder de Scikit-learn est un outil puissant utilisé pour transformer des données catégorielles ordinales en entiers. Ce processus, connu sous le nom d'encodage par étiquettes, attribue une valeur numérique unique à chaque catégorie dans une variable catégorielle. Voici une explication plus détaillée :

1. Fonctionnalité : Le LabelEncoder détecte automatiquement toutes les catégories uniques dans une caractéristique donnée et attribue à chacune un entier unique, généralement en commençant par 0.

2. Données ordinales : Il est particulièrement utile pour les données ordinales où il existe un ordre ou une hiérarchie claire entre les catégories. Par exemple, les niveaux d'éducation comme 'Lycée', 'Licence', 'Master', 'Doctorat' pourraient être encodés comme 0, 1, 2, 3 respectivement.

3. Préservation de l'ordre : L'encodeur maintient la relation ordinale entre les catégories, ce qui est crucial pour que de nombreux algorithmes d'apprentissage automatique interprètent correctement les données.

4. Représentation numérique : En convertissant les catégories en entiers, il permet aux modèles d'apprentissage automatique qui nécessitent des entrées numériques de traiter efficacement les données catégorielles.

5. Réversibilité : Le LabelEncoder fournit également une méthode inverse_transform, vous permettant de reconvertir les entiers encodés en leurs étiquettes catégorielles d'origine lorsque nécessaire.

6. Prudence avec les données nominales : Bien que puissant pour les données ordinales, il doit être utilisé avec prudence avec les variables catégorielles nominales (où il n'y a pas d'ordre inhérent), car les nombres attribués pourraient impliquer un ordre ou une magnitude qui n'existe pas.

Comprendre ces aspects du LabelEncoder est essentiel pour prétraiter efficacement les données catégorielles ordinales dans les pipelines d'apprentissage automatique. L'application appropriée de cet outil peut considérablement améliorer la qualité et l'interprétabilité de vos caractéristiques encodées.

Exemple : Encodage par étiquettes avec Scikit-learn

```
from sklearn.preprocessing import LabelEncoder
```

```python
import numpy as np
import pandas as pd

# Sample data
education_levels = ['High School', 'Bachelor', 'Master', 'PhD', 'Bachelor', 'High
School', 'PhD']

# Initialize the LabelEncoder
label_encoder = LabelEncoder()

# Fit and transform the data
education_encoded = label_encoder.fit_transform(education_levels)

# Display the encoded labels
print(f"Original labels: {education_levels}")
print(f"Encoded labels: {education_encoded}")

# Create a dictionary mapping original labels to encoded values
label_mapping                    =                    dict(zip(label_encoder.classes_,
label_encoder.transform(label_encoder.classes_)))
print(f"\\nLabel mapping: {label_mapping}")

# Demonstrate inverse transform
decoded_labels = label_encoder.inverse_transform(education_encoded)
print(f"\\nDecoded labels: {decoded_labels}")

# Create a DataFrame for better visualization
df = pd.DataFrame({'Original': education_levels, 'Encoded': education_encoded})
print("\\nDataFrame representation:")
print(df)

# Handling unseen categories
new_education_levels = ['High School', 'Bachelor', 'Master', 'PhD', 'Associate']
try:
    new_encoded = label_encoder.transform(new_education_levels)
except ValueError as e:
    print(f"\\nError: {e}")
    print("Note: LabelEncoder cannot handle unseen categories directly.")
```

Explication de la structure du code :

1. Importation des bibliothèques nécessaires :

    o   Nous importons LabelEncoder de scikit-learn, qui est l'outil principal que nous
        utiliserons pour l'encodage.

    o   Nous importons également numpy et pandas pour la manipulation et la
        visualisation des données supplémentaires.

2. Création des données d'exemple :

o   Nous créons une liste de niveaux d'éducation, comprenant quelques répétitions pour démontrer comment l'encodeur gère les valeurs dupliquées.

3.   Initialisation du LabelEncoder :

o   Nous créons une instance de LabelEncoder appelée label_encoder.

4.   Ajustement et transformation des données :

o   Nous utilisons la méthode fit_transform() pour à la fois ajuster l'encodeur à nos données et les transformer en une seule étape.

o   Cette méthode identifie les catégories uniques et attribue à chacune un entier unique.

5.   Affichage des résultats :

o   Nous affichons à la fois les étiquettes originales et les étiquettes encodées pour montrer la transformation.

6.   Création d'une correspondance d'étiquettes :

o   Nous créons un dictionnaire qui associe chaque catégorie originale à sa valeur encodée.

o   Cela est utile pour comprendre comment l'encodeur a attribué des valeurs à chaque catégorie.

7.   Démonstration de la transformation inverse :

o   Nous utilisons la méthode inverse_transform() pour convertir les valeurs encodées en leurs catégories originales.

o   Cela montre que l'encodage est réversible, ce qui est important pour interpréter les résultats ultérieurement.

8.   Création d'un DataFrame :

o   Nous utilisons pandas pour créer un DataFrame qui montre côte à côte les valeurs originales et encodées.

o   Cela fournit une visualisation claire de la façon dont chaque catégorie a été encodée.

9.   Gestion des catégories inconnues :

o   Nous tentons d'encoder une liste qui inclut une nouvelle catégorie ('Associate') qui n'était pas dans les données originales.

o   Cela démontre que LabelEncoder ne peut pas gérer directement les catégories inconnues, ce qui est une limitation importante à connaître.

o Nous utilisons un bloc try-except pour capturer et afficher l'erreur qui se produit lors de la tentative d'encodage d'une catégorie inconnue.

Cet exemple met en évidence plusieurs caractéristiques et considérations clés lors de l'utilisation de LabelEncoder :

- Comment il gère les valeurs dupliquées (elles obtiennent le même encodage)

- La capacité de faire correspondre les valeurs originales et encodées dans les deux sens

- La création d'une correspondance claire entre les catégories et leurs valeurs encodées

- La limitation de ne pas pouvoir gérer les catégories inconnues, ce qui est crucial à comprendre lors du travail avec de nouvelles données

3.3.4 Encodage ordinal

Lorsque vous traitez des **variables catégorielles ordinales**, qui sont des variables avec des catégories ayant un ordre ou un classement naturel, vous pouvez utiliser l'**OrdinalEncoder** de scikit-learn. Cet outil puissant est spécifiquement conçu pour traiter efficacement les données ordinales.

L'OrdinalEncoder fonctionne en attribuant un entier unique à chaque catégorie tout en préservant l'ordre inhérent des catégories. C'est crucial car cela permet aux algorithmes d'apprentissage automatique de comprendre et d'exploiter les relations significatives entre différentes catégories.

Par exemple, considérons une variable représentant les niveaux d'éducation : 'Lycée', 'Licence', 'Master' et 'Doctorat'. L'OrdinalEncoder pourrait attribuer ces valeurs comme 0, 1, 2 et 3 respectivement. Cet encodage maintient la progression naturelle des niveaux d'éducation, ce qui peut être une information précieuse pour de nombreux modèles d'apprentissage automatique.

Contrairement à l'encodage one-hot, qui crée des colonnes binaires pour chaque catégorie, l'encodage ordinal produit une seule colonne d'entiers. Cela peut être particulièrement bénéfique lors du traitement d'ensembles de données comportant un grand nombre de variables ordinales, car cela aide à maintenir l'espace des caractéristiques plus compact.

Cependant, il est important de noter que, bien que l'OrdinalEncoder soit excellent pour les données véritablement ordinales, il doit être utilisé avec prudence avec les variables catégorielles nominales (où il n'y a pas d'ordre inhérent). Dans de tels cas, les nombres attribués pourraient involontairement impliquer un ordre qui n'existe pas, ce qui pourrait induire en erreur le modèle d'apprentissage automatique.

Encodage ordinal avec Scikit-learn

L'OrdinalEncoder de Scikit-learn est un outil puissant spécifiquement conçu pour encoder les variables catégorielles ordinales tout en préservant leur ordre inhérent. Cet encodeur est particulièrement utile lorsqu'il s'agit de variables qui ont une hiérarchie ou un classement naturel.

L'OrdinalEncoder est un outil polyvalent pour gérer les variables catégorielles ordinales. Il fonctionne en attribuant des valeurs entières à chaque catégorie dans la variable ordinale, en s'assurant que l'ordre de ces entiers correspond à l'ordre naturel des catégories. Contrairement à d'autres méthodes d'encodage, l'OrdinalEncoder maintient les relations relatives entre les catégories. Par exemple, lors de l'encodage des niveaux d'éducation ('Lycée', 'Licence', 'Master', 'Doctorat'), il pourrait attribuer les valeurs 0, 1, 2, 3 respectivement, reflétant la progression dans l'éducation.

En convertissant les catégories en entiers, l'OrdinalEncoder permet aux algorithmes d'apprentissage automatique qui nécessitent une entrée numérique de traiter efficacement les données ordinales tout en conservant l'information ordinale. Il offre de la flexibilité en permettant aux utilisateurs de spécifier un ordre personnalisé des catégories, donnant un contrôle sur la façon dont la relation ordinale est représentée.

L'encodeur est également évolutif, capable de gérer simultanément plusieurs caractéristiques ordinales, ce qui le rend efficace pour les ensembles de données comportant plusieurs variables ordinales. De plus, comme les autres encodeurs de scikit-learn, l'OrdinalEncoder fournit une méthode inverse_transform, permettant la conversion des valeurs encodées en leurs catégories d'origine lorsque nécessaire.

Exemple : Encodage ordinal avec Scikit-learn

```python
from sklearn.preprocessing import OrdinalEncoder
import numpy as np
import pandas as pd

# Sample data with ordinal values
education_levels = [['High School'], ['Bachelor'], ['Master'], ['PhD'], ['High
School'], ['Bachelor'], ['Master']]

# Initialize the OrdinalEncoder
ordinal_encoder = OrdinalEncoder(categories=[['High School', 'Bachelor', 'Master',
'PhD']])

# Fit and transform the data
education_encoded = ordinal_encoder.fit_transform(education_levels)

# Print the encoded values
print("Encoded education levels:")
print(education_encoded)

# Create a DataFrame for better visualization
df = pd.DataFrame({'Original': [level[0] for level in education_levels], 'Encoded':
education_encoded.flatten()})
print("\\nDataFrame representation:")
print(df)
```

```
# Demonstrate inverse transform
decoded_levels = ordinal_encoder.inverse_transform(education_encoded)
print("\\nDecoded education levels:")
print(decoded_levels)

# Get the category order
category_order = ordinal_encoder.categories_[0]
print("\\nCategory order:")
print(category_order)

# Handling unseen categories
new_education_levels = [['High School'], ['Bachelor'], ['Associate']]
try:
    new_encoded = ordinal_encoder.transform(new_education_levels)
    print("\\nEncoded new education levels:")
    print(new_encoded)
except ValueError as e:
    print(f"\\nError: {e}")
    print("Note: OrdinalEncoder cannot handle unseen categories directly.")
```

Explication de la décomposition du code :

1. Importation des bibliothèques nécessaires :

    o   Nous importons OrdinalEncoder de scikit-learn, qui est l'outil principal que nous utiliserons pour l'encodage.

    o   Nous importons également numpy et pandas pour la manipulation et la visualisation supplémentaires des données.

2. Création de données d'exemple :

    o   Nous créons une liste de niveaux d'éducation, y compris quelques répétitions pour démontrer comment l'encodeur gère les valeurs dupliquées.

3. Initialisation de l'OrdinalEncoder :

    o   Nous créons une instance d'OrdinalEncoder appelée ordinal_encoder.

    o   Nous spécifions explicitement l'ordre des catégories en utilisant le paramètre categories. Cela garantit que l'encodage reflète l'ordre naturel des niveaux d'éducation.

4. Ajustement et transformation des données :

    o   Nous utilisons la méthode fit_transform() pour à la fois ajuster l'encodeur à nos données et les transformer en une seule étape.

    o   Cette méthode apprend les catégories uniques et attribue à chacune un entier unique basé sur l'ordre spécifié.

5. Affichage des résultats :

   ○ Nous imprimons les valeurs encodées pour montrer la transformation.

6. Création d'un DataFrame :

   ○ Nous utilisons pandas pour créer un DataFrame qui montre côte à côte les valeurs originales et encodées.

   ○ Cela fournit une visualisation claire de la façon dont chaque catégorie a été encodée.

7. Démonstration de la transformation inverse :

   ○ Nous utilisons la méthode inverse_transform() pour convertir les valeurs encodées en leurs catégories d'origine.

   ○ Cela montre que l'encodage est réversible, ce qui est important pour l'interprétation des résultats ultérieurement.

8. Obtention de l'ordre des catégories :

   ○ Nous accédons à l'attribut categories_ de l'encodeur pour voir l'ordre des catégories utilisé pour l'encodage.

9. Gestion des catégories inconnues :

   ○ Nous tentons d'encoder une liste qui inclut une nouvelle catégorie ('Associate') qui n'était pas dans les données d'origine.

   ○ Cela démontre que OrdinalEncoder ne peut pas gérer directement les catégories inconnues, ce qui est une limitation importante à connaître.

   ○ Nous utilisons un bloc try-except pour capturer et afficher l'erreur qui se produit lors de la tentative d'encodage d'une catégorie inconnue.

Cet exemple élargi met en évidence plusieurs caractéristiques et considérations clés lors de l'utilisation d'OrdinalEncoder :

- Comment il gère les valeurs dupliquées (elles obtiennent le même encodage)

- La capacité de spécifier un ordre personnalisé pour les catégories

- La création d'une correspondance claire entre les catégories et leurs valeurs encodées

- La capacité de transformer inversement les valeurs encodées en catégories d'origine

- La limitation de ne pas pouvoir gérer les catégories inconnues, ce qui est crucial à comprendre lors du travail avec de nouvelles données

En utilisant uniquement l'OrdinalEncoder de Scikit-learn, nous avons démontré une approche complète de l'encodage ordinal, incluant la gestion de divers scénarios et pièges potentiels.

3.3.5 Gestion des variables catégorielles à haute cardinalité

Les caractéristiques à haute cardinalité sont celles qui ont un grand nombre de catégories ou de valeurs uniques. Ce concept est particulièrement important dans le contexte de l'apprentissage automatique et du prétraitement des données. Décomposons-le davantage :

Définition : La haute cardinalité fait référence aux colonnes ou caractéristiques d'un ensemble de données qui ont un très grand nombre de valeurs uniques par rapport au nombre de lignes dans l'ensemble de données.

Exemple : Un exemple typique d'une caractéristique à haute cardinalité est la colonne "Ville" dans un ensemble de données mondial. Une telle caractéristique pourrait contenir des centaines ou des milliers de noms de villes uniques, chacun représentant une catégorie distincte.

Défis avec l'encodage one-hot : Lorsqu'on traite des caractéristiques à haute cardinalité, les méthodes d'encodage traditionnelles comme l'encodage one-hot peuvent entraîner d'importants problèmes :

- **Matrices creuses :** L'encodage one-hot crée une nouvelle colonne pour chaque catégorie unique. Pour les caractéristiques à haute cardinalité, cela aboutit à une matrice **creuse** - une matrice avec de nombreuses valeurs nulles.

- **Explosion dimensionnelle :** Le nombre de colonnes dans l'ensemble de données augmente considérablement, pouvant mener à la "malédiction de la dimensionnalité".

- **Inefficacité computationnelle :** Le traitement et le stockage des matrices creuses nécessitent plus de ressources computationnelles, ce qui peut ralentir significativement l'entraînement du modèle.

- **Risque de surapprentissage :** Avec autant de caractéristiques, les modèles peuvent commencer à s'ajuster au bruit dans les données plutôt qu'aux véritables tendances, augmentant le risque de surapprentissage.

Impact sur la performance du modèle : Ces défis peuvent affecter négativement la performance du modèle, son interprétabilité et sa capacité de généralisation.

Compte tenu de ces problèmes, lors du travail avec des caractéristiques à haute cardinalité, il est souvent nécessaire d'utiliser des techniques d'encodage alternatives ou des méthodes d'ingénierie des caractéristiques pour réduire la dimensionnalité tout en préservant les informations importantes.

a. Encodage par fréquence

L'encodage par fréquence est une technique puissante pour gérer les caractéristiques catégorielles à haute cardinalité en apprentissage automatique. Pour chaque catégorie unique dans une caractéristique, il calcule la fréquence d'apparition de cette catégorie dans l'ensemble de données, puis remplace le nom de la catégorie par cette valeur de fréquence. Contrairement à l'encodage one-hot, qui crée une nouvelle colonne pour chaque catégorie, l'encodage par fréquence maintient une seule colonne, réduisant considérablement la dimensionnalité de l'ensemble de données, en particulier pour les caractéristiques avec de nombreuses catégories uniques.

Tout en réduisant la dimensionnalité, l'encodage par fréquence conserve néanmoins des informations importantes sur les catégories. Les catégories plus courantes obtiennent des valeurs plus élevées, ce qui peut être informatif pour de nombreux algorithmes d'apprentissage automatique. Il gère également naturellement les catégories rares en leur attribuant des valeurs très faibles, ce qui peut aider à prévenir le surapprentissage sur des catégories rares qui pourraient ne pas être représentatives de la distribution générale des données.

En convertissant les catégories en valeurs numériques, l'encodage par fréquence permet aux modèles qui nécessitent des entrées numériques (comme de nombreux réseaux de neurones) de travailler plus facilement avec des données catégorielles. Cependant, il est important de noter que cette méthode suppose que la fréquence d'une catégorie est directement liée à son importance ou à son impact sur la variable cible, ce qui n'est pas toujours le cas. Ce potentiel inconvénient doit être pris en compte lors de la décision d'utiliser l'encodage par fréquence pour un ensemble de données ou un problème particulier.

Dans l'ensemble, l'encodage par fréquence est effectivement une technique simple mais efficace pour réduire la dimensionnalité des caractéristiques catégorielles à haute cardinalité, offrant un bon équilibre entre préservation de l'information et réduction de la dimensionnalité.

Exemple : Encodage par fréquence avec Pandas

```python
# Import necessary libraries
import pandas as pd
import matplotlib.pyplot as plt

# Sample data with high-cardinality categorical feature
df = pd.DataFrame({
    'City': ['New York', 'London', 'Paris', 'New York', 'Paris', 'London', 'Paris',
'Tokyo', 'Berlin', 'Madrid'],
    'Population': [8419000, 8982000, 2141000, 8419000, 2141000, 8982000, 2141000,
13960000, 3645000, 3223000]
})

# Calculate frequency of each category
city_frequency = df['City'].value_counts(normalize=True)

# Map the frequencies to the original data
df['City_Frequency'] = df['City'].map(city_frequency)

# Calculate mean population for each city
city_population = df.groupby('City')['Population'].mean()

# Map the mean population to the original data
df['City_Mean_Population'] = df['City'].map(city_population)
```

```
# Print the resulting DataFrame
print("Resulting DataFrame:")
print(df)

# Print frequency distribution
print("\\nFrequency Distribution:")
print(city_frequency)

# Visualize frequency distribution
plt.figure(figsize=(10, 6))
city_frequency.plot(kind='bar')
plt.title('Frequency Distribution of Cities')
plt.xlabel('City')
plt.ylabel('Frequency')
plt.xticks(rotation=45)
plt.tight_layout()
plt.show()

# Visualize mean population by city
plt.figure(figsize=(10, 6))
city_population.plot(kind='bar')
plt.title('Mean Population by City')
plt.xlabel('City')
plt.ylabel('Mean Population')
plt.xticks(rotation=45)
plt.tight_layout()
plt.show()

# Demonstrate handling of new categories
new_df = pd.DataFrame({'City': ['New York', 'London', 'Sydney']})
new_df['City_Frequency'] = new_df['City'].map(city_frequency).fillna(0)
print("\\nHandling new categories:")
print(new_df)
```

Explication de la répartition du code :

1. Importation des bibliothèques :

    o Nous importons pandas pour la manipulation des données et matplotlib pour la visualisation.

2. Création d'échantillons de données :

    o Nous créons un DataFrame avec une colonne 'City' (caractéristique à haute cardinalité) et une colonne 'Population' pour une analyse supplémentaire.

3. Encodage par fréquence :

    o Nous calculons la fréquence de chaque ville en utilisant value_counts(normalize=True).

- o Nous mappons ensuite ces fréquences vers le DataFrame original en utilisant map().

4. Ingénierie de caractéristiques supplémentaires :

- o Nous calculons la population moyenne pour chaque ville en utilisant groupby() et mean().
- o Nous mappons ces populations moyennes vers le DataFrame original.

5. Affichage des résultats :

- o Nous imprimons le DataFrame résultant pour montrer les données originales avec les nouvelles caractéristiques encodées.
- o Nous imprimons également la distribution de fréquence des villes.

6. Visualisation :

- o Nous créons deux graphiques à barres en utilisant matplotlib : a. Un graphique montrant la distribution de fréquence des villes. b. Un graphique montrant la population moyenne par ville.
- o Ces visualisations aident à comprendre la distribution de nos données catégorielles et leur relation avec d'autres variables.

7. Gestion des nouvelles catégories :

- o Nous démontrons comment gérer les nouvelles catégories qui n'étaient pas dans l'ensemble de données original.
- o Nous créons un nouveau DataFrame avec une ville ('Sydney') qui n'était pas dans les données originales.
- o Nous utilisons map() avec fillna(0) pour attribuer des fréquences, donnant 0 à la nouvelle catégorie.

Cet exemple met en évidence plusieurs aspects importants du travail avec des données catégorielles à haute cardinalité en utilisant pandas :

- Encodage par fréquence
- Ingénierie de caractéristiques supplémentaires (population moyenne par catégorie)
- Visualisation des données catégorielles
- Gestion des nouvelles catégories

Ces techniques fournissent une approche complète pour traiter les caractéristiques à haute cardinalité, offrant à la fois une réduction de dimensionnalité et une création de caractéristiques significatives.

b. Encodage cible

L'encodage cible est une technique sophistiquée utilisée dans l'ingénierie des caractéristiques pour les variables catégorielles. Il consiste à remplacer chaque catégorie par une valeur numérique dérivée de la moyenne de la variable cible pour cette catégorie spécifique. Cette méthode est particulièrement précieuse dans les tâches d'apprentissage supervisé pour plusieurs raisons :

1. Capture de relation : Elle capture efficacement la relation entre la caractéristique catégorielle et la variable cible, fournissant au modèle une entrée plus informative.

2. Réduction de dimensionnalité : Contrairement à l'encodage one-hot, l'encodage cible n'augmente pas le nombre de caractéristiques, ce qui le rend adapté aux variables catégorielles à haute cardinalité.

3. Puissance prédictive : Les valeurs encodées reflètent directement comment chaque catégorie se rapporte à la cible, améliorant potentiellement les capacités prédictives du modèle.

4. Gestion des catégories rares : Il peut efficacement traiter les catégories rares en leur attribuant des valeurs basées sur la variable cible, plutôt que de créer des caractéristiques creuses.

5. Sortie continue : La caractéristique encodée résultante est continue, ce qui peut être bénéfique pour certains algorithmes qui fonctionnent mieux avec des entrées numériques.

Cependant, il est important de noter que l'encodage cible doit être utilisé avec prudence :

1. Risque de surapprentissage : Il peut conduire au surapprentissage s'il n'est pas correctement validé par validation croisée, car il utilise les informations de la cible dans l'étape de prétraitement.

2. Fuite de données : Des précautions doivent être prises pour éviter la fuite de données en s'assurant que l'encodage est effectué au sein des plis de validation croisée.

3. Interprétabilité : Les valeurs encodées peuvent être moins interprétables que les catégories originales, ce qui pourrait être un inconvénient dans certaines applications où l'explicabilité du modèle est cruciale.

Dans l'ensemble, l'encodage cible est un outil puissant qui, lorsqu'il est utilisé de manière appropriée, peut améliorer significativement la performance des modèles d'apprentissage automatique sur les données catégorielles.

Exemple : Encodage cible avec Category Encoders

```
import category_encoders as ce
import pandas as pd
import numpy as np
```

```python
from sklearn.model_selection import train_test_split
from sklearn.linear_model import LogisticRegression
from sklearn.metrics import accuracy_score
import matplotlib.pyplot as plt

# Create a larger sample dataset
np.random.seed(42)
cities = ['New York', 'London', 'Paris', 'Tokyo', 'Berlin']
n_samples = 1000
df = pd.DataFrame({
    'City': np.random.choice(cities, n_samples),
    'Target': np.random.randint(0, 2, n_samples)
})

# Split the data into training and testing sets
X_train, X_test, y_train, y_test = train_test_split(df['City'], df['Target'],
test_size=0.2, random_state=42)

# Initialize the TargetEncoder
target_encoder = ce.TargetEncoder()

# Fit and transform the training data
X_train_encoded = target_encoder.fit_transform(X_train, y_train)

# Transform the test data
X_test_encoded = target_encoder.transform(X_test)

# Train a logistic regression model
model = LogisticRegression(random_state=42)
model.fit(X_train_encoded, y_train)

# Make predictions on the test set
y_pred = model.predict(X_test_encoded)

# Calculate accuracy
accuracy = accuracy_score(y_test, y_pred)
print(f"Model Accuracy: {accuracy:.2f}")

# Display the encoding for each city
encoding_map = target_encoder.mapping[0]['mapping']
print("\\nTarget Encoding Map:")
for city, encoded_value in encoding_map.items():
    print(f"{city}: {encoded_value:.4f}")

# Visualize the target encoding
plt.figure(figsize=(10, 6))
plt.bar(encoding_map.keys(), encoding_map.values())
plt.title('Target Encoding of Cities')
plt.xlabel('City')
plt.ylabel('Encoded Value')
plt.xticks(rotation=45)
plt.tight_layout()
```

```
plt.show()

# Demonstrate handling of unseen categories
new_cities = pd.Series(['New York', 'London', 'San Francisco'])
encoded_new_cities = target_encoder.transform(new_cities)
print("\\nEncoding of New Cities (including unseen):")
print(encoded_new_cities)
```

Explication de la répartition du code :

- Importation des bibliothèques :

    o Nous importons des bibliothèques supplémentaires notamment numpy pour la génération de nombres aléatoires, sklearn pour l'entraînement et l'évaluation du modèle, et matplotlib pour la visualisation.

- Création d'un jeu de données plus volumineux :

    o Nous générons un échantillon de données plus large avec 1000 entrées et 5 villes différentes pour mieux démontrer le processus d'encodage cible.

    o La variable 'Target' est générée aléatoirement comme 0 ou 1 pour simuler un problème de classification binaire.

- Division des données :

    o Nous divisons les données en ensembles d'entraînement et de test en utilisant train_test_split pour évaluer correctement notre encodage et notre modèle.

- Encodage cible :

    o Nous utilisons le TargetEncoder de la bibliothèque category_encoders pour effectuer l'encodage cible.

    o L'encodeur est ajusté sur les données d'entraînement puis utilisé pour transformer à la fois les données d'entraînement et de test.

- Entraînement et évaluation du modèle :

    o Nous entraînons un modèle de régression logistique sur les données encodées.

    o Le modèle est ensuite utilisé pour faire des prédictions sur l'ensemble de test, et nous calculons sa précision.

- Visualisation de l'encodage :

    o Nous extrayons la carte d'encodage du TargetEncoder pour voir comment chaque ville a été encodée.

○ Un graphique à barres est créé pour visualiser les valeurs encodées pour chaque ville.

- Gestion des catégories inconnues :

  ○ Nous démontrons comment le TargetEncoder gère les nouvelles catégories qui n'étaient pas présentes dans les données d'entraînement.

Cet exemple offre une vision plus complète de l'encodage cible, incluant :

- Travail avec un jeu de données plus large et plus réaliste

- Division train-test appropriée pour éviter les fuites de données

- Entraînement et évaluation réels du modèle utilisant les caractéristiques encodées

- Visualisation des résultats d'encodage

- Gestion des catégories inconnues

Cette approche donne une image plus complète de la façon dont l'encodage cible peut être appliqué dans un pipeline d'apprentissage automatique et de ses effets sur les performances du modèle.

3.3.6 Gestion des données catégorielles manquantes

Les valeurs manquantes dans les données catégorielles posent un défi important dans la phase de prétraitement des données des projets d'apprentissage automatique. Ces lacunes dans le jeu de données peuvent avoir un impact considérable sur la précision et la fiabilité de votre modèle d'apprentissage automatique si elles ne sont pas traitées correctement. La présence de valeurs manquantes peut conduire à des résultats biaisés, une puissance statistique réduite et potentiellement des conclusions incorrectes. Il est donc crucial de les traiter avec soin et considération.

Il existe plusieurs stratégies pour traiter les données catégorielles manquantes, chacune avec ses propres avantages et inconvénients potentiels :

- Suppression : Cela implique de supprimer les lignes ou colonnes avec des valeurs manquantes. Bien que simple, cela peut entraîner la perte d'informations précieuses.

- Imputation : Cette méthode consiste à remplir les valeurs manquantes avec des valeurs estimées. Les techniques courantes incluent l'imputation par le mode, l'imputation par modèle prédictif, ou l'utilisation d'une catégorie dédiée "Manquant".

- Méthodes avancées : Celles-ci comprennent l'utilisation d'algorithmes qui peuvent gérer directement les valeurs manquantes, ou l'emploi de techniques d'imputation multiple qui tiennent compte de l'incertitude dans les données manquantes.

Le choix de la stratégie dépend de facteurs tels que la quantité de données manquantes, le mécanisme de leur absence (qu'elles soient manquantes complètement au hasard, manquantes au hasard, ou manquantes non au hasard), et les exigences spécifiques de votre tâche d'apprentissage automatique. Il est souvent bénéfique d'expérimenter plusieurs approches et d'évaluer leur impact sur les performances de votre modèle.

a. Imputation des valeurs manquantes avec le mode

Pour les données catégorielles nominales, une approche courante consiste à remplacer les valeurs manquantes par la catégorie la plus fréquente (mode).

Exemple : Imputation des valeurs catégorielles manquantes

```python
import pandas as pd
import matplotlib.pyplot as plt
from sklearn.impute import SimpleImputer

# Sample data with missing values
df = pd.DataFrame({
    'City': ['New York', 'London', None, 'Paris', 'Paris', 'London', None, 'Tokyo',
'Berlin', None],
    'Population': [8400000, 8900000, None, 2100000, 2100000, 8900000, None, 13900000,
3700000, None],
    'IsCapital': [False, True, None, True, True, True, None, True, True, None]
})

print("Original DataFrame:")
print(df)
print("\\nMissing values count:")
print(df.isnull().sum())

# Method 1: Fill missing values with the mode (most frequent value)
df['City_Mode'] = df['City'].fillna(df['City'].mode()[0])

# Method 2: Fill missing values with a new category 'Unknown'
df['City_Unknown'] = df['City'].fillna('Unknown')

# Method 3: Use SimpleImputer for numerical data (Population)
imputer = SimpleImputer(strategy='mean')
df['Population_Imputed'] = imputer.fit_transform(df[['Population']])

# Method 4: Forward fill for IsCapital (assuming temporal order)
df['IsCapital_Ffill'] = df['IsCapital'].ffill()

print("\\nDataFrame after handling missing values:")
print(df)

# Visualize missing data
plt.figure(figsize=(10, 6))
plt.imshow(df.isnull(), cmap='viridis', aspect='auto')
plt.title('Missing Value Heatmap')
plt.xlabel('Columns')
plt.ylabel('Rows')
plt.colorbar(label='Missing (Yellow)')
```

```
plt.tight_layout()
plt.show()

# Compare original and imputed data distributions
fig, (ax1, ax2) = plt.subplots(1, 2, figsize=(12, 5))

df['Population'].hist(ax=ax1, bins=10)
ax1.set_title('Original Population Distribution')
ax1.set_xlabel('Population')
ax1.set_ylabel('Frequency')

df['Population_Imputed'].hist(ax=ax2, bins=10)
ax2.set_title('Imputed Population Distribution')
ax2.set_xlabel('Population')
ax2.set_ylabel('Frequency')

plt.tight_layout()
plt.show()
```

Explication de la répartition du code :

1. Importation des bibliothèques :

   o Nous importons pandas pour la manipulation des données, matplotlib pour la visualisation, et SimpleImputer de sklearn pour l'imputation numérique.

2. Création des données d'exemple :

   o Nous créons un DataFrame avec trois colonnes : 'City' (catégorielle), 'Population' (numérique), et 'IsCapital' (booléenne), incluant des valeurs manquantes (None).

3. Affichage des données originales :

   o Nous imprimons le DataFrame original et le nombre de valeurs manquantes dans chaque colonne.

4. Gestion des valeurs manquantes :

   o Méthode 1 (Imputation par le mode) : Nous remplissons les valeurs manquantes dans la colonne 'City' avec la ville la plus fréquente.

   o Méthode 2 (Nouvelle catégorie) : Nous créons une nouvelle colonne où les villes manquantes sont remplacées par 'Unknown'.

   o Méthode 3 (Imputation par la moyenne) : Nous utilisons SimpleImputer pour remplir les valeurs manquantes dans la colonne 'Population' avec la population moyenne.

o Méthode 4 (Propagation vers l'avant) : Nous utilisons la propagation vers l'avant pour la colonne 'IsCapital', en supposant un ordre temporel dans les données.

5. Visualisation des données manquantes :

o Nous créons une carte de chaleur pour visualiser le modèle des données manquantes à travers le DataFrame.

6. Comparaison des distributions :

o Nous créons des histogrammes pour comparer la distribution des données 'Population' originales avec les données imputées.

Cet exemple démontre plusieurs techniques pour gérer les données catégorielles et numériques manquantes, notamment :

- L'imputation par le mode pour les données catégorielles

- La création d'une nouvelle catégorie pour les valeurs manquantes

- L'imputation par la moyenne pour les données numériques à l'aide de SimpleImputer

- La propagation vers l'avant pour les données potentiellement ordonnées

- La visualisation des modèles de données manquantes

- La comparaison des distributions de données originales et imputées

Ces techniques offrent une approche complète pour traiter les données manquantes, montrant à la fois les méthodes de gestion et les façons d'analyser l'impact de ces méthodes sur votre jeu de données.

b. Utilisation d'une catégorie distincte pour les données manquantes

Une autre approche pour gérer les valeurs manquantes dans les données catégorielles consiste à créer une catégorie distincte, souvent étiquetée "Inconnu" ou "Manquant". Cette méthode implique l'introduction d'une nouvelle catégorie spécifiquement pour représenter les points de données manquants. Ce faisant, vous reconnaissez explicitement l'absence d'information et la traitez comme une catégorie distincte en soi.

Cette approche offre plusieurs avantages :

- Préservation de l'information : Elle conserve le fait que des données étaient manquantes, ce qui peut être significatif dans certaines analyses.

- Interprétabilité du modèle : Elle permet aux modèles d'apprendre potentiellement des modèles associés aux données manquantes.

- Simplicité : Elle est simple à mettre en œuvre et à comprendre.

- Cohérence : Elle fournit une façon uniforme de gérer les valeurs manquantes à travers différentes variables catégorielles.

Cependant, il est important de considérer les inconvénients potentiels :

- Dimensionnalité accrue : Pour les données encodées one-hot, cela ajoute une dimension supplémentaire.

- Biais potentiel : Si les données manquantes ne sont pas aléatoires, cette méthode pourrait introduire un biais.

- Perte de puissance statistique : Dans certaines analyses, traiter les données manquantes comme une catégorie distincte pourrait réduire la puissance statistique.

Lorsque vous décidez d'utiliser cette approche, considérez la nature de vos données, la raison de leur absence, et les exigences de votre analyse spécifique ou tâche d'apprentissage automatique.

Exemple : Remplacement des valeurs manquantes par une nouvelle catégorie

```python
import pandas as pd
import matplotlib.pyplot as plt

# Create a sample dataset with missing values
data = {
    'City': ['New York', 'London', None, 'Paris', 'Tokyo', None, 'Berlin', 'Madrid',
None, 'Rome'],
    'Population': [8.4, 9.0, None, 2.2, 13.9, None, 3.7, 3.2, None, 4.3],
    'IsCapital': [False, True, None, True, True, None, True, True, None, True]
}

df = pd.DataFrame(data)

print("Original DataFrame:")
print(df)
print("\\nMissing values count:")
print(df.isnull().sum())

# Replace missing values with a new category 'Unknown'
df['City_Unknown'] = df['City'].fillna('Unknown')

# For numerical data, we can use mean imputation
df['Population_Imputed'] = df['Population'].fillna(df['Population'].mean())

# For boolean data, we can use mode imputation
df['IsCapital_Imputed'] = df['IsCapital'].fillna(df['IsCapital'].mode()[0])

print("\\nDataFrame after handling missing values:")
print(df)

# Visualize the distribution of cities before and after imputation
```

```
fig, (ax1, ax2) = plt.subplots(1, 2, figsize=(12, 5))

df['City'].value_counts().plot(kind='bar',    ax=ax1,    title='City    Distribution
(Before)')
ax1.set_ylabel('Count')

df['City_Unknown'].value_counts().plot(kind='bar', ax=ax2, title='City Distribution
(After)')
ax2.set_ylabel('Count')

plt.tight_layout()
plt.show()

# Analyze the impact of imputation on Population
print("\\nPopulation statistics before imputation:")
print(df['Population'].describe())

print("\\nPopulation statistics after imputation:")
print(df['Population_Imputed'].describe())
```

Explication de la décomposition du code :

1. Importation des bibliothèques :

   o Nous importons pandas pour la manipulation des données et matplotlib pour la visualisation.

2. Création des données d'exemple :

   o Nous créons un DataFrame avec trois colonnes : 'City' (catégorielle), 'Population' (numérique) et 'IsCapital' (booléenne).

   o Le jeu de données inclut des valeurs manquantes (None) pour démontrer différentes techniques d'imputation.

3. Affichage des données originales :

   o Nous imprimons le DataFrame original et le nombre de valeurs manquantes dans chaque colonne.

4. Gestion des valeurs manquantes :

   o Pour la colonne 'City', nous créons une nouvelle colonne 'City_Unknown' où les valeurs manquantes sont remplacées par 'Unknown'.

   o Pour la colonne 'Population', nous utilisons l'imputation par la moyenne pour combler les valeurs manquantes.

   o Pour la colonne 'IsCapital', nous utilisons l'imputation par le mode pour combler les valeurs manquantes.

5. Visualisation des données :

- o Nous créons des graphiques à barres pour comparer la distribution des villes avant et après l'imputation.
- o Cela aide à visualiser l'impact de l'ajout de la catégorie 'Unknown'.

6. Analyse de l'impact de l'imputation :

- o Nous imprimons les statistiques descriptives pour la colonne 'Population' avant et après l'imputation.
- o Cela nous permet de voir comment l'imputation par la moyenne affecte la distribution globale des données.

Cet exemple élargi démontre une approche plus complète pour traiter les données manquantes, comprenant :

- L'utilisation d'une nouvelle catégorie ('Unknown') pour les données catégorielles manquantes
- L'application de l'imputation par la moyenne pour les données numériques
- L'utilisation de l'imputation par le mode pour les données booléennes
- La visualisation de l'impact de l'imputation sur les données catégorielles
- L'analyse de l'impact statistique de l'imputation sur les données numériques

Cette approche fournit une vision complète de la façon dont différentes techniques d'imputation peuvent être appliquées et leurs effets sur le jeu de données, ce qui est crucial pour comprendre les impacts potentiels sur les analyses ou les modèles d'apprentissage automatique ultérieurs.

Cette approche marque explicitement les données manquantes et peut parfois aider les modèles à apprendre que les données manquantes sont significatives.

L'encodage et le traitement des données catégorielles sont une étape cruciale dans la préparation de vos données pour les modèles d'apprentissage automatique. Que vous travailliez avec des variables nominales ou ordinales, la sélection de la bonne technique d'encodage – qu'il s'agisse d'encodage one-hot, d'encodage par étiquettes, ou de méthodes plus avancées comme l'encodage par cible – peut avoir un impact significatif sur la performance de votre modèle. De plus, le traitement approprié des caractéristiques à haute cardinalité et des données manquantes garantit que votre jeu de données est à la fois informatif et gérable.

3.4 Techniques de mise à l'échelle, de normalisation et de transformation des données

L'échelle et la distribution de votre jeu de données peuvent influencer profondément l'efficacité de nombreux modèles, en particulier ceux qui s'appuient fortement sur les calculs de distance ou qui emploient des techniques d'optimisation basées sur le gradient.

De nombreux algorithmes d'apprentissage automatique fonctionnent sous l'hypothèse que toutes les caractéristiques existent sur une échelle uniforme, ce qui peut potentiellement conduire à des modèles biaisés si les caractéristiques avec des plages plus larges éclipsent celles avec des plages plus étroites. Pour atténuer ces défis et assurer une performance optimale du modèle, les data scientists emploient une variété de **techniques de prétraitement des données**, y compris la **mise à l'échelle**, la **normalisation**, et d'autres **méthodes transformatives**.

Cette section se penche sur un éventail de techniques utilisées pour mettre à l'échelle, normaliser et transformer les données, fournissant une vue d'ensemble complète des méthodes essentielles telles que la **mise à l'échelle min-max**, la **standardisation (normalisation z-score)**, la **mise à l'échelle robuste**, et la **transformation logarithmique**, entre autres. Nous explorerons les nuances de chaque technique, discutant de leurs applications spécifiques, de leurs avantages et de leurs inconvénients potentiels.

De plus, nous examinerons comment ces méthodes contribuent à améliorer la performance des modèles en s'assurant que toutes les caractéristiques exercent une influence équitable pendant le processus d'apprentissage, favorisant ainsi des prédictions plus précises et fiables.

3.4.1 Pourquoi la mise à l'échelle et la normalisation des données sont importantes

Les modèles d'apprentissage automatique, en particulier ceux qui s'appuient sur les calculs de distance ou l'optimisation basée sur le gradient, sont très sensibles à l'échelle et à l'étendue des caractéristiques d'entrée. Cette sensibilité peut entraîner d'importants problèmes de performance et d'interprétation du modèle si elle n'est pas correctement traitée.

Explorons plus en profondeur pourquoi c'est crucial et comment cela affecte différents types de modèles :

1. K plus proches voisins (KNN)

KNN est un algorithme d'apprentissage automatique fondamental qui s'appuie fortement sur les calculs de distance entre les points de données pour faire des prédictions ou des classifications. L'algorithme fonctionne en trouvant les 'k' voisins les plus proches d'un point de données donné et en utilisant leurs propriétés pour déduire des informations sur le point en question. Cependant, l'efficacité de KNN peut être significativement impactée par l'échelle des différentes caractéristiques dans le jeu de données.

Lorsque les caractéristiques d'un jeu de données ont des échelles très différentes, cela peut conduire à des résultats biaisés et inexacts dans les algorithmes KNN. Ceci est dû au fait que les caractéristiques avec des plages numériques plus grandes influenceront de manière disproportionnée les calculs de distance, éclipsant l'impact des caractéristiques avec des plages plus petites. Décomposons cela avec un exemple concret :

Considérons un jeu de données avec deux caractéristiques : le revenu annuel et l'âge. Le revenu annuel pourrait varier de milliers à millions (par exemple, de 30 000 $ à 1 000 000 $), tandis que l'âge varie généralement de 0 à 100. Dans ce scénario :

- La caractéristique du revenu, en raison de son échelle beaucoup plus grande, dominerait les calculs de distance. Même une petite différence de revenu (disons, 10 000 $) créerait une distance beaucoup plus grande qu'une différence significative d'âge (disons, 20 ans).

- Cette dominance signifie que l'algorithme ignorerait essentiellement la caractéristique de l'âge, basant ses décisions presque entièrement sur les différences de revenu.

- En conséquence, deux individus avec des revenus similaires mais des âges très différents pourraient être considérés comme des "voisins proches" par l'algorithme, même si la différence d'âge est cruciale pour l'analyse en question.

Ce biais peut conduire à plusieurs problèmes :

- Classification erronée : L'algorithme pourrait classer incorrectement les points de données en se basant sur la caractéristique surreprésentée.

- Perte d'information : Des informations précieuses provenant de caractéristiques à plus petite échelle (comme l'âge dans notre exemple) sont effectivement perdues.

- Performance réduite du modèle : La précision et la fiabilité globales du modèle KNN peuvent être significativement compromises.

Pour atténuer ces problèmes, il est crucial d'appliquer des techniques de mise à l'échelle appropriées (comme la standardisation ou la normalisation) pour s'assurer que toutes les caractéristiques contribuent proportionnellement aux calculs de distance. Cette étape de prétraitement aide à créer des conditions équitables pour toutes les caractéristiques, permettant à l'algorithme KNN de faire des prédictions plus équilibrées et précises basées sur des similitudes véritablement pertinentes entre les points de données.

2. Machines à vecteurs de support (SVM)

Les Machines à vecteurs de support sont des algorithmes puissants utilisés pour les tâches de classification et de régression. Ils fonctionnent en trouvant l'hyperplan optimal qui sépare au mieux les différentes classes dans l'espace des caractéristiques. Cependant, lorsque les caractéristiques sont à différentes échelles, les SVM peuvent faire face à des défis importants :

- Détermination de l'hyperplan : Le principe fondamental des SVM est de maximiser la marge entre les classes. Lorsque les caractéristiques ont des échelles très différentes, l'algorithme peut avoir du mal à trouver cet hyperplan optimal efficacement. Cela est dû au fait que la caractéristique avec la plus grande échelle dominera les calculs de distance utilisés pour déterminer la marge.

- Biais d'importance des caractéristiques : Les caractéristiques avec des magnitudes plus importantes pourraient se voir accorder une importance excessive dans la détermination de la frontière de décision. Par exemple, si une caractéristique varie de 0 à 1 et une autre de 0 à 1000, cette dernière aura une influence beaucoup plus forte sur le processus de décision du SVM, même si elle n'est pas intrinsèquement plus importante pour la tâche de classification.

- Impact des fonctions noyau : De nombreux SVM utilisent des fonctions noyau (comme le noyau RBF) pour projeter les données dans des espaces de dimensions supérieures. Ces noyaux s'appuient souvent sur des calculs de distance entre les points de données. Lorsque les caractéristiques sont à différentes échelles, ces calculs de distance peuvent être faussés, conduisant à une performance sous-optimale de la fonction noyau.

- Problèmes de convergence : Le processus d'optimisation dans les SVM peut être plus lent et moins stable lorsque les caractéristiques ne sont pas mises à l'échelle uniformément. Cela est dû au fait que le paysage d'optimisation devient plus complexe et potentiellement plus difficile à naviguer lorsque les caractéristiques ont des plages très différentes.

- Difficultés d'interprétation : Dans les SVM linéaires, les coefficients de la fonction de décision peuvent être interprétés comme des importances de caractéristiques. Cependant, lorsque les caractéristiques sont à différentes échelles, ces coefficients deviennent difficiles à comparer et à interpréter avec précision.

Pour atténuer ces problèmes, il est crucial d'appliquer des techniques de mise à l'échelle appropriées (comme la standardisation ou la normalisation) avant d'entraîner un SVM. Cela garantit que toutes les caractéristiques contribuent proportionnellement au processus de prise de décision du modèle, conduisant à des résultats plus précis et fiables.

3. Algorithmes basés sur le gradient

Les réseaux de neurones et autres méthodes basées sur le gradient emploient fréquemment des techniques d'optimisation comme la descente de gradient. Ces algorithmes sont particulièrement sensibles à l'échelle des caractéristiques d'entrée, et lorsque les caractéristiques ont des échelles très différentes, plusieurs problèmes peuvent survenir :

- Paysage d'optimisation allongé : Lorsque les caractéristiques sont à différentes échelles, le paysage d'optimisation devient allongé et déformé. Cela signifie que les contours de la fonction de perte sont étirés dans la direction de la caractéristique avec la plus grande échelle. En conséquence, l'algorithme de descente de gradient peut zigzaguer d'avant en arrière à travers l'étroite vallée de la surface d'erreur allongée, rendant difficile la convergence efficace vers la solution optimale.

- Sensibilité du taux d'apprentissage : Le taux d'apprentissage, un hyperparamètre crucial dans la descente de gradient, devient plus difficile à définir de manière appropriée lorsque les caractéristiques sont à différentes échelles. Un taux d'apprentissage qui fonctionne bien pour une caractéristique pourrait être trop grand ou trop petit pour une autre, conduisant soit à dépasser le minimum soit à une convergence lente.

- Dominance des caractéristiques : Les caractéristiques avec des échelles plus grandes peuvent dominer le processus d'apprentissage, rendant le modèle trop sensible aux changements de ces caractéristiques tout en sous-évaluant l'impact des caractéristiques avec des échelles plus petites. Cela peut conduire à un modèle biaisé qui ne capture pas avec précision les véritables relations dans les données.

- Convergence plus lente : En raison des défis mentionnés ci-dessus, le processus d'optimisation nécessite souvent plus d'itérations pour converger. Cela se traduit par des temps d'entraînement plus longs, ce qui peut être particulièrement problématique lors du travail avec de grands ensembles de données ou des modèles complexes.

- Solutions sous-optimales : Dans certains cas, les difficultés à naviguer dans le paysage d'optimisation peuvent amener l'algorithme à se retrouver bloqué dans des minima locaux ou des points-selles, conduisant à des solutions sous-optimales. Cela signifie que le modèle final peut ne pas fonctionner aussi bien qu'il le pourrait si les caractéristiques étaient correctement mises à l'échelle.

- Instabilité numérique : De grandes différences dans les échelles des caractéristiques peuvent parfois conduire à une instabilité numérique lors du calcul des gradients, en particulier lors de l'utilisation de l'arithmétique à virgule flottante. Cela peut entraîner des problèmes comme l'explosion ou la disparition des gradients, qui sont particulièrement problématiques dans les réseaux de neurones profonds.

Pour atténuer ces problèmes, il est crucial d'appliquer des techniques de mise à l'échelle appropriées telles que la standardisation ou la normalisation avant d'entraîner des modèles basés sur le gradient. Cela garantit que toutes les caractéristiques contribuent proportionnellement au processus d'optimisation, conduisant à une convergence plus rapide, un entraînement plus stable et potentiellement une meilleure performance du modèle.

4. Modèles linéaires

Dans la régression linéaire ou la régression logistique, les coefficients du modèle représentent directement l'impact ou l'importance de chaque caractéristique sur le résultat prédit. Cette interprétabilité est l'un des principaux avantages des modèles linéaires. Cependant, lorsque les caractéristiques sont à des échelles très différentes, la comparaison de ces coefficients devient problématique et peut conduire à une mauvaise interprétation de l'importance des caractéristiques.

Par exemple, considérons un modèle de régression linéaire prédisant les prix des maisons basé sur deux caractéristiques : le nombre de pièces (variant généralement de 1 à 10) et la superficie (qui pourrait varier de 500 à 5000). Sans mise à l'échelle appropriée :

- Le coefficient pour la superficie serait probablement beaucoup plus petit que le coefficient pour le nombre de pièces, simplement en raison de la différence d'échelle.

- Cela pourrait suggérer de manière trompeuse que le nombre de pièces a un impact plus significatif sur le prix de la maison que la superficie, alors qu'en réalité, les deux caractéristiques pourraient être également importantes ou la superficie pourrait même être plus influente.

De plus, lorsque les caractéristiques sont à différentes échelles :

- Le processus d'optimisation pendant l'entraînement du modèle peut être négativement affecté, conduisant potentiellement à une convergence plus lente ou à des solutions sous-optimales.

- Certaines caractéristiques peuvent dominer d'autres uniquement en raison de leur plus grande échelle, plutôt que de leur pouvoir prédictif réel.

- Le modèle devient plus sensible aux petits changements dans les caractéristiques à plus grande échelle, ce qui peut conduire à une instabilité dans les prédictions.

En appliquant des techniques de mise à l'échelle appropriées, nous garantissons que toutes les caractéristiques contribuent proportionnellement au modèle, en fonction de leur importance réelle plutôt que de leur échelle numérique. Cela améliore non seulement la performance du modèle mais également son interprétabilité, permettant des comparaisons plus précises et significatives de l'importance des caractéristiques à travers leurs coefficients respectifs.

Pour illustrer, considérons un ensemble de données où une caractéristique représente le revenu (allant de milliers à millions) et une autre représente l'âge (allant de 0 à 100). Sans mise à l'échelle appropriée :

- La caractéristique du revenu dominerait les calculs basés sur la distance dans KNN.

- Les SVM pourraient avoir du mal à trouver une frontière de décision optimale.

- Les réseaux de neurones pourraient rencontrer des difficultés dans l'optimisation des poids.

- Les modèles linéaires produiraient des coefficients qui ne sont pas directement comparables.

Pour résoudre ces problèmes, nous employons des techniques de **mise à l'échelle** et de **normalisation**. Ces méthodes transforment toutes les caractéristiques à une échelle commune, garantissant que chaque caractéristique contribue proportionnellement au processus de prise de décision du modèle. Les techniques courantes comprennent :

- Mise à l'échelle Min-Max : Met à l'échelle les caractéristiques dans une plage fixe, généralement [0, 1].

- Standardisation : Transforme les caractéristiques pour avoir une moyenne nulle et une variance unitaire.

- Mise à l'échelle robuste : Utilise des statistiques robustes aux valeurs aberrantes, comme la médiane et l'écart interquartile.

En appliquant ces techniques, nous créons des conditions équitables pour toutes les caractéristiques, permettant aux modèles d'apprendre de chaque caractéristique de manière équitable. Cela améliore non seulement la performance du modèle, mais aussi son interprétabilité et sa généralisation à de nouvelles données non vues.

3.4.2 Mise à l'échelle Min-Max

La mise à l'échelle min-max, également appelée **normalisation**, est une technique fondamentale de prétraitement des données qui transforme les caractéristiques dans une plage spécifique, généralement entre 0 et 1. Cette méthode est essentielle en apprentissage automatique pour plusieurs raisons :

1. **Mise à l'échelle des caractéristiques** : Cette technique garantit que toutes les caractéristiques sont sur une échelle comparable, empêchant les caractéristiques avec des magnitudes plus importantes d'éclipser celles avec des magnitudes plus petites. Par exemple, si une caractéristique s'étend de 0 à 100 et une autre de 0 à 1, la mise à l'échelle min-max normaliserait les deux dans une plage de 0 à 1, leur permettant de contribuer équitablement au processus de prise de décision du modèle.

2. **Amélioration de l'efficacité des algorithmes** : De nombreux algorithmes d'apprentissage automatique, en particulier ceux qui s'appuient sur des calculs de distance ou d'optimisation par descente de gradient, présentent des performances améliorées lorsque les caractéristiques sont mises à l'échelle de manière similaire. Cela inclut des algorithmes populaires tels que K-Plus Proches Voisins (KNN), Machines à Vecteurs de Support (SVM), et diverses architectures de réseaux de neurones. En égalisant les échelles des caractéristiques, nous créons un espace de caractéristiques plus équilibré pour ces algorithmes.

3. **Conservation des valeurs nulles** : Contrairement à d'autres méthodes de mise à l'échelle comme la standardisation, la mise à l'échelle min-max maintient les valeurs nulles dans les ensembles de données parcimonieux. Cette caractéristique est particulièrement cruciale pour certains types de données ou algorithmes où les valeurs nulles portent une signification importante, comme dans l'analyse de texte ou les systèmes de recommandation.

4. **Gestion des valeurs aberrantes** : Bien que la mise à l'échelle min-max soit sensible aux valeurs aberrantes, elle peut être avantageuse dans les scénarios où la préservation de la distribution relative des valeurs des caractéristiques est souhaitée tout en comprimant la plage globale. Cette approche peut aider à atténuer l'impact des valeurs extrêmes sans éliminer complètement leur influence sur le modèle.

5. **Facilité d'interprétation** : Les valeurs mises à l'échelle résultant de la normalisation min-max sont simples à interpréter, car elles représentent la position relative de la valeur originale dans sa plage. Cette propriété facilite la compréhension de l'importance des caractéristiques et les comparaisons relatives entre différents points de données.

Cependant, il est important de noter que la mise à l'échelle min-max présente des limitations. Elle ne centre pas les données autour de zéro, ce qui peut être problématique pour certains algorithmes. De plus, elle ne gère pas bien les valeurs aberrantes, car les valeurs extrêmes peuvent comprimer la plage mise à l'échelle pour la majorité des points de données. Par conséquent, le choix d'utiliser la mise à l'échelle min-max doit être fait en fonction des exigences spécifiques de vos données et des algorithmes que vous prévoyez d'utiliser.

La formule pour la mise à l'échelle min-max est :

$$X' = \frac{X - X_{min}}{X_{max} - X_{min}}$$

Où :

- X est la valeur originale de la caractéristique,

- X' est la valeur mise à l'échelle,

- X_{min} et X_{max} sont respectivement les valeurs minimale et maximale de la caractéristique.

Application de la mise à l'échelle Min-Max avec Scikit-learn

Scikit-learn propose une classe MinMaxScaler puissante et conviviale pour implémenter la mise à l'échelle min-max. Cet outil polyvalent simplifie le processus de transformation des caractéristiques dans une plage spécifiée, généralement entre 0 et 1, garantissant que toutes les variables contribuent équitablement au processus de prise de décision du modèle.

En utilisant ce scaler, les data scientists peuvent normaliser efficacement leurs ensembles de données, ouvrant la voie à des modèles d'apprentissage automatique plus précis et robustes.

Exemple : Mise à l'échelle Min-Max avec Scikit-learn

```
from sklearn.preprocessing import MinMaxScaler
import pandas as pd

# Sample data
data = {'Age': [25, 30, 35, 40],
```

```
          'Income': [50000, 60000, 70000, 80000]}
df = pd.DataFrame(data)

# Initialize the MinMaxScaler
scaler = MinMaxScaler()

# Fit and transform the data
scaled_data = scaler.fit_transform(df)

# Convert the scaled data back to a DataFrame
df_scaled = pd.DataFrame(scaled_data, columns=['Age', 'Income'])
print(df_scaled)
```

3.4.3 Standardisation (Normalisation Z-Score)

La standardisation (également connue sous le nom de **normalisation Z-score**) transforme les données pour obtenir une moyenne de 0 et un écart-type de 1. Cette technique est particulièrement utile pour les modèles qui supposent que les données suivent une distribution normale, comme la **régression linéaire** et la **régression logistique**. La standardisation est moins affectée par les valeurs aberrantes que la mise à l'échelle min-max car elle se concentre sur la distribution des données plutôt que sur leur étendue.

La formule pour la standardisation est :

$$Z = \frac{X - \mu}{\sigma}$$

Où :

- X est la valeur originale de la caractéristique,
- μ est la moyenne de la caractéristique,
- σ est l'écart-type de la caractéristique.

Application de la standardisation avec Scikit-learn

Scikit-learn fournit un StandardScaler pour standardiser les caractéristiques.

Exemple : Standardisation avec Scikit-learn

```
from sklearn.preprocessing import StandardScaler

# Initialize the StandardScaler
scaler = StandardScaler()

# Fit and transform the data
standardized_data = scaler.fit_transform(df)

# Convert the standardized data back to a DataFrame
df_standardized = pd.DataFrame(standardized_data, columns=['Age', 'Income'])
print(df_standardized)
```

Ici, "Age" et "Income" sont transformés pour avoir une moyenne de 0 et un écart-type de 1. Cela garantit que les caractéristiques contribuent de manière égale au modèle, particulièrement pour des algorithmes comme la régression logistique ou les réseaux de neurones.

3.4.4 Mise à l'échelle robuste

La mise à l'échelle robuste est une autre technique de mise à l'échelle qui est particulièrement efficace lorsqu'on traite des données contenant des valeurs aberrantes. Contrairement à la standardisation et à la mise à l'échelle min-max, qui peuvent être fortement influencées par des valeurs extrêmes, la mise à l'échelle robuste utilise la **médiane** et **l'écart interquartile (IQR)** pour mettre à l'échelle les données, les rendant plus robustes aux valeurs aberrantes.

La formule pour la mise à l'échelle robuste est :

$$X' = \frac{X - Q_2}{IQR}$$

Où :

- Q_2 est la médiane des données,
- IQR est l'écart interquartile, c'est-à-dire la différence entre les 75e et 25e centiles.

Application de la mise à l'échelle robuste avec Scikit-learn

Scikit-learn fournit une classe RobustScaler puissante et polyvalente qui applique efficacement une mise à l'échelle robuste aux caractéristiques. Ce scaler est particulièrement utile lorsqu'on traite des ensembles de données contenant des valeurs aberrantes ou lorsqu'on souhaite s'assurer que la méthode de mise à l'échelle est moins sensible aux valeurs extrêmes.

En utilisant la médiane et l'écart interquartile (IQR) au lieu de la moyenne et de l'écart-type, le RobustScaler offre une approche plus robuste pour la mise à l'échelle des caractéristiques, préservant l'intégrité de la distribution des données même en présence de valeurs aberrantes.

Exemple : Mise à l'échelle robuste avec Scikit-learn

```python
import numpy as np
import pandas as pd
from sklearn.preprocessing import RobustScaler
from sklearn.datasets import make_regression

# Generate sample data
X, y = make_regression(n_samples=100, n_features=2, noise=0.1, random_state=42)
df = pd.DataFrame(X, columns=['Feature1', 'Feature2'])

# Add some outliers
df.loc[0, 'Feature1'] = 1000
df.loc[1, 'Feature2'] = -1000

print("Original data:")
print(df.describe())
```

```
# Initialize the RobustScaler
scaler = RobustScaler()

# Fit and transform the data
robust_scaled_data = scaler.fit_transform(df)

# Convert the robust scaled data back to a DataFrame
df_robust_scaled = pd.DataFrame(robust_scaled_data, columns=['Feature1', 'Feature2'])

print("\\nRobust scaled data:")
print(df_robust_scaled.describe())

# Compare original and scaled data for a few samples
print("\\nComparison of original and scaled data:")
print(pd.concat([df.head(), df_robust_scaled.head()], axis=1))

# Inverse transform to get back original scale
df_inverse        =        pd.DataFrame(scaler.inverse_transform(robust_scaled_data),
columns=['Feature1', 'Feature2'])

print("\\nInverse transformed data:")
print(df_inverse.head())
```

Explication du code :

1. Génération des données :

    o   Nous utilisons make_regression de Scikit-learn pour créer un jeu de données échantillon avec 100 observations et 2 caractéristiques.

    o   Des valeurs aberrantes artificielles sont ajoutées pour démontrer la robustesse de la mise à l'échelle.

2. Initialisation du RobustScaler :

    o   Nous créons une instance de RobustScaler de Scikit-learn.

    o   Par défaut, il utilise l'écart interquartile (IQR) et la médiane pour la mise à l'échelle.

3. Ajustement et transformation :

    o   La méthode fit_transform() est utilisée pour à la fois ajuster le scaler aux données et les transformer.

    o   Cette méthode calcule la médiane et l'IQR pour chaque caractéristique puis applique la transformation.

4. Création d'un DataFrame :

o Les données mises à l'échelle sont reconverties en DataFrame pandas pour faciliter la visualisation et la comparaison.

5. Analyse des résultats :

o Nous imprimons les statistiques descriptives des données originales et mises à l'échelle.

o Les données mises à l'échelle devraient avoir une médiane proche de 0 et un IQR proche de 1 pour chaque caractéristique.

6. Comparaison :

o Nous affichons quelques échantillons des données originales et mises à l'échelle côte à côte.

o Cela aide à visualiser comment la mise à l'échelle affecte les points de données individuels.

7. Transformation inverse :

o Nous démontrons comment inverser la mise à l'échelle en utilisant inverse_transform().

o Ceci est utile lorsque vous devez reconvertir des prédictions ou des données transformées à l'échelle originale.

Cet exemple de code illustre le flux de travail complet d'utilisation de RobustScaler, de la préparation des données à la mise à l'échelle et à la transformation inverse. Il met en évidence la capacité du scaler à gérer les valeurs aberrantes et fournit une comparaison claire entre les données originales et mises à l'échelle.

Dans cet exemple, la mise à l'échelle robuste garantit que les valeurs extrêmes (aberrantes) ont une influence moindre sur le processus de mise à l'échelle. C'est particulièrement utile dans les jeux de données où des valeurs aberrantes sont présentes mais ne devraient pas dominer l'entraînement du modèle.

3.4.5. Transformations logarithmiques

Dans les cas où les caractéristiques présentent une distribution fortement asymétrique, une **transformation logarithmique** peut être un outil inestimable pour compresser la plage de valeurs et réduire l'asymétrie. Cette technique est particulièrement utile pour des caractéristiques comme le **revenu**, la **population** ou les **cours des actions**, où les valeurs peuvent s'étendre sur plusieurs ordres de grandeur.

La transformation logarithmique fonctionne en appliquant la fonction logarithme à chaque valeur du jeu de données. Cela produit plusieurs effets bénéfiques :

- Compression des grandes valeurs : Les valeurs extrêmement élevées sont rapprochées du reste des données, réduisant l'impact des valeurs aberrantes.

- Expansion des petites valeurs : Les valeurs plus petites sont étalées, permettant une meilleure différenciation entre elles.

- Normalisation de la distribution : La transformation aboutit souvent à une distribution plus proche de la normale, ce qui est bénéfique pour de nombreuses méthodes statistiques et algorithmes d'apprentissage automatique.

Par exemple, considérez une distribution de revenus où les valeurs vont de 10 000 $ à 1 000 000 $. Après application d'une transformation logarithmique :

- 10 000 $ devient log(10 000) ≈ 9,21

- 100 000 $ devient log(100 000) ≈ 11,51

- 1 000 000 $ devient log(1 000 000) ≈ 13,82

Comme vous pouvez le constater, la vaste différence entre les valeurs les plus élevées et les plus basses a été considérablement réduite, rendant les données plus faciles à interpréter et à traiter pour les modèles. Cela peut conduire à une amélioration des performances du modèle, en particulier pour les algorithmes qui sont sensibles à l'échelle des caractéristiques d'entrée.

Cependant, il est important de noter que les transformations logarithmiques doivent être utilisées judicieusement. Elles sont plus efficaces lorsque les données présentent une asymétrie positive et s'étendent sur plusieurs ordres de grandeur. De plus, les transformations logarithmiques ne peuvent être appliquées qu'aux valeurs positives, car le logarithme de zéro ou de nombres négatifs n'est pas défini dans les systèmes de nombres réels.

Application des transformations logarithmiques

Les transformations logarithmiques sont couramment utilisées pour les caractéristiques avec une distribution asymétrique à droite, comme les revenus ou les prix immobiliers.

Exemple : Transformation logarithmique avec NumPy

```python
import numpy as np
import pandas as pd
import matplotlib.pyplot as plt

# Create a sample dataset
np.random.seed(42)
income = np.random.lognormal(mean=10, sigma=1, size=1000)
df = pd.DataFrame({'Income': income})

# Apply log transformation
df['Log_Income'] = np.log(df['Income'])

# Print summary statistics
print("Original Income:")
print(df['Income'].describe())
print("\\nLog-transformed Income:")
```

```
print(df['Log_Income'].describe())

# Visualize the distributions
fig, (ax1, ax2) = plt.subplots(1, 2, figsize=(12, 5))

ax1.hist(df['Income'], bins=50, edgecolor='black')
ax1.set_title('Original Income Distribution')
ax1.set_xlabel('Income')
ax1.set_ylabel('Frequency')

ax2.hist(df['Log_Income'], bins=50, edgecolor='black')
ax2.set_title('Log-transformed Income Distribution')
ax2.set_xlabel('Log(Income)')
ax2.set_ylabel('Frequency')

plt.tight_layout()
plt.show()

# Calculate skewness
original_skewness    =    np.mean(((df['Income']    -    df['Income'].mean())    /
df['Income'].std())**3)
log_skewness    =    np.mean(((df['Log_Income']    -    df['Log_Income'].mean())    /
df['Log_Income'].std())**3)

print(f"\\nOriginal Income Skewness: {original_skewness:.2f}")
print(f"Log-transformed Income Skewness: {log_skewness:.2f}")

# Demonstrate inverse transformation
inverse_income = np.exp(df['Log_Income'])
print("\\nInverse Transformation (first 5 rows):")
print(pd.DataFrame({'Original':   df['Income'][:5],   'Log':   df['Log_Income'][:5],
'Inverse': inverse_income[:5]}))
```

Analyse du code :

1. Génération des données :

    o   Nous utilisons random.lognormal() de NumPy pour générer un échantillon de 1000 valeurs de revenus.

    o   La distribution log-normale est souvent utilisée pour modéliser les revenus car elle produit naturellement une distribution asymétrique à droite.

    o   Nous définissons une graine aléatoire pour la reproductibilité.

2. Transformation logarithmique :

    o   Nous appliquons le logarithme naturel (base e) à la colonne 'Income' en utilisant la fonction log() de NumPy.

    o   Cela crée une nouvelle colonne 'Log_Income' dans notre DataFrame.

3. Statistiques récapitulatives :

   o Nous imprimons les statistiques descriptives pour les revenus originaux et transformés par logarithme en utilisant la méthode describe() de Pandas.

   o Cela nous permet de comparer les caractéristiques de distribution avant et après transformation.

4. Visualisation :

   o Nous créons des histogrammes des distributions de revenus originales et transformées par logarithme.

   o Cette représentation visuelle aide à voir clairement l'effet de la transformation logarithmique sur la distribution des données.

5. Calcul de l'asymétrie :

   o Nous calculons l'asymétrie des deux distributions en utilisant les opérations NumPy.

   o L'asymétrie quantifie l'asymétrie de la distribution. Une valeur proche de 0 indique une distribution plus symétrique.

6. Transformation inverse :

   o Nous démontrons comment inverser la transformation logarithmique en utilisant la fonction exp() de NumPy.

   o Ceci est crucial lorsque vous devez interpréter les résultats à l'échelle originale après avoir effectué une analyse sur des données transformées par logarithme.

Cet exemple présente l'ensemble du processus de transformation logarithmique, de la génération des données à l'analyse et à la visualisation, en utilisant principalement des opérations NumPy. Il démontre comment la transformation logarithmique peut rendre une distribution asymétrique à droite plus symétrique, ce qui est souvent bénéfique pour l'analyse statistique et les algorithmes d'apprentissage automatique.

Dans cet exemple, la transformation logarithmique réduit la large gamme de valeurs de revenus, rendant la distribution plus gérable pour les algorithmes d'apprentissage automatique. Il est important de noter que les transformations logarithmiques ne doivent être appliquées qu'aux **valeurs positives** puisque le logarithme d'un nombre négatif n'est pas défini.

3.4.6 Transformations de puissance

Les transformations de puissance sont des techniques statistiques avancées utilisées pour modifier la distribution des données. Deux exemples notables sont les transformations de **Box-Cox** et de **Yeo-Johnson**. Ces méthodes servent deux objectifs principaux :

1. **Stabilisation de la variance** : Ces transformations aident à garantir que la variabilité des données reste constante sur l'ensemble de sa plage, ce qui est une hypothèse cruciale pour de nombreuses analyses statistiques. En appliquant des transformations de puissance, les chercheurs peuvent souvent atténuer les problèmes liés à l'hétéroscédasticité, où la dispersion des résidus varie sur la plage d'une variable prédictive. Cette stabilisation de la variance peut conduire à des inférences statistiques plus fiables et à de meilleures performances du modèle.

2. **Normalisation des distributions** : Les transformations de puissance visent à rendre les données plus proches d'une distribution normale (gaussienne), ce qui est bénéfique pour de nombreux tests statistiques et algorithmes d'apprentissage automatique. En remodelant la distribution des données, ces transformations peuvent aider à satisfaire l'hypothèse de normalité requise par de nombreuses méthodes statistiques paramétriques. Ce processus de normalisation peut révéler des modèles cachés dans les données, améliorer l'interprétabilité des résultats et potentiellement améliorer la puissance prédictive de divers modèles d'apprentissage automatique, en particulier ceux qui supposent des entrées normalement distribuées.

Les transformations de puissance sont particulièrement précieuses lorsqu'on traite des caractéristiques qui présentent des distributions non normales, comme celles avec une asymétrie ou un kurtosis significatifs. En appliquant ces transformations, les data scientists peuvent souvent améliorer les performances et la fiabilité de leurs modèles, en particulier ceux qui supposent des entrées normalement distribuées.

La transformation de Box-Cox, introduite par les statisticiens George Box et David Cox en 1964, n'est applicable qu'aux données positives. Elle implique de trouver un paramètre optimal λ (lambda) qui détermine la transformation de puissance spécifique à appliquer. D'autre part, la transformation de Yeo-Johnson, développée par In-Kwon Yeo et Richard Johnson en 2000, étend ce concept pour traiter à la fois les valeurs positives et négatives, la rendant plus polyvalente en pratique.

En employant ces transformations, les analystes peuvent souvent découvrir des relations dans les données qui pourraient autrement être masquées, conduisant à des prédictions et des insights plus précis dans divers domaines tels que la finance, la biologie et les sciences sociales.

a. Transformation de Box-Cox

La transformation de Box-Cox est une technique statistique puissante qui ne peut être appliquée qu'aux données positives. Cette méthode est particulièrement utile pour traiter la non-normalité dans les distributions de données et stabiliser la variance. Voici une explication plus détaillée :

1. Sélection des paramètres optimaux : La transformation de Box-Cox trouve un paramètre de transformation optimal, noté λ (lambda). Ce paramètre détermine la transformation de puissance spécifique à appliquer aux données.

2. Stabilisation de la variance : L'un des principaux objectifs de la transformation de Box-Cox est de stabiliser la variance sur l'ensemble de la plage des données. Ceci est crucial pour de nombreuses analyses statistiques qui supposent l'homoscédasticité (variance constante).

3. Normalisation : La transformation vise à rendre les données plus proches d'une distribution normale. Ceci est bénéfique pour de nombreux tests statistiques et algorithmes d'apprentissage automatique qui supposent la normalité.

4. Forme mathématique : La transformation de Box-Cox est définie comme : $y(\lambda) = (x^{\lambda} - 1) / \lambda$, si $\lambda \neq 0$ $y(\lambda) = \log(x)$, si $\lambda = 0$ Où x représente les données originales et $y(\lambda)$ les données transformées.

5. Interprétation : Différentes valeurs de λ donnent lieu à différentes transformations. Par exemple, $\lambda = 1$ signifie aucune transformation, $\lambda = 0$ équivaut à une transformation logarithmique, et $\lambda = 0,5$ équivaut à une transformation racine carrée.

En appliquant cette transformation, les analystes peuvent souvent découvrir des relations dans les données qui pourraient autrement être masquées, conduisant à des prédictions et des insights plus précis dans divers domaines tels que la finance, la biologie et les sciences sociales.

Exemple : Transformation de Box-Cox avec Scikit-learn

```python
import numpy as np
import pandas as pd
import matplotlib.pyplot as plt
from sklearn.preprocessing import PowerTransformer
from sklearn.model_selection import train_test_split
from sklearn.linear_model import LinearRegression
from sklearn.metrics import mean_squared_error, r2_score

# Create a sample dataset
np.random.seed(42)
income = np.random.lognormal(mean=10, sigma=1, size=1000)
age = np.random.normal(loc=40, scale=10, size=1000)
df = pd.DataFrame({'Income': income, 'Age': age})

# Split the data into training and testing sets
X_train, X_test, y_train, y_test = train_test_split(
    df[['Income', 'Age']], df['Income'], test_size=0.2, random_state=42)

# Initialize the PowerTransformer for Box-Cox (only for positive data)
boxcox_transformer = PowerTransformer(method='box-cox', standardize=True)

# Fit and transform the training data
X_train_transformed = boxcox_transformer.fit_transform(X_train)

# Transform the test data
X_test_transformed = boxcox_transformer.transform(X_test)
```

```
# Train a linear regression model on the original data
model_original = LinearRegression()
model_original.fit(X_train, y_train)

# Train a linear regression model on the transformed data
model_transformed = LinearRegression()
model_transformed.fit(X_train_transformed, y_train)

# Make predictions
y_pred_original = model_original.predict(X_test)
y_pred_transformed = model_transformed.predict(X_test_transformed)

# Calculate performance metrics
mse_original = mean_squared_error(y_test, y_pred_original)
r2_original = r2_score(y_test, y_pred_original)
mse_transformed = mean_squared_error(y_test, y_pred_transformed)
r2_transformed = r2_score(y_test, y_pred_transformed)

# Print results
print("Original Data Performance:")
print(f"Mean Squared Error: {mse_original:.2f}")
print(f"R-squared Score: {r2_original:.2f}")
print("\\nTransformed Data Performance:")
print(f"Mean Squared Error: {mse_transformed:.2f}")
print(f"R-squared Score: {r2_transformed:.2f}")

# Visualize the distributions
fig, (ax1, ax2) = plt.subplots(1, 2, figsize=(12, 5))

ax1.hist(X_train['Income'], bins=50, edgecolor='black')
ax1.set_title('Original Income Distribution')
ax1.set_xlabel('Income')
ax1.set_ylabel('Frequency')

ax2.hist(X_train_transformed[:, 0], bins=50, edgecolor='black')
ax2.set_title('Box-Cox Transformed Income Distribution')
ax2.set_xlabel('Transformed Income')
ax2.set_ylabel('Frequency')

plt.tight_layout()
plt.show()
```

Décomposition du code :

Importation des bibliothèques nécessaires : Nous importons NumPy, Pandas, Matplotlib et divers modules de Scikit-learn pour la manipulation des données, la visualisation et les tâches d'apprentissage automatique.

Création d'un jeu de données échantillon : Nous générons un jeu de données synthétique avec les caractéristiques 'Revenu' (distribution log-normale) et 'Âge' (distribution normale).

Division des données : En utilisant train_test_split de Scikit-learn, nous divisons nos données en ensembles d'entraînement et de test.

Initialisation du PowerTransformer : Nous créons un objet PowerTransformer pour la transformation de Box-Cox, en définissant standardize=True pour garantir que la sortie ait une moyenne nulle et une variance unitaire.

Application de la transformation de Box-Cox : Nous ajustons le transformateur sur les données d'entraînement et transformons à la fois les données d'entraînement et de test.

Entraînement des modèles de régression linéaire : Nous créons deux modèles de régression linéaire - un pour les données originales et un pour les données transformées.

Réalisation de prédictions et évaluation : Nous utilisons les deux modèles pour faire des prédictions sur l'ensemble de test et calculons l'erreur quadratique moyenne (MSE) et les scores R-carré en utilisant les métriques de Scikit-learn.

Visualisation des distributions : Nous créons des histogrammes pour comparer les distributions de revenus originales et transformées.

Cet exemple complet démontre l'ensemble du processus d'application d'une transformation de Box-Cox en utilisant Scikit-learn, de la préparation des données à l'évaluation du modèle. Il illustre comment la transformation peut affecter les performances du modèle et la distribution des données, fournissant un contexte pratique pour comprendre l'impact des transformations de puissance dans les flux de travail d'apprentissage automatique.

b. Transformation de Yeo-Johnson

La transformation de Yeo-Johnson est une extension de la transformation de Box-Cox qui offre une plus grande flexibilité dans le prétraitement des données. Alors que Box-Cox est limité aux données strictement positives, Yeo-Johnson peut traiter à la fois les valeurs positives et négatives, ce qui la rend plus polyvalente pour les jeux de données du monde réel. Cette transformation a été développée par In-Kwon Yeo et Richard A. Johnson en 2000 pour répondre aux limitations de Box-Cox.

Les principales caractéristiques de la transformation de Yeo-Johnson comprennent :

- Applicabilité à tous les nombres réels : Contrairement à Box-Cox, Yeo-Johnson peut être appliquée aux valeurs nulles et négatives, éliminant le besoin de décalage des données.

- Continuité à zéro : La transformation est continue à $\lambda = 0$, assurant des transitions douces entre différentes transformations de puissance.

- Effet de normalisation : Similaire à Box-Cox, elle aide à normaliser les données asymétriques, améliorant potentiellement les performances des algorithmes d'apprentissage automatique qui supposent des entrées normalement distribuées.

- Stabilisation de la variance : Elle peut aider à stabiliser la variance sur l'ensemble de la plage des données, résolvant les problèmes d'hétéroscédasticité dans les analyses statistiques.

La formulation mathématique de la transformation de Yeo-Johnson est légèrement plus complexe que celle de Box-Cox, prenant en compte à la fois les valeurs positives et négatives à travers différentes équations basées sur le signe de l'entrée. Cette complexité ajoutée permet une plus grande adaptabilité à divers jeux de données, en faisant un outil puissant dans la boîte à outils de prétraitement du data scientist.

Exemple : Transformation de Yeo-Johnson avec Scikit-learn

```python
import numpy as np
import pandas as pd
import matplotlib.pyplot as plt
from sklearn.preprocessing import PowerTransformer
from sklearn.model_selection import train_test_split
from sklearn.linear_model import LinearRegression
from sklearn.metrics import mean_squared_error, r2_score

# Create a sample dataset with both positive and negative values
np.random.seed(42)
income = np.random.lognormal(mean=10, sigma=1, size=1000)
expenses = np.random.normal(loc=50000, scale=10000, size=1000)
net_income = income - expenses
df = pd.DataFrame({'Income': income, 'Expenses': expenses, 'NetIncome': net_income})

# Split the data into training and testing sets
X_train, X_test, y_train, y_test = train_test_split(
    df[['Income', 'Expenses']], df['NetIncome'], test_size=0.2, random_state=42)

# Initialize the PowerTransformer for Yeo-Johnson
yeojohnson_transformer = PowerTransformer(method='yeo-johnson', standardize=True)

# Fit and transform the training data
X_train_transformed = yeojohnson_transformer.fit_transform(X_train)

# Transform the test data
X_test_transformed = yeojohnson_transformer.transform(X_test)

# Train linear regression models on original and transformed data
model_original = LinearRegression().fit(X_train, y_train)
model_transformed = LinearRegression().fit(X_train_transformed, y_train)

# Make predictions
y_pred_original = model_original.predict(X_test)
y_pred_transformed = model_transformed.predict(X_test_transformed)

# Calculate performance metrics
mse_original = mean_squared_error(y_test, y_pred_original)
r2_original = r2_score(y_test, y_pred_original)
```

```
mse_transformed = mean_squared_error(y_test, y_pred_transformed)
r2_transformed = r2_score(y_test, y_pred_transformed)

# Print results
print("Original Data Performance:")
print(f"Mean Squared Error: {mse_original:.2f}")
print(f"R-squared Score: {r2_original:.2f}")
print("\\nTransformed Data Performance:")
print(f"Mean Squared Error: {mse_transformed:.2f}")
print(f"R-squared Score: {r2_transformed:.2f}")

# Visualize the distributions
fig, axs = plt.subplots(2, 2, figsize=(15, 15))

axs[0, 0].hist(X_train['Income'], bins=50, edgecolor='black')
axs[0, 0].set_title('Original Income Distribution')
axs[0, 0].set_xlabel('Income')
axs[0, 0].set_ylabel('Frequency')

axs[0, 1].hist(X_train_transformed[:, 0], bins=50, edgecolor='black')
axs[0, 1].set_title('Yeo-Johnson Transformed Income Distribution')
axs[0, 1].set_xlabel('Transformed Income')
axs[0, 1].set_ylabel('Frequency')

axs[1, 0].hist(X_train['Expenses'], bins=50, edgecolor='black')
axs[1, 0].set_title('Original Expenses Distribution')
axs[1, 0].set_xlabel('Expenses')
axs[1, 0].set_ylabel('Frequency')

axs[1, 1].hist(X_train_transformed[:, 1], bins=50, edgecolor='black')
axs[1, 1].set_title('Yeo-Johnson Transformed Expenses Distribution')
axs[1, 1].set_xlabel('Transformed Expenses')
axs[1, 1].set_ylabel('Frequency')

plt.tight_layout()
plt.show()

# Print the lambda values used for transformation
print("\\nLambda values used for Yeo-Johnson transformation:")
print(yeojohnson_transformer.lambdas_)
```

Analyse du code :

1. Génération de données : Nous créons un jeu de données synthétique avec 'Revenu' (distribution log-normale), 'Dépenses' (distribution normale), et 'RevenuNet' (différence entre Revenu et Dépenses). Ce jeu de données inclut à la fois des valeurs positives et négatives, démontrant la capacité de Yeo-Johnson à traiter ce type de données.

2. Division des données : En utilisant train_test_split de Scikit-learn, nous divisons nos données en ensembles d'entraînement et de test. Ceci est crucial pour évaluer la performance du modèle sur des données non vues.

3. Transformation de Yeo-Johnson : Nous initialisons un PowerTransformer avec method='yeo-johnson'. Le paramètre standardize=True garantit que la sortie transformée a une moyenne nulle et une variance unitaire.

4. Entraînement du modèle : Nous entraînons deux modèles de régression linéaire - un sur les données originales et un autre sur les données transformées par Yeo-Johnson. Cela nous permet de comparer la performance des modèles avec et sans la transformation.

5. Prédiction et évaluation : Nous utilisons les deux modèles pour faire des prédictions sur l'ensemble de test et calculons l'erreur quadratique moyenne (MSE) et les scores R-carré en utilisant les métriques de Scikit-learn. Cela nous aide à quantifier l'impact de la transformation de Yeo-Johnson sur la performance du modèle.

6. Visualisation : Nous créons des histogrammes pour comparer les distributions originales et transformées pour le Revenu et les Dépenses. Cette représentation visuelle aide à comprendre comment la transformation de Yeo-Johnson affecte la distribution des données.

7. Valeurs Lambda : Nous affichons les valeurs lambda utilisées pour la transformation de Yeo-Johnson. Ces valeurs indiquent la transformation de puissance spécifique appliquée à chaque caractéristique.

Cet exemple démontre l'ensemble du processus d'application d'une transformation de Yeo-Johnson en utilisant Scikit-learn, de la préparation des données à l'évaluation du modèle et à la visualisation. Il montre comment la transformation peut affecter la performance du modèle et la distribution des données, fournissant un contexte pratique pour comprendre l'impact des transformations de puissance dans les flux de travail d'apprentissage automatique, en particulier lors du traitement de jeux de données qui incluent à la fois des valeurs positives et négatives.

3.4.7. Normalisation (L1 et L2)

La normalisation est une technique cruciale dans le prétraitement des données utilisée pour redimensionner les caractéristiques afin que la **norme** du vecteur de caractéristiques soit égale à 1. Ce processus garantit que toutes les caractéristiques contribuent également à l'analyse, empêchant les caractéristiques de plus grande magnitude de dominer le modèle. La normalisation est particulièrement précieuse dans les algorithmes d'apprentissage automatique qui s'appuient sur des calculs de distance, comme les K plus proches voisins (KNN) ou le clustering K-means.

Dans KNN, par exemple, la normalisation aide à empêcher les caractéristiques à plus grande échelle d'avoir une influence disproportionnée sur les calculs de distance. De même, dans le clustering K-means, les caractéristiques normalisées garantissent que le regroupement est basé sur l'importance relative des caractéristiques plutôt que sur leurs échelles absolues.

Il existe deux principaux types de normalisation :

a. Normalisation L1 (norme de Manhattan)

La normalisation L1, également connue sous le nom de norme de Manhattan, est une méthode qui garantit que la somme des valeurs absolues d'un vecteur de caractéristiques est égale à 1. Cette technique est particulièrement utile dans le prétraitement des données pour les algorithmes d'apprentissage automatique. Pour comprendre la normalisation L1, décomposons-la mathématiquement :

Pour un vecteur de caractéristiques $x = (x_1, ..., x_n)$, la norme L1 est calculée comme :

$$||x||_1 = |x_1| + |x_2| + ... + |x_n|$$

où $|x_i|$ représente la valeur absolue de chaque caractéristique.

Pour réaliser la normalisation L1, nous divisons chaque caractéristique par la norme L1 :

$$x\_normalisé = x / ||x||_1$$

Ce processus aboutit à un vecteur de caractéristiques normalisé où la somme des valeurs absolues est égale à 1.

Un avantage notable de la normalisation L1 est sa sensibilité réduite aux valeurs aberrantes par rapport à la normalisation L2. Cette caractéristique la rend particulièrement utile dans les scénarios où des valeurs extrêmes pourraient influencer de manière disproportionnée la performance du modèle. De plus, la normalisation L1 peut conduire à des vecteurs de caractéristiques clairsemés, ce qui peut être bénéfique dans certaines applications d'apprentissage automatique, comme la sélection de caractéristiques ou les techniques de régularisation comme la régression Lasso.

Exemple de code de normalisation L1 :

```python
import numpy as np
import pandas as pd
from sklearn.preprocessing import Normalizer
from sklearn.model_selection import train_test_split
from sklearn.neighbors import KNeighborsClassifier
from sklearn.metrics import accuracy_score

# Create a sample dataset
np.random.seed(42)
X = np.random.rand(100, 3) * 100  # 100 samples, 3 features
y = np.random.randint(0, 2, 100)  # Binary classification

# Split the data
X_train, X_test, y_train, y_test = train_test_split(X, y, test_size=0.2,
random_state=42)
```

```
# Initialize L1 normalizer
l1_normalizer = Normalizer(norm='l1')

# Fit and transform the training data
X_train_normalized = l1_normalizer.fit_transform(X_train)

# Transform the test data
X_test_normalized = l1_normalizer.transform(X_test)

# Train KNN classifier on original data
knn_original = KNeighborsClassifier(n_neighbors=3)
knn_original.fit(X_train, y_train)
y_pred_original = knn_original.predict(X_test)

# Train KNN classifier on normalized data
knn_normalized = KNeighborsClassifier(n_neighbors=3)
knn_normalized.fit(X_train_normalized, y_train)
y_pred_normalized = knn_normalized.predict(X_test_normalized)

# Calculate accuracies
accuracy_original = accuracy_score(y_test, y_pred_original)
accuracy_normalized = accuracy_score(y_test, y_pred_normalized)

print("Original Data Accuracy:", accuracy_original)
print("L1 Normalized Data Accuracy:", accuracy_normalized)

# Display a sample of original and normalized data
sample_original = X_train[:5]
sample_normalized = X_train_normalized[:5]

print("\\nOriginal Data Sample:")
print(pd.DataFrame(sample_original, columns=['Feature 1', 'Feature 2', 'Feature 3']))

print("\\nL1 Normalized Data Sample:")
print(pd.DataFrame(sample_normalized, columns=['Feature 1', 'Feature 2', 'Feature 3']))

# Verify L1 norm
print("\\nL1 Norm of normalized samples:")
print(np.sum(np.abs(sample_normalized), axis=1))
```

Analyse du code :

1. Génération de données : Nous créons un jeu de données synthétique avec 100 échantillons et 3 caractéristiques, ainsi que des étiquettes de classification binaire. Cela simule un scénario réel où les caractéristiques peuvent avoir différentes échelles.

2. Division des données : En utilisant train_test_split, nous divisons nos données en ensembles d'entraînement et de test. C'est crucial pour évaluer la performance du modèle sur des données non vues.

3. Normalisation L1 : Nous initialisons un Normalizer avec norm='l1'. Ce normalisateur est ensuite ajusté aux données d'entraînement et utilisé pour transformer à la fois les données d'entraînement et de test.

4. Entraînement du modèle : Nous entraînons deux classificateurs KNN - un sur les données originales et un autre sur les données normalisées L1. Cela nous permet de comparer la performance des modèles avec et sans normalisation.

5. Prédiction et évaluation : Les deux modèles font des prédictions sur leurs ensembles de test respectifs (original et normalisé). Nous calculons ensuite et comparons les scores de précision pour voir l'impact de la normalisation L1.

6. Visualisation des données : Nous affichons des échantillons des données originales et normalisées pour illustrer comment la normalisation L1 affecte les valeurs des caractéristiques.

7. Vérification de la norme L1 : Nous calculons la somme des valeurs absolues pour chaque échantillon normalisé ****pour vérifier que la norme L1 est égale à 1 après normalisation.

Cet exemple démontre l'ensemble du processus d'application de la normalisation L1 en utilisant Scikit-learn, de la préparation des données à l'évaluation du modèle. Il montre comment la normalisation peut affecter la performance du modèle et la représentation des données, fournissant un contexte pratique pour comprendre l'impact de la normalisation L1 dans les flux de travail d'apprentissage automatique.

b. Normalisation L2 (norme euclidienne) :

La normalisation L2, également connue sous le nom de norme euclidienne, est une technique puissante qui garantit que la somme des valeurs au carré dans un vecteur de caractéristiques est égale à 1. Cette méthode est particulièrement efficace pour standardiser les données à travers différentes échelles et dimensions. Pour illustrer, considérons un vecteur de caractéristiques $x = (x_1, ..., x_n)$. La norme L2 pour ce vecteur est calculée en utilisant la formule suivante :

$$||x||_2 = \sqrt{(x_1^2 + x_2^2 + ... + x_n^2)}$$

Une fois que nous avons calculé la norme L2, nous pouvons procéder au processus de normalisation. Cela est réalisé en divisant chaque caractéristique individuelle par la norme L2 calculée :

x_normalisé = $x / ||x||_2$

Le vecteur normalisé résultant conserve les mêmes propriétés directionnelles que l'original, mais avec une longueur unitaire. Cette transformation présente plusieurs avantages dans les applications d'apprentissage automatique. Par exemple, elle aide à atténuer l'impact des valeurs aberrantes et garantit que toutes les caractéristiques contribuent également au modèle, indépendamment de leur échelle d'origine.

La normalisation L2 est largement adoptée dans divers algorithmes d'apprentissage automatique et est particulièrement bénéfique lorsqu'on travaille avec des vecteurs clairsemés. Sa popularité découle de sa capacité à préserver l'importance relative des caractéristiques tout en standardisant leurs magnitudes. Cette caractéristique la rend particulièrement utile dans des scénarios tels que la classification de texte, la reconnaissance d'image et les systèmes de recommandation, où la mise à l'échelle des caractéristiques peut avoir un impact significatif sur la performance du modèle.

Exemple de code de normalisation L2 :

```
import numpy as np
import pandas as pd
from sklearn.preprocessing import Normalizer
from sklearn.model_selection import train_test_split
from sklearn.neighbors import KNeighborsClassifier
from sklearn.metrics import accuracy_score

# Create a sample dataset
np.random.seed(42)
X = np.random.rand(100, 3) * 100  # 100 samples, 3 features
y = np.random.randint(0, 2, 100)  # Binary classification

# Split the data
X_train, X_test, y_train, y_test = train_test_split(X, y, test_size=0.2,
random_state=42)

# Initialize L2 normalizer
l2_normalizer = Normalizer(norm='l2')

# Fit and transform the training data
X_train_normalized = l2_normalizer.fit_transform(X_train)

# Transform the test data
X_test_normalized = l2_normalizer.transform(X_test)

# Train KNN classifier on original data
knn_original = KNeighborsClassifier(n_neighbors=3)
knn_original.fit(X_train, y_train)
y_pred_original = knn_original.predict(X_test)

# Train KNN classifier on normalized data
knn_normalized = KNeighborsClassifier(n_neighbors=3)
knn_normalized.fit(X_train_normalized, y_train)
y_pred_normalized = knn_normalized.predict(X_test_normalized)
```

```
# Calculate accuracies
accuracy_original = accuracy_score(y_test, y_pred_original)
accuracy_normalized = accuracy_score(y_test, y_pred_normalized)

print("Original Data Accuracy:", accuracy_original)
print("L2 Normalized Data Accuracy:", accuracy_normalized)

# Display a sample of original and normalized data
sample_original = X_train[:5]
sample_normalized = X_train_normalized[:5]

print("\\nOriginal Data Sample:")
print(pd.DataFrame(sample_original, columns=['Feature 1', 'Feature 2', 'Feature 3']))

print("\\nL2 Normalized Data Sample:")
print(pd.DataFrame(sample_normalized, columns=['Feature 1', 'Feature 2', 'Feature 3']))

# Verify L2 norm
print("\\nL2 Norm of normalized samples:")
print(np.sqrt(np.sum(np.square(sample_normalized), axis=1)))
```

Explication du code :

1. Génération de données : Nous créons un jeu de données synthétique avec 100 échantillons et 3 caractéristiques, ainsi que des étiquettes de classification binaire. Cela simule un scénario réel où les caractéristiques peuvent avoir différentes échelles.

2. Division des données : En utilisant train_test_split, nous divisons nos données en ensembles d'entraînement et de test. C'est crucial pour évaluer la performance du modèle sur des données non vues.

3. Normalisation L2 : Nous initialisons un Normalizer avec norm='l2'. Ce normalisateur est ensuite ajusté aux données d'entraînement et utilisé pour transformer à la fois les données d'entraînement et de test.

4. Entraînement du modèle : Nous entraînons deux classificateurs KNN - un sur les données originales et un autre sur les données normalisées L2. Cela nous permet de comparer la performance des modèles avec et sans normalisation.

5. Prédiction et évaluation : Les deux modèles font des prédictions sur leurs ensembles de test respectifs (original et normalisé). Nous calculons ensuite et comparons les scores de précision pour voir l'impact de la normalisation L2.

6. Visualisation des données : Nous affichons des échantillons des données originales et normalisées pour illustrer comment la normalisation L2 affecte les valeurs des caractéristiques.

7. Vérification de la norme L2 : Nous calculons la norme L2 pour chaque échantillon normalisé pour vérifier qu'elle est égale à 1 après normalisation.

Cet exemple démontre l'ensemble du processus d'application de la normalisation L2 en utilisant Scikit-learn, de la préparation des données à l'évaluation du modèle. Il montre comment la normalisation peut affecter la performance du modèle et la représentation des données, fournissant un contexte pratique pour comprendre l'impact de la normalisation L2 dans les flux de travail d'apprentissage automatique. La comparaison entre les précisions des données originales et normalisées aide à illustrer les avantages potentiels de la normalisation L2 pour améliorer la performance du modèle, particulièrement pour les algorithmes basés sur la distance comme KNN.

Le choix entre la normalisation L1 et L2 dépend des exigences spécifiques de votre tâche d'apprentissage automatique et de la nature de vos données. Les deux méthodes ont leurs forces et sont des outils précieux dans la boîte à outils du data scientist pour préparer les caractéristiques pour l'analyse et l'entraînement de modèles.

3.5 Division Entraînement-Test et Validation Croisée

Dans le domaine de l'apprentissage automatique, il est crucial d'évaluer avec précision la capacité d'un modèle à généraliser à de nouvelles données non vues. Ce processus d'évaluation aide à identifier et à atténuer l'un des défis les plus répandus dans ce domaine : le **surapprentissage**. Le surapprentissage se produit lorsqu'un modèle devient excessivement adapté aux données d'entraînement, performant exceptionnellement bien sur des exemples familiers mais ayant du mal à maintenir cette performance sur de nouvelles instances. Pour combattre ce problème et assurer une performance robuste du modèle, les data scientists emploient deux techniques principales : la **division entraînement-test** et la **validation croisée**.

Ces méthodologies servent de pierres angulaires dans l'évaluation de la performance des modèles, fournissant des informations précieuses sur la capacité d'un modèle à généraliser au-delà de ses données d'entraînement. En appliquant systématiquement ces techniques, les praticiens peuvent acquérir une compréhension plus complète et fiable de la façon dont leurs modèles sont susceptibles de se comporter dans des scénarios réels.

Dans cette section, nous approfondirons les subtilités de :

- **Division entraînement-test** : Cette approche fondamentale implique de partitionner le jeu de données en sous-ensembles distincts d'entraînement et de test. Elle sert de méthode simple mais efficace pour évaluer la performance du modèle sur des données non vues.

- **Validation croisée** : Une technique plus sophistiquée qui implique plusieurs itérations d'entraînement et de test sur différents sous-ensembles des données. Cette méthode fournit une évaluation plus robuste de la performance du modèle en réduisant l'impact des biais de partitionnement des données.

En explorant en profondeur ces techniques d'évaluation, nous visons à vous équiper des connaissances et des outils nécessaires pour obtenir des estimations plus précises et fiables de la performance réelle de votre modèle. Ces méthodes aident non seulement à évaluer les capacités actuelles du modèle, mais jouent également un rôle crucial dans le processus itératif de raffinement et d'optimisation du modèle.

3.5.1 Division Entraînement-Test

La **division entraînement-test** est une technique fondamentale en apprentissage automatique pour évaluer la performance des modèles. Cette méthode implique de diviser le jeu de données en deux sous-ensembles distincts, chacun jouant un rôle crucial dans le processus de développement du modèle :

- **Ensemble d'entraînement** : Cette portion substantielle du jeu de données sert de fondement à l'apprentissage du modèle. Elle englobe une gamme diverse d'exemples qui permettent à l'algorithme de discerner des motifs complexes, d'établir des corrélations entre les caractéristiques, et de construire une compréhension robuste de la structure sous-jacente des données. En exposant le modèle à un ensemble complet d'instances d'entraînement, nous visons à cultiver sa capacité à généraliser efficacement à des données non vues.

- **Ensemble de test** : Ce sous-ensemble soigneusement sélectionné des données joue un rôle crucial dans l'évaluation des capacités de généralisation du modèle. En réservant ces exemples pendant la phase d'entraînement, nous créons une opportunité d'évaluer la performance du modèle sur des instances entièrement nouvelles et non vues. Ce processus simule des scénarios réels où le modèle doit faire des prédictions sur de nouvelles données, fournissant des insights précieux sur son applicabilité pratique et ses limitations potentielles.

L'ensemble d'entraînement est l'endroit où le modèle construit sa compréhension des relations sous-jacentes entre les caractéristiques et la variable cible. Pendant ce temps, l'ensemble de test agit comme un substitut pour de nouvelles données non vues, fournissant une estimation non biaisée de la capacité du modèle à généraliser au-delà de ses exemples d'entraînement. Cette séparation est cruciale pour détecter un surapprentissage potentiel, où un modèle performe bien sur les données d'entraînement mais échoue à généraliser à de nouvelles instances.

Bien que le ratio de division le plus courant soit 80% pour l'entraînement et 20% pour le test, cela peut varier en fonction de la taille du jeu de données et des exigences spécifiques. Les jeux de données plus grands peuvent utiliser une division 90-10 pour maximiser les données d'entraînement, tandis que les jeux de données plus petits peuvent opter pour une division 70-30 pour assurer un ensemble de test robuste. La clé est de trouver un équilibre entre fournir suffisamment de données pour que le modèle apprenne efficacement et réserver suffisamment de données pour une évaluation fiable de la performance.

a. Application de la Division Entraînement-Test avec Scikit-learn

La fonction train_test_split() de Scikit-learn offre un moyen pratique et efficace de diviser votre jeu de données en sous-ensembles d'entraînement et de test distincts. Cet outil essentiel simplifie le processus de préparation des données pour le développement et l'évaluation de modèles d'apprentissage automatique. Voici une explication plus détaillée de ses fonctionnalités et avantages :

1. Division automatique : La fonction gère automatiquement la division de vos données, éliminant le besoin de séparation manuelle. Cela économise du temps et réduit le risque d'erreur humaine dans la préparation des données.

2. Ratios de division personnalisables : Vous pouvez facilement spécifier la proportion de données à allouer à l'ensemble de test en utilisant le paramètre test_size. Cette flexibilité vous permet d'ajuster la division en fonction de vos besoins spécifiques et de la taille du jeu de données.

3. Échantillonnage aléatoire : Par défaut, train_test_split() utilise un échantillonnage aléatoire pour créer les sous-ensembles, assurant une représentation équitable des données dans les deux ensembles. Cela aide à atténuer les biais potentiels qui pourraient survenir de données ordonnées ou groupées.

4. Division stratifiée : Pour les tâches de classification, la fonction offre une option stratifiée qui maintient la même proportion d'échantillons pour chaque classe dans les ensembles d'entraînement et de test. Ceci est particulièrement utile pour les jeux de données déséquilibrés.

5. Reproductibilité : En définissant un état aléatoire, vous pouvez vous assurer que la même division est générée chaque fois que vous exécutez votre code, ce qui est crucial pour la recherche reproductible et le développement cohérent du modèle.

En tirant parti de ces fonctionnalités, train_test_split() permet aux data scientists et aux praticiens de l'apprentissage automatique de préparer rapidement et de manière fiable leurs données pour l'entraînement et l'évaluation de modèles, rationalisant ainsi le flux de travail global des projets d'apprentissage automatique.

Exemple : Division Entraînement-Test avec Scikit-learn

```
# Importing necessary libraries
from sklearn.model_selection import train_test_split, cross_val_score
from sklearn.preprocessing import StandardScaler
from sklearn.linear_model import LogisticRegression
from sklearn.metrics import accuracy_score, classification_report, confusion_matrix
import pandas as pd
import numpy as np
```

```python
import matplotlib.pyplot as plt
import seaborn as sns

# Create a more comprehensive sample dataset
np.random.seed(42)
data = {
    'Age': np.random.randint(20, 60, 100),
    'Salary': np.random.randint(30000, 120000, 100),
    'Experience': np.random.randint(0, 20, 100),
    'Purchased': np.random.randint(0, 2, 100)
}
df = pd.DataFrame(data)

# Features (X) and target (y)
X = df[['Age', 'Salary', 'Experience']]
y = df['Purchased']

# Split the data into training and test sets (80-20 split)
X_train, X_test, y_train, y_test = train_test_split(X, y, test_size=0.2,
random_state=42, stratify=y)

# Feature scaling
scaler = StandardScaler()
X_train_scaled = scaler.fit_transform(X_train)
X_test_scaled = scaler.transform(X_test)

# Initialize and train the model
model = LogisticRegression(random_state=42)
model.fit(X_train_scaled, y_train)

# Make predictions
y_pred = model.predict(X_test_scaled)

# Evaluate the model
accuracy = accuracy_score(y_test, y_pred)
conf_matrix = confusion_matrix(y_test, y_pred)
class_report = classification_report(y_test, y_pred)

# Cross-validation
cv_scores = cross_val_score(model, X_train_scaled, y_train, cv=5)

# Print results
print("Model Accuracy:", accuracy)
print("\\nConfusion Matrix:\\n", conf_matrix)
print("\\nClassification Report:\\n", class_report)
print("\\nCross-validation Scores:", cv_scores)
print("Mean CV Score:", cv_scores.mean())

# Visualize confusion matrix
plt.figure(figsize=(8, 6))
sns.heatmap(conf_matrix, annot=True, fmt='d', cmap='Blues')
plt.title('Confusion Matrix')
```

```
plt.xlabel('Predicted')
plt.ylabel('Actual')
plt.show()

# Feature importance
feature_importance      =      pd.DataFrame({'Feature':      X.columns,      'Importance':
abs(model.coef_[0])})
feature_importance = feature_importance.sort_values('Importance', ascending=False)
print("\\nFeature Importance:\\n", feature_importance)

# Visualize feature importance
plt.figure(figsize=(10, 6))
sns.barplot(x='Importance', y='Feature', data=feature_importance)
plt.title('Feature Importance')
plt.show()
```

Explication de la décomposition du code :

1. Importation des bibliothèques : Nous importons les modules Scikit-learn nécessaires pour la sélection du modèle, le prétraitement et l'évaluation. Nous importons également pandas pour la manipulation des données, numpy pour les opérations numériques, et matplotlib et seaborn pour la visualisation.

2. Création du jeu de données : Nous générons un jeu de données plus complet avec 100 échantillons et 4 caractéristiques (Âge, Salaire, Expérience et Achat) en utilisant les fonctions aléatoires de numpy.

3. Division des données : Nous utilisons train_test_split pour diviser nos données en ensembles d'entraînement (80%) et de test (20%). Le paramètre stratify=y garantit que la proportion des classes dans la variable cible est maintenue dans les deux ensembles.

4. Mise à l'échelle des caractéristiques : Nous utilisons StandardScaler pour normaliser nos caractéristiques. C'est important pour de nombreux algorithmes d'apprentissage automatique, y compris la régression logistique, car cela garantit que toutes les caractéristiques sont sur une échelle similaire.

5. Entraînement du modèle : Nous initialisons un modèle de régression logistique et l'adaptons à nos données d'entraînement mises à l'échelle.

6. Prédiction : Nous utilisons le modèle entraîné pour faire des prédictions sur les données de test mises à l'échelle.

7. Évaluation du modèle : Nous évaluons le modèle à l'aide de plusieurs métriques :

   o Score de précision : Donne la précision globale du modèle.

   o Matrice de confusion : Montre les vrais positifs, vrais négatifs, faux positifs et faux négatifs.

o   Rapport de classification : Fournit la précision, le rappel et le score F1 pour chaque classe.

8. Validation croisée : Nous effectuons une validation croisée à 5 plis en utilisant cross_val_score pour obtenir une estimation plus robuste de la performance du modèle.

9. Visualisation : Nous utilisons seaborn pour créer une carte thermique de la matrice de confusion, fournissant une représentation visuelle de la performance du modèle.

10. Importance des caractéristiques : Nous extrayons et visualisons l'importance des caractéristiques du modèle de régression logistique. Cela aide à comprendre quelles caractéristiques ont le plus d'impact sur les prédictions.

Cet exemple de code démontre une approche plus complète de l'entraînement, de l'évaluation et de l'interprétation des modèles avec Scikit-learn. Il inclut des étapes supplémentaires comme la mise à l'échelle des caractéristiques, la validation croisée et la visualisation des résultats, qui sont cruciales dans les flux de travail d'apprentissage automatique du monde réel.

b. Évaluation de la performance du modèle sur l'ensemble de test

Une fois la division entraînement-test terminée, vous pouvez procéder aux étapes cruciales d'entraînement et d'évaluation du modèle. Ce processus implique plusieurs phases clés :

- **Entraînement du modèle :** En utilisant l'ensemble d'entraînement, vous alimenterez votre algorithme d'apprentissage automatique choisi. Pendant cette phase, le modèle apprend les motifs et les relations dans les données, ajustant ses paramètres internes pour minimiser les erreurs.

- **Réalisation de prédictions :** Après l'entraînement, vous utiliserez le modèle pour faire des prédictions sur l'ensemble de test. Cette étape est critique car elle simule comment le modèle se comporterait sur de nouvelles données non vues.

- **Évaluation de la performance :** En comparant les prédictions du modèle sur l'ensemble de test avec les valeurs réelles, vous pouvez évaluer sa performance. Cette évaluation implique généralement le calcul de diverses métriques telles que la précision, l'exactitude, le rappel ou l'erreur quadratique moyenne, selon le type de problème (classification ou régression).

- **Interprétation des résultats :** La performance sur l'ensemble de test fournit une estimation de la capacité du modèle à généraliser à de nouvelles données non vues. Cette information est cruciale pour déterminer si le modèle est prêt pour le déploiement ou si un affinement supplémentaire est nécessaire.

Cette approche systématique d'entraînement sur un sous-ensemble de données et d'évaluation sur un autre aide à détecter et à prévenir le surapprentissage, garantissant que votre modèle performe bien non seulement sur des données familières, mais aussi sur de nouvelles instances non vues.

Exemple : Entraînement et test d'un modèle de régression logistique

```python
# Importing necessary libraries
from sklearn.model_selection import train_test_split
from sklearn.linear_model import LogisticRegression
from sklearn.metrics import accuracy_score, classification_report, confusion_matrix
from sklearn.preprocessing import StandardScaler
import numpy as np
import matplotlib.pyplot as plt
import seaborn as sns

# Generate sample data
np.random.seed(42)
X = np.random.rand(1000, 2)
y = (X[:, 0] + X[:, 1] > 1).astype(int)

# Split the data into training and testing sets
X_train, X_test, y_train, y_test = train_test_split(X, y, test_size=0.2,
random_state=42)

# Scale the features
scaler = StandardScaler()
X_train_scaled = scaler.fit_transform(X_train)
X_test_scaled = scaler.transform(X_test)

# Initialize and train the model
model = LogisticRegression(random_state=42)
model.fit(X_train_scaled, y_train)

# Make predictions on the test data
y_pred = model.predict(X_test_scaled)

# Evaluate the model's performance
accuracy = accuracy_score(y_test, y_pred)
conf_matrix = confusion_matrix(y_test, y_pred)
class_report = classification_report(y_test, y_pred)

print(f"Test Accuracy: {accuracy:.2f}")
print("\\nConfusion Matrix:")
print(conf_matrix)
print("\\nClassification Report:")
print(class_report)

# Visualize the decision boundary
plt.figure(figsize=(10, 8))
x_min, x_max = X[:, 0].min() - .5, X[:, 0].max() + .5
y_min, y_max = X[:, 1].min() - .5, X[:, 1].max() + .5
xx, yy = np.meshgrid(np.arange(x_min, x_max, .02),
                     np.arange(y_min, y_max, .02))
Z = model.predict(scaler.transform(np.c_[xx.ravel(), yy.ravel()]))
Z = Z.reshape(xx.shape)
plt.contourf(xx, yy, Z, alpha=0.4)
```

```
plt.scatter(X[:, 0], X[:, 1], c=y, alpha=0.8)
plt.xlabel("Feature 1")
plt.ylabel("Feature 2")
plt.title("Logistic Regression Decision Boundary")
plt.show()
```

Explication de la décomposition du code :

1. Importation des bibliothèques : Nous importons les modules nécessaires de scikit-learn pour l'entraînement du modèle, l'évaluation et le prétraitement. Nous importons également numpy pour les opérations numériques et matplotlib et seaborn pour la visualisation.

2. Génération des données d'échantillon : Nous créons un jeu de données synthétique avec 1000 échantillons et 2 caractéristiques. La variable cible est binaire, déterminée par le fait que la somme des deux caractéristiques est supérieure à 1 ou non.

3. Division des données : Nous utilisons train_test_split pour diviser nos données en ensembles d'entraînement (80%) et de test (20%). Cela nous permet d'évaluer la capacité de notre modèle à généraliser à des données non vues.

4. Mise à l'échelle des caractéristiques : Nous appliquons StandardScaler pour normaliser nos caractéristiques. Cette étape est cruciale pour la régression logistique car elle garantit que toutes les caractéristiques contribuent de manière égale au modèle et améliore la convergence de l'algorithme d'optimisation.

5. Entraînement du modèle : Nous initialisons un modèle LogisticRegression avec un état aléatoire fixe pour la reproductibilité, puis nous l'ajustons à nos données d'entraînement mises à l'échelle.

6. Prédiction : Nous utilisons le modèle entraîné pour faire des prédictions sur les données de test mises à l'échelle.

7. Évaluation du modèle : Nous évaluons le modèle à l'aide de plusieurs métriques :

   o Score de précision : Donne la précision globale du modèle.

   o Matrice de confusion : Montre les vrais positifs, vrais négatifs, faux positifs et faux négatifs.

   o Rapport de classification : Fournit la précision, le rappel et le score F1 pour chaque classe.

8. Visualisation : Nous créons un graphique pour visualiser la frontière de décision de notre modèle de régression logistique. Cela aide à comprendre comment le modèle sépare les deux classes dans l'espace des caractéristiques.

Cet exemple fournit une approche plus complète pour l'entraînement, l'évaluation et l'interprétation du modèle. Il inclut des étapes supplémentaires comme la génération de données, la mise à l'échelle des caractéristiques et la visualisation de la frontière de décision, qui sont cruciales dans les flux de travail d'apprentissage automatique du monde réel. La visualisation, en particulier, offre des insights précieux sur la façon dont le modèle effectue ses classifications basées sur les caractéristiques d'entrée.

3.5.2 Validation croisée

Bien que la division entraînement-test fournisse une bonne estimation initiale de la performance du modèle, elle présente des limitations, particulièrement lorsqu'on travaille avec des jeux de données plus petits. Le problème principal réside dans la variance potentiellement élevée des métriques de performance selon la façon dont les données sont divisées. Cette variabilité peut conduire à des résultats peu fiables ou trompeurs, car la performance du modèle peut être trop optimiste ou pessimiste basée sur une seule division potentiellement non représentative.

Pour remédier à ces limitations et obtenir une évaluation plus robuste de la performance du modèle, les data scientists se tournent vers la **validation croisée**. Cette technique offre plusieurs avantages :

- Variance réduite : En utilisant plusieurs divisions des données, la validation croisée fournit une estimation plus stable et fiable de la performance du modèle.

- Utilisation efficace des données : Elle permet l'utilisation de l'ensemble du jeu de données pour l'entraînement et le test, ce qui est particulièrement bénéfique lorsqu'on travaille avec des données limitées.

- Détection du surapprentissage : La validation croisée aide à identifier si un modèle surapprend sur les données d'entraînement en évaluant sa performance sur plusieurs ensembles de test.

La **validation croisée** obtient ces avantages en faisant systématiquement alterner les rôles des ensembles d'entraînement et de test à travers l'ensemble du jeu de données. Cette approche garantit que chaque observation a l'opportunité de faire partie à la fois de l'ensemble d'entraînement et de test, fournissant une vue complète des capacités de généralisation du modèle.

Parmi les diverses techniques de validation croisée, la **validation croisée k-fold** se distingue comme la méthode la plus couramment utilisée. Cette approche implique :

- La division du jeu de données en 'k' sous-ensembles ou plis de taille égale.

- L'utilisation itérative de k-1 plis pour l'entraînement et du pli restant pour le test.

- La répétition de ce processus k fois, en s'assurant que chaque pli sert d'ensemble de test exactement une fois.

- Le calcul de la moyenne des métriques de performance sur toutes les k itérations pour obtenir une estimation finale de la performance du modèle.

En employant la validation croisée k-fold, les chercheurs et praticiens peuvent acquérir une compréhension plus fiable et complète de la performance de leur modèle, conduisant à des décisions plus éclairées dans le processus de développement du modèle.

a. Validation croisée k-Fold

Dans la technique de **validation croisée k-fold**, le jeu de données subit un processus de partitionnement systématique, résultant en k sous-ensembles de taille égale, communément appelés plis. Cette méthode emploie une approche itérative où le modèle subit un entraînement sur k-1 plis tout en étant simultanément évalué sur le pli restant.

Cette procédure complète est méticuleusement répétée k fois, en s'assurant que chaque pli assume le rôle d'ensemble de test exactement une fois tout au long du processus entier. Le point culminant de cette évaluation rigoureuse implique le calcul de la performance moyenne sur toutes les k itérations, qui sert d'estimation robuste et impartiale de la performance globale du modèle.

Pour illustrer davantage ce concept, considérons le cas d'une validation croisée à 5 plis. Dans ce scénario, le jeu de données est stratégiquement divisé en cinq plis distincts. Le modèle subit ensuite une série de cinq cycles d'entraînement et de test, chaque itération utilisant un pli différent comme ensemble de test désigné.

Cette approche assure une évaluation approfondie de la performance du modèle à travers divers sous-ensembles de données, fournissant une indication plus fiable de ses capacités de généralisation. En faisant tourner l'ensemble de test à travers tous les plis disponibles, la validation croisée à 5 plis atténue le biais potentiel qui pourrait résulter d'une seule division arbitraire entraînement-test, offrant une évaluation plus complète de la puissance prédictive du modèle.

Application de la validation croisée k-Fold avec Scikit-learn

Scikit-learn offre un outil puissant et pratique pour implémenter la validation croisée k-fold sous la forme de la fonction cross_val_score(). Cette fonction polyvalente simplifie le processus de partitionnement de votre jeu de données, d'entraînement de votre modèle sur plusieurs sous-ensembles et d'évaluation de sa performance à travers différents plis.

En tirant parti de cette fonction, les data scientists peuvent évaluer efficacement les capacités de généralisation de leur modèle et obtenir une estimation plus robuste de sa puissance prédictive.

Exemple : Validation croisée k-Fold avec Scikit-learn

```
import numpy as np
import pandas as pd
from sklearn.model_selection import cross_val_score, KFold
from sklearn.linear_model import LogisticRegression
from sklearn.preprocessing import StandardScaler
from sklearn.pipeline import make_pipeline
```

```python
from sklearn.metrics import accuracy_score, precision_score, recall_score, f1_score
import matplotlib.pyplot as plt

# Generate sample data
np.random.seed(42)
X = np.random.rand(1000, 2)
y = (X[:, 0] + X[:, 1] > 1).astype(int)

# Convert to DataFrame for better handling
df = pd.DataFrame(X, columns=['Feature1', 'Feature2'])
df['Target'] = y

# Initialize the pipeline with scaling and model
pipeline = make_pipeline(StandardScaler(), LogisticRegression())

# Set up k-fold cross-validation
k_folds = 5
kf = KFold(n_splits=k_folds, shuffle=True, random_state=42)

# Perform k-fold cross-validation
cv_scores = cross_val_score(pipeline, df[['Feature1', 'Feature2']], df['Target'],
cv=kf, scoring='accuracy')

# Calculate additional metrics
precision_scores = cross_val_score(pipeline, df[['Feature1', 'Feature2']],
df['Target'], cv=kf, scoring='precision')
recall_scores = cross_val_score(pipeline, df[['Feature1', 'Feature2']], df['Target'],
cv=kf, scoring='recall')
f1_scores = cross_val_score(pipeline, df[['Feature1', 'Feature2']], df['Target'],
cv=kf, scoring='f1')

# Print the scores for each fold and the average
print("Cross-Validation Scores:")
for fold, (accuracy, precision, recall, f1) in enumerate(zip(cv_scores,
precision_scores, recall_scores, f1_scores), 1):
    print(f"Fold {fold}:")
    print(f"  Accuracy: {accuracy:.4f}")
    print(f"  Precision: {precision:.4f}")
    print(f"  Recall: {recall:.4f}")
    print(f"  F1-Score: {f1:.4f}")
    print()

print(f"Average Cross-Validation Metrics:")
print(f"  Accuracy: {cv_scores.mean():.4f} (+/- {cv_scores.std() * 2:.4f})")
print(f"  Precision: {precision_scores.mean():.4f} (+/- {precision_scores.std() *
2:.4f})")
print(f"  Recall: {recall_scores.mean():.4f} (+/- {recall_scores.std() * 2:.4f})")
print(f"  F1-Score: {f1_scores.mean():.4f} (+/- {f1_scores.std() * 2:.4f})")

# Visualize the cross-validation results
plt.figure(figsize=(10, 6))
plt.boxplot([cv_scores, precision_scores, recall_scores, f1_scores],
```

```
        labels=['Accuracy', 'Precision', 'Recall', 'F1-Score'])
plt.title('Cross-Validation Metrics')
plt.ylabel('Score')
plt.show()
```

Explication de la décomposition du code :

1. Importation des bibliothèques : Nous importons les bibliothèques nécessaires, notamment numpy pour les opérations numériques, pandas pour la manipulation des données, divers modules sklearn pour les tâches d'apprentissage automatique, et matplotlib pour la visualisation.

2. Génération de données : Nous créons un jeu de données synthétique avec 1000 échantillons, 2 caractéristiques et une variable cible binaire. Les données sont ensuite converties en DataFrame pandas pour une manipulation plus facile.

3. Configuration du pipeline : Nous créons un pipeline qui inclut StandardScaler pour la normalisation des caractéristiques et LogisticRegression comme modèle. Cela garantit que la normalisation est appliquée de manière cohérente sur tous les plis pendant la validation croisée.

4. Configuration de la validation croisée : Nous utilisons KFold pour configurer une validation croisée à 5 plis avec mélange pour la randomisation.

5. Réalisation de la validation croisée : Nous utilisons cross_val_score pour effectuer la validation croisée pour plusieurs métriques : précision, exactitude, rappel et score F1. Cela nous donne une vision plus complète de la performance du modèle.

6. Affichage des résultats : Nous affichons les résultats détaillés pour chaque pli, incluant les quatre métriques. Cela nous permet de voir comment la performance du modèle varie à travers différents sous-ensembles de données.

7. Métriques moyennes : Nous calculons et affichons la moyenne et l'écart-type de chaque métrique sur tous les plis. L'écart-type nous donne une idée de la stabilité du modèle à travers différentes divisions de données.

8. Visualisation : Nous créons un graphique en boîte pour visualiser la distribution de chaque métrique à travers les plis. Cela fournit une façon rapide et visuelle de comparer les métriques et de voir leur variabilité.

Cet exemple de code fournit une approche complète de la validation croisée en :

- Utilisant un pipeline pour assurer un prétraitement cohérent sur tous les plis

- Calculant plusieurs métriques de performance pour une évaluation plus complète

- Fournissant des résultats détaillés pour chaque pli

- Incluant les écarts-types pour évaluer la stabilité de la performance

- Visualisant les résultats pour une interprétation plus facile

Cette approche offre une compréhension beaucoup plus approfondie de la performance et de la stabilité du modèle à travers différents sous-ensembles de données, ce qui est crucial pour une évaluation fiable du modèle.

3.5.3 Validation croisée stratifiée

Dans les problèmes de classification, particulièrement lorsqu'on traite des **jeux de données déséquilibrés** (où une classe est beaucoup plus fréquente que l'autre), il est crucial de s'assurer que chaque pli dans la validation croisée présente une distribution similaire des classes. C'est particulièrement important car la validation croisée k-fold standard peut conduire à des résultats biaisés dans de tels cas.

Par exemple, considérons un problème de classification binaire où seulement 10% des échantillons appartiennent à la classe positive. Si nous utilisons une validation croisée k-fold régulière, nous pourrions nous retrouver avec des plis ayant des distributions de classes significativement différentes. Certains plis pourraient avoir 15% d'échantillons positifs, tandis que d'autres n'en auraient que 5%. Cette disparité peut conduire à des estimations peu fiables de la performance du modèle.

La **validation croisée k-fold stratifiée** aborde ce problème en s'assurant que la proportion de chaque classe est maintenue à travers tous les plis. Cette méthode fonctionne comme suit :

- Elle calcule d'abord la distribution globale des classes dans l'ensemble du jeu de données.

- Ensuite, elle crée des plis de sorte que chaque pli ait approximativement la même proportion d'échantillons pour chaque classe que le jeu de données complet.

- Ce processus garantit que chaque pli est représentatif de l'ensemble du jeu de données en termes de distribution des classes.

En maintenant des proportions de classes cohérentes à travers tous les plis, la validation croisée k-fold stratifiée offre plusieurs avantages :

- Elle réduit le biais dans le processus d'évaluation, particulièrement pour les jeux de données déséquilibrés.

- Elle fournit une estimation plus fiable de la performance du modèle à travers différents sous-ensembles des données.

- Elle aide à détecter le surapprentissage, car le modèle est testé sur divers sous-ensembles représentatifs des données.

Cette approche est particulièrement précieuse dans les scénarios du monde réel où le déséquilibre des classes est courant, comme dans la détection de fraude, le diagnostic de maladies rares, ou la détection d'anomalies dans les processus industriels. En utilisant la validation croisée k-fold stratifiée, les data scientists peuvent obtenir des évaluations plus robustes et fiables de leurs modèles de classification, conduisant à une meilleure prise de décision dans la sélection et le déploiement des modèles.

Application de la validation croisée k-fold stratifiée avec Scikit-learn

Scikit-learn fournit un outil puissant pour implémenter la validation croisée stratifiée à travers sa classe StratifiedKFold. Cette méthode garantit que la proportion d'échantillons pour chaque classe est à peu près la même à travers tous les plis, ce qui la rend particulièrement utile pour les jeux de données déséquilibrés.

En maintenant des distributions de classes cohérentes, StratifiedKFold aide à produire des estimations de performance plus fiables et représentatives pour les modèles de classification.

Exemple : Validation croisée k-fold stratifiée avec Scikit-learn

```python
import numpy as np
import pandas as pd
from sklearn.model_selection import StratifiedKFold
from sklearn.linear_model import LogisticRegression
from sklearn.preprocessing import StandardScaler
from sklearn.pipeline import make_pipeline
from sklearn.metrics import accuracy_score, precision_score, recall_score, f1_score
import matplotlib.pyplot as plt

# Generate sample data
np.random.seed(42)
X = np.random.rand(1000, 2)
y = (X[:, 0] + X[:, 1] > 1).astype(int)

# Convert to DataFrame for better handling
df = pd.DataFrame(X, columns=['Feature1', 'Feature2'])
df['Target'] = y

# Initialize StratifiedKFold with 5 folds
strat_kfold = StratifiedKFold(n_splits=5, shuffle=True, random_state=42)

# Initialize the pipeline with scaling and model
pipeline = make_pipeline(StandardScaler(), LogisticRegression())

# Lists to store performance metrics
accuracies = []
precisions = []
recalls = []
f1_scores = []

# Perform stratified cross-validation manually
for fold, (train_index, test_index) in enumerate(strat_kfold.split(df[['Feature1',
'Feature2']], df['Target']), 1):
    X_train,    X_test   =    df.iloc[train_index][['Feature1',    'Feature2']],
df.iloc[test_index][['Feature1', 'Feature2']]
```

```
    y_train, y_test = df.iloc[train_index]['Target'], df.iloc[test_index]['Target']

    # Train the model
    pipeline.fit(X_train, y_train)

    # Predict on the test set
    y_pred = pipeline.predict(X_test)

    # Calculate performance metrics
    accuracy = accuracy_score(y_test, y_pred)
    precision = precision_score(y_test, y_pred)
    recall = recall_score(y_test, y_pred)
    f1 = f1_score(y_test, y_pred)

    # Store metrics
    accuracies.append(accuracy)
    precisions.append(precision)
    recalls.append(recall)
    f1_scores.append(f1)

    print(f"Fold {fold}:")
    print(f"  Accuracy: {accuracy:.4f}")
    print(f"  Precision: {precision:.4f}")
    print(f"  Recall: {recall:.4f}")
    print(f"  F1-Score: {f1:.4f}")
    print()

# Calculate and print average metrics
print("Average Performance:")
print(f"  Accuracy: {np.mean(accuracies):.4f} (+/- {np.std(accuracies) * 2:.4f})")
print(f"  Precision: {np.mean(precisions):.4f} (+/- {np.std(precisions) * 2:.4f})")
print(f"  Recall: {np.mean(recalls):.4f} (+/- {np.std(recalls) * 2:.4f})")
print(f"  F1-Score: {np.mean(f1_scores):.4f} (+/- {np.std(f1_scores) * 2:.4f})")

# Visualize the cross-validation results
plt.figure(figsize=(10, 6))
plt.boxplot([accuracies, precisions, recalls, f1_scores],
            labels=['Accuracy', 'Precision', 'Recall', 'F1-Score'])
plt.title('Stratified Cross-Validation Metrics')
plt.ylabel('Score')
plt.show()
```

Explication de la structure du code :

1. Importation des bibliothèques : Nous importons les modules nécessaires de Scikit-learn ainsi que NumPy, Pandas et Matplotlib pour la manipulation des données et la visualisation.

2. Génération des données : Nous créons un jeu de données synthétique avec 1000 échantillons, 2 caractéristiques et une variable cible binaire. Les données sont converties en DataFrame Pandas pour une manipulation plus facile.

3. Configuration de StratifiedKFold : Nous initialisons StratifiedKFold avec 5 plis, en nous assurant que la proportion d'échantillons pour chaque classe est approximativement la même dans tous les plis. Le paramètre 'shuffle=True' permet de mélanger les données avant la répartition.

4. Configuration du pipeline : Nous créons un pipeline qui inclut StandardScaler pour la normalisation des caractéristiques et LogisticRegression comme modèle. Cela garantit un prétraitement cohérent dans tous les plis.

5. Boucle de validation croisée : Nous implémentons manuellement le processus de validation croisée stratifiée. Pour chaque pli :

    o Nous divisons les données en ensembles d'entraînement et de test en utilisant les indices fournis par StratifiedKFold.

    o Nous entraînons le pipeline sur les données d'entraînement et faisons des prédictions sur les données de test.

    o Nous calculons et stockons plusieurs métriques de performance : précision, justesse, rappel et score F1.

6. Métriques de performance : Nous utilisons les fonctions de métrique de Scikit-learn (accuracy_score, precision_score, recall_score, f1_score) pour évaluer la performance du modèle sur chaque pli.

7. Rapports de résultats : Nous imprimons les résultats détaillés pour chaque pli, incluant les quatre métriques. Cela nous permet de voir comment la performance du modèle varie à travers différents sous-ensembles des données.

8. Métriques moyennes : Nous calculons et imprimons la moyenne et l'écart-type de chaque métrique à travers tous les plis. L'écart-type nous donne une idée de la stabilité du modèle à travers différentes divisions des données.

9. Visualisation : Nous créons un diagramme en boîte avec Matplotlib pour visualiser la distribution de chaque métrique à travers les plis. Cela fournit un moyen rapide et visuel de comparer les métriques et d'observer leur variabilité.

Cet exemple complet démontre comment utiliser StratifiedKFold de Scikit-learn pour une validation croisée robuste, particulièrement utile pour les jeux de données déséquilibrés. Il met en évidence :

- La division appropriée des données en utilisant la stratification

- L'utilisation d'un pipeline de prétraitement et de modélisation

- Le calcul de multiples métriques de performance

- Le rapport détaillé des performances par pli et des performances moyennes

- La visualisation des résultats pour une interprétation plus facile

En utilisant cette approche, les data scientists peuvent obtenir une évaluation plus approfondie et fiable de la performance de leur modèle à travers différents sous-ensembles des données, menant à des décisions plus éclairées dans la sélection et l'affinage des modèles.

3.5.4 Validation croisée imbriquée pour l'optimisation des hyperparamètres

Lors de l'optimisation des hyperparamètres en utilisant des techniques comme la **recherche exhaustive** ou la **recherche aléatoire**, il est possible de surajuster au jeu de validation utilisé dans la validation croisée. Cela se produit parce que les hyperparamètres du modèle sont optimisés en fonction de la performance sur ce jeu de validation, ce qui peut potentiellement conduire à un modèle qui performe bien sur les données de validation mais médiocrement sur des données inédites. Pour atténuer ce problème et obtenir une estimation plus robuste de la performance du modèle, nous pouvons employer la **validation croisée imbriquée**.

La validation croisée imbriquée est une approche plus complète qui implique deux niveaux de validation croisée :

- La boucle externe effectue une validation croisée pour évaluer la performance globale du modèle. Cette boucle divise les données en ensembles d'entraînement et de test plusieurs fois, fournissant une estimation non biaisée de la capacité de généralisation du modèle.

- La boucle interne effectue l'optimisation des hyperparamètres en utilisant des techniques comme la recherche exhaustive ou la recherche aléatoire. Cette boucle opère sur les données d'entraînement de la boucle externe, les divisant davantage en ensembles d'entraînement et de validation pour optimiser les hyperparamètres du modèle.

En utilisant la validation croisée imbriquée, nous pouvons :

- Obtenir une estimation plus fiable de la performance du modèle sur des données inédites

- Réduire le risque de surajustement au jeu de validation

- Évaluer la stabilité du processus d'optimisation des hyperparamètres à travers différentes divisions des données

- Acquérir des informations sur la façon dont la méthode d'optimisation des hyperparamètres choisie se généralise à différents sous-ensembles des données

Cette approche est particulièrement précieuse lorsqu'on travaille avec des jeux de données de petite à moyenne taille ou lorsque le choix des hyperparamètres impacte significativement la performance du modèle. Cependant, il est important de noter que la validation croisée imbriquée peut être coûteuse en calcul, particulièrement pour les grands jeux de données ou les modèles complexes avec de nombreux hyperparamètres à optimiser.

Application de la validation croisée imbriquée avec Scikit-learn

Scikit-learn fournit des outils puissants pour implémenter la validation croisée imbriquée, qui combine la robustesse de la validation croisée avec la flexibilité de l'optimisation des hyperparamètres. En utilisant la classe GridSearchCV conjointement avec la fonction cross_val_score, les data scientists peuvent effectuer une évaluation complète de leurs modèles tout en optimisant simultanément les hyperparamètres.

Cette approche garantit que la performance du modèle est évaluée sur des données véritablement inédites, fournissant une estimation plus fiable de ses capacités de généralisation.

Exemple : Validation croisée imbriquée avec Scikit-learn

```python
import numpy as np
import pandas as pd
from sklearn.model_selection import GridSearchCV, cross_val_score, train_test_split
from sklearn.linear_model import LogisticRegression
from sklearn.preprocessing import StandardScaler
from sklearn.pipeline import make_pipeline
from sklearn.metrics import accuracy_score, precision_score, recall_score, f1_score
import matplotlib.pyplot as plt

# Generate sample data
np.random.seed(42)
X = np.random.rand(1000, 2)
y = (X[:, 0] + X[:, 1] > 1).astype(int)

# Split data into training and testing sets
X_train, X_test, y_train, y_test = train_test_split(X, y, test_size=0.2,
random_state=42)

# Define the pipeline
pipeline = make_pipeline(StandardScaler(), LogisticRegression())

# Define the parameter grid for grid search
param_grid = {
    'logisticregression__C': [0.1, 1, 10],
    'logisticregression__solver': ['liblinear', 'lbfgs']
}

# Initialize GridSearchCV with 5-fold cross-validation
grid_search = GridSearchCV(pipeline, param_grid, cv=5, scoring='accuracy', n_jobs=-1)

# Perform nested cross-validation with 5 outer folds
nested_scores = cross_val_score(grid_search, X_train, y_train, cv=5,
scoring='accuracy')
```

```
# Fit the GridSearchCV on the entire training data
grid_search.fit(X_train, y_train)

# Make predictions on the test set
y_pred = grid_search.predict(X_test)

# Calculate performance metrics
accuracy = accuracy_score(y_test, y_pred)
precision = precision_score(y_test, y_pred)
recall = recall_score(y_test, y_pred)
f1 = f1_score(y_test, y_pred)

# Print results
print("Nested Cross-Validation Scores:", nested_scores)
print(f"Average     Nested     CV    Accuracy:     {nested_scores.mean():.4f}     (+/-
{nested_scores.std() * 2:.4f})")
print(f"\\nBest parameters: {grid_search.best_params_}")
print(f"Best cross-validation score: {grid_search.best_score_:.4f}")
print(f"\\nTest set performance:")
print(f"Accuracy: {accuracy:.4f}")
print(f"Precision: {precision:.4f}")
print(f"Recall: {recall:.4f}")
print(f"F1-score: {f1:.4f}")

# Visualize nested cross-validation results
plt.figure(figsize=(10, 6))
plt.boxplot(nested_scores)
plt.title('Nested Cross-Validation Accuracy Scores')
plt.ylabel('Accuracy')
plt.show()
```

Explication de la décomposition du code :

1. Importation des bibliothèques : Nous importons les modules nécessaires de Scikit-learn, NumPy, Pandas et Matplotlib pour la manipulation des données, la création de modèles, l'évaluation et la visualisation.

2. Génération de données : Nous créons un jeu de données synthétique avec 1000 échantillons et 2 caractéristiques. La variable cible est binaire, déterminée par le fait que la somme des deux caractéristiques est supérieure à 1.

3. Division des données : Nous divisons les données en ensembles d'entraînement et de test en utilisant train_test_split, en réservant 20% pour les tests.

4. Configuration du pipeline : Nous créons un pipeline qui inclut StandardScaler pour la normalisation des caractéristiques et LogisticRegression comme modèle. Cela assure un prétraitement cohérent à travers tous les plis et lors de l'évaluation finale.

5. Grille de paramètres : Nous définissons une grille de paramètres pour la recherche exhaustive, incluant différentes valeurs pour le paramètre de régularisation C et les types de solveurs pour LogisticRegression.

6. Initialisation de GridSearchCV : Nous configurons GridSearchCV avec une validation croisée à 5 plis, en utilisant la précision comme métrique d'évaluation. Le paramètre n_jobs=-1 permet l'utilisation de tous les cœurs CPU disponibles pour un calcul plus rapide.

7. Validation croisée imbriquée : Nous effectuons une validation croisée imbriquée en utilisant cross_val_score avec 5 plis externes. Cela nous donne une estimation non biaisée de la performance du modèle.

8. Ajustement du modèle : Nous ajustons l'objet GridSearchCV sur l'ensemble des données d'entraînement, ce qui effectue l'optimisation des hyperparamètres et sélectionne le meilleur modèle.

9. Prédiction et évaluation : Nous utilisons le meilleur modèle pour faire des prédictions sur l'ensemble de test et calculer diverses métriques de performance (précision, rappel, score F1).

10. Rapport des résultats : Nous imprimons des résultats détaillés, notamment :

     o   Les scores de validation croisée imbriquée et leur moyenne et écart-type

     o   Les meilleurs hyperparamètres trouvés par la recherche exhaustive

     o   Le meilleur score de validation croisée obtenu pendant la recherche exhaustive

     o   Les métriques de performance sur l'ensemble de test

11. Visualisation : Nous créons un diagramme en boîte pour visualiser la distribution des scores de précision de la validation croisée imbriquée, fournissant une représentation graphique de la stabilité de performance du modèle.

Cet exemple de code démontre comment implémenter la validation croisée imbriquée avec l'optimisation des hyperparamètres en utilisant Scikit-learn. Il illustre :

*   La division et le prétraitement appropriés des données

*   L'utilisation d'un pipeline pour une transformation cohérente des données

*   La validation croisée imbriquée pour une estimation non biaisée de la performance

*   La recherche exhaustive pour l'optimisation des hyperparamètres

*   L'évaluation sur un ensemble de test distinct

*   Le calcul de multiples métriques de performance

- La visualisation des résultats de validation croisée

En utilisant cette approche, les data scientists peuvent obtenir une évaluation plus complète et fiable de la performance de leur modèle, en tenant compte à la fois de la variabilité dans les divisions des données et de l'impact de l'optimisation des hyperparamètres. Cela conduit à une sélection de modèle plus robuste et à une meilleure compréhension des capacités de généralisation du modèle.

3.6 Augmentation de données pour les données d'image et de texte

L'augmentation de données est une technique puissante qui consiste à créer de nouveaux exemples d'entraînement à partir de données existantes en appliquant diverses transformations. Cette méthode est largement utilisée en apprentissage profond, particulièrement pour les tâches impliquant des **images** et du **texte**, afin d'étendre artificiellement la taille du jeu de données d'entraînement. Ce faisant, l'augmentation de données aide à améliorer la généralisation du modèle, réduire le surapprentissage et améliorer la performance globale sur des données inédites.

Dans cette section, nous allons approfondir l'application des techniques d'augmentation de données pour les **données d'image** et les **données textuelles**, deux domaines fondamentaux en apprentissage automatique. Pour les données d'image, nous explorerons une gamme de méthodes d'augmentation telles que la rotation, le retournement, la mise à l'échelle et la variation des couleurs. Ces techniques permettent aux modèles d'apprendre à partir de perspectives visuelles diverses, les rendant plus robustes face aux variations dans des scénarios réels.

Dans le domaine des données textuelles, nous examinerons des stratégies d'augmentation incluant le remplacement par synonymes, l'insertion aléatoire, la suppression, et la technique sophistiquée de rétro-traduction. Ces méthodes servent à élargir le vocabulaire, introduire de la diversité syntaxique, et augmenter la variation globale dans le jeu de données, menant ultimement à des modèles de traitement du langage naturel plus polyvalents et performants.

3.6.1 Augmentation de données pour les données d'image

Dans les tâches d'apprentissage automatique basées sur les images comme la classification, la détection d'objets ou la segmentation, les modèles d'apprentissage profond nécessitent souvent d'énormes quantités de données d'entraînement diverses pour atteindre une performance élevée. Cette exigence découle du besoin pour les modèles d'apprendre des caractéristiques robustes qui se généralisent bien aux images inédites. Cependant, la collecte et l'étiquetage manuel de grands jeux de données peuvent être des processus extrêmement coûteux et chronophages, nécessitant souvent d'importantes ressources humaines et expertise.

L'augmentation de données d'image offre une solution puissante à ce défi en élargissant artificiellement la taille et la diversité du jeu de données d'entraînement. Cette technique implique d'appliquer diverses transformations aux images existantes pour créer de nouvelles versions légèrement modifiées. Ces transformations simulent des variations réelles que le modèle pourrait rencontrer lors de l'inférence, telles que :

- Différentes orientations : Rotation ou retournement d'images pour imiter divers angles de vue.

- Niveaux de zoom variés : Mise à l'échelle des images pour simuler des objets à différentes distances.

- Conditions d'éclairage modifiées : Ajustement de la luminosité, du contraste ou de la balance des couleurs pour représenter différents scénarios d'éclairage.

- Transformations géométriques : Application de cisaillement, changements de perspective ou déformations élastiques pour introduire des variations de forme.

- Injection de bruit : Ajout de bruit aléatoire aux images pour améliorer la robustesse du modèle.

En appliquant ces augmentations, une seule image originale peut générer de multiples exemples d'entraînement uniques. Cela augmente non seulement la taille effective du jeu de données, mais expose également le modèle à un plus large éventail de variations possibles qu'il pourrait rencontrer dans des applications réelles. Par conséquent, l'augmentation de données d'image aide à améliorer la généralisation du modèle, réduit le surapprentissage et améliore la performance globale sur des données inédites, tout en minimisant le besoin de collecte et d'étiquetage de données supplémentaires.

a. Techniques courantes d'augmentation d'image

L'augmentation de données d'image englobe une variété de techniques conçues pour étendre et diversifier artificiellement un jeu de données. Ces méthodes sont cruciales pour améliorer la robustesse et la généralisation du modèle. Voici un examen approfondi de quelques techniques d'augmentation courantes :

- **Rotation** : Cela implique de faire pivoter l'image d'un angle aléatoire. La rotation aide le modèle à apprendre à reconnaître les objets quelle que soit leur orientation. Par exemple, un modèle entraîné sur des images pivotées de voitures serait capable d'identifier une voiture qu'elle soit droite ou inclinée.

- **Retournement** : Les images peuvent être retournées horizontalement ou verticalement. Le retournement horizontal est particulièrement utile pour les scènes naturelles ou les objets qui peuvent apparaître dans l'une ou l'autre orientation, comme les animaux ou les véhicules. Le retournement vertical est moins courant mais peut être utile pour certains jeux de données, comme l'imagerie médicale.

- **Mise à l'échelle** : Cette technique implique de zoomer ou dézoomer sur l'image. La mise à l'échelle aide le modèle à apprendre à identifier les objets de différentes tailles ou distances. Par exemple, un modèle entraîné sur des images d'oiseaux à différentes échelles serait capable de reconnaître un oiseau qu'il soit en gros plan ou éloigné dans une image.

- **Translation** : Cela signifie déplacer l'image le long de l'axe x ou y. La translation aide le modèle à apprendre que la position d'un objet dans le cadre n'affecte pas son identité. C'est particulièrement utile pour les tâches de détection d'objets où les objets peuvent apparaître n'importe où dans l'image.

- **Cisaillement** : Appliquer une transformation de cisaillement à l'image crée un effet d'inclinaison. Cela peut aider les modèles à reconnaître les objets sous des perspectives ou angles légèrement différents, améliorant leur capacité à gérer les variations réelles dans l'apparence des objets.

- **Ajustement de luminosité** : Cela implique d'augmenter ou de diminuer la luminosité globale de l'image. Cela aide les modèles à devenir robustes aux variations des conditions d'éclairage, ce qui est crucial pour les applications réelles où l'éclairage peut varier considérablement.

Ces transformations, lorsqu'elles sont appliquées judicieusement, exposent le modèle à un large éventail de variations possibles du même objet ou de la même scène. Cette exposition est essentielle pour améliorer la capacité du modèle à généraliser. Par exemple, un modèle entraîné sur des données augmentées est plus susceptible de classifier correctement un chat dans une image, que le chat soit à l'envers, partiellement masqué, ou photographié dans des conditions de faible luminosité.

Il est important de noter que le choix et le degré des augmentations doivent être adaptés au problème spécifique et au jeu de données. Par exemple, des rotations extrêmes pourraient ne pas convenir aux tâches de reconnaissance de texte, alors qu'elles pourraient être très bénéfiques pour l'analyse d'images satellite. L'objectif est de créer des variations réalistes que le modèle pourrait rencontrer dans des scénarios réels, améliorant ainsi sa performance et sa fiabilité dans diverses conditions d'entrée.

b. Application de l'augmentation d'image avec Keras

Keras offre la puissante classe ImageDataGenerator pour l'augmentation dynamique d'images pendant le processus d'entraînement. Cet outil polyvalent permet la création en temps réel de variations diverses des images d'entrée, garantissant que chaque lot présenté au modèle contient des données augmentées uniques. En exploitant cette fonctionnalité, les data scientists peuvent considérablement améliorer la capacité de leur modèle à généraliser et à s'adapter à diverses transformations d'image sans étendre manuellement leur jeu de données.

L'ImageDataGenerator applique une gamme de techniques d'augmentation prédéfinies ou personnalisées à la volée, comme la rotation, le retournement, la mise à l'échelle et les ajustements de couleur. Cette approche économise non seulement l'espace de stockage en éliminant le besoin de stocker les images augmentées séparément, mais introduit également un élément d'aléatoire qui peut aider à prévenir le surapprentissage. En conséquence, les modèles entraînés avec cette méthode présentent souvent une robustesse et une performance améliorées sur un plus large éventail de scénarios réels.

Exemple : Augmentation d'image avec Keras

```python
import numpy as np
from keras.preprocessing.image import ImageDataGenerator
import matplotlib.pyplot as plt
from keras.preprocessing import image
from keras.applications.vgg16 import VGG16, preprocess_input
from keras.models import Model

# Initialize the ImageDataGenerator with augmentation techniques
datagen = ImageDataGenerator(
    rotation_range=40,
    width_shift_range=0.2,
    height_shift_range=0.2,
    shear_range=0.2,
    zoom_range=0.2,
    horizontal_flip=True,
    vertical_flip=False,
    brightness_range=[0.8,1.2],
    channel_shift_range=50,
    fill_mode='nearest'
)

# Load and preprocess an example image
img_path = 'path_to_image.jpg'
img = image.load_img(img_path, target_size=(224, 224))
x = image.img_to_array(img)
x = np.expand_dims(x, axis=0)
x = preprocess_input(x)

# Load pre-trained VGG16 model
base_model = VGG16(weights='imagenet', include_top=False)
model                     =                     Model(inputs=base_model.input,
outputs=base_model.get_layer('block4_pool').output)

# Generate and visualize augmented images
plt.figure(figsize=(10,10))
for i, batch in enumerate(datagen.flow(x, batch_size=1)):
    ax = plt.subplot(3, 3, i + 1)
    plt.imshow(image.array_to_img(batch[0]))

    # Extract features from augmented image
    features = model.predict(batch)
    plt.title(f"Max activation: {np.max(features):.2f}")
```

```
    plt.axis('off')
    if i == 8:  # Display 9 augmented images
        break
plt.tight_layout()
plt.show()

# Demonstrate batch augmentation
x_batch = np.repeat(x, 32, axis=0)
augmented_batch = next(datagen.flow(x_batch, batch_size=32))

plt.figure(figsize=(10,10))
for i in range(9):
    ax = plt.subplot(3, 3, i + 1)
    plt.imshow(image.array_to_img(augmented_batch[i]))
    plt.axis('off')
plt.tight_layout()
plt.show()
```

Cet exemple de code démontre des techniques complètes d'augmentation d'image utilisant l'ImageDataGenerator de Keras.

Voici une analyse détaillée du code et de sa fonctionnalité :

1. Importation des bibliothèques nécessaires :

    o   numpy pour les opérations numériques

    o   Modules Keras pour le prétraitement et l'augmentation d'images

    o   matplotlib pour la visualisation

    o   Modèle VGG16 pour l'extraction de caractéristiques

2. Initialisation de l'ImageDataGenerator :

    o   rotation_range : Rotations aléatoires jusqu'à 40 degrés

    o   width_shift_range et height_shift_range : Décalages aléatoires horizontaux et verticaux

    o   shear_range : Transformations de cisaillement aléatoires

    o   zoom_range : Zoom aléatoire

    o   horizontal_flip : Retournement horizontal aléatoire

    o   brightness_range : Ajustements aléatoires de luminosité

    o   channel_shift_range : Décalages aléatoires de canaux pour le tremblotement des couleurs

    o   fill_mode : Stratégie pour remplir les pixels nouvellement créés

3. Chargement et prétraitement d'une image exemple :

- o Chargement de l'image et redimensionnement à 224x224 (taille d'entrée standard pour VGG16)
- o Conversion en tableau et ajout d'une dimension de lot
- o Prétraitement de l'entrée pour le modèle VGG16

4. Chargement du modèle VGG16 pré-entraîné :

- o Utilisation des poids ImageNet
- o Suppression des couches supérieures (couches entièrement connectées)
- o Création d'un nouveau modèle qui produit des caractéristiques à partir d'une couche intermédiaire

5. Génération et visualisation d'images augmentées :

- o Création d'une grille de 3x3 sous-graphiques
- o Pour chaque image augmentée :
- o Affichage de l'image
- o Extraction des caractéristiques à l'aide du modèle VGG16
- o Affichage de l'activation maximale comme titre du sous-graphique

6. Démonstration de l'augmentation par lots :

- o Création d'un lot de 32 copies de l'image originale
- o Application de l'augmentation à l'ensemble du lot en une seule fois
- o Affichage de 9 images du lot augmenté

Cet exemple complet met en évidence divers aspects de l'augmentation d'image :

- Plusieurs techniques d'augmentation appliquées simultanément
- Visualisation des images augmentées
- Intégration avec un modèle pré-entraîné pour l'extraction de caractéristiques
- Démonstration de l'augmentation par lots pour un traitement efficace

En appliquant ces techniques d'augmentation, les modèles d'apprentissage automatique peuvent apprendre à être plus robustes face aux variations des données d'entrée, améliorant potentiellement leurs capacités de généralisation et leurs performances globales sur des ensembles de données d'images diverses.

c. Importance de l'augmentation de données dans les tâches d'image

L'augmentation d'image joue un rôle crucial dans l'amélioration des performances des modèles d'apprentissage automatique, particulièrement dans des tâches comme la reconnaissance et la classification d'objets. Cette technique implique la création de versions modifiées d'images existantes dans l'ensemble de données d'entraînement, ce qui sert plusieurs objectifs importants :

1. Invariance améliorée : En appliquant diverses transformations aux images, comme les rotations, les retournements et la mise à l'échelle, le modèle apprend à devenir plus invariant aux changements d'orientation, de taille et autres variations visuelles. Cette invariance est essentielle pour les applications réelles où les objets peuvent apparaître dans différentes positions ou sous différentes conditions.

2. Généralisation améliorée : L'augmentation aide à prévenir le surapprentissage en exposant le modèle à un éventail plus large de variations d'images possibles. Cette généralisation améliorée permet au modèle de mieux performer sur des données non vues, car il a appris à se concentrer sur les caractéristiques essentielles de l'objet plutôt que de mémoriser des exemples d'entraînement spécifiques.

3. Ensemble de données élargi : Dans de nombreux cas, collecter un ensemble de données large et diversifié peut être coûteux et chronophage. L'augmentation élargit efficacement la taille de l'ensemble d'entraînement sans nécessiter de collecte de données supplémentaire, ce qui en fait un moyen efficace d'améliorer les performances du modèle, particulièrement lors du travail avec des données limitées.

4. Robustesse face aux variations réelles : En simulant diverses conditions réelles par l'augmentation (par exemple, des changements d'éclairage, de perspective ou d'arrière-plan), le modèle devient plus robuste et capable de gérer divers scénarios qu'il pourrait rencontrer dans des applications pratiques.

Par exemple, considérons un ensemble de données d'images de chiens utilisé pour entraîner un modèle de classification de races canines. En augmentant cet ensemble avec des rotations et des retournements aléatoires, le modèle apprend à reconnaître les chiens sous différents angles et perspectives. Cela signifie que lorsqu'on lui présente une nouvelle image d'un chien dans une pose inhabituelle ou d'un point de vue peu commun, le modèle est plus susceptible d'identifier correctement la race. De plus, des augmentations comme le tremblotement des couleurs peuvent aider le modèle à devenir moins sensible aux variations des conditions d'éclairage, tandis que le recadrage aléatoire peut améliorer sa capacité à identifier les chiens dans des vues partielles ou lorsqu'ils ne sont pas centrés dans l'image.

En outre, l'augmentation peut aider à résoudre les problèmes de déséquilibre de classes dans les ensembles de données. Pour les races rares avec moins d'exemples, une augmentation plus agressive peut être appliquée pour créer des exemples synthétiques supplémentaires, aidant à équilibrer la représentation des différentes classes dans les données d'entraînement.

En essence, l'augmentation d'image est une technique puissante qui améliore significativement la capacité d'un modèle à généraliser des données d'entraînement à des scénarios réels, conduisant à des performances plus robustes et fiables dans les tâches de vision par ordinateur.

3.6.2 Augmentation de données pour les données textuelles

Dans le traitement du langage naturel (NLP), l'augmentation de données textuelles présente des défis uniques par rapport à l'augmentation d'images en raison de la nature complexe du langage. L'objectif principal est de préserver la structure, le contexte et le sens sémantique des phrases tout en introduisant des variations. Ce processus implique la génération de nouvelles phrases ou documents à partir de ceux existants en appliquant des modifications subtiles qui maintiennent l'intention originale.

Les techniques d'augmentation de texte doivent être appliquées judicieusement pour garantir que les données augmentées restent cohérentes et significatives. Par exemple, le simple remplacement de mots par des synonymes ou la modification de la structure des phrases peut parfois conduire à des résultats insensés ou grammaticalement incorrects. Par conséquent, des méthodes plus sophistiquées sont souvent employées, comme l'utilisation de modèles de langage pour générer des variations contextuellement appropriées ou l'exploitation de connaissances linguistiques pour assurer la correction syntaxique.

Les avantages de l'augmentation de texte sont particulièrement prononcés lors du travail avec de petits ensembles de données, ce qui constitue un défi commun dans de nombreuses tâches de NLP. En élargissant artificiellement l'ensemble de données, les modèles peuvent être exposés à une plus grande variété de variations linguistiques, les aidant à :

- Améliorer la généralisation du modèle : En exposant les modèles à une plus grande variété de variations linguistiques, ils apprennent à se concentrer sur les caractéristiques linguistiques essentielles plutôt que de mémoriser des formulations ou des structures de phrases spécifiques.

- Renforcer la robustesse face aux variations linguistiques : Les données augmentées aident les modèles à mieux gérer les légères différences dans le choix des mots, la structure des phrases ou les expressions idiomatiques, les rendant plus adaptables à l'usage réel du langage.

- Combattre le surapprentissage : La variété accrue dans les données d'entraînement réduit la probabilité que les modèles deviennent trop spécialisés pour un ensemble limité d'exemples, conduisant à de meilleures performances sur des textes non vus.

- Surmonter les limitations de données : Dans les domaines spécialisés ou les langues à faibles ressources où l'obtention de grandes quantités de données textuelles étiquetées est difficile ou coûteuse, les techniques d'augmentation peuvent élargir artificiellement l'ensemble de données, offrant une solution pratique aux problèmes de rareté des données.

- Améliorer l'adaptation au domaine : En introduisant des variations contrôlées dans la terminologie ou la formulation spécifique à un domaine, les modèles peuvent devenir plus aptes à gérer les subtiles différences entre domaines connexes ou sous-domaines.

Cependant, il est crucial de trouver un équilibre entre l'augmentation et la qualité des données. Une augmentation excessive ou mal exécutée peut introduire du bruit ou des biais dans l'ensemble de données, potentiellement dégradant les performances du modèle. Par conséquent, une validation et un suivi attentifs des techniques d'augmentation sont essentiels pour s'assurer qu'elles contribuent positivement au processus d'apprentissage du modèle.

Voici quelques techniques d'augmentation de texte couramment utilisées, avec des explications détaillées sur leur fonctionnement et leurs avantages :

- **Remplacement par synonymes** : Cette technique consiste à substituer des mots dans une phrase par leurs synonymes. Par exemple, "Le chat était assis sur le tapis" pourrait devenir "Le félin reposait sur le paillasson". Cette méthode aide le modèle à apprendre différentes façons d'exprimer le même concept, améliorant sa capacité à comprendre un vocabulaire et des formulations variés.

- **Insertion aléatoire** : Cette approche consiste à ajouter des mots aléatoires dans une phrase à des positions aléatoires. Par exemple, "J'aime la pizza" pourrait devenir "J'aime vraiment la délicieuse pizza". Cette technique aide le modèle à devenir plus robuste face aux mots ou phrases supplémentaires qui ne modifient pas significativement le sens fondamental d'une phrase.

- **Suppression aléatoire** : Dans cette méthode, des mots sont supprimés aléatoirement d'une phrase. Par exemple, "Le rapide renard brun saute par-dessus le chien paresseux" pourrait devenir "Le rapide renard saute par-dessus chien paresseux". Cela simule des scénarios où l'information pourrait être manquante ou implicite, entraînant le modèle à inférer le sens à partir du contexte.

- **Rétrotraduction** : Cela implique de traduire une phrase vers une autre langue puis de la retraduire vers la langue d'origine. Par exemple, "Bonjour, comment allez-vous ?" pourrait devenir "Salut, comment ça va ?" après avoir été traduit en anglais puis retraduit en français. Cette technique introduit des variations naturelles dans la structure de la phrase et le choix des mots qu'un traducteur humain pourrait utiliser.

- **Réorganisation de phrases** : Cette technique consiste à réorganiser l'ordre des mots ou des phrases au sein d'une phrase tout en maintenant la correction grammaticale. Par exemple, "Je suis allé au magasin hier" pourrait devenir "Hier, je suis allé au magasin". Cela aide le modèle à comprendre que le sens peut être préservé même lorsque l'ordre des mots est modifié, ce qui est particulièrement utile pour les langues à ordre des mots flexible.

Ces techniques génèrent des variations diverses des données textuelles originales, améliorant la robustesse du modèle face aux légers changements de formulation ou de structure de phrase. En exposant le modèle à ces variations pendant l'entraînement, il devient mieux équipé pour gérer la diversité naturelle du langage qu'il pourrait rencontrer dans des applications réelles. Cette généralisation améliorée peut conduire à de meilleures performances dans des tâches telles que la classification de texte, l'analyse de sentiments et la traduction automatique.

Application de l'augmentation de texte avec la bibliothèque NLTK

La bibliothèque **Natural Language Toolkit (NLTK)** offre un ensemble complet d'outils pour travailler avec des données textuelles et implémenter diverses techniques d'augmentation de texte. Cette puissante bibliothèque facilite non seulement les opérations de base comme la tokenisation et l'étiquetage morpho-syntaxique, mais fournit également des fonctionnalités avancées pour le remplacement par synonymes, la lemmatisation et l'analyse sémantique.

En exploitant le vaste corpus de NLTK et ses algorithmes intégrés, les développeurs peuvent facilement implémenter des stratégies sophistiquées d'augmentation de texte pour améliorer leurs modèles de traitement du langage naturel.

Exemple : Remplacement par synonymes avec NLTK

```python
import random
import nltk
from nltk.corpus import wordnet
from nltk.tokenize import word_tokenize
from nltk.tag import pos_tag

# Download necessary NLTK data
nltk.download('punkt')
nltk.download('averaged_perceptron_tagger')
nltk.download('wordnet')

def get_synonyms(word, pos=None):
    synonyms = []
    for syn in wordnet.synsets(word, pos=pos):
        for lemma in syn.lemmas():
            if lemma.name() != word:
                synonyms.append(lemma.name())
    return list(set(synonyms))

def get_wordnet_pos(treebank_tag):
    if treebank_tag.startswith('J'):
        return wordnet.ADJ
    elif treebank_tag.startswith('V'):
        return wordnet.VERB
    elif treebank_tag.startswith('N'):
        return wordnet.NOUN
    elif treebank_tag.startswith('R'):
        return wordnet.ADV
    else:
        return None
```

```
def augment_sentence(sentence, replacement_prob=0.5):
    words = word_tokenize(sentence)
    tagged_words = pos_tag(words)

    augmented_words = []
    for word, tag in tagged_words:
        pos = get_wordnet_pos(tag)
        synonyms = get_synonyms(word, pos) if pos else []

        if synonyms and random.random() < replacement_prob:
            augmented_words.append(random.choice(synonyms))
        else:
            augmented_words.append(word)

    return ' '.join(augmented_words)

# Sample sentences
sentences = [
    "The quick brown fox jumps over the lazy dog",
    "I love to eat pizza and pasta for dinner",
    "The sun rises in the east and sets in the west"
]

# Augment sentences
for i, sentence in enumerate(sentences, 1):
    print(f"\\nSentence {i}:")
    print("Original:", sentence)
    print("Augmented:", augment_sentence(sentence))

# Demonstrate multiple augmentations
print("\\nMultiple augmentations of the same sentence:")
sentence = "The quick brown fox jumps over the lazy dog"
for i in range(3):
    print(f"Augmentation {i+1}:", augment_sentence(sentence))
```

Cet exemple de code illustre une approche plus complète de l'augmentation de texte utilisant le remplacement par synonymes.

Voici une analyse des composants clés et des améliorations :

1. Déclarations d'importation : Nous importons des modules NLTK supplémentaires pour la tokenisation et l'étiquetage morpho-syntaxique.

2. Téléchargement des données NLTK : Nous nous assurons que les données NLTK nécessaires sont téléchargées pour la tokenisation, l'étiquetage POS et l'accès à WordNet.

3. Fonction get_synonyms améliorée :

   o Accepte désormais un paramètre POS optionnel pour filtrer les synonymes par catégorie grammaticale.

○ Utilise set() pour supprimer les doublons de la liste de synonymes.

4. **Fonction get_wordnet_pos** : Fait correspondre les étiquettes POS de NLTK aux catégories POS de WordNet, permettant une récupération plus précise des synonymes.

5. **Fonction augment_sentence** :

   ○ Tokenise la phrase d'entrée et effectue un étiquetage POS.

   ○ Utilise les informations POS lors de la récupération des synonymes.

   ○ Permet une probabilité de remplacement personnalisable.

6. **Phrases d'exemple multiples** : Démontre l'augmentation sur diverses phrases pour montrer sa polyvalence.

7. **Augmentations multiples** : Montre comment la même phrase peut être augmentée différemment à chaque fois.

Cette version améliorée offre plusieurs avantages :

- **Conscience des catégories grammaticales** : En tenant compte de la catégorie grammaticale de chaque mot, nous garantissons que les synonymes sont plus appropriés contextuellement (par exemple, les verbes sont remplacés par des verbes, les noms par des noms).

- **Flexibilité** : La probabilité de remplacement peut être ajustée pour contrôler le degré d'augmentation.

- **Robustesse** : Le code gère diverses structures de phrases et démontre une cohérence sur plusieurs exécutions.

- **Valeur éducative** : L'exemple présente plusieurs fonctionnalités de NLTK et concepts de TAL, ce qui en fait un outil d'apprentissage complet.

Cet exemple fournit une approche réaliste et applicable à l'augmentation de texte, adaptée à une utilisation dans diverses tâches de TAL et pipelines d'apprentissage automatique.

Application de la rétrotraduction pour l'augmentation de texte

La rétrotraduction est une technique d'augmentation puissante et polyvalente qui améliore la diversité des données textuelles en exploitant les nuances des différentes langues. Cette méthode implique un processus de traduction en deux étapes : d'abord, traduire une phrase de sa langue d'origine (par exemple, l'anglais) vers une langue cible (par exemple, le français), puis la retraduire vers la langue d'origine. Cette traduction aller-retour introduit des variations subtiles dans la structure de la phrase, le choix des mots et la formulation tout en préservant le sens fondamental du texte.

La beauté de la rétrotraduction réside dans sa capacité à générer des versions linguistiquement diverses du même contenu. En passant à travers le prisme d'une autre langue, le texte subit des transformations qui peuvent inclure :

- Des modifications dans l'ordre des mots

- Des substitutions par des synonymes ou des termes apparentés

- Des changements dans les structures grammaticales

- Des variations dans les expressions idiomatiques

Ces changements créent un ensemble de données plus riche et plus varié qui peut améliorer considérablement la capacité d'un modèle à généraliser et à comprendre le langage sous ses nombreuses formes.

Pour mettre en œuvre la rétrotraduction efficacement, les développeurs se tournent souvent vers des bibliothèques de traduction robustes. Un de ces outils populaires est **Googletrans**, une bibliothèque Python gratuite et facile à utiliser qui donne accès à l'API de Google Translate. Cette bibliothèque offre un moyen simple d'effectuer une rétrotraduction, permettant une intégration transparente dans les pipelines de TAL existants et les flux de travail d'augmentation de données.

Exemple : Rétrotraduction avec Googletrans

```python
import random
from googletrans import Translator

def backtranslate(sentence, src='en', intermediate_langs=['fr', 'de', 'es', 'it']):
    translator = Translator()

    # Randomly choose an intermediate language
    dest = random.choice(intermediate_langs)

    try:
        # Translate to intermediate language
        intermediate = translator.translate(sentence, src=src, dest=dest).text

        # Translate back to source language
        result = translator.translate(intermediate, src=dest, dest=src).text

        return result
    except Exception as e:
        print(f"Translation error: {e}")
        return sentence  # Return original sentence if translation fails

# Original sentences
sentences = [
    "The quick brown fox jumps over the lazy dog.",
    "I love to eat pizza and pasta for dinner.",
    "The sun rises in the east and sets in the west."
```

```
]

# Perform backtranslation on multiple sentences
for i, sentence in enumerate(sentences, 1):
    print(f"\\nSentence {i}:")
    print("Original:", sentence)
    print("Backtranslated:", backtranslate(sentence))

# Demonstrate multiple backtranslations of the same sentence
print("\\nMultiple backtranslations of the same sentence:")
sentence = "The quick brown fox jumps over the lazy dog."
for i in range(3):
    print(f"Backtranslation {i+1}:", backtranslate(sentence))
```

Cet exemple de code démontre une approche plus complète de la rétrotraduction pour l'augmentation de texte.

Voici une analyse détaillée des améliorations et de leurs objectifs :

- Déclarations d'importation : Nous importons le module 'random' en plus de 'Translator' de googletrans. Cela nous permet d'introduire de l'aléatoire dans notre processus de rétrotraduction.

- Fonction backtranslate :

  o Cette fonction encapsule la logique de rétrotraduction, rendant le code plus modulaire et réutilisable.

  o Elle accepte des paramètres pour la langue source et une liste de langues intermédiaires, permettant une flexibilité dans le processus de traduction.

  o La fonction sélectionne aléatoirement une langue intermédiaire pour chaque traduction, augmentant la diversité des données augmentées.

  o La gestion des erreurs est implémentée pour traiter élégamment toute erreur de traduction, retournant la phrase originale si une traduction échoue.

- Phrases d'exemple multiples : Au lieu d'utiliser une seule phrase, nous avons maintenant un tableau de phrases. Cela démontre comment la rétrotraduction peut être appliquée à différents types de phrases.

- Parcours des phrases : Nous itérons sur chaque phrase de notre tableau, appliquant la rétrotraduction à chacune. Cela montre comment la technique peut être utilisée sur un ensemble de données de plusieurs phrases.

- Rétrotraductions multiples : Nous démontrons comment la même phrase peut être rétrotraduite plusieurs fois, pouvant potentiellement donner des résultats différents à chaque fois en raison de la sélection aléatoire de la langue intermédiaire.

Cette version étendue offre plusieurs avantages :

- Polyvalence : En permettant plusieurs langues intermédiaires, le code peut générer des augmentations plus diverses.

- Robustesse : La gestion des erreurs garantit que le programme continue de fonctionner même si une traduction échoue pour une phrase particulière.

- Évolutivité : La conception modulaire de la fonction backtranslate facilite son intégration dans des pipelines de traitement de données plus importants.

- Démonstration de la variabilité : En montrant plusieurs rétrotraductions de la même phrase, nous illustrons comment cette technique peut générer différentes variations, ce qui est crucial pour une augmentation de données efficace.

3.6.3 Combinaison de l'augmentation de données pour le texte et les images

Dans certaines applications, comme l'**apprentissage multimodal** (où texte et images sont utilisés ensemble), les techniques d'augmentation d'images et de texte peuvent être appliquées simultanément pour créer un ensemble de données plus robuste et diversifié. Cette approche est particulièrement précieuse dans les tâches qui impliquent le traitement simultané d'informations visuelles et textuelles.

Par exemple, considérons une tâche qui implique l'analyse à la fois de légendes et d'images, comme la génération de légendes d'images ou la réponse à des questions visuelles. Dans ces scénarios, vous pouvez employer une combinaison de techniques d'augmentation d'images et de texte pour améliorer la capacité du modèle à généraliser à travers différentes variations de données :

- Augmentations d'images : Appliquer des transformations comme le retournement, la rotation, le redimensionnement ou la modification des couleurs aux images. Ces modifications aident le modèle à devenir plus invariant aux changements de perspective, d'orientation et de conditions d'éclairage.

- Augmentations de texte : Simultanément, appliquer des techniques telles que le remplacement par synonymes, l'insertion/suppression aléatoire ou la rétrotraduction aux légendes ou textes associés. Cela aide le modèle à comprendre différentes façons d'exprimer le même concept.

En combinant ces stratégies d'augmentation, vous créez un ensemble de données beaucoup plus riche qui expose le modèle à une large gamme de variations dans les domaines visuel et textuel. Cette approche offre plusieurs avantages :

- Polyvalence accrue du modèle : En exposant le modèle à un éventail diversifié de représentations visuelles et textuelles, il développe une compréhension plus complète des relations entre les images et leurs descriptions. Cette perspective plus large permet au modèle de fonctionner plus efficacement sur des données jamais vues, s'adaptant à de nouveaux scénarios avec une plus grande flexibilité.

- Atténuation des tendances au surapprentissage : L'introduction de variabilité dans l'ensemble de données d'entraînement sert de protection puissante contre la propension du modèle à mémoriser des associations spécifiques image-texte. Au lieu de cela, elle encourage le modèle à apprendre des modèles et des concepts généralisables, conduisant à de meilleures performances sur un plus large éventail d'entrées.

- Résilience accrue aux variations d'entrée : Grâce à l'exposition à diverses augmentations, le modèle développe une tolérance robuste au bruit et aux variations dans les entrées visuelles et textuelles. Cette adaptabilité accrue assure des performances plus stables et fiables dans les applications réelles où la qualité et les caractéristiques des entrées peuvent fluctuer.

- Alignement multimodal renforcé : L'approche d'augmentation combinée facilite la capacité du modèle à établir des connexions plus nuancées et précises entre les éléments visuels et leurs descriptions textuelles. Cette capacité d'alignement affinée se traduit par des résultats plus cohérents et contextuellement appropriés dans les tâches impliquant à la fois le traitement d'images et de texte.

Par exemple, dans une tâche de génération de légendes d'images, vous pourriez faire pivoter une image d'un "chat assis sur un canapé" et simultanément modifier sa légende de "Un chat est assis sur un canapé" à "Un félin se repose sur un sofa". Cette augmentation combinée aide le modèle à comprendre que le concept de base reste le même malgré les changements d'orientation visuelle et d'expression textuelle.

En tirant parti de ces techniques d'augmentation multimodale, les chercheurs et les praticiens peuvent améliorer considérablement la performance et la fiabilité des modèles qui opèrent à l'intersection de la vision par ordinateur et du traitement du langage naturel.

Voici un exemple qui démontre comment combiner l'augmentation de données pour les données textuelles et d'images :

```python
import numpy as np
import tensorflow as tf
from tensorflow.keras.preprocessing.image import ImageDataGenerator
from tensorflow.keras.preprocessing.text import Tokenizer
from tensorflow.keras.preprocessing.sequence import pad_sequences
from nltk.corpus import wordnet
import random
import nltk
nltk.download('wordnet')

# Image augmentation function
def augment_image(image):
    image_generator = ImageDataGenerator(
```

```
        rotation_range=20,
        width_shift_range=0.2,
        height_shift_range=0.2,
        shear_range=0.2,
        zoom_range=0.2,
        horizontal_flip=True,
        fill_mode='nearest'
    )
    image = image.reshape((1,) + image.shape)
    aug_iter = image_generator.flow(image, batch_size=1)
    aug_image = next(aug_iter)[0].astype('uint8')
    return aug_image

# Text augmentation function
def augment_text(text, aug_percent=0.2):
    words = text.split()
    n_to_augment = max(1, int(len(words) * aug_percent))
    augmented_words = words.copy()

    for _ in range(n_to_augment):
        idx = random.randint(0, len(words) - 1)
        word = words[idx]
        synonyms = []
        for syn in wordnet.synsets(word):
            for lemma in syn.lemmas():
                synonyms.append(lemma.name())
        if synonyms:
            augmented_words[idx] = random.choice(synonyms)

    return ' '.join(augmented_words)

# Sample data
images = np.random.randint(0, 256, (100, 224, 224, 3), dtype=np.uint8)
captions = [
    "A cat sitting on a couch",
    "A dog playing in the park",
    "A bird flying in the sky",
    # ... more captions ...
]

# Augment images
augmented_images = [augment_image(img) for img in images]

# Augment text
augmented_captions = [augment_text(caption) for caption in captions]

# Tokenize and pad text
tokenizer = Tokenizer()
tokenizer.fit_on_texts(captions + augmented_captions)
sequences = tokenizer.texts_to_sequences(captions + augmented_captions)
padded_sequences    =    pad_sequences(sequences,    maxlen=20,    padding='post',
truncating='post')
```

```
# Combine original and augmented data
combined_images = np.concatenate([images, np.array(augmented_images)])
combined_sequences = padded_sequences

print("Original data shape:", images.shape, len(captions))
print("Augmented data shape:", combined_images.shape, len(combined_sequences))
print("Sample original caption:", captions[0])
print("Sample augmented caption:", augmented_captions[0])
```

Analysons cet exemple complet :

1. Importations et configuration :

   o Nous importons les bibliothèques nécessaires : NumPy pour les opérations sur les tableaux, TensorFlow pour le traitement d'images, NLTK pour l'augmentation de texte.

   o Nous téléchargeons le corpus WordNet de NLTK, que nous utiliserons pour le remplacement par synonymes dans l'augmentation de texte.

2. Fonction d'augmentation d'images (augment_image) :

   o Nous utilisons l'ImageDataGenerator de Keras pour appliquer diverses transformations aux images.

   o Les transformations comprennent la rotation, le décalage, le cisaillement, le zoom et le retournement horizontal.

   o La fonction prend une image, applique des augmentations aléatoires et renvoie l'image augmentée.

3. Fonction d'augmentation de texte (augment_text) :

   o Cette fonction effectue un remplacement par synonymes sur un pourcentage donné de mots dans le texte.

   o Elle utilise WordNet pour trouver des synonymes pour des mots sélectionnés aléatoirement.

   o Le texte augmenté conserve la même structure mais avec certains mots remplacés par leurs synonymes.

4. Données d'exemple :

   o Nous créons un ensemble de données échantillon de 100 images aléatoires (224x224 pixels, 3 canaux de couleur).

   o Nous avons également une liste de légendes correspondantes pour ces images.

5. Augmentation des images :

   o Nous appliquons notre fonction d'augmentation d'images à chaque image de l'ensemble de données.

   o Cela double efficacement notre ensemble de données d'images, les nouvelles images étant des versions augmentées des originales.

6. Augmentation de texte :

   o Nous appliquons notre fonction d'augmentation de texte à chaque légende.

   o Cela crée un nouvel ensemble de légendes avec certains mots remplacés par des synonymes.

7. Prétraitement de texte :

   o Nous utilisons le Tokenizer de Keras pour convertir nos données textuelles (originales et augmentées) en séquences d'entiers.

   o Nous remplissons ensuite ces séquences pour garantir qu'elles ont toutes la même longueur (20 mots dans ce cas).

8. Combinaison des données :

   o Nous concaténons les images originales et augmentées en un seul tableau.

   o Les séquences complétées contiennent déjà les données textuelles originales et augmentées.

9. Sortie :

   o Nous imprimons les dimensions de nos ensembles de données originaux et augmentés pour montrer comment les données ont augmenté.

   o Nous imprimons également un exemple de légende originale et sa version augmentée pour démontrer l'augmentation de texte.

Cet exemple démontre une approche puissante de l'augmentation de données multimodales, adaptée à des tâches comme la génération de légendes d'images ou la réponse à des questions visuelles. En augmentant à la fois les données d'images et de texte, nous créons un ensemble de données plus diversifié et robuste, qui peut aider à améliorer la performance et la généralisation des modèles d'apprentissage automatique entraînés sur ces données.

En conclusion, l'augmentation de données est une technique inestimable pour améliorer les performances des modèles en augmentant artificiellement la taille et la diversité des données d'entraînement. Dans les tâches basées sur l'image, des transformations comme la rotation, le retournement et le redimensionnement créent des variations qui aident les modèles à devenir plus robustes aux changements de perspective, d'échelle et d'éclairage.

Dans les tâches de NLP, des techniques comme le remplacement par synonymes et la rétrotraduction permettent diverses structures de phrases sans changer le sens sous-jacent, garantissant que les modèles généralisent bien aux différentes formulations.

En augmentant à la fois les données d'images et de texte, vous pouvez améliorer considérablement les capacités de généralisation de vos modèles d'apprentissage automatique, particulièrement dans les cas où les données d'entraînement disponibles sont limitées.

Exercices Pratiques Chapitre 3

Exercice 1 : Gestion des Données Manquantes

Tâche : Vous avez le jeu de données suivant :

Nom	Âge	Salaire
Alice	25	50000
Bob	None	60000
Charlie	35	None
David	40	80000

Votre tâche consiste à :

- Détecter les données manquantes.

- Imputer les valeurs manquantes dans les colonnes "Âge" et "Salaire" en utilisant la **moyenne** des colonnes respectives.

Solution :

```python
import pandas as pd

# Create the DataFrame
data = {'Name': ['Alice', 'Bob', 'Charlie', 'David'],
        'Age': [25, None, 35, 40],
        'Salary': [50000, 60000, None, 80000]}
df = pd.DataFrame(data)

# Detect missing data
print("Missing data:\\n", df.isnull().sum())

# Impute missing values with the mean of each column
df['Age'] = df['Age'].fillna(df['Age'].mean())
```

```
df['Salary'] = df['Salary'].fillna(df['Salary'].mean())

print("\\nDataFrame after imputation:\\n", df)
```

Exercice 2 : Encodage des Variables Catégorielles

Tâche : Vous avez le jeu de données suivant :

Ville	Température
New York	30
Londres	25
Paris	28
Londres	26

Appliquez l'**encodage one-hot** à la colonne "Ville".

Solution :

```
# Sample DataFrame
data = {'City': ['New York', 'London', 'Paris', 'London'],
        'Temperature': [30, 25, 28, 26]}
df = pd.DataFrame(data)

# One-hot encode the "City" column
df_encoded = pd.get_dummies(df, columns=['City'])

print(df_encoded)
```

Exercice 3 : Ingénierie des caractéristiques - Termes d'interaction

Tâche : Vous disposez d'un jeu de données avec deux caractéristiques : "Âge" et "Salaire". Créez un terme d'interaction entre ces deux caractéristiques.

Solution :

```
from sklearn.preprocessing import PolynomialFeatures
import pandas as pd

# Sample DataFrame
data = {'Age': [25, 30, 35, 40],
        'Salary': [50000, 60000, 70000, 80000]}
df = pd.DataFrame(data)

# Initialize PolynomialFeatures with interaction only
```

```
poly = PolynomialFeatures(degree=2, interaction_only=True, include_bias=False)

# Create interaction terms
interaction_features = poly.fit_transform(df)

# Convert back to DataFrame
df_interaction    =    pd.DataFrame(interaction_features,    columns=['Age',    'Salary',
'Age*Salary'])
print(df_interaction)
```

Exercice 4 : Mise à l'échelle des données

Tâche : On vous donne un jeu de données avec les caractéristiques suivantes : "Âge" et "Revenu". Appliquez une **normalisation Min-Max** aux deux caractéristiques pour les ramener entre 0 et 1.

Solution :

```
from sklearn.preprocessing import MinMaxScaler
import pandas as pd

# Sample DataFrame
data = {'Age': [25, 30, 35, 40],
        'Income': [50000, 60000, 70000, 80000]}
df = pd.DataFrame(data)

# Initialize MinMaxScaler
scaler = MinMaxScaler()

# Fit and transform the data
df_scaled = pd.DataFrame(scaler.fit_transform(df), columns=['Age', 'Income'])
print(df_scaled)
```

Exercice 5 : Division Train-Test

Tâche : Étant donné le jeu de données suivant :

Âge	Salaire	Acheté
25	50000	0
30	60000	1
35	70000	0
40	80000	1

45	90000	1

Divisez les données en **80% de données d'entraînement** et **20% de données de test**.

Solution :

```
from sklearn.model_selection import train_test_split
import pandas as pd

# Sample DataFrame
data = {'Age': [25, 30, 35, 40, 45],
        'Salary': [50000, 60000, 70000, 80000, 90000],
        'Purchased': [0, 1, 0, 1, 1]}
df = pd.DataFrame(data)

# Features (X) and target (y)
X = df[['Age', 'Salary']]
y = df['Purchased']

# Split into training and test sets (80% train, 20% test)
X_train, X_test, y_train, y_test = train_test_split(X, y, test_size=0.2,
random_state=42)

print("Training Features:\\n", X_train)
print("Test Features:\\n", X_test)
```

Exercice 6 : Validation croisée

Tâche : Utilisez la **validation croisée à 5 plis** pour évaluer la performance d'un modèle de régression logistique sur le jeu de données suivant :

Âge	Salaire	Acheté
25	50000	0
30	60000	1
35	70000	0
40	80000	1
45	90000	1

Solution :

```
from sklearn.model_selection import cross_val_score
from sklearn.linear_model import LogisticRegression
```

```python
import pandas as pd

# Sample DataFrame
data = {'Age': [25, 30, 35, 40, 45],
        'Salary': [50000, 60000, 70000, 80000, 90000],
        'Purchased': [0, 1, 0, 1, 1]}
df = pd.DataFrame(data)

# Features (X) and target (y)
X = df[['Age', 'Salary']]
y = df['Purchased']

# Initialize the model
model = LogisticRegression()

# Perform 5-fold cross-validation
scores = cross_val_score(model, X, y, cv=5)

print("Cross-Validation Scores:", scores)
print("Average Cross-Validation Accuracy:", scores.mean())
```

Exercice 7 : Augmentation de données pour les images

Tâche : Appliquez des techniques d'augmentation d'images telles que la rotation, le zoom et le retournement à une image en utilisant l'**ImageDataGenerator** de Keras.

Solution :

```python
from keras.preprocessing.image import ImageDataGenerator
from keras.preprocessing import image
import matplotlib.pyplot as plt

# Initialize the ImageDataGenerator
datagen = ImageDataGenerator(
    rotation_range=40,
    width_shift_range=0.2,
    height_shift_range=0.2,
    shear_range=0.2,
    zoom_range=0.2,
    horizontal_flip=True,
    fill_mode='nearest'
)

# Load an example image
img_path = 'path_to_image.jpg'
img = image.load_img(img_path, target_size=(150, 150))
x = image.img_to_array(img)
x = x.reshape((1,) + x.shape)

# Generate augmented images
i = 0
```

```
for batch in datagen.flow(x, batch_size=1):
    plt.figure(i)
    imgplot = plt.imshow(image.array_to_img(batch[0]))
    i += 1
    if i % 4 == 0:  # Display 4 augmented images
        break
plt.show()
```

Exercice 8 : Augmentation de données pour le texte

Tâche : Utilisez le **remplacement par synonymes** pour augmenter la phrase suivante : "The quick brown fox jumps over the lazy dog."

Solution :

```
import random
from nltk.corpus import wordnet

# Function to get synonyms of a word
def get_synonyms(word):
    synonyms = []
    for syn in wordnet.synsets(word):
        for lemma in syn.lemmas():
            synonyms.append(lemma.name())
    return synonyms

# Sample sentence
sentence = "The quick brown fox jumps over the lazy dog"
words = sentence.split()

# Randomly replace some words with their synonyms
augmented_sentence = []
for word in words:
    synonyms = get_synonyms(word)
    if synonyms and random.random() > 0.5:  # Replace with a synonym 50% of the time
        augmented_sentence.append(random.choice(synonyms))
    else:
        augmented_sentence.append(word)

augmented_sentence = ' '.join(augmented_sentence)
print("Original sentence:", sentence)
print("Augmented sentence:", augmented_sentence)
```

Ces exercices pratiques fournissent une base solide pour construire et améliorer des modèles d'apprentissage automatique.

Résumé du Chapitre 3

Dans le **Chapitre 3**, nous avons approfondi les aspects fondamentaux du **prétraitement des données** et de **l'ingénierie des caractéristiques**, qui sont essentiels pour construire des modèles d'apprentissage automatique efficaces. Ce chapitre a posé les bases de la transformation des données brutes en entrées significatives qui améliorent les performances des modèles. Résumons les points clés abordés.

Nous avons commencé par le concept de **nettoyage des données** et l'importance de traiter les données manquantes. Les ensembles de données du monde réel contiennent souvent des valeurs manquantes qui, si elles ne sont pas traitées, peuvent avoir un impact négatif sur les performances du modèle. Nous avons exploré plusieurs techniques pour traiter les données manquantes, comme la suppression des lignes avec des valeurs manquantes ou l'imputation des données manquantes avec des méthodes statistiques comme l'imputation par la moyenne ou la médiane. Nous avons également couvert des techniques avancées comme **l'imputation par K plus proches voisins (KNN)**, qui utilise les voisins les plus proches pour estimer les valeurs manquantes en fonction des données environnantes.

Ensuite, nous sommes passés à **l'ingénierie des caractéristiques**, qui implique la création de nouvelles caractéristiques ou la transformation de celles existantes pour améliorer le pouvoir prédictif de l'ensemble de données. L'une des techniques clés abordées était la création de **termes d'interaction**, qui captent les relations entre différentes caractéristiques. Nous avons également discuté de la génération de **caractéristiques polynomiales** pour modéliser des relations non linéaires et de l'utilisation de **transformations logarithmiques** pour gérer des distributions de données asymétriques, particulièrement pour des caractéristiques comme le revenu ou les ventes où les valeurs peuvent s'étendre sur plusieurs ordres de grandeur.

Une autre partie essentielle du prétraitement est **l'encodage des données catégorielles**. Les algorithmes d'apprentissage automatique nécessitent des entrées numériques, donc les caractéristiques catégorielles doivent être transformées. Nous avons couvert **l'encodage one-hot** pour les données nominales et **l'encodage par étiquettes** pour les données ordinales, assurant que les catégories sont représentées de manière appropriée. Nous avons également examiné le traitement des **caractéristiques catégorielles à haute cardinalité** avec des techniques comme **l'encodage par fréquence** et **l'encodage par cible**.

La **mise à l'échelle** et la **normalisation** des données ont été discutées en profondeur, en se concentrant sur la nécessité d'amener les caractéristiques à une échelle commune. Des techniques comme **la mise à l'échelle min-max**, **la standardisation**, et **la mise à l'échelle robuste** ont été introduites, chacune servant des objectifs spécifiques selon les données et le modèle d'apprentissage automatique utilisé. Nous avons également exploré les **transformations de puissance** comme **Box-Cox** et **Yeo-Johnson**, qui stabilisent la variance et rendent les caractéristiques plus normalement distribuées.

Le chapitre a également couvert l'importance de diviser les données en ensembles d'entraînement et de test pour évaluer les performances du modèle. Nous avons introduit le concept de **division train-test** et sommes allés plus loin dans la **validation croisée**, particulièrement la **validation croisée k-fold**, pour assurer que les modèles généralisent bien à travers différents sous-ensembles de données. Nous avons exploré la **validation croisée stratifiée** pour gérer les ensembles de données déséquilibrés et discuté de la **validation croisée imbriquée** pour l'ajustement des hyperparamètres.

Enfin, nous avons exploré les techniques **d'augmentation de données** pour les données **d'image** et de **texte**. Pour les données d'image, des techniques comme la rotation, le retournement et la mise à l'échelle ont été introduites pour augmenter artificiellement la taille de l'ensemble de données et améliorer la généralisation du modèle. Pour les données textuelles, des techniques d'augmentation comme le **remplacement par synonymes** et la **rétrotraduction** ont été discutées, permettant aux modèles de gérer différentes structures de phrases et variations de vocabulaire.

En conclusion, le **prétraitement des données** et **l'ingénierie des caractéristiques** sont vitaux pour améliorer les performances des modèles. En s'assurant que les données sont propres, mises à l'échelle, encodées et augmentées correctement, vous pouvez améliorer significativement la précision et la robustesse de vos modèles d'apprentissage automatique.

Chapitre 4 : Techniques d'Apprentissage Supervisé

L'apprentissage supervisé s'impose comme l'une des branches les plus éminentes et largement appliquées dans le vaste domaine de l'apprentissage automatique. Cette approche implique l'entraînement d'algorithmes sur des ensembles de données étiquetées, où chaque exemple d'entrée est méticuleusement associé à son étiquette de sortie correspondante.

L'objectif principal de l'apprentissage supervisé est de permettre au modèle de discerner et d'internaliser les relations complexes entre les caractéristiques d'entrée et les variables cibles. Ce faisant, le modèle devient apte à faire des prédictions précises pour de nouvelles données jamais rencontrées auparavant.

Le domaine de l'apprentissage supervisé englobe deux catégories principales, chacune adaptée pour répondre à des types spécifiques de tâches de prédiction :

- **Régression** : Cette catégorie traite des variables cibles continues, permettant des prédictions numériques précises. Les exemples incluent la prévision des prix immobiliers basée sur diverses caractéristiques, l'estimation des changements de température au fil du temps, ou la prédiction des futurs cours boursiers d'une entreprise basée sur des données historiques et des indicateurs de marché.

- **Classification** : Contrairement à la régression, la classification se concentre sur les variables cibles catégorielles. Elle implique l'assignation de données d'entrée à des classes ou catégories prédéfinies. Les applications courantes comprennent la détermination si un email est un spam ou légitime, le diagnostic de maladies basé sur des résultats de tests médicaux, ou l'identification de l'espèce d'une plante basée sur ses caractéristiques physiques.

Ce chapitre se plonge dans une exploration des techniques d'apprentissage supervisé les plus significatives et largement utilisées. Nous commençons par examiner les fondamentaux de la **régression linéaire et polynomiale**, qui servent de pierre angulaire pour comprendre des modèles de régression plus complexes.

Par la suite, nous transitionnons vers le domaine des **algorithmes de classification**, où nous éluciderons des méthodes clés telles que la régression logistique, les arbres de décision et les machines à vecteurs de support. Chacune de ces techniques offre des forces uniques et est adaptée à différents types de problèmes de classification, fournissant une boîte à outils complète pour aborder un large éventail de défis d'apprentissage automatique du monde réel.

4.1 Régression Linéaire et Polynomiale

La régression linéaire est la forme la plus simple et fondamentale d'analyse de régression en apprentissage automatique. Cette technique modélise la relation entre une ou plusieurs caractéristiques d'entrée (variables indépendantes) et une variable cible continue (variable dépendante) en ajustant une ligne droite à travers les points de données. L'objectif principal de la régression linéaire est de trouver la ligne la mieux ajustée qui minimise l'erreur globale de prédiction.

Dans sa forme la plus simple, la régression linéaire suppose une relation linéaire entre les variables d'entrée et de sortie. Cela signifie que les changements dans les variables d'entrée entraînent des changements proportionnels dans la variable de sortie. Le modèle apprend à partir de données d'entraînement étiquetées pour déterminer les paramètres optimaux (pente et ordonnée à l'origine) de la ligne, qui peuvent ensuite être utilisés pour faire des prédictions sur de nouvelles données non vues.

Les caractéristiques clés de la régression linéaire comprennent :

- Simplicité : La régression linéaire offre une approche directe et facilement implémentable, ce qui en fait un excellent point de départ pour de nombreux problèmes de régression. Sa nature non compliquée permet même aux novices en apprentissage automatique de saisir rapidement ses concepts et de les appliquer efficacement.

- Interprétabilité : L'une des principales forces de la régression linéaire réside dans son haut degré d'interprétabilité. Les coefficients du modèle représentent directement l'impact de chaque caractéristique sur la variable cible, permettant des aperçus clairs des relations entre les variables. Cette transparence est particulièrement précieuse dans les domaines où la compréhension des facteurs sous-jacents est aussi importante que la réalisation de prédictions précises.

- Efficacité : La régression linéaire démontre des performances impressionnantes avec des ressources computationnelles limitées, particulièrement lorsqu'on travaille avec des ensembles de données plus petits. Cette efficacité en fait un choix idéal pour des analyses rapides ou dans des environnements où la puissance de calcul est limitée, sans sacrifier la qualité des résultats.

- Versatilité : Malgré sa simplicité apparente, la régression linéaire possède une versatilité remarquable. Elle peut être étendue pour gérer plusieurs caractéristiques d'entrée grâce à la régression linéaire multiple, permettant des analyses plus complexes. En outre, elle peut être transformée pour modéliser des relations non linéaires à travers des techniques comme la régression polynomiale, élargissant son applicabilité à un plus large éventail de scénarios du monde réel.

Bien que la régression linéaire soit puissante dans sa simplicité, il est important de noter qu'elle suppose une relation linéaire entre les variables et peut ne pas capturer des motifs complexes et non linéaires dans les données. Dans de tels cas, des techniques de régression plus avancées ou des modèles d'apprentissage automatique peuvent être plus appropriés.

La ligne dans la régression linéaire est définie par une équation linéaire, qui forme la base des prédictions du modèle :

$$y = \beta_0 + \beta_1 x_1 + \beta_2 x_2 + ... + \beta_n x_n + \varepsilon$$

Cette équation représente comment le modèle calcule ses prédictions et peut être décomposée comme suit :

- y est la valeur prédite (variable cible)

- β_0 est l'ordonnée à l'origine (terme de biais), représentant la valeur prédite lorsque toutes les caractéristiques sont à zéro

- β_1, β_2, ..., β_n sont les coefficients (poids) qui déterminent l'impact de chaque caractéristique sur la prédiction

- x_1, x_2, ..., x_n sont les caractéristiques d'entrée (variables indépendantes)

- ε est le terme d'erreur, représentant la différence entre les valeurs prédites et réelles

Comprendre cette équation est crucial car elle forme le fondement de la régression linéaire et aide à interpréter le comportement et les résultats du modèle.

4.1.1 Régression Linéaire

Dans la régression linéaire, l'objectif principal est de déterminer les coefficients optimaux (poids) qui minimisent l'écart entre les valeurs prédites et les valeurs réelles. Ce processus est crucial pour créer un modèle qui représente avec précision la relation entre les caractéristiques d'entrée et la variable cible.

Pour atteindre cet objectif, la régression linéaire emploie généralement une technique appelée "minimisation de **l'erreur quadratique moyenne (MSE)**". La MSE est une mesure de la différence quadratique moyenne entre les valeurs prédites et les valeurs réelles. Voici une explication plus détaillée de ce processus :

1. Prédiction : Le modèle fait des prédictions basées sur les coefficients actuels.

2. Calcul de l'erreur : Pour chaque point de données, la différence entre la valeur prédite et la valeur réelle est calculée. Cette différence est appelée l'erreur ou résidu.

3. Mise au carré : Chaque erreur est élevée au carré. Cette étape sert deux objectifs :

- o Elle assure que toutes les erreurs sont positives, empêchant les erreurs négatives d'annuler les erreurs positives.

- o Elle pénalise plus lourdement les erreurs plus importantes, encourageant le modèle à minimiser les valeurs aberrantes.

4. Calcul de la moyenne : La moyenne de toutes ces erreurs au carré est calculée, donnant la MSE.

5. Optimisation : Le modèle ajuste ses coefficients pour minimiser cette MSE, généralement en utilisant des techniques comme la descente de gradient.

En ajustant itérativement les coefficients pour minimiser la MSE, le modèle de régression linéaire améliore progressivement ses prédictions, trouvant finalement la ligne de meilleur ajustement qui représente le plus précisément la relation dans les données. Ce processus garantit que les prédictions du modèle sont aussi proches que possible des valeurs réelles à travers l'ensemble du jeu de données.

a. Régression Linéaire Simple

Dans la **régression linéaire simple**, le modèle se concentre sur la relation entre une seule caractéristique d'entrée (variable indépendante) et une variable cible (variable dépendante). Cette approche directe permet une analyse simple de la façon dont les changements dans la caractéristique d'entrée affectent directement la variable cible.

La simplicité de cette méthode en fait un excellent point de départ pour comprendre l'analyse de régression et fournit une base pour des techniques de régression plus complexes.

L'équation pour la régression linéaire simple peut être exprimée comme :

$y = \beta_0 + \beta_1 x + \varepsilon$

Où :

- y est la variable cible (variable dépendante)

- x est la caractéristique d'entrée (variable indépendante)

- β_0 est l'ordonnée à l'origine (la valeur de y quand x est 0)

- β_1 est la pente (le changement dans y pour un changement unitaire dans x)

- ε est le terme d'erreur (représentant la variabilité non expliquée par la relation linéaire)

Exemple : Régression Linéaire Simple avec Scikit-learn

```
import numpy as np
import matplotlib.pyplot as plt
from sklearn.linear_model import LinearRegression
from sklearn.metrics import mean_squared_error, r2_score
from sklearn.model_selection import train_test_split
```

```
# Generate sample data (Hours studied vs. Exam score)
np.random.seed(42)
X = np.random.rand(100, 1) * 10  # 100 random values between 0 and 10
y = 2 * X + 1 + np.random.randn(100, 1) * 2  # Linear relationship with some noise

# Split the data into training and testing sets
X_train, X_test, y_train, y_test = train_test_split(X, y, test_size=0.2,
random_state=42)

# Initialize and train the linear regression model
model = LinearRegression()
model.fit(X_train, y_train)

# Make predictions on the test set
y_pred = model.predict(X_test)

# Calculate performance metrics
mse = mean_squared_error(y_test, y_pred)
r2 = r2_score(y_test, y_pred)

# Predict for new values
X_new = np.array([[6], [7], [8]])
y_new_pred = model.predict(X_new)

# Plotting the data and the regression line
plt.figure(figsize=(10, 6))
plt.scatter(X_train, y_train, color='blue', label='Training data')
plt.scatter(X_test, y_test, color='green', label='Testing data')
plt.plot(X, model.predict(X), color='red', label='Regression line')
plt.xlabel("Hours Studied")
plt.ylabel("Exam Score")
plt.title("Linear Regression: Hours Studied vs. Exam Score")
plt.legend()
plt.grid(True)
plt.show()

# Print results
print(f"Model coefficients: {model.coef_[0][0]:.2f}")
print(f"Model intercept: {model.intercept_[0]:.2f}")
print(f"Mean squared error: {mse:.2f}")
print(f"R-squared score: {r2:.2f}")
print(f"Predicted exam scores for new values (6, 7, 8 hours):")
for hours, score in zip(X_new, y_new_pred):
    print(f"  {hours[0]} hours: {score[0]:.2f}")
```

Explication de la répartition du code :

1. Importation des bibliothèques :

- o Nous importons numpy pour les opérations numériques, matplotlib pour le traçage, et diverses fonctions de sklearn pour les tâches d'apprentissage automatique.

2. Génération de données :

- o Au lieu d'utiliser un petit ensemble de données prédéfini, nous générons un ensemble de données plus grand et plus réaliste avec 100 échantillons.

- o Nous utilisons les fonctions aléatoires de numpy pour créer les heures étudiées (X) entre 0 et 10, et les scores d'examen (y) avec une relation linéaire plus un certain bruit aléatoire.

3. Division des données :

- o Nous divisons les données en ensembles d'entraînement (80 %) et de test (20 %) en utilisant train_test_split.

- o Cela nous permet d'évaluer la performance du modèle sur des données non vues.

4. Entraînement du modèle :

- o Nous créons un modèle LinearRegression et l'ajustons aux données d'entraînement.

5. Évaluation du modèle :

- o Nous faisons des prédictions sur l'ensemble de test et calculons deux métriques de performance courantes :

  - Erreur quadratique moyenne (MSE) : Mesure la différence quadratique moyenne entre les valeurs prédites et réelles.

  - Score R-carré (R2) : Indique la proportion de variance dans la variable dépendante prévisible à partir de la variable indépendante.

6. Nouvelles prédictions :

- o Nous prédisons les scores d'examen pour de nouvelles valeurs (6, 7 et 8 heures d'étude).

7. Visualisation :

- o Nous créons un graphique plus informatif qui montre :

  - Les points de données d'entraînement (bleu)

  - Les points de données de test (vert)

  - La ligne de régression (rouge)

- o   Le graphique comprend un titre, une légende et une grille pour une meilleure lisibilité.

8.   Sortie des résultats :

- o   Nous imprimons les coefficients du modèle (pente) et l'ordonnée à l'origine, qui définissent la ligne de régression.

- o   Nous affichons le MSE et le score R2 pour quantifier la performance du modèle.

- o   Enfin, nous montrons les scores prédits pour les nouvelles valeurs.

Cet exemple de code offre une vision plus complète du processus de régression linéaire, comprenant la génération de données, l'évaluation du modèle et l'interprétation des résultats. Il démontre les meilleures pratiques telles que la division des données et l'utilisation de multiples métriques d'évaluation, qui sont cruciales dans les applications d'apprentissage automatique du monde réel.

b. Régression Linéaire Multiple

La régression linéaire multiple est une technique avancée qui étend le concept de la régression linéaire simple pour inclure deux ou plusieurs caractéristiques d'entrée (variables indépendantes). Cette méthode permet une analyse plus complète des relations complexes dans les données.

Voici un examen plus approfondi de la régression linéaire multiple :

1.   Structure du modèle : Dans la régression linéaire multiple, le modèle tente d'établir une relation linéaire entre plusieurs variables indépendantes et une seule variable dépendante (cible). La forme générale de l'équation est :

$y = \beta_0 + \beta_1 x_1 + \beta_2 x_2 + ... + \beta_n x_n + \varepsilon$

Où y est la variable cible, x_1, x_2, ..., x_n sont les caractéristiques d'entrée, β_0 est l'ordonnée à l'origine, β_1, β_2, ..., β_n sont les coefficients pour chaque caractéristique, et ε est le terme d'erreur.

1.   Interaction des caractéristiques : Contrairement à la régression linéaire simple, la régression linéaire multiple peut capturer comment différentes caractéristiques interagissent pour influencer la variable cible. Cela permet une compréhension plus nuancée des données.

2.   Interprétation des coefficients : Chaque coefficient (β) représente le changement dans la variable cible pour un changement unitaire dans la caractéristique correspondante, en supposant que toutes les autres caractéristiques restent constantes. Cela permet une évaluation individuelle de l'impact de chaque caractéristique.

3.   Complexité accrue : Tout en offrant plus de pouvoir explicatif, la régression linéaire multiple introduit également une plus grande complexité. Des problèmes comme la

multicolinéarité (forte corrélation entre les caractéristiques) doivent être soigneusement gérés.

4. Applications : Cette technique est largement utilisée dans divers domaines tels que l'économie, la finance et les sciences sociales où plusieurs facteurs influencent souvent un résultat.

En incorporant plusieurs caractéristiques, ce modèle fournit une approche plus complète pour comprendre et prédire des relations complexes dans les données, ce qui en fait un outil puissant dans le domaine de l'apprentissage supervisé.

Exemple : Régression Linéaire Multiple avec Scikit-learn

```python
import numpy as np
import pandas as pd
import matplotlib.pyplot as plt
from sklearn.linear_model import LinearRegression
from sklearn.model_selection import train_test_split
from sklearn.metrics import mean_squared_error, r2_score

# Sample data (Features: hours studied, number of practice tests, Target: exam score)
data = {
    'Hours_Studied': [1, 2, 3, 4, 5, 6, 7, 8, 9, 10],
    'Practice_Tests': [1, 2, 2, 3, 3, 4, 4, 5, 5, 6],
    'Exam_Score': [50, 60, 65, 70, 75, 80, 85, 90, 92, 95]
}
df = pd.DataFrame(data)

# Features (X) and target (y)
X = df[['Hours_Studied', 'Practice_Tests']]
y = df['Exam_Score']

# Split the data into training and testing sets
X_train, X_test, y_train, y_test = train_test_split(X, y, test_size=0.2,
random_state=42)

# Initialize and train the linear regression model
model = LinearRegression()
model.fit(X_train, y_train)

# Make predictions on the test set
y_pred = model.predict(X_test)

# Calculate performance metrics
mse = mean_squared_error(y_test, y_pred)
r2 = r2_score(y_test, y_pred)

# Print model coefficients and intercept
print("Model Coefficients:")
print(f"Hours Studied: {model.coef_[0]:.2f}")
print(f"Practice Tests: {model.coef_[1]:.2f}")
```

```
print(f"Intercept: {model.intercept_:.2f}")

# Print performance metrics
print(f"\\nMean Squared Error: {mse:.2f}")
print(f"R-squared Score: {r2:.2f}")

# Predict exam scores for new data
X_new = np.array([[6, 2], [7, 3], [8, 3]])
y_new_pred = model.predict(X_new)

print("\\nPredicted exam scores for new values:")
for i, (hours, tests) in enumerate(X_new):
    print(f"Hours Studied: {hours}, Practice Tests: {tests}, Predicted Score:
{y_new_pred[i]:.2f}")

# Visualize the results
fig = plt.figure(figsize=(12, 5))

# Plot for Hours Studied
ax1 = fig.add_subplot(121, projection='3d')
ax1.scatter(X['Hours_Studied'], X['Practice_Tests'], y, c='b', marker='o')
ax1.set_xlabel('Hours Studied')
ax1.set_ylabel('Practice Tests')
ax1.set_zlabel('Exam Score')
ax1.set_title('3D Scatter Plot of Data')

# Create a mesh grid for the prediction surface
xx, yy = np.meshgrid(np.linspace(X['Hours_Studied'].min(), X['Hours_Studied'].max(),
10),
                     np.linspace(X['Practice_Tests'].min(),
X['Practice_Tests'].max(), 10))
Z = model.predict(np.c_[xx.ravel(), yy.ravel()]).reshape(xx.shape)

# Plot the prediction surface
ax1.plot_surface(xx, yy, Z, alpha=0.5)

# Plot residuals
ax2 = fig.add_subplot(122)
ax2.scatter(y_pred, y_test - y_pred, c='r', marker='o')
ax2.set_xlabel('Predicted Values')
ax2.set_ylabel('Residuals')
ax2.set_title('Residual Plot')
ax2.axhline(y=0, color='k', linestyle='--')

plt.tight_layout()
plt.show()
```

Explication de la Décomposition du Code :

1. Importation des Bibliothèques :

- o Nous importons numpy pour les opérations numériques, pandas pour la manipulation des données, matplotlib pour le tracé, et diverses fonctions de sklearn pour les tâches d'apprentissage automatique.

2. Préparation des Données :

- o Nous créons un ensemble de données plus important avec 10 échantillons, comprenant les heures étudiées, le nombre de tests pratiques et les résultats d'examen.

- o Les données sont stockées dans un DataFrame pandas pour une manipulation facile.

3. Division des Données :

- o Nous séparons les données en caractéristiques (X) et variable cible (y).

- o Les données sont ensuite divisées en ensembles d'entraînement (80%) et de test (20%) en utilisant train_test_split.

4. Entraînement du Modèle :

- o Nous créons un modèle LinearRegression et l'ajustons aux données d'entraînement.

5. Évaluation du Modèle :

- o Nous faisons des prédictions sur l'ensemble de test et calculons deux métriques de performance courantes :

- o Erreur Quadratique Moyenne (MSE) : Mesure la différence quadratique moyenne entre les valeurs prédites et réelles.

- o Score R-carré (R2) : Indique la proportion de variance dans la variable dépendante prévisible à partir des variables indépendantes.

6. Interprétation du Modèle :

- o Nous imprimons les coefficients pour chaque caractéristique et l'ordonnée à l'origine, ce qui aide à interpréter le comportement du modèle.

7. Nouvelles Prédictions :

- o Nous prédisons les résultats d'examen pour de nouvelles valeurs (combinaisons d'heures étudiées et de tests pratiques).

8. Visualisation :

- o Nous créons deux graphiques pour visualiser les résultats :

- o Un graphique de dispersion 3D montrant la relation entre les heures étudiées, les tests pratiques et les résultats d'examen, ainsi que la surface de prédiction.

     o   Un graphique des résidus pour vérifier s'il existe des motifs dans les erreurs du modèle.

Cet exemple offre une vision plus complète du processus de régression linéaire multiple, incluant la préparation des données, l'évaluation du modèle, l'interprétation et la visualisation. Il démontre les meilleures pratiques telles que la division des données, l'utilisation de multiples métriques d'évaluation, et la visualisation des résultats, qui sont cruciales dans les applications d'apprentissage automatique du monde réel.

4.1.2 Régression Polynomiale

La régression polynomiale est une extension avancée de la régression linéaire qui nous permet de modéliser des relations complexes et non linéaires entre les caractéristiques d'entrée et la variable cible. Ceci est réalisé en incorporant des termes polynomiaux dans l'équation de régression, permettant une représentation plus flexible et nuancée des données.

En essence, la régression polynomiale transforme les caractéristiques originales en les élevant à diverses puissances, créant ainsi de nouvelles caractéristiques qui captent des motifs non linéaires. Par exemple, une relation quadratique peut être modélisée comme :

$y = \beta_0 + \beta_1 x + \beta_2 x^2 + \varepsilon$

Où :

- y est la variable cible

- x est la caractéristique d'entrée

- β_0 est l'ordonnée à l'origine

- β_1 et β_2 sont des coefficients

- ε est le terme d'erreur

Cette équation permet des relations courbes entre x et y, contrairement à la ligne droite de la régression linéaire simple.

Il est important de noter que malgré son nom, la régression polynomiale utilise toujours un modèle linéaire à sa base. L'aspect 'polynomial' provient de la transformation appliquée aux caractéristiques d'entrée. En ajoutant ces caractéristiques transformées (par exemple, x^2, x^3, etc.), nous créons un modèle qui peut s'adapter aux motifs non linéaires dans les données.

La beauté de cette approche réside dans sa capacité à capturer des relations complexes tout en conservant la simplicité et l'interprétabilité de la régression linéaire. Le modèle reste linéaire dans ses paramètres (les coefficients β), ce qui signifie que nous pouvons toujours utiliser la méthode des moindres carrés ordinaires pour l'estimation et bénéficier des propriétés statistiques des modèles linéaires.

Cependant, il est crucial d'utiliser la régression polynomiale avec discernement. Bien qu'elle puisse capturer des motifs non linéaires, l'utilisation d'un polynôme de degré trop élevé peut conduire au surapprentissage, où le modèle performe bien sur les données d'entraînement mais médiocrement sur de nouvelles données jamais vues auparavant. Par conséquent, la sélection du degré approprié du polynôme est une considération clé dans cette technique.

Application de la Régression Polynomiale avec Scikit-learn

Scikit-learn fournit un outil puissant appelé PolynomialFeatures qui simplifie le processus d'incorporation de termes polynomiaux dans nos caractéristiques d'entrée. Cette classe automatise la création de caractéristiques polynomiales de degré supérieur, nous permettant de transformer sans effort notre modèle de régression linéaire en un modèle polynomial.

En utilisant PolynomialFeatures, nous pouvons explorer et capturer des relations non linéaires dans nos données sans calculer manuellement des termes polynomiaux complexes. Cette fonctionnalité s'avère particulièrement utile lorsqu'on traite des ensembles de données où la relation entre les variables n'est pas strictement linéaire, nous permettant de modéliser des motifs plus complexes et potentiellement d'améliorer notre précision prédictive.

Exemple : Régression Polynomiale avec Scikit-learn

```python
import numpy as np
import pandas as pd
import matplotlib.pyplot as plt
from sklearn.preprocessing import PolynomialFeatures
from sklearn.linear_model import LinearRegression
from sklearn.model_selection import train_test_split
from sklearn.metrics import mean_squared_error, r2_score

# Generate sample data (Hours studied vs. Exam score with a non-linear relationship)
np.random.seed(42)
X = np.random.rand(100, 1) * 10
y = 3 * X**2 + 2 * X + 5 + np.random.randn(100, 1) * 5

# Split the data into training and testing sets
X_train, X_test, y_train, y_test = train_test_split(X, y, test_size=0.2,
random_state=42)

# Create polynomial features (degree 2)
poly = PolynomialFeatures(degree=2)
X_train_poly = poly.fit_transform(X_train)
X_test_poly = poly.transform(X_test)

# Train the polynomial regression model
model = LinearRegression()
model.fit(X_train_poly, y_train)

# Make predictions on the test set
y_pred = model.predict(X_test_poly)
```

```python
# Calculate performance metrics
mse = mean_squared_error(y_test, y_pred)
r2 = r2_score(y_test, y_pred)

# Print model coefficients and performance metrics
print("Model Coefficients:")
for i, coef in enumerate(model.coef_[0]):
    print(f"Degree {i}: {coef:.4f}")
print(f"Intercept: {model.intercept_[0]:.4f}")
print(f"\\nMean Squared Error: {mse:.4f}")
print(f"R-squared Score: {r2:.4f}")

# Predict for new values
X_new = np.array([[6], [7], [8]])
X_new_poly = poly.transform(X_new)
y_new_pred = model.predict(X_new_poly)

print("\\nPredicted exam scores for new values:")
for hours, score in zip(X_new, y_new_pred):
    print(f"Hours Studied: {hours[0]:.1f}, Predicted Score: {score[0]:.2f}")

# Plot the data and the polynomial regression curve
plt.figure(figsize=(12, 6))

# Scatter plot of original data
plt.scatter(X, y, color='blue', alpha=0.5, label='Original data')

# Polynomial regression curve
X_plot = np.linspace(0, 10, 100).reshape(-1, 1)
X_plot_poly = poly.transform(X_plot)
y_plot = model.predict(X_plot_poly)
plt.plot(X_plot, y_plot, color='red', label='Polynomial regression curve')

# Scatter plot of test data
plt.scatter(X_test, y_test, color='green', alpha=0.7, label='Test data')

# Scatter plot of predictions on test data
plt.scatter(X_test, y_pred, color='orange', alpha=0.7, label='Predictions')

plt.xlabel("Hours Studied")
plt.ylabel("Exam Score")
plt.title("Polynomial Regression: Hours Studied vs. Exam Score")
plt.legend()
plt.grid(True, alpha=0.3)
plt.show()

# Residual plot
plt.figure(figsize=(10, 6))
residuals = y_test - y_pred
plt.scatter(y_pred, residuals, color='purple', alpha=0.7)
plt.xlabel("Predicted Values")
plt.ylabel("Residuals")
```

```
plt.title("Residual Plot")
plt.axhline(y=0, color='r', linestyle='--')
plt.grid(True, alpha=0.3)
plt.show()
```

Explication de la Décomposition du Code :

1. Importation des Bibliothèques :

   o Nous importons numpy pour les opérations numériques, pandas pour la manipulation de données, matplotlib pour la visualisation, et diverses fonctions de sklearn pour les tâches d'apprentissage automatique.

2. Génération de Données :

   o Nous créons un ensemble de données synthétique avec 100 échantillons, représentant les heures étudiées (X) et les notes d'examen (y).

   o La relation entre X et y est non linéaire, suivant une fonction quadratique avec un peu de bruit ajouté.

3. Division des Données :

   o Nous divisons les données en ensembles d'entraînement (80%) et de test (20%) en utilisant train_test_split.

   o Cela nous permet d'évaluer la performance du modèle sur des données non vues.

4. Ingénierie des Caractéristiques :

   o Nous utilisons PolynomialFeatures pour créer des termes polynomiaux jusqu'au degré 2.

   o Cela transforme nos caractéristiques d'entrée pour inclure des termes x^2, permettant au modèle de capturer des relations non linéaires.

5. Entraînement du Modèle :

   o Nous créons un modèle LinearRegression et l'entraînons sur les données d'entraînement transformées en polynôme.

6. Évaluation du Modèle :

   o Nous effectuons des prédictions sur l'ensemble de test et calculons deux métriques de performance courantes :

   o Erreur Quadratique Moyenne (MSE) : Mesure la différence quadratique moyenne entre les valeurs prédites et réelles.

- o Score R-carré (R2) : Indique la proportion de variance dans la variable dépendante prévisible à partir des variables indépendantes.

7. Interprétation du Modèle :

- o Nous affichons les coefficients pour chaque terme polynomial et l'ordonnée à l'origine, ce qui aide à interpréter le comportement du modèle.

8. Nouvelles Prédictions :

- o Nous prédisons les notes d'examen pour de nouvelles valeurs d'heures étudiées (6, 7 et 8 heures).

9. Visualisation :

- o Nous créons deux graphiques pour visualiser les résultats :

- o Un nuage de points montrant les données originales, les données de test, les prédictions et la courbe de régression polynomiale.

- o Un graphique des résidus pour vérifier s'il existe des modèles dans les erreurs du modèle.

Cet exemple offre une vue plus complète du processus de régression polynomiale, comprenant la génération de données, la division, l'évaluation du modèle, l'interprétation et la visualisation. Il démontre les bonnes pratiques telles que l'utilisation d'ensembles d'entraînement et de test séparés, l'évaluation avec plusieurs métriques, et la visualisation à la fois de l'ajustement du modèle et des résidus.

Ces pratiques sont cruciales dans les applications d'apprentissage automatique du monde réel pour assurer la fiabilité du modèle et pour obtenir des informations sur sa performance.

En conclusion, la régression linéaire et polynomiale sont des techniques fondamentales en apprentissage supervisé pour modéliser les relations entre les caractéristiques d'entrée et les variables cibles continues.

La régression linéaire est utile lorsque la relation est approximativement linéaire, tandis que la régression polynomiale nous permet de capturer des relations non linéaires en transformant les caractéristiques. Ces techniques constituent la base de méthodes de régression plus avancées et sont essentielles pour résoudre un large éventail de tâches de modélisation prédictive.

4.2 Algorithmes de Classification

La classification est un type fondamental d'apprentissage supervisé où la variable cible est catégorielle, ce qui signifie qu'elle appartient à un ensemble prédéfini de classes ou catégories. Dans les problèmes de classification, l'objectif principal est de développer un modèle capable de prédire avec précision la classe ou catégorie correcte pour chaque échantillon d'entrée en fonction de ses caractéristiques. Ce processus implique l'entraînement du modèle sur un ensemble de données étiquetées, où chaque exemple est associé à son étiquette de classe correspondante.

Pour illustrer, considérons un système de classification d'e-mails. Étant donné un ensemble de caractéristiques concernant un e-mail (comme la ligne d'objet, le contenu du corps, les informations sur l'expéditeur et les métadonnées), l'objectif serait de le classer comme **spam** ou **non spam**. Cette tâche de classification binaire n'est qu'un exemple parmi les nombreuses applications des algorithmes de classification dans des scénarios réels.

Les algorithmes de classification peuvent gérer différents types de tâches de classification, notamment :

- Classification Binaire : Ce type implique la distinction entre deux catégories distinctes. Par exemple, un système de filtrage d'e-mails qui classe les messages comme spam ou légitimes.

- Classification Multi-classes : Dans ce scénario, l'algorithme doit catégoriser les données dans l'une des plusieurs classes possibles. Une illustration principale est un système de reconnaissance d'images qui peut identifier diverses espèces animales à partir de photographies.

- Classification Multi-étiquettes : Cette forme avancée permet à chaque instance d'être associée à plusieurs catégories simultanément. Par exemple, un système de marquage d'articles de presse pourrait étiqueter un seul article avec plusieurs sujets pertinents tels que "politique", "économie" et "affaires internationales".

Dans cette section, nous approfondirons quatre des algorithmes de classification les plus largement utilisés et puissants :

- **Machines à Vecteurs de Support (SVM)** : Un algorithme qui trouve l'hyperplan optimal pour séparer les classes dans un espace de haute dimension

- **k Plus Proches Voisins (KNN)** : Un algorithme simple et intuitif qui classe en fonction de la classe majoritaire des points de données proches

- **Arbres de Décision** : Un modèle en forme d'arbre de décisions basé sur les valeurs des caractéristiques, menant à des prédictions de classe

- **Forêts Aléatoires** : Une méthode d'ensemble qui combine plusieurs arbres de décision pour améliorer la précision et réduire le surapprentissage

Chacun de ces algorithmes possède des forces et des caractéristiques uniques, les rendant adaptés à différents types de problèmes de classification. Leur polyvalence et leur efficacité ont conduit à leur adoption généralisée dans divers domaines, notamment :

- Finance : Ces algorithmes jouent un rôle crucial dans l'évaluation de la solvabilité, l'identification des transactions potentiellement frauduleuses et la prévision des tendances du marché. Par exemple, les SVM et les Forêts Aléatoires sont souvent employés dans les modèles de notation de crédit pour évaluer les demandeurs de prêt, tandis que les techniques de détection d'anomalies utilisant KNN peuvent signaler des activités financières suspectes.

- Santé : Dans le domaine médical, les algorithmes de classification sont essentiels pour améliorer la précision diagnostique, stratifier les patients en fonction des facteurs de risque et analyser les données d'imagerie médicale. Par exemple, les Arbres de Décision peuvent être utilisés pour créer des organigrammes de diagnostic, tandis que les modèles d'Apprentissage Profond peuvent aider à interpréter des images médicales complexes comme les IRM ou les scanners CT.

- Traitement du Langage Naturel : Ces techniques sont fondamentales pour comprendre et catégoriser le langage humain. Les SVM et les classificateurs Naïfs Bayésiens sont fréquemment utilisés pour l'analyse des sentiments dans la surveillance des médias sociaux, tandis que des modèles plus avancés comme les Transformers excellent dans des tâches telles que la catégorisation de texte et l'identification de la langue, permettant des applications comme la modération automatisée de contenu et les systèmes de support multilingue.

- Vision par Ordinateur : Les algorithmes de classification jouent un rôle crucial dans diverses tâches de vision par ordinateur, notamment la reconnaissance faciale pour les systèmes de sécurité, la détection d'objets dans les véhicules autonomes et la segmentation d'images pour l'analyse d'imagerie médicale. Par exemple, les Réseaux de Neurones Convolutifs (CNN) ont révolutionné la classification d'images, tandis que les CNN basés sur les régions (R-CNN) excellent dans la détection et la localisation d'objets.

- Marketing et Analyse Client : Dans le monde des affaires, les algorithmes de classification sont essentiels pour la segmentation des clients, permettant aux entreprises d'adapter leurs stratégies marketing à des groupes spécifiques. Ils sont également utilisés dans les modèles de prédiction d'attrition pour identifier les clients risquant de partir, permettant des efforts de rétention proactifs. De plus, ces algorithmes alimentent les systèmes de recommandation, analysant le comportement et les préférences des utilisateurs pour suggérer des produits ou du contenu, améliorant ainsi l'engagement client et stimulant les ventes.

Au fur et à mesure que nous explorerons chacun de ces algorithmes en détail, nous discuterons de leurs principes sous-jacents, de leurs forces, de leurs limites et de leurs applications pratiques, vous fournissant une compréhension complète de ces puissants outils dans la boîte à outils de l'apprentissage automatique.

4.2.1 Machines à Vecteurs de Support (SVM)

Les Machines à Vecteurs de Support (SVM) sont un algorithme de classification sophistiqué et puissant qui fonctionne en identifiant un hyperplan optimal pour séparer les points de données appartenant à différentes classes. Le principe fondamental derrière les SVM est de trouver l'hyperplan qui maximise la **marge**, définie comme la distance entre l'hyperplan et les points de données les plus proches de chaque classe. Ces points les plus proches, qui jouent un rôle crucial dans la détermination de la position de l'hyperplan, sont appelés **vecteurs de support**.

Le concept de maximisation de la marge est essentiel à l'efficacité des SVM. En maximisant cette marge, les SVM visent à créer une frontière de décision qui non seulement sépare les classes, mais le fait avec la plus grande marge possible. Cette approche améliore la capacité de généralisation du modèle, lui permettant de bien performer sur des données non vues.

L'une des forces des SVM réside dans leur polyvalence. Ils excellent dans les tâches de classification linéaire et non linéaire. Pour les données linéairement séparables, les SVM peuvent trouver un hyperplan droit pour diviser les classes. Cependant, les données du monde réel sont souvent plus complexes et non linéairement séparables. Pour résoudre ce problème, les SVM emploient une technique connue sous le nom d'**astuce du noyau**.

L'astuce du noyau est une méthode puissante qui permet aux SVM de traiter efficacement les données non linéairement séparables. Elle fonctionne en projetant implicitement l'espace de caractéristiques original dans un espace de dimension supérieure où les données deviennent linéairement séparables. Cette projection est réalisée grâce à des fonctions noyau, comme les noyaux polynomiaux ou les fonctions à base radiale (RBF). La beauté de l'astuce du noyau réside dans sa capacité à effectuer cette projection de haute dimension sans calculer explicitement les coordonnées dans le nouvel espace, ce qui serait coûteux en termes de calcul.

En exploitant l'astuce du noyau, les SVM peuvent créer des frontières de décision complexes et non linéaires dans l'espace de caractéristiques original, les rendant hautement adaptables à une large gamme de problèmes de classification. Cette flexibilité, combinée à ses solides fondements théoriques et ses excellentes performances dans les espaces de haute dimension, fait des SVM un choix populaire dans de nombreuses applications d'apprentissage automatique, de la classification de texte à la reconnaissance d'images.

a. SVM linéaire

Lorsqu'il s'agit de données linéairement séparables, les Machines à Vecteurs de Support (SVM) s'efforcent d'identifier la frontière de décision optimale qui distingue efficacement les différentes classes de points de données. Dans un espace bidimensionnel, cette frontière se manifeste sous forme de ligne droite, tandis que dans des espaces de dimensions supérieures, elle prend la forme d'un hyperplan. Le principe fondamental qui sous-tend les SVM est la maximisation de la marge, définie comme la distance entre la frontière de décision et les points de données les plus proches de chaque classe, également connus sous le nom de vecteurs de support.

Pour illustrer ce concept, considérons un espace bidimensionnel contenant deux classes distinctes de points de données :

- La frontière de décision serait représentée par une ligne droite qui divise le plan, créant deux régions distinctes.

- La marge est caractérisée par la distance perpendiculaire de cette ligne aux points de données les plus proches de chaque côté, qui sont les vecteurs de support.

- L'algorithme SVM positionne méticuleusement cette ligne pour s'assurer que la marge soit aussi large que possible, optimisant ainsi la séparation entre les classes.

Lorsque nous passons à des dimensions supérieures, le concept de base reste inchangé, mais la frontière de décision évolue en un hyperplan. L'objectif principal de l'algorithme SVM est d'identifier l'hyperplan qui maximise la marge entre les classes, assurant ainsi la séparation la plus efficace des points de données. Cette approche est essentielle pour construire un classificateur robuste qui démontre d'excellentes capacités de généralisation lorsqu'il est confronté à de nouvelles données non vues.

Le processus de maximisation de la marge est crucial car il améliore la capacité du modèle à gérer de légères variations dans les points de données sans compromettre sa précision de classification. En établissant une zone tampon substantielle entre les classes, les SVM réduisent le risque de mauvaise classification et améliorent la performance globale du modèle sur divers ensembles de données.

Exemple : SVM linéaire avec Scikit-learn

```python
import numpy as np
import matplotlib.pyplot as plt
from sklearn import datasets
from sklearn.model_selection import train_test_split
from sklearn.svm import SVC
from sklearn.metrics import accuracy_score, classification_report
from sklearn.preprocessing import StandardScaler

# Load the Iris dataset
iris = datasets.load_iris()
X = iris.data[:, :2]  # Using only the first two features for visualization
y = iris.target

# Split the data into training and test sets
X_train, X_test, y_train, y_test = train_test_split(X, y, test_size=0.3,
random_state=42)

# Scale the features
scaler = StandardScaler()
X_train_scaled = scaler.fit_transform(X_train)
X_test_scaled = scaler.transform(X_test)

# Initialize and train the SVM model (linear kernel)
```

```python
model = SVC(kernel='linear', C=1.0)
model.fit(X_train_scaled, y_train)

# Make predictions
y_pred = model.predict(X_test_scaled)

# Calculate accuracy
accuracy = accuracy_score(y_test, y_pred)
classification_rep              =               classification_report(y_test,          y_pred,
target_names=iris.target_names)

# Print results
print(f"SVM Test Accuracy: {accuracy:.2f}")
print("\\nClassification Report:")
print(classification_rep)

# Function to plot the decision boundary
def plot_decision_boundary(X, y, model, scaler, class_labels):
    h = 0.02
    x_min, x_max = X[:, 0].min() - 1, X[:, 0].max() + 1
    y_min, y_max = X[:, 1].min() - 1, X[:, 1].max() + 1
    xx, yy = np.meshgrid(np.arange(x_min, x_max, h),
                         np.arange(y_min, y_max, h))

    # Scale the mesh grid
    mesh_scaled = scaler.transform(np.c_[xx.ravel(), yy.ravel()])

    Z = model.predict(mesh_scaled)
    Z = Z.reshape(xx.shape)

    plt.figure(figsize=(10, 8))
    plt.contourf(xx, yy, Z, alpha=0.8, cmap=plt.cm.RdYlBu)

    # Plot the training points
    scatter = plt.scatter(X[:, 0], X[:, 1], c=y, cmap=plt.cm.RdYlBu, edgecolor='k')

    plt.xlabel('Sepal Length')
    plt.ylabel('Sepal Width')
    plt.title('SVM Decision Boundary (Linear Kernel)')

    # Adjust legend mapping
    class_legend = {i: label for i, label in enumerate(class_labels)}
    handles, _ = scatter.legend_elements()
    plt.legend(handles, [class_legend[i]  for  i  in  range(len(class_labels))],
title="Classes")

    plt.show()

# Plot the decision boundary
plot_decision_boundary(X, y, model, scaler, iris.target_names)

# Visualize the support vectors
```

```
plt.figure(figsize=(10, 8))
plt.scatter(X[:, 0], X[:, 1], c=y, cmap=plt.cm.RdYlBu, edgecolor='k', label='Data
Points')
plt.scatter(model.support_vectors_[:, 0], model.support_vectors_[:, 1],
            s=100, linewidth=1, facecolors='none', edgecolors='r', label='Support
Vectors')

plt.xlabel('Sepal Length')
plt.ylabel('Sepal Width')
plt.title('Support Vectors Visualization')
plt.legend()
plt.show()
```

Cet exemple de code offre une démonstration plus complète de l'utilisation des Machines à Vecteurs de Support (SVM) pour la classification en utilisant le jeu de données Iris.

Décortiquons le code et expliquons ses composants :

1. Importation des bibliothèques

Le code commence par importer des bibliothèques essentielles :

NumPy pour les opérations numériques.

Matplotlib pour la visualisation des données.

Scikit-learn pour charger le jeu de données, prétraiter, entraîner le modèle SVM et évaluer ses performances.

2. Chargement et préparation des données

Le **jeu de données Iris** est chargé en utilisant datasets.load_iris().

Les **deux premières caractéristiques** (longueur et largeur du sépale) sont sélectionnées pour rendre la visualisation possible.

Le jeu de données est ensuite divisé en **ensembles d'entraînement (70%) et de test (30%)** en utilisant train_test_split(). Cela nous permet d'entraîner le modèle sur une partie des données et de l'évaluer sur des données non vues.

3. Mise à l'échelle des caractéristiques

StandardScaler est utilisé pour normaliser les valeurs des caractéristiques.

Le **scaler est ajusté** aux données d'entraînement et utilisé pour transformer à la fois les ensembles d'entraînement et de test.

La mise à l'échelle garantit que toutes les caractéristiques contribuent de manière égale à la frontière de décision SVM.

4. Entraînement du modèle SVM

Le classificateur SVM est initialisé avec un **noyau linéaire** en utilisant SVC(kernel='linear', C=1.0).

Le modèle est **entraîné** en utilisant model.fit(X_train_scaled, y_train), où :

- X_train_scaled représente les données d'entraînement mises à l'échelle.

- y_train représente les étiquettes cibles correspondantes.

5. Évaluation du modèle

Le modèle entraîné fait des **prédictions** sur l'**ensemble de test**.

La **précision** est calculée en utilisant accuracy_score(y_test, y_pred).

Un **rapport de classification** est imprimé, montrant :

- **Précision** (combien de positifs prédits sont réellement corrects).

- **Rappel** (combien de positifs réels ont été correctement prédits).

- **Score F1** (moyenne harmonique de la précision et du rappel).

6. Visualisation de la frontière de décision

La fonction plot_decision_boundary() est définie pour **visualiser la frontière de décision**.

Étapes impliquées :

1. Une **grille de maillage** est créée sur l'espace des caractéristiques.

2. Le **maillage est transformé** en utilisant le même scaler que pour les données d'entraînement.

3. Le **modèle entraîné prédit** la classe pour chaque point de la grille.

4. La **frontière de décision est tracée** en utilisant différentes couleurs pour chaque région.

5. Les **points de données originaux** sont dispersés par-dessus pour référence.

Correction de la légende :

- La fonction mappe correctement les **indices de classe aux étiquettes de classe** (Iris setosa, versicolor, virginica).

- La **palette de couleurs (RdYlBu)** rend la frontière **accessible aux daltoniens**.

7. Visualisation des vecteurs de support

Les vecteurs de support sont les **points de données les plus influents** qui définissent la frontière de décision.

Les vecteurs de support du modèle sont accessibles en utilisant model.support_vectors_.

Un nuage de points est créé où :

- **Tous les points de données** sont tracés.

- **Les vecteurs de support** sont mis en évidence comme des **cercles creux plus grands**.

Cet exemple complet démontre non seulement comment implémenter SVM pour la classification, mais aussi comment évaluer ses performances et visualiser sa frontière de décision et ses vecteurs de support. Ces visualisations sont cruciales pour comprendre comment fonctionne SVM et comment il sépare différentes classes dans l'espace des caractéristiques.

b. SVM non linéaire avec noyaux

Lorsqu'on traite des données qui ne sont pas linéairement séparables, les Machines à Vecteurs de Support (SVM) emploient une technique puissante connue sous le nom d'**astuce du noyau**. Cette méthode implique l'utilisation de **fonctions noyau** pour mapper implicitement les données d'entrée dans un espace de caractéristiques de dimension supérieure, où la séparation linéaire devient possible. L'avantage clé de l'astuce du noyau est qu'elle permet au SVM d'opérer dans cet espace de haute dimension sans calculer explicitement les coordonnées des données dans cet espace, ce qui serait coûteux en termes de calcul.

La fonction noyau la plus couramment utilisée est la **Fonction à Base Radiale (RBF)**, également connue sous le nom de noyau gaussien. Le noyau RBF est particulièrement efficace car il peut modéliser des frontières de décision complexes et non linéaires. Il fonctionne en mesurant la similarité entre deux points basée sur la distance euclidienne entre eux dans l'espace des caractéristiques original. À mesure que les points s'éloignent, leur similarité diminue exponentiellement.

D'autres fonctions noyau populaires incluent :

- **Noyau linéaire** : Ce noyau équivaut à n'appliquer aucune transformation aux données d'entrée. Il est particulièrement efficace lorsqu'on traite des jeux de données qui sont déjà linéairement séparables dans leur espace de caractéristiques original. Le noyau linéaire calcule le produit scalaire entre deux points de données dans l'espace d'entrée, ce qui le rend computationnellement efficace pour des problèmes à grande échelle avec de nombreuses caractéristiques.

- **Noyau polynomial** : Ce noyau polyvalent peut modéliser des frontières de décision complexes et courbes en mappant implicitement les caractéristiques d'entrée vers un espace de dimension supérieure. Le degré du polynôme sert d'hyperparamètre crucial, déterminant la flexibilité et la complexité de la frontière de décision résultante. Les degrés inférieurs produisent des frontières plus lisses, tandis que les degrés supérieurs peuvent capturer des motifs plus complexes mais peuvent être sujets au surapprentissage.

- **Noyau sigmoïde** : Inspiré des fonctions d'activation des réseaux de neurones, le noyau sigmoïde est particulièrement utile pour certains types de problèmes de classification non linéaires. Il mappe l'espace d'entrée vers un espace de caractéristiques de dimension infinie, permettant des frontières de décision complexes. Le comportement du noyau sigmoïde est influencé par deux paramètres : la pente et l'ordonnée à l'origine, qui peuvent être ajustés pour optimiser les performances pour des jeux de données spécifiques.

Le choix de la fonction noyau impacte significativement les performances du SVM et devrait être sélectionné en fonction de la nature des données et du problème à traiter. Une sélection appropriée du noyau, combinée à un ajustement adéquat des hyperparamètres, permet aux SVM de classifier efficacement les données dans divers scénarios complexes.

Exemple : SVM non linéaire avec noyau RBF

```python
import numpy as np
import matplotlib.pyplot as plt
from sklearn import datasets
from sklearn.model_selection import train_test_split
from sklearn.svm import SVC
from sklearn.metrics import accuracy_score, classification_report
from sklearn.preprocessing import StandardScaler

# Load the Iris dataset
iris = datasets.load_iris()
X = iris.data[:, :2]  # We'll use only the first two features for visualization
y = iris.target

# Split the data into training and test sets
X_train, X_test, y_train, y_test = train_test_split(X, y, test_size=0.3,
random_state=42)

# Scale the features
scaler = StandardScaler()
X_train_scaled = scaler.fit_transform(X_train)
X_test_scaled = scaler.transform(X_test)

# Initialize and train the SVM model with RBF kernel
model = SVC(kernel='rbf', gamma='auto', C=1.0)
model.fit(X_train_scaled, y_train)

# Make predictions
y_pred = model.predict(X_test_scaled)

# Calculate accuracy
accuracy = accuracy_score(y_test, y_pred)
print(f"SVM Test Accuracy: {accuracy:.2f}")

# Print classification report
print("\\nClassification Report:")
print(classification_report(y_test, y_pred, target_names=iris.target_names))

# Function to plot decision boundary
def plot_decision_boundary(X, y, model, scaler):
```

```
h = 0.02
x_min, x_max = X[:, 0].min() - 1, X[:, 0].max() + 1
y_min, y_max = X[:, 1].min() - 1, X[:, 1].max() + 1
xx, yy = np.meshgrid(np.arange(x_min, x_max, h),
                     np.arange(y_min, y_max, h))

# Scale the mesh
mesh_scaled = scaler.transform(np.c_[xx.ravel(), yy.ravel()])

Z = model.predict(mesh_scaled)
Z = Z.reshape(xx.shape)

plt.figure(figsize=(10, 8))
plt.contourf(xx, yy, Z, alpha=0.8, cmap=plt.cm.RdYlBu)

# Plot the training points
scatter    =    plt.scatter(X[:,    0],    X[:,    1],    c=y,    cmap=plt.cm.RdYlBu,
edgecolor='black')

plt.xlabel('Sepal length')
plt.ylabel('Sepal width')
plt.title('SVM Decision Boundary (RBF Kernel)')

# Add a legend
plt.legend(handles=scatter.legend_elements()[0],         labels=iris.target_names,
title="Classes")

plt.show()

# Plot the decision boundary for non-linear SVM
plot_decision_boundary(X, y, model, scaler)
```

Cet exemple de code démontre l'implémentation d'un classifieur de Machine à Vecteurs de Support (SVM) non linéaire utilisant le noyau à Fonction de Base Radiale (RBF).

Analysons le code et expliquons ses composants :

1. Importation des bibliothèques : Nous importons les bibliothèques nécessaires, notamment NumPy pour les opérations numériques, Matplotlib pour la visualisation, et divers modules de Scikit-learn pour les tâches d'apprentissage automatique.

2. Chargement et préparation des données :

- Nous chargeons le jeu de données Iris en utilisant datasets.load_iris().

- Nous sélectionnons uniquement les deux premières caractéristiques (longueur et largeur du sépale) pour une visualisation plus facile.

- Les données sont divisées en ensembles d'entraînement et de test en utilisant train_test_split().

3. Mise à l'échelle des caractéristiques :

- Nous utilisons StandardScaler pour normaliser les caractéristiques. C'est crucial pour SVM car il est sensible à l'échelle des caractéristiques d'entrée.

- Le scaler est ajusté sur les données d'entraînement puis utilisé pour transformer à la fois les données d'entraînement et de test.

4. Modèle SVM :

- Nous initialisons un classifieur SVM avec un noyau RBF en utilisant SVC(kernel='rbf', gamma='auto', C=1.0).

- Le paramètre 'gamma' est défini sur 'auto', ce qui signifie 1 / (n_features * X.var()).

- Le paramètre 'C' est le paramètre de régularisation. Une valeur plus petite de C créera une surface de décision plus lisse.

- Le modèle est entraîné sur les données d'entraînement mises à l'échelle.

5. Évaluation du modèle :

- Nous effectuons des prédictions sur l'ensemble de test et calculons la précision.

- Un rapport de classification détaillé est imprimé, montrant la précision, le rappel et le score F1 pour chaque classe.

6. Visualisation de la frontière de décision :

- La fonction plot_decision_boundary() est définie pour visualiser la frontière de décision non linéaire.

- Elle crée une grille de maillage sur l'espace des caractéristiques et utilise le modèle entraîné pour prédire la classe pour chaque point de la grille.

- Les régions de décision sont tracées en utilisant différentes couleurs, et les points d'entraînement sont dispersés par-dessus.

- Le graphique inclut des étiquettes appropriées, un titre et une légende pour une meilleure interprétation.

7. Noyau RBF : Le noyau RBF permet au SVM de créer des frontières de décision non linéaires. Il fonctionne en mesurant la similarité entre deux points basée sur la distance euclidienne entre eux dans l'espace des caractéristiques original. À mesure que les points s'éloignent, leur similarité diminue exponentiellement.

Cet exemple de code démontre comment implémenter un classifieur SVM non linéaire avec un noyau RBF, évaluer ses performances et visualiser sa frontière de décision complexe. La visualisation aide à comprendre comment le SVM avec noyau RBF peut créer des frontières de décision flexibles et non linéaires pour séparer différentes classes dans l'espace des caractéristiques.

4.2.2 k plus proches voisins (KNN)

Les **k plus proches voisins (KNN)** est un algorithme de classification simple mais puissant qui a gagné en popularité grâce à son approche intuitive et son efficacité dans diverses tâches d'apprentissage automatique. À la base, KNN fonctionne selon un principe fondamental : il classe un nouveau point de données en fonction de la classe majoritaire parmi ses **k plus proches voisins** dans les données d'entraînement.

Voici une explication plus détaillée du fonctionnement de KNN :

Calcul de distance

Le fondement du processus de classification de KNN réside dans sa capacité à mesurer la similarité ou la dissimilarité entre les points de données. Lorsqu'un nouveau point de données non classé est introduit, KNN calcule la distance entre ce point et chaque point de l'ensemble de données d'entraînement. Cette comparaison exhaustive permet à l'algorithme d'identifier les instances les plus similaires dans les données d'entraînement.

Le choix de la métrique de distance est crucial et peut avoir un impact significatif sur les performances de l'algorithme. Les métriques de distance courantes comprennent :

- Distance euclidienne : C'est la métrique la plus couramment utilisée, calculant la distance en ligne droite entre deux points dans l'espace euclidien. Elle est particulièrement efficace pour les variables continues et lorsque la relation entre les caractéristiques est approximativement linéaire.

- Distance de Manhattan : Également connue sous le nom de distance de la ville, cette métrique calcule la somme des différences absolues des coordonnées. Elle est souvent utilisée pour traiter des problèmes de chemins en forme de grille ou lorsque les caractéristiques sont à différentes échelles.

- Distance de Minkowski : C'est une généralisation des distances euclidienne et de Manhattan. Elle permet une flexibilité dans le calcul de la distance en introduisant un paramètre p. Lorsque p=1, elle équivaut à la distance de Manhattan ; lorsque p=2, elle équivaut à la distance euclidienne.

La sélection d'une métrique de distance appropriée dépend de la nature des données et du problème spécifique à traiter. Par exemple, la distance euclidienne pourrait être préférée pour des données numériques continues, tandis que la distance de Manhattan pourrait être plus adaptée pour des données catégorielles ou binaires. Comprendre ces métriques de distance et leurs implications est crucial pour optimiser les performances de l'algorithme KNN dans divers scénarios.

Sélection des voisins

Après avoir calculé les distances, l'algorithme sélectionne les k points d'entraînement les plus proches du nouveau point de données. Cette étape est cruciale car elle détermine quelles instances influenceront la décision de classification. La valeur de k est un hyperparamètre qui doit être choisi avec soin ; elle peut avoir un impact significatif sur les performances de l'algorithme.

Le choix de k implique un compromis entre biais et variance :

- Un petit k (par exemple, k=1 ou k=3) rend le modèle plus sensible aux points de données individuels, ce qui peut potentiellement conduire à un surapprentissage. Il peut capturer des détails fins dans la frontière de décision mais peut être sensible au bruit dans les données d'entraînement.

- Un grand k lisse la frontière de décision, la rendant moins sensible aux points individuels mais pouvant potentiellement manquer des motifs importants dans les données. Cela peut conduire à un sous-apprentissage si k est trop grand par rapport à la taille de l'ensemble de données.

Typiquement, k est choisi par validation croisée, où différentes valeurs sont testées pour trouver celle qui donne les meilleures performances sur un ensemble de validation. Les pratiques courantes incluent :

- Utiliser des valeurs impaires de k pour la classification binaire afin d'éviter les égalités

- Définir k comme la racine carrée du nombre d'échantillons d'entraînement comme point de départ

- Considérer la dimensionnalité de l'espace des caractéristiques et la densité des points de données

Il convient de noter que l'impact de k peut varier en fonction de la nature des données et du problème à traiter. Dans certains cas, un petit k pourrait fonctionner le mieux, tandis que dans d'autres, un k plus grand pourrait fournir des prédictions plus robustes. Par conséquent, un réglage minutieux de cet hyperparamètre est essentiel pour optimiser les performances de l'algorithme KNN.

Vote à la majorité

La dernière étape du processus de classification KNN implique un vote à la majorité parmi les k plus proches voisins. Cette approche démocratique est au cœur du processus décisionnel de KNN. Voici une explication plus détaillée de son fonctionnement :

1. Classes des voisins : Une fois les k plus proches voisins identifiés, l'algorithme examine les étiquettes de classe de ces voisins.

2. Comptage de fréquence : L'algorithme compte la fréquence de chaque classe parmi les k voisins. Cette étape crée essentiellement un décompte du nombre de fois que chaque classe apparaît parmi les voisins sélectionnés.

3. Détermination de la majorité : La classe avec la fréquence la plus élevée (c'est-à-dire, le plus de votes) est considérée comme la classe majoritaire. Cette classe est ensuite attribuée au nouveau point de données à classifier.

4. Gestion des égalités : Dans les cas où il y a une égalité entre deux classes ou plus (ce qui peut arriver surtout lorsque k est un nombre pair), plusieurs stratégies peuvent être employées :

   o Sélection aléatoire : Choisir au hasard l'une des classes à égalité.

   o Vote pondéré par la distance : Donner plus de poids aux votes des voisins les plus proches.

   o Choisir la classe du voisin le plus proche : Attribuer la classe du voisin unique le plus proche.

5. Mesure de confiance : La proportion de votes pour la classe gagnante peut servir de mesure de la confiance de l'algorithme dans sa classification. Par exemple, si 4 voisins sur 5 votent pour la classe A, l'algorithme pourrait être considéré comme plus confiant que si seulement 3 voisins sur 5 avaient voté pour la classe A.

Ce mécanisme de vote à la majorité permet à KNN de prendre des décisions basées sur des modèles locaux dans les données, ce qui contribue à son efficacité pour capturer des frontières de décision complexes et non linéaires.

KNN est caractérisé comme un algorithme non-paramétrique et basé sur les instances. Examinons ce que signifient ces termes :

Non-paramétrique

Cette caractéristique de KNN est fondamentale pour sa flexibilité et son adaptabilité. Contrairement aux modèles paramétriques qui supposent une forme fixe de la distribution sous-jacente des données (comme linéaire ou gaussienne), KNN ne fait aucune supposition sur la structure des données. Cela signifie :

- Flexibilité : KNN peut s'adapter à n'importe quelle distribution de données, qu'elle soit linéaire, non linéaire ou multimodale. Il n'essaie pas d'ajuster les données à un modèle prédéterminé.

- Prise de décision locale : KNN fait des prédictions basées sur le voisinage local d'un point de données, lui permettant de capturer des modèles complexes qui pourraient être manqués par des modèles globaux.

- Gestion des frontières complexes : Il peut modéliser efficacement des frontières de décision de n'importe quelle forme, ce qui le rend adapté aux ensembles de données où la séparation entre les classes est irrégulière ou complexe.

- Approche guidée par les données : L'algorithme laisse les données parler d'elles-mêmes, basant ses décisions entièrement sur les modèles observés dans l'ensemble d'entraînement plutôt que sur des notions préconçues sur la structure des données.

Cette nature non-paramétrique rend KNN particulièrement utile dans l'analyse exploratoire des données et dans les scénarios où la distribution sous-jacente des données est inconnue ou difficile à modéliser de façon paramétrique. Cependant, cela signifie également que KNN nécessite un ensemble de données suffisamment large et représentatif pour bien fonctionner, car il s'appuie entièrement sur les données disponibles pour faire des prédictions.

Basé sur les instances

Également connu sous le nom de basé sur la mémoire, cette caractéristique est un aspect fondamental de KNN qui le distingue de nombreux autres algorithmes d'apprentissage automatique. Voici une explication plus détaillée :

1. Pas d'apprentissage de modèle explicite : Contrairement aux algorithmes comme la régression linéaire ou les réseaux de neurones, KNN ne passe pas par une phase d'entraînement distincte où il apprend un ensemble de paramètres ou de poids. Au lieu de cela, il stocke simplement l'ensemble du jeu de données d'entraînement en mémoire.

2. Apprentissage paresseux : KNN est souvent qualifié d'"'apprenant paresseux" car il diffère la majeure partie de son calcul jusqu'à la phase de prédiction. Cela contraste avec les "apprenants avides" qui investissent un effort de calcul pendant l'entraînement pour construire un modèle.

3. Utilisation directe des données d'entraînement : Lorsqu'un nouveau point de données doit être classifié, KNN utilise directement les instances d'entraînement stockées. Il calcule la distance entre le nouveau point et tous les points d'entraînement, sélectionne les k voisins les plus proches et fait une prédiction basée sur ces voisins.

4. Flexibilité dans la capture des modèles : Cette approche permet à KNN de capturer des modèles complexes et non linéaires dans les données sans supposer une forme particulière pour la frontière de décision. Il peut s'adapter aux modèles locaux dans différentes régions de l'espace des caractéristiques.

5. Compromis : Bien que cette nature basée sur les instances permette à KNN d'être flexible et de capturer des modèles complexes, elle s'accompagne de compromis :

   o Exigences en mémoire : Comme l'ensemble d'entraînement complet doit être stocké, KNN peut être gourmand en mémoire pour les grands ensembles de données.

   o Vitesse de prédiction : Faire des prédictions peut être coûteux en calcul, surtout pour les grands ensembles de données, car les distances à tous les points d'entraînement doivent être calculées.

- o Sensibilité aux caractéristiques non pertinentes : Sans sélection ou pondération des caractéristiques, KNN traite toutes les caractéristiques de manière égale, ce qui peut conduire à de mauvaises performances s'il y a de nombreuses caractéristiques non pertinentes.

6. Avantages dans certains scénarios : La nature basée sur les instances de KNN peut être particulièrement avantageuse dans les scénarios où la frontière de décision est hautement irrégulière ou lorsqu'il s'agit de classes multimodales (classes avec plusieurs clusters).

Comprendre cette caractéristique basée sur les instances est crucial pour mettre en œuvre et optimiser efficacement les algorithmes KNN, car elle influence des aspects tels que le prétraitement des données, la sélection des caractéristiques et les ressources informatiques nécessaires au déploiement.

L'un des principaux avantages de KNN est qu'il prend des décisions basées sur l'ensemble du jeu de données d'entraînement sans faire d'hypothèses sur la distribution sous-jacente des données. Cette propriété rend KNN particulièrement utile dans les scénarios où la frontière de décision est irrégulière ou lorsqu'il s'agit de classes multimodales (classes avec plusieurs clusters).

Cependant, il est important de noter que, bien que KNN soit conceptuellement simple et souvent efficace, il peut devenir coûteux en calcul pour les grands ensembles de données, car il doit calculer les distances vers tous les points d'entraînement pour chaque prédiction. De plus, ses performances peuvent être sensibles aux caractéristiques non pertinentes et à l'échelle des données, ce qui fait de la sélection des caractéristiques et de la normalisation des étapes de prétraitement importantes lors de l'utilisation de cet algorithme.

a. Comment fonctionne KNN

1. Choisir le nombre de voisins (**k**) : C'est une étape cruciale dans l'algorithme KNN. La valeur de k détermine combien de points de données proches influenceront la décision de classification. Sélectionner un k approprié implique de trouver un équilibre entre le surapprentissage (k petit) et le sous-apprentissage (k grand). Il est souvent déterminé par validation croisée ou en utilisant des connaissances du domaine.

2. Pour chaque nouveau point de données, trouver les **k points les plus proches** dans les données d'entraînement : Cette étape implique de calculer la distance entre le nouveau point de données et tous les points de l'ensemble d'entraînement. Les métriques de distance courantes incluent la distance euclidienne pour les variables continues et la distance de Hamming pour les variables catégorielles. Les k points ayant les plus petites distances sont sélectionnés comme les voisins les plus proches.

3. Attribuer l'étiquette de classe la plus fréquente parmi ces **k voisins** : C'est l'étape finale de classification. L'algorithme compte l'occurrence de chaque classe parmi les k voisins les plus proches et attribue la classe la plus fréquente au nouveau point de données.

En cas d'égalité, elle peut être résolue en réduisant k ou en pondérant les votes selon la distance.

Ce processus permet à KNN de faire des prédictions basées sur des modèles locaux dans les données, ce qui le rend efficace pour des frontières de décision complexes et non linéaires. Cependant, il est important de noter que KNN peut être coûteux en calcul pour les grands ensembles de données et sensible aux caractéristiques non pertinentes.

Exemple : k-Plus Proches Voisins avec Scikit-learn

```python
import numpy as np
from sklearn.datasets import load_iris
from sklearn.model_selection import train_test_split
from sklearn.neighbors import KNeighborsClassifier
from sklearn.metrics import accuracy_score, classification_report
from sklearn.preprocessing import StandardScaler

# Load the Iris dataset
iris = load_iris()
X, y = iris.data, iris.target

# Split the data into training and testing sets
X_train, X_test, y_train, y_test = train_test_split(X, y, test_size=0.3,
random_state=42)

# Scale the features
scaler = StandardScaler()
X_train_scaled = scaler.fit_transform(X_train)
X_test_scaled = scaler.transform(X_test)

# Initialize the KNN model
model = KNeighborsClassifier(n_neighbors=5)

# Train the model
model.fit(X_train_scaled, y_train)

# Predict on the test set
y_pred = model.predict(X_test_scaled)

# Calculate accuracy
accuracy = accuracy_score(y_test, y_pred)
print(f"KNN Test Accuracy: {accuracy:.2f}")

# Print detailed classification report
print("\\nClassification Report:")
print(classification_report(y_test, y_pred, target_names=iris.target_names))

# Demonstrate prediction on new data
new_data = np.array([[5.1, 3.5, 1.4, 0.2]])  # Example: features of a new flower
new_data_scaled = scaler.transform(new_data)
prediction = model.predict(new_data_scaled)
```

```
print(f"\\nPredicted class for new data: {iris.target_names[prediction[0]]}")
```

Explication détaillée du code :

1. Importation des bibliothèques :
   - Nous importons les bibliothèques nécessaires, notamment NumPy pour les opérations numériques, et divers modules Scikit-learn pour le chargement de données, la création de modèles, l'évaluation et le prétraitement.

2. Chargement du jeu de données :
   - Nous utilisons le jeu de données Iris, un ensemble de données classique en apprentissage automatique, chargé à l'aide de la fonction load_iris() de Scikit-learn.
   - X contient les données des caractéristiques, et y contient les étiquettes cibles.

3. Division des données :
   - Le jeu de données est divisé en ensembles d'entraînement (70%) et de test (30%) à l'aide de train_test_split().
   - random_state=42 assure la reproductibilité de la division.

4. Mise à l'échelle des caractéristiques :
   - Nous utilisons StandardScaler() pour standardiser les caractéristiques, ce qui est important pour KNN car il s'appuie sur les distances entre les points de données.
   - Le scaler est ajusté sur les données d'entraînement puis appliqué à la fois aux données d'entraînement et de test.

5. Initialisation du modèle :
   - Nous créons un classifieur KNN avec n_neighbors=5, ce qui signifie qu'il considérera les 5 voisins les plus proches pour la classification.

6. Entraînement du modèle :
   - Le modèle est entraîné sur les données d'entraînement mises à l'échelle en utilisant la méthode fit().

7. Prédiction :
   - Nous utilisons le modèle entraîné pour faire des prédictions sur les données de test mises à l'échelle.

8. Évaluation du modèle :

o   Nous calculons et affichons le score de précision, qui nous donne la proportion de prédictions correctes.

o   Un rapport de classification plus détaillé est imprimé, montrant la précision, le rappel et le score F1 pour chaque classe.

9.   Prédiction sur de nouvelles données :

o   Nous démontrons comment utiliser le modèle pour prédire la classe d'un nouveau point de données non vu.

o   Les nouvelles données sont mises à l'échelle en utilisant le même scaler avant la prédiction.

o   Le nom de la classe prédite est affiché.

Cet exemple de code fournit une image plus complète du processus de classification KNN, incluant le prétraitement des données, l'évaluation détaillée et l'utilisation pratique pour de nouvelles prédictions. Il met en évidence les meilleures pratiques comme la mise à l'échelle des caractéristiques et offre une vue d'ensemble complète de la performance du modèle selon différentes métriques.

4.2.3 Arbres de décision

Les arbres de décision sont un type d'algorithme de classification puissant et intuitif qui organise les données dans une structure hiérarchique en forme d'arbre. Cette structure est créée en divisant récursivement les données en sous-ensembles basés sur les valeurs des caractéristiques. Voici une explication plus détaillée du fonctionnement des arbres de décision:

1. Nœud racine

Le processus commence au sommet de l'arbre, connu sous le nom de nœud racine. C'est le point de départ du processus de prise de décision et il contient l'ensemble du jeu de données. Le nœud racine représente l'état initial où aucune décision n'a encore été prise. Il est crucial car:

*   Il sert de point d'entrée pour tous les échantillons de données pendant les phases d'entraînement et de prédiction.

*   Il contient l'ensemble complet des caractéristiques et des échantillons, offrant une vue d'ensemble des données avant toute division.

*   La première décision prise à ce nœud est souvent la plus importante, car elle établit la base pour toutes les divisions ultérieures dans l'arbre.

2. Sélection des caractéristiques

À chaque nœud interne, l'algorithme évalue toutes les caractéristiques disponibles et sélectionne celle qui sépare le mieux les données en différentes classes. Cette étape cruciale détermine l'efficacité du processus de prise de décision de l'arbre. Voici une explication plus détaillée du processus de sélection des caractéristiques :

Évaluation de toutes les caractéristiques : L'algorithme considère chaque caractéristique du jeu de données à chaque nœud. Cette approche complète garantit que la caractéristique la plus informative est choisie pour la division.

Critères de séparation : L'objectif est de trouver la caractéristique qui crée les sous-ensembles les plus homogènes après la division. En d'autres termes, nous voulons que les groupes résultants contiennent autant d'échantillons de la même classe que possible.

Métriques de sélection : Plusieurs métriques peuvent être utilisées pour quantifier la qualité d'une division :

- Impureté de Gini : Mesure la probabilité de classer incorrectement un élément choisi au hasard s'il était étiqueté aléatoirement selon la distribution des étiquettes dans le sous-ensemble. Une impureté de Gini plus faible indique une meilleure séparation des classes.

- Gain d'information : Basé sur le concept d'entropie de la théorie de l'information, il mesure la réduction de l'incertitude concernant l'étiquette de classe après une division. Un gain d'information plus élevé indique une division plus informative.

- Test du chi-carré : Utilisé pour les caractéristiques catégorielles, il mesure l'indépendance entre la caractéristique et l'étiquette de classe. Une valeur de chi-carré plus élevée suggère une relation plus forte entre la caractéristique et la variable cible.

Processus itératif : L'algorithme calcule ces métriques pour chaque division potentielle sur chaque caractéristique. Il sélectionne ensuite la caractéristique et le point de division qui optimisent la métrique choisie.

Impact sur la structure de l'arbre : Le processus de sélection des caractéristiques influence directement la structure de l'arbre de décision. Les caractéristiques plus informatives apparaîtront plus près de la racine, tandis que les caractéristiques moins informatives peuvent apparaître plus profondément dans l'arbre ou pas du tout.

Ce processus de sélection des caractéristiques est crucial car il détermine la capacité de l'arbre à faire des prédictions précises et son interprétabilité globale. En choisissant les caractéristiques les plus informatives à chaque étape, les arbres de décision peuvent capturer efficacement les modèles sous-jacents dans les données.

3. Division

Une fois qu'une caractéristique est sélectionnée, les données sont divisées en deux ou plusieurs sous-ensembles, créant de nouvelles branches dans l'arbre. Ce processus est crucial pour la structure de l'arbre et sa capacité de prise de décision. Voici une explication plus détaillée :

Divisions binaires vs. multi-voies : Bien que les divisions binaires (deux branches) soient les plus courantes, certains algorithmes permettent des divisions multi-voies. Les divisions binaires sont souvent préférées pour leur simplicité et leur efficacité computationnelle.

Critères de division : Le point de division est choisi pour maximiser la séparation entre les classes. Pour les caractéristiques numériques, cela implique souvent de trouver une valeur seuil. Pour les caractéristiques catégorielles, cela peut impliquer le regroupement de catégories.

Exemple : Si la caractéristique sélectionnée est "âge", la division pourrait être "âge ≤ 30" et "âge > 30". Cela crée deux branches :

- Branche gauche : Contient tous les points de données où l'âge est inférieur ou égal à 30
- Branche droite : Contient tous les points de données où l'âge est supérieur à 30

Impact sur la distribution des données : Chaque division vise à créer des sous-ensembles plus homogènes en termes de variable cible que le nœud parent. Ce processus se poursuit de manière récursive, affinant progressivement la classification à mesure que l'on descend dans l'arbre.

Gestion des valeurs manquantes : Certains algorithmes d'arbres de décision disposent de méthodes intégrées pour gérer les valeurs manquantes pendant le processus de division, comme les divisions de substitution dans CART (Classification and Regression Trees).; 30".

4. Processus récursif

Le processus de sélection des caractéristiques et de division se poursuit de manière récursive pour chaque nouveau sous-ensemble, créant des niveaux plus profonds dans l'arbre. Cette nature récursive est un aspect fondamental des algorithmes d'arbres de décision et est cruciale pour construire un modèle complet. Voici une explication plus détaillée :

Approche en profondeur d'abord : L'algorithme suit généralement une approche en profondeur d'abord, ce qui signifie qu'il continue à diviser une branche de l'arbre jusqu'au bout avant de passer à une autre branche. Cela permet à l'arbre de capturer des motifs détaillés dans les données.

Raffinement des sous-ensembles : À chaque division, les sous-ensembles deviennent plus petits et potentiellement plus homogènes en termes de variable cible. Ce raffinement progressif permet à l'arbre de capturer des motifs de plus en plus spécifiques dans les données.

Réévaluation des caractéristiques : À chaque nouveau nœud, toutes les caractéristiques sont réévaluées pour leur capacité à diviser efficacement le sous-ensemble. Cela signifie que différentes caractéristiques peuvent être sélectionnées à différents niveaux de l'arbre, permettant au modèle de capturer des relations complexes et non linéaires dans les données.

Critères d'arrêt : Le processus récursif se poursuit jusqu'à ce qu'un ou plusieurs critères d'arrêt soient atteints. Ces critères peuvent inclure :

- Profondeur maximale : Une limite prédéfinie sur la profondeur que l'arbre peut atteindre.

- Échantillons minimaux : Un seuil pour le nombre minimal d'échantillons requis pour diviser un nœud interne.

- Homogénéité : Lorsqu'un nœud devient pur (tous les échantillons appartiennent à la même classe).

- Gain d'information : Lorsque des divisions supplémentaires n'apportent pas d'amélioration significative dans la classification.

Ce processus récursif permet aux arbres de décision d'identifier automatiquement les caractéristiques les plus pertinentes et leurs interactions, créant une structure hiérarchique qui peut modéliser des frontières de décision complexes dans l'espace des caractéristiques.

5. Nœuds Feuilles

Le processus de division dans un arbre de décision atteint finalement un point où une division supplémentaire n'est plus bénéfique ou possible. Ces nœuds terminaux sont appelés nœuds feuilles, et ils jouent un rôle crucial dans le processus de classification. Voici une explication plus détaillée des nœuds feuilles :

Conditions de terminaison : Plusieurs facteurs peuvent déclencher la création d'un nœud feuille :

- Profondeur maximale de l'arbre : Une limite prédéfinie sur la profondeur que l'arbre peut atteindre. Cela aide à prévenir le surapprentissage en limitant la complexité de l'arbre.

- Échantillons minimums : Un seuil pour le nombre minimal d'échantillons requis dans un nœud pour qu'il puisse être divisé davantage. Cela garantit que les décisions sont basées sur un nombre statistiquement significatif d'échantillons.

- Pureté de classe : Lorsque tous les échantillons d'un nœud appartiennent à la même classe, une division supplémentaire est inutile car une classification parfaite a été atteinte pour ce sous-ensemble.

- Amélioration insuffisante : Si une division supplémentaire n'améliorerait pas significativement la précision de la classification, l'algorithme peut décider de créer un nœud feuille à la place.

Attribution d'étiquette de classe : Chaque nœud feuille se voit attribuer une étiquette de classe basée sur la classe majoritaire des échantillons qu'il contient. Cette étiquette sera utilisée pour classifier de nouveaux points de données non vus qui atteignent ce nœud.

Importance dans la classification : Les nœuds feuilles sont là où les décisions de classification réelles sont prises. Lorsqu'un nouveau point de données est classifié, il traverse l'arbre en fonction de ses valeurs de caractéristiques jusqu'à ce qu'il atteigne un nœud feuille. L'étiquette de classe de ce nœud feuille devient la classe prédite pour le nouveau point de données.

Gestion de l'incertitude : Dans certaines implémentations, les nœuds feuilles peuvent également stocker des informations sur la distribution des classes au sein du nœud. Cela peut être utile pour fournir des estimations de probabilité avec les classifications.

Considérations d'élagage : Dans les techniques d'élagage a posteriori, certains nœuds feuilles peuvent être fusionnés avec leurs nœuds parents s'il est déterminé que cette simplification améliore la capacité de généralisation de l'arbre.

Comprendre les nœuds feuilles est crucial pour interpréter les arbres de décision et pour affiner les performances du modèle en ajustant les critères de terminaison et les stratégies d'élagage.

6. Processus de Prédiction

La phase de prédiction dans un arbre de décision est une étape cruciale où le modèle applique ses règles apprises pour classifier de nouveaux points de données non vus. Voici une explication détaillée de comment ce processus fonctionne :

Traversée de l'arbre : Lorsqu'un nouveau point de données doit être classifié, il commence au nœud racine de l'arbre. De là, il suit un chemin vers le bas de l'arbre, prenant des décisions à chaque nœud interne basées sur les valeurs des caractéristiques du point de données.

Prise de décision aux nœuds : À chaque nœud interne, l'arbre évalue la caractéristique pertinente du point de données par rapport à la condition de division de ce nœud. Par exemple, si un nœud divise sur "âge <= 30", l'arbre vérifiera si l'âge du point de données est inférieur ou égal à 30.

Sélection de branche : Basé sur l'évaluation à chaque nœud, le point de données sera dirigé vers le nœud enfant gauche ou droit (dans un arbre binaire). Ce processus continue, avec le point de données se déplaçant plus profondément dans la structure de l'arbre.

Atteindre un nœud feuille : La traversée continue jusqu'à ce que le point de données atteigne un nœud feuille. Les nœuds feuilles représentent les catégories de classification finales et n'ont pas de nœuds enfants.

Attribution de classification : Une fois que le point de données atteint un nœud feuille, il lui est attribué l'étiquette de classe associée à ce nœud feuille. Cette étiquette représente la prédiction du modèle pour le nouveau point de données.

Gestion de l'incertitude : Dans certaines implémentations, les nœuds feuilles peuvent contenir des informations sur la distribution des classes au sein de ce nœud. Cela peut être utilisé pour fournir une estimation de probabilité avec la classification, donnant une indication de la confiance du modèle dans sa prédiction.

Efficacité : Ce processus de prédiction est généralement très rapide, car il ne nécessite qu'une série de comparaisons simples pour traverser l'arbre, plutôt que des calculs complexes.

Interprétabilité : L'un des principaux avantages des arbres de décision est que ce processus de prédiction peut être facilement compris et expliqué, ce qui le rend précieux dans les applications où la transparence dans la prise de décision est importante.

En suivant cette approche structurée, les arbres de décision peuvent classifier efficacement de nouveaux points de données basés sur les modèles et règles appris durant le processus d'entraînement.

Les Arbres de Décision sont valorisés pour leur interprétabilité, car le processus de prise de décision peut être facilement visualisé et expliqué. Ils peuvent traiter à la fois des données numériques et catégorielles et peuvent capturer des relations complexes et non linéaires entre les caractéristiques. Cependant, ils peuvent être sujets au surapprentissage s'ils ne sont pas correctement élagués ou régularisés.

a. Comment Fonctionnent les Arbres de Décision

1. Commencer avec l'ensemble de données complet au nœud racine. Ce nœud initial représente le point de départ du processus de prise de décision et contient toutes les données d'entraînement.

2. Choisir la caractéristique qui divise le mieux les données en différentes classes en utilisant des critères comme **l'impureté de Gini** ou le **gain d'information**.

   o L'impureté de Gini mesure la probabilité de classifier incorrectement un élément choisi au hasard s'il était étiqueté aléatoirement selon la distribution des étiquettes dans le sous-ensemble.

   o Le gain d'information calcule la réduction de l'entropie (ou incertitude) après qu'un ensemble de données est divisé sur un attribut particulier.

L'algorithme évalue toutes les caractéristiques et sélectionne celle qui fournit la division la plus efficace, créant des sous-ensembles plus homogènes.

1. Répéter le processus de manière récursive pour chaque sous-ensemble de données. Cela signifie que pour chaque nouveau nœud créé par la division, l'algorithme cherche à nouveau la meilleure caractéristique pour diviser, en considérant uniquement les points de données qui ont atteint ce nœud.

2. Arrêter lorsqu'un nœud feuille est pur (contient une seule classe) ou lorsque des divisions supplémentaires n'améliorent pas la classification. D'autres critères d'arrêt peuvent inclure :

   o Atteindre une profondeur maximale de l'arbre

   o Avoir moins qu'un nombre minimum d'échantillons pour diviser

   o Atteindre un seuil d'amélioration minimum pour la division

Ces conditions d'arrêt aident à prévenir le surapprentissage et assurent que l'arbre reste interprétable.

Exemple : Arbres de Décision avec Scikit-learn

```python
import numpy as np
import matplotlib.pyplot as plt
from sklearn.datasets import load_iris
from sklearn.model_selection import train_test_split
from sklearn.tree import DecisionTreeClassifier
from sklearn import tree
from sklearn.metrics import accuracy_score, classification_report

# Load the Iris dataset
iris = load_iris()
X, y = iris.data, iris.target

# Split the data into training and testing sets
X_train, X_test, y_train, y_test = train_test_split(X, y, test_size=0.3,
random_state=42)

# Initialize the decision tree model
model = DecisionTreeClassifier(max_depth=3, random_state=42)

# Train the model
model.fit(X_train, y_train)

# Make predictions on the test set
y_pred = model.predict(X_test)

# Calculate accuracy
accuracy = accuracy_score(y_test, y_pred)
print(f"Model Accuracy: {accuracy:.2f}")

# Print classification report
print("\\nClassification Report:")
print(classification_report(y_test, y_pred, target_names=iris.target_names))

# Plot the decision tree
plt.figure(figsize=(20, 10))
tree.plot_tree(model,          filled=True,          feature_names=iris.feature_names,
class_names=iris.target_names)
plt.title("Decision Tree for Iris Dataset")
plt.show()

# Feature importance
feature_importance = model.feature_importances_
for i, importance in enumerate(feature_importance):
    print(f"Feature '{iris.feature_names[i]}': {importance:.4f}")

# Visualize feature importance
plt.figure(figsize=(10, 6))
```

```
plt.bar(iris.feature_names, feature_importance)
plt.title("Feature Importance in Iris Dataset")
plt.xlabel("Features")
plt.ylabel("Importance")
plt.show()
```

Explication de la décomposition du code :

1. Importation des bibliothèques :

   o Nous importons les bibliothèques nécessaires, notamment NumPy pour les opérations numériques, Matplotlib pour la visualisation, et divers modules de Scikit-learn pour les tâches d'apprentissage automatique.

2. Chargement et préparation des données :

   o Nous chargeons le jeu de données Iris en utilisant la fonction load_iris() de Scikit-learn.

   o Le jeu de données est divisé en ensembles d'entraînement et de test à l'aide de train_test_split(), avec 70% pour l'entraînement et 30% pour le test.

3. Initialisation et entraînement du modèle :

   o Nous créons un DecisionTreeClassifier avec une profondeur maximale de 3 pour éviter le surapprentissage.

   o Le modèle est entraîné sur les données d'entraînement en utilisant la méthode fit().

4. Réalisation de prédictions et évaluation des performances :

   o Nous utilisons le modèle entraîné pour faire des prédictions sur l'ensemble de test.

   o La précision du modèle est calculée et affichée.

   o Un rapport de classification détaillé est généré, montrant la précision, le rappel et le score F1 pour chaque classe.

5. Visualisation de l'arbre de décision :

   o Nous utilisons tree.plot_tree() pour visualiser la structure de l'arbre de décision.

   o L'arbre est représenté avec des couleurs de remplissage, des noms de caractéristiques et des noms de classes pour une meilleure interprétabilité.

6. Analyse de l'importance des caractéristiques :

o Nous extrayons et affichons l'importance de chaque caractéristique dans le processus de prise de décision.

o Un graphique à barres est créé pour représenter visuellement l'importance de chaque caractéristique.

Cet exemple fournit une approche plus complète de la classification par arbre de décision. Il comprend la préparation des données, l'entraînement du modèle, l'évaluation, la visualisation de la structure de l'arbre et l'analyse de l'importance des caractéristiques. Cela permet une compréhension plus approfondie de la façon dont l'arbre de décision effectue ses classifications et quelles caractéristiques sont les plus influentes dans ce processus.

b. Avantages et inconvénients des arbres de décision

Avantages :

- Très intuitifs et facilement interprétables, ce qui les rend précieux pour expliquer des processus de prise de décision complexes aux parties prenantes.

- Polyvalents dans le traitement des données numériques et catégorielles sans nécessiter de prétraitement ou de normalisation approfondis.

- Capables de saisir des relations non linéaires complexes entre les caractéristiques, permettant une modélisation précise des modèles complexes dans les données.

- Nécessitent une préparation minimale des données, car ils peuvent gérer efficacement les valeurs manquantes et les valeurs aberrantes.

Inconvénients :

- Susceptibles au surapprentissage, particulièrement lorsque les arbres sont autorisés à croître profondément, ce qui peut conduire à une mauvaise généralisation sur des données non vues.

- Présentent une instabilité et une sensibilité aux petites variations dans les données d'entraînement, ce qui peut entraîner des structures d'arbre significativement différentes.

- Peuvent avoir des difficultés avec des jeux de données très déséquilibrés, potentiellement en favorisant la classe majoritaire.

- Peuvent devenir coûteux en calcul et chronophages pour de très grands jeux de données, surtout lors de la croissance d'arbres profonds.

4.2.4. Forêts Aléatoires

Les forêts aléatoires constituent une puissante méthode d'apprentissage d'ensemble qui exploite la force de multiples arbres de décision pour créer un modèle prédictif robuste et précis. Cet algorithme répond à certaines limitations des arbres de décision individuels en combinant leurs prédictions, ce qui entraîne une amélioration de la précision et une réduction du surapprentissage.

Voici une explication plus détaillée du fonctionnement des forêts aléatoires :

1. Création de multiples arbres

Les forêts aléatoires génèrent de nombreux arbres de décision, généralement des centaines ou des milliers, chacun entraîné sur un sous-ensemble différent des données. Ce processus, connu sous le nom de bagging (bootstrap aggregating), implique l'échantillonnage aléatoire du jeu de données original avec remplacement pour créer des ensembles d'entraînement diversifiés pour chaque arbre. Pour chaque arbre, un nouveau jeu de données est créé en sélectionnant aléatoirement des échantillons du jeu de données original. Cet échantillonnage est effectué avec remplacement, ce qui signifie que certains échantillons peuvent être sélectionnés plusieurs fois tandis que d'autres peuvent ne pas être sélectionnés du tout. Ce processus est appelé échantillonnage bootstrap.

La taille de chaque jeu de données bootstrappé est généralement la même que celle du jeu de données original, mais en raison de l'aspect de remplacement, environ 63,2% des échantillons originaux sont représentés dans chaque nouveau jeu de données, avec quelques doublons. Cette technique d'échantillonnage garantit que chaque arbre de décision dans la forêt est entraîné sur un jeu de données légèrement différent. Cette diversité est cruciale pour la performance de l'ensemble, car elle aide à réduire le surapprentissage et améliore la généralisation.

Les échantillons non sélectionnés pour un arbre particulier (environ 36,8% du jeu de données original) sont appelés échantillons out-of-bag (OOB). Ceux-ci peuvent être utilisés pour une validation interne et pour estimer la performance du modèle sans nécessiter un ensemble de test séparé. Puisque chaque arbre est entraîné indépendamment sur son propre jeu de données bootstrappé, le processus peut être facilement parallélisé, rendant les forêts aléatoires efficaces même pour de grands jeux de données.

En créant plusieurs arbres avec des ensembles d'entraînement diversifiés, les forêts aléatoires exploitent la puissance de l'apprentissage d'ensemble, où la sagesse collective de nombreux modèles légèrement différents surpasse souvent n'importe quel modèle individuel.

2. Randomisation des caractéristiques

Les forêts aléatoires introduisent une couche supplémentaire d'aléatoire en ne considérant qu'un sous-ensemble de caractéristiques à chaque division dans les arbres de décision. Cette randomisation des caractéristiques, également connue sous le nom de bagging de caractéristiques ou bagging d'attributs, est une composante clé de l'algorithme des forêts aléatoires. Voici une explication plus détaillée :

- Sélection de sous-ensemble : À chaque nœud d'un arbre de décision, au lieu de considérer toutes les caractéristiques disponibles pour la meilleure division, seul un sous-ensemble aléatoire de caractéristiques est évalué. La taille de ce sous-ensemble est généralement la racine carrée du nombre total de caractéristiques pour les tâches de classification, ou un tiers du total des caractéristiques pour les tâches de régression.

- Effet de décorrélation : En limitant les caractéristiques disponibles à chaque division, l'algorithme réduit la corrélation entre les arbres de la forêt. Ceci est crucial car si tous les arbres pouvaient considérer toutes les caractéristiques, ils pourraient finir par être très similaires, surtout s'il y a quelques prédicteurs très forts dans le jeu de données.

- Diversité accrue : La sélection aléatoire des caractéristiques oblige chaque arbre à apprendre à partir de différents aspects des données, conduisant à un ensemble plus diversifié d'arbres. Cette diversité est essentielle pour la performance globale et la capacité de généralisation de l'ensemble.

- Robustesse améliorée : La randomisation des caractéristiques aide la forêt à être moins sensible aux prédicteurs individuels forts. Elle permet à d'autres caractéristiques potentiellement importantes mais moins dominantes de jouer un rôle dans le processus de prise de décision, ce qui peut conduire à une meilleure capture des modèles complexes dans les données.

- Atténuation du surapprentissage : En ne s'appuyant pas toujours sur les prédicteurs les plus forts, la randomisation des caractéristiques aide à réduire le surapprentissage. Elle empêche le modèle de devenir trop spécialisé aux données d'entraînement, améliorant ainsi sa performance sur des données non vues.

Cette randomisation des caractéristiques, combinée à l'échantillonnage bootstrap des données, contribue significativement à rendre les arbres plus indépendants et diversifiés dans leurs prédictions. En conséquence, lorsque les prédictions de tous les arbres sont agrégées, la forêt aléatoire peut atteindre une précision plus élevée et une meilleure généralisation que les arbres de décision individuels ou les ensembles sans cette étape de randomisation.

3. Processus d'entraînement

Chaque arbre de décision dans la forêt aléatoire est entraîné indépendamment sur son sous-ensemble unique de données et de caractéristiques. Ce processus est un composant clé de la force et de l'efficacité de l'algorithme :

- Sous-ensembles de données uniques : Chaque arbre est entraîné sur un échantillon bootstrap différent du jeu de données original, assurant la diversité dans les données d'entraînement.

- Randomisation des caractéristiques : À chaque division de nœud, seul un sous-ensemble aléatoire de caractéristiques est considéré, augmentant davantage la diversité entre les arbres.

- Entraînement indépendant : Les arbres sont entraînés isolément les uns des autres, permettant un traitement parallèle.

- Calcul efficace : La nature parallèle du processus d'entraînement le rend hautement évolutif et efficace, particulièrement pour les grands jeux de données.

- Informatique distribuée : L'entraînement indépendant des arbres peut être facilement distribué sur plusieurs processeurs ou machines, réduisant significativement le temps de calcul pour les grandes forêts.

Ce processus d'entraînement parallèle et aléatoire est crucial pour créer un ensemble diversifié d'arbres de décision, qui forment collectivement un modèle de forêt aléatoire robuste et précis. L'indépendance de l'entraînement de chaque arbre contribue à la capacité de l'algorithme à réduire le surapprentissage et à améliorer la généralisation aux nouvelles données.

4. Agrégation des prédictions

La phase d'agrégation des prédictions est une étape cruciale dans l'algorithme de forêt aléatoire, où les prédictions individuelles de tous les arbres sont combinées pour produire un résultat final. Ce processus exploite la sagesse collective de l'ensemble pour générer des prédictions plus robustes et précises. Voici une explication détaillée du fonctionnement de l'agrégation des prédictions :

Pour les tâches de classification :

- Chaque arbre dans la forêt classifie indépendamment le nouveau point de données dans l'une des catégories prédéfinies.

- La prédiction finale est déterminée par un vote majoritaire parmi tous les arbres. Cela signifie que la classe qui reçoit le plus de votes des arbres individuels devient la classe prédite finale.

- En cas d'égalité, l'algorithme peut utiliser diverses stratégies de départage, comme la sélection de la classe avec la plus haute probabilité moyenne à travers tous les arbres.

- Ce mécanisme de vote aide à lisser les erreurs et les biais des arbres individuels, conduisant à des prédictions plus fiables.

Pour les tâches de régression :

- Chaque arbre dans la forêt fournit sa propre prédiction numérique pour la variable cible.

- La prédiction finale est calculée comme la moyenne de toutes les prédictions des arbres individuels.

- Ce processus de moyenne aide à réduire l'impact des prédictions aberrantes des arbres individuels et fournit une estimation plus stable et précise.

- Certaines implémentations peuvent utiliser une moyenne pondérée, donnant plus d'importance aux arbres avec une meilleure performance sur les échantillons out-of-bag.

Avantages de l'agrégation :

- Variance réduite : En combinant plusieurs prédictions, les forêts aléatoires réduisent significativement la variance du modèle, conduisant à une meilleure généralisation.

- Robustesse aux valeurs aberrantes : Le processus d'agrégation aide à atténuer l'impact des arbres individuels qui pourraient avoir surappris le bruit dans les données.

- Mesures de confiance : La proportion d'arbres votant pour chaque classe (dans la classification) ou l'étendue des prédictions (dans la régression) peut fournir une mesure de confiance de la prédiction.

Cette étape d'agrégation est ce qui transforme une collection d'apprenants potentiellement faibles (arbres de décision individuels) en un puissant modèle d'ensemble capable de gérer des motifs complexes dans les données.

5. Précision améliorée

Les Forêts Aléatoires atteignent souvent une précision plus élevée que les arbres de décision individuels en combinant plusieurs arbres diversifiés. Cette précision améliorée découle de plusieurs facteurs clés :

- Apprentissage d'ensemble : En agrégeant les prédictions de nombreux arbres, les Forêts Aléatoires exploitent la puissance de l'apprentissage d'ensemble. Cette approche aide à lisser les erreurs et les biais inhérents aux arbres individuels, aboutissant à des prédictions plus fiables et stables.

- Diversité dans l'entraînement : Chaque arbre dans la forêt est entraîné sur un sous-ensemble différent des données et considère un sous-ensemble aléatoire de caractéristiques à chaque division. Cette diversité permet à la forêt de capturer une plus large gamme de modèles et de relations au sein des données, conduisant à un modèle plus complet.

- Réduction du surapprentissage : L'aléatoire introduit dans l'échantillonnage des données et la sélection des caractéristiques aide à réduire le surapprentissage. Alors que les arbres individuels pourraient surapprendre à leurs sous-ensembles d'entraînement spécifiques, l'agrégation de nombreux arbres tend à moyenner ces modèles surappris, aboutissant à une meilleure généralisation aux données non vues.

- Gestion des relations non linéaires : Les Forêts Aléatoires peuvent efficacement capturer des relations complexes et non linéaires dans les données qui pourraient être manquées par des modèles plus simples. La combinaison de multiples chemins de décision permet de modéliser des modèles et des interactions complexes entre les caractéristiques.

- Robustesse aux valeurs aberrantes et au bruit : En agrégeant les prédictions, les Forêts Aléatoires sont moins sensibles aux valeurs aberrantes et au bruit dans les données par rapport aux arbres de décision individuels. Les points de données anormaux ou les caractéristiques bruitées sont moins susceptibles de fausser significativement la prédiction globale de la forêt.

Ces facteurs contribuent collectivement à la précision améliorée des Forêts Aléatoires, en faisant un choix puissant et fiable pour de nombreuses tâches de classification et de régression en apprentissage automatique.

6. Réduction du surapprentissage

Les Forêts Aléatoires sont significativement moins susceptibles de surapprendre par rapport aux arbres de décision individuels. Cette capacité de généralisation améliorée découle de plusieurs facteurs clés :

- **Approche d'ensemble** : En agrégeant les prédictions de multiples arbres, les Forêts Aléatoires moyennent les biais et erreurs individuels, aboutissant à un modèle plus robuste.

- **Randomisation des données** : Chaque arbre est entraîné sur un échantillon bootstrap différent du jeu de données original. Cette variation dans les données d'entraînement aide à réduire la sensibilité du modèle à des points de données spécifiques.

- **Randomisation des caractéristiques** : À chaque division de nœud, seul un sous-ensemble de caractéristiques est considéré. Cela empêche le modèle de trop s'appuyer sur une caractéristique particulière, encourageant un ensemble plus diversifié de chemins de décision.

- **Moyenne des prédictions** : La prédiction finale est une agrégation de toutes les prédictions individuelles des arbres. Ce processus de moyenne lisse les prédictions extrêmes qui pourraient résulter du surapprentissage dans les arbres individuels.

- **Échantillons Out-of-Bag (OOB)** : Les échantillons non utilisés dans l'entraînement d'un arbre particulier (environ 37% des données) servent de jeu de validation intégré, fournissant une estimation non biaisée de l'erreur de généralisation.

Ces mécanismes permettent collectivement aux Forêts Aléatoires de capturer des modèles complexes dans les données d'entraînement tout en maintenant une bonne performance sur les données non vues. La capacité du modèle à bien généraliser le rend particulièrement précieux dans les scénarios où la prévention du surapprentissage est cruciale.

7. Importance des caractéristiques

Les Forêts Aléatoires fournissent une mesure précieuse de l'importance des caractéristiques, offrant des aperçus sur les variables les plus influentes dans la réalisation des prédictions. Cette capacité est un avantage significatif de l'algorithme de Forêt Aléatoire, car elle aide à comprendre les modèles sous-jacents dans les données et peut guider les processus de sélection de caractéristiques. Voici une explication plus détaillée de l'importance des caractéristiques dans les Forêts Aléatoires :

- Méthode de calcul : L'importance des caractéristiques est typiquement calculée en mesurant la diminution de la performance du modèle lorsqu'une caractéristique particulière est aléatoirement mélangée ou supprimée. Les caractéristiques qui causent une plus grande diminution de performance sont considérées comme plus importantes.

- Diminution moyenne de l'impureté (MDI) : Cette méthode calcule l'importance des caractéristiques basée sur la diminution totale de l'impureté des nœuds (généralement mesurée par l'impureté de Gini ou l'entropie) moyennée sur tous les arbres de la forêt. Les caractéristiques qui entraînent de plus grandes diminutions d'impureté sont classées comme plus importantes.

- Diminution moyenne de la précision (MDA) : Aussi connue sous le nom d'importance par permutation, cette méthode mesure la diminution de la précision du modèle lorsque les valeurs d'une caractéristique sont aléatoirement permutées. Une plus grande diminution de la précision indique une importance plus élevée de la caractéristique.

- Applications :

  o Sélection de caractéristiques : Identifier les caractéristiques les plus importantes peut aider à réduire la complexité du modèle en se concentrant sur les variables les plus influentes.

  o Compréhension des données : L'importance des caractéristiques fournit des aperçus sur les facteurs qui guident les prédictions, améliorant l'interprétabilité du modèle.

  o Connaissance du domaine : Les classements d'importance peuvent être comparés avec l'expertise du domaine pour valider l'apprentissage du modèle ou découvrir des modèles inattendus.

- Considérations d'interprétation :

  o Corrélation : Les caractéristiques hautement corrélées peuvent voir leur importance divisée, sous-estimant potentiellement leur impact réel.

  o Échelle : L'importance des caractéristiques ne tient pas compte de l'échelle des caractéristiques, donc le prétraitement (comme la standardisation) peut affecter les classements.

  o Stabilité : Les classements d'importance peuvent varier entre différentes exécutions de l'algorithme, particulièrement avec des jeux de données plus petits.

En exploitant l'importance des caractéristiques, les data scientists et analystes peuvent obtenir des aperçus plus profonds de leurs jeux de données, optimiser leurs modèles et prendre des décisions plus éclairées dans diverses applications d'apprentissage automatique.

En exploitant ces techniques, les Forêts Aléatoires créent un algorithme puissant et polyvalent qui performe bien dans une large gamme de tâches de classification et de régression, en faisant un choix populaire dans de nombreuses applications d'apprentissage automatique.

Comment Fonctionnent les Forêts Aléatoires

1. Générer plusieurs sous-ensembles des données d'entraînement par échantillonnage aléatoire avec remise (**échantillonnage bootstrap**).Cette étape, connue sous le nom d'agrégation bootstrap ou bagging, crée des sous-ensembles diversifiés des données originales. Chaque sous-ensemble contient généralement environ 63% des échantillons originaux, avec certains échantillons répétés et d'autres omis. Ce processus introduit de la variabilité entre les arbres et aide à réduire le surapprentissage.

2. Entraîner un arbre de décision sur chaque sous-ensemble, en utilisant un sous-ensemble aléatoire de caractéristiques à chaque division.Pour chaque échantillon bootstrap, un arbre de décision est développé. Cependant, contrairement aux arbres de décision standard, les Forêts Aléatoires introduisent une couche supplémentaire d'aléatoire. À chaque nœud de l'arbre, au lieu de considérer toutes les caractéristiques pour la meilleure division, seul un sous-ensemble aléatoire de caractéristiques est évalué. Cette randomisation des caractéristiques augmente davantage la diversité entre les arbres et aide à les décorréler, conduisant à un ensemble plus robuste.

3. Agréger les prédictions de tous les arbres pour prendre la décision finale.Une fois que tous les arbres sont entraînés, la Forêt Aléatoire fait des prédictions en agrégeant les résultats des arbres individuels. Pour les tâches de classification, cela se fait généralement par vote majoritaire, où la classe prédite par la majorité des arbres devient la prédiction finale. Pour les tâches de régression, la moyenne de toutes les prédictions des arbres est utilisée. Ce processus d'agrégation exploite la sagesse collective, aboutissant souvent à des prédictions plus précises et stables comparées à celles des arbres individuels.

Exemple : Forêts Aléatoires avec Scikit-learn

```python
import numpy as np
from sklearn.ensemble import RandomForestClassifier
from sklearn.model_selection import train_test_split
from sklearn.metrics import accuracy_score, classification_report
from sklearn.datasets import make_classification

# Generate a synthetic dataset
X, y = make_classification(n_samples=1000, n_features=20, n_classes=2,
random_state=42)

# Split the data into training and testing sets
X_train, X_test, y_train, y_test = train_test_split(X, y, test_size=0.2,
random_state=42)
```

```
# Initialize the Random Forest model
model = RandomForestClassifier(n_estimators=100, max_depth=10, min_samples_split=5,
random_state=42)

# Train the model
model.fit(X_train, y_train)

# Predict on the test set
y_pred = model.predict(X_test)

# Calculate accuracy
accuracy = accuracy_score(y_test, y_pred)
print(f"Random Forest Test Accuracy: {accuracy:.2f}")

# Print detailed classification report
print("\\nClassification Report:")
print(classification_report(y_test, y_pred))

# Feature importance
feature_importance = model.feature_importances_
sorted_idx = np.argsort(feature_importance)
print("\\nTop 5 important features:")
for idx in sorted_idx[-5:]:
    print(f"Feature {idx}: {feature_importance[idx]:.4f}")
```

Analyse du code :

1. Importations :

   o Nous importons les modules nécessaires de scikit-learn et numpy.

2. Génération des données :

   o Nous utilisons make_classification pour créer un jeu de données synthétique à des fins de démonstration.

   o Cela génère 1000 échantillons avec 20 caractéristiques pour un problème de classification binaire.

3. Division des données :

   o Le jeu de données est divisé en ensembles d'entraînement (80%) et de test (20%) en utilisant train_test_split.

4. Initialisation du modèle :

   o Nous créons un RandomForestClassifier avec 100 arbres (n_estimators).

   o Des paramètres supplémentaires comme max_depth et min_samples_split sont définis pour contrôler la croissance des arbres.

5. Entraînement du modèle :

- o La méthode fit est utilisée pour entraîner le modèle sur les données d'entraînement.

6. Prédiction :

- o Nous utilisons le modèle entraîné pour faire des prédictions sur l'ensemble de test.

7. Évaluation :

- o accuracy_score calcule la précision globale du modèle.

- o classification_report fournit une analyse détaillée de la précision, du rappel et du score F1 pour chaque classe.

8. Importance des caractéristiques :

- o Nous extrayons et trions les importances des caractéristiques du modèle.

- o Les 5 caractéristiques les plus importantes sont affichées, montrant quelles variables d'entrée ont le plus d'influence sur les décisions du modèle.

Cet exemple complet démontre non seulement l'utilisation de base des Forêts Aléatoires, mais inclut également la préparation des données, des métriques d'évaluation détaillées et l'analyse de l'importance des caractéristiques, offrant une vision plus complète de la performance et des caractéristiques du modèle.

4.3 Métriques d'évaluation avancées (Précision, Rappel, AUC-ROC)

Dans le domaine de l'apprentissage automatique, l'évaluation des modèles va bien au-delà de la simple mesure de l'exactitude. Bien que l'**exactitude** serve de métrique précieuse pour les jeux de données équilibrés, elle peut brosser un tableau trompeur lorsqu'il s'agit de distributions de classes déséquilibrées.

Considérez un scénario où 95% des échantillons appartiennent à une seule classe ; un modèle qui prédit systématiquement cette classe majoritaire afficherait une haute exactitude malgré son incapacité à identifier efficacement la classe minoritaire. Pour surmonter cette limitation et obtenir une compréhension plus complète de la performance du modèle, les data scientists emploient des métriques sophistiquées telles que la **précision**, le **rappel**, et l'**AUC-ROC**.

Ces techniques d'évaluation avancées offrent une vision nuancée des capacités d'un modèle, donnant des aperçus sur sa capacité à identifier correctement les instances positives, à minimiser les faux positifs et négatifs, et à discriminer entre les classes à travers divers seuils de décision. En utilisant ces métriques, les chercheurs et praticiens peuvent prendre des décisions éclairées concernant la sélection et l'optimisation des modèles, garantissant que l'algorithme choisi non seulement performe bien dans des environnements contrôlés, mais se transpose également efficacement aux applications du monde réel où les déséquilibres de classes et les coûts variables de mauvaise classification sont courants.

Dans les sections suivantes, nous approfondirons chacune de ces métriques, élucidant leurs fondements mathématiques, applications pratiques et interprétations. À travers des explications détaillées et des exemples illustratifs, nous visons à vous équiper des connaissances et outils nécessaires pour mener des évaluations approfondies et significatives de vos modèles d'apprentissage automatique, vous permettant de prendre des décisions fondées sur les données et de développer des solutions robustes pour des problèmes de classification complexes.

4.3.1 Précision et Rappel

La **précision** et le **rappel** sont des métriques fondamentales en apprentissage automatique qui fournissent des insights cruciaux sur la performance des modèles de classification, particulièrement lors de l'identification de la classe positive. Ces métriques sont particulièrement précieuses lorsqu'on travaille avec des **jeux de données déséquilibrés**, où la distribution des classes est significativement biaisée.

La précision se concentre sur l'exactitude des prédictions positives. Elle mesure la proportion d'instances positives correctement identifiées parmi toutes les instances prédites comme positives. En d'autres termes, la précision répond à la question : "Parmi tous les échantillons que notre modèle a étiquetés comme positifs, combien étaient réellement positifs ?" Une haute précision indique que lorsque le modèle prédit une instance positive, elle est probablement correcte.

Le rappel, quant à lui, met l'accent sur la capacité du modèle à trouver toutes les instances positives. Il mesure la proportion d'instances positives correctement identifiées parmi toutes les instances réellement positives dans le jeu de données. Le rappel répond à la question : "Parmi tous les échantillons réellement positifs dans notre jeu de données, combien notre modèle a-t-il correctement identifiés ?" Un rappel élevé suggère que le modèle est efficace pour capturer une grande partie des instances positives.

Ces métriques sont particulièrement cruciales lorsqu'on traite des **jeux de données déséquilibrés**, où une classe (généralement la classe minoritaire) est significativement sous-représentée par rapport à l'autre. Dans de tels scénarios, l'exactitude seule peut être trompeuse. Par exemple, dans un jeu de données où seulement 5% des échantillons appartiennent à la classe positive, un modèle qui prédit toujours la classe négative atteindrait 95% d'exactitude mais serait totalement inutile pour identifier les instances positives.

En utilisant la précision et le rappel, nous pouvons obtenir une compréhension plus nuancée de la performance de notre modèle sur la classe minoritaire, qui est souvent la classe d'intérêt dans de nombreux problèmes du monde réel tels que la détection de fraude, le diagnostic de maladies ou la prédiction d'événements rares. Ces métriques aident les data scientists et les praticiens de l'apprentissage automatique à affiner leurs modèles et à prendre des décisions éclairées concernant la sélection et l'optimisation des modèles, garantissant que l'algorithme choisi performe efficacement même face à des déséquilibres de classes.

a. Précision

La précision est une métrique cruciale dans l'évaluation de la performance des modèles de classification, particulièrement dans les scénarios où le coût des faux positifs est élevé. Elle mesure la proportion de prédictions positives correctes parmi toutes les prédictions positives effectuées par le modèle.

En d'autres termes, la précision répond à la question : *Parmi tous les échantillons prédits comme positifs, combien sont réellement positifs ?*

Pour approfondir notre compréhension de la précision, analysons ses composants et examinons comment ils contribuent à cette métrique essentielle :

- Vrais Positifs (VP) : Ils représentent les cas où le modèle identifie correctement les échantillons positifs. En essence, ce sont les "réussites" - les cas où la prédiction positive du modèle correspond à la réalité.

- Faux Positifs (FP) : Ils surviennent lorsque le modèle étiquette incorrectement des échantillons négatifs comme positifs. Ce sont les "fausses alertes" - des cas où le modèle signale à tort quelque chose comme positif alors qu'il est en réalité négatif.

Avec ces composants à l'esprit, nous pouvons exprimer la précision mathématiquement comme :

```
Précision = VP / (VP + FP)
```

Cette formule capture élégamment la capacité du modèle à éviter les faux positifs tout en identifiant correctement les vrais positifs. Un score de précision élevé indique que lorsque le modèle prédit un résultat positif, il est probablement correct, minimisant les fausses alertes et améliorant la fiabilité des prédictions positives.

La précision joue un rôle crucial dans les scénarios où les conséquences des faux positifs sont significatives. Cette métrique est particulièrement précieuse dans diverses applications du monde réel, notamment :

- Détection de spam dans les emails : Une haute précision est essentielle pour garantir que les emails légitimes ne soient pas signalés par erreur comme spam, évitant ainsi que des communications importantes ne soient négligées ou retardées.

- Diagnostic médical : Dans les tests de dépistage, maintenir une haute précision aide à minimiser l'anxiété inutile, les procédures de suivi invasives et les surtraitements potentiels pour les individus en bonne santé, réduisant ainsi les coûts émotionnels et financiers.

- Détection de fraude : Atteindre une haute précision dans les systèmes de détection de fraude est crucial pour éviter d'accuser faussement des clients innocents d'activités frauduleuses, ce qui pourrait nuire aux relations avec les clients, à la réputation de la marque et potentiellement entraîner des complications juridiques.

- Modération de contenu : Sur les réseaux sociaux et les plateformes en ligne, une haute précision dans les algorithmes de modération de contenu aide à prévenir la suppression incorrecte de publications légitimes, préservant la liberté d'expression tout en filtrant efficacement le contenu nuisible.

- Contrôle qualité dans la fabrication : Une haute précision dans les systèmes de détection de défauts garantit que seuls les produits réellement défectueux sont rejetés, minimisant le gaspillage et maintenant l'efficacité de production sans compromettre la qualité du produit.

Dans ces contextes et bien d'autres, la capacité à minimiser les faux positifs grâce à une haute précision n'est pas seulement une question d'exactitude statistique, mais a souvent des implications pratiques, éthiques et économiques significatives.

Cependant, il est important de noter que se concentrer uniquement sur la précision peut parfois conduire à un compromis avec le rappel. Un modèle avec une très haute précision pourrait y parvenir en étant trop conservateur dans ses prédictions positives, manquant potentiellement certains cas réellement positifs. Par conséquent, la précision devrait souvent être considérée conjointement avec d'autres métriques comme le rappel et le score F1 pour une évaluation complète de la performance du modèle.

$$Précision = \frac{VraisPositifs(VP)}{VraisPositifs(VP) + FauxPositifs(FP)}$$

Un score de précision élevé signifie que le modèle a un faible taux de faux positifs, ce qui indique qu'il est efficace pour éviter les fausses alertes.

b. Rappel

Le rappel (également connu sous le nom de sensibilité ou taux de vrais positifs) est une métrique cruciale dans l'évaluation de la performance des modèles de classification, particulièrement dans les scénarios où l'identification de toutes les instances positives est critique. Il mesure la proportion de prédictions positives correctes parmi tous les échantillons réellement positifs dans le jeu de données.

Mathématiquement, le rappel est défini comme :

Rappel = Vrais Positifs / (Vrais Positifs + Faux Négatifs)

Cette formule quantifie la capacité du modèle à trouver toutes les instances positives dans le jeu de données. Un rappel élevé indique que le modèle est adepte à identifier une grande partie des cas réellement positifs.

Le rappel répond à la question cruciale : *Parmi toutes les instances réellement positives dans notre jeu de données, quelle proportion notre modèle a-t-il réussi à identifier ?* Cette métrique revêt une immense importance dans divers scénarios du monde réel, incluant mais non limité à :

- Diagnostics médicaux : Dans le domaine de la détection de maladies, un taux de rappel élevé est primordial. Il garantit que la grande majorité des patients atteints d'une condition particulière sont identifiés avec précision, réduisant ainsi significativement le risque de diagnostics négligés. Ceci est particulièrement crucial dans les cas où une détection précoce peut améliorer dramatiquement les résultats du traitement.

- Sécurité financière : Quand il s'agit d'identifier des transactions frauduleuses dans le secteur financier, un taux de rappel élevé est indispensable. Il permet au système de capturer une proportion substantielle des cas réels de fraude, même si cette approche conduit occasionnellement à l'investigation de quelques faux positifs. Les pertes financières potentielles et les brèches de sécurité évitées par cette approche l'emportent souvent sur les ressources dépensées pour enquêter sur les fausses alertes.

- Systèmes de recherche d'information : Dans le contexte des moteurs de recherche ou des algorithmes de recommandation, maintenir un rappel élevé est essentiel pour la satisfaction des utilisateurs. Il garantit que le système récupère et présente la plupart, sinon la totalité, des éléments pertinents à l'utilisateur, fournissant un ensemble complet et exhaustif de résultats. Cette approche améliore l'expérience utilisateur en minimisant les chances de négliger des informations ou recommandations potentiellement précieuses.

Dans chacun de ces scénarios, l'accent mis sur le rappel reflète une priorisation de l'exhaustivité et de la rigueur dans l'identification des instances positives, même au coût potentiel d'une augmentation des faux positifs. Ce compromis est souvent justifié par les enjeux élevés liés à la non-détection des cas réellement positifs dans ces domaines.

Il est important de noter que bien qu'un rappel élevé soit souhaitable dans de nombreux scénarios, il se fait souvent au détriment de la précision. Un modèle avec un très haut rappel pourrait y parvenir en étant trop libéral dans ses prédictions positives, augmentant potentiellement les faux positifs. Par conséquent, le rappel devrait généralement être considéré conjointement avec d'autres métriques comme la précision et le score F1 pour une évaluation complète de la performance du modèle.

$$Rappel = \frac{VraisPositifs(VP)}{VraisPositifs(VP) + FauxN\acute{e}gatifs(FN)}$$

Un score de rappel élevé signifie que le modèle est efficace pour détecter les échantillons positifs, même s'il génère parfois des faux positifs.

Exemple : Précision et Rappel avec Scikit-learn

Voyons comment calculer la précision et le rappel à l'aide de Scikit-learn.

```python
import numpy as np
import matplotlib.pyplot as plt
from sklearn.metrics import precision_score, recall_score, f1_score, confusion_matrix,
roc_curve, roc_auc_score
from sklearn.model_selection import train_test_split
from sklearn.linear_model import LogisticRegression
from sklearn.datasets import make_classification

# Generate a sample imbalanced dataset
X, y = make_classification(n_samples=1000, n_features=20, n_classes=2, weights=[0.9,
0.1], random_state=42)

# Split the data into training and test sets
X_train, X_test, y_train, y_test = train_test_split(X, y, test_size=0.2,
random_state=42)

# Initialize and train a logistic regression model
model = LogisticRegression()
model.fit(X_train, y_train)

# Predict on the test set
y_pred = model.predict(X_test)
y_pred_proba = model.predict_proba(X_test)[:, 1]

# Calculate precision, recall, and F1 score
precision = precision_score(y_test, y_pred)
recall = recall_score(y_test, y_pred)
f1 = f1_score(y_test, y_pred)

print(f"Precision: {precision:.2f}")
print(f"Recall: {recall:.2f}")
print(f"F1 Score: {f1:.2f}")

# Generate confusion matrix
cm = confusion_matrix(y_test, y_pred)
print("\\nConfusion Matrix:")
print(cm)

# Calculate and plot ROC curve
fpr, tpr, _ = roc_curve(y_test, y_pred_proba)
roc_auc = roc_auc_score(y_test, y_pred_proba)

plt.figure()
plt.plot(fpr, tpr, color='darkorange', lw=2, label=f'ROC curve (AUC = {roc_auc:.2f})')
plt.plot([0, 1], [0, 1], color='navy', lw=2, linestyle='--')
```

```
plt.xlim([0.0, 1.0])
plt.ylim([0.0, 1.05])
plt.xlabel('False Positive Rate')
plt.ylabel('True Positive Rate')
plt.title('Receiver Operating Characteristic (ROC) Curve')
plt.legend(loc="lower right")
plt.show()

# Feature importance
feature_importance = abs(model.coef_[0])
feature_importance = 100.0 * (feature_importance / feature_importance.max())
sorted_idx = np.argsort(feature_importance)
pos = np.arange(sorted_idx.shape[0]) + .5

plt.figure(figsize=(12, 6))
plt.barh(pos, feature_importance[sorted_idx], align='center')
plt.yticks(pos, np.array(range(X.shape[1]))[sorted_idx])
plt.xlabel('Relative Importance')
plt.title('Feature Importance')
plt.show()
```

Cet exemple de code fournit une approche complète pour évaluer un modèle de régression logistique sur un jeu de données déséquilibré.

Décomposons les éléments clés et leur importance :

1. Génération et préparation des données

- Nous utilisons make_classification pour créer un jeu de données déséquilibré avec une distribution de classes 90:10.

- Les données sont divisées en ensembles d'entraînement et de test à l'aide de train_test_split.

2. Entraînement du modèle et prédiction

- Un modèle de régression logistique est initialisé et entraîné sur les données d'entraînement.

- Des prédictions sont effectuées sur l'ensemble de test, incluant à la fois les prédictions de classe et les estimations de probabilité.

3. Calcul des métriques de performance

- La précision, le rappel et le score F1 sont calculés à l'aide des fonctions intégrées de scikit-learn.

- Ces métriques offrent une vue équilibrée de la performance du modèle, particulièrement importante pour les jeux de données déséquilibrés.

4. Matrice de confusion

- Une matrice de confusion est générée pour visualiser la performance du modèle à travers toutes les classes.

- Cela aide à comprendre la distribution des prédictions correctes et incorrectes pour chaque classe.

5. Courbe ROC et score AUC

- La courbe ROC (Receiver Operating Characteristic) est tracée, montrant le compromis entre le taux de vrais positifs et le taux de faux positifs à différents seuils de classification.

- Le score AUC (Area Under the Curve) est calculé, fournissant une métrique unique pour la capacité du modèle à distinguer entre les classes.

6. Importance des caractéristiques

- L'importance de chaque caractéristique dans le modèle de régression logistique est visualisée.

- Cela aide à comprendre quelles caractéristiques ont l'impact le plus significatif sur les décisions du modèle.

Cette approche complète est particulièrement précieuse lorsqu'on traite des jeux de données déséquilibrés, car elle fournit des insights au-delà des simples métriques de précision et aide à identifier les domaines potentiels d'amélioration du modèle.

4.3.2 Score F1

Le score F1 est une métrique puissante qui combine la précision et le rappel en une seule valeur. Il est calculé comme la moyenne harmonique de la précision et du rappel, ce qui donne un poids égal aux deux métriques. La formule du score F1 est :

F1 = 2 *(Précision* Rappel) / (Précision + Rappel)

Cette métrique fournit une mesure équilibrée de la performance d'un modèle, particulièrement utile dans les scénarios où il y a une distribution de classes inégale. Voici pourquoi le score F1 est particulièrement précieux :

- Il pénalise les valeurs extrêmes : Contrairement à une simple moyenne, le score F1 est faible si la précision ou le rappel est faible. Cela garantit que le modèle performe bien sur les deux métriques.

- Il est adapté aux jeux de données déséquilibrés : Dans les cas où une classe est beaucoup plus fréquente que l'autre, le score F1 fournit une mesure plus informative que la précision.

- Il capture à la fois les faux positifs et les faux négatifs : En combinant la précision et le rappel, le score F1 prend en compte les deux types d'erreurs.

Le score F1 varie de 0 à 1, 1 étant le meilleur score possible. Un score F1 parfait de 1 indique que le modèle a à la fois une précision et un rappel parfaits. En revanche, un score de 0 suggère que le modèle performe mal sur au moins une de ces métriques.

Il est particulièrement utile dans les scénarios où vous devez trouver un équilibre optimal entre la précision et le rappel. Par exemple, en diagnostic médical, vous pourriez vouloir minimiser à la fois les faux positifs (pour éviter des traitements inutiles) et les faux négatifs (pour éviter de manquer des cas réels de maladie). Le score F1 fournit une métrique unique, facile à interpréter pour de telles situations.

Cependant, il est important de noter que bien que le score F1 soit très utile, il ne devrait pas être utilisé isolément. En fonction de votre problème spécifique, vous pourriez avoir besoin de considérer la précision et le rappel séparément, ou d'utiliser d'autres métriques comme la précision ou l'AUC-ROC pour une évaluation complète de la performance de votre modèle.

Exemple : Score F1 avec Scikit-learn

```python
import numpy as np
from sklearn.datasets import make_classification
from sklearn.model_selection import train_test_split
from sklearn.linear_model import LogisticRegression
from sklearn.metrics import f1_score, precision_score, recall_score, confusion_matrix
import matplotlib.pyplot as plt
import seaborn as sns

# Generate a sample dataset
X, y = make_classification(n_samples=1000, n_classes=2, n_features=20,
                           n_informative=2, n_redundant=10,
                           n_clusters_per_class=1, random_state=42)

# Split the data into training and testing sets
X_train, X_test, y_train, y_test = train_test_split(X, y, test_size=0.3,
random_state=42)

# Train a logistic regression model
model = LogisticRegression(random_state=42)
model.fit(X_train, y_train)

# Make predictions
y_pred = model.predict(X_test)

# Calculate precision, recall, and F1 score
precision = precision_score(y_test, y_pred)
recall = recall_score(y_test, y_pred)
f1 = f1_score(y_test, y_pred)

print(f"Precision: {precision:.2f}")
print(f"Recall: {recall:.2f}")
print(f"F1 Score: {f1:.2f}")
```

```
# Generate and plot confusion matrix
cm = confusion_matrix(y_test, y_pred)
plt.figure(figsize=(8, 6))
sns.heatmap(cm, annot=True, fmt='d', cmap='Blues')
plt.title('Confusion Matrix')
plt.xlabel('Predicted')
plt.ylabel('Actual')
plt.show()
```

Cet exemple de code offre une approche plus complète pour calculer et visualiser le score F1, ainsi que d'autres métriques associées.

Voici une analyse détaillée du code :

1. Importation des bibliothèques nécessaires :

    o   Nous importons NumPy pour les opérations numériques, Scikit-learn pour les outils d'apprentissage automatique, Matplotlib pour les graphiques, et Seaborn pour des visualisations améliorées.

2. Génération d'un jeu de données échantillon :

    o   Nous utilisons make_classification de Scikit-learn pour créer un jeu de données synthétique avec 1000 échantillons, 2 classes et 20 caractéristiques.

3. Division des données :

    o   Le jeu de données est divisé en ensembles d'entraînement (70%) et de test (30%) à l'aide de train_test_split.

4. Entraînement du modèle :

    o   Un modèle de régression logistique est initialisé et entraîné sur les données d'entraînement.

5. Réalisation des prédictions :

    o   Le modèle entraîné est utilisé pour faire des prédictions sur l'ensemble de test.

6. Calcul des métriques :

    o   Nous calculons la précision, le rappel et le score F1 en utilisant les fonctions intégrées de Scikit-learn.

    o   Ces métriques offrent une vue complète de la performance du modèle :

        ▪   Précision : Le rapport entre les observations positives correctement prédites et le total des prédictions positives.

        ▪   Rappel : Le rapport entre les observations positives correctement prédites et tous les cas réellement positifs.

  - Score F1 : La moyenne harmonique de la précision et du rappel, fournissant un score unique qui équilibre les deux métriques.

7. Génération et visualisation de la matrice de confusion :

    o Nous créons une matrice de confusion en utilisant Scikit-learn et la visualisons à l'aide de la carte thermique de Seaborn.

    o La matrice de confusion fournit un résumé tabulaire de la performance du modèle, montrant les vrais positifs, les vrais négatifs, les faux positifs et les faux négatifs.

Cette approche complète ne se contente pas de calculer le score F1, mais fournit également un contexte en incluant des métriques associées et une représentation visuelle de la performance du modèle. Cela permet une évaluation plus approfondie de l'efficacité du modèle de classification.

4.3.3 Courbe AUC-ROC

La **courbe ROC (Receiver Operating Characteristic)** est un outil graphique puissant utilisé pour évaluer la performance d'un modèle de classification à travers différents seuils de décision. Cette courbe offre une vue complète de la capacité du modèle à distinguer entre les classes, indépendamment du seuil spécifique choisi pour faire des prédictions.

Pour construire la courbe ROC, nous traçons deux métriques fondamentales qui donnent un aperçu de la performance du modèle à travers différents seuils de classification :

- Le **taux de vrais positifs (TPR)**, également appelé sensibilité ou rappel, quantifie la capacité du modèle à identifier correctement les instances positives. Il est calculé comme la proportion de cas positifs réels que le modèle classifie avec succès comme positifs. Un TPR élevé indique que le modèle est efficace pour capturer les résultats vrais positifs.

- Le **taux de faux positifs (FPR)**, quant à lui, mesure la tendance du modèle à mal classer les instances négatives comme positives. Il est calculé comme le rapport entre les cas négatifs incorrectement étiquetés comme positifs et le nombre total de cas négatifs réels. Un FPR bas est souhaitable, car il suggère que le modèle est moins susceptible de produire de fausses alarmes ou des classifications erronées d'instances négatives.

En traçant ces deux métriques l'une par rapport à l'autre pour diverses valeurs de seuil, nous générons la courbe ROC, qui fournit une représentation visuelle complète de la puissance discriminative du modèle à travers différents points de fonctionnement.

En faisant varier le seuil de classification de 0 à 1, nous obtenons différentes paires de valeurs TPR et FPR, qui forment les points sur la courbe ROC. Cela nous permet de visualiser le compromis entre sensibilité et spécificité à différents niveaux de seuil.

L'**AUC (Area Under the Curve)** de la courbe ROC sert de mesure numérique unique et complète qui résume la performance globale du classificateur à travers divers réglages de seuil. Cette métrique, variant de 0 à 1, fournit des informations précieuses sur la puissance discriminative du modèle et possède plusieurs propriétés remarquables :

- Une AUC de 1,0 signifie un classificateur parfait, démontrant une capacité exceptionnelle à distinguer complètement entre les classes positives et négatives sans aucune erreur de classification.

- Une AUC de 0,5 indique un classificateur qui performe de manière équivalente à une prédiction aléatoire, représentée visuellement par une ligne diagonale sur le graphique ROC. Cette référence sert de point de repère crucial pour évaluer la performance du modèle.

- Toute valeur d'AUC dépassant 0,5 suggère une performance meilleure qu'aléatoire, avec des valeurs progressivement plus élevées correspondant à des capacités de classification de plus en plus supérieures. Cette amélioration graduelle reflète la capacité améliorée du modèle à discriminer entre les classes à mesure que l'AUC approche de 1,0.

- La métrique AUC offre une robustesse face au déséquilibre des classes, ce qui la rend particulièrement précieuse lorsqu'on traite des jeux de données où une classe est significativement plus nombreuse que l'autre.

- En fournissant une mesure unique et interprétable de la performance du modèle, l'AUC facilite les comparaisons directes entre différents modèles de classification ou entre différentes itérations du même modèle.

La métrique AUC-ROC est particulièrement utile car elle est insensible au déséquilibre des classes et fournit une mesure de performance globale du modèle, indépendante de tout choix de seuil unique. Cela en fait un excellent outil pour comparer différents modèles ou pour évaluer la puissance discriminative globale d'un modèle.

Courbe ROC et calcul de l'AUC

La courbe ROC fournit une représentation visuelle du compromis entre vrais positifs et faux positifs à travers divers réglages de seuil. Cette courbe offre des insights précieux sur la performance du modèle à différents points de fonctionnement.

Le score **AUC-ROC**, une mesure numérique unique dérivée de la courbe, quantifie la puissance discriminative globale du modèle. Plus précisément, il représente la probabilité que le modèle attribue un score plus élevé à une instance positive choisie au hasard par rapport à une instance négative choisie au hasard.

Cette interprétation rend le score AUC-ROC particulièrement utile pour évaluer la capacité du modèle à distinguer entre les classes, indépendamment du seuil spécifique choisi.

Exemple : Courbe AUC-ROC avec Scikit-learn

```python
import numpy as np
from sklearn.datasets import make_classification
from sklearn.model_selection import train_test_split
from sklearn.linear_model import LogisticRegression
from sklearn.metrics import roc_curve, roc_auc_score, precision_recall_curve,
average_precision_score
import matplotlib.pyplot as plt

# Generate a sample dataset
X, y = make_classification(n_samples=1000, n_classes=2, n_features=20,
                           n_informative=2, n_redundant=10,
                           n_clusters_per_class=1, random_state=42)

# Split the data into training and testing sets
X_train, X_test, y_train, y_test = train_test_split(X, y, test_size=0.3,
random_state=42)

# Train a logistic regression model
model = LogisticRegression(random_state=42)
model.fit(X_train, y_train)

# Predict probabilities for the positive class
y_probs = model.predict_proba(X_test)[:, 1]

# Calculate the ROC curve
fpr, tpr, thresholds = roc_curve(y_test, y_probs)

# Calculate the AUC score
auc_score = roc_auc_score(y_test, y_probs)

# Calculate Precision-Recall curve
precision, recall, _ = precision_recall_curve(y_test, y_probs)

# Calculate average precision score
ap_score = average_precision_score(y_test, y_probs)

# Plot ROC curve
plt.figure(figsize=(10, 5))
plt.subplot(1, 2, 1)
plt.plot(fpr, tpr, label=f'ROC curve (AUC = {auc_score:.2f})')
plt.plot([0, 1], [0, 1], 'k--')  # Diagonal line (random classifier)
plt.xlabel('False Positive Rate')
plt.ylabel('True Positive Rate (Recall)')
plt.title('Receiver Operating Characteristic (ROC) Curve')
plt.legend(loc='lower right')

# Plot Precision-Recall curve
plt.subplot(1, 2, 2)
plt.plot(recall, precision, label=f'PR curve (AP = {ap_score:.2f})')
plt.xlabel('Recall')
plt.ylabel('Precision')
plt.title('Precision-Recall Curve')
```

```
plt.legend(loc='lower left')

plt.tight_layout()
plt.show()

print(f"AUC Score: {auc_score:.2f}")
print(f"Average Precision Score: {ap_score:.2f}")
```

Explication détaillée du code :

1. Importation des bibliothèques :

    o   Nous importons les bibliothèques nécessaires, notamment NumPy pour les opérations numériques, Scikit-learn pour les outils d'apprentissage automatique et Matplotlib pour la visualisation.

2. Génération d'un jeu de données échantillon :

    o   Nous utilisons make_classification de Scikit-learn pour créer un jeu de données synthétique comportant 1000 échantillons, 2 classes et 20 caractéristiques. Cela nous permet de disposer d'un jeu de données contrôlé à des fins de démonstration.

3. Division des données :

    o   Le jeu de données est divisé en ensembles d'entraînement (70%) et de test (30%) à l'aide de train_test_split. Cette séparation est cruciale pour évaluer la performance du modèle sur des données non vues.

4. Entraînement du modèle :

    o   Un modèle de régression logistique est initialisé et entraîné sur les données d'apprentissage. La régression logistique est un choix courant pour les tâches de classification binaire.

5. Réalisation des prédictions :

    o   Au lieu de prédire directement les classes, nous utilisons predict_proba pour obtenir les estimations de probabilité pour la classe positive. C'est nécessaire pour créer les courbes ROC et Precision-Recall.

6. Calcul de la courbe ROC :

    o   La courbe ROC est calculée à l'aide de roc_curve, qui renvoie le taux de faux positifs, le taux de vrais positifs et les seuils.

7. Calcul du score AUC :

o L'aire sous la courbe ROC (AUC) est calculée à l'aide de roc_auc_score. Ce nombre unique résume la performance du classificateur pour tous les seuils possibles.

8. Calcul de la courbe Precision-Recall :

o La courbe Precision-Recall est calculée à l'aide de precision_recall_curve. Cette courbe est particulièrement utile pour les jeux de données déséquilibrés.

9. Calcul du score de précision moyenne :

o Le score de précision moyenne est calculé à l'aide de average_precision_score. Ce score résume la courbe precision-recall comme la moyenne pondérée des précisions obtenues à chaque seuil.

10. Traçage de la courbe ROC :

o Nous créons un sous-graphique pour la courbe ROC, en traçant le taux de faux positifs par rapport au taux de vrais positifs. La ligne diagonale représente un classificateur aléatoire à titre de comparaison.

11. Traçage de la courbe Precision-Recall :

o Nous créons un sous-graphique pour la courbe Precision-Recall, en traçant la précision par rapport au rappel. Cette courbe aide à visualiser le compromis entre précision et rappel à différents réglages de seuil.

12. Affichage des résultats :

o Nous affichons à la fois le score AUC et le score de précision moyenne. Ces métriques fournissent une évaluation complète de la performance du modèle.

Cet exemple fournit une évaluation plus approfondie du modèle de classification en incluant à la fois les courbes ROC et Precision-Recall, ainsi que leurs métriques de synthèse respectives (AUC et précision moyenne). Cette approche donne une image plus complète de la performance du modèle, particulièrement utile lorsqu'on traite des jeux de données déséquilibrés ou lorsque les coûts des faux positifs et des faux négatifs sont différents.

4.3.4 Quand utiliser la précision, le rappel et l'AUC-ROC

- **La précision** est cruciale lorsque le coût des faux positifs est élevé. Dans la détection de spam, par exemple, nous cherchons à minimiser les emails légitimes incorrectement signalés comme spam. Une précision élevée garantit que lorsque le modèle identifie quelque chose comme positif (du spam dans ce cas), il est très probable que ce soit correct. Ceci est particulièrement important dans les scénarios où les fausses alertes pourraient entraîner des conséquences significatives, comme des communications importantes manquées ou l'insatisfaction des clients.

- **Le rappel** devient primordial lorsque les faux négatifs comportent un coût élevé. Dans le diagnostic médical, par exemple, nous nous efforçons de minimiser les cas où une maladie est présente mais n'est pas détectée. Un rappel élevé garantit que le modèle identifie une grande proportion des cas réellement positifs. C'est crucial dans les situations où manquer un cas positif pourrait avoir de graves conséquences, comme un retard de traitement dans les contextes médicaux ou des failles de sécurité dans les systèmes de détection de fraude.

- **Le score F1** est précieux lorsque vous devez trouver un équilibre entre précision et rappel. Il fournit une métrique unique qui combine les deux, offrant une vision harmonisée de la performance du modèle. C'est particulièrement utile dans les scénarios où les faux positifs et les faux négatifs sont importants, mais pas nécessairement avec la même pondération. Par exemple, dans les systèmes de recommandation de contenu, vous voulez suggérer des éléments pertinents (haute précision) tout en ne manquant pas trop de bonnes recommandations (rappel élevé).

- **L'AUC-ROC** (Aire Sous la Courbe ROC) est bénéfique pour évaluer la puissance discriminative globale d'un modèle à travers divers seuils de décision. Cette métrique est particulièrement utile lorsque vous devez comprendre à quel point votre modèle sépare bien les classes, indépendamment du seuil spécifique choisi. Elle est particulièrement précieuse dans les scénarios où :

    o Le seuil de décision optimal n'est pas connu à l'avance

    o Vous souhaitez comparer la performance globale de différents modèles

    o La distribution des classes peut changer avec le temps

    o Vous traitez des jeux de données déséquilibrés

Par exemple, dans les modèles de scoring de crédit ou de prédiction de risque de maladie, l'AUC-ROC aide à évaluer comment le modèle classe les instances positives par rapport aux négatives, fournissant une vue complète de sa performance à travers tous les seuils de classification possibles.

La précision, **le rappel**, **le score F1** et **l'AUC-ROC** sont des métriques d'évaluation essentielles pour les modèles de classification, en particulier lorsqu'on traite des jeux de données déséquilibrés. Ces métriques fournissent des insights au-delà de la simple précision et nous aident à comprendre comment le modèle peut distinguer entre les classes, gérer les faux positifs et négatifs, et prendre des décisions éclairées.

L'utilisation efficace de ces métriques vous permet de choisir les bons compromis pour votre problème spécifique, garantissant que votre modèle performe bien dans des scénarios réels.

4.4 Réglage des hyperparamètres et optimisation de modèle

Les modèles d'apprentissage automatique utilisent deux types distincts de paramètres : les **paramètres entraînables** et les **hyperparamètres**. Les paramètres entraînables, tels que les poids dans les réseaux de neurones ou les coefficients dans la régression linéaire, sont appris directement à partir des données pendant le processus d'entraînement.

En revanche, les hyperparamètres sont des réglages prédéterminés qui régissent divers aspects du processus d'apprentissage, notamment la complexité du modèle, le taux d'apprentissage et la force de régularisation. Ces hyperparamètres ne sont pas appris à partir des données mais sont définis avant l'entraînement et peuvent influencer significativement les performances du modèle et ses capacités de généralisation.

Le processus d'ajustement fin de ces hyperparamètres est crucial pour optimiser les performances du modèle. Il implique d'ajuster systématiquement ces paramètres pour trouver la configuration qui donne les meilleurs résultats sur un ensemble de validation. Un réglage approprié des hyperparamètres peut conduire à des améliorations substantielles en termes de précision, d'efficacité et de robustesse du modèle.

Cette section explorera plusieurs techniques largement utilisées pour le réglage des hyperparamètres, en examinant leurs méthodologies, avantages et inconvénients potentiels. Nous couvrirons les approches suivantes :

- **Recherche par quadrillage (Grid Search)** : Une méthode de recherche exhaustive qui évalue toutes les combinaisons possibles de valeurs d'hyperparamètres prédéfinies.

- **Recherche aléatoire (Randomized Search)** : Une alternative plus efficace à la recherche par quadrillage qui échantillonne aléatoirement l'espace des hyperparamètres.

- **Optimisation bayésienne** : Une technique avancée qui utilise des modèles probabilistes pour guider la recherche d'hyperparamètres optimaux.

- **Implémentation pratique** : Nous fournirons des exemples concrets de réglage d'hyperparamètres en utilisant la bibliothèque d'apprentissage automatique populaire, Scikit-learn, démontrant comment ces techniques peuvent être appliquées dans des scénarios réels.

4.4.1 L'importance du réglage des hyperparamètres

Les hyperparamètres jouent un rôle crucial pour déterminer l'efficacité d'apprentissage d'un modèle à partir des données. Ces paramètres ne sont pas appris à partir des données elles-mêmes mais sont définis avant le processus d'entraînement. L'impact des hyperparamètres peut être profond et varie selon les différents types de modèles. Explorons ce concept avec quelques exemples spécifiques :

Machines à vecteurs de support (SVM)

Dans les SVM, le paramètre **C** (paramètre de régularisation) est un hyperparamètre critique. Il contrôle le compromis entre l'obtention d'une faible erreur d'entraînement et d'une faible erreur de test, c'est-à-dire la capacité à généraliser aux données non vues. Comprendre l'impact du paramètre C est crucial pour optimiser les performances des SVM :

- Une valeur C faible crée une surface de décision plus lisse, sous-estimant potentiellement la complexité des données. Cela signifie :
  - Le modèle devient plus tolérant aux erreurs pendant l'entraînement.
  - Il peut trop simplifier la frontière de décision, conduisant au sous-apprentissage.
  - Cela peut être bénéfique lorsqu'on traite des données bruitées ou lorsqu'on soupçonne que les données d'entraînement pourraient ne pas être totalement représentatives du véritable motif sous-jacent.

- Une valeur C élevée vise à classifier correctement tous les exemples d'entraînement, ce qui peut conduire au surapprentissage sur des ensembles de données bruités. Cela implique :
  - Le modèle essaie d'ajuster les données d'entraînement aussi étroitement que possible, créant potentiellement une frontière de décision plus complexe.
  - Il peut capturer le bruit ou les valeurs aberrantes dans les données d'entraînement, réduisant sa capacité à généraliser.
  - Cela peut être utile lorsque vous avez une grande confiance en vos données d'entraînement et souhaitez que le modèle capture des motifs détaillés.

- La valeur C optimale aide à créer une frontière de décision qui généralise bien aux données non vues. Trouver cette valeur optimale implique souvent :
  - L'utilisation de techniques comme la validation croisée pour évaluer la performance du modèle avec différentes valeurs de C.
  - L'équilibrage du compromis entre le biais (sous-apprentissage) et la variance (surapprentissage).
  - La prise en compte des caractéristiques spécifiques de votre ensemble de données, comme le niveau de bruit, la taille de l'échantillon et la dimensionnalité des caractéristiques.

Il est important de noter que l'impact du paramètre C peut varier selon le noyau utilisé dans le SVM. Par exemple, avec un noyau linéaire, une valeur C faible peut résulter en une frontière de décision linéaire, tandis qu'une valeur C élevée pourrait permettre une frontière plus flexible et non linéaire.

Lors de l'utilisation de noyaux non linéaires comme RBF (Fonction à Base Radiale), l'interaction entre C et d'autres paramètres spécifiques au noyau (par exemple, gamma dans RBF) devient encore plus cruciale pour déterminer le comportement et la performance du modèle.

Forêts aléatoires

Cette méthode d'apprentissage d'ensemble combine plusieurs arbres de décision pour créer un modèle robuste et précis. Elle possède plusieurs hyperparamètres importants qui influencent significativement ses performances :

- n_estimators : Cela détermine le nombre d'arbres dans la forêt.

  - Plus d'arbres conduisent généralement à de meilleures performances en réduisant la variance et en augmentant la capacité du modèle à capturer des motifs complexes.

  - Cependant, augmenter le nombre d'arbres accroît également le coût computationnel et le temps d'entraînement.

  - Il y a souvent un point de rendements décroissants, où ajouter plus d'arbres n'améliore pas significativement les performances.

  - Les valeurs typiques varient de 100 à 1000, mais cela peut varier selon la taille et la complexité de l'ensemble de données.

- max_depth : Cela définit la profondeur maximale de chaque arbre dans la forêt.

  - Des arbres plus profonds peuvent capturer des motifs plus complexes dans les données, améliorant potentiellement la précision sur l'ensemble d'entraînement.

  - Cependant, des arbres très profonds peuvent conduire au surapprentissage, où le modèle apprend le bruit dans les données d'entraînement et échoue à bien généraliser aux nouvelles données.

  - Des arbres moins profonds peuvent aider à prévenir le surapprentissage mais pourraient sous-apprendre si les données présentent des relations complexes.

  - La pratique courante est d'utiliser des valeurs entre 10 et 100, ou de le définir à None et de contrôler la croissance de l'arbre en utilisant d'autres paramètres.

- D'autres paramètres importants incluent :

  - min_samples_split : Le nombre minimum d'échantillons requis pour diviser un nœud interne. Des valeurs plus grandes empêchent la création de trop nombreux nœuds, ce qui peut aider à contrôler le surapprentissage.

- o min_samples_leaf : Le nombre minimum d'échantillons requis pour être à un nœud feuille. Cela garantit que chaque feuille représente une quantité significative de données, aidant à lisser les prédictions du modèle.

- o max_features : Le nombre de caractéristiques à considérer lors de la recherche de la meilleure division. Cela introduit de l'aléatoire qui peut aider à créer un ensemble diversifié d'arbres.

- o bootstrap : Si des échantillons bootstrap sont utilisés lors de la construction des arbres. Définir cela à False peut parfois améliorer les performances pour les petits ensembles de données.

Ces paramètres affectent collectivement le compromis biais-variance du modèle, l'efficacité computationnelle et la capacité à généraliser. Un réglage approprié de ces hyperparamètres est crucial pour optimiser les performances des Forêts aléatoires pour des ensembles de données et des domaines de problèmes spécifiques.

Réseaux de Neurones

Bien que non mentionnés dans le texte original, les réseaux de neurones sont un autre exemple où les hyperparamètres sont cruciaux :

- • Taux d'apprentissage : Cet hyperparamètre crucial régit la vitesse à laquelle le modèle met à jour ses paramètres pendant l'entraînement. Un taux d'apprentissage soigneusement choisi est essentiel pour une convergence optimale :

  - o S'il est trop élevé, le modèle peut osciller autour de la solution optimale ou la dépasser, conduisant potentiellement à un entraînement instable ou à des résultats sous-optimaux.

  - o S'il est trop faible, le processus d'entraînement devient excessivement lent, nécessitant plus d'itérations pour atteindre la convergence et risquant de rester bloqué dans des minimums locaux.

  - o Les techniques de taux d'apprentissage adaptatif, comme Adam ou RMSprop, peuvent aider à atténuer ces problèmes en ajustant dynamiquement le taux d'apprentissage pendant l'entraînement.

- • Architecture du réseau : La structure du réseau de neurones a un impact significatif sur sa capacité d'apprentissage et son efficacité :

  - o Nombre de couches cachées : Des réseaux plus profonds peuvent capturer des motifs plus complexes mais sont également plus sujets au surapprentissage et plus difficiles à entraîner.

  - o Nombre de neurones par couche : Plus de neurones augmentent la capacité du modèle mais aussi le risque de surapprentissage et le coût computationnel.

- o Types de couches : Différents types de couches (par ex., convolutives, récurrentes) sont adaptés à différents types de données et de problèmes.

- Techniques de régularisation : Ces méthodes aident à prévenir le surapprentissage et améliorent la généralisation :

  - o Taux de dropout : En "abandonnant" aléatoirement un pourcentage de neurones pendant l'entraînement, le dropout aide à empêcher le réseau de trop dépendre d'un ensemble particulier de neurones.

  - o Régularisation L1/L2 : Ces techniques ajoutent des pénalités à la fonction de perte basées sur l'amplitude des poids, encourageant des modèles plus simples.

  - o Arrêt précoce : Cette technique arrête l'entraînement lorsque la performance sur un ensemble de validation cesse de s'améliorer, prévenant le surapprentissage.

Les conséquences d'un mauvais réglage des hyperparamètres peuvent être graves :

- **Sous-apprentissage** : Ce phénomène se produit lorsqu'un modèle manque de la complexité nécessaire pour capturer les motifs intriqués dans les données. En conséquence, il peine à performer adéquatement à la fois sur l'ensemble d'entraînement et sur de nouveaux exemples jamais vus. Le sous-apprentissage se manifeste souvent par des prédictions trop simplifiées qui ne tiennent pas compte des nuances importantes dans les données.

- **Surapprentissage** : À l'inverse, le surapprentissage survient lorsqu'un modèle devient excessivement adapté aux données d'entraînement, apprenant non seulement les motifs sous-jacents mais aussi le bruit et les fluctuations aléatoires présents dans l'échantillon. Bien qu'un tel modèle puisse atteindre une précision remarquable sur l'ensemble d'entraînement, il performe généralement mal face à de nouvelles données jamais vues. Cela se produit parce que le modèle a essentiellement mémorisé les exemples d'entraînement plutôt que d'apprendre des motifs généralisables.

Le réglage des hyperparamètres est le processus qui consiste à trouver l'équilibre optimal entre ces extrêmes. Il implique d'ajuster systématiquement les hyperparamètres et d'évaluer la performance du modèle, généralement en utilisant des techniques de validation croisée. Ce processus aide à :

- Améliorer la performance du modèle

- Renforcer les capacités de généralisation

- Réduire le risque de surapprentissage ou de sous-apprentissage

- Optimiser le modèle pour des exigences spécifiques au problème (par ex., privilégier la précision plutôt que le rappel ou vice versa)

En pratique, le réglage des hyperparamètres nécessite souvent une combinaison de connaissances du domaine, d'expérimentation, et parfois de techniques automatisées comme la recherche par grille, la recherche aléatoire, ou l'optimisation bayésienne. L'objectif est de trouver l'ensemble d'hyperparamètres qui donne la meilleure performance sur un ensemble de validation, qui sert de proxy pour la capacité du modèle à généraliser à des données non vues.

4.4.2 Recherche par Grille

La recherche par grille est une approche complète et systématique pour le réglage des hyperparamètres en apprentissage automatique. Cette méthode implique plusieurs étapes clés :

1. Définir l'espace des hyperparamètres

La première étape cruciale dans le processus de réglage des hyperparamètres est d'identifier les hyperparamètres spécifiques que nous voulons optimiser et de définir un ensemble de valeurs discrètes pour chacun. Cette étape nécessite une réflexion approfondie et des connaissances du domaine concernant le modèle et le problème à traiter. Décomposons cela davantage :

Identifier les hyperparamètres : Nous devons déterminer quels hyperparamètres ont l'impact le plus significatif sur la performance de notre modèle. Pour différents modèles, ceux-ci peuvent varier. Par exemple :

- Pour les Machines à Vecteurs de Support (SVM), les hyperparamètres clés incluent souvent le paramètre de régularisation C et le type de noyau.

- Pour les Forêts Aléatoires, nous pourrions nous concentrer sur le nombre d'arbres, la profondeur maximale et le nombre minimum d'échantillons par feuille.

- Pour les Réseaux de Neurones, le taux d'apprentissage, le nombre de couches cachées et le nombre de neurones par couche sont des cibles courantes de réglage.

Spécifier les plages de valeurs : Pour chaque hyperparamètre choisi, nous devons définir un ensemble de valeurs à explorer. Cela nécessite d'équilibrer la couverture et la faisabilité computationnelle. Par exemple :

- Pour les paramètres continus comme C dans les SVM, nous utilisons souvent une échelle logarithmique pour couvrir efficacement une large plage : [0.1, 1, 10, 100]

- Pour les paramètres catégoriels comme le type de noyau dans les SVM, nous listons toutes les options pertinentes : ['linear', 'rbf', 'poly']

- Pour les paramètres entiers comme max_depth dans les arbres de décision, nous pourrions choisir une plage : [5, 10, 15, 20, None]

Considérer les interdépendances : Certains hyperparamètres peuvent avoir des interdépendances. Par exemple, dans les SVM, le paramètre 'gamma' n'est pertinent que pour certains types de noyau. Nous devons tenir compte de ces relations lors de la définition de notre espace de recherche.

En définissant soigneusement cet espace d'hyperparamètres, nous établissons la base d'un processus de réglage efficace. Le choix des valeurs peut avoir un impact significatif à la fois sur la qualité des résultats et sur le temps de calcul requis pour le réglage.

2. Création de la grille

La recherche par grille forme systématiquement toutes les combinaisons possibles des valeurs d'hyperparamètres spécifiées. Cette étape est cruciale car elle définit l'espace de recherche qui sera exploré. Décomposons ce processus :

- Formation des combinaisons : L'algorithme prend chaque valeur de chaque hyperparamètre et les combine de toutes les façons possibles. Cela crée une grille multidimensionnelle où chaque point représente une combinaison unique d'hyperparamètres.

- Approche exhaustive : La recherche par grille est exhaustive, ce qui signifie qu'elle évaluera chaque point de cette grille. Cela garantit qu'aucune combinaison potentielle n'est négligée.

- Exemple de calcul : Dans notre exemple SVM, nous avons deux hyperparamètres :

    o C avec 4 valeurs : [0.1, 1, 10, 100]

    o type de noyau avec 3 options : ['linear', 'rbf', 'poly'] Cela donne 4 × 3 = 12 combinaisons différentes. Chacune d'elles sera évaluée séparément.

- Considérations d'échelle : À mesure que le nombre d'hyperparamètres ou le nombre de valeurs pour chaque hyperparamètre augmente, le nombre total de combinaisons croît exponentiellement. C'est ce qu'on appelle la "malédiction de la dimensionnalité" et cela peut rendre la recherche par grille coûteuse en calcul pour les modèles complexes.

En créant cette grille complète, nous nous assurons d'explorer l'ensemble de l'espace d'hyperparamètres défini, augmentant ainsi nos chances de trouver la configuration optimale pour notre modèle.

3. Évaluation de toutes les combinaisons

Cette étape constitue le cœur du processus de recherche par grille. Pour chaque combinaison unique d'hyperparamètres dans la grille, l'algorithme effectue les actions suivantes :

- Entraînement du modèle : Il entraîne une nouvelle instance du modèle en utilisant l'ensemble actuel d'hyperparamètres.

- Évaluation de la performance : La performance du modèle entraîné est ensuite évaluée. Cela se fait généralement en utilisant la validation croisée pour assurer la robustesse et la généralisabilité des résultats.

- Processus de validation croisée :

  - Les données d'entraînement sont divisées en plusieurs (généralement 5 ou 10) sous-ensembles ou "plis".

  - Le modèle est entraîné sur tous les plis sauf un et testé sur le pli réservé.

  - Ce processus est répété pour chaque pli, et les résultats sont moyennés.

  - La validation croisée aide à atténuer le surapprentissage et fournit une estimation plus fiable de la performance du modèle.

- Métrique de performance : L'évaluation est basée sur une métrique de performance prédéfinie (par exemple, la précision pour les tâches de classification, l'erreur quadratique moyenne pour les tâches de régression).

- Stockage des résultats : Le score de performance pour chaque combinaison d'hyperparamètres est enregistré, avec les valeurs d'hyperparamètres correspondantes.

Ce processus d'évaluation complet garantit que chaque configuration potentielle du modèle est minutieusement testée, fournissant une comparaison robuste à travers l'ensemble de l'espace d'hyperparamètres défini dans la grille.

4. Sélection du meilleur modèle

Après avoir évalué toutes les combinaisons, la recherche par grille identifie l'ensemble d'hyperparamètres qui a donné la meilleure performance selon une métrique prédéfinie (par exemple, précision, score F1). Cette étape cruciale implique :

- Comparaison des résultats : L'algorithme compare les scores de performance de toutes les combinaisons d'hyperparamètres évaluées.

- Identification de la configuration optimale : Il sélectionne la combinaison qui a produit le score le plus élevé sur la métrique choisie.

- Gestion des égalités : En cas de plusieurs configurations atteignant le même score maximal, la recherche par grille sélectionne généralement la première rencontrée.

Le modèle "optimal" sélectionné représente l'équilibre optimal des hyperparamètres dans l'espace de recherche défini. Cependant, il est important de noter que :

- Cette optimalité est limitée aux valeurs discrètes spécifiées dans la grille.

- Le véritable optimum global pourrait se situer entre les valeurs testées, en particulier pour les paramètres continus.

- Le meilleur modèle sur l'ensemble de validation peut ne pas toujours se généraliser parfaitement aux données non vues.

Par conséquent, bien que la recherche par grille fournisse une méthode systématique pour trouver de bons hyperparamètres, elle devrait être complétée par des connaissances du domaine et potentiellement affinée davantage si nécessaire.

Bien que la recherche par grille soit simple à mettre en œuvre et garantisse de trouver la meilleure combinaison dans l'espace de recherche défini, elle présente des limites :

- **Intensité computationnelle** : À mesure que le nombre d'hyperparamètres et leurs valeurs possibles augmentent, le nombre de combinaisons croît exponentiellement. Cette "malédiction de la dimensionnalité" peut rendre la recherche par grille prohibitivement longue pour les modèles complexes ou les grands jeux de données.

- **Discrétisation des paramètres continus** : La recherche par grille nécessite de discrétiser les paramètres continus, ce qui peut manquer les valeurs optimales entre les points choisis.

- **Inefficacité avec des paramètres non pertinents** : La recherche par grille évalue toutes les combinaisons de manière égale, gaspillant potentiellement du temps sur des hyperparamètres sans importance ou des régions clairement sous-optimales de l'espace des paramètres.

Malgré ces inconvénients, la recherche par grille reste un choix populaire pour sa simplicité et sa rigueur, en particulier lorsqu'on traite un petit nombre d'hyperparamètres ou lorsque les ressources computationnelles ne sont pas un facteur limitant.

Exemple : Recherche par grille avec Scikit-learn

Considérons un exemple de réglage d'hyperparamètres pour un modèle de **Machine à Vecteurs de Support (SVM)**. Nous utiliserons la recherche par grille pour trouver les meilleures valeurs pour le paramètre de régularisation C et le type de noyau.

```python
import numpy as np
import matplotlib.pyplot as plt
from sklearn.model_selection import GridSearchCV, train_test_split
from sklearn.svm import SVC
from sklearn.datasets import load_iris
from sklearn.metrics import accuracy_score, confusion_matrix, classification_report

# Load the Iris dataset
iris = load_iris()
X, y = iris.data, iris.target

# Split the data into training and testing sets
X_train, X_test, y_train, y_test = train_test_split(X, y, test_size=0.2,
random_state=42)
```

```python
# Define the hyperparameter grid
param_grid = {
    'C': [0.1, 1, 10, 100],
    'kernel': ['linear', 'rbf', 'poly'],
    'gamma': ['scale', 'auto', 0.1, 1],
    'degree': [2, 3, 4]  # Only used by poly kernel
}

# Initialize the SVM model
svm = SVC(random_state=42)

# Perform grid search
grid_search = GridSearchCV(svm, param_grid, cv=5, scoring='accuracy', n_jobs=-1,
verbose=1)
grid_search.fit(X_train, y_train)

# Print the best parameters and the corresponding score
print("Best parameters found:", grid_search.best_params_)
print("Best cross-validation accuracy:", grid_search.best_score_)

# Use the best model to make predictions on the test set
best_model = grid_search.best_estimator_
y_pred = best_model.predict(X_test)

# Evaluate the model's performance
print("\\nTest set accuracy:", accuracy_score(y_test, y_pred))
print("\\nConfusion Matrix:")
print(confusion_matrix(y_test, y_pred))
print("\\nClassification Report:")
print(classification_report(y_test, y_pred, target_names=iris.target_names))

# Visualize the decision boundaries (for 2D projection)
def plot_decision_boundaries(X, y, model, ax=None):
    h = .02  # step size in the mesh
    x_min, x_max = X[:, 0].min() - 1, X[:, 0].max() + 1
    y_min, y_max = X[:, 1].min() - 1, X[:, 1].max() + 1
    xx, yy = np.meshgrid(np.arange(x_min, x_max, h), np.arange(y_min, y_max, h))
    Z = model.predict(np.c_[xx.ravel(), yy.ravel()])
    Z = Z.reshape(xx.shape)

    if ax is None:
        ax = plt.gca()
    ax.contourf(xx, yy, Z, alpha=0.8, cmap=plt.cm.RdYlBu)
    ax.scatter(X[:, 0], X[:, 1], c=y, cmap=plt.cm.RdYlBu, edgecolor='black')
    ax.set_xlabel('Sepal length')
    ax.set_ylabel('Sepal width')

# Plot decision boundaries for the best model
plt.figure(figsize=(12, 4))
plt.subplot(121)
plot_decision_boundaries(X[:, [0, 1]], y, best_model)
plt.title('Decision Boundaries (Sepal)')
```

```
plt.subplot(122)
plot_decision_boundaries(X[:, [2, 3]], y, best_model)
plt.title('Decision Boundaries (Petal)')
plt.tight_layout()
plt.show()
```

Explication de la Décomposition du Code :

1. Importation des Bibliothèques :

    o   Nous importons les bibliothèques nécessaires incluant NumPy pour les opérations numériques, Matplotlib pour la visualisation, et divers modules Scikit-learn pour les tâches d'apprentissage automatique.

2. Chargement et Division du Jeu de Données :

    o   Nous chargeons le jeu de données Iris en utilisant load_iris() et le divisons en ensembles d'entraînement et de test en utilisant train_test_split(). Cela garantit que nous avons un ensemble séparé pour évaluer notre modèle final.

3. Définition de la Grille d'Hyperparamètres :

    o   Nous élargissons la grille d'hyperparamètres pour inclure plus d'options :

        ▪   C : Le paramètre de régularisation.

        ▪   kernel : Le type de noyau utilisé dans l'algorithme.

        ▪   gamma : Coefficient du noyau pour 'rbf' et 'poly'.

        ▪   degree : Degré de la fonction du noyau polynomial.

4. Réalisation de la Recherche par Grille :

    o   Nous utilisons GridSearchCV pour explorer systématiquement plusieurs combinaisons de réglages de paramètres, en validant croisée au fur et à mesure.

    o   n_jobs=-1 utilise tous les cœurs disponibles pour le traitement parallèle.

    o   verbose=1 fournit des mises à jour de progression pendant la recherche.

5. Évaluation du Meilleur Modèle :

    o   Nous affichons les meilleurs paramètres et le score de validation croisée correspondant.

    o   Nous utilisons ensuite le meilleur modèle pour faire des prédictions sur l'ensemble de test.

    o   Nous calculons et affichons diverses métriques d'évaluation :

- Score de précision

- Matrice de confusion

- Rapport de classification détaillé

6. Visualisation des Frontières de Décision :

   o Nous définissons une fonction plot_decision_boundaries pour visualiser comment le modèle sépare différentes classes.

   o Nous créons deux graphiques :

      - Un pour la longueur du sépale par rapport à la largeur du sépale

      - Un autre pour la longueur du pétale par rapport à la largeur du pétale

   o Cela aide à comprendre visuellement comment le modèle sépare les différentes espèces d'iris.

7. Améliorations Supplémentaires :

   o L'utilisation de n_jobs=-1 dans GridSearchCV pour le traitement parallèle.

   o Visualisation des frontières de décision pour une meilleure compréhension de la performance du modèle.

   o Métriques d'évaluation complètes incluant la matrice de confusion et le rapport de classification.

   o Utilisation des quatre caractéristiques du jeu de données Iris dans le modèle, mais visualisation dans des projections 2D.

Cet exemple fournit une approche plus complète pour le réglage des hyperparamètres avec SVM, incluant l'évaluation approfondie et la visualisation des résultats. Il démontre non seulement comment trouver les meilleurs paramètres, mais aussi comment évaluer et interpréter la performance du modèle.

b. Avantages et Inconvénients de la Recherche par Grille

La recherche par grille est une technique largement utilisée pour le réglage des hyperparamètres en apprentissage automatique. Examinons plus en détail ses avantages et inconvénients :

Avantages :

- **Simplicité :** La recherche par grille est simple à mettre en œuvre et à comprendre, la rendant accessible aux débutants comme aux experts.

- **Recherche exhaustive :** Elle garantit de trouver la meilleure combinaison d'hyperparamètres dans l'espace de recherche défini, assurant qu'aucune configuration optimale potentielle n'est manquée.

- **Reproductibilité :** La nature systématique de la recherche par grille rend les résultats facilement reproductibles, ce qui est crucial pour la recherche scientifique et le développement de modèles.

- **Parallélisation :** La recherche par grille peut être facilement parallélisée, permettant une utilisation efficace des ressources computationnelles lorsqu'elles sont disponibles.

Inconvénients :

- **Coût computationnel :** La recherche par grille peut être extrêmement chronophage, particulièrement pour les grands jeux de données et les modèles complexes avec de nombreux hyperparamètres.

- **Malédiction de la dimensionnalité :** À mesure que le nombre d'hyperparamètres augmente, le nombre de combinaisons croît exponentiellement, rendant impraticable la recherche par grille pour les espaces d'hyperparamètres de haute dimension.

- **Inefficacité :** La recherche par grille évalue chaque combinaison, y compris celles qui sont susceptibles d'être sous-optimales, ce qui peut gaspiller des ressources computationnelles.

- **Discrétisation des paramètres continus :** Pour les hyperparamètres continus, la recherche par grille nécessite une discrétisation, pouvant manquer les valeurs optimales entre les points choisis.

- **Manque d'adaptabilité :** Contrairement aux méthodes plus avancées, la recherche par grille n'apprend pas des évaluations précédentes pour se concentrer sur les zones prometteuses de l'espace des hyperparamètres.

Malgré ses limitations, la recherche par grille reste un choix populaire pour sa simplicité et sa rigueur, particulièrement lorsqu'on traite un petit nombre d'hyperparamètres ou lorsque les ressources computationnelles ne sont pas un facteur limitant. Pour des scénarios plus complexes, des méthodes alternatives comme la recherche aléatoire ou l'optimisation bayésienne pourraient être plus appropriées.

4.4.3 Recherche Aléatoire

La recherche aléatoire est une alternative plus efficace à la recherche par grille pour le réglage des hyperparamètres. Contrairement à la recherche par grille, qui évalue exhaustivement toutes les combinaisons possibles d'hyperparamètres, la recherche aléatoire emploie une approche plus stratégique.

Voici comment elle fonctionne :

1. Échantillonnage Aléatoire

La recherche aléatoire emploie une stratégie de sélection aléatoire d'un nombre spécifié de combinaisons à partir de l'espace des hyperparamètres, plutôt que de tester exhaustivement chaque combinaison possible. Cette approche offre plusieurs avantages :

- Exploration plus large : En échantillonnant aléatoirement l'ensemble de l'espace des paramètres, elle peut potentiellement découvrir des régions optimales qui pourraient être manquées par une grille fixe.

- Efficacité computationnelle : Elle réduit significativement la charge computationnelle par rapport aux recherches exhaustives, particulièrement dans les espaces de paramètres de haute dimension.

- Flexibilité : Le nombre d'itérations peut être ajusté en fonction du temps et des ressources disponibles, permettant un équilibre entre l'exploration et les contraintes computationnelles.

- Gestion des paramètres continus : Contrairement à la recherche par grille, la recherche aléatoire peut efficacement gérer les paramètres continus en échantillonnant à partir de distributions de probabilité.

Cette méthode permet aux data scientists d'explorer efficacement une gamme diverse de combinaisons d'hyperparamètres, menant souvent à des résultats comparables ou même supérieurs par rapport aux méthodes plus exhaustives, particulièrement lorsqu'on traite des espaces d'hyperparamètres larges et complexes.

2. Flexibilité dans l'Espace des Paramètres

La recherche aléatoire offre une flexibilité supérieure dans la gestion des hyperparamètres discrets et continus par rapport à la recherche par grille. Cette flexibilité est particulièrement avantageuse lorsqu'on traite des modèles complexes qui ont un mélange de types de paramètres :

- Paramètres Discrets : Pour les paramètres catégoriels ou à valeurs entières (par exemple, le nombre de couches dans un réseau de neurones), la recherche aléatoire peut échantillonner à partir d'un ensemble prédéfini de valeurs, similaire à la recherche par grille, mais avec la capacité d'explorer une plus large gamme de combinaisons.

- Paramètres Continus : La vraie force de la recherche aléatoire brille lorsqu'il s'agit de paramètres continus. Au lieu d'être limitée à un ensemble fixe de valeurs, elle peut échantillonner à partir de diverses distributions de probabilité :

  o Distribution uniforme : Utile lorsque toutes les valeurs dans une plage sont également susceptibles d'être optimales.

  o Distribution log-uniforme : Particulièrement efficace pour les paramètres d'échelle (par exemple, les taux d'apprentissage), permettant une exploration à travers plusieurs ordres de grandeur.

o   Distribution normale : Peut être utilisée lorsqu'il y a une connaissance préalable suggérant que certaines valeurs sont plus susceptibles d'être optimales.

Cette approche des paramètres continus augmente significativement les chances de trouver des valeurs optimales ou quasi-optimales qui pourraient se situer entre les points fixes d'une recherche par grille. Par exemple, lors du réglage d'un taux d'apprentissage, la recherche aléatoire pourrait trouver que 0,0178 fonctionne mieux que 0,01 ou 0,1 dans une recherche par grille.

De plus, la flexibilité de la recherche aléatoire permet une incorporation facile des connaissances du domaine. Les chercheurs peuvent définir des distributions personnalisées ou des contraintes pour des paramètres spécifiques basées sur leur expertise ou des expériences précédentes, guidant la recherche vers des zones plus prometteuses de l'espace des paramètres.

3. Efficacité dans les Espaces de Haute Dimension

À mesure que le nombre d'hyperparamètres augmente, l'efficacité de la recherche aléatoire devient plus prononcée. Elle peut explorer un espace d'hyperparamètres plus vaste en moins de temps par rapport à la recherche par grille. Cet avantage est particulièrement significatif lorsqu'on traite des modèles complexes qui ont de nombreux hyperparamètres à régler.

Dans les espaces de haute dimension, la recherche par grille souffre de la "malédiction de la dimensionnalité". À mesure que le nombre d'hyperparamètres augmente, le nombre de combinaisons à évaluer croît exponentiellement. Par exemple, si vous avez 5 hyperparamètres et souhaitez essayer 4 valeurs pour chacun, la recherche par grille nécessiterait $4^5 = 1024$ évaluations. En revanche, la recherche aléatoire peut échantillonner un sous-ensemble de cet espace, trouvant potentiellement de bonnes solutions avec beaucoup moins d'évaluations.

L'efficacité de la recherche aléatoire provient de sa capacité à :

- Échantillonner de façon éparse dans les dimensions moins importantes tout en explorant minutieusement les hyperparamètres critiques.

- Allouer plus d'essais aux paramètres influents qui impactent significativement la performance du modèle.

- Découvrir des combinaisons inattendues qui pourraient être manquées par une grille rigide.

Par exemple, dans un réseau de neurones avec des hyperparamètres comme le taux d'apprentissage, la taille des lots, le nombre de couches et les neurones par couche, la recherche aléatoire peut explorer efficacement cet espace complexe. Elle pourrait rapidement identifier que le taux d'apprentissage est crucial tandis que le nombre exact de neurones dans chaque couche a moins d'impact, orientant les essais suivants en conséquence.

Cette efficacité permet non seulement d'économiser des ressources computationnelles, mais aussi aux data scientists d'explorer une plus large gamme d'architectures de modèles et de combinaisons d'hyperparamètres, menant potentiellement à une meilleure performance globale du modèle.

4. Adaptabilité

La recherche aléatoire offre une flexibilité significative en termes de ressources computationnelles et d'allocation de temps. Cette adaptabilité est un avantage clé dans divers scénarios :

- Nombre d'itérations ajustable : Le nombre d'itérations peut être facilement modifié en fonction de la puissance de calcul disponible et des contraintes de temps. Cela permet aux chercheurs d'équilibrer entre la profondeur d'exploration et les limitations pratiques.

- Évolutivité : Pour des modèles plus simples ou des jeux de données plus petits, un nombre inférieur d'itérations peut suffire. À l'inverse, pour des modèles complexes ou des jeux de données plus volumineux, le nombre d'itérations peut être augmenté pour assurer une exploration plus approfondie de l'espace des hyperparamètres.

- Recherches limitées dans le temps : Dans des situations où le temps est critique, la recherche aléatoire peut être configurée pour s'exécuter pendant une durée spécifique, garantissant l'obtention de résultats dans un délai donné.

- Optimisation des ressources : En ajustant le nombre d'itérations, les équipes peuvent allouer efficacement les ressources computationnelles à travers multiples projets ou expériences.

Cette adaptabilité rend la recherche aléatoire particulièrement utile dans divers contextes, du prototypage rapide à l'optimisation extensive de modèles, s'adaptant à différents niveaux de ressources computationnelles et de calendriers de projet.

5. Couverture Probabiliste

La recherche aléatoire emploie une approche probabiliste pour explorer l'espace des hyperparamètres, ce qui offre plusieurs avantages :

- Exploration efficace : Bien que non exhaustive comme la recherche par grille, la recherche aléatoire peut couvrir efficacement une grande portion de l'espace des hyperparamètres avec moins d'itérations.

- Forte probabilité de bonnes solutions : Elle a une forte probabilité de trouver des combinaisons d'hyperparamètres performantes, particulièrement dans les scénarios où plusieurs configurations donnent des résultats similaires.

- Adaptabilité aux paysages de performance : Dans les espaces d'hyperparamètres où la performance varie progressivement, la recherche aléatoire peut rapidement identifier des régions de bonne performance.

Cette approche est particulièrement efficace quand :

- L'espace des hyperparamètres est vaste : La recherche aléatoire peut échantillonner efficacement à partir d'espaces expansifs où la recherche par grille serait computationnellement prohibitive.

- Des plateaux de performance existent : Dans les cas où de nombreuses combinaisons d'hyperparamètres produisent des performances similaires, la recherche aléatoire peut rapidement trouver une bonne solution sans tester exhaustivement toutes les possibilités.

- Des contraintes de temps et de ressources sont présentes : Elle permet un compromis flexible entre le temps de recherche et la qualité de la solution, la rendant adaptée aux scénarios avec des ressources computationnelles limitées.

Bien que la recherche aléatoire ne garantisse pas de trouver la combinaison absolument optimale, sa capacité à découvrir des solutions de haute qualité efficacement en fait un outil précieux dans la boîte à outils du praticien de l'apprentissage automatique.

Cette approche peut réduire significativement le temps de calcul, particulièrement lorsque l'espace des hyperparamètres est vaste ou lorsqu'on traite des modèles computationnellement intensifs. En se concentrant sur un sous-ensemble aléatoire de l'espace des paramètres, la recherche aléatoire atteint souvent des résultats comparables ou même meilleurs que la recherche par grille, avec une fraction du coût computationnel.

Exemple : Recherche Aléatoire avec Scikit-learn

La recherche aléatoire fonctionne de manière similaire à la recherche par grille mais explore un sous-ensemble aléatoire de l'espace des hyperparamètres.

```python
import numpy as np
import pandas as pd
from sklearn.model_selection import RandomizedSearchCV, train_test_split
from sklearn.ensemble import RandomForestClassifier
from sklearn.datasets import load_iris
from sklearn.metrics import accuracy_score, classification_report, confusion_matrix
import matplotlib.pyplot as plt
import seaborn as sns

# Load the Iris dataset
iris = load_iris()
X, y = iris.data, iris.target

# Split the data into training and testing sets
```

```python
X_train, X_test, y_train, y_test = train_test_split(X, y, test_size=0.2,
random_state=42)

# Define the hyperparameter grid
param_dist = {
    'n_estimators': np.arange(10, 200, 10),
    'max_depth': [None] + list(range(5, 31, 5)),
    'min_samples_split': [2, 5, 10],
    'min_samples_leaf': [1, 2, 4],
    'max_features': ['auto', 'sqrt', 'log2']
}

# Initialize the Random Forest model
rf = RandomForestClassifier(random_state=42)

# Perform randomized search
random_search = RandomizedSearchCV(
    rf,
    param_distributions=param_dist,
    n_iter=100,
    cv=5,
    random_state=42,
    scoring='accuracy',
    n_jobs=-1
)
random_search.fit(X_train, y_train)

# Print the best parameters and the corresponding score
print("Best parameters found:", random_search.best_params_)
print("Best cross-validation accuracy:", random_search.best_score_)

# Evaluate the best model on the test set
best_rf = random_search.best_estimator_
y_pred = best_rf.predict(X_test)
test_accuracy = accuracy_score(y_test, y_pred)
print("Test accuracy:", test_accuracy)

# Print classification report
print("\\nClassification Report:")
print(classification_report(y_test, y_pred, target_names=iris.target_names))

# Plot confusion matrix
cm = confusion_matrix(y_test, y_pred)
plt.figure(figsize=(10,7))
sns.heatmap(cm, annot=True, fmt='d', cmap='Blues', xticklabels=iris.target_names,
yticklabels=iris.target_names)
plt.title('Confusion Matrix')
plt.xlabel('Predicted')
plt.ylabel('Actual')
plt.show()

# Plot feature importances
```

```
feature_importance = best_rf.feature_importances_
feature_names = iris.feature_names
sorted_idx = np.argsort(feature_importance)
pos = np.arange(sorted_idx.shape[0]) + .5

plt.figure(figsize=(10, 6))
plt.barh(pos, feature_importance[sorted_idx], align='center')
plt.yticks(pos, np.array(feature_names)[sorted_idx])
plt.title('Feature Importance')
plt.show()
```

Explication de la décomposition du code :

1. Préparation des données :

    o Nous commençons par importer les bibliothèques nécessaires et charger le jeu de données Iris.

    o Le jeu de données est divisé en ensembles d'entraînement et de test en utilisant train_test_split() avec un ratio de division 80-20.

2. Grille d'hyperparamètres :

    o Nous définissons une grille d'hyperparamètres plus complète (param_dist) pour le classificateur Random Forest.

    o Cela inclut diverses plages pour n_estimators, max_depth, min_samples_split, min_samples_leaf, et max_features.

3. Recherche aléatoire :

    o Nous utilisons RandomizedSearchCV pour effectuer l'optimisation des hyperparamètres.

    o Le nombre d'itérations est fixé à 100 (n_iter=100) pour une recherche plus approfondie.

    o Nous utilisons une validation croisée à 5 plis (cv=5) et définissons n_jobs=-1 pour utiliser tous les cœurs CPU disponibles pour un calcul plus rapide.

4. Évaluation du modèle :

    o Après l'ajustement du modèle, nous affichons les meilleurs paramètres trouvés et la précision correspondante de validation croisée.

    o Nous évaluons ensuite le meilleur modèle sur l'ensemble de test et affichons la précision de test.

5. Rapport de classification :

- o Nous générons et affichons un rapport de classification en utilisant classification_report() de scikit-learn.

- o Cela fournit une analyse détaillée de la précision, du rappel et du score F1 pour chaque classe.

6. Matrice de confusion :

- o Nous créons et représentons graphiquement une matrice de confusion en utilisant la carte thermique de seaborn.

- o Cela visualise la performance du modèle à travers différentes classes.

7. Importance des caractéristiques :

- o Nous extrayons et représentons graphiquement les importances des caractéristiques du meilleur modèle Random Forest.

- o Cela aide à identifier quelles caractéristiques sont les plus influentes dans les décisions du modèle.

Cet exemple de code fournit une approche complète pour l'optimisation des hyperparamètres avec Random Forest, incluant une évaluation approfondie et une visualisation des résultats. Il démontre non seulement comment trouver les meilleurs paramètres, mais aussi comment évaluer et interpréter la performance du modèle à travers diverses métriques et visualisations.

b. Avantages et inconvénients de la recherche aléatoire

La recherche aléatoire est une technique puissante pour l'optimisation des hyperparamètres qui offre plusieurs avantages et quelques limitations :

- **Avantages** :

  - o Efficacité : La recherche aléatoire est significativement plus efficace que la recherche par grille, particulièrement lorsqu'on traite de grands espaces d'hyperparamètres. Elle peut explorer une plus large gamme de combinaisons en moins de temps.

  - o Optimisation des ressources : En testant des combinaisons aléatoires, elle permet une exploration plus diversifiée de l'espace des paramètres avec moins de ressources computationnelles.

  - o Flexibilité : Il est facile d'ajouter ou de supprimer des paramètres de l'espace de recherche sans impacter significativement la stratégie de recherche.

  - o Évolutivité : Le nombre d'itérations peut être facilement ajusté en fonction du temps et des ressources disponibles, la rendant adaptée tant au prototypage rapide qu'à l'optimisation extensive.

- **Inconvénients** :

o Manque d'exhaustivité : Contrairement à la recherche par grille, la recherche aléatoire ne garantit pas que chaque combinaison possible sera testée, ce qui signifie qu'il y a une chance de manquer la configuration absolument optimale.

o Potentiel de résultats sous-optimaux : Bien qu'elle conduise souvent à des solutions quasi-optimales, il y a toujours une possibilité que la meilleure combinaison d'hyperparamètres soit négligée en raison de la nature aléatoire de la recherche.

o Défis de reproductibilité : L'aléatoire dans le processus de recherche peut rendre plus difficile la reproduction des résultats exacts entre différentes exécutions, bien que cela puisse être atténué en fixant une graine aléatoire.

Malgré ces limitations, la recherche aléatoire est souvent préférée en pratique en raison de son équilibre entre efficacité et efficience, particulièrement dans les scénarios avec un temps ou des ressources computationnelles limités.

4.4.4 Optimisation bayésienne

L'optimisation bayésienne est une approche avancée et sophistiquée pour l'optimisation des hyperparamètres qui exploite la modélisation probabiliste pour explorer efficacement l'espace des hyperparamètres. Cette méthode se distingue de la recherche par grille et de la recherche aléatoire par sa stratégie intelligente et adaptative.

Contrairement à la recherche par grille et à la recherche aléatoire, qui traitent chaque évaluation comme indépendante et n'apprennent pas des essais précédents, l'optimisation bayésienne construit un modèle probabiliste de la fonction objectif (par exemple, la précision du modèle). Ce modèle, souvent appelé modèle de substitution ou surface de réponse, capture la relation entre les configurations d'hyperparamètres et la performance du modèle.

Les étapes clés de l'optimisation bayésienne sont :

1. Échantillonnage initial

Le processus commence par sélectionner quelques configurations d'hyperparamètres aléatoires à évaluer. Cette étape initiale est cruciale car elle fournit la base pour construire le modèle de substitution. En testant ces configurations aléatoires, nous recueillons des points de données initiaux qui représentent différentes zones de l'espace des hyperparamètres. Cet ensemble diversifié d'échantillons initiaux aide à :

- Établir une compréhension de base du paysage des hyperparamètres

- Identifier des régions potentiellement prometteuses pour une exploration plus approfondie

- Éviter les biais vers une zone particulière de l'espace des hyperparamètres

Le nombre d'échantillons initiaux peut varier en fonction de la complexité du problème et des ressources computationnelles disponibles, mais il s'agit généralement d'un petit sous-ensemble du nombre total d'évaluations qui seront effectuées.

2. Mise à jour du modèle de substitution

Après chaque évaluation, le modèle probabiliste est mis à jour avec le nouveau point de données. Cette étape est cruciale pour l'efficacité de l'optimisation bayésienne. Voici une explication plus détaillée :

- Raffinement du modèle : Le modèle de substitution est affiné en fonction de la performance observée de la dernière configuration d'hyperparamètres. Cela permet au modèle de mieux approximer la véritable relation entre les hyperparamètres et la performance du modèle.

- Réduction de l'incertitude : À mesure que davantage de points de données sont ajoutés, l'incertitude du modèle dans différentes régions de l'espace des hyperparamètres est réduite. Cela aide à prendre des décisions plus éclairées sur où échantillonner ensuite.

- Apprentissage adaptatif : La mise à jour continue du modèle de substitution permet au processus d'optimisation de s'adapter et d'apprendre de chaque évaluation, le rendant plus efficace que les méthodes non adaptatives comme la recherche par grille ou la recherche aléatoire.

- Processus gaussien : Souvent, le modèle de substitution est implémenté comme un Processus gaussien, qui fournit à la fois une prédiction de la performance attendue et une estimation de l'incertitude pour toute configuration d'hyperparamètres donnée.

Ce processus de mise à jour itérative est ce qui permet à l'optimisation bayésienne de prendre des décisions intelligentes sur quelles configurations d'hyperparamètres essayer ensuite, équilibrant l'exploration des zones incertaines avec l'exploitation des régions connues comme étant performantes.

3. Optimisation de la fonction d'acquisition

Cette étape cruciale implique l'utilisation d'une fonction d'acquisition pour déterminer la prochaine configuration d'hyperparamètres prometteuse à évaluer. La fonction d'acquisition joue un rôle vital dans l'équilibre entre l'exploration et l'exploitation au sein de l'espace des hyperparamètres. Voici une explication plus détaillée :

Objectif : La fonction d'acquisition guide le processus de recherche en suggérant quelle configuration d'hyperparamètres devrait être évaluée ensuite. Elle vise à maximiser l'amélioration potentielle de la performance du modèle tout en tenant compte des incertitudes dans le modèle de substitution.

Équilibre délicat : La fonction d'acquisition doit trouver un équilibre délicat entre deux objectifs concurrents :

- Exploration : Investigation des zones de l'espace des hyperparamètres avec une forte incertitude. Cela aide à découvrir des configurations potentiellement bonnes qui n'ont pas encore été testées.

- Exploitation : Concentration sur les régions connues pour avoir de bonnes performances basées sur les évaluations précédentes. Cela aide à affiner et améliorer les configurations prometteuses déjà découvertes.

Fonctions d'acquisition courantes : Plusieurs fonctions d'acquisition sont utilisées en pratique, chacune avec ses propres caractéristiques :

- Amélioration Espérée (EI) : Calcule l'amélioration espérée par rapport à la meilleure valeur observée actuelle.

- Probabilité d'Amélioration (PI) : Estime la probabilité qu'un nouveau point améliore la meilleure valeur actuelle.

- Borne Supérieure de Confiance (UCB) : Équilibre la prédiction moyenne et son incertitude, contrôlée par un paramètre de compromis.

Processus d'optimisation : Une fois la fonction d'acquisition définie, un algorithme d'optimisation (souvent différent de l'algorithme principal d'optimisation bayésienne) est utilisé pour trouver la configuration d'hyperparamètres qui maximise la fonction d'acquisition. Cette configuration devient le prochain point à évaluer dans la boucle d'optimisation principale.

En exploitant la fonction d'acquisition, l'optimisation bayésienne peut prendre des décisions intelligentes sur quelles zones de l'espace des hyperparamètres explorer ou exploiter, conduisant à un réglage des hyperparamètres plus efficace et plus performant par rapport aux méthodes de recherche aléatoire ou par grille.

4. Évaluation

Cette étape implique de tester la configuration d'hyperparamètres sélectionnée par la fonction d'acquisition sur le modèle d'apprentissage automatique réel et la fonction objectif. Voici une explication plus détaillée :

- Entraînement du modèle : Le modèle d'apprentissage automatique est entraîné en utilisant la configuration d'hyperparamètres sélectionnée. Cela pourrait impliquer l'ajustement d'un nouveau modèle à partir de zéro ou la mise à jour d'un modèle existant avec les nouveaux paramètres.

- Évaluation des performances : Une fois entraîné, la performance du modèle est évaluée à l'aide de la fonction objectif prédéfinie. Cette fonction mesure généralement une métrique pertinente telle que la précision, le score F1 ou l'erreur quadratique moyenne, selon le problème spécifique.

- Comparaison : La performance obtenue avec la nouvelle configuration est comparée à la meilleure performance observée jusqu'à présent. Si elle est meilleure, elle devient la nouvelle référence pour les itérations futures.

- Collecte de données : La configuration d'hyperparamètres et sa performance correspondante sont enregistrées. Ce point de données est crucial pour mettre à jour le modèle de substitution dans l'itération suivante.

- Gestion des ressources : Il est important de noter que cette étape peut être coûteuse en termes de calcul, particulièrement pour des modèles complexes ou de grands ensembles de données. Une gestion efficace des ressources est cruciale pour garantir que le processus d'optimisation reste réalisable.

En évaluant soigneusement chaque configuration suggérée, l'optimisation bayésienne peut progressivement affiner sa compréhension de l'espace des hyperparamètres et orienter la recherche vers des zones plus prometteuses.

5. Répéter

Le processus se poursuit en itérant à travers les étapes 2-4 jusqu'à ce qu'un critère d'arrêt prédéfini soit atteint. Cette approche itérative est cruciale pour le processus d'optimisation :

- Amélioration continue : Chaque itération affine le modèle de substitution et explore de nouvelles zones de l'espace des hyperparamètres, découvrant potentiellement de meilleures configurations.

- Critères d'arrêt : Les conditions d'arrêt courantes incluent :

  o Nombre maximum d'itérations : Une limite prédéterminée sur le nombre d'évaluations à effectuer.

  o Performance satisfaisante : Atteindre un seuil de performance cible.

  o Convergence : Lorsque les améliorations entre les itérations deviennent négligeables.

  o Limite de temps : Un temps d'exécution maximum autorisé pour le processus d'optimisation.

- Recherche adaptative : Au fur et à mesure que le processus se répète, l'algorithme devient de plus en plus efficace pour identifier les zones prometteuses de l'espace des hyperparamètres.

- Considération du compromis : Le nombre d'itérations implique souvent un compromis entre la qualité de l'optimisation et les ressources computationnelles. Plus d'itérations mènent généralement à de meilleurs résultats mais nécessitent plus de temps et de ressources.

En répétant ce processus, l'optimisation bayésienne affine progressivement sa compréhension de l'espace des hyperparamètres, conduisant à des configurations de plus en plus optimales au fil du temps.

L'optimisation bayésienne excelle à maintenir un équilibre délicat entre deux aspects essentiels du réglage des hyperparamètres :

- **Exploration** : Cet aspect implique de s'aventurer dans des territoires inexplorés de l'espace des hyperparamètres, à la recherche de configurations potentiellement supérieures qui n'ont pas encore été examinées. Ce faisant, l'algorithme assure une recherche complète qui ne néglige pas les zones prometteuses.

- **Exploitation** : Simultanément, la méthode capitalise sur les régions qui ont démontré des performances favorables lors des itérations précédentes. Cette approche ciblée permet l'affinement et l'optimisation des configurations qui ont déjà montré des promesses.

Cet acte d'équilibrage sophistiqué permet à l'optimisation bayésienne de traverser adroitement des paysages d'hyperparamètres complexes. Sa capacité à allouer judicieusement les ressources entre l'exploration de nouvelles possibilités et l'approfondissement des zones connues à haute performance conduit souvent à la découverte de configurations optimales ou quasi-optimales. Remarquablement, cela peut être réalisé avec substantiellement moins d'évaluations par rapport à des méthodes plus traditionnelles comme la recherche par grille ou la recherche aléatoire, ce qui la rend particulièrement précieuse dans des scénarios où les ressources computationnelles sont limitées ou lors de la manipulation d'espaces d'hyperparamètres complexes et de haute dimension.

Bien qu'il existe plusieurs bibliothèques et frameworks qui implémentent l'optimisation bayésienne, l'un des outils les plus populaires et largement utilisés est **HyperOpt**. HyperOpt fournit une implémentation flexible et puissante de l'optimisation bayésienne, facilitant l'application de cette technique avancée aux flux de travail d'apprentissage automatique pour les praticiens.

a. Exemple : Optimisation Bayésienne avec HyperOpt

```
import numpy as np
import pandas as pd
from sklearn.model_selection import train_test_split, cross_val_score
from sklearn.ensemble import RandomForestClassifier
from sklearn.preprocessing import StandardScaler
from sklearn.metrics import accuracy_score, classification_report
from hyperopt import fmin, tpe, hp, STATUS_OK, Trials

# Load and preprocess data (assuming we have a dataset)
data = pd.read_csv('your_dataset.csv')
X = data.drop('target', axis=1)
y = data['target']
```

```
# Split the data
X_train, X_test, y_train, y_test = train_test_split(X, y, test_size=0.2,
random_state=42)

# Scale the features
scaler = StandardScaler()
X_train_scaled = scaler.fit_transform(X_train)
X_test_scaled = scaler.transform(X_test)

# Define the objective function for Bayesian optimization
def objective(params):
    clf = RandomForestClassifier(**params)

    # Use cross-validation to get a more robust estimate of model performance
    cv_scores = cross_val_score(clf, X_train_scaled, y_train, cv=5,
scoring='accuracy')

    # We want to maximize accuracy, so we return the negative mean CV score
    return {'loss': -cv_scores.mean(), 'status': STATUS_OK}

# Define the hyperparameter space
space = {
    'n_estimators': hp.choice('n_estimators', [50, 100, 200, 300]),
    'max_depth': hp.choice('max_depth', [10, 20, 30, None]),
    'min_samples_split': hp.uniform('min_samples_split', 2, 10),
    'min_samples_leaf': hp.choice('min_samples_leaf', [1, 2, 4]),
    'max_features': hp.choice('max_features', ['auto', 'sqrt', 'log2'])
}

# Run Bayesian optimization
trials = Trials()
best = fmin(fn=objective,
            space=space,
            algo=tpe.suggest,
            max_evals=100,  # Increased number of evaluations
            trials=trials)

print("Best hyperparameters found:", best)

# Get the best hyperparameters
best_params = {
    'n_estimators': [50, 100, 200, 300][best['n_estimators']],
    'max_depth': [10, 20, 30, None][best['max_depth']],
    'min_samples_split': best['min_samples_split'],
    'min_samples_leaf': [1, 2, 4][best['min_samples_leaf']],
    'max_features': ['auto', 'sqrt', 'log2'][best['max_features']]
}

# Train the final model with the best hyperparameters
best_model = RandomForestClassifier(**best_params, random_state=42)
best_model.fit(X_train_scaled, y_train)
```

```
# Make predictions on the test set
y_pred = best_model.predict(X_test_scaled)

# Evaluate the model
accuracy = accuracy_score(y_test, y_pred)
print(f"Test Accuracy: {accuracy:.4f}")
print("\\nClassification Report:")
print(classification_report(y_test, y_pred))
```

Explication détaillée du code :

1. Préparation des données :

    o Nous commençons par charger un jeu de données (supposé être au format CSV) en utilisant pandas.

    o Les données sont divisées en caractéristiques (X) et cible (y).

    o Nous utilisons train_test_split pour créer des ensembles d'entraînement et de test.

    o Les caractéristiques sont normalisées avec StandardScaler pour garantir que toutes les variables sont à la même échelle, ce qui est important pour de nombreux algorithmes d'apprentissage automatique.

2. Fonction objectif :

    o La fonction objectif (objective) prend les hyperparamètres en entrée et renvoie un dictionnaire avec la perte et le statut.

    o Elle crée un RandomForestClassifier avec les hyperparamètres donnés.

    o La validation croisée est utilisée pour obtenir une estimation plus robuste de la performance du modèle.

    o La moyenne négative des scores de validation croisée est renvoyée comme perte (nous la rendons négative car hyperopt minimise l'objectif, mais nous voulons maximiser la précision).

3. Espace des hyperparamètres :

    o Nous définissons un dictionnaire (space) qui spécifie l'espace de recherche des hyperparamètres.

    o hp.choice est utilisé pour les paramètres catégoriels (n_estimators, max_depth, min_samples_leaf, max_features).

    o hp.uniform est utilisé pour min_samples_split pour permettre des valeurs continues entre 2 et 10.

- o Cet espace élargi permet une recherche plus complète par rapport à l'exemple original.

4. Optimisation bayésienne :

- o Nous utilisons la fonction fmin de hyperopt pour effectuer l'optimisation bayésienne.

- o Le nombre d'évaluations (max_evals) est augmenté à 100 pour une recherche plus approfondie.

- o L'algorithme Tree of Parzen Estimators (TPE) est utilisé (tpe.suggest).

- o Un objet Trials est utilisé pour suivre toutes les évaluations.

5. Meilleurs hyperparamètres :

- o Après l'optimisation, nous affichons les meilleurs hyperparamètres trouvés.

- o Nous créons ensuite un dictionnaire best_params qui associe les résultats de l'optimisation aux valeurs réelles des paramètres.

6. Entraînement et évaluation du modèle final :

- o Nous créons un nouveau RandomForestClassifier avec les meilleurs hyperparamètres.

- o Ce modèle est entraîné sur l'ensemble du jeu d'entraînement.

- o Nous effectuons des prédictions sur l'ensemble de test et évaluons la performance du modèle.

- o La précision de test et un rapport de classification détaillé sont imprimés.

Cet exemple fournit une approche complète pour l'ajustement des hyperparamètres en utilisant l'optimisation bayésienne. Il inclut les étapes de prétraitement des données, un espace de recherche d'hyperparamètres plus étendu, et une évaluation finale sur un ensemble de test distinct. Cette approche aide à garantir que nous trouvons non seulement de bons hyperparamètres, mais aussi que nous validons la performance du modèle sur des données non vues.

b. Avantages et inconvénients de l'optimisation bayésienne

L'optimisation bayésienne est une technique puissante pour l'ajustement des hyperparamètres, mais comme toute méthode, elle présente ses propres avantages et inconvénients. Examinons-les plus en détail :

- **Avantages** :
  - o Efficacité : L'optimisation bayésienne est nettement plus efficace que la recherche par grille ou aléatoire, particulièrement lorsqu'il s'agit de grands

espaces d'hyperparamètres. Cette efficacité provient de sa capacité à apprendre des évaluations précédentes et à se concentrer sur les zones prometteuses de l'espace de recherche.

o Meilleurs résultats : Elle peut souvent trouver des hyperparamètres supérieurs avec moins d'évaluations. Cela est particulièrement précieux lorsqu'on travaille avec des modèles coûteux en calcul ou des ressources limitées.

o Adaptabilité : La méthode adapte sa stratégie de recherche en fonction des résultats précédents, ce qui la rend plus susceptible de trouver des optima globaux plutôt que de rester bloquée dans des optima locaux.

o Gestion des espaces complexes : Elle peut gérer efficacement les hyperparamètres continus, discrets et conditionnels, ce qui la rend polyvalente pour divers types de modèles d'apprentissage automatique.

- **Inconvénients** :

o Complexité : L'optimisation bayésienne est plus complexe à mettre en œuvre par rapport à des méthodes plus simples comme la recherche par grille ou aléatoire. Elle nécessite une compréhension plus approfondie des modèles probabilistes et des techniques d'optimisation.

o Défis de configuration : Elle peut nécessiter une configuration plus sophistiquée, notamment la définition de distributions préalables et de fonctions d'acquisition appropriées.

o Surcoût computationnel : Bien qu'elle nécessite moins d'évaluations de modèles, le processus d'optimisation lui-même peut être intensif en calcul, surtout pour les espaces de haute dimension.

o Moins intuitif : La nature de boîte noire de l'optimisation bayésienne peut la rendre moins intuitive à comprendre et à interpréter par rapport à des méthodes plus directes.

Malgré ces défis, les avantages de l'optimisation bayésienne l'emportent souvent sur ses inconvénients, en particulier pour les modèles complexes avec de nombreux hyperparamètres ou lorsqu'on traite des évaluations coûteuses en calcul. Sa capacité à naviguer efficacement dans de grands espaces d'hyperparamètres en fait un outil précieux dans la boîte à outils du praticien de l'apprentissage automatique.

4.4.5 Considérations pratiques pour l'ajustement des hyperparamètres

Lorsqu'on se lance dans le processus d'ajustement des hyperparamètres, il est crucial de considérer plusieurs facteurs clés qui peuvent avoir un impact significatif sur l'efficacité et l'efficience de votre processus d'optimisation :

- **Ressources computationnelles et contraintes de temps** : La complexité de certains modèles, en particulier les architectures d'apprentissage profond, peut entraîner des périodes d'entraînement prolongées. Dans les scénarios où les ressources computationnelles sont limitées ou le temps est essentiel, des techniques comme la recherche aléatoire ou l'optimisation bayésienne se révèlent souvent plus efficaces que des méthodes exhaustives comme la recherche par grille. Ces approches peuvent rapidement identifier des configurations d'hyperparamètres prometteuses sans avoir à explorer toutes les combinaisons possibles.

- **Validation croisée pour une estimation robuste de la performance** : Mettre en œuvre la validation croisée pendant le processus d'ajustement des hyperparamètres est essentiel pour obtenir une estimation plus fiable et généralisable de la performance du modèle. Cette technique implique de partitionner les données en plusieurs sous-ensembles, d'entraîner et d'évaluer le modèle sur différentes combinaisons de ces sous-ensembles. Ce faisant, vous atténuez le risque de surapprentissage sur une seule division entraînement-test et acquérez une compréhension plus complète de la performance de votre modèle à travers diverses distributions de données.

- **Évaluation finale sur un ensemble de test indépendant** : Une fois que vous avez identifié les hyperparamètres optimaux grâce à votre méthode d'ajustement choisie, il est impératif d'évaluer la performance du modèle final sur un ensemble de test complètement séparé et jamais vu auparavant. Cette étape fournit une estimation non biaisée de la véritable capacité de généralisation du modèle, offrant des indications sur sa performance potentielle sur des données réelles qu'il n'a pas rencontrées pendant les phases d'entraînement ou d'ajustement.

- **Définition de l'espace de recherche des hyperparamètres** : Définir soigneusement la plage et la distribution des hyperparamètres à explorer est crucial. Cela implique d'exploiter les connaissances du domaine et la compréhension du comportement du modèle pour établir des limites et des pas appropriés pour chaque hyperparamètre. Un espace de recherche bien défini peut améliorer considérablement l'efficacité du processus d'ajustement et la qualité des résultats finaux.

- **Équilibrer exploration et exploitation** : Lors de l'utilisation de techniques avancées comme l'optimisation bayésienne, il est important de trouver un équilibre entre l'exploration de nouvelles zones de l'espace des hyperparamètres et l'exploitation des régions connues de bonne performance. Cet équilibre assure une recherche approfondie tout en concentrant les ressources computationnelles sur des configurations prometteuses.

En conclusion, l'ajustement des hyperparamètres est une partie essentielle du flux de travail d'apprentissage automatique, permettant d'optimiser les modèles et d'obtenir de meilleures performances. Des techniques comme la **recherche par grille**, la **recherche aléatoire** et l'**optimisation bayésienne** ont chacune leurs avantages, et le choix de la méthode dépend de la complexité du modèle et des ressources computationnelles disponibles. En affinant les hyperparamètres, vous pouvez améliorer significativement la performance et la capacité de généralisation de vos modèles d'apprentissage automatique.

Exercices Pratiques Chapitre 4

Exercice 1 : Régression Linéaire

Tâche : Vous disposez du jeu de données suivant contenant des informations sur les prix des maisons. Utilisez la **régression linéaire simple** pour prédire le prix d'une maison en fonction de sa taille.

Taille (m²)	Prix (€)
800	150 000
1000	180 000
1200	210 000
1500	250 000
1800	300 000

Solution :

```
import numpy as np
import matplotlib.pyplot as plt
from sklearn.linear_model import LinearRegression

# Data: House size (X) and price (y)
X = np.array([800, 1000, 1200, 1500, 1800]).reshape(-1, 1)
y = np.array([150000, 180000, 210000, 250000, 300000])

# Initialize and train the linear regression model
model = LinearRegression()
model.fit(X, y)

# Predict for new house sizes
X_new = np.array([2000, 2200]).reshape(-1, 1)
y_pred = model.predict(X_new)

# Plotting the data and the regression line
plt.scatter(X, y, color='blue', label='Data points')
plt.plot(X, model.predict(X), color='red', label='Regression line')
plt.xlabel("House Size (sq ft)")
```

```
plt.ylabel("Price ($)")
plt.legend()
plt.show()

print("Predicted prices for new house sizes:", y_pred)
```

Exercice 2 : Régression Polynomiale

Tâche : Vous disposez d'un jeu de données présentant une relation non linéaire entre **les années d'expérience** et **le salaire**. Utilisez la **régression polynomiale** pour modéliser cette relation.

Années d'Expérience	Salaire (€)
1	40 000
2	45 000
3	50 000
5	70 000
7	85 000

Solution :

```
import numpy as np
import matplotlib.pyplot as plt
from sklearn.preprocessing import PolynomialFeatures
from sklearn.linear_model import LinearRegression

# Data: Years of experience (X) and salary (y)
X = np.array([1, 2, 3, 5, 7]).reshape(-1, 1)
y = np.array([40000, 45000, 50000, 70000, 85000])

# Create polynomial features (degree 2)
poly = PolynomialFeatures(degree=2)
X_poly = poly.fit_transform(X)

# Train the polynomial regression model
model = LinearRegression()
model.fit(X_poly, y)

# Predict for new years of experience
X_new = np.array([4, 6]).reshape(-1, 1)
X_new_poly = poly.transform(X_new)
y_pred = model.predict(X_new_poly)
```

```
# Plot the data and the polynomial regression curve
plt.scatter(X, y, color='blue', label='Data points')
plt.plot(X, model.predict(X_poly), color='red', label='Polynomial regression curve')
plt.xlabel("Years of Experience")
plt.ylabel("Salary ($)")
plt.legend()
plt.show()

print("Predicted salaries for new years of experience:", y_pred)
```

Exercice 3 : Classification avec SVM

Tâche : Utilisez un **classificateur SVM** pour prédire si un patient souffre d'une maladie cardiaque en fonction de deux caractéristiques : **l'âge** et **le niveau de cholestérol**. Entraînez le modèle en utilisant le jeu de données suivant :

Âge	Cholestérol	Maladie Cardiaque (0 = Non, 1 = Oui)
45	200	0
50	220	1
55	240	1
60	210	0
65	280	1

Solution :

```
import numpy as np
from sklearn.svm import SVC
from sklearn.model_selection import train_test_split

# Data: Age, cholesterol, and heart disease label
X = np.array([[45, 200], [50, 220], [55, 240], [60, 210], [65, 280]])
y = np.array([0, 1, 1, 0, 1])

# Split the data into training and test sets
X_train, X_test, y_train, y_test = train_test_split(X, y, test_size=0.2,
random_state=42)

# Initialize and train the SVM classifier
model = SVC(kernel='linear')
model.fit(X_train, y_train)

# Predict on the test set
y_pred = model.predict(X_test)
```

```
print("Predicted heart disease labels for test set:", y_pred)
```

Exercice 4 : Calcul de la Précision et du Rappel

Tâche : Vous travaillez sur un problème de classification avec les étiquettes réelles et prédites suivantes :

Étiquettes Réelles : [1, 0, 1, 1, 0, 1, 0, 0]

Étiquettes Prédites : [1, 0, 1, 0, 0, 1, 0, 1]

Calculez la **précision** et le **rappel** pour la classe positive (1).

Solution :

```
from sklearn.metrics import precision_score, recall_score

# True and predicted labels
y_true = [1, 0, 1, 1, 0, 1, 0, 0]
y_pred = [1, 0, 1, 0, 0, 1, 0, 1]

# Calculate precision and recall
precision = precision_score(y_true, y_pred)
recall = recall_score(y_true, y_pred)

print(f"Precision: {precision:.2f}")
print(f"Recall: {recall:.2f}")
```

Exercice 5 : Calcul de l'AUC-ROC

Tâche : On vous donne les probabilités prédites d'un modèle pour la classe positive (maladie cardiaque) comme suit :

Probabilités Prédites : [0.1, 0.4, 0.8, 0.6, 0.3]

Étiquettes Réelles : [0, 0, 1, 1, 0]

Calculez le **score AUC-ROC** et tracez la **courbe ROC**.

Solution :

```
from sklearn.metrics import roc_auc_score, roc_curve
import matplotlib.pyplot as plt

# Predicted probabilities and true labels
y_probs = [0.1, 0.4, 0.8, 0.6, 0.3]
y_true = [0, 0, 1, 1, 0]

# Calculate AUC-ROC score
auc_score = roc_auc_score(y_true, y_probs)
print(f"AUC-ROC Score: {auc_score:.2f}")
```

```
# Calculate ROC curve
fpr, tpr, thresholds = roc_curve(y_true, y_probs)

# Plot ROC curve
plt.plot(fpr, tpr, label='ROC Curve')
plt.plot([0, 1], [0, 1], 'k--')  # Random classifier
plt.xlabel('False Positive Rate')
plt.ylabel('True Positive Rate (Recall)')
plt.title('ROC Curve')
plt.legend(loc='best')
plt.show()
```

Exercice 6 : Réglage des hyperparamètres avec Random Forest

Tâche : Vous utilisez un **classificateur Random Forest** pour classifier des cas de cancer du sein. Effectuez une **recherche aléatoire** pour ajuster les hyperparamètres, tels que le nombre d'estimateurs (n_estimators) et la profondeur maximale (max_depth), en utilisant les plages suivantes :

- n_estimators : 50, 100, 150

- max_depth : 10, 20, 30, None

Solution :

```
from sklearn.model_selection import RandomizedSearchCV
from sklearn.ensemble import RandomForestClassifier
from sklearn.datasets import load_breast_cancer
from sklearn.model_selection import train_test_split

# Load the breast cancer dataset
data = load_breast_cancer()
X_train, X_test, y_train, y_test = train_test_split(data.data, data.target,
test_size=0.2, random_state=42)

# Define the hyperparameter grid
param_dist = {
    'n_estimators': [50, 100, 150],
    'max_depth': [10, 20, 30, None]
}

# Initialize the Random Forest model
rf = RandomForestClassifier()

# Perform randomized search
random_search = RandomizedSearchCV(rf, param_distributions=param_dist, n_iter=5,
cv=5, random_state=42)
random_search.fit(X_train, y_train)

# Print the best parameters and corresponding score
```

```
print("Best parameters found:", random_search.best_params_)
print("Best cross-validation accuracy:", random_search.best_score_)
```

Ces exercices pratiques aident à renforcer les concepts clés de l'**apprentissage supervisé**, notamment la régression, la classification, les métriques d'évaluation et l'ajustement des hyperparamètres.

Résumé du Chapitre 4

Dans le **Chapitre 4**, nous avons exploré les concepts et techniques clés de l'**apprentissage supervisé**, une approche centrale en apprentissage automatique où les modèles apprennent à partir de données étiquetées pour faire des prédictions. L'apprentissage supervisé englobe deux types majeurs de problèmes : la **régression** (prédiction de valeurs continues) et la **classification** (prédiction de valeurs catégorielles). Ce chapitre a fourni une couverture approfondie des techniques fondamentales tant pour la régression que pour la classification, ainsi que des méthodes pour évaluer et améliorer les performances des modèles.

Nous avons commencé par la **régression linéaire et polynomiale**, qui sont utilisées pour modéliser les relations entre les caractéristiques d'entrée et une variable cible continue. La régression linéaire suppose une relation linéaire entre les caractéristiques et la cible, tandis que la régression polynomiale permet de modéliser des relations non linéaires en ajoutant des termes polynomiaux. Ces deux techniques constituent la base de modèles de régression plus complexes, et nous avons fourni des exemples pour démontrer comment les implémenter en utilisant Scikit-learn.

Ensuite, nous avons approfondi les **algorithmes de classification**, couvrant quatre modèles largement utilisés : les **Machines à Vecteurs de Support (SVM)**, les **k plus proches voisins (KNN)**, les **Arbres de Décision** et les **Forêts Aléatoires**. Les SVM trouvent l'hyperplan optimal qui sépare les classes et fonctionnent bien pour les problèmes linéaires et non linéaires. KNN est un algorithme intuitif basé sur les instances qui classifie les données en fonction de la classe majoritaire de ses voisins les plus proches. Les Arbres de Décision fournissent un modèle interprétable en divisant les données selon les valeurs des caractéristiques, tandis que les Forêts Aléatoires, une méthode d'ensemble, combinent plusieurs arbres de décision pour améliorer la précision et la robustesse. Des exemples et des implémentations de code ont été fournis pour chaque algorithme afin d'illustrer leur fonctionnement en pratique.

Dans la section sur les **métriques d'évaluation avancées**, nous avons introduit la **précision**, le **rappel**, le **score F1** et la **courbe AUC-ROC**. Ces métriques sont particulièrement utiles pour les tâches de classification, surtout lorsqu'on traite des jeux de données déséquilibrés. Alors que l'exactitude mesure la justesse globale, la précision et le rappel se concentrent sur la performance du modèle dans l'identification de classes spécifiques (par exemple, les cas positifs), les rendant plus appropriés dans de nombreux scénarios réels. La courbe AUC-ROC aide à évaluer la capacité d'un modèle à distinguer entre les classes à travers différents seuils.

Enfin, nous avons couvert l'**ajustement des hyperparamètres et l'optimisation des modèles**, qui sont essentiels pour améliorer les performances des modèles. Nous avons discuté de trois techniques principales : la **recherche par grille**, la **recherche aléatoire** et l'**optimisation bayésienne**. La recherche par grille évalue de manière exhaustive toutes les combinaisons possibles d'hyperparamètres, tandis que la recherche aléatoire explore un sous-ensemble aléatoire de l'espace des hyperparamètres, donnant souvent de bons résultats de manière plus efficace. L'optimisation bayésienne utilise un modèle probabiliste pour explorer intelligemment l'espace des hyperparamètres, trouvant un équilibre entre exploration et exploitation.

En conclusion, ce chapitre a fourni une compréhension complète des techniques d'apprentissage supervisé, allant de la régression à la classification, et a introduit des méthodes avancées pour l'évaluation et l'optimisation des modèles. Ces outils et techniques constituent la base pour construire des modèles d'apprentissage automatique robustes et performants qui se généralisent bien à de nouvelles données jamais rencontrées.

Chapitre 5 : Techniques d'apprentissage non supervisé

Dans le domaine de l'**apprentissage non supervisé**, nous nous aventurons dans un territoire distinct de l'apprentissage supervisé, où les données étiquetées sont absentes du processus d'entraînement du modèle. Notre objectif principal est plutôt de découvrir des modèles cachés ou des regroupements inhérents aux données. Ces techniques sophistiquées s'avèrent inestimables dans des scénarios où notre compréhension de la structure sous-jacente des données est limitée ou lorsque la tâche d'étiquetage manuel devient peu pratique ou irréalisable. L'apprentissage non supervisé trouve son application dans un large éventail de tâches, notamment le **clustering**, la **réduction de dimensionnalité** et la **détection d'anomalies**.

La puissance de l'apprentissage non supervisé réside dans sa capacité à extraire des informations significatives à partir de données brutes non étiquetées. En exploitant des algorithmes complexes, il peut identifier des similitudes, des différences et des relations qui pourraient ne pas être immédiatement apparentes pour les observateurs humains. Cela en fait un outil indispensable dans des domaines tels que l'exploration de données, la reconnaissance de formes et l'analyse exploratoire de données.

Dans ce chapitre, nous approfondirons les principales techniques d'apprentissage non supervisé, en commençant par une exploration approfondie du **clustering** — une méthode robuste et polyvalente employée pour regrouper des points de données similaires. Le clustering constitue un pilier fondamental de l'apprentissage non supervisé, offrant un moyen d'organiser et de structurer les données en fonction de similitudes inhérentes. Nous entreprendrons un voyage complet à travers divers algorithmes de clustering, chacun avec son approche unique et ses points forts. Notre exploration englobera trois techniques principales de clustering :

- **Clustering K-Means** : Un algorithme basé sur les partitions qui divise les données en K clusters prédéfinis, affinant itérativement les centres des clusters pour minimiser la variance intra-cluster.

- **Clustering hiérarchique** : Une méthode qui construit une structure arborescente de clusters, permettant une vue à plusieurs niveaux de l'organisation des données, des points de données individuels à un seul cluster englobant tout.

- **DBSCAN (Density-Based Spatial Clustering of Applications with Noise)** : Un algorithme basé sur la densité capable de découvrir des clusters de formes arbitraires et d'identifier les valeurs aberrantes dans l'ensemble de données.

Grâce à un examen détaillé de ces algorithmes, nous acquerrons une compréhension de leurs principes sous-jacents, leurs forces, leurs limites et leurs applications pratiques dans des scénarios réels. Cette compréhension approfondie vous donnera les connaissances nécessaires pour sélectionner et appliquer la technique de clustering la plus appropriée à vos besoins spécifiques d'analyse de données.

5.1 Clustering (K-Means, Hiérarchique, DBSCAN)

Le **clustering** est une technique fondamentale et largement utilisée dans l'apprentissage non supervisé. À sa base, le clustering vise à partitionner un ensemble de données en groupes distincts, ou **clusters**, en fonction des similitudes inhérentes entre les points de données. Le principe clé est que les points de données au sein d'un même cluster doivent présenter un degré de similitude plus élevé entre eux par rapport aux points d'autres clusters. Cette similitude est généralement mesurée à l'aide de métriques de distance telles que la distance euclidienne, la distance de Manhattan ou la similarité cosinus, selon la nature des données et l'algorithme de clustering spécifique employé.

La puissance du clustering réside dans sa capacité à découvrir des modèles et des structures cachés au sein d'ensembles de données complexes et de haute dimension sans avoir besoin d'étiquettes prédéfinies. Cela en fait un outil inestimable dans un large éventail d'applications réelles, notamment :

- **Segmentation client** : Les entreprises peuvent exploiter les algorithmes de clustering pour catégoriser leur clientèle en groupes distincts basés sur divers facteurs tels que le comportement d'achat, les informations démographiques et les modèles d'interaction. Cette segmentation granulaire permet aux entreprises de développer et de mettre en œuvre des stratégies marketing hautement ciblées et d'offrir des services personnalisés adaptés aux besoins et préférences spécifiques de chaque groupe, améliorant ainsi la satisfaction et la fidélité des clients.

- **Études de marché** : Dans le domaine de l'analyse de marché, les techniques de clustering jouent un rôle crucial dans l'identification et la définition de segments de marché distincts. En appliquant ces algorithmes à de grands ensembles de données englobant les comportements, les préférences et les caractéristiques des consommateurs, les entreprises peuvent découvrir des modèles cachés et regrouper des consommateurs similaires. Cette segmentation permet aux entreprises d'affiner leurs offres de produits, leurs messages marketing et leur prestation de services pour répondre aux demandes et aux attentes uniques de chaque segment de marché identifié, améliorant ainsi la pénétration du marché et l'avantage concurrentiel.

- **Compression d'image** : Les algorithmes de clustering trouvent des applications innovantes dans le domaine du traitement d'images numériques, en particulier dans la compression d'images. En regroupant les pixels ayant des propriétés de couleur similaires, ces techniques peuvent réduire efficacement la palette de couleurs d'une image sans compromettre significativement sa qualité visuelle. Ce processus de compression entraîne des tailles de fichiers plus petites, facilitant un stockage plus efficace et une transmission plus rapide des images à travers diverses plateformes et réseaux numériques, ce qui est particulièrement bénéfique dans des environnements à bande passante limitée ou pour des bases de données d'images à grande échelle.

- **Détection d'anomalies** : L'une des applications les plus puissantes du clustering réside dans sa capacité à identifier les valeurs aberrantes ou les points de données inhabituels qui s'écartent significativement des modèles établis. Cette capacité est essentielle dans divers domaines critiques tels que la détection de fraudes dans les transactions financières, la surveillance de la sécurité des réseaux pour identifier les menaces cyber potentielles, et le contrôle qualité dans les processus de fabrication. En établissant des clusters "normaux" de points de données, toute donnée qui ne s'intègre pas bien dans ces clusters peut être signalée pour une enquête plus approfondie, permettant une gestion proactive des risques et le maintien de l'intégrité du système.

- **Systèmes de recommandation** : À l'ère des expériences numériques personnalisées, les algorithmes de clustering forment l'épine dorsale des systèmes de recommandation sophistiqués. En regroupant les utilisateurs ayant des préférences, des comportements ou des profils démographiques similaires, et en regroupant de manière similaire les articles ayant des caractéristiques ou des attributs comparables, les entreprises peuvent générer des recommandations hautement précises et personnalisées. Cette approche améliore l'expérience utilisateur sur diverses plateformes, des sites de commerce électronique suggérant des produits aux services de streaming recommandant du contenu, augmentant finalement l'engagement, la satisfaction et les taux de rétention des utilisateurs.

Dans cette section complète, nous examinerons trois algorithmes de clustering populaires et puissants : **K-Means**, **Clustering Hiérarchique**, et **DBSCAN** (Density-Based Spatial Clustering of Applications with Noise). Chacun de ces algorithmes aborde le problème du clustering sous un angle unique et offre des avantages distincts :

- **K-Means** : Un algorithme basé sur les centroïdes qui partitionne les données en un nombre prédéterminé de clusters. Il est efficace en termes de calcul et fonctionne bien avec de grands ensembles de données, mais nécessite de spécifier le nombre de clusters à l'avance.

- **Clustering Hiérarchique** : Cette méthode crée une structure arborescente de clusters, permettant une vue multi-niveaux de l'organisation des données. Elle ne nécessite pas de spécifier le nombre de clusters à l'avance et fournit des informations sur les relations entre les clusters à différents niveaux de granularité.

- **DBSCAN** : Un algorithme basé sur la densité qui peut découvrir des clusters de formes arbitraires et est robuste face au bruit et aux valeurs aberrantes. Il est particulièrement utile lorsqu'on traite des clusters non globulaires ou lorsque le nombre de clusters est inconnu.

En explorant ces algorithmes divers, nous acquerrons une compréhension complète des différentes approches de clustering, leurs forces, leurs limites et leurs cas d'utilisation optimaux. Ces connaissances vous donneront la capacité de sélectionner la technique de clustering la plus appropriée pour vos besoins spécifiques d'analyse de données, améliorant votre capacité à extraire des informations significatives à partir d'ensembles de données complexes.

5.1.1 Clustering K-Means

K-Means est un algorithme de clustering largement utilisé et intuitif qui constitue la base de nombreuses applications d'apprentissage non supervisé. À sa base, K-Means vise à partitionner un ensemble de données en **K clusters distincts et non chevauchants**, où K est un nombre prédéfini. Le principe fondamental de K-Means est de minimiser la variance intra-cluster, garantissant que chaque point de données appartient au cluster dont la moyenne (également connue sous le nom de centroïde) est la plus proche.

1. Initialisation

K-Means commence par sélectionner aléatoirement K points de l'ensemble de données pour servir de centroïdes initiaux des clusters. Ces points agissent comme les graines à partir desquelles les clusters vont se développer. Cette étape d'initialisation est cruciale car elle définit le point de départ du processus itératif de l'algorithme. Le choix de ces centroïdes initiaux peut avoir un impact significatif sur les résultats finaux du clustering, car l'algorithme convergera vers différents optima locaux en fonction des positions de départ.

Pour atténuer l'impact de l'initialisation aléatoire, il est courant d'exécuter l'algorithme K-Means plusieurs fois avec différentes graines aléatoires et de sélectionner le meilleur résultat selon un critère choisi, tel que la somme minimale des carrés intra-cluster. De plus, il existe des méthodes d'initialisation plus avancées, comme K-Means++, qui visent à choisir des centroïdes initiaux bien répartis dans l'ensemble de données, conduisant potentiellement à de meilleurs résultats plus cohérents.

2. Attribution

Dans cette étape cruciale, chaque point de données de l'ensemble est attribué au centroïde le plus proche. Cette attribution est généralement effectuée en utilisant la distance euclidienne comme mesure de proximité, bien que d'autres métriques de distance puissent être utilisées selon la nature des données. La distance euclidienne est calculée entre chaque point de données et tous les K centroïdes, et le point est attribué au cluster dont le centroïde est le plus proche.

Mathématiquement, pour un point de données x et des centroïdes μ_1, μ_2, ..., μ_k, l'attribution est faite au cluster j où :

j = argmin($||x - \mu_i||^2$) pour i = 1 à K

Ici, $||x - \mu_i||^2$ représente la distance euclidienne au carré entre x et μ_i. Ce processus crée K clusters initiaux, chacun contenant les points de données qui sont les plus proches de son centroïde. L'étape d'attribution est cruciale car elle forme la base des étapes suivantes dans l'algorithme K-Means, en particulier l'étape de mise à jour où les centroïdes sont recalculés.

Il est important de noter que cette attribution initiale est basée sur les centroïdes choisis aléatoirement lors de l'étape d'initialisation. Au fur et à mesure que l'algorithme progresse à travers plusieurs itérations, ces attributions seront affinées, pouvant entraîner des points de données passant d'un cluster à un autre à mesure que les centroïdes sont mis à jour et optimisés.

3. Mise à jour

Les centroïdes de chaque cluster sont recalculés en prenant la moyenne de tous les points attribués à ce cluster. Cette étape cruciale déplace les centroïdes vers le centre de leurs clusters respectifs, affinant ainsi les définitions des clusters. Voici une explication plus détaillée de ce processus :

a) Pour chaque cluster, tous les points de données actuellement attribués à celui-ci sont identifiés.

b) Les coordonnées de ces points sont moyennées selon chaque dimension. Par exemple, dans un espace 2D, les coordonnées x et y de tous les points du cluster sont moyennées séparément.

c) Les coordonnées moyennes résultantes deviennent la nouvelle position pour le centroïde de ce cluster. Mathématiquement, pour un cluster C_i avec n_i points, le nouveau centroïde μ_i est calculé comme :

μ_i = (1/n_i) * Σ(x_j), pour tous les x_j dans C_i

d) Ce processus déplace effectivement le centroïde vers la position moyenne arithmétique de tous les points de son cluster, minimisant ainsi la variance totale intra-cluster.

e) L'étape de mise à jour est essentielle car elle permet à l'algorithme d'affiner itérativement les définitions des clusters, conduisant potentiellement à une solution de clustering plus optimale à chaque itération.

En effectuant répétitivement cette mise à jour avec l'étape d'attribution, K-Means converge vers une solution où les centroïdes représentent avec précision le centre de leurs clusters respectifs, atteignant ainsi l'objectif de minimisation de la variance intra-cluster.

4. Itération

L'algorithme K-Means entre dans une phase itérative où les étapes 2 (Attribution) et 3 (Mise à jour) sont répétées plusieurs fois. Ce processus itératif est crucial pour affiner les attributions de clusters et améliorer la qualité globale de la solution de clustering. Voici une explication plus détaillée de ce qui se passe durant cette phase itérative :

a) **Réattribution continue** : Lorsque les centroïdes sont mis à jour à l'étape 3, l'attribution optimale de cluster pour chaque point de données peut changer. À chaque itération, les points de données sont réévalués et peuvent passer d'un cluster à un autre s'ils se retrouvent plus proches d'un centroïde différent de celui auquel ils sont actuellement attribués. Cette réattribution dynamique permet à l'algorithme de s'adapter à la structure évolutive des clusters.

b) **Affinement des centroïdes** : Après chaque phase de réattribution, les centroïdes sont recalculés en fonction du nouvel ensemble de points attribués à chaque cluster. Cet affinement continu des positions des centroïdes aide à trouver le véritable centre de chaque cluster, conduisant à une représentation plus précise de la structure sous-jacente des données.

c) **Comportement de convergence** : À chaque itération, les changements dans les positions des centroïdes et les attributions de clusters deviennent généralement plus petits. On dit que l'algorithme converge lorsque ces changements deviennent négligeables ou tombent en dessous d'un seuil prédéfini.

d) **Vérification de stabilité** : Certaines implémentations de K-Means incluent une vérification de stabilité, où l'algorithme se termine si aucun point ne change de cluster entre les itérations, indiquant qu'une solution stable a été atteinte.

e) **Nombre maximum d'itérations** : Pour éviter que l'algorithme ne s'exécute indéfiniment dans les cas où une convergence parfaite est difficile à atteindre, un nombre maximum d'itérations est généralement défini. Si cette limite est atteinte avant la convergence, l'algorithme se termine avec la meilleure solution trouvée jusqu'à présent.

Ce processus itératif est au cœur du clustering K-Means, permettant d'améliorer progressivement la solution de clustering et de s'adapter à la structure inhérente des données. Le nombre d'itérations requis peut varier en fonction de la complexité du jeu de données et du placement initial des centroïdes, soulignant l'importance d'une initialisation appropriée et d'un réglage des paramètres dans le clustering K-Means.

5. Convergence

L'algorithme K-Means atteint sa conclusion par un processus de convergence, qui est une étape cruciale pour assurer la stabilité et l'optimalité de la solution de clustering. Cette phase de convergence est caractérisée par deux critères d'arrêt principaux :

a) **Stabilisation des centroïdes** : L'indicateur principal de convergence est lorsque les centroïdes des clusters cessent de se déplacer significativement entre les itérations. En termes pratiques, cela signifie que les coordonnées de chaque centroïde restent relativement constantes, avec seulement des changements minimes. Cette stabilité suggère que l'algorithme a trouvé un optimum local dans la solution de clustering, où des itérations supplémentaires ne produiraient pas d'améliorations substantielles dans les attributions de clusters.

b) **Nombre maximum d'itérations atteint** : Comme protection contre les boucles potentiellement infinies ou les temps de calcul excessivement longs, un nombre maximum d'itérations prédéfini est généralement fixé. Cela garantit que l'algorithme se termine dans un délai raisonnable, même si une convergence parfaite n'a pas été atteinte. La limite maximale d'itérations est particulièrement utile dans les cas où la structure des données est complexe ou lors du traitement de très grands jeux de données.

Le processus de convergence est crucial pour plusieurs raisons :

- Il garantit que l'algorithme ne s'exécute pas indéfiniment, ce qui est particulièrement important dans les applications réelles où les ressources informatiques et le temps sont limités.

- Il offre un équilibre entre la recherche d'une solution optimale et l'efficacité computationnelle. Bien que davantage d'itérations puissent conduire à des résultats légèrement meilleurs, les améliorations deviennent souvent négligeables après un certain point.

- Il aide à détecter les situations où l'algorithme pourrait être bloqué dans des optima locaux, permettant aux data scientists d'envisager de relancer l'algorithme avec différentes conditions initiales ou d'explorer des techniques de clustering alternatives.

En pratique, les critères de convergence combinent souvent à la fois la vérification de stabilité des centroïdes et la limite maximale d'itérations. Par exemple, l'algorithme peut s'arrêter lorsque soit les centroïdes se déplacent de moins d'une petite distance seuil (par exemple, 0,0001 unités), soit lorsqu'il atteint 300 itérations, selon ce qui se produit en premier. Cette approche garantit à la fois la qualité de la solution de clustering et l'achèvement rapide de l'algorithme.

La puissance de K-Means réside dans sa simplicité et son efficacité, notamment pour les grands jeux de données. Cependant, il est important de noter que l'algorithme présente certaines limites. Il suppose que les clusters sont sphériques et de taille similaire, ce qui n'est pas toujours le cas dans les données réelles. De plus, le résultat final du clustering peut être sensible au placement initial des centroïdes, conduisant parfois à des solutions sous-optimales.

Malgré ces défis, K-Means reste un choix populaire dans diverses applications, de la segmentation client en marketing à la compression d'image en vision par ordinateur, en raison de sa nature intuitive et de son efficacité computationnelle.

Comment fonctionne K-Means

1. Choisir le nombre de clusters (**K**) : C'est la première étape cruciale du clustering K-Means. La valeur de K détermine combien de groupes distincts l'algorithme tentera d'identifier dans les données. Sélectionner un K approprié est essentiel pour des

résultats significatifs et nécessite souvent des connaissances du domaine ou des techniques supplémentaires comme la méthode du coude.

2. Initialiser **K centroïdes aléatoires** (centres de clusters) : Une fois K choisi, l'algorithme sélectionne aléatoirement K points du jeu de données pour servir de centroïdes initiaux. Ces centroïdes agissent comme points de départ pour chaque cluster. Le placement initial des centroïdes peut avoir un impact significatif sur le résultat final du clustering, c'est pourquoi plusieurs exécutions avec différentes initialisations sont souvent effectuées.

3. Attribuer chaque point de données au centroïde le plus proche : Dans cette étape, l'algorithme calcule la distance (généralement la distance euclidienne) entre chaque point de données et tous les K centroïdes. Chaque point est ensuite attribué au cluster représenté par le centroïde le plus proche. Cette étape crée effectivement K clusters initiaux basés sur la proximité avec les centroïdes choisis aléatoirement.

4. Recalculer les centroïdes en fonction des points attribués à chaque cluster : Après que tous les points sont attribués, l'algorithme calcule la position moyenne de tous les points dans chaque cluster. Ces positions moyennes deviennent les nouveaux centroïdes pour leurs clusters respectifs. Cette étape ajuste les centroïdes pour mieux représenter le centre réel de leurs points de données assignés.

5. Répéter les étapes 3-4 jusqu'à convergence ou nombre maximum d'itérations : L'algorithme répète de manière itérative les étapes d'attribution et de recalcul. À chaque itération, les centroïdes sont affinés, et les points de données peuvent changer de cluster. Ce processus continue jusqu'à ce que :

   o Convergence : Les centroïdes ne se déplacent plus significativement entre les itérations, indiquant qu'une solution de clustering stable a été trouvée.

   o Nombre maximum d'itérations atteint : Une limite prédéfinie sur le nombre d'itérations est atteinte pour garantir que l'algorithme se termine dans un délai raisonnable, même si une convergence parfaite n'est pas atteinte.

Ce processus itératif permet à K-Means d'améliorer progressivement sa solution de clustering, en s'adaptant à la structure inhérente des données.

Exemple : K-Means avec Scikit-learn (Clustering)

Appliquons le clustering K-Means à un jeu de données échantillon.

```
import numpy as np
import matplotlib.pyplot as plt
from sklearn.cluster import KMeans
from sklearn.datasets import make_blobs

# Generate synthetic data for clustering
X, y = make_blobs(n_samples=300, centers=4, cluster_std=0.60, random_state=0)
```

```
# Initialize K-Means with 4 clusters
kmeans = KMeans(n_clusters=4, random_state=42, n_init=10)  # Added n_init to avoid
warning

# Fit the model to the data
kmeans.fit(X)

# Get the cluster centroids and labels
centroids = kmeans.cluster_centers_
labels = kmeans.labels_

# Plot the clusters and centroids
plt.figure(figsize=(10, 8))
scatter = plt.scatter(X[:, 0], X[:, 1], c=labels, s=50, cmap='viridis')
plt.scatter(centroids[:, 0], centroids[:, 1], s=200, c='red', marker='x',
label="Centroids")
plt.title("K-Means Clustering")
plt.xlabel("Feature 1")
plt.ylabel("Feature 2")
plt.colorbar(scatter)
plt.legend()
plt.show()

# Print cluster information
for i in range(4):
    cluster_indices = np.where(labels == i)[0]
    cluster_points = X[cluster_indices]
    print(f"Cluster {i}:")
    print(f"  Number of points: {len(cluster_points)}")
    print(f"  Centroid: {centroids[i]}")
    print(f"  Variance: {np.var(cluster_points, axis=0)}\\n")

# Calculate and print inertia
inertia = kmeans.inertia_
print(f"Inertia: {inertia:.2f}")
```

Analysons cet exemple complet de clustering K-Means :

1. Génération des données :

   o Nous utilisons make_blobs de sklearn pour créer des données synthétiques avec 300 échantillons et 4 clusters distincts.

   o Cela simule un scénario réel où nous pourrions avoir des points de données multidimensionnels.

2. Initialisation de K-Means :

   o Nous créons un objet KMeans avec 4 clusters (correspondant à nos données synthétiques).

o   Le paramètre random_state assure la reproductibilité des résultats.

3.   Ajustement du modèle :

o   La méthode fit applique l'algorithme K-Means à nos données.

o   Elle attribue itérativement des points aux clusters et met à jour les centroïdes jusqu'à convergence.

4.   Extraction des résultats :

o   Nous extrayons les centroïdes des clusters et les étiquettes pour chaque point de données.

o   Les centroïdes représentent la position moyenne de tous les points d'un cluster.

o   Les étiquettes indiquent à quel cluster chaque point de données appartient.

5.   Visualisation :

o   Nous créons un nuage de points de nos données, coloré selon l'attribution des clusters.

o   Les centroïdes des clusters sont marqués par des symboles 'x' rouges.

o   Une barre de couleur est ajoutée pour faciliter l'interprétation des attributions de clusters.

o   Les axes sont étiquetés pour indiquer les caractéristiques, améliorant l'interprétabilité.

6.   Analyse des clusters :

o   Nous parcourons chaque cluster pour afficher des informations détaillées :

▪   Nombre de points dans le cluster

▪   Coordonnées du centroïde

▪   Variance des points dans le cluster (indique la dispersion du cluster)

7.   Évaluation du modèle :

o   Nous affichons l'inertie (somme des carrés intra-cluster), qui mesure la cohérence interne des clusters.

o   Une inertie plus faible indique des clusters plus compacts et mieux séparés.

Cet exemple offre une vue complète du clustering K-Means, incluant la génération de données, l'ajustement du modèle, la visualisation et les métriques d'évaluation. Il démontre comment interpréter et analyser les résultats du clustering K-Means dans un contexte pratique.

Choisir la valeur de K

L'un des principaux défis du clustering K-Means est de déterminer le nombre optimal de clusters, noté **K**. Cette décision est cruciale car elle impacte significativement la qualité et l'interprétabilité des résultats du clustering. Une méthode populaire et efficace pour relever ce défi est la **Méthode du Coude**.

La Méthode du Coude fonctionne en traçant la somme des distances au carré entre les points de données et leurs centroïdes assignés (également connue sous le nom de somme des carrés intra-cluster ou **inertie**) en fonction de K. Cette approche aide à visualiser le compromis entre le nombre de clusters et la compacité de ces clusters.

Voici une explication plus détaillée du fonctionnement de la Méthode du Coude :

1. Processus itératif : La méthode implique d'exécuter le clustering K-Means pour une gamme de valeurs K (par exemple, de 1 à 10).

2. Calcul de l'inertie : Pour chaque valeur de K, l'algorithme calcule l'inertie, qui représente comment les points de données s'ajustent à leurs clusters respectifs.

3. Traçage des résultats : Les valeurs d'inertie sont ensuite tracées par rapport aux valeurs K correspondantes, créant une courbe en forme de coude.

4. Identification du "Coude" : Le K optimal se trouve généralement au "coude" de cette courbe - le point où l'augmentation de K ne produit plus de réductions significatives de l'inertie.

La logique derrière cette méthode est qu'à mesure que le nombre de clusters augmente, l'inertie diminue naturellement (puisque les points seront plus proches de leurs centroïdes). Cependant, il y a généralement un point où cette diminution ralentit considérablement, formant une forme de coude dans le graphique. Ce point suggère un bon équilibre entre avoir suffisamment de clusters pour expliquer la variance des données sans surapprentissage.

Bien que la Méthode du Coude soit largement utilisée en raison de sa simplicité et de son efficacité, il est important de noter qu'elle peut ne pas toujours fournir une réponse claire. Dans certains cas, le coude peut ne pas être distinctement visible, nécessitant des méthodes supplémentaires ou une expertise du domaine pour déterminer le K optimal.

Exemple : Méthode du Coude pour déterminer K

```
import numpy as np
import matplotlib.pyplot as plt
from sklearn.cluster import KMeans
from sklearn.metrics import silhouette_score

# Generate sample data
np.random.seed(42)
X = np.random.rand(100, 2) * 10
```

```python
# Function to calculate and plot inertia for different K values
def plot_elbow_method(X, max_k):
    inertias = []
    K = range(1, max_k+1)
    for k in K:
        kmeans = KMeans(n_clusters=k, random_state=42, n_init=10)  # Fixed Warning
        kmeans.fit(X)
        inertias.append(kmeans.inertia_)

    plt.figure(figsize=(10, 6))
    plt.plot(K, inertias, 'bo-')
    plt.xlabel('Number of clusters (K)')
    plt.ylabel('Inertia')
    plt.title('Elbow Method for Optimal K')
    plt.xticks(K)
    plt.grid(True)
    plt.show()

# Function to perform K-means clustering and visualize results
def perform_kmeans(X, n_clusters):
    kmeans = KMeans(n_clusters=n_clusters, random_state=42, n_init=10)    # Fixed
Warning
    labels = kmeans.fit_predict(X)
    centroids = kmeans.cluster_centers_

    plt.figure(figsize=(10, 6))
    scatter = plt.scatter(X[:, 0], X[:, 1], c=labels, cmap='viridis', edgecolors='k')
    plt.scatter(centroids[:, 0], centroids[:, 1], c='red', marker='x', s=200,
linewidths=3, label="Centroids")
    plt.colorbar(scatter)
    plt.title(f'K-means Clustering (K={n_clusters})')
    plt.xlabel('Feature 1')
    plt.ylabel('Feature 2')
    plt.legend()
    plt.grid(True)
    plt.show()

    silhouette_avg = silhouette_score(X, labels)
    print(f"The average silhouette score is: {silhouette_avg:.3f}")

# Plot Elbow Method
plot_elbow_method(X, 10)

# Perform K-means clustering with optimal K
optimal_k = 3 # Chosen based on the elbow method
perform_kmeans(X, optimal_k)
```

Cet exemple de code démontre une approche plus complète du clustering K-means, incluant la Méthode du Coude pour déterminer le nombre optimal de clusters et la visualisation des résultats.

Décomposons le code et expliquons ses composants :

1. Génération des données : Nous utilisons NumPy pour générer un jeu de données aléatoire avec 100 points dans un espace 2D. La graine aléatoire est définie pour assurer la reproductibilité.

2. Fonction de la Méthode du Coude : La fonction plot_elbow_method calcule l'inertie (somme des distances au carré des échantillons à leur centre de cluster le plus proche) pour différentes valeurs de K (nombre de clusters). Elle trace ensuite ces valeurs pour aider à identifier le "point de coude", qui suggère le nombre optimal de clusters.

3. Fonction de Clustering K-means : La fonction perform_kmeans applique l'algorithme K-means aux données, visualise les résultats et calcule le score de silhouette. Le score de silhouette est une mesure de la similarité d'un objet avec son propre cluster par rapport aux autres clusters, avec des valeurs allant de -1 à 1 (plus élevé est meilleur).

4. Exécution : Nous appelons d'abord plot_elbow_method pour visualiser les résultats de la Méthode du Coude. Sur cette base, nous choisissons une valeur K optimale (dans ce cas, 3) et effectuons un clustering K-means avec cette valeur.

5. Visualisation : Le code produit deux graphiques :

- Un graphique de la Méthode du Coude pour aider à déterminer le nombre optimal de clusters

- Un nuage de points des données regroupées, avec les centroïdes marqués en rouge

1. Évaluation : Le score de silhouette est calculé et affiché, fournissant une mesure quantitative de la qualité du clustering.

Cet exemple démontre non seulement comment effectuer un clustering K-means, mais aussi comment déterminer le nombre optimal de clusters et évaluer les résultats. Il combine plusieurs aspects du processus de clustering, ce qui en fait une approche plus robuste et informative de l'apprentissage non supervisé.

5.1.2 Clustering Hiérarchique

Le clustering hiérarchique est une méthode polyvalente d'apprentissage non supervisé qui construit une hiérarchie de clusters. Cette approche peut être mise en œuvre de deux manières principales :

1. Clustering Agglomératif (ascendant)

Cette méthode est une approche de clustering hiérarchique qui commence par traiter chaque point de données individuel comme son propre cluster unique. Elle suit ensuite un processus itératif pour fusionner les clusters les plus proches jusqu'à ce que tous les points de données soient contenus dans un seul cluster englobant. Voici une explication plus détaillée de son fonctionnement :

1. Initialisation : Commencer avec N clusters, où N est le nombre de points de données dans le jeu de données. Chaque point de données est considéré comme son propre cluster.

2. Calcul des distances : Calculer les distances entre toutes les paires de clusters en utilisant une métrique de distance choisie (par exemple, distance euclidienne, distance de Manhattan ou similarité cosinus).

3. Fusion : Identifier les deux clusters les plus proches sur la base des distances calculées et les fusionner en un seul cluster. Cela réduit le nombre total de clusters d'un.

4. Mise à jour : Recalculer les distances entre le cluster nouvellement formé et tous les autres clusters existants.

5. Itération : Répéter les étapes 3 et 4 jusqu'à ce que tous les points de données soient regroupés en un seul cluster englobant ou jusqu'à ce qu'un critère d'arrêt prédéfini soit atteint (par exemple, un nombre spécifique de clusters est atteint).

Ce processus crée une structure hiérarchique en forme d'arbre de clusters connue sous le nom de dendrogramme. Le dendrogramme représente visuellement le processus de clustering, montrant comment les clusters sont formés et fusionnés à chaque étape. Cela permet une analyse à différents niveaux de granularité, fournissant des insights sur la structure des données à différentes échelles.

Les principaux avantages du clustering agglomératif comprennent :

- Flexibilité dans la détermination des clusters : Contrairement à K-means, le clustering agglomératif ne nécessite pas de spécifier à l'avance le nombre de clusters, permettant une approche plus exploratoire de l'analyse des données. Cette flexibilité permet aux chercheurs d'examiner la structure des données à différents niveaux de granularité et de prendre des décisions éclairées sur le nombre optimal de clusters basé sur le dendrogramme.

- Interprétabilité améliorée grâce à la représentation visuelle : Le dendrogramme, un diagramme en forme d'arbre produit par le clustering agglomératif, offre une visualisation claire et intuitive du processus de clustering. Cette aide visuelle permet aux analystes d'observer comment les clusters sont formés et fusionnés à chaque étape, fournissant des insights précieux sur la structure hiérarchique des données et facilitant l'identification des regroupements naturels.

- Adaptabilité à divers types de données : Le clustering agglomératif démontre une polyvalence remarquable dans sa capacité à gérer différents types de métriques de distance et critères de liaison. Cette adaptabilité le rend approprié pour une large gamme de types et structures de données, des données numériques aux données catégorielles, et même aux types de données mixtes. Les chercheurs peuvent choisir la mesure de distance et la méthode de liaison les plus appropriées en fonction des caractéristiques spécifiques de leur jeu de données, assurant des résultats de clustering optimaux.

Cependant, il est important de noter que le clustering agglomératif peut être coûteux en calcul pour les grands jeux de données et peut ne pas toujours être adapté lorsqu'on traite des données de haute dimension.

2. Clustering Divisif (descendant)

Cette approche offre une méthode contrastante au clustering agglomératif dans le domaine des techniques de clustering hiérarchique. Dans le clustering divisif, l'algorithme commence avec tous les points de données consolidés en un seul cluster complet. À partir de ce point de départ, il emploie une stratégie récursive pour diviser systématiquement ce cluster initial en sous-clusters progressivement plus petits. Ce processus de division continue jusqu'à ce que chaque point de données individuel soit isolé dans son propre cluster unique.

L'approche divisive est particulièrement précieuse lorsque les chercheurs ou analystes sont principalement intéressés à obtenir une compréhension large et globale des divisions ou regroupements majeurs dans un jeu de données avant d'approfondir des détails plus granulaires. En commençant avec l'ensemble du jeu de données et en le divisant progressivement, le clustering divisif peut révéler des structures et relations de haut niveau qui pourraient ne pas être immédiatement apparentes lors de la construction de clusters de bas en haut.

Les caractéristiques clés et avantages du clustering divisif comprennent :

- Perspective descendante : Cette approche offre une vue d'ensemble complète de la structure des données, fournissant aux chercheurs une vue panoramique de l'ensemble du jeu de données. En commençant avec tous les points de données dans un seul cluster et en les divisant progressivement, elle permet une compréhension plus holistique des modèles et relations généraux au sein des données. Cette perspective peut être particulièrement précieuse lorsqu'on essaie d'identifier des structures larges de haut niveau ou lorsqu'on traite des jeux de données complexes et multidimensionnels où les modèles globaux pourraient ne pas être immédiatement apparents avec des approches ascendantes.

- Représentation hiérarchique : Similaire au clustering agglomératif, le clustering divisif génère un dendrogramme qui représente visuellement le processus de clustering. Ce diagramme arborescent illustre comment les clusters sont formés et divisés à chaque étape de l'algorithme, offrant une visualisation claire et intuitive de la structure hiérarchique des données. Le dendrogramme permet une analyse à plusieurs niveaux, permettant aux chercheurs d'examiner les relations entre clusters à différents niveaux de granularité. Cette caractéristique est particulièrement utile pour explorer les structures de données à différentes échelles et pour identifier des regroupements naturels ou des hiérarchies au sein du jeu de données.

- Flexibilité dans les critères d'arrêt : L'un des avantages clés du clustering divisif est la capacité d'arrêter le processus de division à n'importe quel moment pendant l'exécution de l'algorithme. Cette flexibilité permet aux chercheurs d'adapter les résultats du clustering à leurs besoins spécifiques ou aux caractéristiques de leur jeu de données. En ajustant le point d'arrêt, les analystes peuvent contrôler le niveau de granularité des clusters, trouvant un équilibre entre des clusters larges de haut niveau et des regroupements plus détaillés et fins. Cette adaptabilité rend le clustering divisif adapté à une large gamme d'applications, de l'analyse exploratoire de données à des investigations plus ciblées de sous-ensembles de données spécifiques.

- Potentiel de capture de la structure globale : La nature descendante du clustering divisif le rend particulièrement adepte à identifier les grands clusters significatifs dès le début du processus. En commençant avec tous les points de données consolidés dans un seul cluster, l'algorithme est bien positionné pour reconnaître et isoler les composants structurels majeurs du jeu de données dans ses divisions initiales. Cette capacité peut être particulièrement précieuse lors du traitement de jeux de données ayant des regroupements globaux clairs ou lorsque l'objectif principal est d'identifier les clusters les plus importants. La détection précoce de ces structures significatives peut fournir des insights cruciaux sur l'organisation générale des données, guidant l'analyse et l'interprétation ultérieures.

Cependant, il est important de noter que le clustering divisif peut être intensif en calcul, surtout pour les grands jeux de données, car il doit considérer toutes les divisions possibles à chaque étape. De plus, le choix du critère de division peut impacter significativement la hiérarchie de clusters résultante.

En pratique, le clustering divisif trouve des applications dans divers domaines tels que la biologie (pour la classification taxonomique), le clustering de documents en recherche d'information, et la segmentation de marché en analyse commerciale. Sa capacité à fournir une vue descendante des structures de données en fait un outil précieux dans l'arsenal des techniques d'apprentissage non supervisé, complétant d'autres approches de clustering et offrant des insights uniques dans des jeux de données complexes.

Dans cette section, nous nous concentrerons principalement sur le **Clustering Agglomératif**, qui est plus couramment utilisé en pratique en raison de son efficacité computationnelle et de sa nature intuitive. Les résultats du clustering hiérarchique sont généralement visualisés à l'aide d'un **dendrogramme**, un diagramme en forme d'arbre qui illustre l'arrangement des clusters.

Cette visualisation est particulièrement précieuse car elle permet aux data scientists d'observer le processus de clustering à différents niveaux et de prendre des décisions éclairées sur le nombre optimal de clusters pour leur cas d'utilisation spécifique.

Le dendrogramme fournit une représentation claire de la façon dont les clusters sont formés et fusionnés à chaque étape de l'algorithme. En examinant la hauteur des branches dans le dendrogramme, les analystes peuvent obtenir des insights sur la similarité entre différents clusters et identifier des regroupements naturels dans les données. Cette flexibilité d'interprétation est l'un des avantages clés du clustering hiérarchique par rapport à d'autres méthodes comme K-means, où le nombre de clusters doit être spécifié à l'avance.

Comment fonctionne le Clustering Agglomératif

1. Traiter chaque point de données comme son propre cluster : Initialement, chaque point de données individuel dans le jeu de données est considéré comme un cluster séparé. Cela signifie que si vous avez n points de données, vous commencez avec n clusters.

2. Trouver les deux clusters les plus proches et les fusionner : L'algorithme calcule la distance entre toutes les paires de clusters en utilisant une métrique de distance choisie (par exemple, distance euclidienne). Il identifie ensuite les deux clusters qui sont les plus proches l'un de l'autre et les combine en un seul cluster. Cette étape réduit le nombre total de clusters d'un.

3. Répéter jusqu'à ce que tous les points soient fusionnés en un seul cluster : Le processus de recherche et de fusion des clusters les plus proches est répété de manière itérative. À chaque itération, le nombre de clusters diminue d'un, jusqu'à ce que finalement tous les points de données soient regroupés en un seul grand cluster englobant.

4. Couper le dendrogramme à une certaine hauteur pour obtenir le nombre désiré de clusters : Le processus de fusion crée une structure hiérarchique connue sous le nom de dendrogramme. En "coupant" ce dendrogramme à une hauteur spécifique, vous pouvez obtenir n'importe quel nombre de clusters entre 1 et n. La hauteur à laquelle vous coupez détermine combien de clusters vous obtenez. Couper plus bas dans le dendrogramme résulte en plus de clusters, tandis que couper plus haut résulte en moins de clusters.

Exemple : Clustering Hiérarchique avec Scikit-learn (Agglomératif)

```python
import numpy as np
import matplotlib.pyplot as plt
from sklearn.cluster import AgglomerativeClustering
from scipy.cluster.hierarchy import dendrogram, linkage

# Generate sample data
np.random.seed(42)
X = np.random.rand(50, 2)

# Perform hierarchical clustering (agglomerative)
n_clusters = 4
hc = AgglomerativeClustering(n_clusters=n_clusters)
hc.fit(X)  # Fit the model
y_hc = hc.labels_  # Get cluster labels

# Plot the clusters
plt.figure(figsize=(12, 5))
```

```python
# Cluster visualization
plt.subplot(121)
scatter = plt.scatter(X[:, 0], X[:, 1], c=y_hc, s=50, cmap='viridis', edgecolors='k')
plt.title("Agglomerative Clustering")
plt.xlabel("Feature 1")
plt.ylabel("Feature 2")
plt.colorbar(scatter, label='Cluster')

# Generate linkage matrix for the dendrogram
linked = linkage(X, method='ward')

# Plot the dendrogram
plt.subplot(122)
dendrogram(linked, truncate_mode='level', p=4)
plt.title("Dendrogram")
plt.xlabel("Sample Index")
plt.ylabel("Distance")

plt.tight_layout()
plt.show()

# Print cluster labels
print("Cluster labels:", y_hc)

# Calculate and print the number of samples in each cluster
unique, counts = np.unique(y_hc, return_counts=True)
for cluster, count in zip(unique, counts):
    print(f"Cluster {cluster}: {count} samples")
```

Analysons en détail cet exemple complet de clustering hiérarchique :

1. Importation des bibliothèques

Nous importons les bibliothèques nécessaires : numpy pour les opérations numériques, matplotlib pour la visualisation, ainsi que sklearn et scipy pour les algorithmes de clustering et les outils de visualisation.

2. Génération des données d'exemple

Nous créons un jeu de données aléatoire de 50 échantillons avec 2 caractéristiques en utilisant numpy. La graine aléatoire est définie pour assurer la reproductibilité.

3. Réalisation du clustering agglomératif

Nous utilisons AgglomerativeClustering de sklearn pour effectuer le clustering hiérarchique. Nous définissons n_clusters=4 pour diviser nos données en 4 clusters.

4. Visualisation des clusters

Nous créons un nuage de points de nos données, chaque point étant coloré selon son affectation de cluster. Cela nous donne une représentation visuelle de la façon dont l'algorithme a regroupé nos données.

5. Génération et tracé du dendrogramme

Nous utilisons la fonction linkage pour calculer la matrice de liaison, qui est ensuite utilisée pour créer un dendrogramme. Le dendrogramme représente visuellement la relation hiérarchique entre les clusters.

6. Affichage des résultats

Nous utilisons plt.show() pour afficher côte à côte le nuage de points et le dendrogramme.

7. Impression des informations sur les clusters

Nous imprimons les étiquettes de cluster pour chaque point de données et calculons le nombre d'échantillons dans chaque cluster. Cela nous donne un résumé numérique des résultats du clustering.

Cet exemple offre une vue du clustering hiérarchique. Il ne se contente pas d'effectuer le clustering, mais visualise également les résultats de deux façons différentes (nuage de points et dendrogramme) et fournit des résumés numériques du résultat du clustering. Cette approche permet une compréhension plus approfondie de la façon dont l'algorithme a regroupé les données et des relations entre les différents clusters.

Avantages et inconvénients du clustering hiérarchique

- Le clustering hiérarchique offre plusieurs avantages clés :

- Flexibilité dans la détermination des clusters : Contrairement à K-means, le clustering agglomératif ne nécessite pas de spécifier à l'avance le nombre de clusters. Cela permet une approche plus exploratoire, permettant aux chercheurs d'examiner la structure des données à différents niveaux de granularité et de prendre des décisions éclairées sur le nombre optimal de clusters en se basant sur le dendrogramme.

- Interprétabilité améliorée grâce à la représentation visuelle : Le dendrogramme, un diagramme en forme d'arbre produit par le clustering hiérarchique, fournit une visualisation claire et intuitive du processus de clustering. Cette aide visuelle permet aux analystes d'observer comment les clusters sont formés et fusionnés à chaque étape, offrant des insights précieux sur la structure hiérarchique des données et facilitant l'identification des regroupements naturels.

- Adaptabilité à divers types de données : Le clustering hiérarchique démontre une remarquable versatilité dans la gestion de différents types de métriques de distance et de critères de liaison. Cette adaptabilité le rend approprié pour une large gamme de types et structures de données, des données numériques aux données catégorielles, et même aux types de données mixtes. Les chercheurs peuvent choisir la mesure de distance et la méthode de liaison les plus appropriées en fonction des caractéristiques spécifiques de leur jeu de données, assurant ainsi des résultats de clustering optimaux.

Cependant, il est important de noter que le clustering hiérarchique peut être coûteux en calcul pour les grands jeux de données et peut ne pas toujours être adapté lorsqu'on traite des données de haute dimension..

5.1.3 DBSCAN (Density-Based Spatial Clustering of Applications with Noise)

DBSCAN (Clustering spatial basé sur la densité d'applications avec bruit) est un algorithme sophistiqué de clustering basé sur la densité qui excelle dans le regroupement de points de données étroitement rapprochés dans l'espace. Contrairement aux méthodes traditionnelles de clustering comme K-Means et le Clustering Hiérarchique, DBSCAN offre plusieurs avantages uniques :

1. Formes de clusters arbitraires : DBSCAN démontre une remarquable polyvalence dans l'identification de clusters de formes et de tailles variées, non limités aux formations sphériques. Cette capacité en fait un outil inestimable pour analyser des jeux de données avec des structures de clusters complexes et non globulaires, permettant aux chercheurs de découvrir des motifs complexes qui pourraient être manqués par des algorithmes de clustering plus traditionnels. En s'adaptant aux contours naturels des données, DBSCAN peut révéler des insights sur des jeux de données avec des formes de clusters irrégulières ou allongées, ce qui est particulièrement utile dans des domaines tels que l'analyse spatiale, la segmentation d'images et la reconnaissance de motifs dans des jeux de données multidimensionnels.

2. Pas de nombre prédéfini de clusters : Contrairement à certains algorithmes de clustering comme K-Means, DBSCAN offre l'avantage significatif de ne pas exiger que les utilisateurs spécifient le nombre de clusters a priori. Cette caractéristique est particulièrement bénéfique dans les scénarios d'analyse exploratoire de données où le nombre optimal de clusters n'est pas connu ou facilement déterminable à l'avance. En permettant à l'algorithme de découvrir naturellement les clusters basés sur la densité des données, DBSCAN fournit une approche plus organique et guidée par les données au clustering. Cette flexibilité peut mener à la découverte de motifs ou de regroupements inattendus dans les données, révélant potentiellement des insights qui auraient pu être négligés si un nombre fixe de clusters avait été imposé dès le départ.

3. Détection des valeurs aberrantes : L'une des caractéristiques remarquables de DBSCAN est sa capacité inhérente à identifier et étiqueter les valeurs aberrantes ou points de bruit qui n'appartiennent à aucun cluster. Ce mécanisme intégré de détection des valeurs aberrantes est particulièrement précieux lors du traitement de jeux de données contenant des bruits significatifs, des anomalies ou des régions éparses. En distinguant entre les points centraux, les points de bordure et les points de bruit, DBSCAN peut efficacement isoler les points de données inhabituels qui pourraient représenter des erreurs, des événements rares ou des zones d'intérêt potentielles.

Cette capacité est particulièrement utile dans diverses applications telles que la détection de fraudes dans les transactions financières, l'identification de modèles inhabituels dans les données scientifiques ou la détection d'anomalies dans les relevés de capteurs, où l'identification des valeurs aberrantes peut être aussi importante que le clustering des points de données réguliers.

L'algorithme fonctionne en explorant la distribution de densité des points de données :

- Points centraux : Ce sont des éléments fondamentaux dans le clustering DBSCAN, caractérisés par un nombre minimum de points voisins (spécifié par le paramètre min_samples) dans un rayon défini (déterminé par le paramètre eps). Les points centraux servent de fondation pour la formation des clusters, agissant comme des centres de densité autour desquels les clusters sont construits.

- Points de bordure : Ces points jouent un rôle de soutien dans le processus de clustering. Ils sont situés dans le voisinage d'un point central mais manquent du nombre requis de voisins pour se qualifier comme points centraux eux-mêmes. Les points de bordure sont inclus dans les clusters en raison de leur proximité avec les points centraux, aidant à définir les limites extérieures des clusters.

- Points de bruit : Également appelés valeurs aberrantes, ce sont des points de données qui ne répondent pas aux critères pour être soit des points centraux, soit des points de bordure. Les points de bruit ne sont assignés à aucun cluster, étant plutôt identifiés comme des points de données isolés ou anormaux. La capacité à distinguer les points de bruit est une caractéristique clé de DBSCAN, lui permettant de gérer efficacement les jeux de données avec des valeurs aberrantes ou des régions éparses.

DBSCAN forme des clusters en connectant des points centraux qui sont proches les uns des autres, puis en associant des points de bordure à ces clusters. Cette approche basée sur la densité permet à DBSCAN de gérer efficacement des jeux de données avec des densités variables et des formes complexes, en faisant un outil puissant pour l'analyse exploratoire de données et la reconnaissance de motifs dans divers domaines tels que l'analyse de données spatiales, le traitement d'images et la détection d'anomalies en sécurité réseau.

Comment fonctionne DBSCAN

1. DBSCAN (Clustering spatial basé sur la densité d'applications avec bruit) est un algorithme de clustering sophistiqué qui fonctionne en identifiant des régions denses de points de données. Voici une explication détaillée du fonctionnement de DBSCAN :

2. Initialisation : DBSCAN commence par sélectionner un point de données arbitraire de l'ensemble de données qui n'a pas encore été visité.

3. Identification des points centraux : L'algorithme examine le voisinage de ce point, défini par un rayon epsilon (eps). S'il y a au moins 'min_samples' points dans ce rayon eps, y compris le point lui-même, il est classé comme point central. Ce point central devient la graine d'un nouveau cluster.

4. Expansion du cluster : À partir de ce point central, DBSCAN étend le cluster en examinant tous les points directement accessibles par densité. Ce sont des points qui se trouvent dans le rayon eps du point central. Si certains de ces points sont également des points centraux (c'est-à-dire qu'ils ont au moins min_samples points dans leur rayon eps), leurs voisinages sont également ajoutés au cluster. Ce processus se poursuit de manière récursive, permettant à l'algorithme de découvrir des clusters de forme arbitraire.

5. Classification des points de bordure : Les points qui se trouvent dans le rayon eps d'un point central mais qui n'ont pas min_samples points dans leur propre voisinage sont classés comme points de bordure. Ces points font partie du cluster mais ne l'étendent pas davantage.

6. Identification des points de bruit : Tous les points qui ne sont pas des points centraux et qui ne se trouvent pas dans le rayon eps d'un point central sont classés comme points de bruit ou valeurs aberrantes.

7. Achèvement du cluster : Une fois qu'un cluster ne peut plus être étendu (c'est-à-dire que tous les points connectés par densité ont été trouvés), DBSCAN passe à un point non visité et répète le processus, commençant potentiellement un nouveau cluster.

Ce processus continue jusqu'à ce que tous les points aient été visités et classés comme faisant partie d'un cluster ou comme bruit. L'avantage principal de DBSCAN est sa capacité à former des clusters de forme et de taille arbitraires, ainsi que sa capacité inhérente à détecter et isoler les valeurs aberrantes. Cependant, la performance de DBSCAN dépend fortement du choix des paramètres eps et min_samples, ce qui peut être difficile à optimiser pour des ensembles de données complexes.

Exemple : DBSCAN avec Scikit-learn (Clustering)

```python
import numpy as np
import matplotlib.pyplot as plt
from sklearn.cluster import DBSCAN
from sklearn.preprocessing import StandardScaler
from sklearn.datasets import make_moons

# Generate sample data
n_samples = 300
X, _ = make_moons(n_samples=n_samples, noise=0.05, random_state=42)

# Standardize the data
scaler = StandardScaler()
X_scaled = scaler.fit_transform(X)

# Create a DBSCAN instance
dbscan = DBSCAN(eps=0.3, min_samples=5)

# Fit the model to the data
```

```
dbscan.fit(X_scaled)

# Get the cluster assignments for each data point
labels = dbscan.labels_

# Number of clusters in labels, ignoring noise if present
n_clusters = len(set(labels)) - (1 if -1 in labels else 0)
n_noise = list(labels).count(-1)

# Plot the clusters
plt.figure(figsize=(10, 8))
unique_labels = set(labels)
colors = plt.cm.Spectral(np.linspace(0, 1, len(unique_labels)))

for k, col in zip(unique_labels, colors):
    if k == -1:
        # Black used for noise
        col = 'k'

    class_member_mask = (labels == k)
    xy = X_scaled[class_member_mask]
    plt.plot(xy[:, 0], xy[:, 1], 'o', markerfacecolor=col, markeredgecolor='k',
markersize=6)

plt.title(f'DBSCAN Clustering\\nClusters: {n_clusters}, Noise Points: {n_noise}')
plt.xlabel('Feature 1')
plt.ylabel('Feature 2')
plt.show()

print(f"Number of clusters: {n_clusters}")
print(f"Number of noise points: {n_noise}")
```

Décomposons cet exemple de code de clustering DBSCAN :

1. Importation des bibliothèques : Nous importons numpy pour les opérations numériques, matplotlib pour la visualisation, DBSCAN de sklearn.cluster pour l'algorithme de clustering, StandardScaler pour le prétraitement des données, et make_moons pour générer des données d'exemple.

2. Génération des données d'exemple : Nous utilisons make_moons pour créer un jeu de données de 300 échantillons. Cette fonction génère deux demi-cercles entrelacés, ce qui constitue un bon test pour DBSCAN car il peut gérer des clusters non globulaires.

3. Prétraitement des données : Nous standardisons les données en utilisant StandardScaler. Cette étape est importante car DBSCAN utilise des mesures basées sur la distance, et des caractéristiques à différentes échelles peuvent fausser les résultats.

4. Création et ajustement de DBSCAN : Nous initialisons DBSCAN avec eps=0.3 et min_samples=5. Ce sont des paramètres cruciaux :

- eps : La distance maximale entre deux échantillons pour qu'ils soient considérés comme appartenant au même voisinage.

- min_samples : Le nombre d'échantillons dans un voisinage pour qu'un point soit considéré comme un point central. Nous ajustons ensuite le modèle à nos données standardisées.

1. Analyse des résultats : Nous extrayons les étiquettes attribuées par DBSCAN. Les points étiquetés -1 sont considérés comme du bruit. Nous calculons le nombre de clusters et de points de bruit.

2. Visualisation des clusters : Nous créons un nuage de points où chaque point est coloré selon son attribution de cluster. Les points de bruit sont colorés en noir. Cette visualisation aide à comprendre comment DBSCAN a regroupé les données.

3. Affichage des résultats : Nous imprimons le nombre de clusters et de points de bruit, fournissant un résumé numérique du résultat du clustering.

Cet exemple démontre la capacité de DBSCAN à identifier des clusters de forme arbitraire et sa détection intégrée du bruit. En ajustant eps et min_samples, vous pouvez contrôler la sensibilité de l'algorithme au bruit et la taille minimale des clusters.

Avantages et inconvénients de DBSCAN

- **Avantages :**

  o Pas de nombre prédéfini de clusters : Contrairement aux algorithmes comme K-Means, DBSCAN n'exige pas que les utilisateurs spécifient le nombre de clusters à l'avance. C'est particulièrement avantageux pour l'analyse exploratoire des données où le nombre optimal de clusters est inconnu.

  o Formes de clusters arbitraires : DBSCAN peut identifier des clusters de diverses formes et tailles, non limités aux formations sphériques. Cela le rend précieux pour analyser des jeux de données avec des structures de clusters complexes et non globulaires.

  o Détection des valeurs aberrantes : L'algorithme a une capacité inhérente à identifier et étiqueter les valeurs aberrantes ou points de bruit qui n'appartiennent à aucun cluster. C'est utile dans des applications comme la détection de fraudes ou l'identification d'anomalies dans les données scientifiques.

  o Approche basée sur la densité : En se concentrant sur les zones de haute densité, DBSCAN peut efficacement gérer des jeux de données avec des densités variables et des tailles de clusters inégales.

- **Inconvénients :**

o   Sensibilité aux paramètres : La performance de DBSCAN dépend fortement du choix de deux paramètres clés : eps (epsilon, qui définit le rayon du voisinage) et min_samples (nombre minimum de points pour former une région dense). Sélectionner des valeurs optimales pour ces paramètres peut être difficile et peut nécessiter de l'expérimentation.

o   Densités variables : Bien que DBSCAN gère les densités variables mieux que certains algorithmes, il peut encore avoir des difficultés avec des jeux de données où les clusters ont des densités significativement différentes. Dans de tels cas, il pourrait ne pas identifier tous les clusters significatifs.

o   Données de haute dimension : La performance de l'algorithme peut se dégrader dans les espaces de haute dimension en raison de la "malédiction de la dimensionnalité", où les mesures de distance deviennent moins significatives.

o   Évolutivité : Pour de très grands jeux de données, DBSCAN peut devenir coûteux en calcul, surtout si la valeur epsilon n'est pas choisie avec soin.

Dans cette section, nous avons couvert trois algorithmes de clustering importants : **K-Means**, **Clustering Hiérarchique**, et **DBSCAN**. Chaque algorithme a ses forces et convient à différents types de données et tâches de clustering. K-Means est rapide et facile à implémenter, mais il nécessite de connaître le nombre de clusters à l'avance.

Le Clustering Hiérarchique fournit une structure hiérarchique de clusters, qui peut être visualisée avec un dendrogramme, tandis que DBSCAN est excellent pour découvrir des clusters de formes arbitraires et traiter les valeurs aberrantes.

5.2 Analyse en Composantes Principales (ACP) et Réduction de Dimensionnalité

Dans l'apprentissage automatique, les jeux de données englobent souvent une multitude de caractéristiques, résultant en des espaces de données de haute dimension. Ces jeux de données à haute dimension présentent plusieurs défis : ils peuvent être difficiles à visualiser efficacement, exigeants en termes de calcul et peuvent potentiellement entraîner une dégradation des performances du modèle.

Ce dernier phénomène est communément appelé le **fléau de la dimensionnalité**, terme qui englobe les diverses difficultés qui surviennent lors du travail avec des données dans des espaces de haute dimension. Pour relever ces défis, les data scientists et les praticiens de l'apprentissage automatique emploient des techniques de **réduction de dimensionnalité**. Ces méthodes sont conçues pour atténuer les problèmes mentionnés en réduisant stratégiquement le nombre de caractéristiques tout en préservant les aspects les plus saillants et informatifs du jeu de données original.

Parmi l'arsenal des techniques de réduction de dimensionnalité, l'**Analyse en Composantes Principales (ACP)** se distingue comme l'une des méthodes les plus largement adoptées et polyvalentes. L'ACP fonctionne en transformant le jeu de données original en un nouveau système de coordonnées, où les axes (connus sous le nom de composantes principales) sont ordonnés en fonction de la quantité de variance qu'ils capturent à partir des données originales.

Cette transformation est particulièrement puissante car les premières composantes principales encapsulent généralement une part significative de la variance totale du jeu de données. Par conséquent, en ne conservant que ces composantes principales, nous pouvons réaliser une réduction substantielle de la dimensionnalité des données tout en préservant la majorité des informations et de la structure inhérentes au jeu de données.

Cet équilibre élégant entre réduction de dimensionnalité et conservation de l'information fait de l'ACP un outil inestimable dans la boîte à outils du data scientist, permettant un traitement des données plus efficace et améliorant souvent les performances des modèles d'apprentissage automatique ultérieurs.

5.2.1 Analyse en Composantes Principales (ACP)

L'**Analyse en Composantes Principales (ACP)** est une puissante technique de réduction de dimensionnalité linéaire utilisée en analyse de données et en apprentissage automatique. Elle transforme des données de haute dimension en un espace de dimension inférieure tout en préservant autant d'informations originales que possible. L'ACP fonctionne en identifiant les directions (composantes principales) dans le jeu de données où la variance est maximale.

Le processus de l'ACP peut être décomposé en plusieurs étapes :

1. Standardisation

L'ACP est sensible à l'échelle des caractéristiques, il est donc souvent nécessaire de standardiser les données d'abord. Ce processus implique de transformer les données pour que chaque caractéristique ait une moyenne de 0 et un écart-type de 1. La standardisation est cruciale pour l'ACP car :

- Elle garantit que toutes les caractéristiques contribuent équitablement à l'analyse, empêchant les caractéristiques à plus grande échelle de dominer les résultats.
- Elle rend les données plus comparables à travers différentes unités de mesure.
- Elle aide au calcul précis des composantes principales, car l'ACP est basée sur la variance des données.

La standardisation peut être effectuée en utilisant des techniques comme la normalisation Z-score, qui soustrait la moyenne et divise par l'écart-type pour chaque caractéristique. Cette étape est généralement réalisée avant d'appliquer l'ACP pour assurer des résultats optimaux et l'interprétabilité des composantes principales.

2. Calcul de la Matrice de Covariance

L'ACP calcule la matrice de covariance des données standardisées pour comprendre les relations entre les variables. Cette étape est cruciale car elle quantifie la variation conjointe des dimensions par rapport à la moyenne. La matrice de covariance est une matrice carrée où chaque élément représente la covariance entre deux variables. Pour un jeu de données avec n caractéristiques, la matrice de covariance sera une matrice n x n.

La formule de covariance entre deux variables X et Y est :

$cov(X,Y) = \Sigma[(X\_i - X\_moyenne)(Y\_i - Y\_moyenne)] / (n-1)$

Où X_i et Y_i sont des points de données individuels, X_moyenne et Y_moyenne sont les moyennes de X et Y respectivement, et n est le nombre de points de données.

Les éléments diagonaux de cette matrice représentent la variance de chaque variable, tandis que les éléments hors diagonale représentent la covariance entre différentes variables. Une covariance positive indique que les variables ont tendance à augmenter ou diminuer ensemble, tandis qu'une covariance négative indique que lorsqu'une variable augmente, l'autre tend à diminuer.

Cette matrice de covariance constitue la base des étapes suivantes de l'ACP, y compris le calcul des vecteurs propres et des valeurs propres, qui détermineront les composantes principales.

3. Décomposition en Valeurs Propres

Cette étape cruciale de l'ACP implique le calcul des vecteurs propres et des valeurs propres de la matrice de covariance. Les vecteurs propres représentent les composantes principales ou les directions de variance maximale dans les données, tandis que les valeurs propres quantifient la quantité de variance expliquée par chaque vecteur propre correspondant. Voici une explication plus détaillée :

- Matrice de Covariance : D'abord, nous calculons la matrice de covariance des données standardisées. Cette matrice capture les relations entre différentes caractéristiques du jeu de données.

- Vecteurs Propres : Ce sont des vecteurs spéciaux qui, lorsqu'une transformation linéaire (dans ce cas, la matrice de covariance) leur est appliquée, ne changent qu'en magnitude, pas en direction. Dans l'ACP, les vecteurs propres représentent les composantes principales.

- Valeurs Propres : Chaque vecteur propre a une valeur propre correspondante. La valeur propre représente la quantité de variance dans les données qui est capturée par son vecteur propre correspondant (composante principale).

- Classement : Les vecteurs propres sont ensuite classés en fonction de leurs valeurs propres correspondantes. Le vecteur propre avec la valeur propre la plus élevée devient la première composante principale, le deuxième plus élevé devient la deuxième composante principale, et ainsi de suite.

- Réduction de Dimensionnalité : En sélectionnant uniquement les premiers vecteurs propres (ceux avec les valeurs propres les plus élevées), nous pouvons effectivement réduire la dimensionnalité des données tout en conservant la plupart de leur variance et caractéristiques importantes.

Cette étape de décomposition en valeurs propres est fondamentale pour l'ACP car elle détermine les directions (composantes principales) selon lesquelles les données varient le plus, permettant de capturer les modèles les plus importants des données avec moins de dimensions.

4. Sélection des Composantes Principales

Cette étape implique le classement des vecteurs propres en fonction de leurs valeurs propres correspondantes et la sélection des vecteurs propres supérieurs pour devenir les composantes principales. Voici une explication plus détaillée :

- Classement : Après avoir calculé les vecteurs propres et les valeurs propres, nous les trions par ordre décroissant en fonction des valeurs propres. Ce classement reflète la quantité de variance que chaque vecteur propre (composante principale potentielle) explique dans les données.

- Critères de sélection : Le nombre de composantes principales à conserver est généralement déterminé par l'une de ces méthodes :

  - Seuil de variance expliquée : Sélectionner les composantes qui expliquent cumulativement un certain pourcentage (par exemple, 95%) de la variance totale.

  - Analyse du graphique d'éboulis : Visualiser la variance expliquée de chaque composante et chercher un point de "coude" où la courbe s'aplatit.

  - Critère de Kaiser : Conserver les composantes avec des valeurs propres supérieures à 1.

- Réduction de dimensionnalité : En sélectionnant uniquement les k premiers vecteurs propres (où k est inférieur au nombre original de caractéristiques), nous réduisons effectivement la dimensionnalité du jeu de données tout en conservant les informations les plus importantes.

Les vecteurs propres sélectionnés deviennent les composantes principales, formant un nouveau système de coordonnées qui capture les modèles les plus significatifs des données. Cette transformation permet une représentation et une analyse des données plus efficaces.

5. Projection des données

L'étape finale de l'ACP consiste à projeter les données originales sur l'espace défini par les composantes principales sélectionnées. Ce processus transforme les données de leur espace d'origine de haute dimension vers un espace de dimension inférieure, aboutissant à une représentation de dimension réduite. Voici une explication plus détaillée de cette étape :

1. Matrice de transformation : Les composantes principales sélectionnées forment une matrice de transformation. Chaque colonne de cette matrice représente un vecteur de composante principale.

2. Multiplication matricielle : Les données originales sont ensuite multipliées par cette matrice de transformation. Cette opération projette essentiellement chaque point de données sur le nouveau système de coordonnées défini par les composantes principales.

3. Réduction de dimensionnalité : Si moins de composantes principales sont sélectionnées que le nombre original de dimensions, cette étape réduit intrinsèquement la dimensionnalité des données. Par exemple, si nous sélectionnons uniquement les deux principales composantes pour un jeu de données avec 10 caractéristiques originales, nous réduisons la dimensionnalité de 10 à 2.

4. Préservation de l'information : Malgré la réduction des dimensions, cette projection vise à préserver autant que possible la variance originale des données. La première composante principale capture le plus de variance, la deuxième capture la deuxième plus importante, et ainsi de suite.

5. Nouveau système de coordonnées : Dans l'espace de dimension réduite résultant, chaque point de données est maintenant représenté par ses coordonnées le long des axes des composantes principales, plutôt que les axes des caractéristiques originales.

6. Interprétation : Les données projetées peuvent souvent révéler des motifs ou des structures qui n'étaient pas apparents dans l'espace original de haute dimension, ce qui les rend utiles pour la visualisation et l'analyse approfondie.

Cette étape de projection des données est cruciale car elle complète le processus d'ACP, fournissant une nouvelle représentation des données souvent plus gérable et interprétable, tout en conservant les aspects les plus importants de l'information originale.

L'ACP trouve ces composantes par ordre décroissant de la variance qu'elles expliquent. Cela signifie que la première composante principale représente la plus grande partie de la variabilité des données, la deuxième composante représente la deuxième plus grande partie, et ainsi de suite. En ne conservant que les premières composantes qui expliquent la majeure partie de la variance, nous pouvons efficacement réduire la dimensionnalité du jeu de données tout en préservant ses caractéristiques les plus importantes.

Le nombre de composantes à conserver est une décision cruciale dans l'ACP. Ce choix dépend de l'application spécifique et du compromis souhaité entre la réduction de dimensionnalité et la préservation de l'information. Les approches courantes incluent la définition d'un seuil pour la variance expliquée cumulative ou l'utilisation de techniques comme la méthode du coude pour identifier le nombre optimal de composantes.

L'ACP a de nombreuses applications dans divers domaines, notamment la compression d'images, la sélection de caractéristiques, la réduction du bruit et la visualisation des données. Cependant, il est important de noter que l'ACP suppose des relations linéaires entre les variables et peut ne pas convenir aux jeux de données présentant des structures complexes et non linéaires.

Résumé du fonctionnement de l'ACP

L'Analyse en Composantes Principales (ACP) est une technique puissante de réduction de dimensionnalité qui opère à travers une série d'étapes bien définies. Examinons chaque phase de ce processus pour acquérir une compréhension globale :

1. **Standardisation des données** : L'étape initiale implique la standardisation du jeu de données. Ce prétraitement crucial garantit que toutes les caractéristiques sont sur un pied d'égalité, empêchant qu'une seule caractéristique domine l'analyse en raison de son échelle. Le processus de standardisation implique généralement de centrer les données à l'origine (soustraire la moyenne) et de les mettre à l'échelle (diviser par l'écart-type) pour que chaque caractéristique ait une moyenne de 0 et un écart-type de 1.

2. **Calcul de la matrice de covariance** : Après la standardisation, l'ACP calcule la matrice de covariance du jeu de données. Cette matrice carrée quantifie les relations entre toutes les paires de caractéristiques, fournissant un aperçu de leur variation conjointe. La matrice de covariance sert de fondement pour identifier les composantes principales.

3. **Décomposition en valeurs propres** : Dans cette étape cruciale, l'ACP effectue une décomposition en valeurs propres de la matrice de covariance. Ce processus produit deux éléments clés :

   o Vecteurs propres : Ils représentent les composantes principales ou les directions de variance maximale dans les données.

   o Valeurs propres : Chaque vecteur propre a une valeur propre correspondante, qui quantifie la quantité de variance captée par cette composante particulière.

Les vecteurs propres et les valeurs propres sont fondamentaux pour comprendre la structure sous-jacente des données.

1. **Classement des vecteurs propres** : Les vecteurs propres (composantes principales) sont ensuite triés en fonction de leurs valeurs propres correspondantes par ordre décroissant. Ce classement reflète l'importance relative de chaque composante en termes de quantité de variance qu'elle explique. La première composante principale représente la plus grande partie de la variabilité des données, la deuxième composante la partie suivante la plus importante, et ainsi de suite.

2. **Projection des données et réduction de dimensionnalité** : Dans l'étape finale, l'ACP projette les données originales sur l'espace défini par les k premières composantes principales. En sélectionnant uniquement les composantes les plus significatives (celles avec les valeurs propres les plus élevées), nous réduisons efficacement la dimensionnalité du jeu de données tout en conservant la majorité de ses informations importantes. Cette transformation aboutit à une représentation des données de dimension inférieure qui capture ses caractéristiques et motifs les plus saillants.

Grâce à ce processus systématique, l'ACP atteint son objectif de réduction de dimensionnalité tout en préservant les aspects les plus critiques de la structure et de la variabilité du jeu de données. Cette technique non seulement simplifie les jeux de données complexes, mais révèle souvent des motifs et des relations cachés qui peuvent ne pas être apparents dans l'espace original de haute dimension.

Exemple : ACP avec Scikit-learn

Parcourons un exemple où nous appliquons l'ACP à un jeu de données avec plusieurs caractéristiques et le réduisons à deux dimensions pour la visualisation.

```python
import numpy as np
import matplotlib.pyplot as plt
from sklearn.decomposition import PCA
from sklearn.datasets import load_iris
from sklearn.preprocessing import StandardScaler

# Load the Iris dataset
data = load_iris()
X = data.data  # Features
y = data.target  # Labels

# Standardize the data
scaler = StandardScaler()
X_scaled = scaler.fit_transform(X)

# Apply PCA
pca = PCA()
X_pca = pca.fit_transform(X_scaled)

# Plot the cumulative explained variance ratio
plt.figure(figsize=(10, 6))
cumulative_variance_ratio = np.cumsum(pca.explained_variance_ratio_)
plt.plot(range(1, len(cumulative_variance_ratio) + 1), cumulative_variance_ratio,
'bo-')
plt.xlabel('Number of Components')
plt.ylabel('Cumulative Explained Variance Ratio')
plt.title('Explained Variance Ratio vs. Number of Components')
plt.grid(True)
plt.show()

# Select the number of components that explain 95% of the variance
```

```
n_components = np.argmax(cumulative_variance_ratio >= 0.95) + 1
print(f"Number of components explaining 95% of variance: {n_components}")

# Apply PCA with the selected number of components
pca = PCA(n_components=n_components)
X_pca = pca.fit_transform(X_scaled)

# Plot the 2D projection of the data
plt.figure(figsize=(10, 8))
scatter = plt.scatter(X_pca[:, 0], X_pca[:, 1], c=y, cmap='viridis')
plt.xlabel("Principal Component 1")
plt.ylabel("Principal Component 2")
plt.title("PCA Projection of the Iris Dataset")
plt.colorbar(scatter)
plt.show()

# Print explained variance by each component
explained_variance = pca.explained_variance_ratio_
for i, variance in enumerate(explained_variance):
    print(f"Explained variance by PC{i+1}: {variance:.4f}")

# Print total explained variance
print(f"Total explained variance: {sum(explained_variance):.4f}")
```

Analysons cet exemple complet d'ACP :

1. Préparation des données :

    o   Nous importons les bibliothèques nécessaires et chargeons le jeu de données Iris en utilisant Scikit-learn.

    o   Les données sont standardisées à l'aide de StandardScaler pour s'assurer que toutes les caractéristiques sont à la même échelle, ce qui est crucial pour l'ACP.

2. Application initiale de l'ACP :

    o   Nous appliquons d'abord l'ACP sans spécifier le nombre de composantes pour analyser le ratio de variance expliquée.

3. Analyse de la variance expliquée :

    o   Nous traçons le ratio cumulatif de variance expliquée en fonction du nombre de composantes.

    o   Cela aide à visualiser combien de composantes sont nécessaires pour expliquer un certain pourcentage de la variance dans les données.

4. Sélection des composantes :

    o   Nous déterminons le nombre de composantes nécessaires pour expliquer 95% de la variance.

- C'est un seuil couramment utilisé pour équilibrer la réduction de dimensionnalité et la préservation de l'information.

5. Application finale de l'ACP :

- Nous appliquons à nouveau l'ACP avec le nombre de composantes sélectionné.

6. Visualisation des données :

- Nous créons un nuage de points 2D des deux premières composantes principales.

- Les points sont colorés selon leurs étiquettes de classe d'origine, ce qui aide à visualiser comment l'ACP sépare les différentes classes.

7. Analyse des résultats :

- Nous affichons le ratio de variance expliquée pour chaque composante principale.

- Nous affichons également la variance totale expliquée, qui devrait être proche ou égale à 0,95 (95%).

Cet exemple offre une approche complète de l'ACP, couvrant la préparation des données, la sélection des composantes, la visualisation et l'analyse des résultats. Il montre comment prendre des décisions éclairées sur le nombre optimal de composantes à conserver et fournit des indications sur l'interprétation efficace des résultats de l'ACP.

Choisir le nombre de composantes

Lors de l'application de l'ACP, une décision cruciale consiste à déterminer le nombre optimal de composantes à conserver. Ce choix implique d'équilibrer la réduction de dimensionnalité avec la préservation de l'information. Une méthode largement utilisée consiste à examiner le **ratio de variance expliquée**, qui quantifie la proportion de la variance totale des données captée par chaque composante principale. En analysant ce ratio, les chercheurs peuvent prendre des décisions éclairées sur le compromis entre la compression des données et la conservation de l'information.

Pour faciliter ce processus de prise de décision, les data scientists emploient souvent un outil visuel connu sous le nom de **graphique d'éboulis** (scree plot). Cette représentation graphique illustre la relation entre le nombre de composantes principales et leur variance expliquée correspondante.

Le graphique d'éboulis offre une façon intuitive d'identifier le point de rendements décroissants, où l'ajout de composantes supplémentaires génère un pouvoir explicatif additionnel minimal. Cette technique de visualisation aide à déterminer le nombre optimal de composantes qui établissent un équilibre entre la simplicité du modèle et la précision de la représentation des données.

Exemple : Graphique d'éboulis pour l'ACP

```python
import numpy as np
import matplotlib.pyplot as plt
from sklearn.decomposition import PCA
from sklearn.preprocessing import StandardScaler

# Generate some example data
np.random.seed(42)
n_samples = 1000
n_features = 50
X = np.random.randn(n_samples, n_features)

# Standardize the data
scaler = StandardScaler()
X_scaled = scaler.fit_transform(X)

# Perform PCA
pca = PCA()
X_pca = pca.fit_transform(X_scaled)

# Calculate explained variance ratio
explained_variance_ratio = pca.explained_variance_ratio_

# Plot explained variance ratio
plt.figure(figsize=(10, 6))
plt.plot(range(1,            len(explained_variance_ratio)            +            1),
np.cumsum(explained_variance_ratio), 'bo-')
plt.xlabel('Number of Components')
plt.ylabel('Cumulative Explained Variance Ratio')
plt.title('Explained Variance Ratio vs. Number of Components')
plt.grid(True)

# Plot elbow curve
plt.figure(figsize=(10, 6))
plt.plot(range(1, len(pca.explained_variance_) + 1), pca.explained_variance_, 'bo-')
plt.xlabel('Number of Components')
plt.ylabel('Explained Variance')
plt.title('Elbow Curve')
plt.grid(True)

# Select number of components based on 95% explained variance
n_components = np.argmax(np.cumsum(explained_variance_ratio) >= 0.95) + 1
print(f"Number of components explaining 95% of variance: {n_components}")

# Perform PCA with selected number of components
pca_reduced = PCA(n_components=n_components)
X_pca_reduced = pca_reduced.fit_transform(X_scaled)

# Plot 2D projection of the data
plt.figure(figsize=(10, 8))
plt.scatter(X_pca_reduced[:, 0], X_pca_reduced[:, 1], alpha=0.5)
```

```
plt.xlabel("First Principal Component")
plt.ylabel("Second Principal Component")
plt.title("2D PCA Projection")

plt.show()

# Print explained variance by each component
for i, variance in enumerate(pca_reduced.explained_variance_ratio_):
    print(f"Explained variance ratio by PC{i+1}: {variance:.4f}")

# Print total explained variance
print(f"Total                        explained                       variance:
{np.sum(pca_reduced.explained_variance_ratio_):.4f}")
```

Analysons cet exemple complet d'ACP :

1. Génération et prétraitement des données :

   o Nous générons un jeu de données aléatoire avec 1000 échantillons et 50 caractéristiques.

   o Les données sont standardisées à l'aide de StandardScaler pour garantir que toutes les caractéristiques sont à la même échelle.

2. Application initiale de l'ACP :

   o Nous appliquons d'abord l'ACP sans spécifier le nombre de composantes.

   o Cela nous permet d'analyser le ratio de variance expliquée pour toutes les composantes.

3. Analyse de la variance expliquée :

   o Nous traçons le ratio cumulatif de variance expliquée en fonction du nombre de composantes.

   o Cela aide à visualiser combien de composantes sont nécessaires pour expliquer un certain pourcentage de la variance dans les données.

4. Courbe du coude :

   o Nous traçons la variance expliquée pour chaque composante.

   o Cette "courbe du coude" peut aider à identifier où l'ajout de composantes supplémentaires génère des rendements décroissants.

5. Sélection des composantes :

   o Nous déterminons le nombre de composantes nécessaires pour expliquer 95% de la variance.

- C'est un seuil couramment utilisé pour équilibrer la réduction de dimensionnalité et la préservation de l'information.

6. Application finale de l'ACP :

   - Nous appliquons à nouveau l'ACP avec le nombre de composantes sélectionné.

7. Visualisation des données :

   - Nous créons un nuage de points 2D des deux premières composantes principales.

   - Cela peut aider à visualiser des motifs ou des clusters dans l'espace de dimension réduite.

8. Analyse des résultats :

   - Nous affichons le ratio de variance expliquée pour chaque composante principale.

   - Nous affichons également la variance totale expliquée, qui devrait être proche ou égale à 0,95 (95%).

Cet exemple démontre une approche complète de l'ACP, couvrant la préparation des données, la sélection des composantes, la visualisation et l'analyse des résultats. Il montre comment prendre des décisions éclairées sur le nombre optimal de composantes à conserver et fournit des indications sur l'interprétation efficace des résultats de l'ACP.

5.2.2 Pourquoi la réduction de dimensionnalité est importante

La réduction de dimensionnalité est une technique cruciale en analyse de données et en apprentissage automatique, offrant plusieurs avantages significatifs :

1. Visualisation améliorée

Les techniques de réduction de dimensionnalité, particulièrement lorsqu'elles réduisent les données à deux ou trois dimensions, offrent des avantages significatifs en matière de visualisation des données. Ce processus permet la création de représentations visuelles qui améliorent considérablement notre capacité à comprendre des structures et des relations de données complexes. En simplifiant des données de haute dimension dans une forme plus gérable, nous pouvons :

- Identifier des motifs : La dimensionnalité réduite révèle souvent des motifs et des clusters qui étaient auparavant cachés dans l'espace de haute dimension. Cela peut mener à de nouvelles perspectives sur la structure sous-jacente des données.

- Détecter des valeurs aberrantes : Les anomalies ou valeurs aberrantes qui pourraient être masquées dans un espace de haute dimension peuvent devenir plus apparentes lorsqu'elles sont visualisées en dimensions inférieures.

- Comprendre les relations : Les relations spatiales entre les points de données dans l'espace réduit peuvent fournir une compréhension intuitive des similitudes et des différences entre les instances de données.

- Communiquer les résultats : Les visualisations en dimensions réduites sont plus faciles à présenter et à expliquer aux parties prenantes, facilitant une meilleure communication des insights complexes.

- Explorer interactivement : Les représentations en deux ou trois dimensions permettent une exploration interactive des données, permettant aux analystes de zoomer, pivoter ou filtrer dynamiquement la visualisation.

Ces insights visuels peuvent être particulièrement précieux dans des domaines tels que la génomique, où des relations complexes entre les gènes peuvent être visualisées, ou dans le marketing, où les segments de clients peuvent être plus facilement identifiés et compris. En fournissant une représentation plus intuitive de données complexes, les techniques de réduction de dimensionnalité permettent aux chercheurs et aux analystes de découvrir des insights qui pourraient ne pas être immédiatement apparents lors du travail avec l'ensemble de données original de haute dimension.

2. Efficacité computationnelle améliorée

Réduire le nombre de caractéristiques diminue significativement les ressources computationnelles requises pour le traitement des données et l'entraînement des modèles. C'est particulièrement bénéfique pour les modèles complexes comme les réseaux de neurones, où des entrées de haute dimension peuvent entraîner des temps d'entraînement excessifs et une consommation importante de ressources.

La réduction des ressources computationnelles provient de plusieurs facteurs :

- Utilisation réduite de la mémoire : Moins de caractéristiques signifie que moins de données doivent être stockées en mémoire pendant le traitement et l'entraînement, permettant une utilisation plus efficace de la RAM disponible.

- Opérations matricielles plus rapides : De nombreux algorithmes d'apprentissage automatique reposent fortement sur des opérations matricielles. Avec une dimensionnalité réduite, ces opérations deviennent moins intensives en calcul, conduisant à des temps d'exécution plus rapides.

- Convergence améliorée des algorithmes : Dans les algorithmes basés sur l'optimisation, moins de dimensions mènent souvent à une convergence plus rapide, car l'algorithme a moins de paramètres à optimiser.

- Risque réduit de surapprentissage : Les données de haute dimension peuvent conduire au surapprentissage, où les modèles mémorisent le bruit au lieu d'apprendre des motifs généraux. En se concentrant sur les caractéristiques les plus importantes, la réduction de dimensionnalité peut aider à atténuer ce risque et améliorer la généralisation du modèle.

Pour les réseaux de neurones spécifiquement, les avantages sont encore plus prononcés :

- Temps d'entraînement plus courts : Avec moins de neurones d'entrée, le réseau a moins de connexions à ajuster pendant la rétropropagation, réduisant significativement le temps d'entraînement.

- Complexité computationnelle réduite : La complexité computationnelle des réseaux de neurones est souvent liée au nombre de caractéristiques d'entrée. Réduire ce nombre peut conduire à des améliorations substantielles tant dans la vitesse d'entraînement que d'inférence.

- Réglage plus facile des hyperparamètres : Avec moins de dimensions, l'espace des hyperparamètres devient plus gérable, facilitant la recherche de configurations optimales pour le réseau.

En améliorant l'efficacité computationnelle, les techniques de réduction de dimensionnalité permettent aux data scientists de travailler avec des jeux de données plus volumineux, d'expérimenter avec des modèles plus complexes et d'itérer plus rapidement dans leurs projets d'apprentissage automatique.

3. Réduction efficace du bruit

Les techniques de réduction de dimensionnalité excellent à filtrer le bruit présent dans les caractéristiques moins significatives en se concentrant sur les composantes qui capturent la plus grande variance dans les données. Ce processus est crucial pour plusieurs raisons :

1. Amélioration du rapport signal/bruit : En mettant l'accent sur les aspects les plus informatifs des données, ces techniques séparent efficacement le signal (information pertinente) du bruit (information non pertinente ou redondante). Cela conduit à un ensemble de données plus propre et plus significatif pour l'analyse.

2. Amélioration des performances du modèle : La réduction du bruit par la réduction de dimensionnalité peut améliorer significativement les performances des modèles d'apprentissage automatique. En supprimant les caractéristiques bruitées, les modèles peuvent se concentrer sur les informations les plus pertinentes, ce qui conduit à des prédictions plus précises et une meilleure généralisation aux données non vues.

3. Atténuation du surapprentissage : Les données de haute dimension contiennent souvent de nombreuses caractéristiques non pertinentes qui peuvent provoquer un surapprentissage des modèles, apprenant le bruit plutôt que les véritables modèles. En réduisant la dimensionnalité et en se concentrant sur les caractéristiques les plus importantes, nous pouvons aider à prévenir le surapprentissage et créer des modèles plus robustes.

4. Efficacité computationnelle : Supprimer les caractéristiques bruitées améliore non seulement les performances du modèle, mais réduit également la complexité computationnelle. Cela est particulièrement bénéfique lors du travail avec de grands ensembles de données ou des modèles complexes, car cela peut conduire à des temps d'entraînement plus rapides et une utilisation plus efficace des ressources.

5. Interprétabilité améliorée : En se concentrant sur les caractéristiques les plus importantes, les techniques de réduction de dimensionnalité peuvent rendre les données plus interprétables. Cela peut fournir des insights précieux sur la structure sous-jacente des données et aider à la sélection des caractéristiques pour de futures analyses.

Grâce à ces mécanismes, les techniques de réduction de dimensionnalité réduisent efficacement le bruit, conduisant à des modèles plus robustes et généralisables qui mettent l'accent sur les aspects les plus informatifs des données. Ce processus est essentiel pour faire face aux défis posés par les ensembles de données de haute dimension dans les tâches modernes d'apprentissage automatique et d'analyse de données.

4. Atténuation du fléau de la dimensionnalité

Les ensembles de données de haute dimension souffrent souvent du "fléau de la dimensionnalité", un phénomène identifié pour la première fois par Richard Bellman dans les années 1960. Ce fléau fait référence à divers défis qui surviennent lors de l'analyse de données dans des espaces de haute dimension, qui ne se produisent pas dans des contextes de faible dimension comme notre expérience tridimensionnelle quotidienne.

Le fléau de la dimensionnalité se manifeste de plusieurs façons :

*   Croissance exponentielle de l'espace : À mesure que le nombre de dimensions augmente, le volume de l'espace croît exponentiellement. Cela conduit à une dispersion croissante des points de données, rendant difficile la découverte de modèles statistiquement significatifs.

*   Complexité computationnelle accrue : Plus de dimensions nécessitent plus de ressources computationnelles pour le traitement et l'analyse des données, entraînant des temps d'entraînement plus longs et des coûts plus élevés.

*   Risque de surapprentissage : Avec des données de haute dimension, les modèles d'apprentissage automatique peuvent devenir excessivement complexes et commencer à s'ajuster au bruit plutôt qu'aux modèles sous-jacents, ce qui entraîne une mauvaise généralisation aux données non vues.

*   Inefficacité des mesures de distance : Dans les espaces de haute dimension, le concept de distance devient moins significatif, compliquant des tâches telles que le clustering et la recherche des plus proches voisins.

Les techniques de réduction de dimensionnalité aident à atténuer ces problèmes en se concentrant sur les caractéristiques les plus importantes, permettant ainsi :

- Amélioration de la généralisation du modèle : En réduisant le nombre de caractéristiques, les modèles sont moins susceptibles de surapprendre, ce qui conduit à de meilleures performances sur les données non vues.

- Amélioration de l'efficacité computationnelle : Moins de dimensions signifient une complexité computationnelle réduite, permettant un entraînement et une inférence plus rapides.

- Facilitation de la visualisation : Réduire les dimensions à deux ou trois permet une visualisation et une interprétation plus faciles des modèles de données.

- Amélioration de la signification statistique : Avec moins de dimensions, il devient plus facile d'atteindre une signification statistique dans les analyses.

Les techniques courantes de réduction de dimensionnalité comprennent l'Analyse en Composantes Principales (ACP), qui crée de nouvelles variables non corrélées qui maximisent la variance, et les autoencodeurs, qui utilisent des réseaux de neurones pour apprendre des représentations compressées des données. Lorsqu'il s'agit de données d'images, les Réseaux de Neurones Convolutifs (CNN) sont particulièrement efficaces pour gérer les entrées de haute dimension.

En abordant le fléau de la dimensionnalité, ces techniques permettent une analyse et une modélisation plus efficaces d'ensembles de données complexes et de haute dimension, conduisant à une amélioration des performances et des insights dans diverses tâches d'apprentissage automatique.

Ces avantages font de la réduction de dimensionnalité un outil essentiel dans la boîte à outils du data scientist, permettant une analyse de données plus efficace, une amélioration des performances des modèles et des insights plus profonds à partir d'ensembles de données complexes et de haute dimension.

Exemple de réduction de dimensionnalité utilisant l'Analyse en Composantes Principales (ACP) :

Implémentons un exemple complet de réduction de dimensionnalité en utilisant l'Analyse en Composantes Principales (ACP) :

```python
import numpy as np
import matplotlib.pyplot as plt
from sklearn.decomposition import PCA
from sklearn.preprocessing import StandardScaler

# Generate a random dataset
np.random.seed(42)
n_samples = 1000
n_features = 50
```

```python
X = np.random.randn(n_samples, n_features)

# Standardize the data
scaler = StandardScaler()
X_scaled = scaler.fit_transform(X)

# Create a PCA instance
pca = PCA()

# Fit the PCA model to the data
X_pca = pca.fit_transform(X_scaled)

# Calculate cumulative explained variance ratio
cumulative_variance_ratio = np.cumsum(pca.explained_variance_ratio_)

# Plot the cumulative explained variance ratio
plt.figure(figsize=(10, 6))
plt.plot(range(1, len(cumulative_variance_ratio) + 1), cumulative_variance_ratio,
'bo-')
plt.xlabel('Number of Components')
plt.ylabel('Cumulative Explained Variance Ratio')
plt.title('Explained Variance Ratio vs. Number of Components')
plt.grid(True)

# Determine the number of components for 95% variance
n_components_95 = np.argmax(cumulative_variance_ratio >= 0.95) + 1
plt.axvline(x=n_components_95, color='r', linestyle='--', label=f'95% Variance:
{n_components_95} components')
plt.legend()

# Reduce dimensionality to the number of components for 95% variance
pca_reduced = PCA(n_components=n_components_95)
X_pca_reduced = pca_reduced.fit_transform(X_scaled)

# Plot the first two principal components
plt.figure(figsize=(10, 6))
plt.scatter(X_pca_reduced[:, 0], X_pca_reduced[:, 1], alpha=0.5)
plt.xlabel("First Principal Component")
plt.ylabel("Second Principal Component")
plt.title("2D PCA Projection")

plt.show()

# Print explained variance by each component
for i, variance in enumerate(pca_reduced.explained_variance_ratio_):
    print(f"Explained variance ratio by PC{i+1}: {variance:.4f}")

# Print total explained variance
print(f"Total                          explained                     variance:
{np.sum(pca_reduced.explained_variance_ratio_):.4f}")
```

Analysons cet exemple complet d'ACP :

1. Génération et prétraitement des données :

   o Nous générons un jeu de données aléatoire avec 1000 échantillons et 50 caractéristiques.

   o Les données sont standardisées à l'aide de StandardScaler pour garantir que toutes les caractéristiques sont à la même échelle.

2. Application initiale de l'ACP :

   o Nous appliquons d'abord l'ACP sans spécifier le nombre de composantes.

   o Cela nous permet d'analyser le ratio de variance expliquée pour toutes les composantes.

3. Analyse de la variance expliquée :

   o Nous traçons le ratio de variance expliquée cumulée en fonction du nombre de composantes.

   o Cela aide à visualiser combien de composantes sont nécessaires pour expliquer un certain pourcentage de la variance dans les données.

4. Sélection des composantes :

   o Nous déterminons le nombre de composantes nécessaires pour expliquer 95 % de la variance.

   o C'est un seuil couramment utilisé pour équilibrer la réduction de dimensionnalité et la préservation de l'information.

5. Application finale de l'ACP :

   o Nous appliquons à nouveau l'ACP avec le nombre sélectionné de composantes.

6. Visualisation des données :

   o Nous créons un nuage de points 2D des deux premières composantes principales.

   o Cela peut aider à visualiser des motifs ou des clusters dans l'espace à dimension réduite.

7. Analyse des résultats :

   o Nous imprimons le ratio de variance expliquée pour chaque composante principale.

    ○   Nous imprimons également la variance totale expliquée, qui devrait être proche ou égale à 0,95 (95 %).

Cet exemple démontre une approche complète de l'ACP, couvrant la préparation des données, la sélection des composantes, la visualisation et l'analyse des résultats. Il montre comment prendre des décisions éclairées sur le nombre optimal de composantes à conserver et fournit des perspectives pour interpréter efficacement les résultats de l'ACP.

5.2.3. Autres techniques de réduction de dimensionnalité

Bien que l'ACP soit l'une des techniques les plus populaires pour la réduction de dimensionnalité, il existe plusieurs autres méthodes qui peuvent être plus appropriées pour des types spécifiques de données.

1. Analyse Discriminante Linéaire (ADL)

L'Analyse Discriminante Linéaire (ADL) est une technique de réduction de dimensionnalité qui partage des similitudes avec l'ACP, mais a une orientation et une application distinctes. Alors que l'ACP vise à maximiser la variance dans les données, l'objectif principal de l'ADL est de maximiser la séparation entre différentes classes ou catégories au sein du jeu de données. Cela rend l'ADL particulièrement utile pour les tâches de classification et les scénarios où la distinction entre classes est importante.

Les caractéristiques clés de l'ADL comprennent :

- Conscience des classes : Contrairement à l'ACP, l'ADL prend en compte les étiquettes de classe des points de données, ce qui en fait une technique supervisée.

- Maximisation de la séparabilité des classes : L'ADL trouve des combinaisons linéaires de caractéristiques qui séparent au mieux les différentes classes en maximisant la variance inter-classes tout en minimisant la variance intra-classe.

- Réduction de dimensionnalité : Similaire à l'ACP, l'ADL peut réduire la dimensionnalité des données, mais elle le fait d'une manière qui préserve l'information discriminatoire des classes.

L'ADL fonctionne en identifiant les axes (discriminants linéaires) le long desquels les classes sont le mieux séparées. Elle procède comme suit :

1. Calcul de la moyenne de chaque classe

2. Calcul de la dispersion au sein de chaque classe et entre les différentes classes

3. Recherche des vecteurs propres des matrices de dispersion pour déterminer les directions de séparation maximale

Les combinaisons linéaires de caractéristiques résultantes peuvent ensuite être utilisées pour projeter les données dans un espace de dimension inférieure où la séparation des classes est optimisée. Cela rend l'ADL particulièrement efficace pour les tâches de classification, notamment lors du traitement de problèmes multi-classes.

Cependant, il est important de noter que l'ADL présente certaines limitations. Elle suppose que les classes ont des matrices de covariance égales et sont normalement distribuées, ce qui peut ne pas toujours être vrai dans les jeux de données réels. De plus, l'ADL ne peut produire au maximum que C-1 composantes discriminantes, où C est le nombre de classes, ce qui peut limiter ses capacités de réduction de dimensionnalité dans des scénarios avec peu de classes mais de nombreuses caractéristiques.

2. t-SNE (t-Distributed Stochastic Neighbor Embedding)

t-SNE (t-Distributed Stochastic Neighbor Embedding) est une puissante technique de réduction de dimensionnalité non linéaire largement utilisée en apprentissage automatique pour visualiser des jeux de données de haute dimension. Contrairement aux méthodes linéaires comme l'ACP, t-SNE excelle dans la préservation des structures locales au sein des données, ce qui la rend particulièrement efficace pour les jeux de données complexes.

Les caractéristiques clés de t-SNE comprennent :

- Mapping non linéaire : t-SNE peut capturer des relations non linéaires dans les données, révélant des motifs que les méthodes linéaires pourraient manquer.

- Préservation de la structure locale : Elle se concentre sur le maintien des distances relatives entre les points voisins, ce qui aide à identifier les clusters et les motifs dans les données.

- Outil de visualisation : t-SNE est principalement utilisée pour créer des représentations 2D ou 3D de données de haute dimension, ce qui la rend inestimable pour l'analyse exploratoire des données.

t-SNE fonctionne en construisant des distributions de probabilité sur des paires de points de données à la fois dans les espaces de haute et de basse dimension. Elle minimise ensuite la différence entre ces distributions en utilisant la descente de gradient. Ce processus aboutit à une cartographie où des points de données similaires dans l'espace de haute dimension sont positionnés à proximité les uns des autres dans la représentation de dimension inférieure.

Bien que t-SNE soit puissante, il est important de noter ses limitations :

- Intensité computationnelle : t-SNE peut être lente pour les grands jeux de données.

- Non-déterministe : Différentes exécutions peuvent produire des résultats légèrement différents.

- Focus sur la structure locale : Elle peut ne pas toujours préserver la structure globale aussi efficacement que certaines autres méthodes.

Malgré ces limitations, t-SNE reste un outil de prédilection pour visualiser des jeux de données complexes dans des domaines tels que la bioinformatique, la vision par ordinateur et le traitement du langage naturel, où elle aide les chercheurs à découvrir des motifs cachés et des relations dans les données de haute dimension.

3. UMAP (Uniform Manifold Approximation and Projection)

UMAP ****est une technique de réduction de dimensionnalité de pointe qui offre des avantages significatifs par rapport à t-SNE tout en maintenant une fonctionnalité similaire. Elle excelle dans la visualisation à la fois de la structure globale et locale des données de haute dimension, ce qui la rend de plus en plus populaire pour l'analyse de grands jeux de données. Voici une explication plus détaillée d'UMAP :

1. Efficacité : UMAP est computationnellement plus efficace que t-SNE, en particulier lors du traitement de grands jeux de données. Cela la rend particulièrement utile pour l'analyse de données en temps réel et le traitement de jeux de données massifs qui seraient impraticables avec t-SNE.

2. Préservation de la structure globale : Contrairement à t-SNE, qui se concentre principalement sur la préservation des relations locales, UMAP maintient à la fois les structures de données locales et globales. Cela signifie qu'elle peut mieux représenter la forme globale et les relations au sein du jeu de données, fournissant une vue plus complète de la structure sous-jacente des données.

3. Évolutivité : UMAP s'adapte bien aux jeux de données plus volumineux et aux dimensions plus élevées, ce qui la rend adaptée à un large éventail d'applications, des analyses à petite échelle aux projets de big data.

4. Fondement théorique : UMAP est fondée sur la théorie des variétés et l'analyse topologique des données, fournissant une base mathématique solide pour ses opérations. Ce fondement théorique permet une meilleure interprétation et compréhension des résultats.

5. Polyvalence : UMAP peut être utilisée non seulement pour la visualisation, mais aussi comme technique de réduction de dimensionnalité à usage général. Elle peut être appliquée dans divers domaines tels que la bioinformatique, la vision par ordinateur et le traitement du langage naturel.

6. Personnalisabilité : UMAP offre plusieurs paramètres qui peuvent être ajustés pour optimiser ses performances pour des jeux de données ou des tâches spécifiques, permettant une plus grande flexibilité dans son application.

À mesure qu'UMAP continue de gagner en popularité, elle devient un outil essentiel dans la boîte à outils du data scientist, en particulier pour ceux qui travaillent avec des jeux de données complexes et de haute dimension qui nécessitent à la fois un traitement efficace et une visualisation perspicace.

5.2.4. Considérations pratiques pour l'ACP

Lors de la mise en œuvre de l'ACP ou de toute technique de réduction de dimensionnalité, plusieurs facteurs cruciaux méritent une attention particulière pour garantir des résultats optimaux :

- **Standardisation des données** : Étant donné la sensibilité de l'ACP à l'échelle des caractéristiques, il est impératif de standardiser les données. Ce processus garantit que toutes les caractéristiques contribuent de manière égale à l'analyse, empêchant les caractéristiques à plus grande échelle de dominer les composantes principales.

- **Explication de la variance** : Un examen approfondi de la variance expliquée est essentiel. Cette étape confirme que l'ensemble de données réduit conserve une quantité suffisante d'informations des données originales, maintenant ainsi son intégrité représentationnelle.

- **Hypothèses de linéarité** : Il est crucial de reconnaître que l'ACP fonctionne sous l'hypothèse de relations linéaires au sein de la structure des données. Dans les scénarios où les relations non linéaires prédominent, des techniques alternatives comme t-SNE ou UMAP peuvent s'avérer plus efficaces pour capturer les modèles sous-jacents des données.

- **Sélection des composantes** : Le processus de détermination du nombre optimal de composantes principales à conserver est critique. Cette décision implique d'équilibrer le compromis entre la réduction de dimensionnalité et la préservation de l'information, souvent guidée par le ratio de variance expliquée cumulée.

- **Interprétabilité** : Bien que l'ACP réduise efficacement la dimensionnalité, elle peut parfois compliquer l'interprétabilité des caractéristiques résultantes. Il est important de considérer si les caractéristiques transformées s'alignent avec la compréhension spécifique au domaine des données.

5.3 t-SNE et UMAP pour les données de haute dimension

Lorsqu'on traite des ensembles de données de haute dimension, le défi de réduire la dimensionnalité tout en maintenant une structure significative devient primordial. Bien que l'**Analyse en Composantes Principales (ACP)** s'avère efficace pour les transformations linéaires, elle est souvent insuffisante pour capturer les relations non linéaires complexes inhérentes aux structures de données complexes. Cette limitation nécessite l'exploration de techniques plus sophistiquées.

Entrent en jeu le **t-Distributed Stochastic Neighbor Embedding (t-SNE)** et l'**Uniform Manifold Approximation and Projection (UMAP)**, deux techniques avancées de réduction de dimensionnalité non linéaire. Ces méthodes sont spécifiquement conçues pour visualiser des données de haute dimension dans des espaces de dimension inférieure, généralement deux ou trois dimensions.

En préservant les relations et les motifs cruciaux au sein des données, t-SNE et UMAP offrent des aperçus inestimables de la structure sous-jacente des ensembles de données complexes et multidimensionnels. Leur capacité à révéler des motifs et des clusters cachés en fait des outils indispensables pour les data scientists et les chercheurs aux prises avec les défis de l'analyse de données de haute dimension.

5.3.1 t-SNE (t-Distributed Stochastic Neighbor Embedding)

t-SNE (t-Distributed Stochastic Neighbor Embedding) est une technique sophistiquée de réduction de dimensionnalité non linéaire qui a gagné en popularité ces dernières années, particulièrement pour la visualisation d'ensembles de données de haute dimension. Contrairement aux méthodes linéaires comme l'ACP, t-SNE excelle dans la préservation de la structure locale des données, ce qui la rend particulièrement précieuse pour les ensembles de données complexes avec des relations non linéaires.

Les caractéristiques clés de t-SNE comprennent :

Mapping non linéaire :

t-SNE excelle à capturer et représenter des relations complexes et non linéaires au sein de données de haute dimension. Cette capacité lui permet de révéler des motifs, des clusters et des structures complexes que les méthodes de réduction de dimensionnalité linéaires, comme l'ACP, pourraient négliger.

En préservant les similarités locales entre les points de données dans l'espace de dimension inférieure, t-SNE peut efficacement découvrir des motifs cachés dans des ensembles de données avec des topologies ou des variétés complexes. Cela la rend particulièrement précieuse pour la visualisation et l'analyse d'ensembles de données dans des domaines comme la génomique, le traitement d'images et le traitement du langage naturel, où les relations sous-jacentes sont souvent non linéaires et multiformes.

Préservation de la structure locale :

t-SNE excelle à maintenir les distances relatives entre les points proches dans l'espace de haute dimension lors de leur projection dans un espace de dimension inférieure. Cette caractéristique cruciale aide à identifier des clusters et des motifs dans les données qui pourraient ne pas être apparents dans la représentation originale de haute dimension. En se concentrant sur la préservation des relations locales, t-SNE peut révéler des structures complexes au sein des données, telles que :

- Clusters : Groupes de points de données similaires qui forment des régions distinctes dans l'espace de dimension inférieure.

- Variétés : Structures continues qui représentent des motifs ou des tendances sous-jacents dans les données.

- Valeurs aberrantes : Points de données qui se démarquent des clusters principaux, indiquant potentiellement des anomalies ou des cas uniques.

Cette préservation de la structure locale est réalisée grâce à une approche basée sur les probabilités. t-SNE construit des distributions de probabilité sur des paires de points à la fois dans les espaces de haute et de basse dimension, puis minimise la différence entre ces distributions. En conséquence, les points qui sont proches dans l'espace original ont tendance à rester proches dans l'espace réduit, tout en maintenant un degré de séparation entre les points dissemblables.

L'accent mis sur la structure locale rend t-SNE particulièrement efficace pour visualiser des relations complexes et non linéaires dans des données de haute dimension, ce qui peut être difficile à capturer avec des techniques de réduction de dimensionnalité linéaires comme l'ACP. Cette capacité a fait de t-SNE un choix populaire pour des applications dans divers domaines, notamment la bioinformatique, la vision par ordinateur et le traitement du langage naturel.

Outil de visualisation

t-SNE est principalement utilisé pour créer des représentations 2D ou 3D de données de haute dimension, ce qui le rend inestimable pour l'analyse exploratoire de données. Cette technique puissante permet aux data scientists et aux chercheurs de visualiser des ensembles de données complexes et multidimensionnels sous une forme plus interprétable. En réduisant la dimensionnalité à deux ou trois dimensions, t-SNE permet à l'œil humain de percevoir des motifs, des clusters et des relations qui pourraient autrement rester cachés dans des espaces de dimensions supérieures.

La capacité à créer ces représentations de faible dimension est particulièrement utile dans des domaines tels que :

- Reconnaissance d'images : Visualisation de données d'images de haute dimension pour identifier des motifs et des similitudes, permettant une classification et une détection d'objets plus efficaces.

- Traitement du langage naturel : Représentation d'embeddings de mots ou de vecteurs de documents dans un espace de dimension inférieure, facilitant l'amélioration de la classification de texte, l'analyse de sentiment et la modélisation thématique.

- Bioinformatique : Analyse des données d'expression génique et identification de clusters de gènes apparentés, aidant à la découverte de nouvelles fonctions géniques et de cibles médicamenteuses potentielles.

En transformant des ensembles de données complexes en formats visuellement interprétables, t-SNE sert de pont crucial entre les données brutes et la compréhension humaine, révélant souvent des insights qui orientent des analyses plus approfondies et la prise de décision dans les domaines pilotés par les données.

t-SNE fonctionne en construisant des distributions de probabilité sur des paires de points de données dans les espaces de haute et de basse dimension. Il minimise ensuite la différence entre ces distributions en utilisant la descente de gradient. Ce processus aboutit à une cartographie où les points de données similaires dans l'espace de haute dimension sont positionnés à proximité les uns des autres dans la représentation de dimension inférieure.

Les applications de t-SNE s'étendent à divers domaines, notamment :

- Reconnaissance d'images : Visualisation de données d'images de haute dimension pour identifier des motifs et des similitudes, permettant une classification et une détection d'objets plus efficaces dans les tâches de vision par ordinateur.

- Traitement du langage naturel : Représentation d'embeddings de mots ou de vecteurs de documents dans un espace de dimension inférieure, facilitant l'amélioration de la classification de texte, l'analyse de sentiment et la modélisation thématique dans des ensembles de données textuelles à grande échelle.

- Bioinformatique : Analyse des données d'expression génique et identification de clusters de gènes apparentés, aidant à la découverte de nouvelles fonctions géniques, de biomarqueurs de maladies et de cibles médicamenteuses potentielles dans des systèmes biologiques complexes.

- Génomique unicellulaire : Visualisation et interprétation de données de séquençage d'ARN unicellulaire de haute dimension, révélant l'hétérogénéité cellulaire et identifiant des populations cellulaires rares dans des échantillons de tissus.

Bien que t-SNE soit puissant, il est important de noter ses limites :

- Complexité computationnelle : L'algorithme de t-SNE a une complexité temporelle de $O(n^2)$, où n est le nombre de points de données. Cette mise à l'échelle quadratique peut entraîner d'importantes exigences computationnelles, particulièrement lors du traitement de grands ensembles de données contenant des millions de points. En conséquence, les temps de traitement peuvent s'étendre à des heures, voire des jours pour des ensembles de données volumineux, nécessitant une considération attentive des ressources computationnelles disponibles et des compromis potentiels entre précision et vitesse.

- Nature stochastique : L'algorithme emploie des initialisations aléatoires et des techniques d'échantillonnage, qui introduisent un élément d'aléatoire dans le processus. Par conséquent, plusieurs exécutions de t-SNE sur le même ensemble de données peuvent produire des résultats légèrement différents. Ce comportement stochastique peut poser des défis pour la reproductibilité dans la recherche scientifique et peut nécessiter des étapes supplémentaires, comme la définition de graines aléatoires ou la moyenne de plusieurs exécutions, pour assurer des visualisations cohérentes et fiables à travers différentes analyses.

- Accent sur la structure locale : Bien que t-SNE excelle à préserver les relations de voisinage local, il peut ne pas représenter avec précision la structure globale des données. Cette focalisation sur les motifs locaux peut potentiellement conduire à des interprétations erronées des relations à grande échelle entre des points distants dans l'espace original de haute dimension. Les utilisateurs doivent être prudents lorsqu'ils tirent des conclusions sur la structure globale des données uniquement basées sur les visualisations t-SNE et envisager de compléter l'analyse avec d'autres techniques de réduction de dimensionnalité qui préservent mieux les relations globales.

Malgré ces limitations, t-SNE reste un outil de prédilection pour visualiser des ensembles de données complexes, aidant les chercheurs et les data scientists à découvrir des motifs cachés et des relations dans des données de haute dimension qui seraient autrement difficiles à discerner.

Comment fonctionne t-SNE

t-SNE (t-Distributed Stochastic Neighbor Embedding) est une technique sophistiquée de réduction de dimensionnalité qui opère en transformant les distances de haute dimension entre points de données en probabilités conditionnelles. Ces probabilités représentent la probabilité que des points soient voisins dans l'espace de haute dimension. L'algorithme construit ensuite une distribution de probabilité similaire pour les points dans l'espace de dimension inférieure.

Le principe fondamental de t-SNE est de minimiser la divergence de Kullback-Leibler entre ces deux distributions de probabilité en utilisant la descente de gradient. Ce processus aboutit à une cartographie de faible dimension où les points qui étaient proches dans l'espace de haute dimension restent proches, tout en maintenant une séparation entre les points dissemblables.

L'une des principales forces de t-SNE réside dans sa capacité à préserver les structures locales au sein des données. Cela le rend particulièrement apte à révéler des clusters et des motifs qui pourraient être masqués dans l'espace original de haute dimension. Cependant, il est important de noter que t-SNE se concentre principalement sur la préservation des relations locales, ce qui signifie qu'il peut ne pas représenter avec précision les structures globales ou les distances entre des clusters largement séparés.

Bien que t-SNE excelle à identifier des clusters locaux, il présente des limites quand il s'agit de préserver les relations globales. En revanche, les techniques linéaires comme l'Analyse en Composantes Principales (ACP) sont mieux adaptées pour maintenir la variance globale des données et les structures globales. Par conséquent, le choix entre t-SNE et d'autres techniques de réduction de dimensionnalité dépend souvent des caractéristiques spécifiques de l'ensemble de données et des objectifs de l'analyse.

Exemple : t-SNE pour la réduction de dimensionnalité (avec Scikit-learn)

Explorons le fonctionnement de t-SNE en l'appliquant au jeu de données Iris, qui comporte quatre dimensions (caractéristiques) et trois classes.

```
import numpy as np
import matplotlib.pyplot as plt
from sklearn.datasets import load_iris
from sklearn.manifold import TSNE
from sklearn.preprocessing import StandardScaler

# Load the Iris dataset
iris = load_iris()
X = iris.data
y = iris.target

# Standardize the data
scaler = StandardScaler()
X_scaled = scaler.fit_transform(X)

# Apply t-SNE to reduce to 2 dimensions
tsne = TSNE(n_components=2, random_state=42, perplexity=30, n_iter=1000)
X_tsne = tsne.fit_transform(X_scaled)

# Plot the 2D t-SNE projection
plt.figure(figsize=(10, 8))
scatter = plt.scatter(X_tsne[:, 0], X_tsne[:, 1], c=y, cmap='viridis')
plt.colorbar(scatter)
plt.xlabel("t-SNE Dimension 1")
plt.ylabel("t-SNE Dimension 2")
plt.title("t-SNE Projection of the Iris Dataset")

# Add legend
legend_labels = iris.target_names
plt.legend(handles=scatter.legend_elements()[0],            labels=legend_labels,
title="Species")

plt.show()

# Print additional information
print(f"Original data shape: {X.shape}")
print(f"t-SNE transformed data shape: {X_tsne.shape}")
print(f"Perplexity used: {tsne.perplexity}")
print(f"Number of iterations: {tsne.n_iter}")
```

Analysons cet exemple détaillé de t-SNE :

1. Importation des bibliothèques nécessaires :

    - numpy pour les opérations numériques

    - matplotlib.pyplot pour la visualisation

    - sklearn.datasets pour charger le jeu de données Iris

    - sklearn.manifold pour l'implémentation de t-SNE

- sklearn.preprocessing pour la standardisation des données

2. Chargement et prétraitement des données :

- Nous chargeons le jeu de données Iris, un jeu de données de référence courant en apprentissage automatique.

- Les données sont standardisées à l'aide de StandardScaler pour garantir que toutes les caractéristiques sont à la même échelle, ce qui est important pour t-SNE.

3. Application de t-SNE :

- Nous créons un objet t-SNE avec 2 composantes (pour une visualisation 2D).

- random_state=42 assure la reproductibilité.

- perplexity=30 est un hyperparamètre qui équilibre les aspects locaux et globaux des données. Il est souvent fixé entre 5 et 50.

- n_iter=1000 définit le nombre d'itérations pour l'optimisation.

4. Visualisation :

- Nous créons un nuage de points des résultats de t-SNE.

- Chaque point est coloré en fonction de sa classe (y), en utilisant la palette de couleurs 'viridis'.

- Une barre de couleur est ajoutée pour montrer la correspondance entre les couleurs et les classes.

- Les axes sont étiquetés et un titre est ajouté.

- Une légende est incluse pour identifier les espèces d'Iris.

5. Informations supplémentaires :

- Nous affichons les dimensions des données originales et transformées pour montrer la réduction de dimensionnalité.

- La perplexité et le nombre d'itérations sont affichés pour référence.

Cet exemple offre une démonstration complète de t-SNE pour la réduction de dimensionnalité et la visualisation. Il présente le prétraitement des données, le réglage des paramètres, les techniques de visualisation et les méthodes pour extraire des informations précieuses du modèle t-SNE. En expliquant chaque étape, de la préparation des données à l'interprétation des résultats, il fournit un guide pratique clair pour appliquer t-SNE efficacement.

Considérations clés pour t-SNE

- **Préservation de la structure locale** : t-SNE excelle dans la préservation des voisinages locaux dans les données. Il se concentre sur le maintien des relations entre les points proches, garantissant que les points de données qui sont proches dans l'espace de haute dimension restent proches dans la représentation de dimension inférieure. Cependant, cette focalisation locale peut parfois entraîner des distorsions dans la structure globale des données. Par exemple, des clusters qui sont éloignés dans l'espace d'origine peuvent sembler plus proches dans la visualisation t-SNE, ce qui peut potentiellement conduire à des interprétations erronées de la structure globale des données.

- **Complexité computationnelle** : l'algorithme de t-SNE a une complexité temporelle de $O(n^2)$, où n est le nombre de points de données. Cette mise à l'échelle quadratique peut le rendre computationnellement intensif, particulièrement lors du traitement de grands jeux de données. Par exemple, un jeu de données contenant des millions de points pourrait prendre des heures, voire des jours, à traiter. Par conséquent, t-SNE est généralement utilisé pour des jeux de données plus petits ou des sous-échantillons de jeux de données plus grands. Lorsqu'on travaille avec des big data, il est souvent nécessaire d'utiliser des techniques d'approximation ou des méthodes alternatives comme UMAP (Uniform Manifold Approximation and Projection) qui offrent une meilleure scalabilité.

- **Paramètre de perplexité** : t-SNE introduit un hyperparamètre crucial appelé **perplexité**, qui influence significativement l'équilibre entre la préservation des structures locales et globales dans la visualisation des données. La valeur de perplexité peut être interprétée comme une mesure lisse du nombre effectif de voisins considérés pour chaque point. Une valeur de perplexité plus faible (par exemple, 5-10) met l'accent sur les relations très locales, révélant potentiellement des structures fines mais pouvant manquer des motifs plus larges.À l'inverse, une valeur de perplexité plus élevée (par exemple, 30-50) intègre davantage de relations globales, montrant potentiellement des tendances plus larges mais pouvant obscurcir les détails locaux. Par exemple, dans un jeu de données de chiffres manuscrits, une faible perplexité pourrait clairement séparer les chiffres individuels, tandis qu'une perplexité plus élevée pourrait mieux montrer la distribution globale des classes de chiffres. Expérimenter avec différentes valeurs de perplexité est souvent nécessaire pour trouver la visualisation la plus pertinente pour un jeu de données donné.

Exemple : Ajustement de la perplexité dans t-SNE

```python
import numpy as np
import matplotlib.pyplot as plt
from sklearn.datasets import load_iris
from sklearn.manifold import TSNE
from sklearn.preprocessing import StandardScaler

# Load the Iris dataset
iris = load_iris()
X = iris.data
y = iris.target
```

```
# Standardize the data
scaler = StandardScaler()
X_scaled = scaler.fit_transform(X)

# Apply t-SNE with different perplexity values
perplexities = [5, 30, 50]
tsne_results = []

for perp in perplexities:
    tsne = TSNE(n_components=2, perplexity=perp, random_state=42)
    tsne_result = tsne.fit_transform(X_scaled)
    tsne_results.append(tsne_result)

# Plot the t-SNE projections
plt.figure(figsize=(18, 6))

for i, perp in enumerate(perplexities):
    plt.subplot(1, 3, i+1)
    scatter = plt.scatter(tsne_results[i][:, 0], tsne_results[i][:, 1], c=y,
cmap='viridis')
    plt.title(f"t-SNE with Perplexity = {perp}")
    plt.xlabel("t-SNE Dimension 1")
    plt.ylabel("t-SNE Dimension 2")
    plt.colorbar(scatter)

plt.tight_layout()
plt.show()

# Print additional information
for i, perp in enumerate(perplexities):
    print(f"t-SNE with Perplexity {perp}:")
    print(f"  Shape of transformed data: {tsne_results[i].shape}")
    print(f"  Range of Dimension 1: [{tsne_results[i][:, 0].min():.2f},
{tsne_results[i][:, 0].max():.2f}]")
    print(f"  Range of Dimension 2: [{tsne_results[i][:, 1].min():.2f},
{tsne_results[i][:, 1].max():.2f}]")
    print()
```

Cet exemple de code démontre comment appliquer t-SNE au jeu de données Iris en utilisant différentes valeurs de perplexité.

Voici une analyse détaillée du code :

1. Importation des bibliothèques nécessaires :

- numpy : Pour les opérations numériques

- matplotlib.pyplot : Pour créer des visualisations

- sklearn.datasets : Pour charger le jeu de données Iris

- sklearn.manifold : Pour l'implémentation de t-SNE

- sklearn.preprocessing : Pour la standardisation des données

2. Chargement et prétraitement des données :

- Nous chargeons le jeu de données Iris, qui est un jeu de données de référence courant en apprentissage automatique.

- Les données sont standardisées à l'aide de StandardScaler pour garantir que toutes les caractéristiques sont à la même échelle, ce qui est important pour t-SNE.

3. Application de t-SNE :

- Nous créons des objets t-SNE avec 2 composantes (pour une visualisation 2D) et différentes valeurs de perplexité (5, 30 et 50).

- random_state=42 assure la reproductibilité.

- Nous ajustons et transformons les données pour chaque valeur de perplexité et stockons les résultats.

4. Visualisation :

- Nous créons une figure avec trois sous-graphiques, un pour chaque valeur de perplexité.

- Chaque sous-graphique montre un nuage de points des résultats de t-SNE.

- Les points sont colorés en fonction de leur classe (y), en utilisant la palette de couleurs 'viridis'.

- Les axes sont étiquetés, des titres sont ajoutés et des barres de couleur sont incluses pour montrer la correspondance entre les couleurs et les classes.

5. Informations supplémentaires :

- Nous affichons la forme des données transformées pour chaque valeur de perplexité.

- Nous affichons également la plage de valeurs pour chaque dimension, ce qui peut donner un aperçu de la répartition des données dans l'espace réduit.

Points clés :

- La perplexité est un hyperparamètre crucial dans t-SNE qui équilibre les aspects locaux et globaux des données. Elle peut être interprétée comme une mesure lisse du nombre effectif de voisins.

- Une perplexité plus faible (par exemple, 5) se concentre davantage sur la structure locale, révélant potentiellement des motifs fins mais pouvant manquer des tendances plus larges.

- Une perplexité plus élevée (par exemple, 50) prend en compte des relations plus globales, montrant potentiellement des motifs plus larges mais pouvant obscurcir les détails locaux.

- La perplexité moyenne (30) offre souvent un équilibre entre la structure locale et globale.

- En comparant les résultats avec différentes valeurs de perplexité, nous pouvons obtenir une compréhension plus complète de la structure des données à différentes échelles.

Cet exemple offre une exploration complète de t-SNE, mettant en évidence son comportement avec diverses valeurs de perplexité. En visualisant les résultats et en fournissant des données quantitatives supplémentaires sur la sortie transformée, il donne aux lecteurs une compréhension approfondie du fonctionnement de t-SNE dans différentes conditions.

5.3.2 UMAP (Uniform Manifold Approximation and Projection)

UMAP est une technique puissante de réduction de dimensionnalité non linéaire qui a gagné en popularité en tant qu'alternative rapide et évolutive à t-SNE. UMAP offre plusieurs avantages clés par rapport aux autres méthodes de réduction de dimensionnalité :

1. Préservation de la structure

UMAP (Uniform Manifold Approximation and Projection) excelle à préserver à la fois la structure locale et globale plus efficacement que t-SNE (t-Distributed Stochastic Neighbor Embedding). Cela signifie que UMAP peut maintenir les relations entre les points de données à différentes échelles, fournissant une représentation plus précise des données originales de haute dimension. Voici une explication plus détaillée :

Préservation de la structure locale : Comme t-SNE, UMAP est habile à préserver les relations locales entre les points de données. Cela signifie que les points qui sont proches dans l'espace de haute dimension resteront généralement proches dans la représentation de dimension inférieure. C'est crucial pour identifier les clusters et les modèles locaux dans les données.

Préservation de la structure globale : Contrairement à t-SNE, qui se concentre principalement sur la structure locale, UMAP fait également un meilleur travail de préservation de la structure globale des données. Cela signifie que la forme et la disposition globales des données dans l'espace de haute dimension sont mieux reflétées dans la représentation de dimension inférieure. Cela peut être particulièrement important lorsqu'on essaie de comprendre les relations et les modèles plus larges dans un jeu de données.

Équilibrage local et global : UMAP atteint cet équilibre grâce à ses fondements mathématiques en analyse topologique des données et en apprentissage de variétés. Il utilise une technique appelée représentation topologique floue pour créer un graphe des données qui capture à la fois les relations locales et globales. Cela permet à UMAP de créer des visualisations qui sont souvent plus fidèles à la structure des données originales que celles produites par t-SNE.

Implications pratiques : L'amélioration de la préservation des structures locales et globales rend UMAP particulièrement utile pour des tâches telles que le clustering, la détection d'anomalies et l'analyse exploratoire des données. Il peut révéler des modèles et des relations dans les données qui pourraient être manqués par des techniques qui se concentrent uniquement sur la structure locale ou globale.

2. Efficacité computationnelle

UMAP démontre une efficacité computationnelle supérieure par rapport à t-SNE, ce qui le rend particulièrement adapté à l'analyse de jeux de données plus volumineux. Cette efficacité améliorée est ancrée dans sa conception algorithmique, qui permet à UMAP de traiter et de réduire la dimensionnalité des données à grande échelle plus rapidement et efficacement. Voici une explication plus détaillée des avantages computationnels d'UMAP :

1. Évolutivité : L'implémentation d'UMAP lui permet de gérer des jeux de données significativement plus volumineux par rapport à t-SNE. Cette évolutivité fait d'UMAP un excellent choix pour les applications de big data et les tâches d'analyse de données complexes qui impliquent d'énormes quantités de données de haute dimension.

2. Traitement plus rapide : UMAP achève généralement son processus de réduction dimensionnelle plus rapidement que t-SNE, particulièrement lorsqu'il s'agit de jeux de données plus volumineux. Cet avantage de vitesse peut être crucial dans des scénarios d'analyse de données sensibles au temps ou lors du travail avec des flux de données en temps réel.

3. Efficacité mémoire : UMAP nécessite généralement moins de mémoire que t-SNE pour traiter la même quantité de données. Cette efficacité mémoire permet l'analyse de jeux de données plus volumineux sur des machines aux ressources limitées, le rendant plus accessible pour un plus large éventail d'utilisateurs et d'applications.

4. Parallélisation : L'algorithme d'UMAP est conçu pour tirer parti des capacités de traitement parallèle, améliorant davantage sa vitesse et son efficacité lorsqu'il est exécuté sur des processeurs multi-cœurs ou des environnements informatiques distribués.

5. Préservation de la structure globale : Malgré son efficacité computationnelle, UMAP parvient toujours à préserver les structures locales et globales dans les données, offrant souvent une représentation plus fidèle de l'espace original de haute dimension par rapport à t-SNE.

Ces avantages computationnels font d'UMAP un outil puissant pour la réduction dimensionnelle et la visualisation dans divers domaines, y compris la bioinformatique, la vision par ordinateur et le traitement du langage naturel, où la gestion de jeux de données de grande envergure et de haute dimension est courante.

3. Évolutivité

L'implémentation efficace d'UMAP lui permet de gérer des jeux de données significativement plus volumineux par rapport à t-SNE, en faisant un excellent choix pour les applications de big data et les tâches d'analyse de données complexes. Cet avantage d'évolutivité découle de plusieurs facteurs clés :

- Efficacité algorithmique : UMAP utilise un algorithme plus efficace qui réduit la complexité computationnelle, lui permettant de traiter de grands jeux de données plus rapidement que t-SNE.

- Optimisation de la mémoire : UMAP est conçu pour utiliser la mémoire plus efficacement, ce qui est crucial lors du travail avec des big data qui peuvent ne pas tenir entièrement en RAM.

- Parallélisation : UMAP peut tirer parti des capacités de traitement parallèle, améliorant davantage sa vitesse et son efficacité sur des systèmes multi-cœurs ou des environnements informatiques distribués.

- Préservation de la structure : Malgré son efficacité computationnelle, UMAP parvient toujours à préserver les structures locales et globales dans les données, offrant souvent une représentation plus fidèle de l'espace original de haute dimension par rapport à t-SNE.

Ces caractéristiques d'évolutivité rendent UMAP particulièrement précieux dans des domaines comme la génomique, le traitement d'images à grande échelle et le traitement du langage naturel, où les jeux de données peuvent facilement atteindre des millions, voire des milliards de points de données.

4. Versatilité

UMAP démontre une adaptabilité exceptionnelle à travers divers types de données, ce qui en fait un outil puissant pour des applications diverses. Voici une explication élargie de la versatilité d'UMAP :

- Données numériques : UMAP excelle dans le traitement de données numériques de haute dimension, ce qui le rend idéal pour des tâches comme l'analyse d'expression génique en bioinformatique ou l'analyse de données financières.

- Données catégorielles : Contrairement à certaines autres techniques de réduction dimensionnelle, UMAP peut efficacement gérer des données catégorielles. Cela le rend utile pour analyser des réponses d'enquêtes ou des données de segmentation client.

- Types de données mixtes : La flexibilité d'UMAP lui permet de travailler avec des jeux de données qui combinent à la fois des caractéristiques numériques et catégorielles, ce qui est courant dans des scénarios réels.

- Données textuelles : Dans le traitement du langage naturel, UMAP peut être appliqué aux embeddings de mots ou aux vecteurs de documents pour visualiser les relations sémantiques entre les mots ou les documents.

- Données d'image : UMAP peut traiter des données d'image de haute dimension, ce qui le rend précieux pour des tâches comme la reconnaissance faciale ou l'analyse d'images médicales.

- Données structurées en graphe : UMAP peut gérer des données de graphe ou de réseau, préservant à la fois la structure locale et globale. Cela le rend utile pour l'analyse de réseaux sociaux ou l'étude des réseaux d'interaction protéique en biologie.

La capacité d'UMAP à traiter une si large gamme de types de données tout en préservant les structures locales et globales en fait un outil inestimable dans de nombreux domaines, y compris l'apprentissage automatique, la science des données et diverses applications spécifiques à certains domaines.

5. Fondement théorique

UMAP repose sur une base mathématique solide, s'inspirant des concepts d'analyse topologique des données et d'apprentissage de variétés. Ce fondement théorique fournit une base robuste pour sa performance et son interprétabilité. Le cadre d'UMAP est enraciné dans la géométrie riemannienne et la topologie algébrique, qui lui permettent de capturer à la fois les structures locales et globales dans les données de haute dimension.

L'idée principale derrière UMAP est de construire une représentation topologique des données de haute dimension sous forme de graphe pondéré. Ce graphe est ensuite utilisé pour créer une disposition de faible dimension qui préserve les caractéristiques topologiques essentielles des données originales. L'algorithme y parvient grâce à plusieurs étapes clés :

1. Construction d'une représentation topologique floue des données de haute dimension

2. Création d'une représentation topologique similaire dans l'espace de faible dimension

3. Optimisation de la disposition de la représentation de faible dimension pour correspondre étroitement à la topologie de haute dimension

L'utilisation par UMAP des concepts d'apprentissage de variétés lui permet de modéliser efficacement la géométrie intrinsèque des données, tandis que sa fondation en analyse topologique des données lui permet de capturer la structure globale qui pourrait être manquée par d'autres techniques de réduction dimensionnelle. Cette combinaison d'approches contribue à la capacité d'UMAP à préserver à la fois les relations locales et globales dans les données, en faisant un outil puissant pour la visualisation et l'analyse d'ensembles de données complexes et de haute dimension.

En combinant ces avantages, UMAP est devenu un outil de prédilection pour les chercheurs et les data scientists travaillant avec des données de haute dimension dans divers domaines, notamment la bioinformatique, la vision par ordinateur et le traitement du langage naturel.

Comment fonctionne UMAP

UMAP (Uniform Manifold Approximation and Projection) est une technique avancée de réduction dimensionnelle qui fonctionne en construisant une représentation graphique de haute dimension des données. Ce graphe capture la structure topologique de l'ensemble de données original.

UMAP optimise ensuite ce graphe, le projetant dans un espace de dimension inférieure tout en s'efforçant de préserver les relations entre les points de données. Ce processus aboutit à une représentation de dimension inférieure qui maintient à la fois les structures locales et globales des données originales.

Le fonctionnement d'UMAP est régi par deux paramètres principaux :

- **n_neighbors** : Ce paramètre joue un rôle crucial dans la détermination de l'équilibre entre la préservation de la structure locale et globale par UMAP. Il définit essentiellement la taille du voisinage local pour chaque point dans l'espace de haute dimension. Une valeur plus élevée de n_neighbors indique à UMAP de considérer plus de points comme "voisins", préservant ainsi davantage la structure globale des données. À l'inverse, une valeur plus faible se concentre sur la préservation des structures locales.

- **min_dist** : Ce paramètre contrôle la distance minimale entre les points dans la représentation de faible dimension. Il influence la façon dont UMAP peut regrouper étroitement les points dans l'espace réduit. Une valeur min_dist plus faible conduit à des clusters plus compacts, mettant potentiellement l'accent sur la structure locale fine, tandis qu'une valeur plus élevée entraîne une représentation plus étalée qui pourrait mieux préserver les relations globales.

L'interaction entre ces paramètres permet à UMAP de créer des visualisations qui peuvent révéler à la fois des clusters locaux et des modèles globaux dans les données, ce qui en fait un outil puissant pour l'analyse exploratoire des données et l'extraction de caractéristiques dans les pipelines d'apprentissage automatique.

Exemple : UMAP pour la réduction dimensionnelle

Appliquons UMAP au même jeu de données Iris et comparons les résultats à t-SNE.

```
import umap
import matplotlib.pyplot as plt
from sklearn.datasets import load_iris
from sklearn.preprocessing import StandardScaler
import numpy as np
import pandas as pd

# Load the Iris dataset
data = load_iris()
X = data.data
```

```
y = data.target

# Create a DataFrame for easier manipulation
df = pd.DataFrame(X, columns=data.feature_names)
df['target'] = y

# Standardize the data
scaler = StandardScaler()
X_scaled = scaler.fit_transform(X)

# Apply UMAP with different parameters
umap_default = umap.UMAP(random_state=42)
umap_neighbors = umap.UMAP(n_neighbors=30, random_state=42)
umap_min_dist = umap.UMAP(min_dist=0.5, random_state=42)

# Fit and transform the data
X_umap_default = umap_default.fit_transform(X_scaled)
X_umap_neighbors = umap_neighbors.fit_transform(X_scaled)
X_umap_min_dist = umap_min_dist.fit_transform(X_scaled)

# Plotting function
def plot_umap(X_umap, title):
    plt.figure(figsize=(10, 8))
    scatter = plt.scatter(X_umap[:, 0], X_umap[:, 1], c=y, cmap='viridis')
    plt.colorbar(scatter)
    plt.title(title)
    plt.xlabel("UMAP Dimension 1")
    plt.ylabel("UMAP Dimension 2")
    plt.show()

# Plot the UMAP projections
plot_umap(X_umap_default, "UMAP Projection of Iris Dataset (Default)")
plot_umap(X_umap_neighbors, "UMAP Projection (n_neighbors=30)")
plot_umap(X_umap_min_dist, "UMAP Projection (min_dist=0.5)")

# Analyze the results
print("Shape of original data:", X.shape)
print("Shape of UMAP projection:", X_umap_default.shape)

# Calculate the variance explained
def calc_variance_explained(X_original, X_embedded):
    return 1 - np.var(X_original - X_embedded) / np.var(X_original)

variance_explained = calc_variance_explained(X_scaled, X_umap_default)
print(f"Variance explained by UMAP: {variance_explained:.2f}")
```

Cet exemple UMAP fournit une démonstration complète de l'utilisation d'UMAP pour la réduction de dimensionnalité et la visualisation.

Voici une analyse détaillée du code et de ses fonctionnalités :

1. Préparation des données :

- Nous chargeons le jeu de données Iris en utilisant la fonction load_iris() de scikit-learn.

- Les données sont ensuite converties en DataFrame pandas pour une manipulation plus facile.

- Nous standardisons les caractéristiques à l'aide de StandardScaler pour garantir que toutes les caractéristiques sont à la même échelle.

2. Application d'UMAP :

- Nous créons trois modèles UMAP avec différents paramètres : a) Paramètres par défaut b) Valeur de n_neighbors augmentée (30 au lieu de la valeur par défaut 15) c) Valeur de min_dist augmentée (0,5 au lieu de la valeur par défaut 0,1)

- Chaque modèle est ensuite ajusté aux données standardisées et utilisé pour les transformer en représentation 2D.

3. Visualisation :

- Une fonction de tracé plot_umap() est définie pour créer des graphiques de dispersion des projections UMAP.

- Nous créons trois graphiques, un pour chaque modèle UMAP, afin de visualiser comment les différents paramètres affectent la projection.

- Les graphiques utilisent la couleur pour distinguer les trois espèces d'Iris.

4. Analyse :

- Nous affichons les dimensions des données originales et transformées pour montrer la réduction dimensionnelle.

- Une fonction calc_variance_explained() est définie pour calculer la proportion de la variance originale préservée dans la projection UMAP.

- Nous affichons la variance expliquée par la projection UMAP par défaut.

5. Interprétation :

- Les projections UMAP devraient montrer une séparation claire entre les trois espèces d'Iris si l'algorithme est efficace.

- La modification de n_neighbors affecte l'équilibre entre la préservation de la structure locale et globale. Une valeur plus élevée (30) pourrait capturer davantage la structure globale.

- L'augmentation de min_dist à 0,5 devrait aboutir à une projection plus étalée, facilitant potentiellement la visualisation des relations globales mais pouvant obscurcir les structures locales.

- La variance expliquée donne une idée de la quantité d'informations de l'espace 4D original conservée dans la projection 2D.

Cet exemple offre une exploration complète d'UMAP, présentant son application avec divers paramètres et incorporant des étapes d'analyse supplémentaires. Il fournit des aperçus précieux sur le fonctionnement d'UMAP et illustre comment l'ajustement de ses paramètres influence les projections résultantes.

Comparaison d'UMAP et t-SNE

- **Vitesse** : UMAP est généralement plus rapide et plus évolutif que t-SNE, ce qui le rend adapté aux jeux de données plus volumineux. Ceci est particulièrement important lorsqu'on travaille avec des données de haute dimension ou de grandes tailles d'échantillons, où l'efficacité computationnelle devient cruciale. L'algorithme d'UMAP est conçu pour traiter des jeux de données plus volumineux plus efficacement, permettant des temps de traitement plus rapides et la capacité de travailler avec des jeux de données qui pourraient être peu pratiques pour t-SNE.

- **Préservation de la structure** : UMAP tend à préserver à la fois la structure locale et globale, tandis que t-SNE se concentre davantage sur les relations locales. Cela signifie qu'UMAP est meilleur pour maintenir la forme et la structure globales des données dans l'espace de dimension inférieure. Il peut capturer à la fois les détails fins des voisinages locaux et les modèles plus larges à travers l'ensemble du jeu de données. En revanche, t-SNE excelle dans la préservation des structures locales mais peut déformer les relations globales, ce qui peut conduire à des interprétations erronées de la structure globale des données.

- **Réglage des paramètres** : UMAP est sensible aux paramètres **n_neighbors** et **min_dist**, et l'ajustement fin de ces valeurs peut améliorer significativement les résultats. Le paramètre n_neighbors contrôle la taille des voisinages locaux utilisés dans l'approximation du manifold, affectant l'équilibre entre la préservation de la structure locale et globale. Le paramètre min_dist influence la façon dont UMAP peut regrouper étroitement les points dans la représentation de faible dimension. L'ajustement de ces paramètres permet un meilleur contrôle sur la visualisation finale, mais nécessite également une réflexion et une expérimentation attentives pour atteindre des résultats optimaux pour un jeu de données donné.

Exemple : Ajustement des paramètres UMAP

```
# Import necessary libraries
import numpy as np
import matplotlib.pyplot as plt
from sklearn.datasets import load_iris
from sklearn.preprocessing import StandardScaler
import umap

# Load the Iris dataset
```

```
iris = load_iris()
X = iris.data
y = iris.target

# Standardize the features
scaler = StandardScaler()
X_scaled = scaler.fit_transform(X)

# Create UMAP models with different parameters
umap_default = umap.UMAP(random_state=42)
umap_neighbors = umap.UMAP(n_neighbors=30, random_state=42)
umap_min_dist = umap.UMAP(min_dist=0.5, random_state=42)

# Fit and transform the data
X_umap_default = umap_default.fit_transform(X_scaled)
X_umap_neighbors = umap_neighbors.fit_transform(X_scaled)
X_umap_min_dist = umap_min_dist.fit_transform(X_scaled)

# Plotting function
def plot_umap(X_umap, title):
    plt.figure(figsize=(10, 8))
    scatter = plt.scatter(X_umap[:, 0], X_umap[:, 1], c=y, cmap='viridis')
    plt.colorbar(scatter)
    plt.title(title)
    plt.xlabel("UMAP Dimension 1")
    plt.ylabel("UMAP Dimension 2")
    plt.show()

# Plot the UMAP projections
plot_umap(X_umap_default, "UMAP Projection of Iris Dataset (Default)")
plot_umap(X_umap_neighbors, "UMAP Projection (n_neighbors=30)")
plot_umap(X_umap_min_dist, "UMAP Projection (min_dist=0.5)")

# Analyze the results
print("Shape of original data:", X.shape)
print("Shape of UMAP projection:", X_umap_default.shape)

# Calculate the variance explained
def calc_variance_explained(X_original, X_embedded):
    return 1 - np.var(X_original - X_embedded) / np.var(X_original)

variance_explained = calc_variance_explained(X_scaled, X_umap_default)
print(f"Variance explained by UMAP: {variance_explained:.2f}")
```

Cet exemple de code démontre l'application d'UMAP (Uniform Manifold Approximation and Projection) pour la réduction de dimensionnalité en utilisant le jeu de données Iris.

Voici une analyse détaillée du code :

1. Importation des bibliothèques et chargement des données

Le code commence par importer les bibliothèques nécessaires : NumPy pour les opérations numériques, Matplotlib pour la visualisation, scikit-learn pour le jeu de données Iris et StandardScaler, et UMAP pour la réduction de dimensionnalité.

2. Préparation des données

Le jeu de données Iris est chargé et les caractéristiques sont standardisées à l'aide de StandardScaler. Cette étape est cruciale car elle garantit que toutes les caractéristiques sont à la même échelle, ce qui peut améliorer les performances de nombreux algorithmes d'apprentissage automatique, y compris UMAP.

3. Création du modèle UMAP

Trois modèles UMAP sont créés avec différents paramètres :

- Paramètres par défaut
- Valeur de n_neighbors augmentée (30 au lieu de la valeur par défaut 15)
- Valeur de min_dist augmentée (0,5 au lieu de la valeur par défaut 0,1) Cela nous permet de comparer comment différents paramètres affectent la projection UMAP.

4. Transformation des données

Chaque modèle UMAP est ajusté aux données standardisées et utilisé pour les transformer en représentation 2D.

5. Visualisation

Une fonction de tracé plot_umap() est définie pour créer des graphiques de dispersion des projections UMAP. Cette fonction utilise Matplotlib pour créer un nuage de points en couleur, où la couleur représente les différentes espèces d'Iris.

6. Analyse des résultats

Le code affiche les dimensions des données originales et transformées pour montrer la réduction dimensionnelle. Il inclut également une fonction calc_variance_explained() pour calculer quelle proportion de la variance originale est préservée dans la projection UMAP.

7. Interprétation

- Les projections UMAP devraient montrer une séparation claire entre les trois espèces d'Iris si l'algorithme est efficace.
- La modification de n_neighbors affecte l'équilibre entre la préservation de la structure locale et globale. Une valeur plus élevée (30) pourrait capturer davantage la structure globale.
- L'augmentation de min_dist à 0,5 devrait aboutir à une projection plus étalée, facilitant potentiellement la visualisation des relations globales mais pouvant obscurcir les structures locales.

- La variance expliquée donne une idée de la quantité d'informations de l'espace 4D original conservée dans la projection 2D.

Cet exemple complet présente l'application d'UMAP avec divers paramètres et incorpore des étapes d'analyse supplémentaires. Il fournit des aperçus précieux sur le fonctionnement d'UMAP et illustre comment l'ajustement de ses paramètres influence les projections résultantes.

5.3.3 Quand utiliser t-SNE et UMAP

t-SNE (t-Distributed Stochastic Neighbor Embedding) est une technique avancée pour visualiser des données de haute dimension. Elle excelle à révéler les structures et modèles locaux au sein des jeux de données, ce qui la rend particulièrement utile pour :

- Explorer des jeux de données complexes avec des relations intriquées
- Visualiser des clusters dans des jeux de données de petite à moyenne taille
- Découvrir des modèles cachés qui peuvent ne pas être apparents avec des techniques linéaires

Cependant, t-SNE présente des limitations :

- Elle peut être gourmande en ressources de calcul, particulièrement pour les grands jeux de données
- Les résultats peuvent être sensibles aux choix de paramètres
- Elle peut ne pas préserver la structure globale aussi efficacement que la structure locale

UMAP (Uniform Manifold Approximation and Projection) est une technique de réduction de dimensionnalité plus récente qui offre plusieurs avantages :

- Des temps de traitement plus rapides, la rendant adaptée aux jeux de données plus volumineux
- Une meilleure préservation des structures locales et globales des données
- La capacité à traiter une plus large gamme de types et structures de données

UMAP est particulièrement bien adapté pour :

- Analyser des jeux de données à grande échelle où la performance est cruciale
- Les applications nécessitant un équilibre entre la préservation des structures locales et globales
- Les scénarios où le manifold sous-jacent des données est complexe ou non-linéaire

Lors du choix entre t-SNE et UMAP, prenez en compte des facteurs tels que la taille du jeu de données, les ressources computationnelles, et les insights spécifiques que vous cherchez à obtenir de votre visualisation de données.

5.4 Techniques d'évaluation pour l'apprentissage non supervisé

L'évaluation des modèles d'apprentissage non supervisé présente des défis uniques en raison de l'absence d'étiquettes prédéfinies pour la comparaison. Contrairement à l'apprentissage supervisé, où nous pouvons directement mesurer les performances du modèle par rapport à des résultats connus, l'apprentissage non supervisé nécessite des approches plus nuancées pour évaluer la qualité du modèle. Cette section explore une variété de techniques d'évaluation spécifiquement conçues pour les scénarios d'apprentissage non supervisé.

Nous explorerons des méthodes pour évaluer l'efficacité des algorithmes de clustering, qui visent à regrouper des points de données similaires sans connaissance préalable des groupements corrects. De plus, nous examinerons des stratégies pour évaluer les techniques de réduction de dimensionnalité, qui cherchent à compresser des données de haute dimension en représentations de dimension inférieure tout en préservant les informations et relations essentielles.

En employant ces méthodes d'évaluation indirectes, nous pouvons obtenir des insights précieux sur la performance et la fiabilité des modèles d'apprentissage non supervisé. Ces techniques aident non seulement à évaluer la qualité des résultats, mais guident également le processus de sélection de modèle et d'ajustement des paramètres, menant finalement à des résultats d'apprentissage non supervisé plus robustes et significatifs.

5.4.1 Évaluation des algorithmes de clustering

Les algorithmes de clustering regroupent les points de données en fonction de leur similarité, visant à créer des clusters où les points au sein d'un cluster sont plus similaires entre eux qu'avec les points d'autres clusters. Cependant, déterminer l'efficacité d'un algorithme de clustering sans étiquettes de référence présente un défi significatif en apprentissage non supervisé. Pour y répondre, plusieurs techniques d'évaluation ont été développées pour mesurer la qualité des clusters en se basant sur les propriétés inhérentes aux données elles-mêmes.

Ces techniques d'évaluation peuvent être largement classées en deux types :

1. Métriques d'évaluation interne

Ces métriques évaluent la qualité du clustering en analysant les propriétés intrinsèques des données et des clusters résultants, sans s'appuyer sur des informations externes ou des étiquettes prédéfinies. Elles examinent des facteurs tels que la cohésion intra-cluster et la séparation inter-clusters pour évaluer dans quelle mesure l'algorithme a regroupé des points de données similaires tout en maintenant les points dissemblables dans des clusters séparés.

Les exemples incluent :

Score de Silhouette

Cette métrique évalue la qualité d'appartenance de chaque point de données à son cluster assigné par rapport aux autres clusters. Elle fournit une mesure complète de la qualité du clustering en évaluant à la fois la cohésion au sein des clusters et la séparation entre les clusters.

Le score varie de -1 à 1, où :

- Un score de 1 indique que le point de données correspond très bien à son propre cluster et correspond mal aux clusters voisins, suggérant un clustering optimal.

- Un score de 0 indique que le point de données se trouve sur ou très près de la frontière de décision entre deux clusters voisins.

- Un score de -1 indique que le point de données pourrait avoir été assigné au mauvais cluster, car il est plus similaire aux clusters voisins qu'à son propre cluster.

Le Score de Silhouette est calculé pour chaque point de données en suivant ces étapes :

1. Calculer la distance moyenne entre le point de données et tous les autres points de son cluster (a).

2. Pour chaque autre cluster, calculer la distance moyenne entre le point de données et tous les points de ce cluster.

3. Trouver le minimum de ces distances moyennes (b).

4. Le Score de Silhouette pour le point de données est (b - a) / max(a, b).

Le Score de Silhouette global pour un clustering est la moyenne des Scores de Silhouette de tous les points de données. Ce score est largement utilisé dans diverses applications, notamment la segmentation d'images, la reconnaissance de formes et l'exploration de données, pour évaluer et optimiser les algorithmes de clustering.

Exemple : Score de Silhouette pour K-Means avec Scikit-learn

Calculons le **Score de Silhouette** pour un exemple de clustering K-Means.

```
import numpy as np
from sklearn.cluster import KMeans
from sklearn.datasets import make_blobs
from sklearn.metrics import silhouette_score
import matplotlib.pyplot as plt

# Generate synthetic data
n_samples = 1000
n_features = 2
```

```
n_clusters = 4
X, y = make_blobs(n_samples=n_samples, n_features=n_features, centers=n_clusters,
random_state=42)

# Perform K-Means clustering
kmeans = KMeans(n_clusters=n_clusters, random_state=42)
labels = kmeans.fit_predict(X)

# Calculate Silhouette Score
silhouette_avg = silhouette_score(X, labels)

# Visualize the clusters
plt.figure(figsize=(10, 5))
plt.subplot(121)
scatter = plt.scatter(X[:, 0], X[:, 1], c=labels, cmap='viridis')
plt.colorbar(scatter)
plt.title('K-Means Clustering Result')
plt.xlabel('Feature 1')
plt.ylabel('Feature 2')

# Plot Elbow Method
inertias = []
k_range = range(1, 11)
for k in k_range:
    kmeans = KMeans(n_clusters=k, random_state=42)
    kmeans.fit(X)
    inertias.append(kmeans.inertia_)

plt.subplot(122)
plt.plot(k_range, inertias, 'bo-')
plt.xlabel('Number of Clusters (k)')
plt.ylabel('Inertia')
plt.title('Elbow Method for Optimal k')

plt.tight_layout()
plt.show()

print(f"Silhouette Score: {silhouette_avg:.4f}")
print(f"Optimal number of clusters (from elbow method): {n_clusters}")
```

Cet exemple de code démontre une approche complète du clustering K-Means, comprenant la génération de données, le clustering, l'évaluation et la visualisation.

Voici une décomposition du code :

1. Importer les bibliothèques nécessaires :

    o   numpy pour les opérations numériques

    o   KMeans de sklearn.cluster pour le clustering

- o make_blobs de sklearn.datasets pour générer des données synthétiques
- o silhouette_score de sklearn.metrics pour l'évaluation des clusters
- o matplotlib.pyplot pour la visualisation

2. Générer des données synthétiques :
   - o Utiliser make_blobs pour créer un ensemble de données avec 1000 échantillons, 2 caractéristiques et 4 clusters
   - o Cela simule un scénario de clustering réel

3. Effectuer le clustering K-Means :
   - o Initialiser KMeans avec 4 clusters
   - o Ajuster le modèle aux données et prédire les étiquettes de clusters

4. Calculer le Score de Silhouette :
   - o Utiliser silhouette_score pour évaluer la qualité du clustering
   - o Le score de Silhouette varie de -1 à 1, les valeurs plus élevées indiquant des clusters mieux définis

5. Visualiser les clusters :
   - o Créer un nuage de points des données, colorés selon leurs assignations de clusters
   - o Ajouter une barre de couleur pour montrer les étiquettes de clusters

6. Implémenter la Méthode du Coude :
   - o Exécuter K-Means pour différents nombres de clusters (1 à 10)
   - o Calculer l'inertie (somme des carrés intra-cluster) pour chaque k
   - o Tracer l'inertie en fonction du nombre de clusters

7. Afficher les résultats :
   - o Montrer la visualisation du clustering et le graphique de la méthode du coude côte à côte
   - o Imprimer le Score de Silhouette et le nombre optimal de clusters

Cet exemple complet ne réalise pas seulement le clustering K-Means, mais inclut également des méthodes pour déterminer le nombre optimal de clusters (Méthode du Coude) et évaluer la qualité du clustering (Score de Silhouette). Les visualisations aident à comprendre la structure des clusters et le processus de sélection du meilleur nombre de clusters.

Indice de Davies-Bouldin

Cette métrique évalue la qualité des algorithmes de clustering en mesurant la similarité moyenne entre chaque cluster et son cluster le plus similaire. Elle est calculée comme suit :

1. Pour chaque cluster, trouver son cluster le plus similaire en se basant sur le ratio des distances intra-cluster aux distances inter-clusters.

2. Calculer la mesure de similarité pour cette paire de clusters.

3. Prendre la moyenne de ces mesures de similarité à travers tous les clusters.

L'Indice de Davies-Bouldin possède plusieurs caractéristiques clés :

- Étendue : Il varie de 0 à l'infini.

- Interprétation : Les valeurs plus basses indiquent un meilleur clustering, 0 étant le meilleur score possible.

- Propriétés des clusters : Il favorise les clusters qui sont compacts (faibles distances intra-cluster) et bien séparés des autres clusters (grandes distances inter-clusters).

- Limitations : Comme certaines autres métriques, il suppose que les clusters sont convexes et isotropes, ce qui n'est pas toujours le cas dans les données réelles.

Lors de l'utilisation de l'Indice de Davies-Bouldin :

- Un score proche de 0 suggère des clusters bien définis et distincts.

- Des scores plus élevés indiquent des clusters qui se chevauchent ou sont mal séparés.

- Il est souvent utilisé en combinaison avec d'autres métriques pour une évaluation complète de la qualité du clustering.

Exemple d'interprétation :

- Score de 0,2 : Indique des clusters bien séparés

- Score de 1,5 : Suggère des clusters mal séparés ou qui se chevauchent

L'Indice de Davies-Bouldin est particulièrement utile lors de la comparaison de différents algorithmes de clustering ou paramètres sur un même ensemble de données, aidant les data scientists à choisir l'approche la plus efficace pour leurs données spécifiques.

Exemple : Indice de Davies-Bouldin avec Scikit-learn

```
import numpy as np
from sklearn.cluster import KMeans
from sklearn.datasets import make_blobs
from sklearn.metrics import davies_bouldin_score
import matplotlib.pyplot as plt

# Generate synthetic data for clustering
X, y = make_blobs(n_samples=300, centers=4, cluster_std=0.60, random_state=0)
```

```python
# Perform K-means clustering
kmeans = KMeans(n_clusters=4, random_state=0)
labels = kmeans.fit_predict(X)

# Calculate the Davies-Bouldin Index
db_index = davies_bouldin_score(X, labels)

# Visualize the clusters
plt.figure(figsize=(10, 5))
plt.subplot(121)
scatter = plt.scatter(X[:, 0], X[:, 1], c=labels, cmap='viridis')
plt.colorbar(scatter)
plt.title('K-means Clustering Result')
plt.xlabel('Feature 1')
plt.ylabel('Feature 2')

# Plot Elbow Method
inertias = []
k_range = range(1, 11)
for k in k_range:
    kmeans = KMeans(n_clusters=k, random_state=0)
    kmeans.fit(X)
    inertias.append(kmeans.inertia_)

plt.subplot(122)
plt.plot(k_range, inertias, 'bo-')
plt.xlabel('Number of Clusters (k)')
plt.ylabel('Inertia')
plt.title('Elbow Method for Optimal k')

plt.tight_layout()
plt.show()

print(f"Davies-Bouldin Index: {db_index:.2f}")
```

Cet exemple démontre une approche complète du clustering K-means, comprenant la génération de données, le clustering, l'évaluation utilisant l'Indice de Davies-Bouldin, et la visualisation. Voici une décomposition du code :

1. Importer les bibliothèques nécessaires :

- numpy pour les opérations numériques

- KMeans de sklearn.cluster pour le clustering

- make_blobs de sklearn.datasets pour générer des données synthétiques

- davies_bouldin_score de sklearn.metrics pour l'évaluation des clusters

- matplotlib.pyplot pour la visualisation

2. Générer des données synthétiques :

- Utiliser make_blobs pour créer un ensemble de données avec 300 échantillons, 4 centres, et un écart-type de cluster de 0,60

- Cela simule un scénario de clustering réel

3. Effectuer le clustering K-means :

- Initialiser KMeans avec 4 clusters

- Ajuster le modèle aux données et prédire les étiquettes de clusters

4. Calculer l'Indice de Davies-Bouldin :

- Utiliser davies_bouldin_score pour évaluer la qualité du clustering

- L'Indice de Davies-Bouldin varie de 0 à l'infini, les valeurs plus basses indiquant des clusters mieux définis

5. Visualiser les clusters :

- Créer un nuage de points des données, colorés selon leurs assignations de clusters

- Ajouter une barre de couleur pour montrer les étiquettes de clusters

6. Implémenter la Méthode du Coude :

- Exécuter K-means pour différents nombres de clusters (1 à 10)

- Calculer l'inertie (somme des carrés intra-cluster) pour chaque k

- Tracer l'inertie en fonction du nombre de clusters

7. Afficher les résultats :

- Montrer la visualisation du clustering et le graphique de la méthode du coude côte à côte

- Imprimer le score de l'Indice de Davies-Bouldin

Cet exemple ne réalise pas seulement le clustering K-means, mais inclut également des méthodes pour déterminer le nombre optimal de clusters (Méthode du Coude) et évaluer la qualité du clustering (Indice de Davies-Bouldin). Les visualisations aident à comprendre la structure des clusters et le processus de sélection du meilleur nombre de clusters.

Indice de Calinski-Harabasz

L'Indice de Calinski-Harabasz, également connu sous le nom de Critère du Rapport de Variance, est une métrique importante utilisée pour évaluer la qualité des résultats de clustering. Cet indice mesure le rapport entre la dispersion inter-clusters et la dispersion intra-clusters, fournissant des informations précieuses sur l'efficacité d'un algorithme de clustering.

Voici une explication plus détaillée du fonctionnement de l'Indice de Calinski-Harabasz :

- Dispersion inter-clusters : Cela mesure à quel point les clusters sont bien séparés les uns des autres. Une valeur plus élevée indique que les clusters sont plus distincts et plus éloignés les uns des autres.

- Dispersion intra-clusters : Cela mesure la compacité des points de données au sein de chaque cluster. Une valeur plus faible indique que les points au sein de chaque cluster sont regroupés de manière plus serrée.

L'Indice de Calinski-Harabasz est calculé en divisant la dispersion inter-clusters par la dispersion intra-clusters. Une valeur d'indice plus élevée suggère des clusters mieux définis, car elle indique que les clusters sont bien séparés les uns des autres tandis que les points de données au sein de chaque cluster sont étroitement regroupés.

Lors de l'interprétation de l'Indice de Calinski-Harabasz :

- Des valeurs plus élevées indiquent de meilleurs résultats de clustering, avec des clusters plus distincts et mieux définis.

- L'indice peut être utilisé pour comparer différents algorithmes de clustering ou pour déterminer le nombre optimal de clusters pour un ensemble de données donné.

- Il est particulièrement utile lorsqu'on traite des données de haute dimension, car il fournit une valeur scalaire unique pour évaluer la qualité du clustering.

Cependant, il est important de noter que comme d'autres métriques d'évaluation de clustering, l'Indice de Calinski-Harabasz a ses limites. Il tend à favoriser les clusters convexes et sphériques et peut ne pas fonctionner aussi bien avec des clusters de densités variables ou de formes non globulaires. Par conséquent, il est souvent recommandé d'utiliser cet indice en conjonction avec d'autres métriques d'évaluation pour une évaluation plus complète de la qualité du clustering.

Exemple :

Voici un exemple complet de calcul de l'Indice de Calinski-Harabasz en utilisant Scikit-learn :

```python
import numpy as np
from sklearn.cluster import KMeans
from sklearn.metrics import calinski_harabasz_score
from sklearn.datasets import make_blobs

# Generate synthetic data for clustering
X, y = make_blobs(n_samples=300, centers=4, cluster_std=0.60, random_state=0)

# Perform K-means clustering
kmeans = KMeans(n_clusters=4, random_state=0)
labels = kmeans.fit_predict(X)

# Compute the Calinski-Harabasz Index
ch_score = calinski_harabasz_score(X, labels)
```

```
print(f"Calinski-Harabasz Index: {ch_score:.2f}")
```

Décomposition du code :

1. Importer les bibliothèques nécessaires :

- numpy pour les opérations numériques

- KMeans de sklearn.cluster pour effectuer le clustering K-means

- calinski_harabasz_score de sklearn.metrics pour calculer l'Indice de Calinski-Harabasz

- make_blobs de sklearn.datasets pour générer des données synthétiques

2. Générer des données synthétiques :

- Créer un jeu de données avec 300 échantillons, 4 centres, et un écart-type de cluster de 0,60

- Le random_state est défini à 0 pour la reproductibilité

3. Effectuer le clustering K-means :

- Initialiser KMeans avec 4 clusters (correspondant au nombre de centres dans nos données synthétiques)

- Ajuster le modèle aux données et prédire les étiquettes de clusters

4. Calculer l'Indice de Calinski-Harabasz :

- Utiliser la fonction calinski_harabasz_score, en passant les données (X) et les étiquettes de clusters

5. Afficher le résultat :

- Présenter le score de l'Indice de Calinski-Harabasz, formaté à deux décimales

Interprétation :

L'Indice de Calinski-Harabasz varie de 0 à l'infini. Un score plus élevé indique des clusters mieux définis. Lors de l'interprétation des résultats :

- Un score plus élevé suggère que les clusters sont denses et bien séparés

- Un score plus faible peut indiquer des clusters qui se chevauchent ou des points de données mal séparés

Cet indice est particulièrement utile lors de la comparaison de différents algorithmes de clustering ou pour déterminer le nombre optimal de clusters pour un jeu de données donné. En exécutant ce code avec différents nombres de clusters ou différents algorithmes de clustering, vous pouvez comparer les scores résultants pour trouver l'approche de clustering la plus efficace pour vos données.

N'oubliez pas que bien que l'Indice de Calinski-Harabasz soit un outil précieux, il devrait être utilisé conjointement avec d'autres métriques d'évaluation et des connaissances du domaine pour une évaluation complète de la qualité du clustering.

2. Métriques d'évaluation externes

Celles-ci sont utilisées lorsque nous disposons de connaissances externes sur les données, comme des étiquettes de classe ou des annotations humaines. Les métriques d'évaluation externes fournissent un moyen d'évaluer la qualité des résultats de clustering ou de réduction de dimensionnalité en les comparant à des informations de référence connues. Deux métriques d'évaluation externes couramment utilisées sont :

- Indice de Rand Ajusté (ARI) : Cette métrique mesure la similarité entre les vraies étiquettes et les étiquettes prédites. Elle prend en compte le nombre de paires de points de données qui sont correctement placés dans les mêmes clusters ou dans des clusters différents, ajusté pour le hasard. L'ARI varie de -1 à 1, où 1 indique un accord parfait entre les vraies étiquettes et les étiquettes prédites, 0 représente un étiquetage aléatoire, et les valeurs négatives indiquent un accord moindre que ce qui serait attendu par hasard.

- Information Mutuelle Normalisée (NMI) : Cette métrique quantifie l'information mutuelle entre les vraies étiquettes et les étiquettes prédites. Elle mesure la quantité d'information partagée entre les deux ensembles d'étiquettes, normalisée sur une échelle de 0 à 1. Un score NMI plus élevé indique un meilleur accord entre les vraies étiquettes et les étiquettes prédites, 1 représentant une correspondance parfaite et 0 indiquant aucune information mutuelle.

Ces métriques d'évaluation externes sont particulièrement utiles lors de la validation de la performance des algorithmes de clustering sur des jeux de données où les vraies étiquettes sont connues, comme dans les études comparatives ou lors du travail avec des données partiellement étiquetées. Cependant, il est important de noter que dans de nombreux scénarios d'apprentissage non supervisé du monde réel, les vraies étiquettes peuvent ne pas être disponibles, limitant l'applicabilité de ces métriques.

Les exemples incluent :

- Indice de Rand Ajusté (ARI) : Mesure la similarité entre les vraies étiquettes et les étiquettes de clusters prédites, ajusté pour le hasard.

- Information Mutuelle Normalisée (NMI) : Quantifie l'information mutuelle entre les vraies étiquettes et les étiquettes de clusters prédites, normalisée sur une échelle de 0 à 1.

Lors de l'application de ces techniques d'évaluation, il est important de considérer plusieurs métriques car chacune fournit une perspective différente sur la qualité du clustering. De plus, le choix de la métrique d'évaluation devrait s'aligner avec les objectifs spécifiques de la tâche de clustering et les caractéristiques du jeu de données analysé.

5.4.2 Évaluation des techniques de réduction de dimensionnalité

Les techniques de réduction de dimensionnalité telles que l'Analyse en Composantes Principales (ACP), l'Embedding Stochastique de Voisinage par t-distribution (t-SNE), et l'Approximation et Projection de Variété Uniforme (UMAP) sont des méthodes puissantes utilisées en apprentissage non supervisé pour relever les défis posés par les données de haute dimension. Ces techniques visent à réduire le nombre de caractéristiques ou de variables dans un jeu de données tout en préservant les structures et relations importantes au sein des données.

L'ACP est une technique linéaire qui identifie les composantes principales des données - de nouvelles variables qui sont des combinaisons linéaires des caractéristiques originales et qui captent la variance maximale dans le jeu de données. Elle est particulièrement utile pour les jeux de données présentant des relations linéaires entre les variables.

Le t-SNE, quant à lui, est une technique non linéaire qui excelle dans la préservation des structures locales des données. Il projette les données de haute dimension vers un espace de dimension inférieure (généralement 2D ou 3D) de manière à ce que les points de données similaires dans l'espace de haute dimension restent proches les uns des autres dans la représentation de dimension inférieure.

UMAP est une autre technique non linéaire, similaire au t-SNE mais souvent plus rapide et meilleure pour préserver à la fois les structures locales et globales des données. Elle est particulièrement utile pour visualiser des jeux de données complexes et de haute dimension.

L'importance de ces techniques réside dans leur capacité à atténuer le "fléau de la dimensionnalité" - un phénomène où la rareté des données dans les espaces de haute dimension rend l'analyse statistique difficile. En réduisant la dimensionnalité, ces méthodes peuvent améliorer la performance des modèles d'apprentissage automatique, faciliter la visualisation des données et révéler des modèles cachés dans les données.

L'évaluation de la performance des techniques de réduction de dimensionnalité implique différentes métriques selon la méthode spécifique et le contexte du problème. Pour l'ACP, le ratio de variance expliquée est souvent utilisé pour déterminer la quantité d'information conservée dans les dimensions réduites. Pour t-SNE et UMAP, l'inspection visuelle de la représentation en dimension réduite est courante, ainsi que des métriques comme la fiabilité et la continuité qui mesurent à quel point la structure locale des données est préservée.

Variance expliquée (ACP)

Pour l'**Analyse en Composantes Principales (ACP)**, le **ratio de variance expliquée** est une métrique cruciale qui quantifie la proportion de la variance du jeu de données représentée par chaque composante principale. Ce ratio fournit des indications précieuses sur la rétention d'information du processus de réduction de dimensionnalité.

Le ratio de variance expliquée est calculé en divisant la variance de chaque composante principale par la variance totale de toutes les composantes. Mathématiquement, il peut être exprimé comme :

explained_variance_ratio = variance_of_component / sum_of_all_component_variances

En examinant la **variance expliquée cumulée**, qui est la somme des ratios de variance expliquée jusqu'à un certain nombre de composantes, nous pouvons déterminer le nombre optimal de composantes principales à conserver. Cette approche nous permet de trouver un équilibre entre la réduction de dimensionnalité et la préservation de l'information.

Généralement, les data scientists visent à conserver suffisamment de composantes pour expliquer 90-95% de la variance totale. Ce seuil garantit que le jeu de données réduit conserve la majeure partie de l'information originale tout en diminuant significativement sa dimensionnalité.

Par exemple, si la variance expliquée cumulée atteint 95% avec les trois premières composantes principales, cela indique que ces trois composantes capturent 95% de la variabilité dans le jeu de données original. Cette information peut guider les décisions sur le nombre de composantes à conserver pour une analyse ou une modélisation ultérieure.

Comprendre et utiliser le ratio de variance expliquée est essentiel pour :

- Déterminer le nombre optimal de composantes principales à conserver
- Évaluer l'efficacité de la réduction de dimensionnalité
- Équilibrer la conservation de l'information avec l'efficacité computationnelle
- Visualiser des données de haute dimension dans des espaces de dimension inférieure

En utilisant cette métrique, les data scientists peuvent prendre des décisions éclairées concernant le compromis entre la compression des données et la préservation de l'information dans leurs applications d'ACP.

Exemple : Variance expliquée pour l'ACP

```python
import numpy as np
from sklearn.decomposition import PCA
import matplotlib.pyplot as plt

# Generate some example data
np.random.seed(42)
n_samples = 1000
n_features = 50
X = np.random.randn(n_samples, n_features)
```

```python
# Create a PCA instance
pca = PCA()

# Fit the PCA model to the data
X_pca = pca.fit_transform(X)

# Calculate the cumulative explained variance ratio
cumulative_variance_ratio = np.cumsum(pca.explained_variance_ratio_)

# Plot the cumulative explained variance
plt.figure(figsize=(10, 6))
plt.plot(range(1, len(cumulative_variance_ratio) + 1), cumulative_variance_ratio,
'bo-')
plt.xlabel('Number of Components')
plt.ylabel('Cumulative Explained Variance Ratio')
plt.title('Explained Variance Ratio vs. Number of Components')
plt.grid(True)

# Add a horizontal line at 95% explained variance
plt.axhline(y=0.95, color='r', linestyle='--')
plt.text(0, 0.96, '95% explained variance', color='r')

# Find the number of components needed to explain 95% of the variance
n_components_95 = np.argmax(cumulative_variance_ratio >= 0.95) + 1
plt.axvline(x=n_components_95, color='g', linestyle='--')
plt.text(n_components_95 + 1, 0.5, f'{n_components_95} components', color='g',
rotation=90)

plt.tight_layout()
plt.show()

print(f"Number of components needed to explain 95% of variance: {n_components_95}")

# Perform PCA with the number of components that explain 95% of the variance
pca_95 = PCA(n_components=n_components_95)
X_pca_95 = pca_95.fit_transform(X)

print(f"Original data shape: {X.shape}")
print(f"Reduced data shape: {X_pca_95.shape}")

# Calculate and print the total explained variance ratio
total_variance_ratio = np.sum(pca_95.explained_variance_ratio_)
print(f"Total explained variance ratio: {total_variance_ratio:.4f}")
```

Ce code démontre une approche plus complète pour implémenter l'Analyse en Composantes Principales (ACP) en utilisant Scikit-learn.

Voici une décomposition du code et de sa fonctionnalité :

1. Génération des données :

- o Nous utilisons NumPy pour générer un jeu de données aléatoire avec 1000 échantillons et 50 caractéristiques.
- o La graine aléatoire est définie pour assurer la reproductibilité.

2. Implémentation de l'ACP :

- o Nous créons une instance d'ACP sans spécifier le nombre de composantes, ce qui utilisera toutes les composantes disponibles.
- o Le modèle ACP est ajusté aux données, et les données sont transformées.

3. Analyse de la variance expliquée :

- o Nous calculons le ratio de variance expliquée cumulée, qui montre quelle proportion de la variance totale est expliquée par chaque composante principale.

4. Visualisation :

- o Un graphique est créé pour visualiser le ratio de variance expliquée cumulée en fonction du nombre de composantes.
- o Nous ajoutons une ligne horizontale à 95% de variance expliquée et une ligne verticale au nombre de composantes nécessaires pour atteindre ce seuil.
- o Cette visualisation aide à déterminer le nombre optimal de composantes à conserver.

5. Sélection des composantes :

- o Nous trouvons le nombre de composantes nécessaires pour expliquer 95% de la variance dans les données.
- o Ce nombre est affiché et utilisé pour une analyse ultérieure.

6. Réduction de dimensionnalité :

- o Un nouveau modèle ACP est créé avec le nombre de composantes déterminé à l'étape précédente.
- o Les données sont transformées à l'aide de ce modèle, réduisant efficacement leur dimensionnalité tout en conservant 95% de la variance.

7. Analyse des résultats :

- o Nous affichons les formes des jeux de données original et réduit pour montrer l'effet de la réduction de dimensionnalité.
- o Le ratio de variance expliquée total est calculé et affiché, confirmant que nous avons conservé au moins 95% de la variance originale.

Cet exemple complet non seulement implémente l'ACP mais démontre également comment analyser les résultats, visualiser la variance expliquée et prendre des décisions éclairées sur le nombre de composantes à conserver. Il fournit une approche pratique à la réduction de dimensionnalité tout en garantissant que la plupart des informations importantes dans le jeu de données sont préservées.

Fiabilité (t-SNE et UMAP)

Pour les techniques de réduction de dimensionnalité non linéaires comme le **t-SNE** (t-Distributed Stochastic Neighbor Embedding) et **UMAP** (Uniform Manifold Approximation and Projection), nous mesurons la **fiabilité** de la transformation. La fiabilité est une métrique cruciale qui évalue comment les relations locales dans l'espace original de haute dimension sont préservées dans la représentation de dimension inférieure.

Le concept de fiabilité est particulièrement important car ces techniques visent à maintenir la structure des données tout en réduisant leur dimensionnalité. Un score de fiabilité élevé indique que la représentation de dimension inférieure reflète avec précision la structure des données originales, préservant les relations entre les points voisins.

Voici une explication plus détaillée du fonctionnement de la fiabilité :

- Préservation locale : La fiabilité se concentre sur la façon dont le voisinage local de chaque point de données est préservé après la réduction de dimensionnalité. Elle mesure si les points qui étaient proches dans l'espace de haute dimension restent proches dans l'espace de dimension inférieure.

- Interprétation du score : Le score de fiabilité varie généralement de 0 à 1, où 1 indique une préservation parfaite des relations locales, et des scores plus bas suggèrent une certaine distorsion dans la structure locale.

- Calcul : Le score est calculé en comparant les k plus proches voisins de chaque point dans les espaces original et réduit. Il pénalise les situations où des points qui n'étaient pas voisins dans l'espace original deviennent voisins dans l'espace réduit.

En utilisant la fiabilité comme métrique d'évaluation, les data scientists peuvent s'assurer que leurs techniques de réduction de dimensionnalité capturent efficacement la structure essentielle des données, ce qui est crucial pour l'analyse, la visualisation ou les tâches de modélisation ultérieures.

Exemple : Fiabilité avec Scikit-learn

```python
import numpy as np
import pandas as pd
import matplotlib.pyplot as plt
from sklearn.metrics import trustworthiness
from sklearn.preprocessing import StandardScaler
from sklearn.datasets import load_iris
import umap
```

```
# Load and standardize the Iris dataset
data = load_iris()
X = StandardScaler().fit_transform(data.data)

# Apply UMAP to reduce to 2 dimensions
umap_model = umap.UMAP(n_neighbors=15, min_dist=0.1, random_state=42)
X_umap = umap_model.fit_transform(X)

# Calculate trustworthiness
trust = trustworthiness(X, X_umap)
print(f"Trustworthiness of UMAP projection: {trust:.4f}")

# Visualize the UMAP projection
plt.figure(figsize=(10, 8))
scatter = plt.scatter(X_umap[:, 0], X_umap[:, 1], c=data.target, cmap='viridis')
plt.colorbar(scatter)
plt.title('UMAP projection of Iris dataset')
plt.xlabel('UMAP1')
plt.ylabel('UMAP2')
plt.show()

# Compare with PCA
from sklearn.decomposition import PCA

pca = PCA(n_components=2)
X_pca = pca.fit_transform(X)

# Calculate trustworthiness for PCA
trust_pca = trustworthiness(X, X_pca)
print(f"Trustworthiness of PCA projection: {trust_pca:.4f}")

# Visualize the PCA projection
plt.figure(figsize=(10, 8))
scatter = plt.scatter(X_pca[:, 0], X_pca[:, 1], c=data.target, cmap='viridis')
plt.colorbar(scatter)
plt.title('PCA projection of Iris dataset')
plt.xlabel('PC1')
plt.ylabel('PC2')
plt.show()
```

Cet exemple de code démontre l'utilisation d'UMAP pour la réduction de dimensionnalité et la visualisation, ainsi qu'une comparaison avec l'ACP.

Analysons-le étape par étape :

1. Importer les bibliothèques nécessaires :

   o numpy et pandas pour la manipulation des données

   o matplotlib pour la visualisation

- o sklearn pour le prétraitement des données, le calcul de fiabilité et le jeu de données Iris

- o umap pour l'algorithme UMAP

2. Charger et prétraiter le jeu de données Iris :

   - o Utiliser la fonction load_iris() de sklearn pour obtenir le jeu de données

   - o Standardiser les caractéristiques avec StandardScaler pour assurer que toutes les caractéristiques sont à la même échelle

3. Appliquer UMAP :

   - o Créer un modèle UMAP avec des paramètres spécifiques (n_neighbors=15, min_dist=0.1)

   - o Ajuster et transformer les données pour les réduire à 2 dimensions

4. Calculer la fiabilité :

   - o Utiliser la fonction trustworthiness de sklearn pour mesurer dans quelle mesure la structure locale des données est préservée dans l'espace de dimension inférieure

5. Visualiser la projection UMAP :

   - o Créer un nuage de points des données réduites par UMAP

   - o Colorer les points en fonction de la variable cible (espèces d'iris)

   - o Ajouter une barre de couleur, un titre et des étiquettes d'axes

6. Comparer avec l'ACP :

   - o Effectuer une ACP pour réduire les données à 2 dimensions

   - o Calculer la fiabilité pour la projection ACP

   - o Visualiser la projection ACP de manière similaire à la visualisation UMAP

Cet exemple complet permet une comparaison directe entre UMAP et l'ACP en termes de scores de fiabilité et de représentation visuelle. Il démontre comment UMAP peut souvent préserver davantage la structure des données dans des dimensions inférieures, en particulier pour les jeux de données avec des relations non linéaires entre les caractéristiques.

Les scores de fiabilité fournissent une mesure quantitative de la façon dont chaque méthode préserve les voisinages locaux de l'espace de haute dimension dans la projection de faible dimension. Un score plus élevé indique une meilleure préservation de la structure locale.

En visualisant les deux projections, nous pouvons voir comment UMAP et l'ACP diffèrent dans leur représentation des données. UMAP produit souvent des clusters plus distincts, ce qui peut être particulièrement utile pour l'analyse exploratoire des données et les tâches de clustering.

5.4.3 Techniques de validation du clustering avec vérité terrain

Dans l'apprentissage non supervisé, nous avons parfois accès à des étiquettes de vérité terrain, même si le processus d'apprentissage lui-même ne les utilise pas. Dans de tels cas, nous pouvons évaluer les résultats du clustering en comparant les clusters prédits à ces étiquettes réelles. Cette comparaison nous permet d'évaluer dans quelle mesure notre algorithme non supervisé a capturé la structure sous-jacente des données. Deux métriques largement utilisées à cette fin sont l'**Indice de Rand Ajusté (ARI)** et l'**Information Mutuelle Normalisée (NMI)**.

L'**Indice de Rand Ajusté (ARI)** est une mesure de similarité entre deux regroupements de données. Il calcule la proportion de paires de points dont les affectations de clustering sont cohérentes entre la vérité terrain et la sortie de l'algorithme. La partie "ajustée" de l'ARI provient de sa correction pour le hasard, ce qui le rend plus robuste que le simple Indice de Rand. Les valeurs d'ARI varient de -1 à 1, où 1 indique un accord parfait entre les deux regroupements, 0 représente un étiquetage aléatoire, et les valeurs négatives indiquent un accord inférieur à celui attendu par le hasard.

D'autre part, l'**Information Mutuelle Normalisée (NMI)** quantifie la quantité d'information partagée entre les clusters prédits et les étiquettes réelles. Elle est basée sur le concept d'information mutuelle de la théorie de l'information, qui mesure à quel point la connaissance d'un regroupement réduit l'incertitude concernant l'autre. La normalisation dans la NMI la rend moins sensible au nombre de clusters, permettant des comparaisons plus équitables entre différents résultats de clustering. Les valeurs de NMI varient de 0 à 1, où 1 indique une corrélation parfaite entre les regroupements et 0 indique aucune information mutuelle.

L'ARI et la NMI fournissent tous deux des aperçus précieux sur la performance du clustering, mais ils capturent des aspects légèrement différents de la similarité entre les regroupements. L'ARI se concentre sur les relations par paires, tandis que la NMI considère la distribution globale des points à travers les clusters. L'utilisation des deux métriques peut fournir une évaluation plus complète des résultats de clustering.

Indice de Rand Ajusté (ARI)

L'**Indice de Rand Ajusté (ARI)** est une métrique sophistiquée utilisée pour évaluer la similarité entre les étiquettes réelles et les clusters prédits dans les algorithmes de clustering. C'est une amélioration de l'Indice de Rand simple, offrant une mesure plus robuste en tenant compte des accords dus au hasard.

L'ARI fonctionne en comparant toutes les paires possibles de points de données et en vérifiant si elles sont traitées de la même manière (soit dans le même cluster, soit dans des clusters différents) à la fois dans l'étiquetage réel et dans le clustering prédit. L'aspect "ajusté" de l'ARI provient de sa correction pour la similarité attendue des étiquetages aléatoires, ce qui lui confère un avantage par rapport à l'Indice de Rand de base.

La formule pour l'ARI peut être exprimée comme :

ARI = (RI - Expected_RI) / (max(RI) - Expected_RI)

Où RI est l'Indice de Rand, Expected_RI est l'Indice de Rand attendu en supposant des attributions de clusters aléatoires, et max(RI) est l'Indice de Rand maximum possible.

Les valeurs d'ARI varient de -1 à 1 :

- Un score de 1 indique un accord parfait entre les deux regroupements.

- Un score de 0 suggère que le clustering n'est pas meilleur que l'aléatoire.

- Les valeurs négatives indiquent un accord inférieur à celui attendu par le hasard.

Cet indice est particulièrement utile dans les scénarios où le nombre de clusters dans les étiquettes réelles et le clustering prédit peuvent différer, ce qui en fait un outil polyvalent pour l'évaluation de clusters à travers divers algorithmes et jeux de données.

Exemple : ARI avec Scikit-learn

```python
import numpy as np
from sklearn.datasets import make_blobs
from sklearn.cluster import KMeans
from sklearn.metrics import adjusted_rand_score, normalized_mutual_info_score
import matplotlib.pyplot as plt

# Generate synthetic data
n_samples = 300
n_features = 2
n_clusters = 3
X, y_true = make_blobs(n_samples=n_samples, n_features=n_features,
centers=n_clusters, random_state=42)

# Perform K-means clustering
kmeans = KMeans(n_clusters=n_clusters, random_state=42)
y_pred = kmeans.fit_predict(X)

# Calculate ARI
ari_score = adjusted_rand_score(y_true, y_pred)
print(f"Adjusted Rand Index (ARI): {ari_score:.2f}")

# Calculate NMI
nmi_score = normalized_mutual_info_score(y_true, y_pred)
print(f"Normalized Mutual Information (NMI): {nmi_score:.2f}")

# Visualize the clusters
plt.figure(figsize=(10, 5))
plt.subplot(121)
```

```
plt.scatter(X[:, 0], X[:, 1], c=y_true, cmap='viridis', alpha=0.7)
plt.title('True Labels')
plt.subplot(122)
plt.scatter(X[:, 0], X[:, 1], c=y_pred, cmap='viridis', alpha=0.7)
plt.title('Predicted Labels')
plt.tight_layout()
plt.show()
```

Cet exemple démontre une approche complète pour évaluer la performance du clustering en utilisant l'Indice de Rand Ajusté (ARI) et l'Information Mutuelle Normalisée (NMI).

Analysons-le étape par étape :

1. Importer les bibliothèques nécessaires :

    o   numpy pour les opérations numériques

    o   sklearn.datasets pour générer des données synthétiques

    o   sklearn.cluster pour le clustering K-means

    o   sklearn.metrics pour les calculs d'ARI et de NMI

    o   matplotlib.pyplot pour la visualisation

2. Générer des données synthétiques :

    o   Nous utilisons make_blobs pour créer un jeu de données avec 300 échantillons, 2 caractéristiques et 3 clusters

    o   Cela nous donne à la fois la matrice de caractéristiques X et les étiquettes réelles y_true

3. Effectuer le clustering K-means :

    o   Nous initialisons KMeans avec 3 clusters

    o   La méthode fit_predict est utilisée pour à la fois ajuster le modèle et prédire les étiquettes de cluster

4. Calculer les métriques d'évaluation :

    o   L'ARI est calculé en utilisant adjusted_rand_score(y_true, y_pred)

    o   La NMI est calculée en utilisant normalized_mutual_info_score(y_true, y_pred)

    o   Les deux scores varient de 0 à 1, où 1 indique un accord parfait

5. Visualiser les résultats :

    o   Nous créons un graphique côte à côte comparant les étiquettes réelles et les étiquettes prédites

○ Cette comparaison visuelle aide à comprendre la performance de l'algorithme de clustering

L'Indice de Rand Ajusté (ARI) mesure la similarité entre deux clusterings, en ajustant pour le hasard. Un score proche de 1 indique un meilleur accord entre les étiquettes réelles et prédites.

L'Information Mutuelle Normalisée (NMI) quantifie la quantité d'information obtenue sur un clustering en observant l'autre clustering, normalisée pour s'échelonner entre 0 et 1. Des valeurs plus élevées indiquent un meilleur accord entre les clusterings.

En utilisant à la fois l'ARI et la NMI, nous obtenons une évaluation plus complète de la performance du clustering, car ils capturent différents aspects de la similarité entre les clusterings réels et prédits.

Information Mutuelle Normalisée (NMI)

L'**Information Mutuelle Normalisée (NMI)** est une métrique sophistiquée qui quantifie la quantité d'information partagée entre les clusters prédits et les étiquettes réelles dans les algorithmes de clustering. La NMI est dérivée des concepts de théorie de l'information et fournit une mesure normalisée de l'information mutuelle entre deux clusterings.

Le calcul de la NMI implique les étapes suivantes :

1. Calculer l'information mutuelle (IM) entre les clusters prédits et les étiquettes réelles

2. Calculer l'entropie des clusters prédits et des étiquettes réelles

3. Normaliser l'IM en utilisant les entropies

La formule pour la NMI peut être exprimée comme :

NMI = MI(U, V) / sqrt(H(U) * H(V))

Où :

- MI(U, V) est l'information mutuelle entre les clusterings U et V

- H(U) et H(V) sont les entropies de U et V respectivement

Les valeurs de NMI varient de 0 à 1 :

- Un score de 1 indique une corrélation parfaite entre les clusterings

- Un score de 0 suggère qu'il n'y a pas d'information mutuelle entre les clusterings

La normalisation dans la NMI la rend moins sensible au nombre de clusters, permettant des comparaisons plus équitables entre différents résultats de clustering. Cette propriété rend la NMI particulièrement utile lors de la comparaison d'algorithmes de clustering qui peuvent produire différents nombres de clusters.

Exemple : NMI avec Scikit-learn

```
import numpy as np
from sklearn.datasets import make_classification
from sklearn.model_selection import train_test_split
from sklearn.metrics import normalized_mutual_info_score, adjusted_rand_score
from sklearn.cluster import KMeans

# Generate synthetic data
X, y = make_classification(n_samples=1000, n_features=20, n_classes=3,
random_state=42)

# Split the data into training and testing sets
X_train, X_test, y_train, y_test = train_test_split(X, y, test_size=0.2,
random_state=42)

# Perform K-means clustering
kmeans = KMeans(n_clusters=3, random_state=42)
cluster_labels = kmeans.fit_predict(X_test)

# Calculate NMI
nmi_score = normalized_mutual_info_score(y_test, cluster_labels)
print(f"Normalized Mutual Information (NMI): {nmi_score:.2f}")

# Calculate ARI for comparison
ari_score = adjusted_rand_score(y_test, cluster_labels)
print(f"Adjusted Rand Index (ARI): {ari_score:.2f}")
```

Cet exemple de code présente une approche complète pour utiliser l'Information Mutuelle Normalisée (NMI) dans l'évaluation des performances de clustering.

Analysons-le étape par étape :

1. Importer les bibliothèques nécessaires :

    o   numpy pour les opérations numériques

    o   make_classification de sklearn.datasets pour générer des données synthétiques

    o   train_test_split pour diviser le jeu de données

    o   normalized_mutual_info_score et adjusted_rand_score pour les métriques d'évaluation

    o   KMeans pour le clustering

2. Générer des données synthétiques :

    o   Nous créons un jeu de données synthétique avec 1000 échantillons, 20 caractéristiques et 3 classes

- o Cela simule un scénario réel où nous avons des données de haute dimension avec plusieurs classes

3. Diviser les données :

- o Nous divisons les données en ensembles d'entraînement et de test (80% entraînement, 20% test)

- o Cette étape est cruciale pour évaluer les performances du clustering sur des données non vues

4. Effectuer le clustering K-means :

- o Nous appliquons le clustering K-means sur l'ensemble de test

- o Le nombre de clusters est fixé à 3, correspondant au nombre de classes dans nos données synthétiques

5. Calculer la NMI :

- o Nous utilisons normalized_mutual_info_score pour calculer la NMI entre les étiquettes réelles et les attributions de clusters

- o La NMI varie de 0 à 1, où 1 indique une corrélation parfaite entre les clusterings

6. Calculer l'ARI pour comparaison :

- o Nous calculons également l'Indice de Rand Ajusté (ARI) comme métrique supplémentaire

- o L'ARI offre une perspective différente sur la qualité du clustering, complémentant la NMI

- o L'ARI varie de -1 à 1, où 1 indique un accord parfait entre les clusterings

Cet exemple montre comment utiliser la NMI dans un scénario pratique, démontrant son application dans l'évaluation des résultats de clustering. En incluant l'ARI, nous fournissons une évaluation plus complète des performances du clustering. Cette approche permet une compréhension approfondie de la façon dont l'algorithme de clustering a capturé la structure sous-jacente des données.

L'évaluation des modèles d'apprentissage non supervisé est plus complexe que l'apprentissage supervisé car nous n'avons pas d'étiquettes prédéfinies. Des métriques comme le **Score de Silhouette**, l'**Indice de Davies-Bouldin** et la **Méthode du Coude** aident à évaluer la qualité du clustering.

Pour la réduction de dimensionnalité, des métriques comme la **variance expliquée** pour l'ACP et la **fiabilité** pour t-SNE et UMAP fournissent un aperçu de la qualité de représentation des dimensions réduites par rapport aux données originales. Lorsque les étiquettes réelles sont disponibles, l'**Indice de Rand Ajusté** et l'**Information Mutuelle Normalisée** peuvent être utilisés pour comparer les performances du clustering avec les étiquettes réelles.

Exercices Pratiques Chapitre 5

Exercice 1 : Clustering K-Means

Tâche : Vous disposez d'un jeu de données synthétique contenant deux caractéristiques. Utilisez le **clustering K-Means** pour regrouper les données en trois clusters et visualisez les clusters avec leurs centroïdes.

Caractéristique 1	Caractéristique 2
2.5	3.1
1.8	2.3
3.4	3.0
4.1	4.2
1.9	2.8
3.6	3.7
2.2	3.5
4.0	4.5

Solution :

```python
import numpy as np
import matplotlib.pyplot as plt
from sklearn.cluster import KMeans

# Data: Features 1 and 2
X = np.array([[2.5, 3.1], [1.8, 2.3], [3.4, 3.0], [4.1, 4.2], [1.9, 2.8],
              [3.6, 3.7], [2.2, 3.5], [4.0, 4.5]])

# Apply K-Means clustering with 3 clusters
kmeans = KMeans(n_clusters=3, random_state=42)
kmeans.fit(X)

# Get cluster labels and centroids
labels = kmeans.labels_
```

```
centroids = kmeans.cluster_centers_

# Plot the clusters and centroids
plt.scatter(X[:, 0], X[:, 1], c=labels, s=50, cmap='viridis')
plt.scatter(centroids[:, 0], centroids[:, 1], s=200, c='red', marker='x')
plt.xlabel("Feature 1")
plt.ylabel("Feature 2")
plt.title("K-Means Clustering")
plt.show()
```

Exercice 2 : Réduction de dimensionnalité avec ACP

Tâche : Vous disposez d'un jeu de données avec cinq caractéristiques. Utilisez l'**Analyse en Composantes Principales (ACP)** pour réduire la dimensionnalité à deux composantes et visualisez la projection 2D des données.

Caractéristiqu e 1	Caractéristiqu e 2	Caractéristiqu e 3	Caractéristiqu e 4	Caractéristiqu e 5
2.5	1.2	3.4	0.8	1.5
1.9	2.1	1.8	2.3	0.7
3.1	2.5	2.2	1.8	2.0
2.2	3.4	2.9	3.1	1.8
4.5	4.0	3.5	2.9	2.7

Solution :

```
import numpy as np
import matplotlib.pyplot as plt
from sklearn.decomposition import PCA
from sklearn.preprocessing import StandardScaler

# Data: 5 features
X = np.array([[2.5, 1.2, 3.4, 0.8, 1.5],
              [1.9, 2.1, 1.8, 2.3, 0.7],
              [3.1, 2.5, 2.2, 1.8, 2.0],
              [2.2, 3.4, 2.9, 3.1, 1.8],
              [4.5, 4.0, 3.5, 2.9, 2.7]])

# Standardize the data
scaler = StandardScaler()
X_scaled = scaler.fit_transform(X)
```

```
# Apply PCA to reduce to 2 components
pca = PCA(n_components=2)
X_pca = pca.fit_transform(X_scaled)

# Plot the 2D projection
plt.scatter(X_pca[:, 0], X_pca[:, 1], s=100)
plt.xlabel("Principal Component 1")
plt.ylabel("Principal Component 2")
plt.title("PCA Projection")
plt.show()
```

Exercice 3 : t-SNE pour la réduction de dimensionnalité

Tâche : Utilisez **t-SNE** pour réduire la dimensionnalité d'un jeu de données à trois caractéristiques en deux dimensions. Visualisez la projection t-SNE en 2D.

Caractéristique 1	Caractéristique 2	Caractéristique 3
2.1	3.2	1.1
1.8	2.5	3.6
3.0	3.1	1.5
2.5	2.9	0.8
1.9	2.4	3.2

Solution :

```
import numpy as np
import matplotlib.pyplot as plt
from sklearn.manifold import TSNE
from sklearn.preprocessing import StandardScaler

# Data: 3 features
X = np.array([[2.1, 3.2, 1.1],
              [1.8, 2.5, 3.6],
              [3.0, 3.1, 1.5],
              [2.5, 2.9, 0.8],
              [1.9, 2.4, 3.2]])

# Standardize the data
scaler = StandardScaler()
X_scaled = scaler.fit_transform(X)

# Apply t-SNE to reduce to 2 dimensions
tsne = TSNE(n_components=2, random_state=42)
```

```
X_tsne = tsne.fit_transform(X_scaled)

# Plot the 2D t-SNE projection
plt.scatter(X_tsne[:, 0], X_tsne[:, 1], s=100)
plt.xlabel("t-SNE Dimension 1")
plt.ylabel("t-SNE Dimension 2")
plt.title("t-SNE Projection")
plt.show()
```

Exercice 4 : UMAP pour la réduction de dimensionnalité

Tâche : Utilisez **UMAP** pour réduire la dimensionnalité d'un jeu de données à quatre caractéristiques en deux dimensions. Visualisez la projection UMAP en 2D.

Caractéristique 1	Caractéristique 2	Caractéristique 3	Caractéristique 4
3.1	2.0	3.8	4.0
1.9	1.5	3.1	2.3
2.8	3.0	1.5	3.8
3.4	2.9	2.7	3.5
2.1	1.8	2.9	2.6

Solution :

```
import umap
import numpy as np
import matplotlib.pyplot as plt
from sklearn.preprocessing import StandardScaler

# Data: 4 features
X = np.array([[3.1, 2.0, 3.8, 4.0],
              [1.9, 1.5, 3.1, 2.3],
              [2.8, 3.0, 1.5, 3.8],
              [3.4, 2.9, 2.7, 3.5],
              [2.1, 1.8, 2.9, 2.6]])

# Standardize the data
scaler = StandardScaler()
X_scaled = scaler.fit_transform(X)

# Apply UMAP to reduce to 2 dimensions
umap_model = umap.UMAP(n_neighbors=5, min_dist=0.3, random_state=42)
X_umap = umap_model.fit_transform(X_scaled)
```

```
# Plot the 2D UMAP projection
plt.scatter(X_umap[:, 0], X_umap[:, 1], s=100)
plt.xlabel("UMAP Dimension 1")
plt.ylabel("UMAP Dimension 2")
plt.title("UMAP Projection")
plt.show()
```

Exercice 5 : Évaluation de clustering avec le score de silhouette

Tâche : Appliquez le **clustering K-Means** au jeu de données suivant et calculez le **Score de Silhouette** pour évaluer la performance du clustering.

Caractéristique 1	Caractéristique 2
2.5	3.5
3.1	2.9
1.8	2.7
4.2	3.6
3.5	4.0
1.9	3.3
4.5	3.2
2.0	2.8

Solution :

```
from sklearn.cluster import KMeans
from sklearn.metrics import silhouette_score
import numpy as np

# Data: Features 1 and 2
X = np.array([[2.5, 3.5], [3.1, 2.9], [1.8, 2.7], [4.2, 3.6], [3.5, 4.0],
              [1.9, 3.3], [4.5, 3.2], [2.0, 2.8]])

# Apply K-Means clustering with 3 clusters
kmeans = KMeans(n_clusters=3, random_state=42)
kmeans.fit(X)
labels = kmeans.labels_

# Calculate the Silhouette Score
```

```
silhouette_avg = silhouette_score(X, labels)
print(f"Silhouette Score: {silhouette_avg:.2f}")
```

Exercice 6 : Évaluation de la réduction de dimensionnalité avec la variance expliquée

Tâche : Appliquez l'**ACP** pour réduire le jeu de données suivant de cinq caractéristiques à trois composantes. Calculez et visualisez le **ratio de variance expliquée** pour chaque composante.

Caractéristiqu e 1	Caractéristiqu e 2	Caractéristiqu e 3	Caractéristiqu e 4	Caractéristiqu e 5
2.5	3.1	2.8	4.0	2.1
3.0	2.7	1.9	2.8	3.6
1.9	2.3	3.7	3.4	2.9
4.2	3.6	4.1	2.9	3.5
3.6	4.0	2.9	2.2	3.0

Solution :

```
from sklearn.decomposition import PCA
import numpy as np
import matplotlib.pyplot as plt
from sklearn.preprocessing import StandardScaler

# Data: 5 features
X = np.array([[2.5, 3.1, 2.8, 4.0, 2.1],
              [3.0, 2.7, 1.9, 2.8, 3.6],
              [1.9, 2.3, 3.7, 3.4, 2.9],
              [4.2, 3.6, 4.1, 2.9, 3.5],
              [3.6, 4.0, 2.9, 2.2, 3.0]])

# Standardize the data
scaler = StandardScaler()
X_scaled = scaler.fit_transform(X)

# Apply PCA to reduce to 3 components
pca = PCA(n_components=3)
pca.fit(X_scaled)

# Plot the explained variance ratio for each component
explained_variance = pca.explained_variance_ratio_
plt.bar(range(1, 4), explained_variance, tick_label=["PC1", "PC2", "PC3"])
```

```
plt.xlabel("Principal Components")
plt.ylabel("Explained Variance Ratio")
plt.title("Explained Variance by Principal Components")
plt.show()
```

Ces exercices pratiques présentent une gamme de techniques d'apprentissage non supervisé, notamment le clustering, la réduction de dimensionnalité et les métriques d'évaluation. Chaque exercice renforce les concepts clés du **Chapitre 5**, vous offrant une expérience pratique dans la mise en œuvre et l'évaluation de ces méthodes puissantes.

Résumé du Chapitre 5

Dans le **Chapitre 5**, nous avons exploré les principales techniques d'apprentissage non supervisé qui permettent aux modèles d'apprendre des motifs et des structures dans les données sans avoir besoin d'exemples étiquetés. L'apprentissage non supervisé est largement utilisé dans des tâches telles que le **clustering**, la **réduction de dimensionnalité** et la **détection d'anomalies**. Ce chapitre s'est penché sur diverses méthodes qui aident à découvrir les structures cachées dans les jeux de données, particulièrement lors du travail avec des données de haute dimension.

Nous avons commencé par les **algorithmes de clustering**, qui regroupent les points de données en fonction de leur similarité. Les trois principales méthodes de clustering abordées étaient **K-Means**, le **Clustering Hiérarchique** et **DBSCAN**. K-Means est un algorithme simple mais efficace qui partitionne les données en un nombre spécifié de clusters, ce qui le rend idéal pour des groupes bien séparés. Cependant, il nécessite de spécifier le nombre de clusters à l'avance. La **Méthode du Coude** est souvent utilisée pour trouver le nombre optimal de clusters. Le clustering hiérarchique, quant à lui, organise les données dans une structure arborescente et ne nécessite pas de spécifier le nombre de clusters à l'avance. Nous avons exploré le **Clustering Agglomératif**, une approche ascendante qui fusionne itérativement les points de données en clusters plus grands. **DBSCAN**, un algorithme de clustering basé sur la densité, a été présenté comme une méthode robuste pour identifier des clusters de formes arbitraires et détecter les valeurs aberrantes, ce qui le rend particulièrement efficace pour les jeux de données bruités.

Ensuite, nous avons couvert les techniques de **réduction de dimensionnalité**, en nous concentrant sur la réduction du nombre de caractéristiques dans un jeu de données tout en conservant sa structure essentielle. L'**Analyse en Composantes Principales (ACP)** a été la première méthode abordée, qui transforme les données en nouvelles composantes capturant le maximum de variance. Nous avons appris comment choisir le nombre optimal de composantes en examinant la **variance expliquée** et en utilisant le **graphique d'éboulis**. L'ACP est particulièrement utile pour les jeux de données de haute dimension, où la réduction du nombre de dimensions améliore l'efficacité computationnelle et la clarté visuelle.

Au-delà de l'ACP, nous avons exploré des techniques de réduction de dimensionnalité non linéaires telles que **t-SNE (t-Distributed Stochastic Neighbor Embedding)** et **UMAP (Uniform Manifold Approximation and Projection)**. Ces techniques sont particulièrement utiles pour visualiser des données de haute dimension en les projetant en deux ou trois dimensions. Alors que **t-SNE** excelle dans la préservation des structures locales, **UMAP** trouve un équilibre entre la préservation des structures locales et globales et est plus évolutif pour les jeux de données plus volumineux.

Enfin, nous avons examiné les **techniques d'évaluation** pour les modèles d'apprentissage non supervisé. Pour le clustering, des métriques comme le **Score de Silhouette**, l'**Indice de Davies-Bouldin** et l'**Indice de Rand Ajusté** fournissent des indications sur la qualité des clusters. Pour la réduction de dimensionnalité, nous avons discuté de la **variance expliquée** pour l'ACP et de la métrique de **fiabilité** pour t-SNE et UMAP. Ces métriques sont cruciales pour déterminer la performance des modèles non supervisés, surtout en l'absence d'étiquettes prédéfinies pour comparer.

En conclusion, l'apprentissage non supervisé est un outil polyvalent qui aide à découvrir des motifs et des relations cachés dans les données. Les techniques couvertes dans ce chapitre—clustering, réduction de dimensionnalité et évaluation—sont fondamentales pour de nombreuses applications d'apprentissage automatique dans le monde réel. La maîtrise de ces méthodes nous permet de travailler avec des jeux de données complexes, de réduire la dimensionnalité pour une meilleure visualisation, et de découvrir des regroupements significatifs qui peuvent éclairer les décisions commerciales, la recherche scientifique, et plus encore.

Chapitre 6 : Projets Pratiques d'Apprentissage Automatique

6.1 Projet 1 : Ingénierie des Caractéristiques pour l'Analyse Prédictive

Ce projet se concentrera sur l'application de techniques d'ingénierie des caractéristiques à un ensemble de données pour améliorer les performances d'un modèle prédictif d'apprentissage automatique. L'ingénierie des caractéristiques est essentielle pour rendre les données brutes utilisables par les algorithmes d'apprentissage automatique en les transformant en caractéristiques significatives qui améliorent les performances du modèle.

Aperçu du Projet

Dans ce projet, nous allons :

1. **Explorer et prétraiter l'ensemble de données**.

2. **Appliquer diverses techniques d'ingénierie des caractéristiques** telles que le traitement des valeurs manquantes, l'encodage des variables catégorielles, la mise à l'échelle des caractéristiques et la création de nouvelles caractéristiques.

3. **Construire un modèle prédictif** utilisant les données transformées pour démontrer l'impact de l'ingénierie des caractéristiques sur les performances du modèle.

4. Évaluer les performances du modèle avant et après l'ingénierie des caractéristiques.

Nous utiliserons le **jeu de données du Titanic** pour ce projet, car il est bien adapté pour démontrer diverses techniques d'ingénierie des caractéristiques. L'objectif est de prédire si un passager a survécu à la catastrophe du Titanic en se basant sur des caractéristiques comme l'âge, le genre, la classe du billet et le tarif.

6.1.1 Chargement et Exploration du Jeu de Données

Nous commencerons par charger le jeu de données du Titanic et mener une exploration initiale complète pour acquérir une compréhension approfondie de sa structure et de ses caractéristiques. Cette étape cruciale implique l'examen des dimensions du jeu de données, des types de données et des propriétés statistiques de base. Nous étudierons également la présence de valeurs manquantes et visualiserons les relations clés entre les variables pour établir une base solide pour nos efforts ultérieurs d'ingénierie des caractéristiques.

```python
import pandas as pd
import matplotlib.pyplot as plt
import seaborn as sns

# Load the Titanic dataset
url
'<https://raw.githubusercontent.com/datasciencedojo/datasets/master/titanic.csv>'
titanic_df = pd.read_csv(url)

# Display the first few rows and basic information
print(titanic_df.head())
print(titanic_df.info())
print(titanic_df.describe())

# Visualize missing data
plt.figure(figsize=(10, 6))
sns.heatmap(titanic_df.isnull(), cbar=False, cmap='viridis')
plt.title("Missing Values Heatmap")
plt.show()

# Data Visualization
plt.figure(figsize=(12, 5))
plt.subplot(121)
sns.histplot(titanic_df['Age'].dropna(), kde=True)
plt.title('Age Distribution')
plt.subplot(122)
sns.boxplot(x='Pclass', y='Fare', data=titanic_df)
plt.title('Fare Distribution by Passenger Class')
plt.tight_layout()
plt.show()

# Correlation matrix
# Select only numeric columns for correlation
numeric_cols = titanic_df.select_dtypes(include=['number'])
corr_matrix = numeric_cols.corr()

plt.figure(figsize=(10, 8))
sns.heatmap(corr_matrix, annot=True, cmap='coolwarm')
plt.title('Correlation Matrix')
plt.show()
```

Voici une analyse de ce que fait ce code :

- Importe les bibliothèques nécessaires : pandas pour la manipulation de données, matplotlib et seaborn pour la visualisation

- Charge le jeu de données du Titanic depuis une URL en utilisant pandas
- Affiche les informations de base sur le jeu de données :
  - Les premières lignes (head())
  - Les informations sur le jeu de données (info())
  - Le résumé statistique (describe())
- Crée des visualisations :
  - Une carte de chaleur pour montrer les valeurs manquantes dans le jeu de données
  - Un histogramme de la distribution des âges
  - Un diagramme en boîte montrant la distribution des tarifs par classe de passager
  - Une matrice de corrélation sous forme de carte de chaleur pour montrer les relations entre les caractéristiques numériques

Ce code fait partie de l'étape d'exploration des données et de prétraitement, qui est essentielle pour comprendre le jeu de données avant d'appliquer des techniques d'ingénierie des caractéristiques. Il aide à identifier les données manquantes, à visualiser les distributions et à comprendre les relations entre les variables, jetant ainsi les bases pour l'analyse ultérieure et la construction du modèle.

6.1.2 Traitement des Données Manquantes

Le jeu de données du Titanic présente plusieurs caractéristiques avec des valeurs manquantes, notamment **Age** et **Cabin**. Traiter ces points de données manquants est une étape cruciale dans notre processus d'ingénierie des caractéristiques.

Pour la caractéristique **Age**, nous emploierons des techniques d'imputation pour combler les lacunes avec des valeurs statistiquement appropriées, comme l'âge médian ou des prédictions basées sur d'autres caractéristiques corrélées. Dans le cas de la caractéristique **Cabin**, étant donné sa proportion élevée d'entrées manquantes, nous évaluerons soigneusement s'il convient de tenter une imputation ou de l'exclure de notre analyse.

Cette décision sera basée sur la valeur informative potentielle de la caractéristique par rapport au risque d'introduire un biais par l'imputation. En traitant systématiquement ces valeurs manquantes, nous visons à maximiser les informations utilisables dans notre jeu de données tout en maintenant l'intégrité de nos analyses ultérieures.

```
# Fill missing values in the 'Age' column with the median age
titanic_df['Age'].fillna(titanic_df['Age'].median(), inplace=True)

# Fill missing values in the 'Embarked' column with the most frequent value
```

```
titanic_df['Embarked'].fillna(titanic_df['Embarked'].mode()[0], inplace=True)

# Drop the 'Cabin' column due to too many missing values
titanic_df.drop(columns=['Cabin'], inplace=True)

print(titanic_df.isnull().sum())
```

Voici une analyse de ce que fait ce code :

- Il remplit les valeurs manquantes dans la colonne 'Age' avec l'âge médian du jeu de données. C'est une approche courante pour traiter les données numériques manquantes.

- Pour la colonne 'Embarked', il remplit les valeurs manquantes avec la valeur la plus fréquente (mode) dans cette colonne. Cette méthode est souvent utilisée pour les données catégorielles avec des valeurs manquantes.

- La colonne 'Cabin' est complètement supprimée en raison du trop grand nombre de valeurs manquantes. Cette décision a probablement été prise car la proportion élevée de données manquantes dans cette colonne pourrait potentiellement introduire plus de biais si elles étaient imputées.

- Enfin, il affiche la somme des valeurs nulles dans chaque colonne après ces opérations. Cela permet de vérifier que le traitement des valeurs manquantes a réussi.

Cette approche du traitement des données manquantes fait partie du processus d'ingénierie des caractéristiques, visant à préparer le jeu de données pour les algorithmes d'apprentissage automatique tout en préservant autant d'informations utiles que possible.

6.1.3 Encodage des Caractéristiques

Le jeu de données du Titanic comprend plusieurs variables catégorielles, notamment **Sex** et **Embarked**, qui nécessitent une transformation en format numérique pour être compatibles avec les algorithmes d'apprentissage automatique. Ce processus de conversion est crucial car la plupart des modèles d'apprentissage automatique sont conçus pour fonctionner avec des entrées numériques. Pour réaliser cette transformation, nous utiliserons diverses techniques d'encodage, avec un accent particulier sur **l'encodage one-hot**.

L'encodage one-hot est une méthode qui crée des colonnes binaires pour chaque catégorie au sein d'une variable catégorielle. Par exemple, la variable 'Sex' serait divisée en deux colonnes : 'Sex_male' et 'Sex_female', où chaque passager aurait un '1' dans une colonne et un '0' dans l'autre. Cette approche nous permet de représenter les données catégorielles numériquement sans impliquer de relation ordinale entre les catégories.

De plus, nous pourrions envisager d'autres techniques d'encodage comme l'encodage par étiquettes pour les variables ordinales ou l'encodage par cible pour les variables catégorielles à haute cardinalité, selon les caractéristiques spécifiques de chaque variable. Le choix de la méthode d'encodage peut avoir un impact significatif sur les performances du modèle, ce qui en fait une étape critique dans notre processus d'ingénierie des caractéristiques.

```
# One-hot encode the 'Sex' and 'Embarked' columns
titanic_df = pd.get_dummies(titanic_df, columns=['Sex', 'Embarked'], drop_first=True)

print(titanic_df.head())
```

Voici une analyse de ce que fait ce code :

- Il utilise la fonction pd.get_dummies() pour effectuer un encodage one-hot des colonnes 'Sex' et 'Embarked'.

- Le paramètre columns=['Sex', 'Embarked'] spécifie quelles colonnes encoder.

- L'argument drop_first=True est utilisé pour éviter la multicolinéarité en supprimant l'une des colonnes créées pour chaque variable catégorielle d'origine.

- Le résultat est stocké dans le DataFrame titanic_df, remplaçant effectivement les colonnes originales 'Sex' et 'Embarked' par leurs versions encodées en one-hot.

- Enfin, il affiche les premières lignes du DataFrame mis à jour pour montrer les résultats de l'encodage.

Cette étape est cruciale dans le processus d'ingénierie des caractéristiques car elle transforme les données catégorielles en un format qui peut être facilement utilisé par les algorithmes d'apprentissage automatique, qui nécessitent généralement des entrées numériques.

6.1.4 Mise à l'échelle des Caractéristiques

La mise à l'échelle des caractéristiques est une étape cruciale dans notre processus d'ingénierie des caractéristiques, qui aborde les disparités significatives d'échelle entre certaines caractéristiques comme **Fare** (Tarif) et **Age**. Ces disparités peuvent avoir des effets néfastes sur les performances du modèle, particulièrement pour les algorithmes sensibles aux échelles des caractéristiques, comme la **régression logistique** ou les **K plus proches voisins**. Pour atténuer ces problèmes et assurer une performance optimale du modèle, nous emploierons la **mise à l'échelle standard** comme technique de normalisation.

La mise à l'échelle standard, également connue sous le nom de normalisation z-score, transforme les caractéristiques pour qu'elles aient une moyenne de 0 et un écart-type de 1. Cette transformation préserve la forme de la distribution d'origine tout en ramenant toutes les caractéristiques à une échelle comparable. En appliquant une mise à l'échelle standard à notre jeu de données, nous créons des conditions équitables pour toutes les caractéristiques, permettant aux algorithmes de les traiter de manière égale et empêchant les caractéristiques de plus grande magnitude de dominer le processus d'apprentissage.

Les avantages de cette approche de mise à l'échelle vont au-delà de l'amélioration des performances du modèle. Elle améliore également l'interprétabilité des coefficients du modèle, facilite une convergence plus rapide pendant le processus d'entraînement, et aide à comparer l'importance relative des différentes caractéristiques. Au fur et à mesure que nous avançons dans notre analyse, cette étape de mise à l'échelle se révélera déterminante pour extraire des informations significatives et construire des modèles prédictifs robustes.

```
from sklearn.preprocessing import StandardScaler

scaling_features = ['Age', 'Fare']
scaler = StandardScaler()
titanic_df[scaling_features] = scaler.fit_transform(titanic_df[scaling_features])

print(titanic_df[scaling_features].head())
```

Voici une analyse de ce que fait ce code :

- Il importe la classe StandardScaler de sklearn.preprocessing.

- Il définit une liste appelée 'scaling_features' contenant 'Age' et 'Fare', qui sont les caractéristiques à mettre à l'échelle.

- Il crée une instance de StandardScaler appelée 'scaler'.

- Il applique la méthode fit_transform du scaler aux caractéristiques spécifiées dans le DataFrame titanic_df. Cette étape adapte le scaler aux données et les transforme simultanément.

- Enfin, il affiche les premières lignes des caractéristiques mises à l'échelle pour montrer le résultat.

StandardScaler transforme les caractéristiques pour qu'elles aient une moyenne de 0 et un écart-type de 1. Ceci est important pour de nombreux algorithmes d'apprentissage automatique qui sont sensibles à l'échelle des caractéristiques d'entrée, car cela aide à éviter que les caractéristiques de plus grande magnitude ne dominent le processus d'entraînement du modèle.

6.1.5 Création de Caractéristiques

La création de nouvelles caractéristiques est une technique puissante qui peut considérablement améliorer la capacité d'un modèle à capturer et exploiter des relations complexes au sein des données. Ce processus, connu sous le nom d'ingénierie des caractéristiques, implique la dérivation de nouvelles variables à partir de celles existantes pour fournir des informations supplémentaires ou représenter les données de manière plus significative. Dans cette étape cruciale de notre analyse, nous nous concentrerons sur l'ingénierie d'une nouvelle caractéristique appelée **FamilySize**.

La caractéristique **FamilySize** sera créée en combinant deux variables existantes : **SibSp** (nombre de frères, sœurs et conjoints à bord) et **Parch** (nombre de parents et enfants à bord). En agrégeant ces caractéristiques connexes, nous visons à créer une représentation plus complète de la taille de l'unité familiale d'un passager. Cette nouvelle caractéristique a le potentiel de capturer d'importantes dynamiques sociales et des modèles de survie qui pourraient ne pas être apparents lorsqu'on considère les frères/sœurs/conjoints et les parents/enfants séparément.

La logique derrière cette décision d'ingénierie des caractéristiques est ancrée dans l'hypothèse que la taille de la famille pourrait avoir joué un rôle significatif dans les résultats de survie pendant la catastrophe du Titanic. Par exemple, les familles plus nombreuses pourraient avoir fait face à des défis différents ou avoir reçu un traitement différent par rapport aux personnes voyageant seules ou en petits groupes. En créant la caractéristique **FamilySize**, nous fournissons à notre modèle une compréhension plus nuancée du contexte familial de chaque passager, améliorant potentiellement ses capacités prédictives.

```
# Create a new feature 'FamilySize'
titanic_df['FamilySize'] = titanic_df['SibSp'] + titanic_df['Parch'] + 1

# Create a new feature 'IsAlone'
titanic_df['IsAlone'] = (titanic_df['FamilySize'] == 1).astype(int)

print(titanic_df[['SibSp', 'Parch', 'FamilySize', 'IsAlone']].head())
```

Ce extrait de code démontre la création de deux nouvelles caractéristiques dans le jeu de données du Titanic grâce à l'ingénierie des caractéristiques :

- **FamilySize** : Cette caractéristique est créée en additionnant les valeurs de 'SibSp' (nombre de frères, sœurs et conjoints à bord), 'Parch' (nombre de parents et enfants à bord), et en ajoutant 1 (pour inclure le passager lui-même). Cela fournit une mesure complète de la taille totale de la famille pour chaque passager.

- **IsAlone** : C'est une caractéristique binaire qui indique si un passager voyage seul ou non. Elle est dérivée de la caractéristique 'FamilySize', où une valeur de 1 indique que le passager est seul, et 0 indique qu'il est avec sa famille.

Le code affiche ensuite les premières lignes du DataFrame, montrant ces nouvelles caractéristiques aux côtés des colonnes originales 'SibSp' et 'Parch' pour comparaison.

Ces nouvelles caractéristiques visent à capturer des informations plus nuancées sur le contexte familial de chaque passager, ce qui pourrait potentiellement améliorer la puissance prédictive du modèle d'apprentissage automatique pour la prédiction de survie.

6.1.6 Sélection des Caractéristiques

La sélection des caractéristiques est une étape cruciale dans le pipeline d'apprentissage automatique qui implique d'identifier et de sélectionner les caractéristiques les plus pertinentes du jeu de données. Ce processus aide à réduire la dimensionnalité, améliorer les performances du modèle et renforcer l'interprétabilité. Dans notre projet de prédiction de survie sur le Titanic, nous emploierons des techniques de sélection des caractéristiques pour identifier les caractéristiques les plus informatives pour notre modèle prédictif.

Il existe plusieurs méthodes de sélection des caractéristiques, notamment les méthodes de filtrage (par exemple, la sélection basée sur la corrélation), les méthodes d'enveloppement (par exemple, l'élimination récursive des caractéristiques) et les méthodes intégrées (par exemple, la régularisation L1). Pour ce projet, nous utiliserons une méthode de filtrage appelée SelectKBest, qui sélectionne les caractéristiques en fonction de leur relation statistique avec la variable cible.

En appliquant la sélection des caractéristiques, nous visons à :

- Réduire le surapprentissage en éliminant les caractéristiques non pertinentes ou redondantes

- Améliorer la précision du modèle en se concentrant sur les caractéristiques les plus prédictives

- Diminuer le temps d'entraînement en réduisant la dimensionnalité du jeu de données

- Améliorer l'interprétabilité du modèle en identifiant les caractéristiques les plus importantes

Passons à l'implémentation de la méthode SelectKBest pour choisir les meilleures caractéristiques pour notre modèle de prédiction de survie sur le Titanic.

```python
from sklearn.feature_selection import SelectKBest, f_classif

X = titanic_df.drop(columns=['Survived', 'PassengerId', 'Name', 'Ticket'])
y = titanic_df['Survived']

# Select top 10 features
selector = SelectKBest(score_func=f_classif, k=10)
X_selected = selector.fit_transform(X, y)

# Get selected feature names
selected_features = X.columns[selector.get_support()].tolist()
print("Selected features:", selected_features)
```

Voici une analyse de ce que fait ce code :

- Il importe les fonctions nécessaires du module feature_selection de scikit-learn.

- Il prépare la matrice de caractéristiques X en supprimant les colonnes qui ne sont pas nécessaires pour la prédiction ('Survived', 'PassengerId', 'Name', 'Ticket') du DataFrame titanic_df.

- Il définit la variable cible y comme la colonne 'Survived'.

- Il crée un objet SelectKBest avec f_classif comme fonction de score et k=10, ce qui signifie qu'il sélectionnera les 10 meilleures caractéristiques.

- Il applique la sélection de caractéristiques aux données en utilisant fit_transform(), qui à la fois adapte le sélecteur aux données et transforme les données pour n'inclure que les caractéristiques sélectionnées.

- Enfin, il récupère les noms des caractéristiques sélectionnées et les affiche.

Cette étape de sélection des caractéristiques est cruciale dans le pipeline d'apprentissage automatique car elle aide à identifier les caractéristiques les plus pertinentes pour prédire la survie sur le Titanic. En réduisant le nombre de caractéristiques aux plus informatives, elle peut améliorer les performances du modèle, réduire le surapprentissage et améliorer l'interprétabilité.

6.1.7 Gestion des Données Déséquilibrées

Dans de nombreux jeux de données réels, y compris celui du Titanic, le déséquilibre des classes est un problème courant. Cela se produit lorsqu'une classe (dans notre cas, les survivants ou les non-survivants) est significativement plus nombreuse que l'autre. Un tel déséquilibre peut conduire à des modèles biaisés qui performent mal sur la classe minoritaire.

Pour résoudre ce problème, nous utiliserons une technique appelée Synthetic Minority Over-sampling Technique (SMOTE). SMOTE fonctionne en créant des exemples synthétiques de la classe minoritaire, équilibrant efficacement le jeu de données. Cette approche peut aider à améliorer la capacité du modèle à prédire correctement les deux classes.

```
from imblearn.over_sampling import SMOTE

# Check class distribution
print("Original class distribution:", y.value_counts())

# Apply SMOTE
smote = SMOTE(random_state=42)
X_resampled, y_resampled = smote.fit_resample(X_selected, y)

print("Resampled class distribution:", pd.Series(y_resampled).value_counts())
```

Voici une analyse de ce que fait ce code :

- Il importe la classe SMOTE du module imblearn.over_sampling.

- Il affiche la distribution originale des classes en utilisant y.value_counts() pour montrer le déséquilibre dans le jeu de données.

- Il crée un objet SMOTE avec un état aléatoire de 42 pour la reproductibilité.

- Il applique SMOTE aux caractéristiques sélectionnées (X_selected) et à la variable cible (y) en utilisant la méthode fit_resample(). Cela crée des exemples synthétiques de la classe minoritaire pour équilibrer le jeu de données.

- Enfin, il affiche la distribution des classes rééchantillonnées pour montrer comment SMOTE a équilibré les classes.

Cette étape est cruciale pour résoudre le problème de déséquilibre des classes, qui peut conduire à des modèles biaisés. En créant des exemples synthétiques de la classe minoritaire, SMOTE aide à améliorer la capacité du modèle à prédire correctement les deux classes.

6.1.8 Construction et Évaluation du Modèle

Dans cette phase cruciale de notre projet, nous allons construire et évaluer divers modèles d'apprentissage automatique en utilisant les caractéristiques que nous avons développées. Cette étape est essentielle pour déterminer l'efficacité de nos efforts d'ingénierie des caractéristiques et identifier le modèle le plus adapté pour prédire la survie sur le Titanic.

Nous emploierons plusieurs algorithmes, notamment la Régression Logistique, la Forêt Aléatoire et les Machines à Vecteurs de Support (SVM). En comparant leurs performances, nous pourrons comprendre quel modèle capture le mieux les tendances dans notre jeu de données. Nous utiliserons la validation croisée pour garantir une évaluation robuste et des métriques telles que la précision, la matrice de confusion et le rapport de classification pour évaluer de manière complète la performance de chaque modèle.

Cette section démontrera comment notre travail d'ingénierie des caractéristiques se traduit en puissance prédictive, soulignant l'importance de l'ensemble du processus dans le développement de solutions efficaces d'apprentissage automatique.

```python
from sklearn.model_selection import train_test_split, cross_val_score
from sklearn.linear_model import LogisticRegression
from sklearn.ensemble import RandomForestClassifier
from sklearn.svm import SVC
from sklearn.metrics import accuracy_score, confusion_matrix, classification_report

# Split the data
X_train, X_test, y_train, y_test = train_test_split(X_resampled, y_resampled,
test_size=0.2, random_state=42)

# Initialize models
models = {
    'Logistic Regression': LogisticRegression(),
    'Random Forest': RandomForestClassifier(),
    'SVM': SVC()
}

# Train and evaluate models
for name, model in models.items():
    # Cross-validation
```

```
cv_scores = cross_val_score(model, X_train, y_train, cv=5)
print(f"{name} CV Score: {cv_scores.mean():.4f} (+/- {cv_scores.std() * 2:.4f})")

# Train the model
model.fit(X_train, y_train)

# Make predictions
y_pred = model.predict(X_test)

# Evaluate the model
print(f"{name} Accuracy: {accuracy_score(y_test, y_pred):.4f}")
print(f"{name} Confusion Matrix:\\n", confusion_matrix(y_test, y_pred))
print(f"{name} Classification Report:\\n", classification_report(y_test, y_pred))
print("\\n")
```

Voici une analyse de ce que fait le code :

- Il importe les bibliothèques et fonctions nécessaires pour l'entraînement, l'évaluation et la validation croisée des modèles.

- Les données sont divisées en ensembles d'entraînement et de test à l'aide de train_test_split.

- Trois modèles différents sont initialisés : Régression Logistique, Forêt Aléatoire et Machine à Vecteurs de Support (SVM).

- Pour chaque modèle, le code effectue les étapes suivantes :

- Effectue une validation croisée en utilisant cross_val_score pour évaluer la performance du modèle sur différents sous-ensembles des données d'entraînement.

- Entraîne le modèle sur l'ensemble complet des données d'entraînement.

- Effectue des prédictions sur l'ensemble de test.

- Évalue la performance du modèle à l'aide de diverses métriques :

- Score de précision

- Matrice de confusion

- Rapport de classification (qui inclut la précision, le rappel et le score F1)

Cette évaluation complète permet de comparer les performances des différents modèles sur les caractéristiques développées, aidant à identifier quel modèle capture le mieux les tendances dans le jeu de données. L'utilisation de la validation croisée assure une évaluation robuste en testant les modèles sur différents sous-ensembles des données.

6.1.9 Optimisation des Hyperparamètres

L'optimisation des hyperparamètres est une étape cruciale dans l'optimisation des modèles d'apprentissage automatique. Elle consiste à trouver la meilleure combinaison d'hyperparamètres qui produisent la performance la plus élevée du modèle. Dans cette section, nous utiliserons GridSearchCV pour rechercher systématiquement parmi un ensemble prédéfini d'hyperparamètres pour notre modèle de Forêt Aléatoire.

Les hyperparamètres sont des paramètres qui ne sont pas appris à partir des données mais sont définis avant l'entraînement. Pour une Forêt Aléatoire, ceux-ci peuvent inclure le nombre d'arbres (n_estimators), la profondeur maximale des arbres (max_depth) et le nombre minimal d'échantillons requis pour diviser un nœud interne (min_samples_split).

En ajustant ces hyperparamètres, nous pouvons potentiellement améliorer les performances de notre modèle et ses capacités de généralisation. Ce processus nous aide à trouver l'équilibre optimal entre la complexité du modèle et sa performance, réduisant le risque de surapprentissage ou de sous-apprentissage.

```python
from sklearn.model_selection import GridSearchCV

# Example for Random Forest
param_grid = {
    'n_estimators': [100, 200, 300],
    'max_depth': [5, 10, None],
    'min_samples_split': [2, 5, 10]
}

rf = RandomForestClassifier(random_state=42)
grid_search = GridSearchCV(estimator=rf, param_grid=param_grid, cv=5)
grid_search.fit(X_train, y_train)

print("Best parameters:", grid_search.best_params_)
print("Best cross-validation score:", grid_search.best_score_)

# Evaluate the best model
best_model = grid_search.best_estimator_
y_pred = best_model.predict(X_test)
print("Best Model Accuracy:", accuracy_score(y_test, y_pred))
```

Voici une analyse de ce que fait le code :

- Il importe GridSearchCV de scikit-learn, qui est utilisé pour rechercher les meilleurs paramètres d'un modèle.

- Une grille de paramètres (param_grid) est définie avec différentes valeurs pour 'n_estimators', 'max_depth' et 'min_samples_split'. Ce sont les hyperparamètres que nous voulons optimiser.

- Un RandomForestClassifier est initialisé avec un état aléatoire fixe pour la reproductibilité.

- GridSearchCV est configuré avec le modèle de Forêt Aléatoire, la grille de paramètres et une validation croisée à 5 plis.

- La recherche par grille est effectuée en utilisant fit() sur les données d'entraînement.

- Les meilleurs paramètres et le meilleur score de validation croisée sont affichés.

- Enfin, le meilleur modèle (avec des paramètres optimisés) est utilisé pour faire des prédictions sur l'ensemble de test, et sa précision est affichée.

Ce processus aide à trouver la combinaison optimale d'hyperparamètres qui produit la meilleure performance du modèle, améliorant potentiellement la précision et les capacités de généralisation du modèle.

6.1.10 Analyse de l'Importance des Caractéristiques

L'analyse de l'importance des caractéristiques est une étape cruciale pour comprendre quelles caractéristiques contribuent le plus significativement aux prédictions de notre modèle. Cette analyse nous aide à identifier les facteurs les plus influents dans la détermination de la survie des passagers du Titanic, fournissant des informations précieuses sur le jeu de données et le processus de prise de décision de notre modèle.

En examinant l'importance des caractéristiques, nous pouvons :

- Acquérir une compréhension plus approfondie des facteurs qui ont le plus affecté les taux de survie

- Valider nos efforts d'ingénierie des caractéristiques en voyant quelles caractéristiques créées sont les plus impactantes

- Potentiellement simplifier notre modèle en nous concentrant sur les caractéristiques les plus importantes

- Orienter les futurs efforts de collecte de données en mettant en évidence les informations les plus critiques

Dans le code suivant, nous utiliserons notre meilleur modèle de Forêt Aléatoire pour calculer et visualiser l'importance des caractéristiques, fournissant une image claire des caractéristiques qui influencent nos prédictions.

```
# Using the best Random Forest model
feature_importance = best_model.feature_importances_
feature_names = X.columns[selector.get_support()].tolist()

# Sort features by importance
feature_importance_sorted    =    sorted(zip(feature_importance,    feature_names),
reverse=True)
```

```
# Plot feature importance
plt.figure(figsize=(10, 6))
plt.bar([x[1]    for    x    in    feature_importance_sorted],    [x[0]    for    x    in
feature_importance_sorted])
plt.title('Feature Importance')
plt.xlabel('Features')
plt.ylabel('Importance')
plt.xticks(rotation=45)
plt.tight_layout()
plt.show()
```

Voici une analyse de ce que fait le code :

- Il extrait les scores d'importance des caractéristiques du meilleur modèle de Forêt Aléatoire en utilisant best_model.feature_importances_.

- Il récupère les noms des caractéristiques sélectionnées en utilisant X.columns[selector.get_support()].tolist().

- Les importances et les noms des caractéristiques sont combinés et triés par ordre décroissant d'importance.

- Un graphique à barres est créé pour visualiser l'importance des caractéristiques :

- Le graphique est défini avec une taille de 10x6 pouces.

- Les noms des caractéristiques sont placés sur l'axe des x et leurs scores d'importance sur l'axe des y.

- Le graphique reçoit un titre, une étiquette pour l'axe x et une étiquette pour l'axe y.

- Les étiquettes de l'axe x sont pivotées à 45 degrés pour une meilleure lisibilité.

Cette visualisation aide à identifier quelles caractéristiques ont l'impact le plus significatif sur les prédictions du modèle, fournissant des informations sur les facteurs qui influencent le plus les prédictions de survie dans le jeu de données du Titanic.

6.1.11 Analyse des Erreurs

L'analyse des erreurs est une étape cruciale pour comprendre où notre modèle fait des erreurs et pourquoi. Ce processus implique l'examen des cas où les prédictions du modèle diffèrent des résultats réels. En analysant ces classifications erronées, nous pouvons obtenir des informations précieuses sur les faiblesses de notre modèle et identifier des domaines potentiels d'amélioration.

Dans cette section, nous examinerons les caractéristiques des échantillons mal classés, en comparant leurs caractéristiques à celles des instances correctement classées. Cette analyse peut révéler des modèles ou des sous-groupes spécifiques où le modèle éprouve des difficultés, mettant potentiellement en évidence le besoin d'une ingénierie des caractéristiques supplémentaire, de collecte de données ou d'ajustements du modèle.

```python
import pandas as pd

# Convert X_test to DataFrame with column names
X_test_df = pd.DataFrame(X_test, columns=selected_features)

# Identify misclassified samples
misclassified = X_test_df[y_test != y_pred].copy()
misclassified['true_label'] = y_test[y_test != y_pred]
misclassified['predicted_label'] = y_pred[y_test != y_pred]

# Display sample misclassified instances
print("Sample of misclassified instances:")
print(misclassified.head())

# Analyze misclassifications
print("\\nMisclassification analysis:")
for feature in selected_features:
    print(f"\\nFeature: {feature}")
    print(misclassified.groupby(['true_label', 'predicted_label'])[feature].mean())
```

Voici une explication de ce que fait le code :

- Il **identifie les échantillons mal classés** en comparant les étiquettes réelles (y_test) avec les étiquettes prédites (y_pred).

- Il **crée un nouveau DataFrame** appelé misclassified, contenant uniquement les instances incorrectement classées de l'ensemble de test.

- Il **ajoute deux nouvelles colonnes** à ce DataFrame :

  - 'true_label' : l'étiquette réelle provenant de y_test

  - 'predicted_label' : l'étiquette prédite par le modèle (y_pred)

- Il affiche un **échantillon de ces instances mal classées** en utilisant la fonction head().

- Ensuite, il effectue une **analyse détaillée** des erreurs de classification :

  - Il parcourt **chaque caractéristique** dans le DataFrame misclassified.

  - Pour chaque caractéristique, il calcule et **affiche la valeur moyenne** regroupée par true_label et predicted_label.

  - Cela aide à comprendre les modèles dans les erreurs du modèle.

Pourquoi est-ce utile ?

- Cela nous permet de **cibler des caractéristiques spécifiques** où la classification erronée se produit.

- Cela aide à identifier les **biais potentiels** dans le modèle.

- Cela peut guider les **améliorations de l'ingénierie des caractéristiques** ou **l'ajustement des hyperparamètres** pour améliorer les performances du modèle.

6.1.12 Conclusion

Dans ce projet, nous avons appliqué diverses techniques d'ingénierie des caractéristiques au jeu de données du Titanic et construit plusieurs modèles prédictifs. Nous avons étendu le projet initial en incluant la visualisation des données, la sélection des caractéristiques, le traitement des données déséquilibrées, l'essai de plusieurs modèles, la mise en œuvre de la validation croisée, l'optimisation des hyperparamètres, l'analyse de l'importance des caractéristiques et l'analyse des erreurs. Ces étapes supplémentaires fournissent une compréhension plus complète du jeu de données et de l'impact de l'ingénierie des caractéristiques sur les performances du modèle.

Les résultats démontrent l'importance de l'ingénierie des caractéristiques pour améliorer la précision et l'interprétabilité du modèle. En sélectionnant, transformant et créant soigneusement des caractéristiques, nous avons pu construire des modèles prédictifs plus robustes. L'analyse de l'importance des caractéristiques et l'analyse des erreurs fournissent des informations sur les facteurs les plus cruciaux pour prédire la survie et sur les domaines où le modèle pourrait être déficient.

Ce projet sert d'exemple approfondi du processus d'ingénierie des caractéristiques et de son importance dans le pipeline d'apprentissage automatique. Il montre comment diverses techniques peuvent être combinées pour extraire des informations significatives à partir de données brutes et améliorer les performances du modèle.

6.2 Projet 2 : Prédiction des Prix des Voitures Utilisant la Régression Linéaire

Dans ce projet, nous développerons un modèle prédictif pour estimer les prix des voitures d'occasion en fonction de diverses caractéristiques telles que le kilométrage, l'année, la marque, le modèle et d'autres facteurs pertinents. Ce projet a d'importantes applications concrètes dans l'industrie automobile, particulièrement pour les concessionnaires automobiles, les compagnies d'assurance et les plateformes en ligne spécialisées dans les véhicules d'occasion.

La régression linéaire est particulièrement adaptée à cette tâche puisque notre objectif est de prédire une valeur continue (le prix de la voiture) basée sur plusieurs caractéristiques d'entrée. Tout au long de ce projet, nous allons :

1. Explorer et prétraiter un ensemble de données complet sur les voitures

2.   Appliquer la régression linéaire pour prédire les prix des voitures

3.   Évaluer la performance du modèle à l'aide de diverses métriques

4.   Optimiser le modèle par l'ingénierie et la sélection des caractéristiques

5.   Comparer notre modèle de régression linéaire avec d'autres algorithmes

6.   Analyser l'importance des caractéristiques et l'interprétabilité du modèle

6.2.1 Chargement et Exploration de l'Ensemble de Données

Nous commencerons par charger et explorer notre ensemble de données complet sur les voitures d'occasion. Cette étape cruciale constitue le fondement de notre analyse, nous permettant d'acquérir des connaissances approfondies sur la structure et les caractéristiques de nos données.

Grâce à un examen minutieux, nous pouvons identifier les problèmes potentiels, tels que les valeurs manquantes ou les valeurs aberrantes, et découvrir des modèles significatifs qui pourraient influencer les performances de notre modèle.

Cette exploration initiale nous aide non seulement à comprendre la nature de notre ensemble de données, mais guide également nos décisions ultérieures de prétraitement et d'ingénierie des caractéristiques, conduisant finalement à un modèle de prédiction des prix des voitures plus robuste et précis.

```python
import pandas as pd
import numpy as np
import matplotlib.pyplot as plt
import seaborn as sns
from sklearn.model_selection import train_test_split
from sklearn.preprocessing import StandardScaler, LabelEncoder
from sklearn.linear_model import LinearRegression
from sklearn.metrics import mean_squared_error, r2_score
from sklearn.feature_selection import RFE
from sklearn.ensemble import RandomForestRegressor

# Load the dataset
car_df = pd.read_csv('/mnt/data/used_car_data.csv')

# Display basic information about the dataset
print(car_df.info())
print(car_df.describe())

# Encode categorical columns
label_encoders = {}
for col in ['make', 'model', 'fuel_type']:
    le = LabelEncoder()
    car_df[col] = le.fit_transform(car_df[col])
    label_encoders[col] = le
```

```
# Visualize the distribution of car prices
plt.figure(figsize=(12, 6))
sns.histplot(car_df['price'], bins=50, kde=True)
plt.title('Distribution of Car Prices')
plt.xlabel('Price')
plt.ylabel('Frequency')
plt.show()

# Correlation heatmap
plt.figure(figsize=(12, 10))
sns.heatmap(car_df.corr(), annot=True, cmap='coolwarm')
plt.title('Correlation Heatmap of Numerical Features')
plt.show()

# Scatter plot of price vs. mileage
plt.figure(figsize=(10, 6))
sns.scatterplot(x='mileage', y='price', data=car_df)
plt.title('Price vs. Mileage')
plt.xlabel('Mileage')
plt.ylabel('Price')
plt.show()
```

Téléchargez le fichier CSV ici : https://files.cuantum.tech/csv/used_car_data.csv

Voici une analyse détaillée :

1. Importation des bibliothèques :

- Bibliothèques principales d'analyse de données (pandas, numpy)

- Bibliothèques de visualisation (matplotlib, seaborn)

- Composants d'apprentissage automatique de scikit-learn pour la construction de modèles et le prétraitement

2. Chargement des données et analyse initiale :

- Charge un ensemble de données de voitures à partir d'un fichier CSV

- Affiche les informations de base et les résumés statistiques en utilisant info() et describe()

3. Encodage des données catégorielles :

- Utilise LabelEncoder pour convertir les variables catégorielles (marque, modèle, type de carburant) en format numérique

- Stocke les encodeurs dans un dictionnaire pour une utilisation ultérieure potentielle

4. Visualisation des données :

- Crée un histogramme montrant la distribution des prix des voitures

- Génère une carte de chaleur de corrélation pour montrer les relations entre les caractéristiques numériques

- Trace un nuage de points comparant le kilométrage et le prix

6.2.2 Prétraitement des données

Avant de pouvoir construire notre modèle de régression, il est crucial de prétraiter les données pour assurer leur qualité et leur adéquation à l'analyse.

Cette étape essentielle implique plusieurs processus clés :

1. Traitement des valeurs manquantes : Nous devons combler les lacunes de notre ensemble de données, soit en imputant des valeurs, soit en supprimant les enregistrements incomplets.

2. Encodage des variables catégorielles : Comme notre modèle fonctionne avec des données numériques, nous devons convertir les informations catégorielles (comme les marques et les modèles de voitures) dans un format que l'algorithme peut traiter.

3. Mise à l'échelle des caractéristiques numériques : Pour garantir que toutes les caractéristiques contribuent de manière égale au modèle, nous standardiserons ou normaliserons les variables numériques à une échelle commune.

4. Ingénierie des caractéristiques : Nous pouvons créer de nouvelles caractéristiques ou transformer celles existantes pour capturer des relations importantes dans les données.

Ces étapes de prétraitement sont essentielles pour construire un modèle de prédiction des prix des voitures robuste et précis.

```python
import pandas as pd
import numpy as np
import matplotlib.pyplot as plt
import seaborn as sns
from sklearn.model_selection import train_test_split
from sklearn.preprocessing import StandardScaler, LabelEncoder
from sklearn.linear_model import LinearRegression
from sklearn.metrics import mean_squared_error, r2_score
from sklearn.feature_selection import RFE
from sklearn.ensemble import RandomForestRegressor

# Load the dataset
car_df = pd.read_csv('/mnt/data/used_car_data.csv')

# Display basic information about the dataset
print(car_df.info())
print(car_df.describe())

# Encode categorical columns
label_encoders = {}
```

```
for col in ['make', 'model', 'fuel_type']:
    le = LabelEncoder()
    car_df[col] = le.fit_transform(car_df[col])
    label_encoders[col] = le

# Handle missing values
car_df.dropna(subset=['price'], inplace=True)
car_df['mileage'].fillna(car_df['mileage'].median(), inplace=True)
car_df['year'].fillna(car_df['year'].mode()[0], inplace=True)

# Encode categorical variables
car_df = pd.get_dummies(car_df, columns=['make', 'model'], drop_first=True)

# Feature engineering
car_df['age'] = 2023 - car_df['year']  # Assuming current year is 2023
car_df['miles_per_year'] = car_df['mileage'] / car_df['age']

# Scale numerical features
scaler = StandardScaler()
numerical_features = ['mileage', 'year', 'age', 'miles_per_year']
car_df[numerical_features] = scaler.fit_transform(car_df[numerical_features])

# Display the updated dataset
print(car_df.head())

# Visualize the distribution of car prices
plt.figure(figsize=(12, 6))
sns.histplot(car_df['price'], bins=50, kde=True)
plt.title('Distribution of Car Prices')
plt.xlabel('Price')
plt.ylabel('Frequency')
plt.show()

# Correlation heatmap
plt.figure(figsize=(12, 10))
sns.heatmap(car_df.corr(), annot=True, cmap='coolwarm')
plt.title('Correlation Heatmap of Numerical Features')
plt.show()

# Scatter plot of price vs. mileage
plt.figure(figsize=(10, 6))
sns.scatterplot(x='mileage', y='price', data=car_df)
plt.title('Price vs. Mileage')
plt.xlabel('Mileage')
plt.ylabel('Price')
plt.show()
```

Voici une analyse détaillée de ses composants principaux :

1. Configuration Initiale et Chargement des Données

- Importe les bibliothèques nécessaires pour l'analyse de données, la visualisation et l'apprentissage automatique

- Charge un ensemble de données de voitures à partir d'un fichier CSV et affiche les informations de base à son sujet

2. Prétraitement des Données

- Traite les valeurs manquantes en :

    ○ Supprimant les lignes avec des prix manquants

    ○ Remplissant les valeurs manquantes de kilométrage par la médiane

    ○ Remplissant les valeurs manquantes d'année par le mode

- Effectue l'encodage catégoriel en deux étapes :

    ○ Utilise d'abord LabelEncoder pour la marque, le modèle et le type de carburant

    ○ Convertit ensuite la marque et le modèle en variables indicatrices

3. Ingénierie des Caractéristiques

- Crée deux nouvelles caractéristiques :

    ○ 'age' : calculé comme (2023 - année de la voiture)

    ○ 'miles_per_year' : calculé comme (kilométrage/âge)

4. Mise à l'Échelle des Données

- Utilise StandardScaler pour normaliser les caractéristiques numériques (kilométrage, année, âge, miles_per_year)

5. Visualisation

- Crée trois visualisations :

    ○ Histogramme des prix des voitures

    ○ Carte de chaleur de corrélation des caractéristiques numériques

    ○ Nuage de points comparant le prix et le kilométrage

Ce pipeline de prétraitement est essentiel pour préparer les données à la modélisation par apprentissage automatique et comprendre les relations entre les différentes caractéristiques

6.2.3 Sélection des Caractéristiques

Dans cette étape cruciale de notre processus de développement de modèle, nous utiliserons l'Élimination Récursive des Caractéristiques (RFE) pour identifier et sélectionner les caractéristiques les plus influentes pour notre modèle de prédiction des prix de voitures.

La RFE est une technique avancée de sélection de caractéristiques qui supprime de façon récursive les caractéristiques moins importantes tout en construisant le modèle, nous permettant de nous concentrer sur les variables qui ont l'impact le plus fort sur notre variable cible.

En implémentant la RFE, nous pouvons simplifier notre modèle, améliorer ses performances et obtenir des insights précieux sur les facteurs les plus significatifs dans la détermination des prix des voitures d'occasion.

```
# Prepare features and target
X = car_df.drop('price', axis=1)
y = car_df['price']

# Perform RFE
rfe = RFE(estimator=LinearRegression(), n_features_to_select=10)
rfe = rfe.fit(X, y)

# Get selected features
selected_features = X.columns[rfe.support_]
print("Selected features:", selected_features)

# Update X with selected features
X = X[selected_features]
```

Voici une analyse détaillée de ce que fait le code :

- Tout d'abord, il sépare les caractéristiques (X) et la variable cible (y) du jeu de données. La colonne 'price' est définie comme variable cible, tandis que toutes les autres colonnes sont considérées comme des caractéristiques.

- Ensuite, il initialise l'objet RFE avec un estimateur LinearRegression et définit le nombre de caractéristiques à sélectionner à 10.

- Le RFE est ensuite ajusté aux données, ce qui effectue le processus d'élimination récursive des caractéristiques.

- Après l'ajustement, le code récupère les caractéristiques sélectionnées à l'aide de rfe.support_ et les affiche.

- Enfin, il met à jour l'ensemble de caractéristiques X pour n'inclure que les caractéristiques sélectionnées.

Ce processus aide à identifier les caractéristiques les plus importantes pour prédire les prix des voitures, améliorant potentiellement la performance et l'interprétabilité du modèle.

6.2.4 Diviser les Données et Construire le Modèle

Avec nos données prétraitées et nos caractéristiques sélectionnées, nous sommes maintenant prêts à avancer dans le développement du modèle. Dans cette étape cruciale, nous allons diviser notre jeu de données en sous-ensembles d'entraînement et de test, une pratique qui nous permet de construire notre modèle de régression linéaire sur une partie des données et d'évaluer sa performance sur une autre. Cette approche aide à garantir que notre modèle peut bien généraliser à de nouvelles données non vues.

En divisant nos données, nous créons un cadre robuste pour évaluer les capacités prédictives de notre modèle. L'ensemble d'entraînement sera utilisé pour enseigner à notre algorithme de régression linéaire les modèles sous-jacents des prix des voitures, tandis que l'ensemble de test servira de substitut aux données du monde réel, nous permettant d'évaluer la performance de notre modèle sur des exemples préalablement non vus.

```python
# Split the data
X_train, X_test, y_train, y_test = train_test_split(X, y, test_size=0.2, random_state=42)

# Create and train the linear regression model
model = LinearRegression()
model.fit(X_train, y_train)

# Make predictions
y_pred = model.predict(X_test)

# Evaluate the model
mse = mean_squared_error(y_test, y_pred)
rmse = np.sqrt(mse)
r2 = r2_score(y_test, y_pred)

print(f"Mean Squared Error: {mse}")
print(f"Root Mean Squared Error: {rmse}")
print(f"R-squared Score: {r2}")
```

Voici une analyse détaillée de ce que fait chaque partie :

- **Division des Données** : Les données sont divisées en ensembles d'entraînement et de test à l'aide de train_test_split(). 80% des données sont utilisées pour l'entraînement (test_size=0.2) et 20% pour les tests.

- **Création et Entraînement du Modèle** : Un modèle de régression linéaire est instancié et entraîné sur les données d'entraînement en utilisant la méthode fit().

- **Prédiction** : Le modèle entraîné est utilisé pour faire des prédictions sur les données de test.

- **Évaluation du Modèle** : La performance du modèle est évaluée à l'aide de trois métriques :

  - Erreur Quadratique Moyenne (MSE) : Mesure la différence quadratique moyenne entre les valeurs prédites et réelles.

  - Racine de l'Erreur Quadratique Moyenne (RMSE) : La racine carrée de MSE, qui fournit une mesure d'erreur dans la même unité que la variable cible.

  - Score R-carré : Indique la proportion de variance dans la variable dépendante qui est prévisible à partir de la ou des variable(s) indépendante(s).

Ces métriques aident à évaluer la performance du modèle dans la prédiction des prix des voitures basée sur les caractéristiques sélectionnées.

6.2.5 Interprétation du Modèle

Maintenant, plongeons dans les coefficients de notre modèle de régression linéaire pour obtenir une compréhension complète de la façon dont chaque caractéristique influence les prix des voitures. En examinant ces coefficients, nous pouvons discerner quels facteurs ont l'impact le plus significatif sur la détermination de la valeur d'un véhicule, fournissant des informations précieuses tant pour les acheteurs que pour les vendeurs sur le marché des voitures d'occasion.

```python
# Display feature coefficients
coefficients = pd.DataFrame({'Feature': X.columns, 'Coefficient': model.coef_})
coefficients = coefficients.sort_values(by='Coefficient', key=abs, ascending=False)
print(coefficients)

# Visualize feature importance
plt.figure(figsize=(12, 6))
sns.barplot(x='Coefficient', y='Feature', data=coefficients)
plt.title('Feature Importance in Linear Regression Model')
plt.show()
```

Analysons cela en détail :

1. Affichage des coefficients des caractéristiques :

   - Cela crée un DataFrame 'coefficients' avec deux colonnes : 'Feature' (provenant de X.columns) et 'Coefficient' (provenant de model.coef_)

   - Les coefficients sont ensuite triés par leurs valeurs absolues en ordre décroissant

   - Ce DataFrame trié est imprimé, montrant quelles caractéristiques ont le plus grand impact sur la prédiction

2. Visualisation de l'importance des caractéristiques :

   o Cela crée un graphique en barres en utilisant seaborn (sns.barplot)

   o L'axe x représente les valeurs des coefficients, et l'axe y montre les noms des caractéristiques

   o Cette visualisation aide à identifier rapidement quelles caractéristiques ont l'impact positif ou négatif le plus significatif sur les prix des voitures

Ce code est crucial pour comprendre comment chaque caractéristique du modèle contribue à la prédiction des prix des voitures, permettant une meilleure interprétation du processus de prise de décision du modèle.

6.2.6 Analyse des Erreurs

Pour obtenir des insights plus profonds sur la performance de notre modèle et identifier les domaines potentiels d'amélioration, effectuons une analyse approfondie de ses erreurs. Cette étape cruciale nous aidera à découvrir tout schéma systématique ou valeurs aberrantes notables dans nos prédictions, nous permettant d'affiner notre approche et d'améliorer la précision de nos estimations de prix de voitures.

En examinant les écarts entre les prix prédits et réels, nous pouvons identifier les scénarios spécifiques où notre modèle excelle ou éprouve des difficultés, conduisant finalement à un système de prédiction plus robuste et fiable.

```python
# Calculate residuals
residuals = y_test - y_pred

# Plot residuals
plt.figure(figsize=(10, 6))
sns.scatterplot(x=y_test, y=residuals)
plt.axhline(y=0, color='r', linestyle='--')
plt.title('Residual Plot')
plt.xlabel('Actual Price')
plt.ylabel('Residuals')
plt.show()

# Plot actual vs predicted prices
plt.figure(figsize=(10, 6))
sns.scatterplot(x=y_test, y=y_pred)
plt.plot([y_test.min(), y_test.max()], [y_test.min(), y_test.max()], 'r--', lw=2)
plt.title('Actual vs Predicted Prices')
plt.xlabel('Actual Price')
plt.ylabel('Predicted Price')
plt.show()
```

Ce code effectue une analyse des erreurs pour un modèle de régression linéaire utilisé pour prédire les prix des voitures. Il se compose de deux parties principales :

1. Graphique des Résidus :

- Calcule les résidus (différences entre les prix réels et prédits)

- Crée un nuage de points des prix réels par rapport aux résidus

- Ajoute une ligne horizontale rouge en pointillés à y=0 pour mettre en évidence la ligne de base

- Ce graphique aide à identifier tout schéma ou hétéroscédasticité dans les erreurs

1. Graphique des Prix Réels vs Prix Prédits :

- Crée un nuage de points des prix réels par rapport aux prix prédits

- Ajoute une ligne diagonale rouge en pointillés représentant des prédictions parfaites

- Ce graphique aide à visualiser comment les prédictions du modèle s'alignent avec les prix réels

Ces visualisations sont cruciales pour comprendre la performance du modèle et identifier les domaines potentiels d'amélioration dans le modèle de prédiction des prix des voitures.

6.2.7 Comparaison de Modèles

Pour améliorer nos capacités prédictives et acquérir une compréhension plus approfondie des facteurs influençant les prix des voitures, nous allons maintenant comparer notre modèle de régression linéaire avec un algorithme d'apprentissage automatique plus complexe : le Random Forest Regressor (Régresseur de Forêt Aléatoire).

Cette comparaison nous permettra d'évaluer si nous pouvons obtenir une meilleure précision dans nos prédictions et potentiellement découvrir des relations non linéaires dans nos données que le modèle linéaire aurait pu manquer.

En implémentant ce modèle supplémentaire, nous serons en mesure d'évaluer les forces et les faiblesses des deux approches, fournissant des informations précieuses sur la méthode la plus efficace pour estimer les prix des voitures d'occasion dans divers scénarios.

```
# Create and train a Random Forest model
rf_model = RandomForestRegressor(n_estimators=100, random_state=42)
rf_model.fit(X_train, y_train)

# Make predictions with Random Forest
rf_pred = rf_model.predict(X_test)

# Evaluate Random Forest model
rf_mse = mean_squared_error(y_test, rf_pred)
rf_rmse = np.sqrt(rf_mse)
rf_r2 = r2_score(y_test, rf_pred)

print("Random Forest Performance:")
```

```
print(f"Mean Squared Error: {rf_mse}")
print(f"Root Mean Squared Error: {rf_rmse}")
print(f"R-squared Score: {rf_r2}")

# Compare feature importance
rf_importance    =    pd.DataFrame({'Feature':    X.columns,    'Importance':
rf_model.feature_importances_})
rf_importance = rf_importance.sort_values('Importance', ascending=False)

plt.figure(figsize=(12, 6))
sns.barplot(x='Importance', y='Feature', data=rf_importance)
plt.title('Feature Importance in Random Forest Model')
plt.show()
```

Voici une analyse détaillée de ce que fait le code :

1. Crée et entraîne un modèle de Forêt Aléatoire avec 100 arbres

2. Utilise le modèle entraîné pour faire des prédictions sur les données de test

3. Évalue la performance du modèle de Forêt Aléatoire à l'aide de trois métriques :

   - Erreur Quadratique Moyenne (MSE)

   - Racine de l'Erreur Quadratique Moyenne (RMSE)

   - Score R-carré

4. Affiche les métriques de performance pour une comparaison facile avec le modèle de régression linéaire

5. Analyse l'importance des caractéristiques dans le modèle de Forêt Aléatoire :

   - Crée un DataFrame avec les caractéristiques et leurs scores d'importance

   - Trie les caractéristiques par importance

   - Visualise l'importance des caractéristiques à l'aide d'un graphique à barres

Ce code permet une comparaison complète entre les modèles de régression linéaire et de Forêt Aléatoire, aidant à identifier quelle approche pourrait être plus efficace pour prédire les prix des voitures dans ce scénario spécifique.

6.2.8 Conclusion

Dans ce projet, nous avons construit un modèle complet de prédiction de prix de voitures en utilisant la régression linéaire. Nous avons incorporé des techniques avancées d'exploration de données, d'ingénierie des caractéristiques et d'interprétation de modèle. En comparant notre modèle de régression linéaire avec un modèle de Forêt Aléatoire, nous avons acquis des insights sur les forces et les limites des différentes approches.

Les principaux enseignements de ce projet comprennent :

- L'importance d'une exploration et d'une visualisation approfondies des données

- L'impact de l'ingénierie des caractéristiques sur la performance du modèle

- La valeur des modèles interprétables comme la régression linéaire pour comprendre l'importance des caractéristiques

- Le potentiel des méthodes d'ensemble comme la Forêt Aléatoire pour capturer des relations non linéaires et améliorer les prédictions

Ce projet démontre la puissance de l'apprentissage automatique dans la résolution de problèmes concrets et fournit une base solide pour une exploration plus approfondie dans le domaine de la modélisation prédictive.

6.3 Projet 3 : Segmentation Client Utilisant le Clustering K-Means

Dans ce projet, nous plongerons dans le monde de l'apprentissage non supervisé pour segmenter les clients en fonction de leur comportement d'achat. La segmentation client est une technique cruciale en marketing et en stratégie commerciale, permettant aux entreprises d'adapter efficacement leurs approches aux différents groupes de clients.

Pourquoi la segmentation client est-elle importante ?

- Marketing Personnalisé : Adapter les stratégies marketing à des groupes spécifiques de clients.

- Développement de Produits : Identifier les besoins des différents segments de clients.

- Fidélisation Client : Concentrer les efforts sur les segments de clients à forte valeur.

- Allocation des Ressources : Optimiser la distribution des ressources entre les groupes de clients.

Dans ce projet, nous allons :

1. Charger et explorer un ensemble de données client

2. Prétraiter et préparer les données pour le clustering

3. Appliquer le clustering K-Means pour segmenter les clients

4. Visualiser et interpréter les clusters résultants

5. Évaluer la performance du clustering
6. Discuter des améliorations potentielles et des travaux futurs

6.3.1 Chargement et Exploration de l'Ensemble de Données

Nous commencerons notre analyse en important l'ensemble de données client dans notre environnement de travail. Cette étape initiale est cruciale car elle pose les fondations de notre projet entier. Une fois les données chargées, nous mènerons une exploration complète pour acquérir des insights sur sa structure, ses caractéristiques et ses propriétés générales.

Cette phase exploratoire est essentielle pour comprendre la nature de nos données, identifier les modèles potentiels ou les anomalies, et guider nos décisions analytiques ultérieures. En examinant minutieusement la composition de l'ensemble de données, nous serons mieux équipés pour choisir des techniques de prétraitement et des méthodes analytiques appropriées dans les étapes ultérieures de notre projet.

```
import pandas as pd
import matplotlib.pyplot as plt
import seaborn as sns
import numpy as np
from sklearn.preprocessing import StandardScaler
from sklearn.cluster import KMeans
from sklearn.metrics import silhouette_score

# Load the customer dataset
url = '<https://example.com/customer_data.csv>'   # Replace with actual URL or file path
customer_df = pd.read_csv(url)

# Display the first few rows of the dataset
print(customer_df.head())

# Display basic information about the dataset
print(customer_df.info())

# Summary statistics
print(customer_df.describe())

# Check for missing values
print(customer_df.isnull().sum())

# Visualize the distribution of annual income and spending score
plt.figure(figsize=(12, 6))
plt.subplot(1, 2, 1)
sns.histplot(customer_df['Annual Income (k$)'], kde=True)
plt.title('Distribution of Annual Income')
plt.subplot(1, 2, 2)
sns.histplot(customer_df['Spending Score (1-100)'], kde=True)
plt.title('Distribution of Spending Score')
plt.tight_layout()
```

```
plt.show()

# Scatter plot of Annual Income vs Spending Score
plt.figure(figsize=(10, 6))
sns.scatterplot(x='Annual Income (k$)', y='Spending Score (1-100)', data=customer_df)
plt.title('Customer Distribution: Annual Income vs Spending Score')
plt.show()
```

Voici une analyse détaillée de ses composants principaux :

- Importation des bibliothèques : Le script importe les bibliothèques Python nécessaires pour la manipulation des données (pandas), la visualisation (matplotlib, seaborn) et l'apprentissage automatique (sklearn).

- Chargement des données : Il charge un ensemble de données clients à partir d'un fichier CSV en utilisant pandas.

- Exploration des données : Le code affiche les premières lignes du jeu de données, les informations de base sur le jeu de données, les statistiques sommaires et vérifie les valeurs manquantes.

- Visualisation des données : Il crée deux types de visualisations :

    - Histogrammes : Montre la distribution des revenus annuels et des scores de dépenses.

    - Nuage de points : Affiche la relation entre le revenu annuel et le score de dépenses.

Ce code fait partie de la phase initiale d'exploration des données d'un projet de segmentation client utilisant le clustering K-Means. Il aide à comprendre la structure et les caractéristiques du jeu de données avant de procéder à une analyse plus approfondie et au clustering.

Cet extrait de code charge le jeu de données, affiche les informations de base, vérifie les valeurs manquantes et crée des visualisations pour nous aider à comprendre la distribution de nos caractéristiques clés.

6.3.2 Prétraitement des Données

Avant de pouvoir appliquer l'algorithme de clustering K-Means, il est crucial de préparer correctement notre jeu de données. Cette phase préparatoire, connue sous le nom de prétraitement des données, implique plusieurs étapes importantes pour garantir que nos données sont dans un format optimal pour l'analyse. Tout d'abord, nous devons traiter les valeurs manquantes dans notre jeu de données, car celles-ci peuvent avoir un impact significatif sur nos résultats.

Cela pourrait impliquer soit la suppression des lignes contenant des données manquantes, soit l'utilisation de diverses techniques d'imputation pour combler les lacunes. Ensuite, nous sélectionnerons soigneusement les caractéristiques les plus pertinentes pour notre analyse de clustering, en nous concentrant sur celles qui sont les plus susceptibles de révéler des modèles significatifs dans le comportement des clients.

Enfin, nous allons mettre à l'échelle nos données pour garantir que toutes les caractéristiques sont sur une échelle comparable, ce qui est particulièrement important pour les algorithmes basés sur la distance comme K-Means. Ce processus de mise à l'échelle aide à éviter que les caractéristiques avec de plus grandes magnitudes ne dominent les résultats du clustering, permettant une analyse plus équilibrée et précise de nos segments de clients.

```python
# Select relevant features for clustering
features = ['Annual Income (k$)', 'Spending Score (1-100)']

# Check for missing values in selected features
print(customer_df[features].isnull().sum())

# If there are missing values, we can either drop them or impute them
# For this example, we'll drop any rows with missing values
customer_df_clean = customer_df.dropna(subset=features)

# Scale the features
scaler = StandardScaler()
customer_df_scaled = scaler.fit_transform(customer_df_clean[features])

# Convert scaled features back to a DataFrame for easier handling
customer_df_scaled = pd.DataFrame(customer_df_scaled, columns=features)

print("Scaled data:")
print(customer_df_scaled.head())

# Visualize the scaled data
plt.figure(figsize=(10, 6))
sns.scatterplot(x=features[0], y=features[1], data=customer_df_scaled)
plt.title('Scaled Customer Distribution: Annual Income vs Spending Score')
plt.show()
```

Voici une analyse détaillée de ce que fait le code :

1. Sélection des caractéristiques : Il sélectionne deux caractéristiques pertinentes pour le clustering : 'Revenu Annuel (k$)' et 'Score de Dépenses (1-100)'.

2. Traitement des valeurs manquantes : Il vérifie s'il y a des valeurs manquantes dans les caractéristiques sélectionnées et supprime toutes les lignes contenant des données manquantes.

3. Mise à l'échelle des données : Il utilise StandardScaler pour normaliser les caractéristiques, ce qui est crucial pour le clustering K-means car cela garantit que toutes les caractéristiques contribuent de manière égale aux calculs de distance.

4. Conversion des données : Les données normalisées sont reconverties en DataFrame pour une manipulation plus facile.

5. Visualisation : Il crée un nuage de points des données normalisées pour visualiser la distribution des clients en fonction de leur revenu annuel et de leur score de dépenses.

Cette étape de prétraitement est essentielle car elle prépare les données pour l'algorithme de clustering K-means, garantissant que l'analyse sera équilibrée et précise.

Dans cette étape, nous avons sélectionné nos caractéristiques pertinentes, traité les valeurs manquantes, et normalisé nos données en utilisant StandardScaler. La normalisation est cruciale pour le clustering K-Means car elle garantit que toutes les caractéristiques contribuent de manière égale aux calculs de distance.

6.3.3 Application du Clustering K-Means

Maintenant que nos données sont correctement prétraitées, nous sommes prêts à appliquer l'algorithme de clustering K-Means à notre ensemble de données clients. Cette puissante technique d'apprentissage non supervisé nous aidera à identifier des groupes distincts au sein de notre base de clients. Pour nous assurer d'utiliser le nombre optimal de clusters pour notre analyse, nous emploierons la méthode du coude.

Cette approche consiste à exécuter l'algorithme K-Means avec différents nombres de clusters et à tracer l'inertie résultante (somme des carrés intra-cluster) en fonction du nombre de clusters. Le "coude" dans ce graphique - où le taux de diminution de l'inertie commence à s'aplatir - indiquera le nombre idéal de clusters pour notre ensemble de données.

```python
# Elbow Method to find the optimal number of clusters
inertias = []
k_range = range(1, 11)

for k in k_range:
    kmeans = KMeans(n_clusters=k, random_state=42)
    kmeans.fit(customer_df_scaled)
    inertias.append(kmeans.inertia_)

# Plot the elbow curve
plt.figure(figsize=(10, 6))
plt.plot(k_range, inertias, 'bx-')
plt.xlabel('k')
plt.ylabel('Inertia')
plt.title('The Elbow Method showing the optimal k')
plt.show()

# Based on the elbow curve, let's choose the optimal number of clusters
optimal_k = 5  # This should be determined from the elbow curve

# Apply K-Means with the optimal number of clusters
kmeans = KMeans(n_clusters=optimal_k, random_state=42)
customer_df_clean['Cluster'] = kmeans.fit_predict(customer_df_scaled)
```

```
# Visualize the clusters
plt.figure(figsize=(12, 8))
scatter = plt.scatter(customer_df_clean['Annual Income (k$)'],
                      customer_df_clean['Spending Score (1-100)'],
                      c=customer_df_clean['Cluster'],
                      cmap='viridis')
plt.colorbar(scatter)
plt.xlabel('Annual Income (k$)')
plt.ylabel('Spending Score (1-100)')
plt.title('Customer Segments')
plt.show()
```

Voici une analyse détaillée de ses composants principaux :

- **Méthode du Coude :** Cette technique est utilisée pour déterminer le nombre optimal de clusters. Elle implique :

  - L'exécution de K-Means avec différents nombres de clusters (1 à 10)

  - Le calcul de l'inertie (somme des carrés intra-cluster) pour chacun

  - La représentation graphique de l'inertie en fonction du nombre de clusters

  - Le "coude" dans ce graphique indique le nombre idéal de clusters

- **Application de K-Means :** Une fois que le nombre optimal de clusters est déterminé (fixé à 5 dans cet exemple), l'algorithme est appliqué aux données clients normalisées.

- **Visualisation :** Les clusters résultants sont visualisés dans un nuage de points, avec :

  - Le revenu annuel sur l'axe des x

  - Le score de dépenses sur l'axe des y

  - Différentes couleurs représentant différents clusters

Ce processus aide à identifier des groupes distincts de clients basés sur leur revenu et leur comportement de dépense, qui peuvent être utilisés pour des stratégies de marketing ciblées.

Dans cette étape, nous avons utilisé la méthode du coude pour déterminer le nombre optimal de clusters, appliqué le clustering K-Means avec ce nombre optimal, et visualisé les clusters résultants.

6.3.4 Interprétation des Clusters

Maintenant que nous avons appliqué avec succès le clustering K-Means à notre ensemble de données clients, il est temps d'approfondir les résultats et d'en extraire des insights significatifs. Examinons attentivement et interprétons les clusters que nous avons identifiés pour obtenir une compréhension complète de nos segments de clientèle.

Cette analyse fournira des informations précieuses sur les groupes distincts au sein de notre base de clients, nous permettant d'adapter nos stratégies et approches plus efficacement.

```python
# Calculate cluster centroids
centroids = customer_df_clean.groupby('Cluster')[features].mean()
print("Cluster Centroids:")
print(centroids)

# Analyze cluster sizes
cluster_sizes = customer_df_clean['Cluster'].value_counts().sort_index()
print("\\nCluster Sizes:")
print(cluster_sizes)

# Visualize cluster characteristics
plt.figure(figsize=(12, 6))
sns.boxplot(x='Cluster', y='Annual Income (k$)', data=customer_df_clean)
plt.title('Annual Income Distribution by Cluster')
plt.show()

plt.figure(figsize=(12, 6))
sns.boxplot(x='Cluster', y='Spending Score (1-100)', data=customer_df_clean)
plt.title('Spending Score Distribution by Cluster')
plt.show()
```

Ce fragment de code fait partie du projet de segmentation des clients utilisant le clustering K-Means. Il se concentre sur l'interprétation des clusters qui ont été créés. Voici une analyse de ce que fait le code :

1. Calcul des centroïdes des clusters : Il calcule les valeurs moyennes des caractéristiques pour chaque cluster, nous donnant un point central qui représente chaque cluster.

2. Analyse de la taille des clusters : Il compte combien de clients se trouvent dans chaque cluster, ce qui aide à comprendre la distribution des clients à travers les segments.

3. Visualisation des caractéristiques des clusters : Il crée deux diagrammes en boîte :

   o

     ▪ Un montrant la distribution du Revenu Annuel pour chaque cluster

   o

     ▪ Un autre montrant la distribution du Score de Dépenses pour chaque cluster

Cette analyse est cruciale pour obtenir des insights sur les groupes distincts au sein de la base de clients, qui peuvent ensuite être utilisés pour adapter les stratégies marketing et améliorer l'engagement client.

En nous basant sur ces visualisations et statistiques, nous pouvons interpréter nos clusters :

- Cluster 0 : Revenu élevé, score de dépenses élevé - "Clients Premium"

- Cluster 1 : Revenu faible, score de dépenses élevé - "Dépensiers Prudents"

- Cluster 2 : Revenu moyen, score de dépenses moyen - "Clients Moyens"

- Cluster 3 : Revenu élevé, score de dépenses faible - "Épargnants Potentiels"

- Cluster 4 : Revenu faible, score de dépenses faible - "Soucieux du Budget"

6.3.5 Évaluation de la Performance du Clustering

Pour évaluer l'efficacité de notre approche de clustering, nous utiliserons le score de silhouette, une métrique puissante qui quantifie à quel point chaque point de données s'intègre bien dans son cluster assigné. Ce score fournit des insights précieux en mesurant la similarité d'un objet avec son propre cluster en comparaison avec les autres clusters.

En analysant ces scores, nous pouvons acquérir une compréhension complète de la qualité de notre clustering et identifier les domaines potentiels d'amélioration.

```
from sklearn.metrics import silhouette_score, silhouette_samples

# Ensure there are at least 2 clusters
if len(set(customer_df_clean['Cluster'])) > 1:
    # Calculate silhouette score
    silhouette_avg                        = silhouette_score(customer_df_scaled,
customer_df_clean['Cluster'])
    print(f"The average silhouette score is: {silhouette_avg:.4f}")

    # Compute silhouette scores for each sample
    silhouette_values                     = silhouette_samples(customer_df_scaled,
customer_df_clean['Cluster'])

    # Visualize silhouette scores
    plt.figure(figsize=(10, 6))
    plt.hist(silhouette_values, bins=20, alpha=0.7, edgecolor="black")
    plt.axvline(silhouette_avg,    color="red",    linestyle="--",    label=f"Average
Silhouette Score: {silhouette_avg:.4f}")
    plt.xlabel("Silhouette Score")
    plt.ylabel("Frequency")
    plt.title("Distribution of Silhouette Scores")
    plt.legend()
    plt.show()
else:
    print("Silhouette score cannot be computed with only one cluster.")
```

Voici une analyse de ce que fait le code :

1. Calculer le score de silhouette : Cela se fait en utilisant la fonction silhouette_score, qui mesure à quel point un objet est similaire à son propre cluster par rapport aux autres

clusters. Le score de silhouette moyen pour tous les points de données est calculé et affiché.

2. Calculer les scores de silhouette individuels : La fonction silhouette_samples est utilisée pour calculer le score de silhouette pour chaque point de données.

3. Visualiser la distribution des scores de silhouette : Un histogramme est créé pour montrer la distribution des scores de silhouette pour tous les points de données. Cela aide à comprendre la qualité globale du clustering.

4. Ajouter une ligne verticale pour le score moyen : Une ligne rouge en pointillés est ajoutée à l'histogramme pour indiquer le score de silhouette moyen, facilitant la comparaison des scores individuels avec la moyenne globale.

Le score de silhouette varie de -1 à 1, les valeurs plus élevées indiquant un meilleur clustering. Un score supérieur à 0,5 est généralement considéré comme bon. Cette visualisation aide à évaluer la qualité du clustering et à identifier les domaines potentiels d'amélioration.

6.3.6 Améliorations Potentielles et Travaux Futurs

Bien que notre modèle actuel fournisse des informations précieuses, il existe plusieurs façons d'améliorer potentiellement sa performance :

*   Ingénierie des caractéristiques : Créer de nouvelles caractéristiques ou transformer celles existantes pour capturer des relations plus complexes. Par exemple, nous pourrions créer une caractéristique qui représente le ratio entre le score de dépenses et le revenu annuel.

*   Essayer d'autres algorithmes : Expérimenter avec des algorithmes de clustering plus avancés comme DBSCAN ou les modèles de mélanges gaussiens, qui peuvent gérer des clusters de formes et de densités différentes.

*   Réduction de dimensionnalité : Si nous avons plus de caractéristiques, nous pourrions utiliser des techniques comme l'ACP pour réduire la dimensionnalité avant le clustering.

*   Incorporer plus de données : Si possible, inclure plus d'attributs clients comme l'âge, le genre ou l'historique d'achat pour créer des segments plus nuancés.

*   Analyse des séries temporelles : Si nous disposons de données dans le temps, nous pourrions analyser comment les clients se déplacent entre les segments.

6.3.7 Conclusion

Dans ce projet, nous avons implémenté avec succès le clustering K-Means pour segmenter les clients en fonction de leur revenu annuel et de leur score de dépenses. Notre parcours a englobé l'ensemble du processus de science des données, du chargement initial des données et du prétraitement méticuleux jusqu'à l'évaluation sophistiquée du modèle et l'interprétation approfondie. Nous avons navigué à travers chaque étape avec précision, assurant l'intégrité et la fiabilité de notre analyse.

Les segments de clientèle que nous avons découverts grâce à ce processus ne sont pas simplement des regroupements statistiques, mais fournissent plutôt des aperçus profonds de notre base de clients. Ces segments offrent une compréhension nuancée des différents comportements et préférences des clients, qui peuvent être exploités pour améliorer considérablement nos stratégies commerciales. En adaptant nos approches marketing à ces groupes distincts, nous pouvons créer des campagnes plus personnalisées et efficaces qui résonnent avec les caractéristiques uniques de chaque segment.

De plus, ces insights s'étendent au-delà du marketing, influençant potentiellement le développement de produits, les approches de service client et la prise de décision commerciale globale. La capacité à interagir avec les clients de manière plus ciblée, basée sur leur segmentation, peut conduire à une amélioration de la satisfaction client, une fidélité accrue et, finalement, de meilleurs résultats commerciaux. À mesure que nous avançons, ces segments de clientèle serviront de base précieuse pour la prise de décision fondée sur les données à travers divers aspects de nos opérations.

Quiz Partie 2 : Prétraitement des Données et Apprentissage Automatique Classique

Chapitre 3 : Prétraitement des Données et Ingénierie des Caractéristiques

1. **Quel est l'objectif du nettoyage des données dans le prétraitement ?**

    o   a) Améliorer les performances du modèle en transformant les caractéristiques

    o   b) Identifier et gérer les données manquantes, supprimer les doublons et corriger les erreurs

    o   c) Mettre les données à l'échelle dans une plage cohérente

    o   d) Réduire la dimensionnalité du jeu de données

2. **Quelle technique est généralement utilisée pour traiter les données manquantes ?**

    o   a) Encodage one-hot

    o   b) Augmentation des données

    o   c) Imputation

    o   d) ACP

3. **L'ingénierie des caractéristiques implique lequel des éléments suivants ?**

    o   a) Création de nouvelles caractéristiques à partir de celles existantes

    o   b) Réduction du bruit dans les données

    o   c) Augmentation du nombre d'échantillons dans le jeu de données

    o   d) À la fois a et b

4. **Pourquoi est-il important de mettre à l'échelle les caractéristiques numériques ?**

    o   a) Pour éliminer les valeurs aberrantes du jeu de données

    o   b) Pour garantir que les caractéristiques avec différentes plages contribuent de manière égale aux performances du modèle

- o c) Pour augmenter la taille du jeu de données
- o d) Pour éliminer le bruit du jeu de données

5. **À quoi sert la séparation Train-Test ?**

- o a) Créer des échantillons de données synthétiques
- o b) Séparer les données en ensembles d'entraînement et de test pour la validation du modèle
- o c) Augmenter le nombre de caractéristiques dans le jeu de données
- o d) Standardiser les caractéristiques à la même échelle

Chapitre 4 : Techniques d'Apprentissage Supervisé

6. **Dans la régression linéaire, l'objectif est de minimiser lequel des éléments suivants ?**

- o a) La perte d'entropie croisée
- o b) L'erreur quadratique moyenne (MSE)
- o c) La précision
- o d) La descente de gradient

7. **Quel algorithme de classification fonctionne en trouvant un hyperplan qui sépare au mieux les classes ?**

- o a) Arbre de décision
- o b) k plus proches voisins (KNN)
- o c) Machine à vecteurs de support (SVM)
- o d) Forêt aléatoire

8. **Quel est l'objectif principal du réglage des hyperparamètres ?**

- o a) Ajuster le ratio de séparation train-test
- o b) Trouver les meilleures valeurs pour les paramètres qui contrôlent le comportement du modèle
- o c) Supprimer les caractéristiques qui ne sont pas utiles
- o d) Évaluer le modèle sur un ensemble de test

9. **Que représente le score F1 ?**

- o a) La moyenne de la précision et du rappel
- o b) La moyenne harmonique de la précision et du rappel

    o   c) La surface sous la courbe ROC

    o   d) La précision du modèle

10. **Lequel des algorithmes suivants est une méthode d'ensemble ?**

- a) Arbres de décision

- b) Régression logistique

- c) Forêt aléatoire

- d) Régression linéaire

Chapitre 5 : Techniques d'Apprentissage Non Supervisé

11. **Quelle est la principale différence entre l'apprentissage supervisé et non supervisé ?**

- a) L'apprentissage supervisé nécessite des données étiquetées, alors que l'apprentissage non supervisé n'en a pas besoin

- b) L'apprentissage non supervisé fonctionne uniquement avec des données numériques

- c) L'apprentissage supervisé regroupe les données en clusters

- d) Les deux techniques nécessitent des données étiquetées

12. **Quel algorithme est une méthode de clustering basée sur la densité ?**

- a) K-Means

- b) Clustering hiérarchique

- c) DBSCAN

- d) t-SNE

13. **Laquelle des descriptions suivantes correspond le mieux à l'Analyse en Composantes Principales (ACP) ?**

- a) Un algorithme d'apprentissage supervisé pour la classification

- b) Une technique de réduction de dimensionnalité qui préserve la variance

- c) Une méthode pour détecter les valeurs aberrantes dans les données

- d) Un algorithme pour optimiser les hyperparamètres

14. **Que mesure le score de silhouette dans le clustering ?**

- a) La précision globale du clustering

- b) La séparation entre les clusters
- c) La similarité d'un point de données avec son propre cluster par rapport aux autres clusters
- d) La densité des clusters

15. **Quel est l'avantage principal de UMAP par rapport à t-SNE ?**

- a) UMAP préserve uniquement la structure locale, tandis que t-SNE préserve à la fois la structure locale et globale
- b) UMAP est plus rapide et plus évolutif que t-SNE, ce qui le rend plus adapté aux grands jeux de données
- c) t-SNE fonctionne mieux sur les données de haute dimension
- d) UMAP ne nécessite pas de réglage de paramètres, contrairement à t-SNE

Section Réponses

1. **b**
2. **c**
3. **d**
4. **b**
5. **b**
6. **b**
7. **c**
8. **b**
9. **b**
10. **c**
11. **a**
12. **c**
13. **b**
14. **c**
15. **b**

Conclusion

Félicitations ! Vous avez parcouru *Machine Learning Hero: Master Data Science with Python Essentials*, et ce faisant, vous avez franchi une étape majeure vers la maîtrise des compétences fondamentales du machine learning. De la compréhension des concepts de base du machine learning à l'implémentation de modèles avec Python et ses puissantes bibliothèques, vous êtes maintenant équipé des outils nécessaires pour aborder les problèmes réels de la science des données.

Tout au long de ce parcours, nous avons exploré un éventail de sujets—des principes essentiels du machine learning aux subtilités du prétraitement des données, de l'ingénierie des caractéristiques et des algorithmes classiques de machine learning. En tant que **héros du machine learning**, vous avez désormais la capacité d'utiliser les données pour créer des insights significatifs, des prédictions et des solutions qui peuvent orienter les décisions dans n'importe quelle industrie.

Prenons un moment pour réfléchir à ce que vous avez accompli jusqu'à présent :

1. Comprendre les Fondements du Machine Learning

Dans les premiers chapitres, nous vous avons présenté les fondamentaux du machine learning. Vous avez appris les différents types de machine learning—**supervisé**, **non supervisé**, et **apprentissage par renforcement**—et comment ces techniques peuvent être appliquées à diverses tâches. La compréhension de ces distinctions vous a permis d'aborder les problèmes méthodiquement, en sélectionnant les bons outils et modèles en fonction de la nature des données et du problème à résoudre.

2. Maîtriser Python et les Bibliothèques Essentielles de Data Science

Vous êtes également devenu compétent en Python, le langage de référence pour la data science et le machine learning. En explorant des bibliothèques clés comme **NumPy**, **Pandas**, **Matplotlib**, **Seaborn**, et **Scikit-learn**, vous avez maintenant la capacité de manipuler des données, visualiser des tendances et construire des modèles avec confiance. Ces bibliothèques continueront à être des outils indispensables au fur et à mesure que vous progresserez dans votre carrière en machine learning.

3. Prétraiter les Données pour Réussir en Machine Learning

L'une des compétences les plus importantes que vous avez développées est la capacité à **prétraiter les données** efficacement. Les données brutes sont rarement parfaites, et le temps que vous avez consacré à apprendre comment nettoyer et transformer les données est essentiel pour garantir que vos modèles de machine learning fonctionnent au mieux. Qu'il s'agisse de gérer les valeurs manquantes, d'encoder des variables catégorielles, de mettre à l'échelle des caractéristiques ou d'effectuer des divisions train-test, vous savez maintenant comment transformer des données désordonnées en quelque chose d'utile.

4. Appliquer les Techniques Classiques de Machine Learning

Nous avons ensuite approfondi les techniques classiques de machine learning, notamment les algorithmes de **régression**, de **classification** et de **clustering**. Vous avez construit des modèles tels que :

- **Régression Linéaire et Polynomiale** pour prédire des résultats continus.

- **Algorithmes de classification** comme les **SVM**, **KNN**, et les **Arbres de Décision** pour classer les points de données en catégories distinctes.

- **K-Means Clustering** pour regrouper des points de données similaires lorsqu'aucune étiquette n'est disponible.

En travaillant sur des projets pratiques, comme la prédiction des prix de voitures et la segmentation de clients, vous avez non seulement appris la théorie derrière ces algorithmes, mais aussi comment les mettre en œuvre dans la pratique. Ces compétences s'avéreront inestimables alors que vous poursuivez votre voyage vers des techniques de machine learning plus avancées.

5. L'Importance de l'Ingénierie des Caractéristiques

L'une des techniques les plus puissantes que vous avez maîtrisées est **l'ingénierie des caractéristiques**. Comme vous l'avez constaté, la qualité des caractéristiques que vous intégrez dans votre modèle peut faire toute la différence dans ses performances. En créant de nouvelles caractéristiques, en transformant celles existantes et en sélectionnant les variables les plus pertinentes, vous avez appris à optimiser vos modèles pour une plus grande précision et fiabilité.

Et Maintenant ?

Alors que vous terminez ce chapitre sur les fondements du machine learning, vous vous demandez peut-être : "Et maintenant ?" Le voyage vers la maîtrise du machine learning est continu, et il y a toujours plus à apprendre. Voici quelques étapes que vous pouvez suivre pour avancer :

1. Continuer à Pratiquer avec des Données du Monde Réel

Les projets pratiques que vous avez réalisés dans ce livre ne sont que le début. Pour consolider votre compréhension, continuez à pratiquer avec des ensembles de données réels. Vous pouvez trouver des jeux de données sur des plateformes comme **Kaggle**, **UCI Machine Learning Repository**, ou même à partir de portails de données gouvernementales publiques. Plus vous travaillerez avec des données, mieux vous comprendrez comment appliquer vos compétences en machine learning à différentes industries et problèmes.

2. Approfondir Votre Connaissance des Algorithmes

Bien que ce livre vous ait présenté les algorithmes fondamentaux de machine learning, il reste encore beaucoup à explorer. Plongez plus profondément dans des sujets comme les **méthodes d'ensemble** (par exemple, **Random Forests**, **Gradient Boosting**), le **réglage des hyperparamètres** et **l'optimisation des modèles**. Ces techniques vous aideront à améliorer davantage la précision et l'efficacité de vos modèles.

3. Explorer le Deep Learning et l'IA

Le machine learning est un domaine vaste, et l'un des domaines de croissance les plus passionnants est le **deep learning**. Si vous êtes prêt à faire passer vos compétences au niveau supérieur, le Volume 2 de cette série—*Deep Learning and AI Superhero: Mastering Deep Learning with TensorFlow, Keras, and PyTorch*—vous guidera à travers le monde des **réseaux de neurones**, des **réseaux de neurones convolutifs (CNN)**, des **réseaux de neurones récurrents (RNN)**, et plus encore. Cela vous permettra de construire des modèles d'IA capables d'effectuer des tâches comme la reconnaissance d'images, le traitement du langage naturel et la prise de décision autonome.

4. Construire un Portfolio

Si votre objectif est de poursuivre une carrière dans le machine learning ou la data science, il est important de mettre en valeur vos compétences. Commencez à construire un portfolio de projets qui démontrent votre capacité à résoudre des problèmes réels en utilisant des données. Qu'il s'agisse d'une compétition de machine learning sur **Kaggle** ou d'un projet personnel utilisant des jeux de données publics, avoir un portfolio vous démarquera sur le marché du travail.

5. Restez Curieux et Continuez à Apprendre

Le domaine du machine learning évolue constamment, avec de nouveaux outils, algorithmes et techniques développés en permanence. Restez curieux et continuez à apprendre. Abonnez-vous à des blogs sur le machine learning, suivez des articles de recherche et engagez-vous avec la communauté sur des plateformes comme **GitHub** et **Stack Overflow**. En restant à jour avec les dernières avancées, vous continuerez à vous développer en tant que héros du machine learning.

Réflexions Finales

Devenir un **héros du machine learning** ne se fait pas du jour au lendemain. Cela nécessite de la persévérance, de la curiosité et une volonté d'expérimenter avec des données et des algorithmes. Mais en maîtrisant les concepts, outils et techniques de base couverts dans ce livre, vous avez construit une base solide qui vous soutiendra dans votre parcours à travers la data science et l'IA.

La puissance du machine learning ne réside pas seulement dans la capacité à construire des modèles, mais dans son potentiel à résoudre des problèmes réels, à automatiser des processus et à découvrir des insights à partir des données. Avec les compétences que vous avez acquises, vous avez maintenant le pouvoir de stimuler l'innovation et d'avoir un impact significatif dans n'importe quel domaine.

Le monde du machine learning vous attend. Êtes-vous prêt à faire passer vos compétences au niveau supérieur ? Continuons votre voyage dans le **Livre 2**, où vous deviendrez un **superhéros du deep learning et de l'IA** !

Où continuer ?

Si vous avez terminé ce livre et que vous avez soif de nouvelles connaissances en programmation, nous aimerions vous recommander d'autres ouvrages de notre société de logiciels que vous pourriez trouver utiles. Ces livres couvrent un large éventail de sujets et sont conçus pour vous aider à continuer à développer vos compétences en programmation.

- **"ChatGPT API Bible : Maîtriser la programmation Python pour l'IA conversationnelle"** : Un guide pratique, étape par étape, pour utiliser ChatGPT, couvrant tout, de l'intégration de l'API à l'ajustement du modèle pour des tâches ou secteurs spécifiques.
- **"Traitement du langage naturel avec Python : Créez votre propre chatbot de service client"** : Cet ouvrage approfondi explore le traitement du langage naturel (NLP). Il simplifie des concepts complexes grâce à des explications claires et des exemples intuitifs.
- **"Analyse de données avec Python"** : Python est un langage puissant pour l'analyse de données, et ce livre vous aidera à en exploiter tout le potentiel. Il aborde le nettoyage, la manipulation et la visualisation des données, avec des exercices pratiques pour mettre en œuvre vos apprentissages.
- **"Apprentissage automatique avec Python"** : L'apprentissage automatique est l'un des domaines les plus passionnants de l'informatique, et ce livre vous initiera à la création de vos propres modèles avec Python. Il couvre des sujets tels que la régression linéaire, la régression logistique et les arbres de décision.
- **"Maîtriser ChatGPT et le prompt engineering"** : Ce livre vous propose un parcours complet dans le monde du prompt engineering, en couvrant les bases des modèles linguistiques d'IA jusqu'aux stratégies avancées et applications concrètes.

Tous ces ouvrages sont conçus pour vous aider à approfondir vos compétences en programmation et votre maîtrise du langage Python. Nous croyons que la programmation est une compétence qui s'apprend et se développe avec le temps, et nous nous engageons à fournir des ressources pour vous aider à atteindre vos objectifs.

Nous aimerions également profiter de cette occasion pour vous remercier d'avoir choisi notre société de logiciels comme guide dans votre parcours d'apprentissage. Nous espérons que ce livre de Python pour débutants vous a été utile, et nous avons hâte de continuer à vous fournir des ressources de qualité dans le futur. Si vous avez des suggestions ou des retours concernant nos futurs livres ou ressources, n'hésitez pas à nous contacter. Nous serions ravis d'avoir de vos nouvelles !

En savoir plus sur nous

Chez Cuantum Technologies, nous sommes spécialisés dans le développement d'applications web qui offrent des expériences créatives et répondent à des problèmes concrets. Nos développeurs possèdent une expertise dans un large éventail de langages et frameworks, notamment Python, Django, React, Three.js et Vue.js, entre autres. Nous explorons en permanence de nouvelles technologies et techniques pour rester à la pointe de l'industrie, et nous sommes fiers de notre capacité à créer des solutions adaptées aux besoins de nos clients.

Si vous souhaitez en savoir plus sur Cuantum Technologies et les services que nous proposons, veuillez visiter notre site web à l'adresse suivante : www.cuantum.tech/books. Nous serions ravis de répondre à vos questions et de discuter de la manière dont nous pouvons vous accompagner dans vos projets de développement logiciel.

CUANTUM
TECHNOLOGIES

www.cuantum.tech

www.ingramcontent.com/pod-product-compliance
Lightning Source LLC
Chambersburg PA
CBHW080346220326
41598CB00030B/4621